Raymundo
Faoro
**Machado
de Assis**

A PIRÂMIDE E
O TRAPÉZIO

Raymundo Faoro
Machado de Assis

A PIRÂMIDE E O TRAPÉZIO

POSFÁCIO
Sidney Chalhoub

Copyright © 2001 by Raymundo Faoro
Copyright desta edição © 2025 by Editora Schwarcz S.A.

Grafia atualizada segundo o Acordo Ortográfico da Língua Portuguesa de 1990, que entrou em vigor no Brasil em 2009.

Capa e projeto gráfico
Victor Burton

Designer assistente
Adriana Moreno

Imagem de capa
Relevo floral n. 1, de Luciano Figueiredo, 2018. Acrílica sobre tela, 20 × 20 × 7,5 cm. Coleção particular. Cortesia Galeria Leme. Reprodução de Filipe Berndt.

Índices
Probo Poletti

Revisão
Marise Leal
Ana Maria Barbosa

Dados Internacionais de Catalogação na Publicação (CIP)
(Câmara Brasileira do Livro, SP, Brasil)

Faoro, Raymundo, 1925-2003
    Machado de Assis : a pirâmide e o trapézio / Raymundo Faoro ; posfácio Sidney Chalhoub. — 1ª ed. — São Paulo : Companhia das Letras, 2025.

    ISBN 978-85-359-4029-9

    1. Assis, Machado de, 1839-1908 – Crítica e interpretação 2. Assis, Machado de, 1839-1908 – Visão política e social I. Chalhoub, Sidney. II. Título.

25-247634   CDD-B869.09

Índice para catálogo sistemático:
1. Literatura brasileira : História e crítica   B869.09

Cibele Maria Dias – Bibliotecária – CRB-8/9427

Todos os direitos desta edição reservados à
EDITORA SCHWARCZ S.A.
Rua Bandeira Paulista, 702, cj. 32
04532-002 — São Paulo — SP
Telefone: (11) 3707-3500
www.companhiadasletras.com.br
www.blogdacompanhia.com.br
facebook.com/companhiadasletras
instagram.com/companhiadasletras
x.com/cialetras

A Francisco de Assis Barbosa

Sumário

Citações e abreviações > *11*

I | A pirâmide e o trapézio > *13*

II | O pavão e a águia > *69*

III | Patrões e cocheiros > *193*

IV | O basto e a espadilha > *363*

V | Os santos óleos da teologia > *399*

Conclusão | O espelho e a lâmpada > *499*

Notas > *519*

Posfácio | *Sidney Chalhoub*
Raymundo Faoro interpreta o Brasil segundo Machado de Assis > *527*

Índice remissivo > *539*

Índice de obras e personagens de Machado de Assis citados no texto > *543*

"*Não me ocorre nada que seja assaz fixo nesse mundo: talvez a lua, talvez as pirâmides do Egito, talvez a finada dieta germânica.*"
MEMÓRIAS PÓSTUMAS DE BRÁS CUBAS, CAP. IV

"*Com efeito, um dia de manhã, estando a passear na chácara, pendurou-se-me uma ideia no trapézio que eu tinha no cérebro. Uma vez pendurada, entrou a bracejar, a pernear, a fazer as mais arrojadas cabriolas de volatim, que é possível crer. Eu deixei-me estar a contemplá-la. Súbito, deu um grande salto, estendeu os braços e as pernas, até tomar a forma de um X: decifra-me ou devoro-te.*"
MEMÓRIAS PÓSTUMAS DE BRÁS CUBAS, CAP. II

"*Na sociedade, como a criaram, as peças têm de ficar onde estão, bispo é bispo, cavalo é cavalo.*"
BALAS DE ESTALO, 30 DE NOVEMBRO DE 1885

"*O fato é que aos quatorze anos Capitu não acha mais graça em pular de corda, já começou a ensaiar o grande salto social, brinquedo muito sério. Pádua é vizinho de d. Glória. Mas entre uma casa e outra, medeia uma distância enorme, e o pulo de Capitu exige um treino rigoroso. [...] Respeitadas as proporções, Capitu também empreendeu a conquista das Gálias com as armas femininas de que dispõe nessa luta surda entre a ambição e os preconceitos sociais.*"
AUGUSTO MEYER, MACHADO DE ASSIS.
RIO DE JANEIRO: LIVRARIA SÃO JOSÉ, 1958, P. 145

Citações e abreviações

Nas citações de obras de Machado de Assis, o número romano refere-se aos capítulos e a data às crônicas ou a romances não numerados em capítulos.

Res.	*Ressurreição*	B.D.	*Bons dias!*
M.L.	*A mão e a luva*	A.S.	*A semana*
Hel.	*Helena*	Crít.	*Crítica*
I.G.	*Iaiá Garcia*	Misc.	*Miscelânea*
M.P.	*Memórias póstumas de Brás Cubas*		
Q.B.	*Quincas Borba*		
D.C.	*Dom Casmurro*		
E.J.	*Esaú e Jacó*		
M.A.	*Memorial de Aires*		
C.F.	*Contos fluminenses*		
H.M.N.	*Histórias da meia-noite*		
P.A.	*Papéis avulsos*		
H.S.D.	*Histórias sem data*		
V.H.	*Várias histórias*		
P.R.	*Páginas recolhidas*		
R.C.V.	*Relíquias da casa velha*		
O.C.	*Outros contos*		
P.C.	*Poesias completas*		
P.Col.	*Poesias coligidas*		
H.Q.D.	*História de quinze dias*		
N.S.	*Notas semanais*		
B.E.	*Balas de estalo*		

I

A pirâmide e o trapézio

1 | *O topo da pirâmide: A classe e o estamento > 15*
2 | *Sociedade não rígida. A "boa sociedade" e suas glórias. A hierarquia. A ascensão pela cunhagem e pelo enriquecimento. A censura da sociedade tradicional > 22*
3 | *Fazendeiros e poder > 36*
4 | *Títulos, comendas e patentes > 43*
5 | *O homem se mostra nas carruagens e no transporte coletivo > 55*

1 | O *topo da pirâmide:* A classe e o estamento

MEIO SÉCULO, os últimos cinquenta anos do século XIX, se estende, em colorida tela, numa vasta obra poética. Período que não se singulariza no tempo de modo fechado, autônomo, senão que se prolonga nas consequências de ideologias e imagens latentes, por sua vez alimentado por meio de raízes longínquas. Discernir o perfil da hora transeunte nos caracteres, desvendar, atrás do papel teatral, as funções sociais e espirituais — este o caminho tentado, para reconquistar, no Machado de Assis impresso, não o homem e a época, mas o homem e a época que se criaram na tinta, e não na vida real. Sedutora a tarefa, pela riqueza do material e, sobretudo, pela especial confluência de duas épocas, que projeta, no ponto de vista da encruzilhada, o encontro de dois mundos, o mundo que se despede e o mundo que chega. Os valores de um não são os valores de outro, as regras de conduta se partem, vazias para quem olha para trás, indefinidas, incertas, vagas para quem sente a hora que soa, sem compreendê-la plenamente, incapaz de amá-la, toldado pela melancolia. Os padrões típicos não medem os sentimentos emergentes, confundindo o intérprete, perplexo entre a medida, que supunha eterna, e as ações, que clamam por outro modelo, ainda não fixado. O inexplicado se torna inexplicável ao metro que só marca os sinais convencionais: as personagens se revoltam contra o autor. O autor não se mantém passivo ante o desafio, que reagrupa, no arsenal esgotado, as últimas armas enferrujadas para disciplinar a horda enérgica e anárquica. Perdido na mudança, no fogo cruzado de concepções divergentes do mundo, sem conseguir armar a teia da sociedade e identificar-lhe os fios, o autor estiliza os fatos e os homens, na armadura de um esquema da própria transição. O prestígio das personagens antigas já não convence o espectador, enquanto os recém-vindos ainda sofrem a mácula do desdém. Na estrutura dualista, a ponte — a artificial estilização — não solda as categorias que, apesar de acomodadas, resistem aos símbolos comuns de integração.

Ninguém se engane com o painel aparente da sociedade na obra de Machado de Assis. Enchem a vista do leitor desprevenido as figuras dominantes, barões, conselheiros, comendadores e patentes da Guarda Nacional. Ministros, regentes, barões perpassam na superfície, sobretudo os ministros, alvo de ambições caladas e de ambições descobertas. Em nível próximo, vêm os banqueiros, capitalistas, fazendeiros e comerciantes. Todos, barões e capitalistas, conselheiros e banqueiros, comendadores e comerciantes, coronéis e fazendeiros — todos estão, para quem olha de longe, no ápice da pirâmide, confundidos e misturados, como se fossem membros de uma só confraria.

Nitidamente, há uma estrutura de classes — banqueiros, comerciantes e fazendeiros — sobre outra estrutura de titulares, encobrindo-a e esfumando-lhe os contornos. É a camada da penumbra que decide os destinos políticos, designa deputados e distribui empregos públicos. São as "influências", os homens que mandam, que se entendem com os executores e dirigentes das decisões do Estado. Duas faixas se separam, com clareza, no conteúdo e no conceito, na ação social, não raro entrecruzando-se e se confundindo. Para simplificar e com antecipação: a classe em ascensão coexiste com o estamento; muitas vezes, a classe perde sua autonomia e desvia-se de seu destino para mergulhar no estamento político, que orienta e comanda o Segundo Reinado.

Há uma sociedade de classe em plena expansão, cifrada, nas expressões mais gloriosas, nos banqueiros, nos prósperos comerciantes, nos capitalistas donos de rendas, nos senhores de terras e de escravos. O dinheiro é a chave e o deus desse mundo, dinheiro que mede todas as coisas e avalia todos os homens. Falcão, personagem de um conto publicado em 1883 (H.S.D., *Anedota pecuniária*), ao relatar o enterro de um amigo, para referir o esplendor do préstito de 1864, não achou melhor expressão do que dizer:

— Pegavam no caixão três mil contos!

E, como um dos ouvintes não o entendesse logo, concluiu do espanto, que duvidava dele, e discriminou a afirmação:

— Fulano quatrocentos, Sicrano seiscentos... Sim, senhor, seiscentos; há dois anos, quando desfez a sociedade com o sogro, ia em mais de quinhentos; mas suponhamos quinhentos...

E foi por diante, demonstrando, somando e concluindo:

— Justamente, três mil contos!

A situação econômica, definida no patrimônio ou na percepção de rendas, determina a classe, o tipo de classe a que pertence o homem. A classe não é uma comunidade, embora, com base na solidariedade que inspira, possa levar às mais variadas formas comunitárias.

A sociedade de classes, malgrado se firme e se estruture com maior energia, não domina o campo social. Entre dois polos, a colônia e a fase do *encilhamento*, mostra ela desenvolvimento sensível, com a mudança de uma estrutura. A velha sociedade de estamentos cede lugar, dia a dia, à sociedade de classes. Entre *Anedota pecuniária* (H.S.D.) e *O alienista* (P.A.) nota-se que a perspectiva sob a qual se estratificam as camadas sociais é diferente em toda a sua extensão e profundidade. *O alienista* tem como cenário uma cidade colonial, Itaguaí. O dr. Simão Bacamarte é filho da nobreza da terra — este título tem especial relevo, à época. A tradição e o nascimento ilustre, traços de estamento e não de classe, são destacados pelo cronista de modo caricatural. Simão Bacamarte alcançou da Câmara "uma postura autorizando o uso de um anel de prata no dedo polegar da mão esquerda, a toda pessoa que, sem outra prova documental ou tradicional, declarasse ter nas veias duas ou três onças de sangue godo". A vila era dominada pelos *principais*, vinculados à Câmara, gente de dinheiro e influência na corte. O dinheiro andava casado ao prestígio social, mas não era, em si, traduzido em bens ou rendas, que explicassem a honra da supremacia. Esta existia fundada em outras bases — tradição, modo de vida, educação e origem fidalga. Prova a separação de uma camada a outra o altivo desdém com que era recebido, entre os afidalgados "homens bons", o homem do povo enriquecido. Aí está a figura do Mateus, combatida e desprezada, malgrado a opulência.

> Acabava de construir uma casa suntuosa. Só a casa bastava para deter e chamar toda a gente; mas havia mais — a mobília, que ele mandara vir da Hungria e da Holanda, segundo contava, e que se podia ver do lado de fora, porque as janelas viviam abertas —, e o jardim, que era uma obra-prima de arte e de gosto. Esse homem, que enriquecera no fabrico de albardas, tinha tido sempre o sonho de uma casa magnífica, jardim pomposo, mobília rara. Não deixou o negócio das albardas, mas repousava dele na contemplação da casa nova, a primeira de Itaguaí, mais grandiosa do que a Casa Verde, mais nobre do que a Câmara. Entre a *gente ilustre* da povoação havia choro e ranger de dentes, quando se pensava, ou se falava, ou se louvava a casa do albardeiro — um simples albardeiro, Deus do céu!

— Lá está ele embasbacado, diziam os transeuntes, de manhã.

De manhã, com efeito, era costume do Mateus estatelar-se, no meio do jardim, com os olhos na casa, namorado, durante uma longa hora, até que vinham chamá-lo para almoçar. Os vizinhos, embora o cumprimentassem com certo respeito, riam-se por trás dele, que era um gosto. Um desses chegou a dizer que o Mateus seria muito mais econômico, e estaria riquíssimo, se fabricasse as albardas para si mesmo; epigrama ininteligível, mas que fazia rir às bandeiras despregadas.

Claro, patente, o contraste entre a classe, fundada numa situação exclusivamente econômica, e a gente ilustre, os principais, alheios ao mercado, valorizados por um comum sentimento de honra, influência e prestígio. O estamento impede, obscurece, denigre a classe, com suas riquezas e pompas. O opulento albardeiro — "um simples albardeiro, Deus do céu!" — não ingressa na alta-roda, no círculo dos notáveis, que ri de sua fortuna, achincalhando-a como se fora composta de moedas falsas. A riqueza ainda não ganhara respeito, o respeito que cercaria o barão de Santos ou o Palha, astutos especuladores que, mais tarde, acumulam grandes cabedais.

Na sociedade do século XVIII, um rico comerciante fugia da situação de classe, para granjear o respeito e a estima, com os títulos e as insígnias da nobreza. É o caso do pai do jovem Nicolau (P.A., *Verba testamentária*), que, para dar luzimento ao filho, comprou-lhe a patente de capitão.

O vice-rei, que era então o conde de Resende, andava preocupado com a necessidade de construir um cais na praia de d. Manuel. Isto, que seria hoje um simples episódio municipal, era naquele tempo, atentas as proporções escassas da cidade, uma empresa importante. Mas o vice-rei não tinha recursos; o cofre público mal podia acudir às urgências ordinárias. Homem de Estado, e provavelmente filósofo, engendrou um expediente não menos suave que profícuo: distribuir, a troco de donativos pecuniários, postos de capitão, tenente e alferes. Divulgada a resolução, entendeu o pai de Nicolau que era ocasião de figurar, sem perigo, na galeria militar do século, ao mesmo tempo que desmentia uma doutrina bramânica. Com efeito, está nas leis de Manu, que dos braços de Brama nasceram os guerreiros, e do ventre os agricultores e comerciantes; o pai do Nicolau, adquirindo o despacho de capitão, corrigia esse ponto da anatomia gentílica.

Este é outro fenômeno da sociedade do tempo, mesclada de classes e estamentos: o trânsito da situação de homem rico para a de fidalgo. Embora o dinheiro não seja, em si, qualificação para o ingresso no luzido mundo do estamento, pode ele, ao tempo que proporciona certo estilo de vida, modelo de educação e prestígio social, conduzir à outra camada.[1] Ainda correriam muitos anos antes que a classe afirmasse orgulhosamente sua autonomia, desdenhosa da macaqueação da nobreza. O mundo de Machado de Assis não alcançou integralmente essa transformação, que revolucionou a mente e a economia. O homem abastado, como o banqueiro de Santos (*Esaú e Jacó*), somente se ilustra com o título de barão.

Coexistência e permeação de estratos — dois fenômenos da convivência de duas camadas sociais, a classe e o estamento. O burguês machadiano, com feições mais discretas, respira o mesmo ar dos burgueses de Molière. Sua burguesia não viu diante de si o terceiro estado, como classe que será tudo, divorciada das fantasias e fumos fidalgos. Ela circulará, nas suas páginas de ficção, sem consciência de missão revolucionária, inovadora e transformadora, mesclada, ora em tom leve, ora em cores pesadas, com a tinta do desdém e do ridículo. A galeria burguesa de Machado de Assis brota do chão, expande-se e se enriquece, mas não domina nem governa. Entorpece-lhe os passos o filtro interior da insegurança, hesitante na ideologia mal definida de seu destino.

A coexistência, na mesma sociedade, da classe e do estamento, tende a configurar, em uma e outro, missões diversas. A classe, como categoria econômica, ocupa-se em se firmar, definir e qualificar, de acordo com a ocupação específica de seus membros. Tolhida, no cume, não se expande pelos próprios meios; serve-se, para governar, dos instrumentos e do aparelhamento estamental. O nosso terceiro Estado doura-se com as franjas de "*une noblesse de robe*", composta de barões, conselheiros e comendadores, bem como de titulares da Guarda Nacional. Os estamentos assumem o papel de órgãos do Estado, as classes permanecem limitadas a funções restritas à sociedade.[2] Esse mundo, Machado de Assis o descreve à meia-luz, sem claridade, às apalpadelas, furtivamente. A camada semioculta faz deputados, dá a nota à sociedade e dispõe do poder político. Ligada, muitas vezes, a uma situação de classe, dela independe, se conceitualmente isolada, no seu prestígio e estilo de vida. É a sociedade dos titulares, mas sobretudo do mecanismo além dos titulares, onde eles nascem e crescem.

Machado, preso aos preconceitos de moralista, ainda alheio à formação de historiador do século XIX, concebeu as estruturas sociais como se movidas por sentimentos e paixões individuais. No jogo das forças sociais, o concurso das circunstâncias exteriores tem inegável peso, mas o que decide é a fibra do homem, rompendo caminhos à custa de sua ambição. Um Cromwell ou um Bonaparte chegam ao poder porque têm que chegar, "por isso que os queima a paixão do poder" (M.P., CXL). Com menores meios, com a mesma determinação, era o passo de Capitu, cujas ideias "na prática faziam-se hábeis, sinuosas, surdas, e alcançavam o fim proposto, não de salto, mas aos saltinhos" (D.C., XVIII). O topo da pirâmide, animado de tais componentes, não seria uma camada social de feição global. Dissolvia-se num escol enérgico, um grupo que sabia querer, inimigo da veleidade, "figura vaga e transparente, trajada de névoas, toucada de reflexos, sem contornos definidos, porque morriam todos no ar" (I.G., IV).

O sistema torna-se uma função da elite, tal como em outro moralista, Maquiavel,[3] elite, acentua-se, dentro do estamento. A política e, em sentido lato, a luta social, sobretudo a luta pela ascensão social, desdobram-se num feixe de meios necessários para alcançar e manter o poder. Os instrumentos se afeiçoam à ambição individual, que marcará o ritmo da escalada, ritmo frouxo ou ritmo impetuoso, de acordo com a feição do homem. O essencial, nesse combate, é "a força indispensável a todo o homem que põe a mira acima do estado em que nasceu" (M.L., II). No outro lado vegeta a imensa legião dos Rangéis (V.H., *O diplomático*):

> O pior é que entre a espiga e a mão, há o tal muro do poeta, e o Rangel não era homem de saltar muros. De imaginação fazia tudo, raptava mulheres e destruía cidades. Mais de uma vez foi, consigo mesmo, ministro de Estado, e fartou-se de cortesias e decretos [...]. Cá fora, porém, todas as suas proezas eram fábulas. Na realidade, era pacato e discreto.

A ambição, enérgica, viril, obstinada, leva às montanhas, tanto pela escada da direita, como pela escada da esquerda. Não há, para embargar-lhe o passo, o bem e o mal; seu ofício é apenas subir e se manter nas alturas.

Se o bem e o mal não têm voz na partida, há, no alto, a falsa e a verdadeira grandeza. Há a integração na camada superior, com o cunho de autenticidade, amoldado o homem aos valores que o absorvem. Tudo acontece quietamente, como se nada houvesse de estranho ou anormal, em obediência ao velho costume e aos usos consagrados. A elite circula, fechando os claros em suas fileiras, para continuar o domínio. Brás Cubas e Lobo Neves (*Memórias póstumas*) sentam na Câmara dos Deputados sem escândalo, e sem escândalo seriam ministros. Ambiciosos ambos, embora sem a ambição que queima e ilumina, pagaram seu tributo às regras convencionais. São filhos da verdadeira grandeza. Rondando-a, há, porém, a falsa grandeza, armada de truques, forrada de empulhações. A teoria *nomadista*, de onde se gera o medalhão, é seu caldo de cultura, formando um substituto da elite, à margem do genuíno e autêntico escalão tradicionalmente dominante. A teoria da elite exaspera-se em suas linhas, confundindo-se com a sua sombra, macaqueando-se a si própria.

2 | *Sociedade não rígida. A "boa sociedade" e suas glórias. A hierarquia. A ascensão pela cunhagem e pelo enriquecimento. A censura da sociedade tradicional*

LONGE DA CONCEPÇÃO MACHADIANA da sociedade o imobilismo, a estratificação rígida. O xadrez serve mal à comparação da vida: quem nasce peão não tem que ficar peão, quem nasce bispo não está proibido de cingir a espada (E.J., XIII; B.E., 30 nov.). As posições não têm dono, há os que sobem e os que descem; há a luta para subir e crescer numa sociedade estilizada, mas fluida em sua contextura, a aberta às ascensões e às escaladas. O único lugar intangível é o de imperador; só o delírio permitia ocupá-lo sob o incitamento da febre, no extremo do ridículo. Rubião, depois que o seu espírito começou a pairar sobre o abismo, imaginou-se marquês, marquês de Barbacena (Q.B., LXXXII). Em respeito ao imperador dos brasileiros, atribuiu-se o título de imperador dos franceses, vivendo os infortúnios de Luís Napoleão. Quem ousou — caso singular — proclamar-se imperador foi o conhecido Rangel (V.H., *O diplomático*):

> Chegou ao extremo de aclamar-se imperador, um dia, 2 de dezembro, ao voltar da parada no Largo do Paço; imaginou para isso uma revolução, em que derramou algum sangue, pouco, e uma ditadura benéfica, em que apenas vingou alguns pequenos desgostos de escrevente.

A subida da montanha, posto que possível, nem sempre é convencionalmente legítima. O sentimento de escárnio, a repulsa velada acompanham, não raras vezes, muitas carreiras triunfantes. Enquanto a mobilidade no campo das classes sofre moderada censura, a resistência para o ingresso no estamento, nos círculos do poder, é maior. Os golpes de audácia, os saltos não se permitem na conquista dos altos postos. Mesmo a Alencar, glorioso nas letras, não se reconheceu o direito de conquistar o Capitólio de assalto (*Páginas recolhidas*):

> Primeiro em Atenas, era-lhe difícil ser segundo ou terceiro em Roma. Quando um ilustre homem de Estado respondendo a Alencar, já então apeado do governo, com-

parou a carreira política à do soldado, que tem de passar pelos serviços ínfimos e ganhar os postos gradualmente, dando-se a si mesmo como exemplo dessa lei, usou de uma imagem feliz e verdadeira, mas ininteligível para o autor das *Minas de prata*.

Sociedade não rígida, mas respeitosa da hierarquia. Há a "boa sociedade" e a sociedade comum. Entre uma e outra, o abismo do prestígio, do estilo de vida, do acesso ao mando. A primeira, quem a preside é o imperador em pessoa, presente nos seus grandes momentos, presença muitas vezes banhada de sombras. Ela se corporifica e se representa, visivelmente, em dois momentos: no baile da ilha Fiscal (*Esaú e Jacó*) e nas bodas imaginárias de Rubião (*Quincas Borba*). No baile da ilha Fiscal estariam todos, titulares e grandes do Império, entre outros: o conselheiro Aires, ex-diplomata; Batista, ex-presidente da província; Santos, banqueiro e barão. "Foi uma bela ideia do governo, leitor. Dentro e fora, do mar e de terra, era como um sonho veneziano; toda aquela sociedade viveu algumas horas suntuosas, novas para uns, saudosas para outros, e de futuro para todos"... (E.J., XLVIII). Todas as aspirações, fantasias e sonhos de uma sociedade dourada têm um encontro marcado. Em cores berrantes, é a repetição da taberna de D. Quixote, com a mágica reunião de muitos destinos e de muitas esperanças. Para cada uma das pessoas, o acontecimento tem um significado adequado aos seus desejos, como num conto de fadas que só os adultos percebem. O casal Batista (E.J., XLVIII):

> Para ela, o baile da ilha era um fato político, era o baile do ministério, uma festa liberal, que podia abrir ao marido as portas de alguma presidência. Via-se já com a família imperial. Ouvia a princesa:
> — Como vai, d. Cláudia?
> — Perfeitamente bem, Sereníssima senhora.
> E Batista conversaria com o imperador, a um canto, diante dos olhos invejosos que tentariam ouvir o diálogo, à força de os fitarem de longe. O marido é que... Contava lá ir, mas não se acharia a gosto; pode ser que traduzissem esse ato por meia conversão. Não é que só fossem liberais ao baile, também iriam conservadores, e aqui cabia bem o aforismo de d. Cláudia que não é preciso ter as mesmas ideias para dançar a mesma quadrilha.

Natividade, a mulher do banqueiro e barão de Santos, via outro baile, a reprodução deste, em homenagem aos filhos, que teriam grandes destinos (E.J., XLVIII):

Pedro bem podia inaugurar, como ministro, o século xx e o terceiro reinado. Natividade imaginava outro e maior baile naquela mesma ilha. Compunha a ornamentação, via as pessoas e as danças, toda uma festa magna que entraria na história. Também ela ali estaria, sentada a um canto, sem se lhe dar do peso dos anos, uma vez que visse a grandeza e a prosperidade dos filhos.

E a jovem e encantadora Flora, que pensaria ela?

Via, ouvia, sorria, esquecia-se do resto para se meter consigo. Também invejava a princesa imperial, que viria a ser imperatriz um dia, com o absoluto poder de despedir ministros e damas, visitas e requerentes, e ficar só, no mais recôndito do paço, fartando-se de contemplação ou de música. Era assim que Flora definia o ofício de governar. Tais ideias passavam e tornavam. De uma vez, alguém lhe disse, como para lhe dar força: "Toda alma livre é imperatriz". (E.J., XLVIII)

Ao casamento de Rubião o imperador não compareceu; compareceu a sombra da sociedade imperial, emanação do trono, em presença invisível.

Convidados de primeira ordem, generais, diplomatas, senadores, um ou dois ministros, muitas sumidades do comércio; e as damas, as grandes damas? Rubião nomeava-as de cabeça; via-as entrar, ele no alto da escada de um palácio, com o olhar perdido por aquele tapete abaixo — elas atravessando o saguão, subindo os degraus com os seus sapatinhos de cetim, breves e leves, — a princípio, poucas — depois mais, e ainda mais. Carruagens após carruagens... Lá vinham os condes de tal, um varão guapo e uma singular dama... "Caro Rubião, aqui estamos", dir-lhe-ia o conde, no alto; e, mais tarde, a condessa: "Senhor Rubião, a festa é esplêndida...".

De repente, o internúncio... Sim, esquecera-se que o internúncio devia casá-los; lá estaria ele com as suas meias roxas de monsenhor, e os grandes olhos napolitanos, em conversação com o ministro da Rússia. Os lustres de cristal e ouro aluminando os mais belos colos da cidade, casacas direitas, outras curvas ouvindo os leques que se abriam e fechavam, dragonas e diademas, a orquestra dando o sinal para uma valsa. Então os braços negros, em ângulo, iam buscar os braços nus, enluvados até o cotovelo, e os pares saíam girando pela sala, cinco, sete, dez, doze, vinte pares. Ceia esplêndida. Cristais da Boêmia, louça da Hungria, vasos de Sèvres, criadagem lesta e fardada, com as iniciais de Rubião na gola. (Q.B., LXXXI)

Nesta altura, o capitalista Rubião, ferido de grandeza e de delírio, já se sentia o marquês de Barbacena (Q.B., LXXXII). Transportava-se para a sociedade refinada do Segundo Reinado, em imaginação. Sua situação de classe, embora pela ociosidade próxima do topo e do escol, não lhe concederia lugar de tanta proeminência, se a fantasia não interviesse, mesclada de enfermidade. Não obstante, arredados os intrusos, esta era a "boa sociedade" da época, ornamentada de casacas e de comendas. O ruído dessa camada indica a proximidade do trono e da coroa, sem ser o reflexo do fausto e da opulência. Aristocracia burocrática, estamental no seu contexto, tocada pelos cabedais de um certo tipo de capitalismo, pré-industrial, político nas suas conexões. Não apenas o abastado Rubião com ela se embriagara; ela tecia os melhores sonhos do humilde Rangel, o mesmo Rangel que um dia ousou usurpar a coroa imperial, dominado pelo "demônio das grandezas", que fazia as "suas arlequinadas no coração do novo homem" (V.H., *O diplomático*).

Hierárquicas são as relações entre as pessoas e as categorias, hierarquia muitas vezes sutil que se insinua na etiqueta e nas cortesias. O rapapé e as mesuras, o salamaleque e as zumbaias traem o acatamento de uma faixa de sociedade à outra. Há, no exagero, misto de respeito e escárnio, humilhação submissa e ironia, que a melhor sedimentação iria substituir pela polidez e urbanidade. A distância social maior percebe-se nas relações fora da classe, entre estamento e classe, com a tradução, para as relações dentro das classes, dos padrões daquele. Um pouco do mundo pré-capitalista de Molière, sem o extremado desdém das camadas fidalgas para com os que sentem o fascínio do dinheiro, "um pudor — como escrevia Nabuco —, um resguardo em questões de lucro, próprio das classes que não traficam".[4] Um diretor de banco tem dois encontros, no espaço de uma hora, com um ministro de Estado e com um comerciante. São dois quadros da pressão hierárquica, em que um se desforra do outro, copiando atitudes e gestos para orientar a própria conduta. O diretor de banco

> fora primeiro à casa de um ministro de Estado, tratar do requerimento de um irmão. O ministro, que acabara de jantar, fumava calado e pacífico. O diretor expôs atrapalhadamente o negócio, tornando atrás, saltando adiante, ligando e desligando as frases. Mal sentado, para não perder a linha do respeito, trazia na boca um sorriso constante e venerador: curvava-se, pedia desculpas. O ministro fez algumas perguntas; ele, animado, deu respostas longas, extremamente longas, e acabou en-

tregando um memorial. Depois ergueu-se, agradeceu, apertou a mão ao ministro, este acompanhou-o até a varanda. Aí fez o diretor duas cortesias — uma em cheio, antes de descer a escada —, outra em vão, já embaixo, no jardim; em vez do ministro, viu só a porta de vidro fosco, e na varanda, pendente do teto, o lampião de gás. Enterrou o chapéu e saiu. Saiu humilhado, vexado de si mesmo. Não era o negócio que o afligia, mas os cumprimentos que fez, as desculpas que pediu, as atitudes subalternas, um rosário de atos sem proveito. Foi assim que chegou à casa do Palha.

Em dez minutos, tinha a alma espanada e restituída a si mesma, tais foram as mesuras do dono da casa, os *apoiados* de cabeça, um raio de sorriso perene, não contendo oferecimentos de chá e charutos. O diretor fez-se então severo, superior, frio, poucas palavras; chegou a arregaçar com desdém a venta esquerda, a propósito de uma ideia do Palha, que a recolheu logo, concordando que era absurda. Copiou do ministro o gesto lento. Saindo, não foram dele as cortesias, mas do dono da casa.

Estava outro, quando chegou à rua; daí o andar sossegado e satisfeito, o espraiar da alma devolvida a si própria, e a indiferença com que recebeu o embate de Rubião. Lá se ia a memória de seus rapapés; agora o que ele rumina saborosamente são os rapapés de Cristiano Palha. (Q.B., XCVI)

Relações hierárquicas pesam sobre a classe, que mede tudo pela situação econômica, entrevendo um mundo de grandeza, de glória. Damião Cubas, o fundador da dinastia dos Cubas, saiu da mediania no século XVIII. Tanoeiro, expandiu as suas atividades na lavoura, "plantou, colheu, permutou o seu produto por boas e honradas patacas, até que morreu, deixando grosso cabedal a um filho, o licenciado Brás Cubas" (M.P., III). Era necessário, para dourar a família, buscar outra origem, que não cheirasse à tanoaria e apenas às patacas.[5] Daí o duplo expediente do pai de Brás Cubas para fugir ao fabricante de cubas. Primeiro, deslocou a origem dos Cubas para o licenciado Luís Cubas, que "primou no Estado e foi um dos amigos particulares do vice-rei conde da Cunha" (M.P., III); segundo, atribuiu o apelido Cubas a uma jornada da África, onde um cavaleiro teria arrebatado trezentas cubas aos mouros. Burguesia insegura de sua força e de seus poderes, nobilita-se e se afidalga por todos os meios, pela imaginação, falsificação ou imitação. Sob esta sombra, cresceu o constrangido acatamento a uma aristocracia, sem raízes e sem tradição. Burguesia mascarada de nobreza, incerta de suas posses, indefinida no estilo de vida.

Neste quadro dourado penetram os homens de nascimento humilde por duas portas: a *cunhagem* e o enriquecimento. Na cunhagem, o recém-vindo sofre o mesmo processo que o metal ao se amoedar, recebendo a marca e as insígnias do círculo que o aceita. No enriquecimento, a subida, também filha da ambição, deixa um travo de insuficiência e pecado. Aqui, o dinheiro, que alça, eleva e doura, não dá tudo; transmite, ao contrário, o sentimento de que houve o escamoteio de quem "fura" a entrada, sem ser convidado. Invariavelmente, em todas as personagens de Machado de Assis, a história de sua ascensão traduz o sentimento de que alguma coisa falta para completar-lhes a carreira. Daí, em simetria, as resistências ao dinheiro, que se justifica na vetusta origem social, para vencer o abismo dos casamentos desiguais, por um ou outro fundamento. "Tenho [diz um impugnante aristocrático] um nome que, se se não recomenda por uma linha de avós preclaros, todavia pertence a um homem que mereceu a confiança do rei dos tempos coloniais e foi tratado sempre com distinção pelos fidalgos do seu tempo" (*Contos esquecidos*).

A absorção por cunhagem apresenta-se, na obra machadiana, mais pelo lado negativo do que pelo positivo. Nenhum homem de origem humilde, na extensa galeria de suas personagens, alcançou a cadeira senatorial ou envergou o imponente uniforme de ministro. Somente em sonho, ou por efeito da fantasia, personificou-se alguém no cargo de presidente do Conselho, o nosso primeiro-ministro indígena. Entra-se no clube oligárquico, já se observou, no posto inferior, e daí, passo a passo, manhosamente, alcança-se o cume, o topo da pirâmide. Lembre-se, mais uma vez: quem decide o primeiro passo não é o talento oratório ou jornalístico, a habilidade para captar ou arregimentar o eleitorado, o charme que seduz as multidões. Antes de pôr à prova tais dons é necessário conquistar a confiança dos chefes, obscuramente encastelados no Olimpo, cuja presença se sente, mas não se vê. Com maiores detalhes, a parte destinada ao exame da política — "O pavão e a águia" (parte II) — dirá das condições e dos tropeços dessa marcha para o poder. Uma amostra do vestíbulo de uma carreira de um rapaz pobre, o infortunado Luís Tinoco (H.M.N., *Aurora sem dia*):

— Recomende-me ao doutor. Quero acompanhá-lo, e ser seu protegido; é o meu desejo.

O dr. Lemos cedeu ao desejo de Luís Tinoco. Foi ter com o advogado e recomendou-lhe o escrevente, não com muita solicitude, mas também sem excessiva frieza. Felizmente o advogado era uma espécie de S. Francisco Xavier do partido, desejoso como ninguém de aumentar o pessoal militante; recebeu a recomendação com a melhor cara do mundo, e logo no dia seguinte, disse algumas palavras benévolas ao escrevente, que as ouviu trêmulo de emoção.

— Escreva alguma coisa, disse o advogado, e traga-me para ver se lhe achamos propensão.

Depois dessa cerimônia iniciatória, vinha a estrada aberta, onde muitos se perdiam e alguns raros a percorriam em toda a extensão. Nem Lobo Neves (*Memórias póstumas*), Teófilo (*Quincas Borba*), Brotero (P.R., *Papéis velhos*), embora muito o ambicionassem, não lograram o prêmio maior. Nenhum foi ministro e todos amaldiçoaram a política, bem como a má estrela deles. Havia obstáculos a um homem humilde para percorrer os altos círculos. Era necessário ao triunfador ter altas rendas e tradição familiar — estas as condições normalmente necessárias à escalada. Não era impossível granjear uma posição, da humildade, mas o ritual, na verdade pouco rígido, não seria flexível. Havia a necessidade de um título de instrução superior, reputação profissional ou o brilho no jornalismo. Ajudava um título de comendador ou cavalheiro, uma patente da Guarda Nacional ou um título de nobreza. Ajudava é pouco: seria recomendação valiosa, trunfo quase certo para entrar no jogo. Para quem já tem o renome feito é possível fazer até milagres (A.S., 2 de junho de 1895):

> 1860! Quem não se lembra da célebre eleição desse ano, em que Otaviano, Saldanha e Ottoni derribaram as portas da Câmara dos Deputados à força da pena e da palavra? O *lencinho* branco de Ottoni era a bandeira dessa rebelião, que pôs na linha dos suplentes de eleitores os mais ilustres chefes conservadores...

O poeta ou o escritor, pobres de outras qualificações, não têm ingresso nessa comunidade que dirige o Estado e distribui migalhas de poder aos famintos. Murat, derrotado nas eleições, inspira algumas reflexões de Machado acerca dos homens de letras, que a política repele, não os aceitando no seu grêmio (B.D., 29 de julho):

> Poetas entram [na Câmara], com a condição de deixar a poesia. Votar ou poetar. Vota-se em prosa, qualquer que seja, prosa simples, ruim prosa, boa prosa, bela prosa, magnífica prosa, e até sem prosa nenhuma, como o sr. Dias Carneiro, para citar um nome. Os versos, quem os fez, distribui-os pelos parentes e amigos e faz uma cruz às musas. Alencar (e era dos audazes) tinha um drama no prelo, quando

foi nomeado ministro. Começou mandando suspender a publicação; depois fê-lo publicar sem nome de autor. E note-se que o drama era em prosa...

Já causava escândalo a citação de Molière na Câmara, perpetrada por Lafayette. Taunay, em vésperas de eleições, cuida das músicas do padre José Maurício, lembrando os nomes de Haydn e Mozart (B.E., 29 de outubro de 1884). A imprudência lhe comprometeria os sufrágios de seu eleitorado de Santa Catarina.

> Já tinhas a enxaqueca literária e as belas páginas de *Inocência*, e como se isso não bastasse, pões cá para fora a tua sabença musical. Taunay, Taunay, amigo Taunay, deixa as coisas de arte onde elas estão, achadas ou perdidas; muda de fraseologia, atira-te aos *cachorros*, *paulas*, *leões*, todo esse vocabulário, que só aparentemente dá ares de aldeia, mas encerra grandes e profundas ideias. Já estudaste o coronel? Estuda o coronel, Taunay. Estuda também o major, e não os estudes só, ama-os, cultiva-os. Que és tu mesmo, senão um major, forrado de um artista? Descose o forro, *et ambula*.
>
> Sim, Taunay, fica prático e local. Nada de responsórios, nem romances e estás no trinque, voltas eleito e podes então, à vontade, dançar cinco ou seis polcas por mês. Também é música, e não é de padre. (B.E., 29 de outubro)

Entre o amor das letras, a maior desgraça é ser poeta. A ideia de poeta está ligada à ideia de mendicidade, más roupas e, sobretudo, à ideia de ridículo (H.M.N., *Aurora sem dia*). Nem os grandes — Alencar e Taunay — conseguiram vencer a onda de escárnio que cercava o escritor não ocasional. Mas o maior obstáculo para que sentasse o homem humilde à mesa do estamento, além da própria falta de tradição e nome, era o exercício passado de um ofício manual, infamante por si próprio, de que nenhum título ou lustre lavaria a mancha. Pior do que isso não havia, nem mesmo o passado nos bancos da criminalidade. A província de Camacho estava dominada pelos Pinheiros, que o centro afagava.

> Há um réu de polícia entre eles, e há outro que até foi aprendiz de barbeiro. Matriculou-se, é verdade, na Faculdade do Recife, creio que em 1855, por morte do padrinho que lhe deixou alguma cousa, mas tal é o escândalo da carreira desse homem que, logo depois de receber o diploma de bacharel, entrou na assembleia provincial. É uma besta; é tão bacharel como eu sou papa. (Q.B., CX)

A estrada do enriquecimento, da ascensão na sociedade de mercado, exigia escrutínio menos severo das qualidades pessoais. A censura, traduzida em escárnio e ironia, oculta em indiferença, era mais tênue, a indicar que a ameaça aos valores estabelecidos seria de pouca monta. Enriquecer, na obra de Machado de Assis, significa, normalmente, pôr-se ao abrigo do trabalho, ganhar o emprego suave de não fazer nada, nas serenas funções de capitalista.

> Félix conhecera o trabalho no tempo em que precisava dele para viver; mas desde que alcançou os meios de não pensar no dia seguinte, entregou-se corpo e alma à serenidade do repouso. Mas entenda-se que não era esse repouso aquela existência apática e vegetativa dos ânimos indolentes; era, se assim me posso exprimir, um repouso ativo, composto de toda a espécie de ocupações elegantes e intelectuais que um homem na posição dele podia ter. (*Res.*, I)

Os meios comuns para alcançar esse glorioso estado são a herança e o casamento com herdeiro ou herdeira rica. Há, todavia, as grandes carreiras, dos homens que vieram do nada e construíram grossos cabedais, a cuja sombra um deles cultivou a baronia. Não é o trabalho o responsável por esse salto, o trabalho de todos os dias, suado e fatigante, com a poupança de real a real. A chave da existência dourada é a especulação afortunada, o faro astuto, que se exercita nas crises comerciais que abalaram o Segundo Reinado. Os grandes exemplares do jogo são o Procópio Dias (*Iaiá Garcia*), o Palha (*Quincas Borba*), o Santos e o Nóbrega (*Esaú e Jacó*). Deixemos de lado, por enquanto, o Cotrim (*Memórias póstumas*), que merecerá mais extenso exame. Quatro personagens e dois tipos de carreira: Procópio Dias e o Nóbrega permanecem no campo da sociedade de mercado, por incapacidade provavelmente de aspirarem ao alto círculo; o Palha e o Santos namoram e cortejam a "boa sociedade", ornamentado o Santos com o título de barão.

Procópio Dias cultivava o lucro como artigo de fé.

> Mediante alguns anos de trabalhos assíduos e *finuras encobertas*, viu engrossarem-lhe os cabedais. Em 1864, por um instinto verdadeiramente miraculoso, farejou a crise e o descalabro dos bancos, e retirou a tempo os fundos que tinha em um deles. Sobrevindo a guerra, atirou-se a toda a sorte de meios que pudessem tresdobrar-lhe as rendas, cousa que efetivamente alcançou em 1869. (*I.G.*, VII)

Nóbrega começou sua fortuna com o pitoresco furto de uma nota de dois mil-réis, avó de muitas outras. "Para as notas recentes, a avó perdia-se na noite dos tempos. Agora os tempos eram claros, a manhã doce e pura" (E.J., CIII). A origem dos cabedais de ambos está coberta de ações más, estigma das ascensões bruscas, que revela, no lado interior, a resistência contra o enriquecimento rápido. Procópio Dias cultivava o êxito pelo êxito, com todos os meios, sem eleição de licitude, ajudado pela sedução pessoal.

> Procópio Dias tinha o pior mérito que pode caber a um homem sem moral: era insinuante, afável, conversado; tinha certa viveza e graça. Era bom parceiro de rapazes e senhoras. Para os primeiros, quando eles o pediam, tinha a anedota crespa e o estilo vil; se lhes repugnava isso, usava de atavios diferentes. Com senhoras era o mais paciente dos homens, o mais serviçal, o mais buliçoso — uma joia. (I.G., VII)

O outro, Nóbrega, opulentado pelo encilhamento, sem lições de ortografia e sintaxe, exprime o fim do Império, a sociedade de predomínio das classes. Tem a ingênua convicção dos novos-ricos de que o dinheiro tudo compra e a todos seduz. O novo império absorveria os velhos e decadentes principados de boas maneiras, de estilo de vida, de poder político. Espanta-se da recusa que a fina e frágil Flora opõe à proposta de casamento. Só a doença ou a modéstia inspirariam gesto tão inverossímil.

> Tinha imaginado que ela, ao ler a carta, devia ficar tão pasmada e agradecida, que nos primeiros instantes não pudera responder a d. Rita; mas logo depois as palavras sairiam do coração às golfadas: "Sim, senhora, queria, aceitava; não pensara em outra cousa". Escrevia logo ao pai e à mãe para lhes pedir licença; eles viriam correndo, incrédulos, mas, vendo a carta, ouvindo a filha e d. Rita, não duvidariam da verdade, e dariam o consentimento. Talvez o pai lho fosse dar em pessoa. E nada, nada, nada, absolutamente nada, uma simples recusa, uma recusa atrevida, porque enfim quem era ela, apesar da beleza? Uma criatura sem vintém, modestamente vestida, sem brincos, nunca lhe vira brincos às orelhas, duas perolazinhas que fossem. (E.J., CIV)

Há, entre Procópio e Nóbrega, uma evolução que indica, no espaço de vinte anos, a mudança da sociedade. Procópio ainda está tolhido, embaraçado, inibido por uma rede exterior, que o impede de se expandir. Nóbrega respira com maior liberdade, num mundo à parte, que tem regras e convenções próprias, que desconhece o outro. Um cavalga numa corrida de obstáculos, outro galopa em campo que se alarga, ignorante da vizinhança. Ambos, porém, são meramente filhos do dinheiro e não têm outros dogmas, nem aspiram a um credo diverso, mais alto.

O Palha e o Santos têm devoções de outra índole. Mergulhados na sociedade de classes, também separados por vinte anos, enredam-se na teia da "boa sociedade", nos altos círculos, na comunidade estamental. Imitam e perseguem outro estilo de vida, em que a fortuna — sem ser ela própria esta outra realidade — só lhes enseja o ingresso. É o dinheiro como caminho, suporte e apoio. Palha adivinhou, em 1864, as falências bancárias — zangão da praça, aproveitou a intuição que tivera e fez-se rico (Q.B., XXXV). Eleva-se socialmente e espana as velhas amizades. O casal tornou-se polido, educado, elegante. Palha, mal acostumado às novas convenções sociais, oscilava entre a bajulação e o desdém calculado, traços que adotava para manter-se superior ao meio.

> Palha era então as duas cousas; casmurro, a princípio, frio, quase desdenhoso; mas, ou a reflexão, ou o impulso inconsciente restituía ao nosso homem a animação habitual, e com ela, segundo o momento, a demasia e o estrépito. Sofia é que, em verdade, corrigia tudo. Observava, imitava. Necessidade e vocação fizeram-lhe adquirir, aos poucos, o que não trouxera do nascimento nem da fortuna [...]
>
> Foi assim que a nossa amiga, pouco a pouco, espanou a atmosfera. Cortou as relações antigas, familiares, algumas tão íntimas que dificilmente se poderiam dissolver; mas a arte de receber sem calor, ouvir sem interesse e despedir-se sem pesar, não era das suas menores prendas; e uma por uma, se foram indo as pobres criaturas modestas, sem maneiras, sem vestidos, amizades de pequena monta, de pagodes caseiros, de hábitos singelos e sem elevação. Com os homens fazia exatamente o que o major contara, quando eles a viam passar de carruagem — que era sua —, entre parêntesis. A diferença é que já nem os espreitava para saber se a viam. Acabara a lua de mel da grandeza; agora torcia os olhos duramente para outro lado, conjurando, de um gesto definitivo, o perigo de alguma hesitação. Punha assim os velhos amigos na obrigação de não lhe tirarem o chapéu. (Q.B., CXXXVIII)

Agostinho Santos, como Cristiano Palha, enriqueceu graças a um golpe de sorte; farejou a febre das ações (1855). "Ganhou logo muito, e fê-lo perder a outros" (E.J., IV).

A Fortuna os abençoou com a riqueza. Anos depois tinham eles uma casa nobre, carruagem, cavalos e relações novas e distintas [...]. Natividade andava já na alta-roda do tempo; acabou de entrar por ela, com tal arte que parecia ali haver nascido. Carteava-se com grandes damas, era familiar de muitas, tuteava algumas. Não tinha só esta casa de Botafogo, mas também outra em Petrópolis; nem só carro, mas também camarote no Teatro Lírico, não contando os bailes no Cassino Fluminense, os dos amigos e seus. Era nomeada nas gazetas, pertencia àquela dúzia de nomes planetários que figuram no meio da plebe de estrelas. O marido era capitalista e diretor de banco. (E.J., VI)

Palha pensava já na baronia. "Palha, além do mais, possuía ações de toda a parte, apólices de ouro do empréstimo Itaboraí, e fizera dous fornecimentos para a guerra, de sociedade com um poderoso, nos quais ganhou muito. Já trazia apalavrado um arquiteto para lhe construir um palacete" (Q.B., CXXIX). Santos tornava-se barão, o barão de Santos.

Estes dois exemplares — Cristiano Palha e Agostinho Santos — erguem-se, como Procópio Dias e Nóbrega, do nada. Enriquecem e tornam-se donos de palacetes e carruagens. Distingue-os a peculiaridade de, ingressando na alta-roda, alterarem o estilo de vida, coroando-a com o desejo ou com a realidade da baronia. São, sem que o saibam, trânsfugas de sua classe. É que a burguesia — o terceiro estado — ainda não sabe que será tudo, na forma da promessa de Sieyès. Procópio Dias e Nóbrega não pensam nessa passagem para o outro lado. O que os detém na margem do rio, sem vadeá-lo, é a incapacidade de se assenhorearem de novas maneiras ou a ignorância do mundo brilhante que habita na margem oposta. Não os retém a virtude ou a confiança na própria classe.

O caminho da ascensão é o golpe da fortuna, honesto ou ilícito — aí não há valores. O caminho não está aberto a todos os humildes, todos os que dispõem de habilidade, ambição ou esperteza. Enquanto os especuladores o percorrem, em toda a distância, está ele fechado aos operários, empregados, mecânicos ou artesãos (artistas), às mulheres pobres e aos escravos. Diga-se apenas por ora que, embora não rigidamente fechada a sociedade, para a escalada era necessária uma base, base que a pobreza impedia. Seria necessário, em primeiro esforço, ter alguma coisa para ter muito — crédito e reputação, experiência e relações no comércio. No nível do estrato sem esperança, à míngua de heranças, casamentos ricos, proteções, está a sorte do tipógrafo — "era preciso algum tempo para compor bem, e ainda assim talvez não ganhasse o bastante" (R.C.V., *Pai contra mãe*), da mulher sem profissão, como a infortunada Miloca (O.C., *Miloca*), do empregado no arsenal (O.C., *Jogo do bicho*). Para estes, a estrada está cercada de barreiras e armadilhas, que agravam a miséria e tornam o destino apagado.

A escalada do homem pobre a um estrato superior é uma realidade. A caminhada, áspera e marcada de obstáculos, exige uma certa *virtù*, uma força íntima que rompe barreiras e se chama ambição.

> O destino não devia mentir nem mentiu à ambição de Luís Alves. Guiomar acertara: era aquele o homem forte. Um mês depois de casados, como eles estivessem a conversar do que conversam os recém-casados, que é de si mesmos, e a relembrar a curta campanha do namoro, Guiomar confessou ao marido que naquela ocasião lhe conhecera todo o poder da sua vontade.
> — Vi que você era homem resoluto, disse a moça a Luís Alves, que, assentado, a escutava.
> — Resoluto e ambicioso, ampliou Luís Alves sorrindo; você deve ter percebido que sou uma e outra cousa.
> — A ambição não é defeito.
> — Pelo contrário, é virtude; eu sinto que a tenho, e que hei de fazê-la vingar. (M.L., XIX)

Há a ambição em linha reta e a ambição em linha curva, oblíqua. Nas personagens anteriores às *Memórias póstumas*, impõe-se a primeira, filha dos heróis mitológicos e deles imitada em traços ingênuos. Há audácia, paixão e cálculo. Mas o tempo ensina que se entra no castelo do poder e nas mansões da riqueza com o auxílio de passos curtos e seguros, animados de paciência e tenacidade, à custa de muita dissimulação e alguma hipocrisia. Por aí é que se sente a presença do Procópio Dias, do Nóbrega, do Palha, do medalhão e de Capitu. Trata-se de ambição forrada de torpeza, sem a grandeza da *virtù*, que envolvia Guiomar e Luís Alves. O engodo, a perspicácia astuta, a esperteza de enganar são os elementos de que se compõe essa miserável paixão. Com tais golpes e com tais armas alcança-se a ociosidade elegante, a riqueza sem escrúpulos, a irradiação do poder.

Agora — o lado amargo da vitória — a ambição se mescla ao pecado. O vencedor sente-se só, abandonado a si próprio, o moedeiro falso temeroso de que a polícia o surpreenda e pilhe. Pelo lado da opinião dos outros, o aplauso se mistura à zombaria, a inveja se junta à ironia. Há valores que presidem à sociedade, na qual penetraram Sofia e o medalhão, que não calam, nem se deixam antecipar. Alguma coisa foi fraudada, alguma coisa que repousa nas convenções sagradas de uma sociedade tradicional. Ao lado da linha oblíqua e da linha reta há uma outra estrada, a autêntica, a verdadeira, por onde passam outras figuras, como sombras projetadas de um mundo inacessível ao homem pobre, ao aventureiro e ao medalhão.

3 | *Fazendeiros e poder*

A OBRA DE MACHADO DE ASSIS desfaz uma ilusão secularmente repetida. O Brasil seria, no século XIX, a "aristocracia rural" — dona do açúcar e depois do café, os sucessivos produtos essenciais da economia —, o senhor de terras e escravos formavam os polos dinâmicos da sociedade. As cidades refletiriam um apêndice da riqueza rural, empórios de mercadorias, fornecedoras de produtos importados, centros do tráfico de escravos. Somente a industrialização, que ensaia os primeiros passos com a Tarifa Alves Branco (1843), se expande no fim do Império e começo da República, coincidindo com o *encilhamento*, consolida-se na primeira Grande Guerra (1914-18) e triunfa em 1930, modificaria o quadro do binômio senhor e escravo, fixado na terra e na agricultura. Descobriu-se até, para confirmar a tese, um feudalismo brasileiro, ornado de castelos, composto de imitações medievais, alimentado de metáforas. Uma minoria de historiadores e sociólogos combateu o equívoco, recebida, nas nossas letras, com a má vontade de quem revela a falsidade de um conto de fadas ou a inexistência de Papai Noel.

Ao lado da "nobreza rural", desde a primeira formação brasileira, nasceu e cresceu uma outra classe, de comerciantes e donos de capitais. Classe aquisitiva ou especuladora, que se expandiu em correlação com a classe proprietária, vinculada ao mercado, herdeira dos capitalistas portugueses, responsáveis pelos fornecimentos de escravos, equipamentos e capitais para instituir os estabelecimentos rurais e adquirir-lhes os produtos. Vendia aos proprietários os bens necessários à produção, a créditos largos, adquirindo-lhes o açúcar, depois o café, base de grandes fortunas urbanas. Dessa classe de comerciantes, traficantes de escravos e banqueiros é que saem os Cotrins (*Memórias póstumas*), os Palhas (*Quincas Borba*) e os Santos (*Esaú e Jacó*). Sobre ela nascem e ganham esplendor as cidades — que abrigam outros elementos da mesma classe, os negociantes de fornecimentos e concessões governamentais (os Procópios Dias) — mais do que dos fazendeiros, porventura absenteístas de seus domínios.

Muitos escravos frequentam a obra machadiana, a maioria, porém, escravos urbanos. Há, de outro lado, alguns fazendeiros, que tocam a sociedade urbana ou que, transferidos para a cidade, urbanizam os bens. Abandonado o clichê da sociedade do Segundo Reinado como sociedade polar entre senhor rural e escravo, tenha-se em conta que Machado de Assis vive, na sua ficção, a sociedade urbana. Como ninguém antes dele, melhor do que Alencar e Macedo, soube ver e perceber-lhe os traços fundamentais, sem extravios rurais.

A propriedade rural é a periferia da economia urbana. Em muitos casos, o domínio rural se converte em domínio urbano, sem alteração de classe. O proprietário de terras, o agricultor passa a ter bens urbanos, que lhe proporcionam rendas. Nunca, senão raramente, ele se converte em comerciante, especulador, banqueiro ou comissário. O trânsito de uma classe a outra — de proprietário a especulador — não será a regra. Significa que a urbanização das fortunas não ocorre em substância, senão na aparência exterior, no modo, no acidente. Um exemplo? Dona Glória, mãe de Bentinho (*Dom Casmurro*), antiga fazendeira em Itaguaí, presa à cidade, onde seu marido viera para tomar assento na Câmara, desfaz-se dos bens rurais.

> Quando lhe morreu o marido, Pedro de Albuquerque Santiago, contava trinta e um anos de idade, e podia voltar para Itaguaí. Não quis, preferiu ficar perto da igreja em que seu pai fora sepultado. Vendeu a fazendola e os escravos, comprou alguns que pôs ao ganho ou alugou, uma dúzia de prédios, certo número de apólices, e deixou-se estar na casa de Matacavalos, onde vivera os dous últimos anos de casada. (D.C., VII)

Só dos aluguéis obteve uma renda de 1:070$000 mensais (D.C., XCIV). A empresa agrícola, com seus cuidados e aflições, passava a outras mãos. Ao trabalho da terra substituía-se a renda urbana, certa, periódica, obtida sem canseiras e riscos. Nasce dessa forma a maior parte dos capitalistas do Segundo Reinado, capitalistas proprietários e não especuladores, insaciáveis estes na procura de maiores lucros e cabedais. Foi também o que fez o deputado Cordovil (R.C.V., *Marcha fúnebre*), que vendeu as duas fazendas herdadas do avô, "passou a viver consigo, fez duas viagens à Europa, continuou a política e a sociedade".

A sociedade agrária é um reflexo da sociedade urbana — diga-se em oposição à corrente dominante na história brasileira. Ela aparece no contexto de problemas que não são seus, ou em virtude de crises que a cidade alimenta e projeta no campo. Excepcionalmente, só excepcionalmente, o enredo é todo rural, com suas paixões e dramas. Nem a vida do período colonial, retratada em *O alienista*, se deixa contaminar pela atividade agrícola. Na rica e tradicional Itaguaí não se percebe, na agitação urbana, o eco da faina rural, com fazendeiros e senhores de escravos.

O contato entre a cidade e o campo, além da projeção de uma sobre outro, faz-se como se mundos alheios e estranhos se encontrassem, ocasionalmente. Em *A mão e a luva* e em *Helena* as fazendas aparecem, embora próximas do Rio, situadas na velha província, como se estivessem em lugar remoto. Cantagalo — onde ambas as fazendas demoravam — exigia uma viagem trabalhosa, preparada de muitas expectativas e cuidados. A jornada seria penosa e incômoda, difícil de ser levada a cabo por pessoa, não idosa em termos absolutos, mas idosa em termos de Machado de Assis, para quem quarenta anos já não dançam (R.C.V., *Marcha fúnebre*). Sobretudo, sair da corte era uma maçada — é o que todos sentem (M.L., XII; Hel., XIV). Só a cobiça de uma herança justificaria afrontar fadigas e aborrecimentos: "Todo o incômodo é aprazível quando termina em legado" (Hel., XIV).

A fazenda, a estância ou o engenho de açúcar — todas as modalidades se encontram na ficção machadiana — não significam, necessariamente, opulência. O pai de Sonora, posto que rico estancieiro no Rio Grande do Sul (*Quincas Borba*), não alimenta os olhos cobiçosos do narrador nem das personagens. No mesmo romance, a outra fazendeira que se faz presente é d. Maria Augusta: "tinha uma fazendola, alguns escravos e dívidas, que lhe deixara o marido, além das saudades" (Q.B., LXIV). Fazendola não se traduz, ao contrário da tradição que certa parte da história lançou sobre o século passado, em riqueza, ou vida folgada. Ela coexiste com a mediania, a abastança e a dificuldade. Para caracterizar a opulência, não basta a terra e o escravo, a ela se deve somar o avultado valor do estabelecimento. O dr. Andrade por exemplo (O.C., *O caso do Romualdo*) herdaria uma fazenda; não uma fazenda qualquer, mas avaliada em oitocentos contos. Aí tudo era diferente; com tal quantia era possível pensar na "vida brilhante, ruidosa, dispendiosa", com a Europa aberta às extravagâncias e gastos. As fazendas, quando prósperas, servem para isso mesmo, para a longa estadia na Europa, não raro a pretexto de estudos. O dr. Camilo Seabra (H.M.N., *A parasita azul*) estudou medicina na Europa — Europa quer dizer Paris —, "nascera rico, filho de um proprietário de Goiás, que nunca vira outra terra além da sua província natal". Com mesada larga, dedica-se aos estudos e a uma postiça princesa russa. O pai de Azevedo (C.F., *Linha reta e linha curva*), fazendeiro em Minas Gerais, permite ao filho que vá à Europa. As fazendas, ao que se vê, forneciam a clientela dos paquetes transatlânticos, bem como alimentavam a vida estroina de Paris, com jantares, carruagens e amantes caras. Somente as propriedades de alto valor e rendosas permitiam tais luxos — não se esquece Machado de acentuar a circunstância especial dos gordos rendimentos auferidos no campo.

Os homens da cidade entram algumas vezes, em incursões duradouras, no campo. Não se trata do afidalgamento, procurado pelo comerciante enriquecido com a propriedade da terra. O fenômeno, comum à burguesia europeia, aconteceu aqui algumas vezes, sobretudo no Nordeste açucareiro, na *velha província* fluminense e depois em São Paulo. Dele não cuida Machado; preocupa-se, ao contrário, em mostrar a urbanização das fortunas rurais. O casamento tem, porém, seus caprichos, quer por efeito da inclinação, quer na caça aos dotes, estejam eles no campo ou na cidade. O caso típico é o do Sales (O.C., *Sales*), que casou, em 1859, "com a filha de um senhor de engenho de Pernambuco, chamado Melchior". Sales era homem de ideias, o reformador por excelência.

> Geralmente eram concepções vastas, brilhantes, inopináveis ou só complicadas. Cortava largo, sem poupar pano nem tesoura; e, quaisquer que fossem as objeções práticas, a imaginação estendia-lhe sempre um véu magnífico sobre o áspero e aspérrimo. Ousaria tudo: pegaria de uma enxada ou de um cetro, se preciso fosse, para pôr qualquer ideia a caminho. Não digo cumpri-la, que é outra cousa.

O resultado das inovações, narradas por um cauteloso tradicionalista, é fácil de adivinhar. Sales, em perseguição a um plano de melhorar a produção açucareira, conjugado depois a outros projetos, leva o engenho à ruína. A cidade no campo tem desses desastres ou dessas surpresas. O casamento da reforma com a tradição não dá bons frutos, com o irrequieto movimento da primeira, bebida nas ruas, praças e portos, onde tudo é novidade irrefletida. A história trairá alguma referência oculta aos planos agrícolas, engendrados pelos gabinetes, na corte? Longinquamente, aludirá à abolição? Embora não se prenda a um ou outro problema, envolve uma censura ao trato dos assuntos agrícolas pela cidade, sem a ponderação da experiência da vida rural.

A fazenda está vinculada ao escravo. Não há fazenda sem escravos — Machado desconheceu a experiência paulista, anterior ao 13 de maio, da mão de obra assalariada. Sem o escravo a fazenda seria a desolação, o nada. A fuga de escravos, na propriedade rural, reduzia-a ao mais total abandono. Recorde-se a visão de Jacobina (P.A., *O espelho*), na manhã em que se achou sem escravos.

> Achei-me só, sem mais ninguém, entre quatro paredes, diante do terreiro deserto e da roça abandonada. Nenhum fôlego humano. Corri a casa toda, a senzala, tudo, nada, ninguém, um molequinho que fosse. Galos e galinhas tão somente, um par de mulas, que filosofavam a vida, sacudindo as moscas, e três bois. Os mesmos cães foram levados pelos escravos. Nenhum ente humano. Parece-lhes que isto era melhor do que ter morrido? era pior.

Natural, portanto, o espanto que causaria a ameaça abolicionista. Embora decifrando cabalisticamente personagem confuso, Machado de Assis traduz a opinião de um fazendeiro — o mais representativo de sua obra, o barão de Santa Pia — acerca da abolição da escravatura: "Meu irmão — diz o desembargador Campos referindo-se ao fazendeiro — crê na tentativa do governo, mas não no resultado, a não ser o desmantelo que vai lançar às fazendas" (M.A., 10 de abril). Crê o barão de Santa Pia que o governo aboliria, por lei, a escravidão, mas não acredita que a abolição se faça na realidade. Qual a significação do sibilino período? Tudo leva a crer que a iniciativa governamental provocaria a desorganização da atividade agrícola — "o desmantelo" —, mas que a fazenda, como um dos centros de poder do Império, resistiria à inovação, levando à queda do governo ou do sistema. Ou a chave do enigma estaria na palavra do barão? "Estou certo que poucos deles deixarão a fazenda; a maior parte ficará comigo, ganhando o salário que lhes vou marcar, e alguns até sem nada — pelo gosto de morar onde nasceram." De qualquer modo, esclarecido ou encoberto o pensamento do proprietário, uma coisa é certa: a abolição só se faria com o consentimento do senhor de escravos, do senhor rural de escravos. Por isso Santa Pia delibera alforriar seus escravos, antecipando-se ao ato do poder público, e por dois motivos: para provar que só o proprietário pode dispor do que é seu e para poupar-se à resistência violenta, que estaria legitimado a empregar. Daí outra frase sua, também pouco clara: "Quero deixar provado que julgo o ato do governo uma espoliação, por intervir no exercício de um direito que só pertence ao proprietário, e do qual uso com perda minha, porque assim o quero e posso". Enganou-se o barão em quase tudo; só não se enganou quanto à incapacidade dos fazendeiros para se oporem à abolição. A lavoura, sem o regime servil, decaiu, embora os libertos se comportassem bem, a princípio, no trabalho. Depois, as coisas mudam rapidamente: "Os libertos, apesar da amizade que lhe têm (à Fidélia, filha do barão de Santa Pia) ou dizem ter, começaram a deixar o trabalho". Fidélia se decide a vender o estabelecimento: todo o problema está em manter os libertos presos ao trabalho agrícola, tarefa sobre-humana, que só a magia da gratidão poderá empreender. A solução final é outra e inesperada: "Uma vez que os libertos conservam a enxada por amor de sinhá-moça, que impedia que ela pegasse a fazenda e a desse a seus cativos antigos? Eles que a trabalhem para si". Assim acabou uma estirpe de fazendeiros, extinta com a escravidão.

Fazenda e escravo são termos de uma equação social. Outro: a fazenda é poder. O equívoco do dito feudalismo brasileiro nasce deste segundo termo; haveria, no mando do fazendeiro, uma parcela de mando político, capaz de, pela autonomia, coordenar-se contratualmente dentro do organismo do Estado. Com igual presunção, Santa Pia acreditaria que estivesse ao arbítrio dos fazendeiros manter, a despeito da lei, o regime de senhores e escravos. A proposição é exagerada. Malgrado as patentes da Guarda Nacional, os títulos e as comendas, não dispunham os fazendeiros, no quadro centralizador do Segundo Reinado, de poder autônomo. Eram agentes do centro, ao qual obedeciam as autoridades provinciais e a própria Guarda Nacional. Sua força e seus instrumentos de mando e pressão estavam vinculados, verticalmente, à ordem imperial, ativada na corte, com as mãos e os pés se perdendo em toda a imensidão do território. Os fazendeiros, reduzidos a agentes eleitorais, mal podiam eleger os candidatos do partido no poder, sem recursos para sufragar os candidatos de oposição. O governo ganhava sempre e a suprema realidade do Império era a antevista por Silveira Martins: o poder é o poder. Quem faz as eleições, em última instância, é o ministério, segundo o famoso sorites de Nabuco: "— O Poder Moderador pode chamar a quem quiser para organizar ministérios; esta pessoa faz a eleição porque há de fazê-la; esta eleição faz a maioria. Eis aí está o sistema representativo de nosso país".[6] Por força da máquina, colada a todos os poros do organismo político, os fazendeiros não eram senão os cortesãos dos ministérios, decorados com baronias, comendas e patentes. Atrás do real poder, urbano por sua natureza, estava a imensa camada das *influências*, enraizadas no estamento político, vizinhas à intermediação que alimentava os comerciantes, comissários e banqueiros.

A propriedade agrícola recobriu-se de muitos mitos. A ascensão da sociedade de classes levaria a filtrá-la de tradições, ilusões e fumaças, para purificá-la em mera força produtiva. A fazenda se tornaria a lavoura, preocupada com os próprios problemas materiais, menos alienada com os restos de um poder sem eficácia. Era o que sentia o escritor, indicando a transformação como o caminho que a classe agrícola devia percorrer.

> Venhamos à política prática, útil, progressiva; metamos na alcofa os trechos de retórica, as frases feitas, todos os fardões da grande gala eleitoral. Não digo que os queimemos; demos-lhes somente algum descanso. Encaremos os problemas que nos cercam e pedem solução. Liberais e conservadores de Campinas, de Araruama, de Juiz de Fora, batei-vos nas eleições de agosto com ardor, com tenacidade; mas por alguns dias, ao menos, lembrai-vos que sois lavradores, isto é, colaboradores de uma natureza forte, imparcial e cética. (N.S., VI)

4 | *Títulos, comendas e patentes*

O Segundo Reinado não se compreenderia sem os barões, coronéis, comendadores e conselheiros. A imensa rede de títulos, comendas e patentes doura a sociedade, revelando, debaixo dos embelecos, rigoroso mecanismo de coesão de forças. A Guarda Nacional no campo, sobretudo no campo, sem ser estranha às cidades e vilas, incorpora e domestica os proprietários rurais, atribuindo-lhes funções políticas e de mantenedores da ordem. A baronia aproxima-os, a eles e às notabilidades urbanas, do trono. As classes mais inclinadas a se perder em centros locais de gravitação arregimentam-se num sistema centralizado de governo e de administração, burocrático e tingido de nobreza. A proximidade da Coroa — que os cargos atraem — dá a nota de elevação desses grupos de titulares. A Guarda Nacional supõe o fazendeiro; mas não são seus cabedais que contam, senão os bordados da patente. Aristocracia burocrática e não aristocracia rural ou de gente rica, aristocracia burocrática, entretanto, tocada e ferida pelo capitalismo nascente, capitalismo, por sua vez, politicamente orientado.

A mais antiga honraria é a dos barões. Na obra de Machado de Assis aparece só o primeiro degrau da carreira nobiliárquica. Há barões aqui e ali; marqueses e viscondes só os de carne e osso, em regra. Em contraste, quantos barões: barões inominados e barões nominados, barões e baronesas. Os dois barões mais assinalados de sua obra são o barão de Santa Pia (*Memorial de Aires*) e o barão de Santos (*Esaú e Jacó*). Rubião, ao entrar no reino dos sonhos, do qual não sairia mais, deixa-se embair pelo ardil nobiliárquico. Imaginou-se, numa sociedade de barões, o marquês de Barbacena, em homenagem à sua Barbacena, que o vira professor e de onde saíra herdeiro universal.

> Os nomes eram os mais sonoros da nossa nobiliarquia. Eis aqui a explicação: poucas semanas antes, Rubião apanhou um almanaque de Laemmert, e, entrando a folheá-lo, deu com o capítulo dos titulares. Se ele sabia de alguns, estava longe de conhecer a todos. Comprou um almanaque, e lia-o muitas vezes, deixando escorre-

gar os olhos por ali abaixo, desde os marqueses até os barões, voltava atrás, repetia os nomes bonitos, trazia a muitos de cor. Às vezes, pegava da pena e de uma folha de papel, escolhia um título moderno ou antigo, e escrevia-o repetidamente, como se fosse o próprio dono e assinasse alguma cousa:

        Marquês de Barbacena
        Marquês de Barbacena
        Marquês de Barbacena
            Marquês de Barbacena
        Marquês de Barbacena
        Marquês de Barbacena

Ia assim, até o fim da lauda, variando a letra, ora grossa, ora miúda, caída para trás, em pé, de todos os feitios. Quando acabava a folha, pegava nela, e comparava as assinaturas; deixava o papel e perdia-se no ar. (Q.B., LXXXII)

Era o delírio da nobreza, sombra e imagem da ambição nobiliárquica, doença que teria contaminado o nosso Império, tão pródigo de títulos, extravagante na sua liberalidade. "Marquesa, porque eu serei marquês", prometia um namorado à ambiciosa dama de sua eleição (M.P., XLIII).

A baronia merecia grandes festas. O agraciado celebrava o acontecimento com um baile, onde tornava pública sua emoção e agradecimento. Um antigo companheiro dos tempos de rapaz do Xavier (P.A., *O anel de Polícrates*), contemplado com a baronia, torna seu regozijo público. O novo barão via suas qualidades realçadas com o melhor modelo de louvor.

O Xavier aceitou o convite, e foi ao baile, e ainda bem que foi, porque entre o sorvete e o chá ouviu de um grupo de pessoas que louvavam a carreira do barão, a sua vida próspera, rígida, modelo, ouviu comparar o barão a um cavaleiro emérito. Pasmo dos ouvintes, porque o barão não montava a cavalo. Mas o panegirista explicou que a vida não é mais do que um cavalo xucro ou manhoso, sobre o qual ou se há de ser cavaleiro ou parecê-lo, e o barão era-o excelente.

Natividade, a mulher do recém-distinguido barão de Santos, recebe o título com imensa emoção, emoção que se irradiou pela família e pelos escravos. A cena é tocante, comovente, manchada de breve nota de grotesco.

De repente, Santos viu uma expressão nova no rosto de Natividade; os olhos dela pareciam crescer, a boca entreabriu-se, a cabeça ergueu-se, a dele também, ambos deixaram a cadeira, deram dous passos e caíram nos braços um do outro, como dous namorados desesperados de amor. Um, dous, três, muitos beijos. Pedro e Paulo, espantados, estavam ao canto, de pé. O pai, quando pôde falar, disse-lhes:

— Venham beijar a mão da Senhora Baronesa de Santos.

Não entenderam logo. Natividade não sabia que fizesse; dava a mão aos filhos, ao marido, e tornava ao jornal para ler e reler que no despacho imperial da véspera o sr. Agostinho José dos Santos fora agraciado com o título de Barão de Santos. Compreendeu tudo. O presente do dia era aquele; o ourives desta vez foi o imperador.

— Vão, vão, agora podem ir brincar, disse o pai aos filhos.

E os rapazes saíram a espalhar a notícia pela casa. Os criados ficaram felizes com a mudança dos amos. Os próprios escravos pareciam receber uma parcela de liberdade e condecoravam-se com ela: "Nhã Baronesa!" exclamavam saltando. E João puxava Maria, batendo castanholas com os dedos: "Gente, quem é esta crioula? Sou escrava de Nhã Baronesa" […]

Toda a casa estava alegre. Na chácara as árvores pareciam mais verdes que nunca, os botões do jardim explicavam as folhas, e o sol cobria a terra de uma claridade infinita. O céu, para colaborar com o resto, ficou azul o dia inteiro. Logo cedo entraram a vir cartões e cartas de parabéns. Mais tarde visitas. Homens do foro, homens do comércio, homens da sociedade, muitas senhoras, algumas titulares também, vieram ou mandaram. Devedores do Santos acudiram depressa, outros preferiram continuar o esquecimento. Nomes houve que eles só puderam reconhecer à força de grande pesquisa e muito almanaque. (E.J., XX)

Todas as gazetas celebraram a graça imperial: "conceituado aqui, ali distinto etc.".

O desfile dos barões e dos barões em perspectiva não para aí. Há barões de todas as origens: há o Portela, que mora em Paris, diplomata aposentado (V.H., *D. Paula*); há a baronesa de *A mão e a luva*, rica e generosa; há a baronesa do Piauí (*Quincas Borba*), que oferece um baile deslumbrante e que impressionou fundamente o Rubião.

Baronesa! E o nosso Rubião ia descendo a custo, de manso, para não parecer que ficara ouvindo. O ar metia-lhe pelo nariz acima um aroma fino e raro, cousa de tontear, o aroma deixado por ela. Baronesa! Chegou à porta da rua; viu parado um *coupé*; o lacaio, em pé, na calçada, o cocheiro na almofada, olhando; fardados ambos... (Q.B., LXII)

Celestina sonhou com o seu casamento; o padrinho do noivo era o ministro da Justiça, a madrinha da noiva uma baronesa (O.C., *Uma carta*). Palha "vagamente pensava em baronia" (Q.B., CXXIX). Barões de todas as procedências, com a auréola faiscando raios e dourando as festas e recepções, gravemente.

Para a imaginação ardente e delirante de Rubião, ou nos sonhos de Celestina, a baronia causa muitas ondas de admiração. Não havia, é certo, barões pobres. Não se afirme daí, em *saltus in concludendo*, que a opulência carrearia o baronato. O barão de Santa Pia e o barão de Santos eram abastados, fazendeiro e senhor de escravos o primeiro, banqueiro o outro. Barões, ao que parece, "sem grandeza". Não se outorgava o título sem que o agraciado pudesse manter certo estilo de vida, de modo a honrar a tradição da nobreza. Um barão não poderia sofrer aperturas econômicas, nem mendigar, ou se arrastar nas casas de penhores. A baronia sofria um exame prévio, que definia a habilitação para o ingresso no estamento, com a *inspecção*, acaso escrupulosa ao tempo de dom Pedro II, em que não se desprezavam os padrões de moralidade convencional. Havia regras não escritas para a admissão na nobreza, malgrado a pressão dos interesses partidários, presente em todas as decisões, de tal sorte a política se infiltrava em todas as cousas.

> Dom Pedro estabeleceu certas normas para a concessão de títulos. Aos estadistas do reinado anterior, envelhecidos no serviço público, fez marqueses; viscondes, aos presidentes do Supremo Tribunal de Justiça; aos mais distintos comandantes da Guarda Nacional, barões. Só foram duques os príncipes de sangue: abriu honrosa, única exceção, para o marquês de Caxias, ao regressar, vitorioso, do Paraguai. Os títulos acompanhavam-se ou não da "grandeza", o que distinguia os titulares homens de Estado, e os de merecimento invulgar, dos demais. Deviam manifestar a renda, essencial ao decoro de sua nobreza. Porque os títulos não importavam vantagens materiais, porém exigiam adequado tratamento: só poderiam usá-los, portanto, os que estivessem em condições de viver à "lei de nobreza". Qualificavam, nas classes sociais, os potentados: poucos comerciantes (Mauá, Meriti, Itamarati, Bonfim...); na sua maioria, os fazendeiros; e políticos, militares, professores, mesmo homens de letras (Araguaia, Taunay, Porto Seguro, Paranapiacaba, Ramiz, Macaúbas, Santo

Ângelo...) — os expoentes, os notáveis. E como eram individuais, intransferíveis, as grandes famílias agrícolas agremiaram titulares, irmãos, cunhados, primos. Formaram "clãs" nobiliárquicos, aparentes oligarquias baronadas.[7]

Cobria o Império, com os títulos nobiliárquicos, as camadas sociais existentes, domesticando-as, atrelando-as ao seu carro. Não *cunhava* uma realidade existente, com os dourados de uma nobreza de ficção. Não bastava ser rico, fazendeiro ou comerciante, para obter a baronia, nem esta era consequência daquele estado. Incorporava, transformando; abraçava, assimilando. Do fazendeiro, fazia um fazendeiro do Império; do comerciante, fazia um comerciante do Império. Aceitava as classes como fundamento, mas só as legalizava, legitimando-as socialmente, para integrá-las na ordem política. As fornadas de barões sucediam-se; ao fim do Império, em 1889, existiam sete marqueses, dez condes, 54 viscondes e 316 barões.[8] Essa política, eficaz na quadra de 50, não teria maior sentido na década de 1880. As circunstâncias eram outras — uma nova sociedade estava a emergir, onde a nota tônica recaía sobre as classes, definidas pelos haveres e orientadas no mercado. Agora, a incorporação deixava de fora o essencial, com comerciantes e banqueiros já conscientes de que seu prestígio não decorria da proximidade ou dos favores da Coroa, mas de seus bens, atividades e empreendimentos. O *encilhamento* seria o grande momento do desquite entre trono e riqueza, com esta cada vez mais independente. Na opinião pública, à admiração basbaque de Rubião diante da baronesa de Piauí sucederia a convicção de que o título seria comprado. Mudaram as perspectivas, com a entronização do dinheiro. Por isso Palha, desprovido de escrúpulos, pensa na baronia apenas como complemento de uma carreira bem-sucedida, como fora a do Santos. Outros tempos: diverso é o significado das instituições e seus bordados.

Vestíbulo da nobreza, seguem-se os conselheiros e comendadores. A galeria não é longa, contudo vária e expressiva. Todos os conselheiros têm apenas o título, como honra e condecoração. Nenhum deles, Barros, Aires, Dutra, pertence ao Conselho de Estado, corporação reorganizada em 1841, integrado apenas de 24 membros.

Convém distinguir entre os "conselheiros de Estado", membros da corporação restabelecida em 23 de novembro de 1841, e as pessoas "condecoradas com as honras de conselho" [...] isto é, os que houvessem exercido cargos tais como Juízes do

Supremo Tribunal de Justiça, Ministros de Estado, Presidentes de Tribunais de Relação; Bispos, Presidentes de Província e outros, por força de lei ou de costume. Rui Barbosa orgulhava-se de ter sido condecorado com as honras de conselho por seus méritos próprios (parecer sobre o ensino) e sem ter exercido os cargos e funções que davam direito de acrescentar ao nome o honrosíssimo "do conselho de S. Majestade o Imperador". Ao contrário dos conselheiros de Estado que exerciam função pública definida, os demais apenas gozavam de título honorífico de "conselheiro".[9]

Alguns perpassam pela obra de Machado de Assis sem deixar sulcos, como o conselheiro Beltrão (P.A., *D. Benedita*) ou o anônimo conselheiro de *A desejada das gentes* (V.H.). Para desmentir a palidez das figuras, aí está o Aires, José da Costa Marcondes Aires, o conselheiro Aires (*Esaú e Jacó* e *Memorial de Aires*). Diplomata de carreira, aposentado, era conhecido pelo título, pela condecoração. "Trazia o calo do ofício, o sorriso aprovador, a fala branda e cautelosa, o ar da ocasião, tudo tão bem distribuído que era um gosto ouvi-lo e vê-lo" (E.J., XII). Trinta e tantos anos no exterior deram-lhe o título, e a gravidade do título o fez aceito em todas as rodas da sociedade da corte. Aires, cético e arredio, com o tédio da controvérsia, não tinha influência de nenhuma espécie, influência social ou política. Contentara-se em conviver com suas amizades, sem escândalo e sem pompa. Ao contrário, outro conselheiro, o Dutra (*Memórias póstumas*), era uma influência política, capaz de sagrar deputados, movendo ardilosamente os cordéis do ministério e dos partidos, tudo para acrescentar, com o primeiro passo da carreira política, o dote de sua filha, a pérfida Virgília. O conselheiro Vale (*Helena*), mais discreto, gozava de relevante posição na sociedade, alheio embora à política.

> O conselheiro, posto não figurasse em nenhum grande cargo do Estado, ocupava elevado lugar na sociedade, pelas relações adquiridas, cabedais, educação e tradições de família. Seu pai fora magistrado no tempo colonial, e figura de certa influência na corte do último vice-rei. Pelo lado materno descendia de uma das mais distintas famílias paulistas. Ele próprio exercera dois empregos, havendo-se com habilidade e decoro, de que lhe adveio a carta de conselho e a estima dos homens públicos. Sem embargo do ardor político do tempo, não estava ligado a nenhum dos dois partidos, conservando em ambos preciosas amizades, que ali se acharam por ocasião de o dar à sepultura. (Hel., I)

O exercício de um cargo público lhe deu, como a Aires, a carta de conselho, com a qual ganhou um lugar no respeito de seu tempo. A condecoração seria um apêndice à ordem burocrática do poder político, conferida aos altos cargos que projetam o prestígio aos titulares. Há, todavia, entrelaçamento entre o cargo e o status da pessoa que o exerce: Vale não se alçou do nada a uma alta posição administrativa. A tradição de família, os cabedais, o estilo de vida e a educação fizeram-no candidato ao elevado emprego público. Uma prévia situação de estamento, complicada com a posição de classe, habilitara ao cargo e ao título. Mas nem só por esse caminho se conquistam as honras: o caso mencionado de Rui mostra a outra escada, armada sobre o mérito e os trabalhos prestados à coisa pública. No fim do Império, alargar-se-iam as estradas, para abranger as "notabilidades do comércio", de que é exemplo o sr. Conselheiro Pinho, amigo do visconde de Ouro Preto, por este mencionado no seu discurso de apresentação como "alheio aos partidos e às nossas lutas políticas". O dinheiro e as classes se infiltram em todas as fendas do mecanismo político tradicional.

As antigas ordens portuguesas, nacionalizadas e transformadas, e as ordens novas brasileiras provocaram uma derrama de condecorações. No mesmo pé dos conselheiros, proliferaram os comendadores, superiores em grau aos oficiais e cavaleiros. Dom Pedro II conferia a Ordem da Rosa a todos os fazendeiros que alforriassem seus escravos. A Ordem de Cristo pendia no peito dos magistrados e a Ordem de Avis estava reservada aos militares. As outras, com a latitude própria da distribuição de honrarias, premiavam serviços prestados ao Estado. Vieira (H.M.N., *Ernesto de Tal*) oferece um baile em sua casa — "como vai o subdelegado, que além disso é comendador, eu desejava que todos os meus convidados aparecessem de casaca". Um comendador será recebido com as galas que o prestígio da insígnia exige: no mínimo, casaca, traje que nem todos possuem. Outro comendador é o Seabra (H.M.N., *A parasita azul*), rico proprietário de Goiás, que bem poderia exibir o vistoso uniforme da Guarda Nacional, como seu amigo o tenente-coronel Veiga. O fazendeiro, além de abastado, é uma influência política, que pode, uma vez entendido com os potentados provinciais, proporcionar ao filho, o dr. Camilo, médico formado em Paris, uma carreira que começa na assembleia provincial e pode ir até ao ministério. Sinal de distinção e de poder, como, em menor escala, as comendas de Brito (*Um homem superior*) e de Vasconcelos (*Almas agradecidas*). Mal aparecem outras figuras, sempre conhecidas e nomeadas pela comenda, tal o Josino, que se esgueira nas páginas do *Memorial de Aires* para alugar uma casa. Diz a menção do título, colado ao nome, que a comenda fixava um estilo social, um status que se identifica na comunidade superior, que o prestígio eleva e iguala, transformando todos em pares.

Os barões, conselheiros e comendadores não fecham o círculo da aristocracia do Segundo Reinado. Há a base e o cimento de toda a ordem administrativa, política e social, que a Guarda Nacional corporifica e simboliza. A vida rural dos grandes fazendeiros não se compreenderia sem a Guarda Nacional — ela está, festiva e solene, nas comemorações do Espírito Santo na paisagem de Goiás (*A parasita azul*). Lá estão o tenente-coronel Veiga, que ostenta, além da patente, uma comenda da Ordem da Rosa, e o major Brás, "homens bons" da comuna. "É ponto duvidoso, e provavelmente nunca será liquidado, se o tenente-coronel Veiga preferia ser ministro de Estado a ser imperador do Espírito Santo." Era um acontecimento, a patente da Guarda Nacional, que dava lustre às famílias e prestígio ao agraciado. João conta a mudança de vida:

> Tinha vinte e cinco anos, era pobre, e acabava de ser nomeado alferes da guarda nacional. Não imaginam o acontecimento que isto foi em nossa casa. Minha mãe ficou tão orgulhosa! tão contente! chamava-me o seu alferes. Primos e tios, foi tudo uma alegria sincera e pura [...]. E sempre alferes; era alferes para cá, alferes para lá, alferes a toda a hora. Eu pedia-lhe que me chamasse Joãozinho, como dantes; e ela [a tia Marcolina, dona de um sítio] abanava a cabeça, bradando que não, que era o "senhor alferes". Um cunhado dela, irmão do finado Peçanha, que ali morava, não me chamava de outra maneira. Era o "senhor alferes", não por gracejo, mas a sério, e à vista dos escravos, que naturalmente foram pelo mesmo caminho. Na mesa tinha eu o melhor lugar, e era o primeiro servido. [...] O alferes eliminou o homem. Durante alguns dias as duas naturezas equilibraram-se; mas não tardou que a primitiva cedesse à outra; ficou-me uma parte mínima da humanidade. [...] A única parte do cidadão que ficou comigo foi aquela que entendia com o exercício da patente; a outra dispersou-se no ar e no passado. (P.A., *O espelho*)

Imagine-se o efeito do posto num tenente-coronel e num coronel, que, além da honraria, somava as atribuições da patente, poderes de recrutar, cobrar certas prestações, convocar moradores e manter a ordem. Manter a ordem significa assegurar as instituições, tais como entendidas pelos potentados locais. Sente-se no tenente-coronel Veiga (H.M.N., *A parasita azul*), no coronel Felisberto (v.h., *O enfermeiro*) e no major Luís da Cunha Vilela (c.f., *Luís Soares*) que a autoridade exalta as pessoas, a autoridade rural, próxima da violência e que assenta no poder de levar armas. Autoridade primária, mais mando do que autoridade. Mesmo os elementos urbanos dessa organização, criada em 1831 em substituição às milícias coloniais, mostram o traço autoritário da sua ambientação rural. Veja-se o retrato de Vilela:

> Era um velho alegre e severo ao mesmo tempo. Gostava de rir, mas era implacável com os maus costumes. Constitucional por necessidade, era no fundo de sua alma absolutista. Chorava pela sociedade antiga; criticava constantemente a nova. Enfim foi o último homem que abandonou a cabeleira de rabicho. (c.f., *Luís Soares*)

A Guarda Nacional vinculava-se, fundamentalmente, à fazenda, enganador traço do postiço e inculcado feudalismo agrário. Essa característica, se realmente existente ao tempo de sua criação, durou pouco. Fiado nessa realidade, Damasceno, imbuído de ideias regenciais, formulava um governo de suas preferências, confusamente: "era um despotismo temperado, — não por cantigas, como dizem alhures — mas por penachos da Guarda Nacional" (*Memórias póstumas*). A reação conservadora e centralizadora, iniciada em 1840, anulou os ensaios de autonomia da instituição; atrelou-a, em 1850, ao ministério, abolindo o princípio eletivo das patentes. Aí está, palpitante, viva, cor de fogo, a denúncia de Tavares Bastos:

> Completar com a Guarda Nacional militarizada o maquinismo fabricado em 1840 e 1841, tal foi o pensamento da segunda reação conservadora. [...] Generalíssimo da polícia, o ministro da Justiça o ficou sendo também da Guarda Nacional. São dois exércitos que marcham ao sinal de comando. A conquista é infalível; eis aí as câmaras unânimes desde 1850. Tornou-se a Guarda Nacional nova ordem honorífica com que alicia-se o parvo, com que se perverte o povo, e degrada-se o espírito público; e, acima deste, suplício do operário e do trabalhador, ocasião e meio de vinganças políticas, arma, em suma, do despotismo.[10]

Confinado ao seu reduto, o comandante da Guarda Nacional, domesticado e obediente às rédeas do governo central, não podia aspirar carreira política ou social sem o beneplácito das influências próximas da corte. O coronel Romualdo (*Quincas Borba*) quer ser deputado; mas sua pretensão ameaça dividir o partido. O candidato virá de cima, se tiver serviços locais está bem, se os não tiver, nem por isso a sua ambição é irrealizável. Além da paz rural, o Império, com a transformação da ordem que nasce liberal e se autentica de modo conservador, consegue a paz eleitoral. Distribuindo e equilibrando as patentes nos dois partidos, consegue anular o campo, para governar do alto, de cima e de longe, estruturando bases eleitorais obedientes ao partido dominante. Não será o sistema democrático e liberal do país real, tumultuário e autêntico, mas o sistema conservador e oligárquico do país oficial, passivo, calado e em paz. A verdade territorial e municipal cede lugar ao pasticho nacional, com o desaparecimento do esboço de 1831. A graça de uma patente passa a ser, à míngua do processo eleitoral, o fruto dos arranjos de corte, com as intrigas e manobras de bastidores. Já não seria mais a Guarda Nacional "o anteparo da liberdade e da independência" (*Memórias póstumas*), mas o obséquio que uma influência política obtivesse do ministro. O cronista de 1885 notava, mostrando o que todo mundo sabia, ao confessar seu atordoamento:

> A primeira causa do atordoamento (são muitas) é a revelação que nos fez o sr. dr. Prado Pimentel no artigo que escreveu contra o vice-presidente de Sergipe, por intervir na eleição. S. ex.ª recorda ao sr. Faro (é o nome dele) alguns serviços que lhe prestou. Entre estes figura a nomeação de tenente-coronel da guarda nacional, feita a instâncias de s. ex.ª; cita mais o pedido que o governo não pode satisfazer, de um título de barão, — Barão de Japaratuba.
> Perdoe-me s. Ex.ª. Cuido que esta revelação, desvendando o segredo profissional, vai lançar a mais cruel desilusão no ânimo de todos os agraciados deste país. [...]
> Na imaginação:
> — Foi o Imperador que disse ao Ministro da Justiça, em despacho: "sr. Lafayette, não esqueça o Faro".
> — Que Faro?
> — O Faro de Sergipe.
> — Cá está o decreto: digne-se Vossa Majestade de assiná-lo.
> E o Imperador, assinando o decreto, ia dizendo ao ministro:
> — Posso afirmar-lhe, sr. Lafayette, que tenho as melhores notícias deste Faro.
> — Também eu, acudiu o Ministro da Justiça.
> — Todos nós, disseram os outros.
> E foi um coro de elogios: cada qual notava o teu zelo, retidão e clareza de espírito, temperança dos costumes, afabilidade das maneiras, sintaxe, penteado, filosofia etc. etc.

Tudo isso desaparece com a revelação do sr. Prado Pimentel. Não desaparece para esse somente, mas para todos os agraciados, que vão perder os aplausos da consciência e as visões da imaginação; passam a ser agraciados de um amigo, de um compadre, de um colega, que vem à corte e escreve no rol das lembranças: "arranjar para o Chico Boticário uma comenda". Lá se vai toda a teoria das graças do Estado. (B.E., 3 de junho de 1885)

Lá se vai toda a teoria das graças do Estado e todo o prestígio da instituição. Ela se desfaz em pó, dependente de uma penada ou do prestígio de um padrinho. A Guarda Nacional, centralizada pelo cabresto, torna-se uma ordem morta, incapaz de, ao rebate do visconde de Ouro Preto, salvar o Império da agonia, que se esvai sem um protesto, uma reação da imensa massa de patentes e agraciados.

Não é pequena a lista dos barões, conselheiros, comendadores, tenentes-coronéis e majores. Mas onde estão os viscondes, condes, marqueses e duques? Mal há um e outro, acotovelado a referências instantâneas a titulares de carne e osso, que frequentam suas páginas como recurso para expressar melhor o realismo dos acontecimentos. O imperador aparece em sonho e em imaginação (*Dom Casmurro* e *Esaú e Jacó*), onipresente na sociedade, presente mais por alusões e insinuações do que como personagem. É o imperador que dá a nota e o tom a toda a época; é o símbolo da pirâmide e de suas camadas; as estratificações tomam-no como ponto de referência — estar perto ou longe da Coroa define o prestígio de cada um. Natural é que sua presença se sinta por toda parte, embora não se caracterize num episódio de ficção ou num gesto. Sua sombra projeta-se na vida da sociedade, sem mostrar a fisionomia e os gestos.

Onde se escondem as réplicas dos 54 viscondes, dez condes e sete marqueses que o Império deixou como herança? Nenhum papel desempenham na ficção de Machado de Assis. Rubião (*Quincas Borba*), já enlouquecido, em prenúncio do delírio, imaginou-se marquês, o marquês de Barbacena, homenagem à sua cidade natal. Rangel (V.H., *O diplomático*), dominado pelo "demônio das grandezas", não vê nenhum visconde ou marquês na praça imperial. "Também era certo no saguão do paço imperial, em dia de cortejo, para ver entrar as grandes damas e as pessoas da corte, ministros, generais, diplomatas, desembargadores, e conhecia tudo e todos, pessoas e carruagens." Os títulos estão confundidos nas "pessoas da corte", sem que a simples baronia os distinga. Os dois episódios — o pré-delírio de Rubião e a imaginação sem medida de Rangel — indicam, nas entrelinhas, entre sonhos, a causa da ausência, na grande sociedade, dos marqueses e condes. Na perspectiva de Machado de Assis o marquês era uma figura extravagante, sem vínculo ou conexão com a vida, tal como a compreende e descreve o romancista. Só o delírio a evoca, mas a imaginação desvairada não a alcança. E os barões? Os barões e as baronesas surgem, aqui e ali, como personagens e como decoração. Não têm autonomia, nem vida própria; como barões, puramente como barões, participam do reino das sombras, para onde estão desterrados os viscondes e os condes. Eles participam da vida com outro suporte, que a baronia realça e a que dá ênfase: Santos é banqueiro antes de ser barão; Santa Pia tem a individualidade fixada como fazendeiro. Exprime-se, com a caracterização acessória da nobreza, um momento, que enche a vista de Machado de Assis, o momento da decadência da aristocracia. O título valia pouco, seu prestígio precisava de pedestal para realçar e expandir seus raios. Fora daí, só existia, fugaz, momentâneo, num rapto de fantasia mórbida ou envolvido com outras grandezas. Há uma linha evolutiva, nítida, bem delineada, entre a tradição aristocrática na colônia, com o anel heráldico sugerido por Simão Bacamarte (P.A., *O alienista*) e o barão de Santos, próspero banqueiro mais do que barão. O ponto de visão é diverso, portanto, de um Walter Scott ou de um Stendhal, onde os grandes falam e decidem, mandam e impõem.

5 | *O homem se mostra nas carruagens e no transporte coletivo*

A FICÇÃO DE MACHADO DE ASSIS está interessada no homem, no seu destino individual, psicologicamente visualizado. As ações sofrem contínuo processo de desmascaramento, em proveito dos mecanismos íntimos e ocultos da alma. "Quem não sabe que ao pé de cada bandeira grande, pública, ostensiva, há muitas vezes várias outras bandeiras modestamente particulares, que se hasteiam e flutuam à sombra daquela, e não poucas vezes lhe sobrevivem?" (M.P., IV). Ou, dito de outra maneira (M.P., IV):

> Figurei nesses dias com um espadim novo, que meu padrinho me dera no dia de Santo Antônio; e, francamente, interessava-me mais o espadim do que a queda de Bonaparte. Nunca me esqueceu esse fenômeno. Nunca mais deixei de pensar comigo que o nosso espadim é sempre maior do que a espada de Napoleão.

A bandeira particular e o espadim são a verdade do homem; a bandeira pública e a espada de Napoleão são o disfarce, a casca e o pretexto das ações. Mas o homem não está todo nas suas atividades íntimas, escondidas ou subterrâneas. Sobre ele se projetam as coisas, coisas, por sua vez, inventadas para atuar no mundo exterior. A espada de Napoleão e a bandeira pública participam desse gênero, como participam da ação humana a bandeira particular e o espadim. Também os últimos são coisas, coisas que traduzem, despertam ou deflagram reações psicológicas. Dada tal conexão, e pelo vínculo dinâmico que corporificam, têm elas relevância e, substituindo-se ao homem, vivem por si, realizando destinos humanos. Certas realidades, corporificadas em coisas, sentem e querem, por efeito da ilusão patética que anima os seres inanimados. Na guerra das coisas está o conflito dos homens, simbolizados, materializados e objetivados. Esta técnica do apólogo é recurso literário comum à apreensão da realidade. O mundo exterior se realiza e se desenvolve fora do homem, como se suas peças macaqueassem o homem, para o efeito de espancar o subjetivismo. Objetiva-se o mundo; nas dobras do objetivismo, infiltra-se e escorrega a ação humana, colada às próprias coisas, como manifestações destas, friamente.

Elegeu Machado de Assis, consciente ou inconscientemente, as carruagens para representar a realidade, em lugar do homem. A coisa fala e vive, tem uma função social e efeitos psicológicos, como se tivesse sua própria alma, haurida da madeira e do ferro. Há impressionante acúmulo de referências a carros — coches, seges, tílburis — que expressam o luxo, a pompa, a mediania, as aflições e as grandezas das personagens. O ruído das praças e ruas diz mais, muitas vezes, do que as alegrias íntimas ou a decepção oculta. Diz mais e quer o escritor que diga melhor, ao mesmo tempo que se esconde o narrador, fazendo aparecer o golpe sorrateiro de uma observação ou explicação, sem a intenção de observar ou explicar, sutilmente. Este o duplo efeito: visualizar o homem na coisa e dissimular, com aparente indiferença, o pedaço de papel colado às costas da personagem. Na carruagem se compreende um meio de transporte e o luxo que ela representa. As duas funções estão presentes, sendo, quanto ao luxo, o padrão mais próprio com que ele se mede. A carruagem atesta e certifica a mudança social, mostra o estado da sociedade, a decadência de certas camadas e o surgimento de outras. O Império se exibe nos seus carros. Eles são o ponto de refração, que ajusta a estrutura social, prosaicamente composta de ricos e pobres, à criação literária. Os dois raios aí se fundem, para dar lugar a um painel expressivo, aparentemente fragmentário e desconexo, na verdade encravado solidamente no mundo.

O imperador se locomove literariamente e se apresenta à imaginação por meio do coche.

> Oh! grandes e soberbos coches! Como ele (Rubião) gostava de ir esperar o imperador nos dias de grande gala, à porta do paço da cidade, para ver chegar o préstito imperial, especialmente o coche de Sua Majestade, vastas proporções, fortes molas, finas e velhas pinturas, quatro ou cinco parelhas guiadas por um cocheiro grave e digno! Outros vinham, menores em grandeza, mas ainda assim tão grandes que enchiam os olhos. (Q.B., LXXXI)

As feições, a fisionomia, os gestos do soberano somem e se retraem ao coche. Nele se retrata sua imponência, o respeito dos súditos. Sua presença é a da carruagem; na rua, imobiliza ônibus e gôndolas e suscita a homenagem de todos os que passam. "Em caminho [relata Bentinho, o futuro Dom Casmurro] encontramos o imperador que vinha da escola de medicina. O ônibus em que íamos parou, como todos os veículos; os passageiros desceram à rua e tiraram o chapéu, até que o coche imperial passasse" (D.C., XXIX). Isto por volta de 1860 — o costume, o acatamento ao imperador é o mesmo do tempo da Regência (E.J., LXIV). O coche imperial, puxado por oito ou dez cavalos, transmite imponência, coando a figura imperial na magnífica decoração da carruagem e no aparato das parelhas. Infunde pompa e mistério, protegendo o real ocupante do olhar curioso e desmistificador das gentes. Em 1835, o abastado comerciante poderia pensar em adquirir um coche, fugindo às pragmáticas, um tanto em desuso, que o vedavam. O pai de Brás Cubas chegou a pensar nesse luxo (M.P., XXVI); mais tarde, no Segundo Reinado, tornar-se-á, de fato e não de direito, privativo do imperador e de sua casa. Os velhos coches da independência, o tempo os roeu e consumiu; apenas os do Estado foram conservados e decorados. Rubião, em 1870, iria ao seu imaginário casamento de coche — se ainda houvesse coches: "os coches, — se ainda os houvesse antigos e ricos, quais ele via gravados nos livros de usos passados" (Q.B., LXXXI). Já era o tempo do *coupé*, que ocupara, na sociedade, o lugar dos coches: "Um desses outros, ou ainda algum menor, podia servir-lhe às bodas, se toda a sociedade não estivesse já nivelada pelo vulgar *coupé*". Travestido de imperador, de Napoleão III, sua carruagem seria o coche e só o coche, nada de *coupé* ou sege:

— Aí vem o meu coche, redarguiu Rubião tranquilamente.
— Não vem, foi esperá-lo no Campo. Não vês daí o coche, Tonica?
....
— Mas por que não hei de esperar aqui até que venha o coche? perguntou Rubião. A imperatriz não pode apanhar chuva...

Antes que o *coupé* "nivele" a sociedade e tome conta das ruas, há, entre ele e o coche, a decadência da sege. As ruas da corte viram crescer e morrer a sege, que se expandiu no fim do século XVIII, reduzindo-se, um século depois, a "caçamba", sinônimo que a gíria deu a carro velho, carro desarranjado.[11] Já no Segundo Reinado, Brás Cubas encontrou, dentro de uma sege, na Rua dos Barbeiros, um antigo companheiro de escola, feito ministro (M.P., LIX). O *coupé* ainda não ocupara o papel de carro de luxo, herdeiro do coche. O mesmo Brás Cubas resolveu ficar com a sege do pai e com o boleeiro que a servia, na disputa da herança com a irmã e o cunhado. Uma sege serviu para o sequestro do adolescente Brás Cubas, sege ampla, com três lugares, além da boleia: "meteram-me numa sege, meu pai à direita, meu tio cônego à esquerda, o da libré na boleia, e lá me levaram à casa do intendente de polícia, donde fui transportado a uma galera que devia seguir para Lisboa" (M.P., XVIII). Isto seria lá por 1825, com o herói da estroinice menor de vinte anos, perdido nos primeiros amores com Marcela. Cerca de dez anos depois, ainda é a sege que o afasta de Marcela, agora desfigurada, fantasma de outro tempo. A viagem parte do passado e vai a Virgília — viagem de sege, em plena Regência (M.P., XL):

> Lá o deixei [o passado]; meti-me às pressas na sege, que me esperava no Largo de São Francisco de Paula, e ordenei ao boleeiro que rodasse pelas ruas fora. O boleeiro atiçou as bestas, a sege entrou a sacolejar-me, as molas gemiam, as rodas sulcavam rapidamente a lama que deixara a chuva recente, e tudo isso me pareceu estar parado. Não há, às vezes, um certo vento morno, não forte nem áspero, mas abafadiço, que nos não leva o chapéu da cabeça, nem rodamoinha nas saias das mulheres, e todavia é ou parece ser pior do que se fizesse uma e outra cousa, porque abate, afrouxa, e como que dissolve os espíritos? Pois eu tinha esse vento comigo; e, certo de que ele me soprava por achar-me naquela espécie de garganta entre o passado e o presente, almejava por sair à planície do futuro. O pior é que a sege não andava.
> — João, bradei eu ao boleeiro, esta sege anda ou não anda?
> — Ué! nhonhô! Já estamos parados na porta do sinhô Conselheiro.

Nestas duas viagens decisivas no destino de Brás Cubas — a viagem ao exílio e a viagem a Virgília — a sege servia de instrumento. A sege é o elo permanente em situações que passavam depressa, deixando, atrás de si, amargura e arrependimento. A sege, antes de 1860, começa a perder a atração da moda; outras carruagens, de maior luxo e lavor, tomaram-lhe o lugar. Sem encanto para os adultos, tornar-se-á o brinquedo das crianças — assim é que os calhambeques se despedem da atividade. D. Glória, a mãe de Bentinho, guarda sua carruagem, a sege de duas rodas com o cocheiro montado, até quando a saudade consentiu. O capítulo que descreve a despedida do velho carro tem a sege no título, como o que alude à viagem que vai de Marcela a Virgília.

> Em pequeno, lembra-me que ia assim muita vez com minha mãe às visitas de amizade ou de cerimônia, e à missa, se chovia. Era uma velha sege de meu pai, que

ela conservou o mais que pôde. [...] Era uma velha sege obsoleta, de duas rodas, estreita e curta, com duas cortinas de couro na frente, que corriam para os lados quando era preciso entrar ou sair. Cada cortina tinha um óculo de vidro, por onde eu gostava de espiar para fora.

— Senta, Bentinho!

— Deixa espiar, mamãe!

E em pé, quando era mais pequeno, metia a cara no vidro, e via o cocheiro com as suas grandes botas, escanchado na mula da esquerda, e segurando a rédea da outra; na mão levava o chicote grosso e comprido. Tudo incômodo, as botas, o chicote e as mulas, mas ele gostava e eu também. Dos lados via passar as casas, lojas ou não, abertas ou fechadas, com gente ou sem ela, e na rua as pessoas que iam e vinham, ou atravessavam diante da sege, com grandes pernadas ou passos miúdos. Quando havia impedimento de gente ou de animais, a sege parava, e então o espetáculo era particularmente interessante; as pessoas paradas na calçada ou à porta das casas, olhavam para a sege e falavam entre si, naturalmente sobre quem iria dentro. Quando fui crescendo em idade imaginei que adivinhavam e diziam: "É aquela senhora da Rua de Matacavalos, que tem um filho, Bentinho...".

A sege ia tanto com a vida recôndita de minha mãe, que quando já não havia nenhuma outra, continuamos a andar nela, e era conhecida na rua e no bairro pela "sege antiga". Afinal minha mãe consentiu em deixá-la, sem a vender logo; só abriu mão dela porque as despesas de cocheira a obrigaram a isso. A razão de a guardar inútil foi exclusivamente sentimental; era a lembrança do marido. (D.C., LXXXVII)

Agoniza, na sege de d. Glória, um estilo de carruagens, como um dia desapareceram as cadeirinhas.

A sege não será propriamente uma transição entre o coche e o *coupé*. É um desvio, com vida marginal, incapaz de desfrutar, por longo tempo, uma carreira de grandezas. Na existência de um século, não conquistou o status do coche, nem alcançou a voga do *coupé*. Morreu no segundo posto, posto desgracioso, sem conforto, falto de glória. Verdade que, ainda em 1895, Machado de Assis associava a sege à glória senatorial: "Para ir ao Senado não faltavam seges, nem animais seguros" (A.S., 2 de junho). Evocação de um momento efêmero, associada a um passado distante.

Outra a carreira do *coupé*, carruagem de luxo, que a vitória, o tílburi, o *cab* e o *cabriolet* não ensombrecerem. Dominou absoluto, respeitado o papel do coche imperial, apagado pelo landau do *encilhamento*. Rubião pensou nos coches, para servir-lhe às bodas. Mesmo tomado por ideias de grandeza, deu-se logo conta que só ao imperador estaria reservado o uso dessa carruagem. Monopólio de fato, raramente rompido, como ocorreria com o coche triunfal de Rio Branco, por ocasião da lei de 28 de setembro (B.E., 19 de julho de 1885). Aí o episódio e a qualidade da pessoa se aproximam do imperador, justificando o emprego do coche, acaso de propriedade pública. Um coche pequeno que fosse, mas um coche — mas isto era impossível, ao tempo (cerca de 1870), a sociedade estava já "nivelada pelo vulgar *coupé*" (Q.B., LXXXI). Vulgar *coupé* apenas se comparado ao coche imperial; fora dele, exibiu sua pompa, muitas vezes bizarramente decorado. Rubião se decide: "Mas, enfim, iria de *coupé*; imaginava-o forrado magnificamente, de quê? De uma fazenda que não fosse comum, que ele mesmo não distinguia, por ora; mas que daria ao veículo o ar que não tinha. Parelha rara. Cocheiro fardado de ouro. Oh! mas um ouro nunca visto". O *coupé* — salvo no caso extremo, no caso perdido de Rubião — seria a carruagem dos sonhos de grandeza futura, como o do infortunado Romualdo, que se sentia ministro e abrigado num *coupé*. "O vasto programa do amigo, companheiro de infância, um programa em que os diamantes de uma senhora reluziam ao pé da farda de um ministro, no fundo de um *coupé*, com ordenanças atrás, era dos que arrastam consigo todas as ambições adjacentes" (O.C., *O programa*). *Coupés* seriam os carros que Rangel, o diplomático, gulosamente designava (V.H., *O diplomático*):

> este é do Olinda, aquele é do Maranguape; mas aí vem outro, rodando, do lado da Rua da Lapa, e entra na Rua das Mangueiras. Parou defronte; salta o lacaio, abre a portinhola, tira o chapéu e perfila-se. Sai de dentro uma calva, uma cabeça, um homem, duas comendas, depois uma senhora ricamente vestida; entram no saguão, e sobem a escadaria, forrada de tapete e ornada embaixo com dous grandes vasos.

A carruagem associa-se ao luxo, à nobreza e à grandeza; melhor, ela está no lugar das pompas do mundo. Em 1869, a família Santos homenageia um parente pobre, recentemente falecido, com uma missa. A impressão que deixou a cerimônia foi intensa. O capítulo: A missa do *coupé* (E.J., IV):

> Às oito horas parou um *coupé* à porta; o lacaio desceu, abriu a portinhola, desbarretou-se e perfilou-se. Saiu um senhor e deu a mão a uma senhora, a senhora saiu e tomou o braço do senhor, atravessaram o pedacinho do largo e entraram na igreja.

Na sacristia era tudo espanto. A alma que a tais sítios atraíra um carro de luxo, cavalos de raça, e duas pessoas tão finas não seria como as outras almas ali sufragadas [...]. A gente local não falou noutra cousa naquele e nos dias seguintes. Sacristão e vizinhos relembravam o *coupé*, com orgulho. Era a missa do *coupé*. As outras missas vieram vindo, todas a pé, algumas de sapato roto, não raras descalças, capinhas velhas, morins estragados, missas de chita ao domingo, missas de tamancos. Tudo voltou ao costume, mas a missa do *coupé* viveu na memória por muitos meses.

Igual impressão causaria Rubião ao ir ao enterro do Freitas, a que o *coupé* deu lustre e importância. "Fora, alguma gente parada; os vizinhos, às janelas, debruçavam-se uns sobre os outros, com os olhos cheios daquela curiosidade que a morte inspira aos vivos. Ao demais, havia o *coupé* do Rubião, que se destacava das caleças velhas. Já se falava muito daquele amigo do finado, e a presença confirmou a notícia" (Q.B., CI). O *coupé* confundiria Rubião com uma pessoa grada, "senador ou desembargador, ou cousa assim...". Era o carro dos ministros (Q.B., CI), que levava duas ordenanças, já superada a sege em que viu um deles Brás Cubas. A baronesa de Piauí, da alta-roda, usava o *coupé* nas suas idas à cidade, com lacaio e cocheiro (Q.B., LXII) como faziam as damas de grande riqueza (O.C., *O sainete, D. Jucunda*). Traduzia, por isso mesmo, distintivo de elevação social e de opulência. Sofia só consolida a entrada no grande mundo quando o *coupé* lhe doura a fortuna, com espanto e inveja dos antigos frequentadores de sua casa modesta (Q.B., CXXX):

> Agora está nas grandezas; anda com gente fina. Ah! vaidades deste mundo! Pois não vi o outro dia a mulher dele, num *coupé*, com outra? A Sofia de *coupé*! Fingiu que não me via, mas arranjou os olhos de modo que percebesse se eu a via, se a admirava. Vaidades desta vida! Quem nunca comeu azeite, quando come se lambuza.

O *coupé* fez carreira, sobrevive ao Império, fabricado no Brasil e vulgarizado — agora sim vulgarizado — para o transporte de passageiros (Decreto nº 665, de 19 de janeiro de 1851).

A riqueza fácil do *encilhamento* lançaria de novo nas ruas um carro com tração de quatro animais, ao contrário dos dois do *coupé*. O landau reaparece nessa quadra de dinheiro fácil; preferido pela alta finança e servindo, já na República, durante o governo provisório, ao ministro da Fazenda. Ombreia com o *coupé*, sobrepujando-o em magnificência, pompa e como traço de riqueza.

Santos, o barão de Santos, opulento banqueiro, tinha um *coupé* a serviço da família; para si próprio utilizava uma vitória. No momento mais ardente do *encilhamento*, do qual o nosso barão era um dos ases, destaca-se o *landau*.

> No cais Pharoux esperavam por eles três carruagens — dois *coupés* e um *landau*, com três belas parelhas de cavalos. A gente Batista ficou lisonjeada com a fineza da gente Santos, e entrou no *landau*. Os gêmeos foram cada um no seu *coupé*. A primeira carruagem tinha o seu cocheiro e o seu lacaio, fardados de castanho, botões de metal branco, em que se podiam ver as armas da casa. De quando em quando encontravam outros trens, outras librés, outras parelhas, a mesma beleza e o mesmo luxo, (E.J., LXXIII)

O *encilhamento*, na realidade e na ficção, se representou no *landau*. O conde de Leopoldina (Henry Lowndes) — o mago das empresas e dos bancos — exibia, nas ruas, tal como o Santos, seu imponente *landau*. As velhas carruagens, que pareciam arquivadas, tomam as ruas de assalto, para o pasmo, a admiração e o deslumbramento dos transeuntes. O cronista do *encilhamento* observou a nova fisionomia das ruas:

> Dias depois, mais cinco, mais dez ou vinte espalhafatosas carruagens, puxadas por éguas ou cavalos de todos os tamanhos e pelos, alguns mosqueados como onça pintada, todos a baterem com grande estrépito as patas, iam alinhar-se, guiados por cocheiros graves, tesos, gordos, à inglesa, nas fileiras duplas e tríplices que tomavam de lado a lado o Largo de S. Francisco de Paula, atestando ao bom do José Bonifácio, imóvel, brônzeo, com o seu eterno gesto de afetação acadêmica, a expansão instantânea e estupefaciente do seu querido Brasil.[12]

Nada atesta melhor a transformação que se operava na vida urbana. As carruagens, puxadas por parelhas de cavalos raros, quebravam a pasmaceira do Segundo Reinado e começo da República, publicando "deslumbramento e agitação, epopeia de ouro da cidade e do mundo" (E.J., LXXIII). A onda de prosperidade transformou-se de súbito em pompa e luxo — fenômeno do não alargamento e do não achatamento da pirâmide. A riqueza expandia-se em consumo para se mostrar, incapaz de se radicar em indústrias e empreendimentos, não ajustados ao país senão no papel e nas imaginações. O ganho fácil não tinha escoadouro em atividades autênticas, permanecendo no círculo dos especuladores, deslumbrados em imitar e superar a nobreza consolidada. O quadro não estará completo, sem uma tinta a mais, que Machado de Assis vai buscar na mudança de hábitos e fisionomia da cidade (E.J., LXXIII):

> O que parece ser verdade é que as nossas carruagens brotavam do chão. Às tardes, quando uma centena delas se ia enfileirar no Largo de S. Francisco de Paula, à espera das pessoas, era um gosto subir a Rua do Ouvidor, parar e contemplá-las. As parelhas arrancavam os olhos à gente; todas pareciam descer das rapsódias de Homero, posto fossem corcéis de paz. As carruagens também. Juno certamente as aparelhara com suas correias de ouro, freios de ouro, rédeas de ouro, tudo de ouro incorruptível. Mas nem ela nem Minerva entravam nos veículos de ouro para os fins da guerra contra Ílion. Tudo ali respirava paz. Cocheiros e lacaios, barbeados e graves, esperando tesos e comportados, davam uma bela ideia do ofício. Nenhum aguardava o patrão, deitado no interior dos carros, com as pernas de fora. A impressão que davam era de uma disciplina rígida e elegante, aprendida em alta escola e conservada pela dignidade do indivíduo.
>
> Casos há — escrevia o nosso Aires — em que a impassibilidade do cocheiro na boleia contrasta com a agitação do dono no interior da carruagem, fazendo crer que é o patrão que, por desfastio, trepou à boleia e leva o cocheiro a passear.

Encilhamento e carruagem — a simetria é perfeita, como o é a simetria entre a sociedade e o veículo. O transporte adquire as cores de certas camadas sociais, traduzindo suas linhas exteriores, vivendo os dramas, as aflições e as alegrias do indivíduo.

Ao lado do coche, do *coupé* e do *landau*, a vitória do Santos (E.J., IX), utilizada para as idas e vindas ao escritório, não fazia figura. Estaria, como carro, equiparado ao tílburi, *cabriolet*, *cab* e à velha caleça, que degenerariam em carros de aluguel. Cessa nas carruagens o veículo de luxo — o capítulo agora é dos veículos de transporte. Não há mais lugar para a máxima de Brás Cubas, atribuída a um cocheiro filósofo: "o gosto da carruagem seria diminuto, se todos andassem de carruagem" (M.P., CXIX). Agora trata-se do carro de todo o mundo, dependente de algumas moedas, acessível à mediania. O *cab*, o *cabriolet* e o tílburi entraram no comércio de transporte individual, reduzido, em pouco, ao último. O *cab* e o *cabriolet* duraram pouco nas ruas, gozando o *cabriolet* de mais longo prestígio. Eram carros sem luxo ou pompa: com duas rodas, puxados por um animal. Elegantes e sem conforto, serviam às necessidades do aluguel, acessíveis a todos os bolsos. Foi, no seu lançamento, o *cabriolet*, não obstante, veículo de luxo, "dele se utilizando amiudamente grandes do Império, diplomatas estrangeiros, capitalistas e os mais opulentos dirigentes das casas de comércio".[13] O tílburi, este ficou e criou raízes, prestigiado pela sua rapidez.

A geração de hoje [dirá Machado de Assis em 1905] não viu a entrada e a saída do *cabriolet* no Rio de Janeiro. Também não saberá do tempo em que o *cab* e o tílburi vieram para o rol dos nossos veículos de praça ou particulares. O *cab* durou pouco. O tílburi, anterior aos dous, promete ir à destruição da cidade. Quando esta acabar e entrarem os cavadores de ruínas, achar-se-á um parado, com o cavalo e o cocheiro em ossos, esperando o freguês do costume. (R.C.V., *Anedota do cabriolet*)

Por um mil-réis a hora e mais a gorjeta — em 1846 — andava-se de tílburi por toda a cidade, cabendo ao freguês suportar, além dos solavancos das ruas mal calçadas, a tagarelice do cocheiro, que induziu o desconfiado e ingênuo a imaginar os amores escondidos de Sofia (Q.B., LXXXIX). Eles se precipitavam, não raro de três em três, sobre o pobre transeunte, oferecendo os serviços (Q.B., XLVII):

— Meu amo, entra, que o animal é bom. Vamos lá em quinze minutos.
Os outros dous cocheiros diziam-lhe a mesma cousa, quase por iguais palavras:
— Meu amo, venha aqui e verá...
— Olhe o meu cavalinho...
— Faça favor, são treze minutos de viagem. Em treze minutos está em casa.

No dia 15 de novembro, Aires, também assediado por três tílburis, tomou o que mais lhe ficava à mão e rumou para o Catete. "Não perguntou nada ao cocheiro; este é que lhe disse tudo e o resto. Falou de uma revolução, de dous ministros mortos, um fugido, os demais presos. O imperador, capturado em Petrópolis, vinha descendo a serra" (E.J., LX). As novidades, carregadas de exagero, trocavam-se e ampliavam-se nos cocheiros, verdadeiros jornais falados do tempo. O mais popular veículo de transporte ocupa a cidade, em tempo curto, alijando os demais carros. Mas tílburi não é carro — "tílburi não era carro" (Q.B., LXIII). De pequenas proporções, com um só animal, provido de apenas um lugar — não merecia o nome de carro.[14] Carro e luxo têm conotações difíceis de romper. Meio de transporte do povo, não merece a denominação de carruagem, nem a modesta de carro. Se os tílburis não foram à destruição da cidade, acompanharam a obra de Machado de Assis até o fim. Com eles ombrearam as caleças, carros para maior número de pessoas e para viagens maiores. Entram na ficção machadiana num enterro e nas viagens a Petrópolis (Q.B., LXIII; M.A., seg.-feira), de raspão, sem se demorar muito, salvo aos olhos do nostálgico Aires, que as preferia ao trem de ferro.

O Rio do século passado expandia-se. Com a nova feição da cidade, chegou a vez do transporte coletivo, contemporâneo, causa e consequência da localização da população em bairros mais afastados do centro insalubre. As diligências, que trafegavam no Rio desde 1817 em linhas regulares, preenchiam as necessidades de transporte coletivo, em concorrência mais tarde com as gôndolas e ônibus. Tudo será precário e passageiro até o grande momento do bonde, que afastará todos os outros meios — diligências, ônibus e gôndolas, desviados para locais e trajetos não servidos por bondes.

A partir de 1868, o bonde aposenta os ônibus e diligências, meios tardos e incômodos de transporte coletivo (A.S., 11 de outubro de 1896). Os ônibus já haviam cumprido sua função: permitir a mudança da população para os bairros e realizar um serviço barato (dois tostões e um tostão — comparado com 1 mil-réis do tílburi). Pode-se fixar no ano de 1840 o início do espraiamento dos habitantes, com o abandono das ruas apertadas do centro da cidade. Tornaria possível às classes pobres ganhar o centro, sem o auxílio de condução própria, reduzida ao burro ou ao cavalo. Mesmo o remediado Cosme poderia dar férias ao seu burro, que todas as manhãs o levava ao escritório (D.C., VI). Mas as diligências e ônibus não prestavam serviço tão eficiente e regular como o exigiam os usuários. "A diligência é um meio-termo entre a tartaruga e o boi" (H.Q.D., 15 de março de 1877). Nenhuma senhora entraria num ônibus, ao passo que o bonde não sofria iguais restrições. Nele viajava Mariana (V.H., *Mariana*) e nele exibia d. Camila suas graças maduras, exibindo o neto para que todos o tomassem por filho (H.S.D., *Uma senhora*).

A revolução do bonde, iniciada em 1868, completa-se com o bonde elétrico de 1892. O bonde de Santa Teresa, em 1877, valoriza as casas e o bairro (H.Q.D., 15 de março de 1892). O bonde elétrico é um grande tema das crônicas de Machado de Assis, com a revolução que provocou na cidade: "[...] admirei a marcha serena do *bond*, deslizando como os barcos dos poetas, ao sopro da brisa invisível e amiga" (A.S., 16 de outubro). O convívio de todas as classes quem o provoca é o bonde. Homens e mulheres dele se utilizam, integrando-se na vida quotidiana de todos. Notará Machado de Assis que o bonde, obrigando ao contato de pessoas de todas as classes, não educou nem impôs um padrão comum de conduta. A crítica é de 1883, com o esboço de código para os transportes coletivos (B.E., 4 de julho). A gente do Rio de Janeiro, em cinquenta anos de diligências, gôndolas e ônibus, não teria aprendido a disciplina do convívio. Sociedade fluida e de hierarquia frouxa, não tinha, dentro de si, elementos de autoeducação, proporcionada por camadas superiores com autoridade sobre as inferiores. Não lograram os padrões de cultura se impor de cima para baixo, permitindo melhor ajustamento social. O quadro de 1883 ter-se-á modificado? Havia os encatarroados, que cuspiam dentro do bonde, além de tossirem incomodamente (B.E., 4 de julho). O passageiro, ao sentar-se, abria as pernas, perturbando ou impedindo a permanência do vizinho. E o jornal aberto, roçando nas ventas do companheiro do lado ou esfregando na nuca do da frente? A multidão dos maçadores, que força a conversa, com histórias longas, detalhes miúdos? E as conversas em voz alta, de um banco para outro? (B.E., 4 de julho). É toda uma fauna de mal-educados, com os vícios de uma população desdenhosa das regras elementares do convívio.

O bonde não é o último elo das novidades. O homem do Segundo Reinado não está satisfeito nem conformado com o passo que o progresso lhe proporcionou. Ele quer tudo depressa, sabe que a própria eletricidade cederá lugar a uma força nova.

> E esse interessante quadrúpede olhava para o *bond* com um olhar cheio de saudade e humilhação. Talvez rememorava a queda lenta do burro, expelido de toda a parte pelo vapor, como o vapor o há de ser pelo balão, e o balão pela eletricidade, a eletricidade por uma força nova, que levará de vez este grande trem do mundo até a estação terminal. (H.Q.D., 15 de março)

Uma coisa há de suceder outra, por amor ao galope, com o sacrifício ao progresso. Falsa é a imagem do Segundo Reinado da vida sem pressa, vagarosa, indiferente à velocidade.

Do coche ao bonde — é toda a sociedade do Império, sobretudo a do Segundo Reinado, que se expressa e se caracteriza. Pelo carro se conhece o homem: símbolo de opulência, da mediania e da pobreza. A carruagem fazia supor as cocheiras, o exército de criados e escravos, tudo articulado para o luxo ostentatório das ruas e praças. O bonde, no outro extremo, é a sociedade democrática que se expande e cresce — sociedade mal-educada, que cospe no chão e fala alto. O carro esconde e dissimula cabedais; o carro ostenta e põe a nu o homem, com seus vícios e sua pobreza. Eles se digladiam nas ruas, com impulsos próprios, honra e prestígio derivados das parelhas — num painel autêntico do que vale cada homem no conceito de outro homem.

II

O pavão e a águia

1 | *O imperador: O mito e o poder pessoal > 71*
2 | *A ilusória supremacia da Constituição e da lei > 76*
3 | *Partidos, governo, ostracismo e eleições > 81*
4 | *Senado e Câmara: Funções institucionais > 100*
5 | *De deputado a quase ministro > 114*
6 | *Uma tentativa de reconstrução da realidade política > 142*
7 | *Ideologia e retórica > 176*

1 | *O imperador: O mito e o poder pessoal*

NA VIDA POLÍTICA, o imperador é a cúpula e o árbitro do sistema político. São Cristóvão detém a chave de todas as carreiras e de todos os mecanismos da intrincada arena pública. Este lugar-comum dos panfletários do Segundo Reinado e dos historiadores transfigura-se em Machado de Assis numa proposição diferente. A certa e indiscutível verdade recebe tempero novo, tempero que não era comum na visão dos contemporâneos, amigos dos pratos feitos e dos ditos consagrados. O dom Pedro de Machado de Assis está coroado com o mito, que o eleva, nas ruas, no coche, no jogo político. Ele ergue os humildes e abate os soberbos, quase como um semideus. Para Flora, o poder imperial despede ministros e damas, visitas e requerentes. Ao deputado Teófilo insinuam que os ministérios vêm prontos do paço. D. Cláudia acredita que o caminho de uma presidência nova — ou, quem sabe, de um ministério — passa por São Cristóvão. Acima das conjeturas e das insinuações, o imperador domina as imaginações, frequenta os sonhos e se esgueira na fantasia. Estes os traços que demonstram estar ele vivo, mais do que o fato de criar ministros ou sugerir nomes para governar as províncias. Esta auréola passou despercebida aos políticos do tempo, aos cronistas e historiadores. Permaneceu intacta, malgrado a frieza da ciência, na tradição, que jamais aceitou a imagem do Pedro banana da oposição republicana. Oitenta anos de República não consumiram o mito do bom velho dom Pedro, que viveu acima de seu tempo e de seus contemporâneos, magistrado e mestre de um país que o não compreendeu. O dom Pedro II de Machado de Assis, saturado de fantasia, é o mesmo dom Pedro II que vive na imaginação popular — mito que permanece intacto, incólume a um século de crítica e de análise.

O mito se converte, no exercício do governo, no *poder pessoal*, de acordo com a constante denúncia, sobretudo do Partido Liberal, depois herdada pelos republicanos. O imperador, ao qual competia o Poder Moderador da Constituição de 1824, faz os ministérios ao seu arbítrio, sem respeito à maioria parlamentar. À margem da Constituição, empolgado pelo seu papel dominante na sociedade, o chefe do Estado reina, governa e administra, manobra e decide. O liberalismo queria que o imperador reinasse, mas não governasse, confiada esta atividade ao ministério, titular do Poder Executivo. Fora daí, haveria a ditadura, benéfica para uns, sempre maléfica para outros só pelo fato de ser ditadura.

Apesar de seu passado e da breve militância política, o escritor tinha outras ideias acerca do poder pessoal e do papel do imperador no mecanismo político. Ao comentar os fundamentos do Partido Republicano, explica o poder pessoal com uma metáfora, compreensível se aplicada a um apólogo, que insinua o papel do mito na realidade política: "Havia em Teerã um rapaz, grande gameno e grande vadio, a quem o pai disse uma noite que era preciso escolher um ofício qualquer, uma indústria, alguma coisa em que aplicasse as forças que despendia, arruando e matando inutilmente as horas." O moço, depois de percorrer o mundo, decide-se plantar limas, para ganhar a vida e dar ocupação ao seu ócio.

— Lavrar a terra, disse ele, é a profissão mais nobre e mais livre; é a que melhor põe as forças do homem paralelas às da natureza.

Dito isto, comprou umas jeiras de terra, comprou umas sementes de limas e semeou-as, depois de invocar o auxílio do sol e da chuva e de todas as forças naturais. Antes de muitos dias, começaram a grelar as sementes; os grelos fizeram-se robustos. O jovem lavrador ia todas as manhãs contemplar a sua obra; mandara regar as plantas; sonhava com elas; vivia delas e para elas.

— Quando as limeiras derem flor, dizia ele consigo, convidarei todos os parentes a um banquete; e a primeira lima que amadurecer será mandada de presente ao xá.

Infelizmente os arbustos não se desenvolviam com a presteza costumada; alguns secaram; outros não secaram, mas também não cresceram. Estupefação do jovem lavrador, que não podia compreender a causa do fenômeno. Ordenou que lhe pusessem dobrada porção d'água; e vendo que a água simples não produzia efeito, mandou enfeitiçá-la por um mago, com as mais obscuras palavras dos livros santos.

Nada lhe valeu; as plantas não passaram do que eram; não vinha a flor, núncia do fruto. O jovem lavrador mortificava-se; gastava as noites e os dias a ver um meio de robustecer as limeiras; esforço sincero, mas inútil. Entretanto, ele lembrava-se de ter visto boas limeiras em outras províncias; e muitas vezes comprava excelentes limas no mercado de Teerã. Por que razão não alcançaria ele, e com presteza, a mesma coisa?

Um dia, não se pôde ter o jovem lavrador; quis, enfim, conhecer a causa do mal. Ora, a causa podia ser que fosse a falta de alguns sais no adubo, ares pouco lavados, certa disposição do terreno, pouca prática de plantador. O moço, porém, não cogitou de nenhuma dessas causas imediatas; atribuiu o acanhamento das plantas... ao sol; porque o sol, dizia ele, era ardente e requeimava as plantas. A ele, pois, cabia a culpa original; era ele o culpado visível, o sol.

Entrando-lhe esta convicção no ânimo, não se deteve o rapaz; arrancou todas as plantas, vendeu a terra, meteu o dinheiro no bolso, e voltou a passear as ruas de Teerã; ficou sem ofício.

Conclusão: se soubéssemos um pouco mais de química social... (N.S., 11 de agosto de 1878)

Qual a autêntica significação do apólogo? As instituições não funcionam à feição liberal: eleições formando maiorias, as maiorias constituindo os ministérios. Há um vício na mecânica do sistema político. Plantadas as limeiras, germinadas as sementes, elas se recusam a dar flor. Reformam-se as leis, policiam-se os costumes — nenhum resultado. Nada de flor e de fruto. Talvez faltasse educação ao lavrador — pouco prático no amanho da terra. O moço lavrador, desamparado de ciência e de paciência, foge das explicações imediatas. No estudo das causas, o plantador de limas dá um salto na sua lógica: busca um bode expiatório. O bode expiatório tem a dupla vantagem de, ao tempo que escrutina a origem do fenômeno, desculpar e justificar o mau lavrador. É óbvio: se as limeiras não geram o fruto, a *culpa* — a culpa, e não a causa — está no sol, que arde em excesso de calor e abrasa a terra. A distorção institucional demonstra-se de modo patente: o poder pessoal, substituindo-se ao mecanismo político, cresta as plantas e impede que frutifiquem. "Se soubéssemos um pouco mais de química social..."

O apólogo, vertido em linguagem política, não nega o poder pessoal. O sol existe, cúpula do sistema astronômico — existe porque há de existir. Ele não é a causa do mau funcionamento da máquina; sua existência, existência necessária, serve de bode expiatório a outras deficiências, mais visíveis e que todos sentem.

O remédio estaria em anular o poder pessoal? Isto é impossível: o sol não se apaga do céu pela vontade do homem, sua vítima e seu beneficiário. O sistema republicano não traria o alívio esperado. É explícito Machado de Assis, em duas passagens: "eu peço aos deuses (também creio nos deuses) que afastem do Brasil o sistema republicano porque esse dia seria o do nascimento da mais insolente aristocracia que o sol jamais alumiou". Na realidade, o Brasil não é uma monarquia constitucional, mas uma oligarquia absoluta (B.D., 11 de maio de 1888). A oligarquia, sem a presença moderadora do imperador, se desmandaria na violência, liberta de todos os obstáculos e temperos. O moralismo reaparece no observador e crítico de política. Haveria, além da mudança republicana ou do afastamento do poder pessoal, a revolução econômica, para a qual a causa de todos os males estaria na miséria de muitos, provocada pela acumulação da riqueza na mão de poucos. O utopismo desta solução revolucionária equivale à cegueira do afastamento do poder pessoal do imperador, não advertidos os ignorantes da química social que no lugar da moderação e do domínio suave da monarquia surgiria o aberto e desenfreado governo das minorias sedentas de poder e de mando. Realismo desencantado e profético, casado ao ceticismo das transformações sociais e políticas desvinculadas da secular verdade brasileira. Um desencantado adota o mito, valorizando-lhe as vantagens, em advertência aos impacientes, despreocupado da força e do encadeamento dos fatos superiores ao domínio dos homens.

Não se concentra o foco de luz sobre o aspecto monumental e decorativo da Coroa, nos seus reflexos políticos. A projeção social, carismaticamente sentida — de que são vestígios o encontro do imperador no seu coche, em plena rua, e a imaginária conversa com d. Glória (*Dom Casmurro*, XXIX) —, absorve a solenidade, a gravidade e a grandeza arquitetural do cargo. As festas da coroação são uma lembrança e um acontecimento, guardados na crônica e na memória de todos. Há o lado visto das ruas e o lado visto dos salões, para os grandes e pequenos, que encantam os olhos da modesta Capitu e da feliz d. Glória. A "fala do trono" e a "resposta à fala do trono", atos de grande repercussão política, solenes no efeito, mal perpassam nas páginas da vasta obra do escritor. O cerimonial, previsto pela Constituição de 1824, com a presença do imperador, deveria dar ao trabalho legislativo o ar de importância que os trajes de gala acentuavam. Se o escritor não se demora nesses acontecimentos, nota e lastima o abandono do ritual. Em crônica de 1885, lembra que, já no ano anterior, o parlamento se encerrou sem nada responder à Coroa. Quer o estabelecimento da usança consagrada (B.E., 21 de maio de 1885):

[...] após longos anos de desvio nesta matéria, e de omissão nos últimos tempos, o parlamento fará da discussão da resposta à fala do trono o que ela deve ser: uma expressão sumária e substancial dos sentimentos dos partidos, em vez de um concerto sinfônico, em que todos os tenores e todos os tambores desejam aparecer.

O imperador não seria apenas o mito e o monumento decorativo. O cético não se deslumbra com o espetáculo e com a submissão respeitosa. Ele sabe que sob o poder pessoal existe uma oligarquia, embora controlada e regida com rédeas curtas. Junto do árbitro das situações está o homem que a camarilha engana e enreda. O imperador não é tão inacessível que a lisonja não alcance e não manipule. A politicalha, as manobras distribuem comendas e títulos.

Vezes há com que mal se preserva o imperador do ridículo, protegido com excessiva transparência atrás do ministro. Um véu de respeito, sem embargo, desce sobre a cena. O mito não é inconciliável com o ceticismo: há a dupla verdade em todas as coisas, que mantém as duas faces das pessoas, do mundo e das instituições em equilíbrio. Apesar do riso encoberto, a caricatura não quer demolir, preocupada em preservar a imagem, sem a queda na ingenuidade, na qual se confundiria a tolice e a lisonja. Seria a reação do monarquista do Segundo Reinado diante do imperador, convencido da necessidade do trono, risonhamente dubitativo das suas virtudes, interiormente imantado pela suave autoridade de um governante não despótico.

2 | *A ilusória supremacia da Constituição e da lei*

O DEPUTADO TEÓFILO, frustrado na ambição ministerial, põe a culpa do insucesso nas camarilhas que cercam o imperador. Por via indireta acusa o chefe do Estado, desatento às manobras que se urdem nas suas veneráveis barbas. Mas em nome de que princípio extravasa a censura e a decepção amarga? Se os ministérios já vinham organizados de São Cristóvão, sem que os partidos interviessem na sua elaboração, alguma coisa estava errada. Teófilo não indaga de causas muito remotas, coerente no seu estilo pragmático, e vê a raiz do mal nas informações pouco verdadeiras que os políticos levam ao paço, informações manipuladas e enredadas nos interesses próprios (Q.B., CLX).

A omissão, patente na expressão de um deputado com pretensões justas a ocupar um ministério — pois chegou a sua vez —, revela-se mais do que a palavra explícita. Acima da ordem jurídica, há um fator que decide e elege, com o qual não atina o inconformista debate liberal do tempo. Onde está, acima dos que governam, a lei, a simétrica Constituição de 1824? Esta é a omissão: cinquenta anos de prática parlamentar e de legalidade nas relações políticas não constituíram já não se diria o culto da lei, mas a regra da lei — a *rule of law* — segundo a qual os homens, governantes e governados, obedecem às regras e normas jurídicas, e não às pessoas, com seus caprichos e abusos. A verdade da vistosa ordem imperial parece ser esta: um feixe de fórmulas vazias, atrás do qual, menos o imperador do que a oligarquia, mandam mais do que governam, exercem o domínio acima da autoridade. É o que se colhe das queixas de Teófilo e das esperanças de d. Cláudia (*Esaú e Jacó*): a chave do êxito e do poder está na proximidade do imperador, nas cercanias do paço.

A supremacia da Constituição sobre as leis ordinárias, admitida teoricamente na Carta de 1824, não sofria nenhum controle judicial — o que vale dizer, de nenhuma espécie. Mas há coisa mais importante. A Constituição não rege as relações políticas, senão como praxe ou conveniência de livre observância. Isto importa em reconhecer que, ausente a lei ou a convenção, fica apenas o arbítrio, arbítrio despótico ou benevolente, exercido este pelo imperador. Por isso que reconhece o fato, mais lúcido que os políticos embriagados de doutrinas, teme o cronista a quebra da continuidade monárquica. Supõe que, afastado o bom ditador, caia sobre o país uma tempestade de oligarcas sem tempero e sem freios. O maior intérprete da Constituição de 1824 pouco vê nela capaz de ordenar a vida política da nação; confia mais nas leis do que na cúpula do sistema legal.

> Com efeito [escrevia em 1857], a Constituição por si só é pouco mais do que um símbolo de esperanças lisonjeiras. É o frontispício grandioso do edifício representativo, que para não ficar só em simples decoração isolada demanda suas colunas de segurança, seus espaços interiores, que resguardem os direitos públicos e individuais, que sirvam de oficina da prosperidade social. [...]
>
> De que serve [perguntava] ou vale uma promessa constitucional de ampla liberdade pessoal ou industrial, de associação ou de imprensa, se as respectivas leis regulamentares, ou na falta delas os atos da administração frustrarem esses prognósticos?[1]

A Constituição reduz-se a uma promessa e a um painel decorativo. As leis, os regulamentos, as convenções, só eles a realizariam ou a frustrariam. Esses atos, de competência do parlamento do imperador e sua administração, traduzem, em última instância, a vontade do grupo que manipula as maiorias. O grupo é conhecido: o ministério faz a eleição, que faz a maioria; o ministério é obra, por sua vez, do monarca. O sorites está formulado, restrito, porém, na sua aplicação, ao processo político. Ele se prolonga logicamente na feitura das leis e regulamentos, únicos responsáveis pelo cumprimento e execução dos princípios constitucionais. Constituição, lei, regulamento e atos administrativos são, na elaboração, aplicação e interpretação, os cordéis de domínio da realidade política e social, sem a efetiva ou sequer fingida supremacia da primeira. A dissimulação seria uma homenagem à verdade e criaria a esperança de que, com a prática, desgastasse, puísse o lado falso. Mas nem isso: nada de disfarce, dissimulação ou engodo — apenas o véu estético e decorativo de um solene documento escrito e jurado. "Figura de retórica destinada ao uso dos oradores" — chama à Constituição imperial Gilberto Amado. "A ação política" — prossegue — "havia de exercer-se através da ditadura dos homens mais aptos ou que reunissem, em virtude do equilíbrio de forças ocasionais, uma soma de prestígio predominante."[2]

O remédio que os republicanos aplicaram ao mal foi simples e ineficaz. Criaram um Supremo Tribunal Federal e lhe deram o poder de julgar a inconstitucionalidade das leis. Com isso, estaria garantida a eficácia da Constituição, cujas violações poderiam ser objeto de controle. Os críticos da lei superior, lei meramente de papel, combateram um vício político com outra ação apenas política, desatentos à profundidade do mal. Rui Barbosa definiu bem o escopo da reforma, ambiciosamente planejada.

> Formulando para nossa pátria o pacto da reorganização nacional, sabíamos que os povos não amam as suas Constituições senão pela segurança das liberdades que elas lhes prometam; mas que as Constituições, entregues, como ficam, ao arbítrio dos parlamentos e à ambição dos governos, bem frágil anteparo oferecem a essas liberdades, e acabam quase sempre, e quase sempre se desmoralizam pelas invasões graduais ou violentas do poder que representa a legislação e do poder que representa a força. Nós, os fundadores da Constituição, não queríamos que a liberdade individual pudesse ser diminuída pela força, nem mesmo pela lei. E por isto fizemos deste tribunal (o Supremo Tribunal Federal) o sacrário da Constituição, demos-lhe a guarda da sua hermenêutica, pusemo-lo como um veto permanente aos sofismas opressores das razões de Estado, resumimos-lhe a função específica nesta ideia.[3]

Óbvio que, atribuindo-lhe função de tal maneira relevante e irrealística, concluíssem seus propugnadores que a instituição mais infiel à República teria sido o Supremo Tribunal Federal.

> O órgão que a Constituição criara para seu guarda supremo, e destinado a conter, ao mesmo tempo, os excessos do Congresso e as violências do Governo, a deixava desamparada nos dias de risco ou de temor, quando, exatamente, mais necessitada estava ela da lealdade, da fidelidade e da coragem dos seus defensores.[4]

Rui viu no malogro apenas a covardia dos juízes.

> Medo, venalidade, paixão partidária, respeito pessoal, subserviência, espírito conservador, interpretação restritiva, razão de Estado, interesse supremo, como quer que te chames, prevaricação judiciária, não escaparás ao ferrete de Pilatos! O bom ladrão salvou-se. Mas não há salvação para o juiz covarde.[5]

O resultado da defesa republicana ao arbítrio foi exatamente o contrário do pretendido. Se é certo que se temperou, em alguns casos, o excesso legislativo e o abuso da força, de nenhuma forma o novo mecanismo fixou a consciência e a prática da supremacia da Carta Magna, para que esta regulasse as relações do poder, sem margem residual ao capricho. Ao contrário, afastado o árbitro moderador, explodiram ambições e prepotências, de alto a baixo, num regime sem tutela, senão a tutela de própria força.

Os dois males — arbítrio da chefia do governo e preponderância do parlamento — eram bem conhecidos de Machado de Assis. Reconheceu o papel do imperador de moderar o capricho e a violência, ao contrário dos cáusticos críticos do poder pessoal. Coloca-se no outro lado da barricada de Timandro, que via na presença do soberano uma tutela incômoda e monstruosa.[6] Propõe que se aposente a Inglaterra, com suas frases e máximas, como modelo político. "Até 1879, ouvi proclamar 119 vezes este aforismo inglês: 'A Câmara dos Comuns pode tudo, menos fazer de um homem uma mulher, ou vice-versa'. 'Justamente o que a nossa Câmara faz quando quer', dizia eu comigo" (B.D., 28 de outubro de 1888). Não se enganava acerca da força relativa da lei, que, para imperar, deve assentar-se na realidade, e não em quimeras: "Há uma série de fatores, que a lei não substitui, e esses são o estado mental da nação, os seus costumes, a sua infância constitucional..." (N.S., 1º de setembro de 1878). A pesada máquina do Supremo Tribunal Federal, lançada sobre os ombros de uma nação desprovida da Constituição real, seria apenas mais um encargo e um trambolho, destinados, na linguagem dos decepcionados, a trair.

A sombra imperial seria benéfica, substituindo a Constituição nominal por um poder real, temperado, civilizador e desafeiçoado à violência. Infelizmente, ela não alcançava as comunas distantes, entregues aos choques da Guarda Nacional, partidariamente dividida em permanente guerra declarada, exacerbada nos momentos eleitorais.

Machado de Assis não se aproxima da política, senão como analista, alheio às sugestões de fórmulas. Não aponta nenhum remédio, não conhece terapêuticas para os males que devoravam a nação. Parecia-lhe particularmente ridículo, objeto de mofa, os apelos à lei e à Constituição, formulados na oposição pelos políticos alijados do poder. "Os partidos nunca se entenderam bem acerca das causas imediatas da própria queda ou subida, salvo no ponto de serem alternadamente a violação ou a restauração da Carta constitucional" (P.R., *O velho Senado*). O ex-deputado Camacho, entre seus princípios e aspirações, pregava: "a autoridade não pode abusar da lei sem esbofetear-se a si própria". "Mergulhemos no Jordão constitucional" (Q.B., XLVII). A Constituição só seria venerada pelos políticos em oposição, que, no governo — por ser governo —, violavam, assenhoreando-se dos instrumentos de poder que ela só nominalmente limitava. O exercício do governo seria sempre a Constituição violada — daí o brado pitoresco e oco da oposição: "Mergulhemos no Jordão constitucional". Diante deste quadro nominal, os partidos ocupavam um grande papel real, no campo em que se lhes tolerava a ação.

3 | *Partidos, governo, ostracismo e eleições*

DOIS FATOS, como pressupostos da atividade partidária: a ausência de participação popular e a disputa pelo poder, mais ou menos organizada, puramente entre as elites enquadradas num sistema de consenso artificial. O jogo que se trava, nesse lago de águas mortas, não tem feição democrática. Falta-lhe a seiva popular, capaz de regular a circulação, a retirada e a consagração de líderes. Há uma aparência, que os partidos se esforçam em manter, sem o conteúdo, que deslocaria o poder de decisão para o eleitor. Este eixo, fundamental à própria existência democrática, supriu-o a manipulação de cima, que substituía a base, invertendo a estrutura política. As denúncias dos contemporâneos são candentes, indignadas:

> Na sociedade organizada pela reação a influência da localidade desapareceu; tudo partiu do governo, tudo ao governo se ligou, o governo foi tudo e tanto que hoje não há brasileiro que mil vezes por dia não manifeste a convicção de que a sociedade está inerte, e morta, de que só o governo vive.[7]

> Houve a usurpação da soberania popular por aquilo, a que a corte designa com diversos nomes, — soberania real, direito divino, prerrogativa, legitimidade, poder hereditário. A nova realeza saída da lavra da nação ostenta-se superior a ela, ataca-a, e a absorve em si.[8]

Reação monárquica ou usurpação, certas ou duvidosas as explicações, o fato, bom ou mau para o país, é que o povo não dispunha de meios para validar ou repelir a tomada de poder dos grupos, amparados sob os partidos.

> Não possuímos, jamais, nem sob a monarquia nem sob a república [escreve com lucidez um ensaísta que viu o poder de perto], nenhum partido que fosse, de fato, instrumento político do povo, vivendo do contato e do apoio direto do povo. O

exame de nossa história política demonstra que os partidos políticos nacionais têm sido antes produtos de agitações e divergências no seio das camadas dirigentes do que produtos do modo de sentir e pensar de largos setores da população, procurando de fora influir sobre o caráter e a política do governo.[9]

Inútil procurar em Machado de Assis a nota de revolta, a denúncia ou a indignação. Forte é a presença em sua obra dos partidos políticos — as marcas polêmicas se fazem sensíveis pela ironia ou pela mofa encoberta. Com ar de zombaria diz as coisas sérias, sem a cor viva ou vermelha das reivindicações. Não remonta à origem dos fenômenos, não lhes pesquisa a essência e o conteúdo. Recebe-os já feitos e adultos, em plena ação no Segundo Reinado.

Joaquim Fidélis (H.S.D., *Galeria póstuma*) era *saquarema* e de saquarema gostava de ser chamado. Abominava o nome de conservador, "por lhe parecer galicismo político". Toda gente era saquarema ou luzia, foi ou virá a ser uma coisa ou outra. Toda gente em termos — o povo está fora dessa zona iluminada. Nas camadas superiores a divisão se impunha necessariamente, salvo para o pequeno grupo dos céticos ou das pessoas que se julgavam acima do meio e de suas ridículas disputas. A política era inevitável para quem nutrisse a boa ou a má ambição, o desejo de emendar o país ou de subir e luzir. As grandes almas — diria Alencar — estão condenadas em política à ambição do poder, meio único de realizarem suas ideias, e exercerem na sociedade uma legítima influência.[10] Estácio (*Helena*), homem culto e estudioso, não tem vocação política — engolia-o, por isso, a obscuridade, malgrado o nome luzido de suas tradições. "Doía-me" — confessa a Estácio o dr. Camargo — "vê-lo vegetar os seus mais belos anos numa obscuridade relativa. A política é a melhor carreira para um homem em suas condições; tem instrução, caráter, riqueza; pode subir a posições invejáveis." Estácio não opta por nenhum partido, nem tem ideias ou opiniões partidárias. Sua falta de vocação determina-lhe a indiferença — mas nada disso seria objeção para manter-se arredado da Câmara e dos partidos, mesmo que o tempo venha a recomendar corrigir um passo precipitado.

— Suponha, — é mera hipótese, — que tenho alguns compromissos com a oposição.
— Nesse caso, dir-lhe-ei que ainda assim deve entrar na Câmara — embora pela porta dos fundos. Se tem ideias especiais e partidárias, a primeira necessidade é obter o meio de as expor e defender. O partido que lhe der a mão, — se não for o seu, — ficará consolado com a ideia de ter ajudado um adversário talentoso e honesto.

> Mas a verdade é que não escolheu ainda entre os dous partidos; não tem opiniões feitas. Que importa? Grande número de jovens políticos seguem, não uma opinião examinada, ponderada e escolhida, mas a do círculo de suas afeições, a que os pais ou amigos imediatos honraram e defenderam, a que as circunstâncias lhes impõem. Daí vêm algumas conversões posteriores. Tarde ou cedo o temperamento domina as circunstâncias de origem, e do botão *luzia* ou *saquarema* nasce um magnífico lírio *saquarema* ou *luzia*. Demais, a política é ciência prática; e eu desconfio de teorias que só são teorias. Entre primeiro na Câmara; a experiência e o estudo dos homens e das cousas lhe designarão a que lado se deve inclinar. (Hel., VII)

No diálogo está dito tudo: a política era necessária para conjurar o esquecimento ou o nome apagado. Estácio ainda quis argumentar: nem todas as ambições seriam políticas, haveria outras, de índole diversa. Sim, existiriam outras ambições, mas só a política dava a glória, só ela distribuía as pompas e as grandezas. Fora dela, o mundo opaco, triste e sem alegria. O diálogo diz mais: a escolha do partido não seria irremediável; sem quebra do bom nome, o *luzia* podia tornar-se *saquarema* ou vice-versa, emendando o temperamento a ponderação de cabeça fria. Também Brás Cubas não entendia de política; seu amor ao ruído, ao cartaz, ao foguete de lágrimas convidava-o, apesar da ignorância, a entrar na Câmara.

Não havia barreiras ideológicas intransponíveis entre um partido e outro, entre conservadores e liberais, *saquaremas* e *luzias*. Distantes nas suas inspirações originais, o que levava os liberais a contestarem a própria legitimidade do regime da Constituição outorgada, exigindo, como Timandro, a assembleia constituinte, a prática do governo os aproximava, comprometendo-os nas nomeações, favores e afagos da corte. Lafayette, liberal que assinou o Manifesto Republicano, foi, mais tarde, ministro da Coroa e morreu fiel à monarquia, sem escândalo. Os conservadores, de outro lado, consolidaram a doutrina do Poder Moderador e o dogma de que o rei reina, governa e administra, dentro do quadro centralizador, confiados na legitimidade da monarquia. Dois grandes livros serviram às teses conservadoras: *Direito público brasileiro e análise da Constituição do Império*, de Pimenta Bueno, marquês de São Vicente, e o *Ensaio sobre o direito administrativo*, do visconde do Uruguai. A estrutura teórica, que armaram em cinquenta anos de estudos e atividade, não impediu que, proclamada a República, a ela aderissem os monarquistas, sobretudo os conservadores, a pretexto de ser o último gabinete, Ouro Preto, de índole liberal. O governo, a que eram ambos periodicamente chamados mais ou menos arbitrariamente, sem que a maioria impusesse a convocação, aplainava as diferenças mais veementes ou os contrastes mais agudos. Os ressentimentos não fermentavam agudamente, esquecidos os políticos, nos postos de comando, das convicções antigas, afogados na glória das eleições vitoriosas, manipuladas de cima. As desforras adoçavam os azedumes da oposição, oposição mitigada na esperança de que, dentro de pouco, ela varreria do poder os adversários.

As aproximações entre os dois partidos, apesar de suas diferenças ideológicas, não levavam à adesão dos alijados do poder aos agraciados com o ministério. A quebra da fidelidade partidária tinha suas sanções, que os partidos se esforçavam em manter vivas. Pedro e Paulo, irmãos e gêmeos, eleitos por partidos contrários, votavam, algumas vezes, no mesmo sentido, "com grande escândalo dos respectivos amigos políticos. Tinham sido eleitos para se baterem e acabaram traindo os eleitores. Ouviram nomes duros, repreensões acerbas" (E.J., CXXI). O dever de votar com o partido, ou, de modo mais familiar, o dever de votar com os amigos, seria respeitado, só transgredido discretamente e raras vezes. Ele podia levar ao banimento na próxima eleição, com o afastamento do nome da chapa eleitoral. A ausência de controle do eleitor era suprida pela vigilância dos chefes, que controlavam, rigidamente, o destino dos candidatos e os cordéis que alçavam ou abatiam os deputados. Estes mecanismos tornavam difíceis as mudanças de campo. Havia, contra o trânsfuga, o não aproveitamento na próxima eleição, promovida com o partido em pleno gozo da máquina do governo. As dúvidas de consciência torturavam, em projeção interior, o ambicioso de vistas curtas. Lembre-se o mordente conflito íntimo de Batista, diante das seduções de d. Cláudia (*Esaú e Jacó*). A perplexidade mostra os laços que prendiam um soldado graduado, ex-presidente de província, ao partido e as impaciências pela longa espera da virada de posições.

> Batista passeava, as mãos nas costas, os olhos no chão, suspirando, sem prever o tempo em que os conservadores tornariam ao poder. Os liberais estavam fortes e resolutos. As mesmas ideias pairavam na cabeça de d. Cláudia. Este casal só não era igual na vontade; as ideias eram muitas vezes tais que, se aparecessem cá fora, ninguém diria quais eram as dele, nem quais as dela, pareciam vir de um cérebro único. Naquele momento nenhum achava esperança imediata ou remota. Uma

só ideia vaga. E foi aqui que d. Cláudia fincou os pés no chão e cresceu. Não falo só por imagem; d. Cláudia levantou-se da cadeira, rápida, e disparou esta pergunta ao marido:

— Mas, Batista, você o que é que espera mais dos conservadores?

Batista parou com um ar digno e respondeu com simplicidade:

— Espero que subam.

— Que subam? Espera oito ou dez anos, o fim do século, não é? E nessa ocasião, você sabe se será aproveitado? Quem se lembrará de você?

— Posso fundar um jornal.

— Deixe-se de jornais. E se morrer?

— Morro no meu posto de honra.

D. Cláudia olhou fixo para ele. Os seus olhos miúdos enterravam-se pelos dele abaixo, como duas verrumas pacientes. Súbito, levantando as mãos abertas:

— Batista, você nunca foi conservador.

O marido empalideceu e recuou, como se ouvisse a própria ingratidão de um partido. Nunca fora conservador? Mas que era ele então, que podia ser neste mundo? Que era que lhe dava a estima dos seus chefes? Não lhe faltava mais nada. D. Cláudia não atendeu a explicações; repetiu-lhe as palavras, e acrescentou:

— Você estava com eles, como a gente está num baile, onde não é preciso ter as mesmas ideias para dançar a mesma quadrilha.

Batista sorriu leve e rápido; amava as imagens graciosas e aquela pareceu-lhe graciosíssima, tanto que concordou logo; mas a sua estrela inspirou-lhe uma refutação pronta.

— Sim, mas a gente não dança com ideias; dança com pernas. (E.J., XLVII)

A fidelidade aos chefes, a solidariedade destes, o sentimento de honra, estes os doces vínculos que prendem ao partido. A confiança na subida ao poder atenua a longa espera, longa espera, não irremediável banimento. Mas a indecisão, a crise de consciência não está vencida. Alimenta-a a fluidez das barreiras ideológicas, que confundiam os partidos em ideias e opiniões comuns. E façamos justiça ao homem. Quando ele pensava só na fidelidade aos amigos sentia-se melhor; a mesma fé existia, o mesmo costume, a mesma esperança. O mal vinha de olhar para o lado de lá; e era d. Cláudia que lhe mostrava com o dedo a carreira, a alegria, a vida, a marcha certa e longa, a presidência, o ministério. Ele torcia os olhos e ficava.

A sós consigo, Batista pensou muita vez na situação pessoal e política. Apalpava-se moralmente. Cláudia podia ter razão. Que é que havia nele propriamente conservador, a não ser esse instinto de toda criatura, que a ajuda a levar este mundo? Viu-se conservador em política, porque o pai o era, o tio, os amigos da casa, o vigário da paróquia, e ele começou na escola a execrar os liberais. E depois não era propriamente conservador, mas *saquarema*, como os liberais eram *luzias*. Batista agarrava-se agora a estas designações obsoletas e deprimentes que mudavam o estilo aos partidos; donde vinha que haja entre eles o grande abismo de 1842 a 1848. E lembrava-se do Visconde de Albuquerque ou de outro senador que dizia em discurso não haver nada mais parecido com um conservador que um liberal, e vice-versa. E evocava exemplos, o Partido Progressista, Olinda, Nabuco, Zacarias, que foram eles senão conservadores que compreenderam os tempos novos e tiraram às ideias liberais aquele sangue das resoluções para lhes pôr uma cor viva, sim, mas serena. Nem o mundo era dos emperrados...

[...] É certo, porém, que a linguagem dele, em relação aos liberais, não era já de ódio ou impaciência; chegava à tolerância, roçava pela justiça. Concordava que a alternação dos partidos era um princípio de necessidade pública. O que fazia era animar os amigos. Tornariam cedo ao poder. Mas d. Cláudia opinava o contrário; para ela, os liberais iriam ao fim do século. Quando muito, admitiu que na primeira entrada não dessem lugar a um converso de última hora; era preciso esperar um ano ou dous, uma vaga na Câmara, uma comissão, a vice-presidência do Rio...
(E.J., XLVII)

A alternação dos partidos no poder, provocada pela vontade augusta, impedia o desespero do ostracismo sem retorno. A oposição não seria o beco sem saída que se tornou na República, mas um período de expectativa, embora amarga. Um político — se deputado ou no exercício de um cargo dependente da confiança do governo —, ferido com a perda do governo, voltava às suas ocupações normais. Batista e Camacho entregaram-se à advocacia; Brás Cubas retornou à ociosidade elegante. Não havia, fora do governo, quase que nenhuma atividade política capaz de animar as imaginações. Os partidos eram instrumentos de governo, sem vínculos com o eleitorado, murchos sem o poder e vazios de iniciativas. A única maneira de manter viva a chama era o jornalismo, para o qual Batista pretende voltar, tocado pelo mal encoberto escárnio de d. Cláudia. O jornalismo político tem um grande papel na ficção de Machado de Assis, lembrado, porventura, dos seus dias do *Diário do Rio de*

Janeiro, órgão inspirado pelo liberal Saldanha Marinho, atividade que quase o arrasta à política militante.[11] Teófilo (*Quincas Borba*), decepcionado com a fuga da perseguida pasta de ministro, recorda, indignado: "Quem trabalhou mais na imprensa, no tempo do ostracismo?" (Q.B., CLXXV). Brás Cubas perde a cadeira na Câmara dos Deputados: "Iam-se as esperanças todas; terminava a carreira política" (M.P., CXL). Quincas Borba lhe sugere que continue a luta, por outro meio:

> Disse-me ele que eu não podia fugir ao combate; se me fechavam a tribuna, cumpria-me abrir um jornal. Chegou a usar uma expressão menos elevada, mostrando assim que a língua filosófica podia, uma ou outra vez, retemperar-se no calão do povo. Funda um jornal, disse-me ele, e "desmancha toda esta igrejinha". (cap. CXLI)

> Urgia fundar o jornal. Redigi o programa, que era uma aplicação política do Humanitismo. [...] Era a fina flor dos programas; prometia curar a sociedade, destruir os abusos, defender os sãos princípios da liberdade e conservação; fazia um apelo ao comércio e à lavoura; citava Guizot e Ledru-Rollin, e acabava com esta ameaça, que o Quincas Borba achou mesquinha e local: "A nova doutrina que professamos há de inevitavelmente derribar o atual ministério". (cap. CXLVI)

Também a sereia que tentou Batista, personificada na sua mulher, d. Cláudia, cantou aos ouvidos de Brás Cubas. Quem sabe se a adesão não seria o caminho mais certo para retomar a suspirada cadeira? "— Mano Brás, — perguntou-lhe a irmã, Sabina — que é que você vai fazer? Que ideia é essa de provocar o governo, sem necessidade, quando podia..." (cap. CXLVII). As mulheres, pelo que se depreende das palavras de d. Cláudia e de Sabina, não acreditavam nos princípios e confiavam pouco na fidelidade partidária. Elas não sofriam ainda de paixões políticas, descrentes do conteúdo dos partidos, vendo neles apenas o governo, o governo em flor ou o governo em fruto, nada mais. Sem as mezinhas ideológicas dos homens, bebidas nos livros franceses e ingleses, se enganavam menos, confundindo-se, no realismo, com o cinismo. Mas o assunto é o jornal — que passou a frequentar o público:

> O primeiro número do meu jornal encheu-me a alma de uma vasta aurora, coroou-me de verduras, restituiu-me a lepidez da mocidade. Seis meses depois batia a hora da velhice, e daí a duas semanas a da morte, que foi clandestina, como a d.

Plácida. No dia em que o jornal amanheceu morto, respirei como um homem que vem de longo caminho.

Mais persistente no jornalismo era o Camacho (*Quincas Borba*): "Já na academia, escrevera um jornal político, sem partido definido, mas com muitas ideias colhidas aqui e ali, e expostas em estilo meio magro e meio inchado" (cap. LVII). Na província, ao iniciar sua carreira, feriu as cordas do instrumento, mas com outra língua, mais local e mais agressiva:

> Fundou ali um jornal; mas, sendo a política local menos abstrata, Camacho aparou as asas e desceu às nomeações de delegados, às obras provinciais, às gratificações, à luta com a folha adversa, e aos nomes próprios e impróprios. A adjetivação exigiu grande apuro. Nefasto, esbanjador, vergonhoso, perverso, foram os termos obrigados, enquanto atacou o governo; mas, logo que, por uma mudança de presidente, passou a defendê-lo, as qualificações mudaram também: enérgico, ilustrado, justiceiro, fiel aos princípios, verdadeira glória da administração etc. etc.

Depois de uma carreira promissora, Camacho se vê, como Brás Cubas, alijado do parlamento, obrigado a advogar para suprir as despesas. Para se fazer lembrado dos chefes, para continuar politicamente vivo, recorreu ao jornal *Atalaia*. Passou a sustentá-lo com expedientes e achaques, sempre ameaçado de parar a publicação e desaparecer na obscuridade:

> Veja você como, [confessa Camacho ao seu contribuinte Rubião] por uma miséria desta ordem, podia emudecer o nosso órgão. São os espinhos naturais da carreira. O povo não está educado; não reconhece, não apoia os que trabalham por ele, os que descem à área todos os dias em defesa das liberdades constitucionais. Imagine, que, de momento, não dispúnhamos deste dinheiro, tudo estava perdido, cada um ia para os seus negócios, e os princípios ficavam sem o seu leal expositor.
> — Nunca! protestou Rubião.
> — Tem razão; redobraremos os esforços. A *Atalaia* será como o Anteu da fábula. De cada vez que cair, erguer-se-á com mais vida.
> Dito isto, Camacho mirou o maço de notas. Um conto e duzentos, não? perguntou, e meteu-o no bolso do fraque. Continuou a dizer que estavam seguros agora, a folha ia de vento em popa. Tinha certas reformas materiais em vista; foi ainda mais longe:

— Precisamos desenvolver o programa, dar um empurrão aos correligionários, atacá-los, se for preciso...

— Como?

— Ora, como? atacando. Atacar é um modo de dizer: corrigir. É evidente que o órgão do partido está afrouxando. Chamo órgão do partido, porque a nossa folha é órgão das ideias do partido; compreende a diferença?

— Compreendo.

— Vai afrouxando, continuou Camacho apertando um charuto entre os dedos, antes de o acender; nós precisamos de acentuar os princípios, mas francamente, nobremente, dizendo a verdade. Creia que os chefes precisam ouvi-la e seus próprios amigos e aderentes. (cap. CX)

Brás Cubas e Camacho, temerosos do esquecimento, procuram manter-se ouvidos e falados, no ruído das folhas públicas. Não dirigem a pregação ao povo, que Camacho reconhece não estar educado para a luta política, nem estar apto a reconhecer e apoiar os que por ele trabalham. Dirigem-se, os dois, aos chefes, aos detentores do poder e aos influentes do partido em desgraça. Temem que o ostracismo os devore e que o abismo apague seus nomes, irremediavelmente. Não que o escritor tenha como impossível o apelo à pequena camada popular que vota — ele lembrará, certo momento, o quase milagre da eleição de 1860, o lencinho branco de Ottoni que fez ressurgir os mortos (A.S., 2 de junho de 1895). O problema focalizado é outro, situado na normalidade dos combates políticos e partidários: o ostracismo que consome os vencidos e os abisma no nada. A instabilidade dos líderes é fenômeno comum às democracias, onde o voto desloca os eleitos de suas posições, se adverso o resultado do pleito. Há permanente insegurança do escol dirigente, sujeito às ondulações dos eleitores. A oligarquia supõe maior permanência, sem excluir permanente processo de renovação e circulação. O caso brasileiro do Segundo Reinado tem peculiaridades especiais, dentro do quadro oligárquico temperado pela dualidade alternada de partidos. Em lugar do movimento instável das elites da democracia e da permanência oligárquica, tal como consagrado no Senado vitalício, aparece um fenômeno de deslocamento e recolocamento de líderes (ou chefes), sem vínculo com a situação anterior. Todos, os deputados alijados da Câmara, e os novos, do mesmo ou do partido contrário, pertencem a uma comunidade com certa e relativa homogeneidade, o estamento. Eles não se projetam, salvo casos raros de seleção interna, no processo de circulação, tal como descrito por Vilfredo Pareto.[12] Sua retirada da vida pública não se deve ao movimento que eleva as camadas governadas às governantes, com a decadência e o desaparecimento destas. As camadas governantes se partem em duas secções, com o rodízio na empalmação dos instrumentos de domínio político. Nas duas subcamadas há o afastamento periódico de todo um grupo, que só parcialmente se recompõe na próxima volta ao poder. Esse fenômeno, o ostracismo institucionalmente regulado, além de desviar o centro das decisões para outro estrato, o estrato permanente situado em torno da Coroa, provoca o aparecimento de caracteres específicos na camada flutuante. Deixa esta de se desenvolver impulsionada pelas forças internas, de constante amadurecimento, com a cristalização de uma ideologia, aperfeiçoada ao contato da experiência social e política. A consequência é que se torna conservadora, com espasmos revolucionários, conservadorismo tão desligado da realidade como as manifestações explosivas. Não se familiariza com as mudanças sociais, absorvendo-as nas expressões políticas, moldando-as em práticas e expedientes de ação continuada. Radicalismo irritado na oposição e conservadorismo no governo, com o deslocamento periódico de líderes no mundo do esquecimento, de onde não se renasce. Os líderes alijados do campo político poderiam se agrupar em círculos conspiratórios. Mas os movimentos radicais não florescem, dado o bloqueio exercido nos condutos do poder pelos dois partidos. A tentação dos políticos caídos, como o Batista, não seria a revolta, mas o engajamento ao partido oposto, colado ao poder, com saudade da conciliação moderadora, levada a cabo, uma vez, por Paraná. Não pensavam em reanimar as bases eleitorais para a próxima disputa. Fixavam-se na fidelidade aos chefes, confiados na fatalidade da alternação dos partidos, movida por mão superior e invisível, mesmo quando os gabinetes eram derrubados pela Câmara. Impossível criar outros partidos, onde as eleições não se processam de movimentos populares, mas simplesmente homologam o domínio do partido no governo.

O sistema oligárquico fecha-se, com exclusivismo, na controvérsia de elites, ao não se submeter ao controle popular e eleitoral. Conhecido é o escândalo das câmaras unânimes, denunciadas por Tavares Bastos; Machado de Assis estudou, perscrutou e analisou muitas particularidades das eleições, nos seus vínculos com a formação de líderes. As eleições não correspondiam à representação, como veementemente lembrou Gilberto Amado, em plena República. "Eleição e representação são cousas diferentes... Eleição — ato de votar — pode ser um ato despótico, em vez de um ato democrático. Às vezes, quanto mais verdadeira a eleição mais corrupta ela é, mais contrária ao espírito de representação, à finalidade da democracia."[13] Na falta de eleição autêntica, desvirtuada, no Segundo Reinado, levemente pelo sufrágio restrito (pela renda, pelo duplo grau) e fundamente pela manipulação dos instrumentos de pressão, havia uma representação fictícia, escolhida por meios que não se comprometiam com as urnas. Alterado o sistema eleitoral, em medidas diversas — círculos, terço, eleição direta —, permaneceu a distorção representativa. É que o problema não estava no aperfeiçoamento eleitoral — era anterior a ele, conexo com práticas e tradições intangíveis às leis de superfície.

O primeiro de todos os dados situa-se na incompatibilidade entre instituições parlamentares e a população que não sabia ler, incapaz de participar dos meios de informação, transmitida, no tempo, só pela matéria escrita. Sem educação popular, reconhecia o imperador, em seus *Conselhos à regente*,[14] a eleição ficaria restrita a poucos, necessariamente. A eleição não representaria a nação, saída de um grupo restrito, mas os políticos que exploravam os meios de dominar a minoria. Em crônica de 1876, o fato, com suas consequências políticas, é dramaticamente denunciado:

[...] publicou-se há dois dias o recenseamento do Império, do qual se colige que 70% de nossa população não sabem ler.

Gosto dos algarismos, porque não são de meias medidas nem de metáforas. Eles dizem as coisas pelo seu nome, às vezes um nome feio, mas não havendo outro, não o escolhem. São sinceros, francos, ingênuos. As letras fizeram-se para frases; o algarismo não tem frases, nem retórica.

Assim, por exemplo, um homem, o leitor ou eu, querendo falar do nosso país, dirá:

— Quando uma Constituição livre pôs nas mãos de um povo o seu destino, força é que este povo caminhe para o futuro com as bandeiras do progresso desfraldadas. A soberania nacional reside nas Câmaras; as Câmaras são a representação nacional. A opinião pública deste país é o magistrado último, o supremo tribunal dos homens e das coisas. Peço à nação que decida entre mim e o sr. Fidélis Teles de Meireles Queles; ela possui nas mãos o direito superior a todos os direitos.

A isto responderá o algarismo com a maior simplicidade:

— A nação não sabe ler. Há só 30% dos indivíduos residentes neste país que podem ler; desses uns 9% não leem letra de mão. 70% jazem em profunda ignorância.

Não saber ler é ignorar o sr. Meireles Queles; é não saber o que ele vale, o que ele pensa, o que ele quer; nem se realmente pode querer ou pensar. 70% de cidadãos votam do mesmo modo que respiram: sem saber por que nem o quê. Votam como vão à festa da Penha — por divertimento. A Constituição é para eles uma coisa inteiramente desconhecida. Estão prontos para tudo; uma revolução ou um golpe de Estado.

Replico eu:

— Mas, sr. Algarismo, creio que as instituições...

— As instituições existem, mas por e para 30% dos cidadãos. Proponho uma reforma no estilo político. Não se deve dizer: "consultar a nação, representantes da nação, os poderes da nação"; mas "consultar os 30%, representantes dos 30%, poderes dos 30%". A opinião pública é uma metáfora sem base; há só a opinião dos 30%. Um deputado que disser na Câmara: "Sr. Presidente, falo deste modo porque os 30% nos ouvem..." dirá uma coisa extremamente sensata. (H.Q.D., 15 de agosto de 1876)

Os 30% que formam o povo, que, por sua vez, formaria a opinião pública, não são 30% do eleitorado. O eleitorado é sensivelmente menor: dele se excluem os que não tiverem a renda líquida anual de 100$000 por bens de raiz, indústria, comércio ou empregos, além dos menores de 25 anos, dos filhos-famílias, das mulheres, criados de servir e religiosos. Até à lei da eleição direta de 1881, as eleições se seccionavam em dois graus: o dos votantes, que compareciam às eleições primárias, e o dos eleitores, que designavam os representantes nacionais e provinciais. Em 1855, Minas Gerais, a mais populosa das províncias, possuía 90.520 votantes e 2002 eleitores.[15] Para o Brasil de 1872, com a população total de 9.930.479 habitantes, descontados os escravos, menores, mulheres, analfabetos e pessoas sem renda, calculou-se em 300 mil a 400 mil o povo politicamente ativo — "únicas pessoas que sabiam ler, tinham alguma noção positiva do mundo e das coisas e podiam compreender, dentro da sua educação, o que vinham a ser monarquia, república, sistema representativo, direito de voto, governo etc.". A este número, menos de 0,5% da população, é a quanto se reduz a verdade enunciada pelo sr. Algarismo, da crônica de Machado de Assis.

As eleições obedeciam, no seu preparo e resultado, ao mecanismo centralizador instaurado pela reação conservadora em 1841. Os municípios perderam sua autonomia; as forças locais estavam presas aos gabinetes, pela via da Guarda Nacional e da violência. Batista (*Esaú e Jacó*) conta ter feito, como presidente de província, uma eleição, que, apesar de seus esforços, perderá:

> Não sei o que é que ele queria que eu fizesse mais, dizia Batista falando do ministro. Cerquei igrejas; nenhum amigo pediu polícia que eu não mandasse; processei talvez umas vinte pessoas, outras foram para a cadeia sem processo. Havia de enforcar gente? Ainda assim houve duas mortes no Ribeirão das Moças.
> O final era excessivo, porque as mortes não foram obra dele; quando muito, ele mandou abafar o inquérito, se se podia chamar inquérito a uma simples conversação sobre a ferocidade dos dous defuntos. Em suma, as eleições foram incruentas. (E.J., XXX)

Incruentas, mas pautadas pelas normas da violência e da pressão derivada, orientada e sancionada pelo gabinete. Percebia bem o escritor que tudo isso era possível dado o definhamento da vida municipal, sobre a qual um liberal como Tavares Bastos depositava toda a esperança de instituições livres. A perspectiva do escritor é inversa, próxima, ainda uma vez, ao diagnóstico dos conservadores sobre a realidade brasileira:

> Que seria útil e conveniente desenvolver o elemento municipal, ninguém há que o conteste; mas os bons desejos de alguns ou de muitos não chegarão jamais a criar ou aviventar uma instituição, se esta não corresponder exatamente às condições morais e mentais da sociedade. Pode a instituição subsistir com as suas formas externas; mas a alma, essa não há criador que lha infunda.
> Não há muito quem brade contra a centralização política e administrativa? É uma flor de retórica de todo o discurso de estreia; um velho bordão; uma perpétua chapa. Raros veem que a centralização não se operou ao sabor de alguns iniciadores, mas porque era um efeito inevitável de causas preexistentes. Supõe-se que ela matou a vida local, quando a falta de vida local foi um dos produtores da centralização. Os homens não passaram de simples instrumentos das coisas. É o que acontece com o poder municipal; esvaiu-se-lhe a vida, não por ato de um poder cioso, mas por força de uma lei inelutável, em virtude da qual a vida é frouxa, mórbida ou intensa, segundo as condições do organismo e o meio em que ele se desenvolve. É o que acontece com o direito de voto; a reforma que reduzir a eleição a um grau será um melhoramento no processo e por isso desejável; mas dará todas as vantagens políticas e morais que dela esperamos? Há uma série de fatores, que

a lei não substitui, e esses são o estado mental da nação, os seus costumes, a sua infância constitucional... (N.S., 1º de setembro de 1878)

Situa-se Machado de Assis no grande debate que consome os publicistas do Império, entre centralização e autonomia local. Ele, moralista nas linhas gerais do pensamento, olha com olhos de sociólogo, denunciando a vacuidade da polêmica programática. O problema não se resolve em desejar e querer a autonomia local, criando-a ou espancando o marasmo por meio de leis. Há uma realidade com suas condições próprias inacessível ao gosto e à retórica dos ideólogos — realidade na qual os homens são instrumentos das coisas. Os conservadores, ao centralizar o Império, teriam apenas aprovado e legalizado as circunstâncias, sem as haverem suscitado, como diziam os liberais.

A violência acompanhava as eleições — este o corolário do controle da polícia e das armas por ambas as facções, com o predomínio do governo. José de Alencar via a causa do ardor sanguinário das disputas eleitorais na conquista exclusiva do poder pelo vencedor. "Nada mais natural do que os partidos, receando o ostracismo, empreguem todos os esforços a fim de vencer, não obstante os meios." O remédio seria a garantia da presença do partido minoritário na Câmara.[16] Machado de Assis, menos dogmático, não indica causas nem prescreve remédios — melhor, desconfia de todos os remédios.

Mas, que remédio dou então para fazer todas as eleições puras? Nenhum, não entendo de política. Sou um homem que, por ler jornais e haver ido em criança às galerias das câmaras, tem visto muita reforma, muito esforço sincero para alcançar a verdade eleitoral, evitando a fraude e a violência, mas por não saber de política, ficou sem conhecer as causas do malogro de tantas tentativas. Quando a lei das minorias apareceu, refleti que talvez fosse melhor trocar de método, recomeçando por fazer uma lei da representação das maiorias. Um chefe político, varão hábil, pegou da pena e assinou, por circular pública, o modo de cumprir e descumprir a lei, ou, mais catolicamente, de ir para o céu comendo carne à sexta-feira. Questão de algarismos. Vingou o plano; a lei desapareceu. Vi outras reformas; vi a eleição direta servir aos dous partidos, conforme a situação deles. Vi... Que não tenho eu visto com estes pobres olhos?

A última cousa que vi foi que a eleição é também outra Margarida Gautier. Talvez não suspire, como as primeiras: *Combien je suis changée!* Mas com certeza atribuirá ao doutor a promessa de a curar, e dirá como a irmã do teatro e da praça: *J'aurai patience*. (A.S., 8 de dezembro de 1895)

Sabe o cronista que as terapêuticas empregadas durante cinquenta anos de experiências, tentativas e esforços foram ilusórias e vãs. Enquanto descrê das reformas, não se cansa de descrever a violência e a fraude, que campeiam nas cidades e nas vilas, nas aldeias e no sertão.

Isto disse de Campos; dizê-lo e atirar-se ao pleito eleitoral foi obra de um momento. Então começou uma troca de finezas extremamente louvável; capangas austeros começaram a distribuir entre si os mais sólidos golpes de cacete; e assim como Sganarello se fez médico a pau cada um deles buscou doutorar os outros na mesma academia. (N.S., 4 de agosto de 1878)

A propósito da civilização imaginária da ilha da Trindade, descreve o sistema e a verdade eleitoral brasileira:

Refiro-me ao processo eleitoral. Assisti a uma eleição que aqui se fez em fins de novembro. Como em toda parte, este povo andou em busca da verdade eleitoral. Reformou muito e sempre; esbarrava-se, porém, diante de vícios e paixões, que as leis não podem eliminar. Vários processos foram experimentados, todos deixados ao cabo de alguns anos. É curioso que alguns deles coincidissem com os nossos de um e de outro mundo. Os males não eram gerais, mas eram grandes. Havia eleições boas e pacíficas, mas a violência, a corrupção e a fraude inutilizavam em algumas partes as leis e os esforços leais dos governos. Votos vendidos, votos inventados, votos destruídos, era difícil alcançar que todas as eleições fossem puras e seguras. Para a violência havia aqui uma classe de homens, felizmente extinta, a que chamam pela língua do país, *kapangas* ou *kapengas*. Eram esbirros particulares, assalariados para amedrontar os eleitores e, quando fosse preciso, quebrar as urnas e as cabeças. Às vezes quebravam só as cabeças e metiam nas urnas maços de cédulas. Estas cédulas eram depois apuradas com as outras, pela razão especiosa de que mais valia atribuir a um candidato algum pequeno saldo de votos que tirar-lhe os que deveras lhe foram dados pela vontade soberana do país. A corrupção era menor que a fraude; mas a fraude tinha todas as formas. Enfim, muitos eleitores, tomados de susto ou de descrença, não acudiam às urnas. (A.S., 3 de janeiro de 1897)

Os estadistas do Segundo Reinado — a herança coube à República — pretendiam matar a fraude, a violência e a corrupção eleitorais mediante novas leis e novos sistemas. As tentativas se alinham: a lei dos círculos de 1855, a circunscrição de três deputados em 1860, a lei dos terços de 1875 e a eleição direta de 1881 (Lei Saraiva). Cada uma das reformas provocava uma onda de euforia, logo desmentida pelas práticas viciosas, que sobrenadavam à lei. Machado de Assis, antes de sua desilusão definitiva, também foi vítima das expectativas de seus contemporâneos. Acreditou, num momento, que a eleição se emancipara das pressões e viveria com liberdade. "1860! Quem não se lembra da célebre eleição desse ano, em que Otaviano, Saldanha e Ottoni derribaram as portas da Câmara dos Deputados à força da pena e da palavra? O *lencinho branco* de Ottoni era a bandeira dessa rebelião, que pôs na linha dos suplentes de eleitores os mais ilustres chefes conservadores" (A.S., 2 de junho de 1895; P.R., *O velho Senado*). A lei dos círculos, sob a qual se realizou a façanha do *lencinho branco*, durou pouco — com as incompatibilidades eleitorais os círculos e os suplentes. Não logrou cumprir as esperanças que a inspiraram: a anulação da influência do governo, o povo e as instituições fiscalizando o pleito, sem que deste saíssem as maiorias maciças. Passado o entusiasmo, que a agitação urbana coloria e inflava, voltava-se à busca de outra fórmula, na pesquisa da pedra filosofal. A grande esperança do fim do Império foi a Lei Saraiva (eleição direta): ela regeneraria os costumes e limparia as eleições. O eleitor se emanciparia, finalmente, depois de cinquenta anos de mordaça. Seria o grande triunfo da monarquia e a libertação da política das influências corruptoras. Com a verdade eleitoral, desapareceria também a supremacia do poder pessoal: dissolvida a Câmara, o povo a reintegraria, obrigando o gabinete inteiro a se afastar dos cargos usurpados. Uma lei abriria as portas a um país autêntico, livre, emancipado, adulto.

> A garrucha era empregada no interior. Um dia, apareceu a Lei Saraiva, destinada a fazer eleições sinceras e sossegadas. Estas passaram a ser de um só grau. Oh! ainda agora me não esqueceram os discursos que ouvi, nem os artigos que li por esses tempos atrás, pedindo a eleição direta! A eleição direta era a salvação pública. Muitos explicavam: direta e censitária. Eu, pobre rapaz sem experiência, ficava embasbacado quando ouvia dizer que todo o mal das eleições estava no método; mas, não tendo outra escola, acreditava que sim, e esperava a lei. (A.S., 17 de maio de 1876)

O eleitor, finalmente, era um "pedaço de soberania" (A.S., 27 de dezembro de 1876), não mais um instrumento das facções em dissídio, do coronel distrital, armado dos poderes de quebrar a cabeça dos rebeldes ou recalcitrantes. As eleições a bico de pena eram coisa do passado. A música popular acompanharia o sentimento público: o compositor Pestana haveria de compor uma polca com o título *Bravos à eleição direta!* — "Não é política: é um bom título de ocasião" (V.H., *Um homem célebre*).

> Os resultados da nova lei [nota Oliveira Vianna] foram surpreendentes. O nosso povo teve por um momento a impressão que havia encontrado nela a chave da sua liberdade política: pela primeira vez o governo fora derrotado!
>
> Para este magnífico êxito não contribuiu apenas a retidão e a imparcialidade de Saraiva: há que contar também com a intervenção direta do imperador.

"O imperador se tornou o fiscal-mor da opinião junto ao ministério, ao ponto de Dantas considerar que aquela preocupação, por exagerada, quase redundava em preferência pelo adversário", diz um historiador.

> Passada, porém, esta fase climática de exaltação, os homens retornam logo ao seu pequeno horizonte emotivo e, mesmo, ao seu pequeno horizonte intelectual — e voltam a viver do seu egoísmo anterior. Por isso, com todas as outras leis, a dos círculos, a do terço etc., a Lei Saraiva também falhou. Nas eleições seguintes restauravam-se as velhas praxes opressivas. Nenhum dos homens do poder teve mais a abnegação de Saraiva. Nenhum mais se resignou a sofrer a provação da sua derrota. O governo, como outrora, passou a ganhar sempre. Voltaram as Câmaras unânimes — e com elas o protesto, o clamor, o desespero dos condenados às geenas do ostracismo.[17]

Inútil a longa, áspera e acidentada corrida para emancipar o eleitor e, com ele, fortalecer os partidos. Havia o mal, profundo e persistente, para o qual o remédio não surtiu efeito, mesmo em doses variáveis. Quem sabe — indagaria a República — a cura não estaria no voto secreto, tão caro ao senador do Império Cândido de Oliveira? (B.D., 18 de novembro de 1888). O escritor tudo vê, descrente das causas enunciadas pela polêmica, desiludido dos remédios, remédios cautelosos ou heroicos. Finalmente, a eleição é a Dama das Camélias, em cuja conversão crê pouco: a pureza da cortesã seria apenas de palavra.

Enquanto a cura não vem, o doente terá paciência (A.S., 8 de dezembro de 1895), a paciência bovina de um povo adormecido, cujo sono velará pela ordem estabelecida, com suas violências, fraudes e corrupções.

O ato eleitoral — "base da vida pública" (P.A., *A sereníssima República*) — há de ser corrigido, passo a passo, sem saltos.

> Nem o tempo é operário que ceda a outro a lima ou o alvião; ele fará mais e melhor do que as teorias do papel, válidas no papel e mancas na prática. O que posso afirmar-vos é que, não obstante as incertezas da idade, eles caminham, dispondo de algumas virtudes, que presumo essenciais à duração de um Estado.

A lei, pedaço de papel neutro, incolor e sem vida, ajudará pouco: ao se aplicar, esbarra com o comentário, que "é a eterna malícia". Depois da descrença nas reformas, incorporadas em leis, uma palavra de confiança no povo e no tempo — é a mensagem de *A sereníssima República*, apólogo de muitas fraudes eleitorais, mas também de uma busca incansável da verdade do voto. A urna eleitoral — o saco do conto — será permanentemente aperfeiçoada, até que, com os séculos, dela não saia a mentira.

> A lei emendou-se, senhores, ficando abolida a faculdade da prova testemunhal e interpretativa dos textos, e introduzindo-se uma inovação, o corte simultâneo de meia polegada na altura e outra meia na largura do saco. Esta emenda não evitou um pequeno abuso na eleição dos alcaides, e o saco foi restituído às dimensões primitivas, dando-se-lhe, todavia, a forma triangular. Compreendeis que esta forma trazia consigo uma consequência: ficavam muitas bolas no fundo. Daí a mudança para a forma cilíndrica; mais tarde deu-se-lhe o aspecto de uma ampulheta, cujo inconveniente se reconheceu ser igual ao triângulo, e então adotou-se a forma de um crescente etc. Muitos abusos, descuidos e lacunas tendem a desaparecer, e o restante terá igual destino, não inteiramente, decerto, pois a perfeição não é deste mundo, mas na medida e nos termos do conselho de um dos mais circunspectos cidadãos da minha república, Erasmo, cujo último discurso sinto não poder dar-vos integralmente. Encarregado de notificar a última resolução legislativa às dez damas, incumbidas de urdir o saco eleitoral, Erasmo contou-lhes a fábula de Penélope, que fazia e desfazia a famosa teia, à espera do esposo Ulisses.
>
> — Vós sois a Penélope da nossa república, disse ele ao terminar; tendes a mesma castidade, paciência e talentos. Refazei o saco, amigas minhas, refazei o saco, até

que Ulisses, cansado de dar às pernas, venha tomar entre nós o lugar que lhe cabe. Ulisses é a Sapiência. (P.A., *A sereníssima República*)

O conto é de 1882, contemporâneo das primeiras decepções da Lei Saraiva (eleição direta). Eliminado o votante de primeiro grau, elevado o censo a 200$000 anuais de rendimento, arredados os candidatos suscetíveis de exercer pressão (desde os diretores do Tesouro aos delegados e subdelegados de polícia), liberto o eleitorado dos controles que o amesquinhavam, as fraudes e as violências não cessaram. Compreendeu Machado de Assis que as prescrições de papel seriam inócuas. Não acreditou que o definhamento dos municípios fosse mera obra da vontade do grupo conservador. Cansado de perscrutar as causas de tantos malogros, voltou-se para o tempo, pai de todas as coisas, que tudo remedeia e salva. No bojo do tempo viria a sabedoria — fórmula de cura de um homem perplexo, porém crente no país e nas suas virtudes. O moralista faz mais uma arlequinada, sob a invocação de Erasmus: o homem, na sua miséria e na sua grandeza, é a chave de todos os mistérios, mesmo dos pobres mistérios políticos.

4 | *Senado e Câmara: Funções institucionais*

As URNAS, dóceis e comprometidas, não faziam as instituições. A maior parte delas — a parte mais densa — não saía da soberania popular.

> Houve [dizia o inconformado Timandro (Sales Torres Homem)] a usurpação da soberania popular por aquilo, a que a corte designa com diversos nomes — soberania real, direito divino, prerrogativa, legitimidade, poder hereditário. A nova realeza, saída da lavra da nação, ostenta-se superior a ela, ataca-a e a absorve em si.[18]

O imperador e o mecanismo de poder a ele agregado excluíam-se nas deliberações populares, filhas do voto. Governavam com independência do simulacro eleitoral, ou por não lhe creditar autenticidade ou por se supor resultante de outros princípios. Protegido pelo respeito dos políticos — algumas vezes quebrado pela oposição de ambos os partidos e pelo acatamento reverente do povo —, sobrepunha-se, civilizado, culto, imparcial, às agitações das camadas interessadas em política, também elas desprovidas de legitimidade. À visão de Timandro, que representa uma corrente viva do pensamento do Império, se opõe o sentimento da necessidade da realeza no manejo dos negócios públicos e, sobretudo para conter o povo dentro da ordem, cativado pela imaginação, e não só pela obediência. Acreditava o cultivado político do Segundo Reinado, e com ele o imperador, que o tempo e o amadurecimento do povo transformariam a Coroa de instituição militante em instituição cerimonial.[19] Perderia o caráter de soberania usurpada para, conservada a pompa e o aparato, mergulhar no mecanismo que as eleições gerassem, quando verdadeiras e representativas. O vulto perceptível de sua atividade sumiria nas águas, a modo de iceberg, na famosa imagem acerca da Coroa britânica. Timandro, nesse dia, perderia a contundência e a agressividade, consumido por uma realidade dinâmica, renovadora e criadora. Enquanto esta hora não soasse, o rei reinaria, governaria e administraria. O poder minoritário, que não emana do povo, seria apropriado pela nação, passo a passo, mediante a participação progressiva da opinião pública e do eleitorado ativo, consciente, aberto. Seria o caminho pacífico e possível para alcançar uma sociedade livre e um sistema democrático. A evolução não foi possível, cortada de impaciência e de novas forças, desprezadas nos cálculos dos estadistas.

Dentre as instituições comprometidas na sua essência com o voto, a mais vinculada ao imperador era o Senado vitalício. A eleição popular casa-se com a escolha da Coroa, mediante uma lista tríplice. Os políticos do Império discutiram muito acerca da vitaliciedade ou da temporariedade do Senado, ideia, a última, apaixonadamente defendida pelos liberais. A doutrina dominante sustentava a vitaliciedade, que lhe infundiria a independência diante do eleitor e da Coroa, capaz de mediar e sentir os conflitos entre ambos.

> Está independente dos eleitores não só de uma localidade ou província, mas de toda e qualquer parte do Império; ele não tem que esperar ou temer das paixões populares, deve atendê-las só quando úteis e justas. Está independente da Coroa, pois não é sujeito a nova escolha, nem ela pode dissolver o Senado e nem mesmo aumentar o número dos senadores, embora pudesse desejar. [...] Perfeitamente independente, será guarda, juiz consciencioso entre a liberdade e o poder; se este representa o princípio da ordem quando realmente quer o bem, aquela é quem resguarda os direitos e destinos sociais, e quem também segura o caráter e privilégios do senador, pois que não há Senado livre sem liberdade nacional.[20]

Ao discutir uma frase do senador Leão Veloso que sustentava não o ter o Senado afastado de seus eleitores, o cronista de 1888 mostra que a verdade está no lado contrário. Os eleitores de Leão Veloso estão mortos há muito tempo, enquanto o senador desfruta a vitaliciedade (*Diálogos e reflexões de um relojoeiro*). Alheado ao debate teórico, transpõe Machado de Assis a doutrina à visão de close-up, na qual os matizes realistas dão fisionomia, cor e vida às teses. Mediante esta técnica cinematográfica, que o teatro lhe teria antecipado, mistura o escritor dois problemas, a própria vitaliciedade e a coesão que ela proporcionava à comunidade dos senadores.

> A figura de Itanhaém era uma razão visível contra a vitaliciedade do Senado, mas é também certo que a vitaliciedade dava àquela casa uma consciência de duração perpétua, que parecia ler-se no rosto e no trato de seus membros. Tinham um ar

de família, que se dispersava durante a estação calmosa, para ir às águas e outras diversões, e que se reunia depois, em prazo certo, anos e anos. Alguns não tornavam mais, e outros novos apareciam; mas também nas famílias se morre e nasce. Dissentiam sempre, mas é próprio das famílias numerosas brigarem, fazerem as pazes e tornarem a brigar; parece até que é a melhor prova de estar dentro da humanidade. Já então se evocavam contra a vitaliciedade do Senado os princípios liberais, como se fizera antes. Algumas vezes vibrantes cá fora, calavam-se lá dentro, é certo, mas o gérmen da reforma ia ficando, os programas o acolhiam, e, como em vários outros casos, os sucessos o fizeram lei. (P.R., *O velho Senado*)

Note-se o desvio do debate: a preocupação dos doutrinários era situar o Senado no mecanismo dos poderes, imperador e opinião pública, com a independência entre os dois. Discutiam ainda se era conveniente um Senado vitalício ou temporário. Machado de Assis vai por outro rumo, de maior realismo, rumo concreto, dentro das coisas que se veem e se sentem. O Senado, por ser vitalício, não seria um corpo independente, sobranceiro aos partidos e suas querelas. A vitaliciedade — que o escritor aceita, com algumas dúvidas — dá ao grupo caráter comunitário, de família, família que dissente, como todas as famílias. Mas o dissídio não rompe a harmonia, nem separa os membros em facções apaixonadas, como ocorria na Câmara temporária. Os "cardeais" mantinham a cortesia e a afabilidade que o consistório exigia nas suas disputas. Isto induz a crer que ao ajuntamento transitório da Câmara se agregava uma comunidade, onde, graças à vitaliciedade, a política estendia, com moderação e continuidade, os cordéis sobre todo o mecanismo político. Cordéis, diga-se logo e como consequência da própria constituição do Senado, seguros em comum à mão hábil, mão de árbitro e mão de senhor, destra e respeitada do chefe do Poder Moderador, o imperador em pessoa. Dizia por isso um político que o Senado era mais influente do que a Câmara, por mais próximo de São Cristóvão, proximidade física e política. Feria-se, com essa realidade, o modelo inglês, para o qual a Câmara dos Comuns se sobrepunha à dos *lords* (*Diálogos e reflexões de um relojoeiro*). Ao invés da independência ao voto e da independência à Coroa, a permanência do grupo, a elevação dos chefes partidários em vitalícios dava ao Senado o papel diretor da política, o centro de um estamento, que governa e manobra, nas horas de paz e nos momentos convulsivos, à margem das agitações da opinião ou das ondulações do imperador. O quadro é diverso daquele previsto ou descrito pelos teóricos. A independência do corpo não está suspensa no ar, mas prende-se ao mecanismo social do Segundo Reinado. Os senadores eram "risonhos, familiares, gracejando entre si e com os outros" que "podiam fazer, desfazer e refazer os elementos e governar com mão de ferro este país" (*O velho Senado*). Outra nota: o Senado sugeria "uma consciência de duração perpétua", mas curta era a vida no Segundo Reinado. "Alguns não tornavam mais, e outros novos apareciam; mas também nas famílias se morre e nasce." O quadro fechado, que se abria apenas com a morte, infundia aos seus membros forte consciência de solidariedade e de responsabilidade, aproximava-se em transações conciliatórias, que a convivência forçava. Sem a vitalicidade do Senado, a unidade política seria difícil, favorecendo o domínio da ordem imperial. Formava a cúpula do sistema político, onde se aposentavam os chefes políticos, no final da carreira gloriosa, com distribuição equitativa dos lugares aos dois partidos. No Senado de 1860 estavam presentes "contemporâneos da maioridade, algum da Regência, do Primeiro Reinado e da Constituinte. Tinham feito ou visto fazer a história dos tempos iniciais do regímen". Somente o marquês de Itanhaém, nesse corpo de anciãos, mais pela gravidade exterior do que pela idade, infundia a impressão de decrepitude. "Mal se podia apear do carro, e subir as escadas; arrastava os pés até a cadeira, que ficava do lado direito da mesa. Era seco e mirrado, usava cabeleira e trazia óculos fortes. Nas cerimônias de abertura e encerramento agravava o aspecto com a farda de senador." Apesar da curta expectativa de vida dos homens do século XIX, o tempo médio de função de um senador andaria pelos vinte anos.[21] Para o Rio Grande do Sul, a média de serviço foi de doze anos e de catorze anos para São Paulo, não se contando os senadores em exercício em 1889. Ocorre que a carreira política começava cedo, mal concluída a escola superior. A longa permanência no Senado, se admitia a circulação e renovamento, pedia tempo lento, acentuando a índole oligárquica do sistema. "Oligarquia à veneziana", clamava Timandro, ferindo a imobilidade senatorial, murada pela difícil substituição, refúgio do ostracismo das quedas de gabinetes. De outro lado, a verificação eleitoral das eleições senatoriais — a lista tríplice — cabia ao próprio Senado, que, desta forma, selecionava seus membros. Prevalecia, é verdade, mitigando a cooptação, certa vigilância do imperador, sob cujos auspícios se procedia à eleição. Um gesto mais duro, a palavra mais veemente poderia comprometer a entrada na Câmara vitalícia, truncando uma carreira. Foi o que aconteceu a Saldanha Marinho, em 1868, imoderado em sua crítica diante da alteração ministerial imposta do paço, sem disfarces.

Uma das vozes duras e vibrantes foi a de Saldanha Marinho. Escolhido senador pelo Ceará, nessa ocasião, bastava-lhe pouco para entrar no Senado — para esperá-lo, ao menos. O silêncio era o conselho do sábio. Diz um provérbio árabe que "da árvore do silêncio pende o seu fruto, a tranquilidade". Diz mal ou diz pouco este provérbio, porque a prosperidade é também um fruto do silêncio. Saldanha Marinho podia calar-se e votar — votar contra o ministério, incluir o nome entre os que o recebiam na ponta da lança, e até menos. Crises dessas alcançam as pessoas. Também se brilha pela ausência. O senador escolhido deitou fora até a esperança. Ergueu-se, e com poucas palavras atacou o ministério e a própria Coroa; lembrou 1848, a que chamou estelionato, e deixou-se cair com os amigos. O Senado anulou a eleição, e Saldanha Marinho não tornou na lista tríplice.

Caiu com os amigos. A ação foi digna e pode dizer-se rara. Para ir ao Senado, não faltavam seges, nem animais seguros. Saldanha ficou a pé. (A.S., 2 de junho de 1895)

Os grandes espetáculos do regime — a moção de desconfiança e a aprovação do gabinete — cabiam à Câmara. A interferência do Senado no mecanismo político do regime limita-se às manobras na sombra, articuladas pelos chefes partidários, os cardeais, com assento naquela casa. Daí o ambiente morno das sessões, raramente agitadas por algum debate de envergadura especial.

Nenhum tumulto nas sessões. A atenção era grande e constante. Geralmente, as galerias não eram mui frequentadas, e, para o fim da hora, poucos espectadores ficavam, alguns dormiam. Naturalmente, a discussão do voto de graças e outras chamavam mais gente. Nabuco e algum outro dos principais da casa gozavam do privilégio de atrair grande auditório, quando se sabia que eles rompiam um debate ou respondiam a um discurso. Nessas ocasiões, mui excepcionalmente, eram admitidos ouvintes no próprio salão do Senado, como aliás era comum na Câmara temporária; como nesta, porém, os espectadores não intervinham com aplausos nas discussões. A presidência de Abaeté redobrou a disciplina do regimento, porventura menos apertado no tempo da presidência de Cavalcanti. [...] O Senado contava raras sessões ardentes; muitas, porém, eram animadas. Zacarias fazia reviver o debate pelo sarcasmo e pela presteza e vigor dos golpes. [...] Nabuco, outra das principais vozes do Senado, era especialmente orador para os debates solenes. Não tinha o sarcasmo agudo de Zacarias, nem o epigrama alegre de Cotegipe. [...] A palavra do velho Nabuco era modelada pelos oradores da tribuna liberal francesa. A minha impressão é que preparava os seus discursos, e a maneira por que os proferia realçava-lhes a matéria e a forma sólida e brilhante. Gostava das imagens literárias: uma dessas, a comparação do Poder Moderador à estátua de Glauco, fez então fortuna. O gesto não era vivo, como o de Zacarias, mas pausado, o busto cheio era tranquilo, e a voz adquiria uma sonoridade que habitualmente não tinha. (P.R., *O velho Senado*)

Os astros que frequentavam a casa, não a casa em si, tornavam as sessões atraentes, em dias raros. Zacarias, Eusébio de Queirós, Paranhos, Cotegipe, Olinda, Itaboraí, Uruguai, Montezuma — papas e cardeais — davam solenidade ao Senado, mas não lhe asseguravam a fama pública, o entusiasmo das multidões.

Nem por haver meditado e analisado o papel do senador nas instituições está ele presente na ficção machadiana; nem ele e raramente o ministro comparecem às suas páginas, substituídos por figuras históricas. A omissão é simétrica ao afastamento do duque, marquês, conde e visconde, realçada pela presença do barão. Somente à crônica reserva-se a menção ao Senado e aos senadores — raramente, de raspão, o romance ou o conto abordam tema ou personagens tão elevados. Percebe-se, nas fugazes observações, a figura do senador como o ápice da carreira política. Santos (*Esaú e Jacó*) teve a fantasia de ser deputado, passo necessário para alcançar o Senado. Este é um momento — o fim do Império — em que os homens opulentos, filhos das próprias mãos, buscavam a carreira política para legitimar a ascensão social. O barão de Santos não queria ser orador nem ministro,

> mas tão somente fazer da Câmara um degrau para o Senado, onde possuía amigos, pessoas de merecimento, e que era eterno.
> — Eterno? interrompeu ela (a baronesa) com um sorriso fino e descorado.
> — Vitalício, quero dizer.
> Natividade teimou que não, que a posição dele era comercial e bancária. Acrescentou que a política era uma cousa e a indústria outra. Santos replicou, citando o barão de Mauá, que as fundiu ambas. Então a mulher declarou por um modo seco e duro que aos sessenta anos ninguém começa a ser deputado.
> — Mas é de passagem: os senadores são idosos. (cap. CXLVIII)

Se os senadores mal perpassam nas páginas de Machado de Assis, são frequentes os deputados. A galeria é ampla. Lobo Neves e Brás Cubas (*Memórias póstumas de Brás Cubas*), Teófilo, Camacho e Falcão (*Quincas Borba*), Luís Alves

(*A mão e a luva*), Benedito (R.C.V., *Evolução*), Cordovil (R.C.V., *Marcha fúnebre*) e inúmeros outros. Por via dos deputados, a Câmara ganha relevo, reconstituída como instituição, no mecanismo do sistema.

A Câmara dava vibração ao regime, era sua parte popular, popular tendo-se em conta a tênue parcela que se ocupava de política. Réplica da Câmara dos Comuns conquistou, a par de suas funções legislativas, o lugar central da atenção pública, mercê dos poderes de desfazer gabinetes, ao preço de sua dissolução. De 1840 a 1889 passaram pelo governo 36 gabinetes, com a duração média de 1,3 ano. Vinte e sete foram derrubados pela Câmara e foi esta nove vezes dissolvida pelo imperador.

> Toda a sessão [comenta um deputado do Império] tinha um interesse dramático: podia cair nela o ministério, ou, pelo menos, ficar mal e ver-se obrigado a pedir demissão algum dos ministros. As numerosas pessoas empenhadas na manutenção ou exoneração dos mais graduados funcionários do Estado, e na alta direção deste, ligavam apaixonada atenção às reuniões da Câmara, onde se debatia a solução dos negócios políticos e administrativos do país inteiro.[22]

O grande momento, momento de expectativa e de angústia, era a moção de desconfiança, agravada quando coincidia com a apresentação do ministério. As galerias se enchiam, repletas as tribunas e o próprio recinto. Aplausos e apupos cortavam o ar, o tumulto tomava conta dos deputados. Antes, porém, a acusação grave e solene, longamente tramada às vezes, que fazia o gabinete tremer.

> A moção de confiança, ou desconfiança no passado regímen, era uma ambrosia dos deuses centrais. Era aqui na Câmara dos Deputados, que um honrado membro, quando desconfiava do governo, pedia a palavra ao presidente, e, obtida a palavra, erguia-se. Curto ou extenso, mas geralmente tétrico, proferia um discurso em que resumia todos os erros e crimes do ministério, e acabava sacando um papel do bolso. Esse papel era a moção. De confidências que recebi sei que há poucas sensações na vida iguais a que tinha o orador, quando sacava o papel do bolso. A alguns tremiam os dedos. Os olhos percorriam a sala, depois baixavam ao papel e liam o conteúdo. Em seguida a moção era enviada ao presidente, e o orador descia da tribuna, isto é, das pernas que são a única tribuna que há no nosso parlamento, não contando os dois púlpitos que lá puseram uma vez, e não serviram para nada. (A.S., 26 de junho de 1892)

Depois vinha o debate, aceso, vivo, dramático. Trocavam-se acusações — por fim o voto, que decidia a sorte do ministério. Fracionava-se, por vezes, a maioria, descontente com a situação, aliando-se à oposição, depois da Lei Saraiva (1881), sempre representada por alguns deputados (durante o gabinete Martinho Campos: 75 liberais e 47 conservadores). De 1882 a 1885, a Câmara fez cair, com moções de desconfiança, os gabinetes Martinho Campos, Paranaguá, Lafayette e Dantas. O quadro público cobria a teia escondida de longos preparativos e aliciamentos secretos. O deputado Brotero (P.R., *Papéis velhos*) conta que, seduzido pelo futuro presidente do Conselho, afastou-se do ministério. "Foi v. exa. que me obrigou a romper com o ministério dissolvido, mais cedo do que convinha ao partido" (P.R., *Papéis velhos*). Não se esquece de narrar a palavra macia e doce que o levou a abandonar a situação cambaleante:

> Foi v. exa. que, uma vez, em casa do Z... me disse, a uma janela, que os meus estudos de questões diplomáticas me indicavam naturalmente a pasta de estrangeiros. Há de lembrar-se que lhe respondi então ser para mim indiferente subir ao ministério, uma vez que servisse ao meu país. V. exa. replicou:
> — É muito bonito, mas os bons talentos querem-se no ministério.

O deputado Meneses (C.F., *A mulher de preto*), personagem de um conto de 1868, abandona o governo, agravado pelo desprezo aos princípios:

> O governo é reator; as províncias não podem mais suportá-lo. Os princípios estão todos preteridos; na minha província foram demitidos alguns subdelegados pela circunstância única de serem meus parentes; meu cunhado, que era diretor das rendas, foi posto fora do lugar, e este deu-se a um peralta contraparente do Valadares. Eu confesso que vou romper amanhã a oposição.

Outras vezes, a poderosa mão invisível se abatia sobre o ministério, arrastando-lhe a queda, mascarada na moção de desconfiança. Era o *poder pessoal*, que velava sobre todas as coisas, capaz, nas novas eleições, à míngua de verdade, de carregar a maioria, em sentido contrário à da Câmara anterior.

> O governo [lembra Joaquim Nabuco] era feito por todos desse modo — que é que o Imperador quer, que é que ele não quer? Os que faziam política fora dessas condições estavam condenados a não ter nenhum êxito; é por isso que os propagandistas

de qualquer ideia não tinham nada conseguido enquanto não despertavam o interesse do Imperador, e não moviam a sua simpatia. Conseguido isso, o concurso dos partidos, dos governos, precipitava-se como uma avalanche. [...][23]

Não emancipado o eleitorado, esse resultado — Câmaras submissas — era necessário, fatal. Preparados os bastidores, tecida a trama, pacientemente, com a ameaça, o carinho ou o afago, estoura na Câmara o espetáculo da crise, decidida com um voto manhosamente elaborado.

Nomeado o novo ministério, sofria ele também sua crise: a apresentação à Câmara. Não raro, a Câmara se compunha de membros contrários ao ministério. Isso ocorreu algumas vezes, de que resultava a sua dissolução, com grande escândalo e cóleras incuráveis.

O recurso da dissolução da Câmara, o expediente da "consulta à nação" se havia transformado numa verdadeira burla, em que ninguém mais acreditava. Dissolvida a Câmara, já se sabia de antemão — com a certeza certa de uma previsão astronômica — que a nova Câmara vinha inteiramente à feição do novo Gabinete.[24]

A impressão do cronista, na apresentação do ministério, é viva e duradoura. Ainda em 1892 lembrará o tumulto e a solenidade que a acompanhavam:

> Oh! as minhas belas apresentações de ministérios! Era um regalo ver a Câmara cheia, agitada, febril, esperando o novo gabinete. Moças nas tribunas, algum diplomata, meia dúzia de senadores. De repente, levantava-se um sussurro, todos os olhos voltavam-se para a porta central, aparecia o ministério com o chefe à frente, cumprimentos à direita e à esquerda. Sentados todos, erguia-se um dos membros do gabinete anterior e expunha as razões da retirada; o presidente do conselho erguia-se depois, narrava a história da subida e definia o programa. Um deputado da oposição pedia a palavra, dizia mal dos dois ministérios, achava contradições e obscuridades nas explicações, e julgava o programa insuficiente. Réplica, tréplica, agitação, um dia cheio. Enfim: se há muito riso quando um partido sobe, também há muita lágrima do outro que desce, e do riso e da lágrima se faz o primeiro dia da situação, como no Gênesis. (E.J., XLVII)

Aludirá Machado de Assis, mais de uma ocasião, à mais dramática de todas as apresentações de ministérios do Império. Pôs ela a nu a farsa, a burla do parlamentarismo com um ministério conservador irrompendo numa câmara liberal. A crise que aí se gerou, em julho de 1868, abalou o Império, acordando os políticos do sono monárquico. A queda do gabinete Zacarias, com a entrada de Itaboraí, acendeu as chamas de um vasto incêndio, que teve seu ponto mais ardente no Manifesto Republicano de 1870. Zacarias de Góes e Vasconcelos (senador desde 1864) chefiava o gabinete liberal, apoiado numa maioria dividida em facções. "Zacarias fazia reviver o debate pelo sarcasmo e pela presteza e vigor dos golpes. Tinha a palavra cortante, fina e rápida, com uns efeitos de sons guturais, que a tornavam mais penetrante e irritante. Quando ele se erguia, era quase certo que faria deitar sangue a alguém" (P.R., *O velho Senado*). O pretexto da retirada do gabinete se apresentou com a lista tríplice de senadores do Rio Grande do Norte. Sales Torres Homem, o temível Timandro, já reconciliado com o imperador, concluída a evolução de liberal revolucionário a conservador submisso, recebe, na nomeação, a preferência augusta, que Zacarias se recusa a referendar. O imperador podia chamar outro liberal, mantendo o partido no governo. Havia, dentro da questão e fora do conhecimento público, quase em segredo, outro motivo de incompatibilidade do governo com a Coroa. Diante disso, o presidente do Conselho preferiu incitar o imperador a derrubar o partido — preferiu armar o duelo, que parecia favorecê-lo, por um princípio, o da supremacia do gabinete. Zacarias, que já revelara vagamente, em junho, a causa real de sua queda, já então decidida, ao aludir à caudilhagem, entrega-se à incontinência verbal, no mundo dos "passos de minueto" da política (A.S., 27 de novembro de 1892), em geral respeitosa quanto às decisões do soberano. Julgou a escolha de Sales Torres Homem *não acertada*. "Tinha audácias," — lembra Machado de Assis de seu estilo — "como a da escolha 'não acertada', que a nenhum outro acudiria, creio eu. Politicamente, era uma natureza seca e sobranceira" (P.R., *O velho Senado*). O imperador, ao chamar o partido de oposição, o Conservador, teve em mira a conclusão da Guerra do Paraguai, visto que em fevereiro de 1868 Caxias se recusava a permanecer no comando das operações, por supor-se desprestigiado pelo gabinete. Convoca ao governo, em consequência, o partido de Caxias, desfazendo a maioria da Câmara. É a caudilhagem vitoriosa, dirá, num momento de inconfidência, o sacrificado Zacarias.[25]

Ele [o imperador] achava-se ansiosamente identificado com a situação militar de Caxias. Temia, exatamente nesse momento, as mais graves complicações externas, e por isso resolve chamar ao poder o partido conservador, o qual então tinha, aos seus olhos, a vantagem de ser, para a terminação da guerra, o partido de Caxias, seu general de confiança; para os perigos que pudesse correr a aliança, o partido de Paranhos, seu diplomata de confiança; para as condições críticas do Tesouro, o partido de Itaboraí, seu financeiro de confiança, e que a tudo isso reunia a ser também o partido de S. Vicente, seu reformador de confiança, para quando a emancipação dos escravos se tornasse possível.[26]

A decisão provocou um terremoto, do qual a Coroa jamais se recuperaria — o imperador ficou indefeso, diante da colérica camada política, acusadora.

O poder pessoal era agora uma realidade, não mais um mote de propaganda, realidade ameaçadora, capaz de engolir os partidos. A reação veio de todos os lados: da imprensa, da Câmara, do Senado, dos escritores. Ao quebrar uma convenção, que se procurava firmar, divorciou-se o Império do estamento político, ferindo-o em suas bases. O grupo estável dos chefes e influentes perdia, com o golpe, a garantia mínima de sua coesão e do seu poder de barganha, substituído pela pura e sem máscara vontade da Coroa. A inquietação, no Senado, vanguarda do sistema permanente de forças, foi profunda — coube-lhe, mesmo, a iniciativa de romper o clamor. Na Câmara, o efeito foi de um furacão, que varreu todas as conveniências.

Na sessão de 17 de julho, Itaboraí, senador pela província do Rio de Janeiro desde 1844, apresenta à Câmara o ministério, reclamando a votação dos meios para levar a cabo a guerra. Informa o presidente do Conselho que hesitou, e muito, "com muitos bons fundamentos", em aceitar "a perigosa tarefa". "Rubião assistira à sessão em que o ministério Itaboraí pediu os orçamentos. Tremia ainda ao contar as suas impressões, descrevia a Câmara, tribunas, galerias cheias que não cabia um alfinete, o discurso de José Bonifácio, a moção, a votação..." (Q.B., LVIII). Esta sessão de julho de 1868, que revela a magna crise política do Segundo Reinado, narra-a Machado de Assis diversas vezes, como que a prolongar a impressão que lhe causou.

> Ouço ainda [escrevia em 1895] os aplausos de 1868, estrepitosos, sinceros e unânimes. Os ministros entraram, com Itaboraí à frente, e foram ocupar as cadeiras onde dias antes estavam os ministros liberais. Um destes ergueu-se, e em poucas palavras explicou a saída do gabinete. Não me esqueceu ainda a impressão que deixou em todos a famosa declaração de que a escolha de Torres Homem não era *acertada*.

Zacarias acabava de repeti-la no Senado. Geralmente, as dissoluções dos gabinetes eram explicadas por frases vagas, e porventura nem sempre verídicas. Daquela vez conheceu-se que a explicação era verdadeira. Disse-se então que a palavra fora buscada para dar ao gabinete as honras da saída. Alguém ouviu por esse tempo, ao próprio Zacarias, naquela grande chácara de Catumbi, que "desde a quaresma sentia que a queda era inevitável". Grande atleta, quis cair com graça.

Itaboraí levantou-se e pediu os orçamentos. Foi então que desabou uma tempestade de vozes duras e vibrantes. Posto soubesse que se despedia a si mesma, a Câmara votou uma moção de despedida ao ministério conservador. Um só espírito supôs que a moção podia desfazer o que estava feito: não me lembra o nome, talvez não soubesse ler em política, e daí essa credulidade natural, que se manifestou por um aparte cheio de esperanças. (A.S., 2 de junho de 1895)

Saldanha Marinho, já escolhido senador pelo Ceará, jogou fora sua carreira para cair com o partido. "Ergueu-se, e com poucas palavras atacou o ministério e a própria Coroa; lembrou 1848, a que chamou estelionato, e deixou-se cair com os amigos." Nascia um republicano da violenta decepção, que comovia o solo monárquico como um terremoto. José Bonifácio, orador ardente, propôs a moção, curta, mas que não deixou nada para ser dito:

A Câmara viu com profundo pesar e geral surpresa o estranho aparecimento do atual Gabinete, gerado fora do seu seio e simbolizando uma nova política, sem que uma questão parlamentar tivesse provocado a queda de seu antecessor. Amiga sincera do sistema representativo e da monarquia constitucional, a Câmara lamenta este fato singular, não tem e não pode ter confiança no Governo.

Aquele dia de julho será lembrado como um fato só comparável à Maioridade e ao fim da Revolução Farroupilha (A.S., 2 de junho de 1895; B.E., 10 de maio de 1885; H.S.D., *Fulano*). No mesmo dia, o Senado ouvia o discurso do sorites, do velho Nabuco, que negava a existência do sistema representativo. O Império entraria na ladeira de sua extinção, aguardando, daí por diante, o golpe final. Virá o manifesto *Reforma ou revolução* e o movimento republicano, diretamente vinculados aos eventos de 1868. "Uma mocidade esperançosa fazia parte do partido liberal. Impaciente, descrente das reformas, passou o Rubicon, organizou o partido republicano, que ainda não existia no país" (Nabuco, o velho — Discurso de 20 de fevereiro de 1871). Liberalismo e republicanismo apagam suas fronteiras — os campos se tornam comuns. Revelava-se o Império incapaz de desenvolver suas convenções políticas a partir das ficções. As ficções, à força de uso e consagradas pelo tempo, não geraram realidades. Entre o fato e a burla reconhecida não cresceram as instituições, valorizadas por autênticas funções sociais. Malograra-se uma experiência, porventura peculiar aos países novos e educados por fórmulas velhas, que procuraria a coincidência paulatina do modelo com a expansão natural. A ruptura deixava o campo aberto à verdade, que rejeitaria a máscara, entregue a forças próprias, pouco respeitosas das praxes, conveniências e estilos. Um espaço político vazio daria lugar à proliferação de novas camadas políticas, descomprometidas com os partidos tradicionais. Em vinte anos, a ocupação se faria, com a emergência de outros líderes, também intoxicados de ficções como os antigos. São movimentos, todos, com um mínimo de impulsão criadora, abeberada nas fontes da nação.

O duelo que Zacarias pretendia travar com o *poder pessoal*, armado com o Partido Liberal unificado, resultou em combate contra o próprio Império. As colunas do templo, tocadas em suas bases, fariam cair os escombros sobre todos, liberais e conservadores. Quando a República veio, a adesão foi geral — o mito do imperador, conservado difusamente no povo, perdera-se nas camadas dirigentes. Em 1886, um deputado mostraria a frouxidão da lealdade monárquica:

> A Monarquia mantém-se por tolerância, sem um único esteio, ou ponto de apoio na alma nacional. Qual dos dois partidos militantes é convictamente monarquista? Nenhum. Quando está no poder qualquer deles, como a Monarquia e seus interesses coincidem, em um ponto de intersecção, ele a defende... Logo que aquele partido deixa o governo, torna-se, senão hostil, pelo menos indiferente, não só à forma de governo mas até à pessoa do monarca. Ninguém toma a sério as ficções que constituem a essência do atual sistema. É unânime o ridículo que provocam as suas práticas. Não há uma classe, um grupo de homens diretamente interessados na manutenção do regime monárquico.[27]

A fé na necessidade do trono apagara-se nos grupos ocupados de política.

O mecanismo político da Câmara, ligado à ascensão e queda dos gabinetes, teve maior importância do que a atividade legiferante. A função legislativa como que perde o relevo. Uma lei se votava em tempo relativamente curto, apesar do trabalho parlamentar de quatro meses por ano e da falta de sessão aos sábados (B.E., 1º de julho de 1885). O cronista não concorda com a crítica do *Jornal do Comércio* que censurara a Câmara pela demora de votação de um projeto de lei — demora de um mês e cinco dias. Afinal, "um parlamento remisso só pode medrar em sociedade remissa. Não vamos crer que todos nós, exceto os legisladores, fazemos tudo a tempo. Que diria o sol, que nos deu a rede e o fatalismo?". Muitas vezes, a chuva provocava a falta de quorum, fato este também resultante dos costumes ociosos dos deputados. "Ottoni declarou a 25 de agosto de 1841 que muitos deputados da maioria gostavam de ficar nas suas chácaras, divertindo-se. 'Outros (exclama ele) querem ir patuscar à Praia Grande!' E mais adiante afirma que é comum suceder não haver casa só porque chove um pouco." Entre os momentos de calor, agitação e tumulto sobra tempo para fazer leis, sem a pressa que seria característica de uma sociedade futura. O parlamento não vivia só de dissoluções, apresentações de gabinete e interpelações, moções de confiança e desconfiança. Alguma coisa sobrava para o obscuro e o pálido dia a dia, que não dá glória e renome. Entre uma crise ministerial e outra, também se trabalhava, pacientemente.

5 | *De deputado a quase ministro*

Havia uma carreira política, que começava de baixo e ia até ao ministério. Ninguém aparecia, arrancado da obscuridade, em pleno Senado ou no gabinete, feito do nada, de golpe, sem que, atrás do cargo, estivesse uma longa e paciente caminhada. José de Alencar, príncipe na república das letras, não compreendeu "a disciplina dos partidos e a natural sujeição dos homens às necessidades e interesses comuns".

> Quando um ilustre homem de Estado, respondendo a Alencar, já então apeado do Governo, comparou a carreira política à do soldado, que tem de passar pelos serviços ínfimos e ganhar os postos gradualmente, dando-se a si mesmo como exemplo dessa lei, usou de uma imagem feliz e verdadeira, mas ininteligível para o autor das *Minas de prata*. (p.r., *A estátua de José de Alencar*)

A imagem é feliz, mas não muito verdadeira. Diz demais, enfaticamente. Haveria casos em que o soldado alcançaria o generalato, posto a posto, graças aos serviços prestados. A regra era outra — e toda a obra de Machado de Assis jura nesse sentido —, o posto inicial seria o inicial do oficialato, e não o de soldado raso, sem apoio, desprotegido, obscuro. O ponto inicial é uma posição privilegiada, isto é, uma posição que o pretendente não conquista, mas que obtém ou herda. Embora a ascensão política seja possível, se assegure a escalada aos mais ambiciosos, astutos ou mais bem qualificados, o primeiro passo está predeterminado, senão rigidamente, ao menos dentro de modelos fixos. O que daí sai é uma aristocracia, mais ou menos aberta, flexível ou estável, e não uma democracia, com a plena igualdade de oportunidades.

O Império, como a República Velha, não cultivou, coerente com tais pressupostos, o homem filho de si mesmo, ou o fidalgo fruto de suas obras. O primeiro lance na vida pública seria um ato de amoldamento, de conformismo reverente, rito iniciatório necessário à aceitação pelas camadas dirigentes. Depois, a carreira se abria, tecida de talento, habilidade e esperteza. O filtro, imposto de cima, geraria tensões e conflitos, com seu poder de excluir e arredar vocações políticas. Os chamados e não eleitos protestariam contra a seleção — e o protesto tem muitas formas, claras e obscuras, disfarçadas e frontais. No fim do Império, a corrente republicana seria o abrigo natural dos decepcionados, algumas vezes dos ressentidos. Em outros momentos, a revolta se mascararia na depreciação moral do poder, que o Partido Liberal, acentuando o individualismo, discretamente aceitava, com suspeito colorido às suas águas. Outra saída: a busca do poder por meios lícitos ou ilícitos, com a valorização da astúcia e da fraude, em desdém aos valores consagrados. Nuanças, todas, de uma revolta difusa, que, ao longo do domínio da Coroa, não se armou revolucionariamente.

O primeiro posto — deputado provincial ou geral — se alcançava com a bênção da *influência,* manipulada pelos *influentes*. Há, na identificação desse grupo, muita sombra, comum aos bastidores de todas as épocas. Influente é quem faz deputados e patrocina uma carreira política. O conteúdo da influência: herança, fortuna, exercício de um grande cargo, aulicismo, estilo de vida, grande nomeada na jurisprudência ou na medicina, sobretudo a posição de comando num partido. O comendador Seabra (H.M.N., *A parasita azul*) pensa em "meter o filho na política". O rico fazendeiro não dispõe, embora abastado e senhor de terras, escravos e gados, de prestígio para a empresa. O posto cobiçado era o de deputado à assembleia provincial: "Justamente nesse ano havia eleição; o comendador escreveu às principais influências da província para que o rapaz entrasse na respectiva assembleia". Camilo, o feliz destinatário de tais combinações, não se deixa seduzir pelas luzes do palco político; quer, tão somente, viver junto dos belos olhos de Isabel. Troca a noiva com o rival, o Soares, que ganharia a cadeira na assembleia. Soares não dispunha de influência; apaixonado da política, servia-a como cabo eleitoral, sem perspectivas mais altas. Aí estão os dois degraus, incomunicáveis: o homem ungido pelas influências e o que está aquém delas. A proposta lançada ao pobre Soares mostra a situação deste, sem perspectivas:

> Disse comigo que um homem das suas aptidões não devia estar eternamente dedicado a servir de degrau aos outros; e então, como meu pai quer à força fazer-me deputado provincial, disse-lhe que aceitaria o lugar para o dar ao senhor. Meu pai concordou; mas eu tive de vencer as resistências políticas e ainda agora trato de quebrar algumas.

O abandono da noiva valeu ao Soares a ambicionada poltrona: um cabo eleitoral se faz deputado, barganhando a influência. O caso é caricato, mas traduz e assenta sobre uma realidade que se esconde no escárnio e na mofa. O desgrenhado e ultrarromântico poeta Luís Tinoco (H.M.N., *Aurora sem dia*) também alcança a assembleia provincial. Antes disso, teve que conquistar o patrocínio de uma influência, ganha à custa de muita dedicação e simpatia. Paupérrimo, escrevente de um advogado, obtém uma recomendação a um chefe de partido, ex-deputado.

— Recomende-me ao doutor. Quero acompanhá-lo, e ser seu protegido; é o meu desejo.

O dr. Lemos cedeu ao desejo de Luís Tinoco. Foi ter com o advogado e recomendou-lhe o escrevente, não com muita solicitude, mas também sem excessiva frieza. Felizmente o advogado era uma espécie de S. Francisco Xavier do partido, desejoso como ninguém de aumentar o pessoal militante; recebeu a recomendação com a melhor cara do mundo, e logo no dia seguinte, disse algumas palavras benévolas ao escrevente, que as ouviu trêmulo de emoção.

A imprensa — depois de consagrado pela influência, que lhe abriu o partido — ampliou o prestígio do aspirante, que recebeu a honrosa cutelada de um ataque pessoal da grei adversa. Malogrado numa eleição primária, Luís Tinoco, sempre ajudado, recolhe-se à província de seu protetor. Lá, já morto o padrinho, ingressa na assembleia provincial, início de uma carreira que, julga, o levará, fatalmente, necessariamente ao ministério. Daí passou a suspirar com a cadeira da Cadeia Velha, a Câmara dos Deputados, que o levaria a uma pasta ministerial, acolhido pelo respeito da nação. Esta era a situação em 1872 e 1873, datas em que se publicam os dois contos, *A parasita azul* e *Aurora sem dia*, que dão notícia dos primeiros passos de Soares e Luís Tinoco. A frustrada carreira de Brás Cubas não tem outros auspícios. O pai articula a candidatura de Brás, que deveria entrar na Câmara. Apesar de abastado, o velho Cubas não se sente, com os meios próprios, em condições de patrocinar suas ambições, postas no filho. Entendeu-se com o conselheiro Dutra, "uma influência política" (M.P., XXVIII), também pai da encantadora Virgília, "um anjo sem asas". O projeto é duplo: um lugar de deputado e um casamento, em plena Regência.

Enfim! eis aqui Virgília. Antes de ir à casa do Conselheiro Dutra, perguntei a meu pai se havia algum ajuste prévio de casamento.

— Nenhum ajuste. Há tempos, conversando com ele a teu respeito, confessei-lhe o desejo que tinha de te ver deputado; e de tal modo falei, que ele prometeu fazer alguma cousa, e creio que o fará. Quanto à noiva, é o nome que dou a uma criaturinha, que é uma joia, uma flor, uma estrela, uma cousa rara... é a filha dele; imaginei que, se casasses com ela, mais depressa serias deputado. (cap. XXXVII)

Não esclarece o escritor o tipo e a origem da influência do Dutra — percebe-se apenas que seria homem economicamente bem situado e adornado com o título de conselheiro. "Era uma pérola esse homem, risonho, jovial, patriota, um pouco irritado com os males públicos, mas não desesperando de os curar depressa. Achou que a minha candidatura era legítima; convinha, porém, esperar alguns meses." Malogrado o casamento, perde-se a candidatura, com grande consternação do chefe da casa Cubas. O lugar coube ao preferido de Virgília, Lobo Neves, rival de Brás Cubas: "Virgília comparou a águia e o pavão, e elegeu a águia, deixando o pavão com o seu espanto, o seu despeito, e três ou quatro beijos que lhe dera". As influências serviam também para dotar as filhas com uma carreira política ao genro. Toca Machado de Assis, sem explorar o achado, num ponto importante do sistema de influências. Reservado o oficialato político a um pequeno círculo, favorecido com o patrocínio, era natural a transmissão por herança do poder de escolha. A posição privilegiada de eleger deputados e obter condecorações e títulos exerce-se em benefício da família, hereditariamente. A aristocracia fecha-se sobre si mesma, num círculo de famílias. Também Camargo (*Helena*) cogita de assentar seu futuro genro na Câmara — para isso já se entendeu "com duas influências dominantes" (cap. XVII). Estêvão (*A mão e a luva*) viu suas aspirações políticas morrerem em flor, à míngua de "apoio necessário" e da pobreza de energia da sua ambição, "força indispensável a todo o homem que põe a mira acima do estado em que nasceu" (M.L., II). Mais tarde, por volta de 1870, Rubião, mordido pela fantasia política, sonha com a cadeira de deputado (*Quincas Borba*). Ingenuamente, imaginou uma excursão a Minas Gerais, onde estaria seu eleitorado eventual. Camacho, ex-deputado, encoberto aspirante a ministro, mostrou-lhe o caminho reto, dissuadindo-o da excursão à província:

Rubião agarrou-se às eleições próximas; mas aqui interveio Camacho, afirmando que não era preciso, que a serpente devia ser esmagada cá mesmo na capital; não faltaria tempo depois para ir matar saudades e receber a recompensa. Rubião agitou-se no canapé. A recompensa era, com certeza, o diploma de deputado. Visão magnífica, ambição que nunca teve, quando era um simples pobre-diabo... (cap. LIX)

A corte decidia em lugar das províncias — nada mais eloquente para definir a centralização do Segundo Reinado. A serpente se esmagava na capital, a vida municipal perdera, a esse tempo, a agitação de outrora. Esvaída a comuna, morta a vida local, floresce a centralização (N.S., 1º de setembro de 1878).

Nesse período de 1870, há uma nuança na centralização das decisões políticas na corte. A serpente se esmaga no Rio de Janeiro — a proposição é verdadeira. Alguma coisa mudou; os tempos não são mais os mesmos. É necessário contar também com as influências provinciais, que, embora não decidam tudo, devem ser ouvidas.

> Davi apareceu enfim, entre o queijo e o café, na pessoa do dr. Camacho, que voltara de Vassouras, na véspera, à noite. Como o Davi da Escritura, trazia um jumento carregado de pães, um cântaro de vinho e um cabrito. Deixara gravemente enfermo um deputado mineiro, que estava em Vassouras e preparou a candidatura do Rubião, escrevendo às influências de Minas. Foi o que lhe disse aos primeiros goles de café.
> — Candidato, eu?
> — Pois então quem?
> Camacho demonstrou que não podia haver melhor. Tinha serviços em Minas, não tinha?
> — Alguns.
> — Aqui os tem de grande relevância. Mantendo comigo o órgão dos princípios, tem recebido solidariamente os golpes que me dão, além dos sacrifícios que todos fazemos pelo lado pecuniário. (Q.B., C)

Aí está a nota divergente: as influências de Minas, para assuntos mineiros devem opinar. Embora haja divergência — ou por isso mesmo — entre dois pretendentes locais, o dr. Hermenegildo, de Catas Altas, e o Coronel Romualdo, a corte teria a última palavra. Teimam ambos em dividir os votos:

> — Creio que não teimarão, quando eu lhes mandar daqui confirmação dos chefes, porque foi uma das coisas que me lançaram à cara, é que eu não tinha poderes; confessei que, para aquele caso imprevisto, não; mas que possuía a confiança dos chefes, os quais me aprovariam. Creio que está feito. (Q.B., C)

A chave do domínio do centro sobre as províncias estava no mecanismo de compressão, manipulado pelos partidos no poder. Os presidentes de província faziam as eleições, na forma confessada pelo Batista (*Esaú e Jacó*), com a polícia em ação e a benevolência às pressões dos correligionários (cap. XXX). Depois de 1881 — da Lei Saraiva — a mudança é mais sensível: há já algum contato entre o eleitor e o político, sem que desapareçam as imposições das influências. Mesmo antes da reforma eleitoral, com o único grau, as eleições de 1860 — as eleições do lencinho branco — haviam mostrado a possibilidade de a oposição se impor ao governo (A.S., 2 de junho de 1895). Sentira o escritor, com esse feito, "uma visão rara e especial do poder das urnas" (P.R., *O velho Senado*). O fato é que agora não se elegiam deputados apenas pelo soberano influxo de uma influência, que, já em 1870, no episódio da candidatura de Rubião, se definiam como chefes de partido. No conto publicado em 1884 — *O caso do Romualdo* (O.C.) — Vieira, candidato a deputado, corteja uma influência, mas influência de novo estilo. Procura ganhar as graças de Romualdo, que pode lhe dar os votos de um distrito do Ceará, para onde o pretendente teve que se deslocar, à cata de eleitores. Teria que "percorrer o distrito", tratar com o eleitor, conquistá-lo. Batista (*Esaú e Jacó*), ex-presidente de província, membro do Partido Conservador, busca reconstruir sua carreira em visitas ao interior, de onde tornou sem sequer "um ramo de esperança" (cap. XXX). Passados estavam os tempos em que a Câmara vinha ao candidato, como prêmio ao pretendente afortunado da mão de Virgília. Um deputado que exerceu o cargo de dezembro de 1881 a 15 de novembro de 1889 revela o modo como se elegeu, confirmando o poder da influência e o vínculo à família. Trata-se de Afonso Celso, filho do visconde de Ouro Preto, este senador desde 1879 pela província de Minas Gerais.

> Assacam-me [escreve ele] assiduamente a pecha de haver sido eleito sem elementos próprios, graças apenas ao prestígio de meu pai. Sou apontado como um dos *filhotes*, característicos da pretensa corrupção monárquica.
>
> É verdadeira a primeira parte. O único protetor e chefe que tive na carreira política e quem me abriu as portas dessa carreira foi o visconde de Ouro Preto. As recomendações de que proveio o meu ingresso no parlamento devo-as a ele exclusivamente. [...]
>
> Por si só, independente de qualquer patrocínio e auxílio, ninguém jamais, em parte alguma, começou a vida pública. Que é uma candidatura séria? É aquela que foi sugerida ou adotada por uma ou muitas influências locais ou gerais. [...]

Havia um chefe local com títulos para ser escolhido. Esse porém, estava incompatibilizado.

Achava-se então no Rio um dos mais sinceros e dedicados amigos de minha família, o coronel Gentil de Castro, valente cabo eleitoral, relacionado com todo o distrito, onde contava numerosos parentes. Meu pai falou-lhe a meu respeito e ele assentiu, do melhor grado, em me coadjuvar. [...]

O fato de não me haver eu poupado a incômodos e perigos, viajando centenas de léguas para visitar o distrito, — coisa que nenhum candidato tinha ainda feito, — as cartas de meu pai, a prestante colaboração do coronel Gentil que não me deixou, empenhando-se por mim com ardor, produziram efeito decisivo. Posso dizer que conquistei o distrito, que de novo percorri em 1886. Ganhei sólido terreno a pouco e pouco. Afinal, cabalava por mim toda a gente de valor.[28]

Machado de Assis, preocupado em estilizar a sociedade sem a fidelidade histórica, põe a nu o fenômeno da influência política. Não se poupa a insinuar o estreito gargalo que isso significava, elegendo alguns e repelindo a maioria. Mostra a relação de família, que acabava participando do mecanismo, desvirtuando-o hereditariamente, com a nota de rigidez. Revela, na captação da influência pelo homem pobre e talentoso, as despesas de subserviência, necessárias a lisonjear um chefe. Apresenta, com desencanto, o poder do dinheiro, no fim do Império, para a conquista de uma cadeira, cada vez mais acessível aos homens abastados (Palha e Santos pensam em ser deputados; Pedro e Paulo, filhos de um homem rico, ganham assento no Congresso republicano). O quadro está quase completo; falta-lhe, porém, alguma coisa de essencial, confessada por Afonso Celso. O escritor não vê o conflito que daí resultava, nem as suas consequências, acaso revolucionárias, ou efervescentes. O sistema era criticado: o filhotismo, expressão da corrupção monárquica, encontrava a nota de repúdio. A censura estaria atenuada pelo cerco total à ascensão sem padrinho: sem patrocínio, em nenhum partido, em nenhum movimento, ninguém poderia pensar em carreira política. Sofresse a teia uma fissura e a revolta seria maior, capaz de comprometer-lhe, por um rasgão, todos os fios. A ausência de um plano de vida autônomo, alheio às influências, que contaria apenas com o talento, dificultava a reação violenta. A abrangência integral do indivíduo, envolvido por todos os lados, não lhe permitia expandir expectativas de ação descomprometidas com o sistema. Esta é uma regra geral, válida mesmo para o emprego da força na sociedade: a repressão sem respiradouro estrangula o protesto, ainda o inócuo, o tênue e o palavroso. De qualquer forma, pálido e sem consequências, o conflito está excluído das observações de Machado de Assis.

Amparado na influência, o político começa a sua carreira. O termo é conhecido e certo: o ministério. O primeiro passo onde se situa: no município, na província ou na corte? Ingenuamente, enganado com a imagem da verticalidade lembrada a Alencar, haveria a tentação de supor que tudo tem seu início na comuna. Lá está o eleitor, encastelado no distrito. A carreira seria, sob a ilusão da pureza eleitoral, de cabo eleitoral a ministro. Nada mais falso. Camacho sabia bem, político experiente, astuto, realista até ao cinismo, que a serpente se esmaga na capital (Q.B., LIX). Antes do eleitor, mero número, quase um símbolo, estava o partido, e, antes do partido, de duvidosa coesão, reinaram os chefes, gravitando em torno da Coroa. A estrada real começava na Câmara dos Deputados, a Cadeia Velha. É o que abertamente nota o escritor, a propósito da eleição de Luís Alves (*A mão e a luva*): "o primeiro passo estava dado, ele ia entrar em cheio na estrada que leva os fortes à glória" (cap. XV). O posto de deputado provincial era mero ensaio, tentativa para alçar voo, que poderia malograr-se, ou seria o vestibular não necessário para o verdadeiro início de carreira. As personagens que buscam a assembleia provincial, Leandro Soares (H.M.N., *A parasita azul*), Quintanilha (R.C.V., *Pílades e Orestes*) e Luís Tinoco (H.M.N., *Aurora sem dia*), nenhuma entra, verdadeiramente, na rua ensolarada que leva ao ministério. Somente na Câmara dos Deputados exerce o deputado um papel nacional, capaz de levantar, em torno de seu nome, o ruído que consagra, vinculado ao poder de inquietar a permanência dos gabinetes. Reconhece Luís Tinoco a pobreza da assembleia provincial para a realização de seu grande destino:

> Muitos grandes nomes da política haviam começado no parlamento provincial. Era verossímil, era indispensável até, para que ele cumprisse o mandato imperativo do destino, que saísse dali em pouco tempo para vir transpor a porta mais ampla da representação nacional. O ex-poeta ocupava já no espírito uma das cadeiras da Cadeia Velha, e remirava-se na própria pessoa e no brilhante papel que teria de desempenhar. Via já diante de si a oposição ou o ministério estatelado no chão, com quatro ou cinco golpes que ele supunha saber dar como ninguém, e as gazetas a falarem, e o povo a ocupar-se dele, e o seu nome a repercutir em todos os ângulos do Império, e uma pasta a cair-lhe nas mãos, ao mesmo tempo que o bastão do comando ministerial.

De outro lado, nenhum dos deputados ou aspirantes a deputado, assentou-se na assembleia provincial. Todos — Vieira (o.c., *O caso do Romualdo*), Benedito (R.C.V., *Evolução*), Brotero (P.R., *Papéis velhos*), João Brás (H.S.D., *Galeria póstuma*), Meneses (C.F., *A mulher de preto*), Veiga (o.c., *Viagem à roda de mim mesmo*), Luís Alves (*A mão e a luva*), Lobo Neves e Brás Cubas (*Memórias póstumas*), Teófilo (*Quincas Borba*), Pedro e Paulo (*Esaú e Jacó*) —, todos aparecem logo no cenário nacional, sem o precedente do estágio provincial. Exceção é o Camacho (*Quincas Borba*), caso raro de uma escalada que começa na província e se alça à Câmara dos Deputados, onde cultivou pacientemente e sem êxito a ambição de ocupar o *coupé* ministerial. Seria o escarnecido Camacho, homem pobre e sem influências poderosas, a expressão de uma tentativa de galgar todos os postos de baixo para cima?

> Membro da assembleia provincial, logo depois da Câmara dos Deputados, presidente de uma província de segunda ordem, onde, por natural mudança de destino, leu nas folhas da oposição todos os nomes que escrevera outrora, nefasto, esbanjador, vergonhoso, perverso, Camacho teve dias grandes e pequenos, andou fora e dentro da Câmara, orou, escreveu, lutou constantemente. Acabou por vir morar na capital do Império. Deputado da conciliação dos partidos, viu governar o marquês de Paraná, e instou por algumas nomeações, com que foi atendido; mas, se é certo que o marquês lhe pedia conselhos e usava confiar-lhe os planos que trazia, ninguém podia afirmá-lo, porque ele, em se tratando da própria consideração, mentia sem dificuldade. (Q.B., LVII)

Depois dessa experiência, da porfiada batalha, na imprensa, para chegar à Cadeia Velha, Camacho entendeu que a serpente se esmaga na capital. Ao traçar-lhe o retrato com toques de zombaria, Machado de Assis mostra, no ridículo, a inadequação, para a carreira, do lastro provincial. Põe-se o escritor, sem querer, a serviço do bloqueio das influências, sem as quais não se abria a Câmara. As preliminares, até chegar à Câmara dos Deputados, não valiam grande coisa, em termos de carreira. Eram apenas o vestíbulo dos dias verdadeiros, com sol e luz, longe da indefinida cor cinzenta dos tempos de expectativa. Servia a temporada provincial aos políticos desamparados, desterro de sobras de banquete. Válvula de segurança de revoltas que, sem esse freio, tomariam ares terríveis e ferozes. Vez ou outra, algum Camacho, mais afortunado ou mais bem amparado, mais talentoso ou com a qualidade de querer mais energicamente, se emanciparia do mundo das sombras. Que não haja, todavia, nenhum equívoco. Os políticos que ocupariam as cadeiras da Câmara dos Deputados não seriam da corte; muitos, a maioria, vinham das províncias — as influências centrais se ramificavam nos locais, com o predomínio daquelas. Quem decidia era o Rio de Janeiro, tendo em conta, sobretudo depois da Lei Saraiva, o peso das situações provinciais. Mesmo porque havia casos em que a província sucumbia às mãos de um grupo, que dificilmente se deixaria deslocar pela máquina central, interventora com o controle dos presidentes de província. A situação tornava-se mais grave se o centro dava as mãos à camarilha dominante. Camacho, atento às suas bases, lastima o domínio dos Pinheiros, que seus correligionários da corte não combatem com veemência:

> Para lhe dar um exemplo, na minha província a gente dos Pinheiros tem o apoio do governo, unicamente para me deslocar; e os meus correligionários da corte, em vez de a combater, visto que o governo lhe dá força, que pensa que fazem? Dão também apoio aos Pinheiros. (Q.B., CX)

Faltava a Camacho o prestígio suficiente para dominar a província; não por motivos locais, mas por falta de apoio de seus amigos e partidários do Rio de Janeiro. Este, afinal, é mais um episódio, apesar da linha curva, da supremacia da corte, episódio parcial de uma situação de centralização geral. O deputado devia, para assegurar sua posição e incrementá-la, ter um olho pregado na capital, atento às manobras da cúpula, e outro vigilante nas notabilidades locais.

> Estuda o coronel [o conselho vai a um político extraviado em literaturas]. Taunay, Taunay, amigo Taunay, deixa as coisas de arte onde elas estão, achadas ou perdidas; muda de fraseologia, atira-te aos *cachorros*, *paulas*, *leões*, todo esse vocabulário, que só aparentemente dá ares de aldeia, mas encerra grandes e profundas ideias. Já estudaste o coronel? Estuda o coronel, Taunay. Estuda também o major, e não os estuda só, ama-os, cultiva-os. [...] Sim, Taunay, fica prático e local. (B.E., 29 de outubro de 1885)

Ajuda a determinar o ponto inicial da carreira política a fixação de seu termo final. Há simetria e correlação entre a partida e a chegada — parte-se para um destino certo, determinado. O político tem uma ambição e por ela trabalha: o ministério. Se não consegue dominar seus sentimentos, se desvaria, a meta é a presidência do Conselho de Ministros. Vieira (O.C., *O caso do Romualdo*), o Vieira que resolve percorrer um distrito eleitoral no Ceará para se eleger deputado, não limita sua ambição a um mero lugar na Cadeia Velha. Há uma graduação de passos: "A cadeira na Câmara, a reputação parlamentar, a influência, um ministério...". O preço da escalada era que o amigo — a influência política — lhe namorasse a mulher, a indignada Carlota. Vieira lhe exibe as glórias futuras, sedutoramente, para pacificar-lhe as cóleras.

> Vieira gastou uns dez minutos em sacudir diante da mulher as pompas de um grande cargo, uma pasta, ordenanças, fardão ministerial, correios do paço, e as audiências, e os pretendentes, e as cerimônias... "Queres saber uma cousa? A vida é uma combinação de interesses... O que eu quero é fazer-te ministra de Estado, e..."

Guiomar (*A mão e a luva*), mais ambiciosa do que Carlota, queria que o jovem deputado Luís Alves lhe desse, logo, uma pasta de ministro (cap. XIX). Virgília (*Memórias póstumas*), tentadora da raça de Guiomar, quer ser baronesa — promete-lhe Lobo Neves o título de marquesa e a arrebata ao pavão Brás Cubas. Marquês vale bem um ministério, ou o supõe. Há os impacientes, como Estácio (*Helena*), aparentemente desambicioso, que desdenham da carreira, embora secretamente enamorados do alvo.

> A vida política é turbulenta demais para o meu espírito. Estou pronto para a ação, mas não há de ser exterior. Dado o meu temperamento, que iria eu buscar à Câmara, além de algumas prerrogativas e um papel acessório? Eu só me meteria na política se pudesse oficiar; mas ser apenas sacristão... (cap. VIII)

O ministério não se esconde só na vida reclusa e calada, sonho dos tímidos. Ele está presente, sobretudo, nas decepções, nas decepções amargas e inconsoláveis de Brotero (P.R., *Papéis velhos*), Lobo Neves (*Memórias póstumas*), que morreu "com um pé na escada ministerial" (cap. CL), e Teófilo (*Quincas Borba*). Vaidade, falsa desambição e decepções passam depressa. Persiste, curado o primeiro desengano, o ardente amor ao ministério, que inspirou a Brás Cubas a conquista da cadeira de deputado, sugerindo-lhe o trabalho para alcançar a meta. Sentiu ele, um dia, a gula da pompa, que não mais o largaria, atacando ora na esquerda, ora na direita.

> Deve ser um vinho enérgico a política, dizia eu comigo, ao sair da casa de Lobo Neves; e fui andando, fui andando, até que na Rua dos Barbeiros vi uma sege, e dentro um dos ministros, meu antigo companheiro de colégio. Cortejamo-nos afetuosamente, a sege seguiu, e eu fui andando... andando... andando...
> "Por que não serei eu ministro?"
> Esta ideia, rútila e grande, — trajada ao bizarro, como diria o padre Bernardes, — esta ideia começou uma vertigem de cabriolas e eu deixei-me estar com os olhos nela, a achar-lhe graça. Não pensei mais na tristeza de Lobo Neves; sentia a atração do abismo. Recordei aquele companheiro de colégio, as carreiras nos morros, as alegrias e travessuras, e comparei o menino com o homem, e perguntei a mim mesmo por que não seria eu como ele. (M.P., LIX)

Um dia, já com os provectos cinquenta anos, Brás abandona a veleidade e se decide a governar. "Vamos lá; façamo-nos governo, é tempo" (cap. CXXXV). Também Rubião teve a sua alucinação ministerial, como a de Brás Cubas despertada pela presença da carruagem:

> [...] na Rua de S. Cristóvão, cruzou com outro *coupé*, que levava duas ordenanças atrás. Era um ministro que ia para o despacho imperial. Rubião pôs a cabeça de fora, recolheu-a e pensou ouvir os cavalos das ordenanças, tão iguaizinhos, tão distintos, apesar do estrépito dos outros animais. Era tal a tensão do espírito do nosso amigo, que ainda os ouvia, quando já a distância não permitia audiência. Catrapus... catrapus... catrapus... (Q.B., CII)

A sugestão estava no ar, respirava-se nas ruas, infiltrava-se nos salões. O ministério era o oásis de uma vida de humilhações, desesperanças e amarguras. Ele recompensa todos os trabalhos e galardoa a ambição. Sonho perseguido em imaginação, realidade próxima das mãos — a farda de ministro se arreda, esquivamente, de todos os candidatos. Ninguém a vestiu jamais: nem Brotero, nem Lobo Neves, nem Camacho, nem Teófilo. Brotero (P.R., *Papéis velhos*), Lobo Neves (*Memórias póstumas*) e Teófilo (*Quincas Borba*) sentiram-na roçar-lhe os dedos, para fugir em seguida. O malogro frustra todas as ambições, expiando o mal intrínseco que é a vontade de poder e de glória. A visão do moralista pune a ambição, esmaga a paixão que arde secretamente na alma, ao tisná-la com a frustração. Além disso, a subida do político, ajudado pelas influências e por muita astúcia, significava a mudança da sociedade tradicional.

Esta, ainda que pela boca de um parvenu, expandia muitas censuras misturadas de escárnio diante do gesto de desafio dos adventícios da glória. Curioso é que os ricos — os pobres que se tornaram ricos — não sofrem a mesma condenação; encontram, na consciência, um modo de se justificarem, e, na opinião, a aquiescência pública. Note-se, também, que as personagens de Machado de Assis pouco sonham com o dinheiro, ao passo que deliram com o poder, que os ronda e os assedia de ilusões e promessas. O capitalismo parece que subjuga menos do que a política, enredada de muitos pecados e poucas compensações.

Uma carreira começa na Cadeia Velha e conclui seus passos no ministério. A apresentação do ministério à Câmara é o *zênite* da escalada. Mas a política atrai não somente pela esperança de confiar aos seus sacerdotes o fardão ministerial. Ela abrange mais: só ela levanta da obscuridade. Só ela dá a grandeza, porque só por ela se entra no poder — o dinheiro inda não é tudo, embora se faça cada dia, no curso do Império, mais influente. A essência da *alma exterior* está no parlamento, nas gazetas, na nomeada que só o poder confere. Raros são os que entram na política, como o deputado Meneses (c.f., *A mulher de preto*), "como se entra em uma sepultura: para dormir melhor". A regra é outra. A política dava lustro ao nome humilde ou desconhecido e era, entre abastados, modo de fazer alguma coisa, único caminho para não vegetar à toa. Jorge (*A mão e a luva*) teria o dever de fazer política, como Estácio (*Helena*). O homem abastado não devia aumentar seus bens, devia dedicar-se à coisa pública, para se poupar ao pecado da ociosidade. Félix (*Ressurreição*) sofre a censura da ociosidade: "Félix entrava nos seus trinta e seis anos, idade em que muitos já são pais de família, e alguns homens de Estado. Aquele era apenas um rapaz vadio e desambicioso" (cap. i). Não fazer nada é um pecado, pecado contra o Estado, para quem, fixado no estamento, deixa de empregar suas energias e sua mocidade. Jorge (*A mão e a luva*) tem a mácula da imprestabilidade, da inutilidade, quando pode e deve fazer alguma coisa.

> O nome que lhe deixara o pai, e a influência da tia podiam servir-lhe nas mãos para fazer carreira em alguma coisa pública; ele, porém, preferia vegetar à toa, vivendo do pecúlio que dos pais herdara e das esperanças que tinha na afeição da baronesa. Não se lhe conhecia outra ocupação.

As duas qualidades se fundem — o lustro ao nome e a necessidade de fazer alguma coisa, que, em certa posição, só a política dá. O conselho se dirige a Estácio (*Helena*):

> Doía-me vê-lo vegetar os seus mais belos anos numa obscuridade relativa. A política é a melhor carreira para um homem em suas condições; tem instrução, caráter, riqueza; pode subir a posições invejáveis. Vendo isso, determinei metê-lo na Cadeia... Velha. (cap. VII)

Estácio replica que as ambições não são só as políticas. "Um bom pecúlio, a família, alguns livros e amigos, — não iam além seus mais arrojados sonhos." Esta maneira de fugir aos compromissos sociais significava poetar despropositadamente, confundindo alhos com bugalhos; "e convém não confundir alhos, que são a metade prática da vida, com bugalhos, que são a parte ideológica e vã". Só a política não é ilusão — o resto é sonho, tecido de alucinações. Fora dela, há a obscuridade que apodrece (I.G., VII), cuja sombra apavora o pai de Brás Cubas, que quer espancá-la com a cadeira de deputado. Lembra ao filho, com angústia:

> Contanto que não te deixes ficar aí inútil, obscuro, e triste; não gastei dinheiro, cuidados, empenhos, para te não ver brilhar, como deves, e te convém, e a todos nós; é preciso continuar o nosso nome, continuá-lo e ilustrá-lo ainda mais. [...] Teme a obscuridade, Brás; foge do que é ínfimo. Olha que os homens valem por diferentes modos, e que o mais seguro de todos é valer pela opinião dos outros homens. Não estragues as vantagens da tua posição, os teus meios... (M.P., XXVIII)

Este o palco. Seria coerente com os pressupostos sociais dos aspirantes ao êxito e à nomeada que a montanha, um dia, pudesse ser galgada. Todos ficam a meio caminho, feridos de angústia, marcados de desespero. Entre o palco e a glória estão os bastidores, os fios que estrangulam as ambições, manipulados por mãos invisíveis e fora do alcance da vontade dos atores. Brás Cubas conta, num capítulo em branco (cap. CXXXIX), "de como" não foi ministro de Estado: "há coisas que melhor se dizem calando". Os "ambiciosos malogrados" o entenderão. Talvez lhes faltasse, a todos os ministros em projeto, a energia da ambição, a vontade que queima, devasta e esmaga. Acrescenta a esta explicação psicologista — sempre o moralista — a confidência de Lobo Neves, na palavra amarga:

> Dias depois disse-me todos os seus tédios e desfalecimentos, as amarguras engolidas, as raivas sopitadas; contou-me que a vida política era um tecido de invejas, des-

peitos, intrigas, perfídias, interesses, vaidades. [...] Entrei na política [confessa] por gosto, por família, por ambição, e um pouco por vaidade. Já vê que reuni em mim só todos os motivos que levam o homem à vida pública; faltou-me só o interesse de outra natureza. Vira o teatro pelo lado da plateia; e, palavra, que era bonito. Soberbo cenário, vida, movimento e graça na representação. (M.P., LVIII)

A mágoa, o desespero de Teófilo (*Quincas Borba*) é também profundo, com o gasto de muita cólera — apenas consolada com a ideia de que os ministérios já vêm organizados de São Cristóvão (cap. CLXXV). O mundo desmorona diante da cadeira ministerial, não ocupada pelos Teófilos, Broteros, Lobo Neves e Camachos. Haverá, é certo, nessas frustrações, mais do que o encoberto castigo à ambição. Observamos que a mesma sanção não atinge os enriquecidos, os homens que se elevaram acima do seu meio por força do dinheiro amealhado ou ganho com manobras finamente tramadas. A desilusão é especificamente política: o ministério está fora do alcance dos políticos da obra de ficção de Machado de Assis, da mesma maneira que nenhum de seus personagens se eleva acima do baronato. Indica o fenômeno, agora delimitado e posto em contraste com a vida econômica, que o escritor retrai seu aplauso e seu entusiasmo pelos grandes cargos e títulos. Ele não aprova os valores inscritos no cume da carreira política — mostra-o, ao contrário, apenas um feixe de decepções, de amargas frustrações. A ficção não reflete a realidade, nem a reproduz no espelho; ela a critica, a combate, a denigre. O escritor é, dizia Schiller, o vingador da realidade — nunca a palavra esteve mais adequadamente empregada do que no caso. O escritor não pode mentir; sua mentira terá a forma de fuga ou de retórica vazia. Se a realidade é frustração, não se deve o fato ao escritor, mas à própria realidade, em si cinzenta e destituída de força de fascínio. Esta a verdadeira perspectiva: esta a filosofia da frustração. O ministério ou o título de marquês, com o qual sonhavam Rubião e Virgília, são mera aparência, algo destituído de valor autêntico, decorativo por fora, por dentro nada mais que um "tecido de invejas, despeitos, intrigas, perfídias, interesses, vaidades". Há, em tudo isso, apenas o espetáculo gratuito, sem correspondência com o país, com suas aspirações, grandeza e autenticidade. Ouropéis colados ao lado falso da nação, ao lado de imitação, importação e cópia servil. Isto o autor não diz, talvez não o perceba conscientemente. Diz por ele a imagem da desilusão, a não investidura no cargo dos aspirantes, cujo passo se detém, amargamente, antes do último degrau. O conteúdo sério de uma vida lúdica se desmoralizaria na comédia, na farsa, se Teófilo ou Brotero envergassem o fardão ministerial. Deixariam, por amor ao cargo, de serem eles próprios e se converteriam na caricatura de suas ambições, grotescamente cômicos. Evitou o escritor a metamorfose cruel, poupando-lhes a posse do sonhado cargo, que os desvirtuaria, transformando-os em joguetes de uma cena falsa. A verdade dos homens estava na carreira política, presente na Câmara dos Deputados e no Senado, presente nos debates parlamentares e no aliciamento de eleitores, mas não se realizava no ministério. Entre a atividade política e o laurel supremo interpunha-se o abismo, intransponível sem o pagamento de passagem ao ridículo. Teófilo, se ministro, assumiria uma gravidade incompatível com seus passos miúdos de homem organizado e atento às despesas orçamentárias. Brás Cubas de fardão não seria Brás Cubas: o posto não casava com a leviandade de suas atitudes. Em nome da realidade — por amor ao realismo — era necessário poupá-los da comédia, travada de aparências, de fantasmas e ilusões. O poder — tal como derivava da verdade nacional — mal se comprazia com o teatro de minueto das fórmulas corteses, da finura parlamentar, dos debates eruditos, lardeados de citações em inglês e em francês. Atrás dos bastidores, longe da representação festiva, havia outro país, mal entrevisto, adivinhado e não estilizado, que falava outra língua, adormecido — em sono que perturba a visão dos políticos despertos. A nação ignorada impedia que os espectadores e as personagens gozassem da comédia, inteiramente dominados por ela, despreocupadamente. Alguma coisa advertia que a comédia não era a realidade. Pior ainda — e isto sabiam as personagens de Machado de Assis —, mesmo dentro da organização oficial, o poder dos ministros era, na sua maior parte, fictício, tortuoso, longo, complicado, que se estendia até São Cristóvão, passando pelo Senado, pelo Conselho de Estado e pelos partidos. O poder — ferido de dois lados: a falta de representatividade e o desfibramento da diluição —, o poder encarnado no ministro, transformava o homem em caricatura, cujos traços desfigurariam a capacidade de mandar, ordenar, fazer e desfazer. Sem a vocação de dominar o destino dos outros e de dobrar os homens, convertendo-os em súditos, o poder é apenas frustração. Esta verdade, mal confessada, dissimulada e negada, faz a essência do poder, demoníaco sempre, se visto por dentro, sem máscara. Há a verdadeira paixão do poder, que empolga um Cromwell ou um Bonaparte, e a falsa, "um capricho, um desejo de folgar", "orça pelo amor que as mulheres têm às rendas e toucados" (M.P., CXLI). Ao político do Império só se permitia a falsa paixão pelo poder, paixão de brincadeira, por passatempo. Daí que ela, sem satisfazer a ambição, fosse inautêntica, incapaz de realizar-se no cargo de ministro ou no título de marquês, falsidades recheadas de ilusões graves, sem conteúdo. As personagens não chegam ao ápice, desiludidas, poupando-se à amargura maior de, encasacadas, serem pasto de zombaria, armadas do bastão ministerial, sem que a força ou a fraude lhes permitisse brandi-lo. O ministro era apenas o fardão, com os bordados de mentira e a espada inerme.

Não obstante a consciência da tenuidade do poder, a meta da carreira política era o ministério. Há todo um complexo de manobras para chegar ao termo da jornada, catalogadas ao longo de mil peripécias. O processo tem escalas diversas: varia desde a sisuda compenetração de Teófilo até a leviandade divertida de Brás Cubas. Fiquem de lado, na hora das decisões, trabalhadas de expedientes práticos, o sonho e a fantasia, que davam o fardão sem trabalho, esquecendo os suores, as dores e o martírio da vida política. Luís Tinoco (H.M.N., *Aurora sem dia*), Vieira (O.C., *O caso do Romualdo*), Brás Cubas (*Memórias póstumas*) e Rubião (*Quincas Borba*) sentem-se ministros, sem antever que a caminhada é rude, áspera, espinhosa. Fora do mundo das ilusões, os caminhos que levam ao ministério são de índole vária, em geral conscientemente preparados, no curso de muitos anos, pedra a pedra.

Aos cinquenta anos — "idade da ciência e do governo" (M.P., CXXXVII) —, já deputado, Brás Cubas se decide a disputar o grande prêmio. Acorda-o o brado de "ser forte! lutar! vencer! brilhar! influir! dominar!" e trata de se fazer governo, já é tempo. Até então cortejara "a pasta por meio de rapapés, chás, comissões e votos; e a pasta não vinha". Usara os meios caseiros de ascensão, da boa camaradagem, misturada de lisonja e palavras macias. Brás Cubas não se preocupara em se fazer forte, influente, temido. Agarrava-se ao cartaz alheio, acaudilhando-se a ele, criando a imagem de partidário fiel e flexível, própria a todos os arranjos, sem vontade própria, satélite apagado dos chefes. Esta a significação dos rapapés, chás, comissões e votos. Era a técnica do bom-moço, inofensivo e subserviente, incapaz de rebeldia. Cansado do método anódino e incolor, responsável por muitas carreiras — as carreiras pacientes e obscuras —, Brás Cubas resolve mudar de tática. Em lugar da convivência macia, quer se fazer notar, abrindo um passo próprio, saliente. Para a nova orientação, urgia abandonar o silêncio, que não provoca incompatibilidades, para tomar a tribuna de assalto. Quer lutar e vencer, influir e mandar. O meio é a palavra, capaz de mudar os rumos da pasmaceira parlamentar e pôr em risco a segurança do ministério. O objetivo era este: fazer saber ao gabinete que uma voz podia removê-lo, fazê-lo cair. Articulou Brás Cubas, coerente com a posição que assumira, o famoso discurso da barretina da Guarda Nacional.

> O tamanho das nossas barretinas estava pedindo um corte profundo, não só por serem deselegantes, mas também por serem anti-higiênicas. Nas paradas, ao sol, o excesso do calor produzido por elas podia ser fatal. Sendo certo que um dos preceitos de Hipócrates era trazer a cabeça fresca, parecia cruel obrigar um cidadão, por simples consideração de uniforme, a arriscar a saúde e a vida, e consequentemente o futuro da família. A câmara e o governo deviam lembrar-se que a Guarda Nacional era o anteparo da liberdade e da independência, e que o cidadão, chamado a um serviço gratuito, frequente e penoso, tinha direito a que se lhe diminuísse o ônus, decretando um uniforme leve e maneiro. Acrescia que a barretina, por seu peso, abatia a cabeça dos cidadãos, e a pátria precisava de cidadãos cuja fronte pudesse levantar-se altiva e serena diante do poder; e conclui com esta ideia: o chorão, que inclina os seus galhos para a terra, é árvore de cemitério; a palmeira, ereta e firme, é árvore do deserto, das praças e dos jardins. (M.P., CXXXVII)

Nada mais caricaturalmente fútil; zombaria à retórica parlamentar? O efeito político do discurso tem sua importância: foi interpretado como um brado de oposição, que levaria a uma moção de desconfiança. O ministério percebia que havia homem pela frente, capaz de ameaçar-lhe a estabilidade. Bem verdade que Brás Cubas não aceitou a solidariedade dos oposicionistas, sugerindo uma transação dilatória.

> Repeli energicamente tal interpretação, que não era só errônea, mas caluniosa, à vista da notoriedade com que eu sustentava o gabinete; acrescentei que a necessidade de diminuir a barretina não era tamanha que não pudesse esperar alguns anos; e que, em todo caso, eu transigiria na extensão do corte, contentando-me com três quartos de polegada ou menos; enfim, dado mesmo que a minha ideia não fosse adotada, bastava-me tê-la iniciado no parlamento.

O diabo é que, projeto tão bem lançado, visível já sua realização, entre ele e a consumação se interpôs o muro, que está sempre entre a espiga e a mão. Brás Cubas perde a cadeira da Câmara dos Deputados, vítima provavelmente de uma dissolução. Bruscamente, suas esperanças todas naufragaram, deixando atrás de si desespero, dor e abatimento. Mais um ministro perece antes de vestir o fardão, lançado ao cemitério, muito povoado, dos decepcionados. Restava ao ex-deputado ainda um lance último, irmão do desespero. Fora do parlamento, um movimento de opinião, energicamente conduzido, poderia reconstruir a carreira em farrapos. Pensa e executa Brás Cubas, assessorado pelo filósofo Quincas Borba, a fundação de um jornal, que despertaria o torpor da camada que se preocupava com a política. Estaria presente ao seu espírito o episódio contemporâneo de 1860, "em que Otaviano, Saldanha e Ottoni derribaram as portas da Câmara dos Deputados à força de pena e de palavra" (A.S., 2 de junho de 1895). O escritor, ao lembrar a reação possível de um deputado caído, terá presente o exemplo célebre e a prática da política imperial, que mantinha vivo o ideário oposicionista por meio do jornal e da agitação doutrinária ou de ferozes ataques pessoais. Brás Cubas inicia-se na trilha percorrida por Luís Tinoco (H.M.N., *Aurora sem dia*), Camacho e Teófilo (*Quincas Borba*). Todos eles compensam o ostracismo com a atividade da imprensa — quase todos ridicularizados por Machado de Assis. A nota satírica demonstra que o sucesso da empresa estava temperado de pouca confiança, de muitas dúvidas. Seria uma irritada válvula de escape, na verdade imprópria a mitigar as dores do vencido e incapaz de dar vida a um defunto. E agora, que fará Brás Cubas, ferido mortalmente em suas esperanças? "— Não sei; vou meter-me na Tijuca; fugir aos homens. Estou envergonhado, aborrecido. Tantos sonhos, meu caro Borba, tantos sonhos, e não sou nada" (M.P., CXLI). Depois dessa explosão de desânimo e de reconhecimento do fim da carreira política, o herói se recupera e parte para a jogada última. Aconselhado pelo filósofo Quincas Borba, por ele estimulado com o humanitismo, decide abrir um jornal. O novo órgão de luta, decorado com um programa de substância filosófica, prometia derrubar inevitavelmente o ministério. Aos homens moderados, homens do alto comércio, como o Cotrim, cunhado de Brás Cubas, o jornal pareceu uma insensatez. Por que, argumentava Cotrim, indispor-se o ex-deputado com o gabinete, de maneira irremediável? Com isso, as portas do parlamento ficariam trancadas. Era uma luta desnecessária, quando podia — a insinuação é feminina, quando podia... A lembrança é aderir ou acomodar-se à nova situação, até que uma vaga se ofereça, e tudo começaria de novo. Brás Cubas não queria uma transação, com um prêmio miúdo; ambicionava recuperar-se de outro modo, sobre os escombros do gabinete. Também esta porta se fechou, sem que houvesse provocado o desejado clamor público, com a agonia da efêmera gazeta. Abandonado de esperanças, inclusive da última e desesperada, Brás Cubas caminha para o vácuo, irremediavelmente. Não voltou à Câmara e não derrubou o ministério — alma sem energia. Sua carreira política foi um capricho, cuja frustração traz desencanto e tristeza, como acontece com os caprichos, meros desejos de folgar (cap. CXL). O ostracismo lhe foi fatal — dessa morte raros os políticos que emergem para a vida.

O jornal de Brás Cubas teve propósito excessivamente ambicioso: queria, nada menos, exterminar o ministério. Inadequado ao fim, não se resignou a viver o dia a dia, novamente. Quis tudo e o seu ímpeto sepultou-o com a mesma rapidez com que lhe deu vida. Outros políticos foram mais modestos e se acomodaram a vegetar, emboscados na paciência, esperando a sua hora. Muitos se deixaram ficar à margem da corrente, envelhecendo no ostracismo. Eram os "solteirões na política", a cuja categoria pertencia Camacho (*Quincas Borba*). Há em comum entre Brás Cubas e Camacho um jornal — ambos se consolaram do exílio no exercício da imprensa. "Camacho teve dias grandes e pequenos, andou fora e dentro da Câmara, orou, escreveu, lutou constantemente" (cap. LVII). Sua folha — *Atalaia* —, ao mesmo tempo que lhe assegurava provavelmente algumas vantagens, mantinha-lhe o nome em evidência. Camacho dirigia seu jornal à atenção dos chefes do partido; mais realista que Brás Cubas, tinha em vista os fins visíveis, palpáveis, e não os hipotéticos, dependentes da excitação popular, para um povo ausente, sem vínculos, disperso, desinteressado de tudo. Camacho corteja o fardão ministerial em manobras internas na cúpula partidária, sem desperdiçar idealismo ou fantasia. Armado de tais ideias, pretende que o partido não se deixe corromper com os favores que a situação lhe oferece, como sobra de banquete. Bem entendido: pode aceitá-los, se beneficiar a própria facção, que é dos elementos bons do partido.

> Mas suponhamos [escreve a *Atalaia*] que assim seja, que a oposição possa, uma ou outra vez, fechar os olhos aos desmandos do governo, à postergação das leis, aos excessos da autoridade, à perversidade e aos sofismas. *Quid inde?* Tais casos — aliás raros — só podiam ser admitidos quando favorecessem os elementos bons, não os maus. Cada partido tem os seus díscolos e sicofantas. É interesse dos nossos adversários ver-nos afrouxar, a troco da animação dada à parte corrupta do partido. (Q.B., CX)

Neste rio de conveniências, cautelosamente disfarçadas em princípios, Camacho nada em direção ao ministério, cada vez mais longe de suas aspirações.

Ele, como os outros, tentou todos os processos para se sentar no conselho de ministros. O jornal era a última cartada, sustentado sem o convulsivo entusiasmo do de Brás Cubas. Serviu de instrumento para, já solteirão da política, cortejar um casamento de acaso, com uma noiva madura.

> O que se pode crer é que queria ser ministro, e trabalhou por obtê-lo. Agregou-se a vários grupos, segundo lhe parecia acertado; na Câmara discorria largamente sobre matérias de administração, acumulava algarismos, artigos de legislação, pedaços de relatório, trechos de autores franceses, embora mal traduzidos. [...] Há solteirões na política. Camacho ia entrando nessa categoria melancólica, em que todos os sonhos nupciais se evaporam com o tempo; mas não tinha a superioridade de abandoná-la. Ninguém que organizasse um gabinete se atrevia, ainda que o desejasse, a dar-lhe uma pasta. Camacho ia-se sentindo cair; para simular influência, tratava familiarmente os poderosos do dia, contava em voz alta as visitas aos ministros e a outras dignidades do Estado. (Q.B., LVII)

Não lhe interessava reconstruir sua carreira, com a melancólica volta à Câmara — queria logo o galardão máximo, como Brás Cubas.

O jornal não é a via adequada para o gabinete, demonstraram-no as esperanças malogradas de Brás Cubas e Camacho. As folhas de oposição teriam a virtude única de manter vivo o fogo sagrado, durante o ostracismo. Elas farão lembrados alguns nomes, impedindo que o tempo os consuma, até a outra subida ao poder, na alternação infalível do Segundo Reinado. É assim que raciocina Batista (*Esaú e Jacó*), aspirante à presidência de uma província, conforme se colhe do eterno diálogo entre Adão e Eva.

A fórmula para chegar ao gabinete se compõe de outros ingredientes. Nenhuma personagem de Machado de Assis a conhece — nenhuma, repita-se, sentiu o calor do fardão ministerial. Algumas, todavia, quase o sentiram na pele. Este o sintoma primeiro: o círculo de luz que desce sobre o aspirante, que o faz *ministeriável*, composto do consenso da cúpula política de que chegou sua vez. Brotero explica o conteúdo do fenômeno, palpável e de definição esgarçada:

> Na Câmara, já pela posição que fui adquirindo, já pelas distinções especiais de que era objeto, dizia-se, acreditava-se que eu seria ministro na primeira ocasião; e, ao ser chamado v. exa. ontem para organizar o novo gabinete, não se pensou outra

cousa. As combinações variavam, mas o meu nome figurava em todas elas. (P.R., *Papéis velhos*)

Igual opinião havia, no momento da queda de um gabinete, com respeito a Teófilo. A voz da família e das ruas apontava-o para o cargo (Q.B., CLXXII). Na Câmara, o respeito dos colegas e dos ministros, que o consultavam nas cousas de administração, tudo estava a dizer que ele, desta vez, seria ministro. Lobo Neves morreu "com o pé na escada ministerial"; o boato indicava-o para a próxima vaga — boato insistente, unânime, enérgico (M.P., CL). O bulício e o rumor da crise ministerial provocavam, nas ruas e nos cafés, as listas de sete nomes, discutidos por toda gente. O rol inspirava-se nas personalidades em voga, faladas e credenciadas, pela dita opinião pública. O primeiro nome era o do presidente do Conselho — depois, as conjecturas sobre os outros (Império, Justiça, Estrangeiros, Marinha, Guerra, Agricultura, Comércio e Obras Públicas, Fazenda).

Não imaginas o que é formar um ministério na rua antes que ele esteja formado no paço.

Cada qual expôs a sua conjectura; vários nomes foram lembrados para o poder. Às vezes aparecia um nome contra o qual se apresentavam objeções; então replicava o autor da combinação:

— Está enganado; pode o F. ficar com a pasta da Justiça, o M. com a da Guerra, K. Marinha, T. Obras Públicas, V. Fazenda, X. Império, L. Estrangeiros.

— Não é possível; o V. é que deve ficar com a pasta de Estrangeiros.

— Mas o V. não pode entrar nessa combinação.

— Por quê?

— É inimigo de F.

— Sim; mas a deputação da Bahia?

Aqui coçava o outro a orelha.

— A deputação da Bahia, respondia ele, pode ficar bem metendo o N.

— O N. não aceita.

— Por quê?

— Não quer ministério de transição.

— Chama a isto ministério de transição?

Este diálogo em que todos tomavam parte, inclusive o C. e que era repetido sempre que um dos circunstantes apresentava uma combinação nova, foi interrompido pela chegada de um deputado.

Desta vez íamos ter notícias frescas.

Efetivamente soubemos pelo deputado que o V. tinha sido chamado ao paço e estava organizando o gabinete.

— Que dizia eu? exclamou Ferreira. Nem era de ver outra coisa. A situação é do V.; o seu último discurso foi o que os franceses chamam *discurso ministro*. Quem são os outros? (O.C., *Tempo de crise*)

Depois vem o passo final das conjecturas, de que a Rua do Ouvidor era fértil. Surgem as listas "autênticas" de diversos pontos, com discrepância de um nome e outro.

Mais adiante encontramos outro grupo lendo outra lista. Divergiam em dois nomes. Alguns sujeitos que não tinham lista copiavam uma delas, deixando de copiar os nomes duvidosos, ou escrevendo-os todos com uma cruz à margem. Corriam assim as listas até que apareceu uma com ares de autêntica; outras foram aparecendo no mesmo sentido e às nove horas da noite sabíamos positivamente, sem arredar pé da Rua do Ouvidor, qual era o gabinete.

Nos jornais, a febre era a mesma, com a dança dos candidatos e a indiscrição dos informantes. Havia também — em um e outro setor — a pressão dos interessados, que se faziam lembrados e presentes. O cronista, em 1885, quer ver-se situado entre os prováveis e pede o favor às folhas:

Como é possível que hoje, amanhã ou depois, tornem a falar em crise ministerial, venho sugerir aos meus amigos um pequeno obséquio. Refiro-me à inclusão de meu nome nas listas de ministérios, que é de costume publicar anonimamente, com endereço ao imperador.

Também o escritor tem ambição, não ficava esta virtude restrita aos políticos de profissão. Ambição dissimulada, mas sempre ambição, pronta a desabrochar ao primeiro sol. "E também eu não sou gente? não sou filho de Deus? Nos tempos de carestia, a ambição chega a poucos, César ou Sila? mas nos períodos de abundância estende-se a todos, a Balbino e a Maximino. Façam de conta que sou Balbino" (B.E., 20 de abril de 1885).

Não é por acaso que o político ganha o favor das ruas e dos jornais, que lhe consagram o nome nos boatos. Há, nos bastidores, uma longa urdidura de paciência, sagacidade e astúcia, que a ambição move. Brotero (P.R., *Papéis velhos*), em conto escrito depois da Lei Saraiva, legitima-se ao ministério por meio de uma manobra parlamentar, articulada para derrubar o ministério. Comparsa da conspiração, sobrar-lhe-ia, no novo governo, um posto no gabinete — isto estaria entendido, sem necessidade das palavras formais. Percebe o deputado, muito tarde, que fora instrumento da ambição alheia, instrumento passivo, sem recompensa. Compreende-se agora que a resolução de Brás Cubas de derrubar o ministério tinha sua lógica. Era preciso remover o obstáculo para abrir a vaga — o serviço se pagaria com a pasta. Brotero trabalhou na sombra e Brás Cubas tentou a empresa em público, brandindo a pena. A instabilidade dos gabinetes, com causas profundas alheias às manobras dos políticos, era ajudada por todos os aspirantes e candidatos, na expectativa de dourar o nome com a dignidade ministerial, prêmio maior da ambição.

Outro caminho havia, alheio à intriga e ao combate, para conquistar a esquiva grandeza. É o caminho de Teófilo, cabeça vergada ao trabalho, assíduo às comissões, arredio às maquinações e combinações políticas. A ambição em linha reta, sem compromissos com os cochichos e as seduções, também frustra o deputado, algo zombado, no retrato de Machado de Assis, com a vaga nota de ingenuidade.

> Teófilo mordia os beiços, puxando uma das suíças. Não ouvira nada do que a mulher dissera, nem exortações, nem consolações. Ouvira as conversas da noite anterior e daquela manhã, as combinações políticas, os nomes lembrados, os recusados e os aceitos. Nenhuma combinação o incluiu, posto que ele falasse com muita gente acerca do verdadeiro aspecto da situação. Era ouvido com atenção por uns, com impaciência por outros. Uma vez, os óculos do organizador pareceram interrogá-lo, — mas foi rápido o gesto, e ilusório. Teófilo recompunha agora a agitação de tantas horas e lugares, — lembrava os que o olhavam de esguelha, os que sorriam, os que traziam a mesma cara que ele. Para o fim já não falava; as últimas esperanças estalavam-lhe nos olhos como lamparina de madrugada. Ouvira o nome dos ministros, fora obrigado a achá-los bons, mas que força não lhe era precisa para articular alguma palavra! Receava que lhe descobrissem o abatimento ou despeito, e todos os seus esforços concluíram por acentuá-los ainda mais. Empalidecia, tremiam-lhe os dedos. (Q.B., CLXXIV)

O quadro é de ingenuidade e de frustração. Teófilo, porém, não esperava a pasta apenas dos seus ares de última hora e de sua eloquência para interpretar o momento. Atrás de seu nome, havia a reputação de constante atividade, metódica, organizada. Não cortejou o fardão com o talento oratório, que definia o grande homem do Segundo Reinado, na forma da permanente sátira de Machado de Assis. A opção do parlamentar se limitava aos negócios miúdos ou à metafísica política. "Os negócios miúdos, força é confessá-lo, não desdizem daquela chateza do bom-tom, própria de um medalhão acabado. [...] Não assim a metafísica. Um discurso de metafísica política apaixona naturalmente os partidos e o público, chama os apartes e as respostas" (P.A., *Teoria do medalhão*). Para o suado estudioso das questões políticas — reduzidas ao orçamento e às finanças —, a fauna política, que cabalava votos e disputava os ministérios, não passava de uma "súcia de intrigantes" (Q.B., CLXXV). O escritório do malogrado ministro recendia de vigílias, de longos e pacientes cuidados, filhos de noites e madrugadas.

> Havia ali quatro largas estantes cheias de livros e relatórios, de orçamentos, de balanços do Tesouro. A secretária estava em ordem. Três armários altos, sem portas, guardavam os manuscritos, notas, lembranças, cálculos, apontamentos, tudo empilhado e rotulado, metodicamente: — *créditos extraordinários,* — *créditos suplementares,* — *créditos de guerra,* — *créditos de marinha,* — *empréstimos de 1868,* — *estradas de ferro,* — *dívida externa,* — *exercício de 61-62, de 62-63, de 63-64 etc.* Era ali que trabalhava de manhã e de noite, somando, calculando, recolhendo os elementos dos seus discursos e pareceres, porque era membro de três comissões parlamentares, e trabalhava geralmente por si e pelos seis colegas, estes ouviam e assinavam. Um deles, quando os pareceres eram extensos, assinava-os sem ouvir.
>
> — Homem, você é mestre e basta, dizia-lhe, dê cá a pena.
>
> Tudo ali respirava atenção, cuidado, trabalho assíduo, meticuloso e útil. Da parede, em ganchos, pendiam os jornais da semana, que eram depois tirados, guardados e finalmente encadernados semestralmente, para consultas. Os discursos do deputado, impressos e brochados em 4º, enfileiravam-se em uma estante. Nenhum quadro ou busto, adereço, nada para recrear, nada para admirar; — tudo seco, exato, administrativo.
>
> — De que vale tudo isto? perguntou Teófilo à mulher, após alguns instantes de contemplação triste. Horas cansadas, longas horas da noite até madrugada, às vezes... Não se dirá que este gabinete é de homem vadio; aqui trabalha-se. Você é testemunha que eu trabalho. Tudo para quê? (Q.B., CLXXV)

Enquanto o deputado se debruçava sobre os pareceres, compilando números e fatos, seus colegas criavam reputação com palavrório e grandiloquência. Ocupavam o tempo, o tempo que lhes sobrava da caça às imagens e às antíteses, na caça ao ministério, com a bajulação, a intriga e a cabala. O que lhes faltava em amor ao trabalho, fidelidade partidária e disposição de luta empregavam na escalada, com o solapamento do gabinete, mesmo se este fosse da própria facção. Estes eram os homens que subiam, aptos para o combate parlamentar, destros nas competições interiores dos partidos. O traço de seleção seria a intriga e a retórica, com desdém ao mérito formado de trabalho assíduo. Há, visivelmente, a nota crítica do escritor, que zomba de Camacho, Brotero e Brás Cubas — zombaria e, às vezes, escárnio —, enquanto se apiada de Teófilo. Sem querer, Machado de Assis julga e condena, em ato que se manifesta sem intenção. Que é Camacho, aspirante a ministro? Um solteirão da política, de má reputação, simulador de poder e influência. "Ninguém que organizasse um gabinete se atrevia, ainda que o desejasse, a dar-lhe uma pasta. Camacho ia-se sentindo cair; para simular influência, tratava familiarmente os poderosos do dia, contava em voz alta as visitas aos ministros e a outras dignidades do Estado" (Q.B., LVII). E Brás Cubas, outro aspirante a ministro? Um leviano, que brinca de política, a qual, para ele, "orça pelo amor que as mulheres têm às rendas e toucados" (M.P., CXL). Brotero? Um intrigante, traiu o ministério de seu partido por ambição pessoal, pelo desejo de subir, esquecido de escrúpulos e cerimônias (P.R., *Papéis velhos*). Fique de lado o infeliz Lobo Neves. Sobra Teófilo. Este, na verdade, não era intrigante, leviano, nem farsante, mas tinha um defeito maior: estava fora do jogo. Sua atividade correta, metódica, feita de trabalho constante, o deslocava da verdadeira esfera do poder, que distribui pastas e galardoa a esperteza. Seria um ingênuo se a ambição não o maculasse — porque a ambição macula, no curso da ficção de Machado de Assis. Todos se perdem na mediocridade, à vista da investidura ministerial, desamparados da sorte, da astúcia e da força enérgica que impele para o alto. Homens de segundo posto, morrem decepcionados, aviltados, escarnecidos, vendo sem alcançar a montanha de luz que os enobreceria. Batista (*Esaú e Jacó*) não tinha tais voos: conformado com a segunda fileira, não suspirou, a sério, senão pela presidência de uma província.

Para Lobo Neves, Camacho e Teófilo, a presidência de uma província não era a meta e o sonho, mas a compensação do prêmio perdido, a vil e desmoralizante compensação. Para Lobo Neves e Camacho, a passagem pela província foi degrau necessário a carreiras que se prenunciavam grandes. Camacho foi presidente de uma província de segunda ordem (Q.B., LVII), depois de deputado, já de olho guloso pregado nas cadeiras reservadas, na Câmara, aos ministros. Lobo Neves explica à formosa e infiel Virgília a necessidade do estágio provinciano:

> — Não posso recusar o que me pedem; é até conveniência nossa, do nosso futuro, dos teus brasões, meu amor, porque eu prometi que serias marquesa, e nem baronesa estás. Dirás que sou ambicioso? Sou-o deveras, mas é preciso que não ponhas um peso nas asas da ambição. (M.P., LXXVIII)

De envolta com a carreira política, vem sempre a ambição, como um pecado, repetidamente lembrado, com obsessão. Já para Teófilo, a presidência é o paliativo ao desespero, e, talvez, o remédio para evitar a revolta. Já organizado o gabinete, é ele chamado à presença do presidente do Conselho: "as borboletas da esperança volteavam diante dele, não duas, nem quatro, mas um turbilhão, que cegava o ar" (Q.B., CLXXVI). A mulher, d. Fernanda — as mulheres da ficção de Machado de Assis, Virgília, d. Cláudia, d. Fernanda, Sofia, têm, elas próprias, tanta ou mais ambição que os maridos —, a mulher se atordoa de esperanças. Volta Teófilo da conferência, já liberto de desespero:

> — Pobre Nanã! Aí vamos com a trouxa às costas. O marquês pediu-me insistentemente que aceitasse uma presidência de primeira ordem. Não podendo meter-me no gabinete, onde tinha lugar marcado, desejava, queria e pedia que eu partilhasse a responsabilidade política e administrativa do governo, assumindo uma presidência. Não podia, em nenhum caso, dispensar o meu prestígio (são palavras dele), e espera que na Câmara assuma o lugar de chefe da maioria. Que dizes?
> — Que arranjemos a trouxa, respondeu d. Fernanda.
> — Achas que podia recusar?
> — Não.
> — Não podia. Você sabe, não se podem negar serviços destes a um governo amigo; ou então deixa-se a política. Tratou-me muito bem o marquês; eu já sabia que era homem superior; mas que risonho e afável! Não imaginas. Quer também que compareça a uma reunião, os ministros e alguns amigos, poucos, meia dúzia. Confiou-me já o programa do gabinete, em reserva... (Q.B., CLXXVII)

O mecanismo de equilíbrio era, no Segundo Reinado, organizado de modo a atender a todas as ambições relevantes. As sobras das sete pastas ministeriais se distribuíam em vinte províncias, cujas presidências cabia ao chefe do gabinete preencher, embora, como sempre, sob a vigilância discreta e ativa do imperador. Dirigia o gabinete, ainda, as eleições senatoriais, para suprir as vagas dos senadores falecidos, influindo para que a escolha imperial recaísse em correligionários, se as listas tríplices tivessem algum nome da oposição. Lembre-se a demissão de Zacarias, em 1868, motivada, aparentemente, pela escolha "não acertada", isto é, contrária à vontade do Conselho. Sobravam, vez ou outra, apesar de todas as cautelas institucionais, nas fissuras do sistema, algumas áreas explosivas, de atrito. Aí está o resultado da grave crise de 1868, o veto às candidaturas senatoriais de José de Alencar e Saldanha Marinho. Assim estaticamente organizado, não pôde absorver a emergência de classes novas, em 1889, levando o Império à queda, sem protestos e sem reação, sob a geral indiferença.

Fiel à preocupação de estilizar a vida política, desdenha Machado de Assis, dentro da estrutura imperial, um elo na carreira política. Elo importante, que se prende à cúpula do sistema. Nenhuma personagem aspira, prepara-se ou lança as vistas ao Senado. Os deputados querem ser ministros, esquecem-se, porém, de disputar um pedestal seguro para alicerçar as ambições. Somente o banqueiro Santos (*Esaú e Jacó*), já barão, no fim do Império, tem a veleidade de pleitear uma cadeira no Senado, seduzido pela vitaliciedade, que ele confunde, não sem intenção íntima, com a eternidade (cap. XLVIII). Apesar da omissão, não há, na literatura brasileira, página mais bela e mais plástica que a sua sobre o Senado (P.R., *O velho Senado*). Viu a instituição, mas ausentou dela a ficção, vencida pela realidade, bela e magnífica. Montezuma, Caxias, Ouro Preto, Paranhos, Zacarias, Nabuco e Sousa Franco encobrem, afastam e repelem o senador filho da imaginação. Eles participam do mito e da história, tinham a feição "metade militante, metade triunfante" aos olhos do "adolescente espantado e curioso". Por que a ficção onde a realidade toma o ar de alguma coisa mais evocada do que percebida em forma nítida, seca, fria? Onde a explicação da ausência da menor veleidade dos numerosos deputados que correm em suas páginas, Brotero, Lobo Neves, Camacho, Teófilo, Falcão, de se tornarem senadores? Considere-se, na confissão de um expoente do Segundo Reinado, que ser senador "constituía o supremo anelo dos homens do antigo regime", ao abrigo da fortuna eleitoral, sujeitos unicamente à morte.[29]

6 | *Uma tentativa de reconstrução da realidade política*

ATÉ AQUI A FICÇÃO, sistematizada e reconstruída em simetria com um mundo que dela emerge, interiormente harmônico. Uma pausa para a verdade do sistema político, tecido de documentos e números. Enquanto o espelho reflete, a lâmpada deforma, constrói e cria. Antes de tudo, Machado de Assis não é uma natureza voltada para a política, como não o era José de Alencar. Ambos nela pensaram um dia, frouxamente e em trânsito Machado de Assis, arrebatadamente José de Alencar. A política lhes era estranha, como vocação e como verdade interior, mas os dois a viveram, tributo pago a um momento em que ela seria a atividade superior e mais digna das grandes almas. Estão — como diria José de Alencar — *condenados* à política e à ambição do poder. Sentiu Machado de Assis a trama e a intriga em busca das posições como espectador, para quem o espetáculo interessa e apaixona, mas não perde o caráter de espetáculo, alheio ao mais íntimo do homem, estranho às preocupações de quem está acordado, lúcido, vigilante. A perspectiva é outra nos memorialistas do Segundo Reinado, Afonso Celso ou o visconde de Taunay, mergulhados no jogo, com seriedade, devoção, ardentes de amor à coisa pública. Daí a maior fidelidade de Machado de Assis às expressões da política, no seu aspecto interior, e sua despreocupação à crônica histórica, com seus incidentes e pormenores. Visão artificial, construída? Não necessariamente; visão, contudo, mais harmônica, à custa do desdém a muitos fatos. O confronto fica por conta do leitor.

Quem fazia política no Segundo Reinado? Havia os eleitores e os eleitos, e, à margem dos primeiros, tênue orla de pessoas que vagamente participavam dos pleitos e da luta eleitoral. Além deles está o vácuo, inquietante no seu silêncio. Numa crônica de 1876, comentou Machado de Assis o recenseamento do Império, que revelava o índice de 70% de analfabetos. "A nação não sabe ler." As consequências políticas do fato estão à vista, nunca desdenhadas pelo escritor, atento ao funcionamento do mecanismo institucional. "As instituições existem, mas por e para 30% dos cidadãos" (H.Q.D., 15 de agosto). Embora sombrio o retrato que ele apresenta da nação, está muito aquém da verdade. Nas eleições de 1881, compareceram 96.411 eleitores, pela primeira vez diretamente confrontados com os candidatos, para uma população de provavelmente 12 milhões de habitantes. Menos de 1% da população votava, o que é escandalosamente pouco, mesmo se comparado com época diferente do país. Em 1945, para uma população de 45 milhões de pessoas, o eleitorado alcançou 7350 mil, cerca de 16,3%. Na década de 20, para uma população de 30 milhões de habitantes, o eleitorado subia apenas a cerca de 4%. Um aspirante à Câmara dos Deputados disputava a eleição, considerados os círculos em que se dividiam as províncias, num grupo, em média, composto de oitocentas pessoas.

Há o grupo que vota — comunidade social ou círculo legal —, em cujas mãos, na eleição direta, está o destino do candidato. Mesmo na eleição indireta, é ele quem, em última instância, detém a palavra decisiva. Os grupos se vinculam a outros grupos, homogeneizando-se os interesses, por via do partido, de âmbito nacional, no curso do Segundo Reinado. O partido não é apenas a reunião de eleitores, congregados na disputa do poder, para o gozo de suas vantagens materiais ou para impor o predomínio de certas ideias. Há o sistema organizado, que sofre o influxo das instituições políticas, nas quais quer o partido influir. Na ausência de ampla base popular, que se mede na proporcionalidade em que a população se faz representar no partido, a organização se torna preponderante, dominando de cima para baixo. As decisões da cúpula, integradas no Estado, tomam densidade incontrastável, apoiadas nos meios de coerção do mecanismo institucional, sem a censura de um corpo de população, que se mantinha passivo. A centralização, desta sorte, é fenômeno natural e necessário. Por sua vez, às condições sociais se ajunta, agravando-o, um momento político, que passa a viver e se fortalecer da conjuntura existente. O partido, formado na corte, inspirado nas manipulações políticas do centro, impõe-se ao interior, projetando-se do gabinete ao círculo eleitoral, com a colaboração enérgica da presidência da província. Conta Taunay, por exemplo, que ao chegar ao Paraná, nomeado presidente da província, recebeu de um de seus influentes correligionários locais, membro do Partido Conservador, "interessantíssimo plano de *reforma da instrução primária provincial*".

> Era apenas uma completa contradança de professores públicos. Simples trocas de lugares, ditadas pelos rancores partidários. A professora A. seria transferida da Lapa

para o ermo que era Assungui, B. de Paranaguá para Guarapuava, e assim por diante. Explicava o autor deste pomposo "projeto de reforma" que o marido da primeira, liberal energúmeno, precisava de severo castigo; ao da segunda, chimango atrevidíssimo, devia-se-lhe "quebrar a castanha" e "mostrar-lhe que o trunfo era agora paus", e assim por diante.[30]

Aí valia tudo: compressão, redução à dependência, violência, corrupção. O domínio de um partido não se eternizava na comenda, com o controle de todas as engrenagens do poder, porque havia uma vigilância superior, apartidária, moderada e que, vez ou outra, impunha a alternância do governo. Sem a presença de dom Pedro II, a situação política seria a da República, onde, em quarenta anos, a oposição se viu tolhida e encurralada à inoperância. Quarenta anos, à espera da revolução, provocada mais pela divergência da cúpula do que pela pressão popular, de tal forma estava garrotado o protesto de baixo. O imperador intervinha no processo político, substituindo os gabinetes, de frente ou estimulando o desgaste do governo, e os gabinetes faziam as eleições. O Poder Moderador evitava, não sem azedumes, o florescimento do ressentimento revolucionário, limitado, no seu tempo, às elites, lembrado da lição das agitações regenciais. Sem a sua presença, a violência, que era um sistema, seria o monopólio de um partido, com a ditadura ostensiva e despótica, ou com o revide sangrento do grupo repelido do governo.

Sabia o imperador muito bem que as eleições não eram o reflexo da opinião pública e sabia que sua intervenção no processo político era necessária para evitar que o abuso se eternizasse no poder. Em seus *Conselhos à regente*, escritos em 1871, diria seu pensamento acerca da inconsistência do conteúdo das eleições:

> O sistema político do Brasil funda-se na opinião nacional, que, muitas vezes, não é manifesta pela opinião que se apregoa como pública. Cumpre ao imperador estudar constantemente aquela para obedecer-lhe. Dificílimo estudo, com efeito, por causa do modo por que se fazem as eleições.[31]

Desamparado da mais autêntica fonte de informação, que faria realmente representativa a Câmara dos Deputados, servia-se de outros meios de conhecimentos: a audiência "às pessoas honestas e mais inteligentes de todos os partidos", a leitura dos jornais, dos anais das assembleias, a geral e as provinciais.³² Lúcido na compreensão das aparências e da realidade, não se prende, respeitosamente, ao partido dominante, cuja força deriva do controle do governo. Não recua o imperador, quando a prática de um ato dependia de despacho seu (e quase todos, se importantes, lhe deviam ser apresentados), em demitir o ministro ou ministério, se flagrante a injustiça ou ilegalidade da proposição e se dela não se retratasse, ante as ponderações augustas. O sucessor devia ser buscado

> no mesmo partido político, se este não se mostrar solidário nessa ilegalidade ou injustiça. A dissolução, isto é, o apelo à nação, caso dos mais graves, tornar-se-á, então, necessário, e, como as eleições bem longe estão do que desejamos que elas sejam, ainda com mais circunspecção se deve proceder em tais casos.³³

Confessava, adiante, que, até 1871, só três vezes derrubara, frontalmente, o ministério.

> Desde 1840 que só para a retirada de três ministérios tenho concorrido voluntariamente e são estes: o que se retirou em 1843, por ter eu negado a demissão do inspetor da alfândega pedida pelo ministro Honório Hermeto Carneiro Leão, depois marquês do Paraná, visto eu não a reputar justa, e, sobretudo, parecer exigida como de quem era moço, pouco experiente e, portanto presumivelmente falto das qualidades necessárias a combater a exigência; o presidido pelo visconde de Abaeté (1858-59), que pediu a sua demissão porque eu não quis anuir à proposta do adiamento das Câmaras, por causa da questão bancária, que eu entendi ser mais conveniente tivesse sua solução pelo reconhecimento natural do erro da doutrina oposta à do ministério, e o presidido por Zacarias de Góes e Vasconcelos (1866-68), que fez questão de sua retirada, porque não deixei de escolher senador quem esse ministério havia nomeado presidente do Banco do Brasil e conselheiro de Estado, numa lista tríplice onde os outros dois não podiam certamente competir com o escolhido para esse cargo.³⁴

Além da despedida direta, contribuiu o imperador muitas vezes para desgastar a autoridade dos ministros, preparando-lhes a queda. "Terei incomodado alguns ministros com o cumprimento do dever que tenho, como chefe do Poder Executivo pela Constituição, de apreciar os atos dos ministros."³⁵ Ao barão de Hubner confessava, já no fim do Império, que se preocupava em manter a balança igual entre conservadores e liberais, para evitar que o partido excluído cometesse atos desagradáveis.[36] Trata-se de chefe de Estado cioso de suas prerrogativas e interessado na marcha dos negócios públicos, sem a isenção e o afastamento de um monarca no regime parlamentar. Sua interferência é ativa, miúda, excede à inspeção geral, para se imiscuir na demissão de um inspetor de alfândega. Contra ele não se podia erguer a opinião pública, autêntica, verdadeira, representativa. Na falta desse esteio moral e esteio político, engrandecia-se sua autoridade, penetrando em todos os mecanismos institucionais do Império. Por sua vez, as instituições, moldadas pela tradição mais do que pela razão, tangidas ligeiramente no topo e densamente na base pelo reconhecimento emocional, carismático, contribuíam para realçar a figura do soberano, tornando-lhe o poder intangível a todas as arremetidas. Ao revés de se apresentar como usurpatório, infundia, nos grupos e corpos que disputavam as chefias, a consciência de provir dele toda a autoridade. O imperador podia muito — o imperador institucional e carismaticamente apoiado —, mas não podia tudo. Seu poder era impotente para infundir autenticidade às eleições, base do sistema que ele pretendia ser o da opinião nacional. Faltava ao povo — sabiam todos — educação, que seria a principal necessidade pública. Faltava-lhe — e isso nem ele, nem ninguém via com clareza — independência econômica, sobre a qual assenta a autonomia política. Percebia bem que não existiam as garantias necessárias ao exercício da liberdade de votar. Sua atenção voltava-se para o último requisito, com a reforma das leis que serviam de suporte ao constrangimento do eleitor: lei judiciária, para distinguir a ação dos juízes das autoridades policiais, a lei da Guarda Nacional, a lei do recrutamento. Queria também — e aqui tocava no ponto mais sensível — a neutralização dos presidentes de província da política partidária, enquadrando-os numa carreira administrativa.

> A escolha de presidentes, que não sejam representantes da nação, e não vão administrar as províncias por pouco tempo, e para fins eleitorais, assim como, pelo menos, a pronta demissão e privação, por algum tempo, de graças e favores para qualquer autoridade, que influir, valendo-se unicamente do prestígio de seu cargo, em favor de candidatos eleitorais, também tem sido recomendação minha.

> Se as eleições se fizessem como elas serão depois de todos os esforços, que devem todos empenhar para tal fim, não julgaria eu de tanta necessidade a criação da car-

reira administrativa para presidente de província, que os poria mais arredados da política, isto é, das eleições no Brasil, cuidando eles assim mais dos interesses provinciais, que melhor estudarão, não estando, ordinariamente, agora, nas províncias senão, para assim dizer, de passagem; pois que a política principalmente é volúvel, e dessa volubilidade se ressente tudo aquilo, sobre que ela influi.[37]

Já em 1882, estava dom Pedro convencido de que jamais conseguiria aperfeiçoar o sistema da presidência das províncias. Não estava no seu poder fazer com que os ministros abrissem mão de seu mais eficaz instrumento de manipulação das clientelas. Não obstante tais preocupações e cuidados, imperava, em matéria de representação, o fatal sorites de Nabuco: "o Poder Moderador pode chamar a quem quiser para organizar ministérios; esta pessoa faz a eleição porque há de fazê-la, esta eleição faz a maioria". O sorites precisa ser explicado, aumentado e corrigido. Quem executa as eleições, fazendo-as em nome do ministério, é o presidente da província, senhor da cornucópia e da chibata. A emenda ao sorites: o Poder Moderador, encarnado no imperador, não quer a eleição tal como é feita. Quem a quer, à imagem e semelhança do ministério, é o partido no poder. Ao contrário, o imperador preocupou-se, ao longo de seu reinado, para que as eleições fossem autênticas, reais, verdadeiras. Na impossibilidade de alcançar o objetivo utópico, cuidava de amparar o partido decaído, evitando seu esmagamento — o apelo a São Cristóvão evitava a violência extrema, como a vara mágica fazia renascer do ostracismo o agrupamento banido. Era o lado conciliador do *poder pessoal*, com o jogo de equilíbrio entre os partidos, impedindo-os de se lançarem ao desespero ou de acreditarem o ostracismo definitivo e irremediável.

A realidade era a derrota do Poder Moderador, incapaz, institucionalmente, de situar a luta partidária numa linha de respeito ao eleitor, mantendo-o livre, sobranceiro à violência, ao aliciamento econômico e à fraude. As reformas das leis eleitorais — lembre-se — foram esforço inócuo para a consagração dos objetivos visados. Contra elas operavam causas sociais e econômicas, que se abrigavam na organização dos partidos. Era o que reconhecia, numa das teses centrais, o ensaio de José de Alencar, acerca do sistema representativo. De outro lado, o imperador, dentro da cúpula do sistema, estava isolado, como elemento de neutralidade partidária. A Constituição de 1824, ao consagrar a vitaliciedade do Senado, tinha em mira garantir a independência do senador, diante da Coroa e diante do eleitor.

> Perfeitamente independente [cite-se de novo Pimenta Bueno], será guarda, juiz conscencioso entre a liberdade e o poder; se este representa o princípio da ordem quando realmente quer o bem, aquela é quem resguarda os direitos e destinos sociais, e quem também segura o caráter e privilégios do senador, pois que não há Senado livre sem liberdade nacional.[38]

O imperador, ainda depois de trinta anos de reinado, entendia que o "Senado não é por sua natureza um corpo onde devam fazer-se sentir as influências partidárias, como na Câmara dos Deputados".[39] De todos os presidentes do Conselho, somente dois não foram senadores (Zacarias e Martinho de Campos), embora ambos, mais tarde, tivessem ingressado na câmara vitalícia. O Senado, mercê da vitaliciedade, deveria significar, senão a imparcialidade, pelo menos o amortecimento das paixões e dos vínculos partidários. Os senadores, habitualmente chefes do gabinete e ministros, auxiliariam o Poder Moderador na sua tarefa de governar, com os partidos, sem os excessos e o exclusivismo destes. O plano político-constitucional revelou-se, todavia, manco e infiel à sua concepção: o Senado deixou-se envolver pelo partidarismo. Ao invés de ser neutro, o Senado vitalício assegurou a incolumidade dos partidos à influência moderadora do soberano. Malogro relativo. Foi por meio do vínculo aos senadores, entre os quais escolhia os presidentes do Conselho e a maioria dos ministros, que levou a termo as reformas, algumas empreendidas, senão com *hostilidade*, pelo menos com a frieza dos partidos. Nele enquistaram-se os cardeais dos partidos e, libertos da pressão augusta, desenvolveram com maior desembaraço as suas atividades, guiando a Câmara dos Deputados, influindo sobre o imperador.

 O imperador promovia, realçava ou derrubava os partidos, árbitro do seu destino. Não os dirigia interiormente, entregues ao mecanismo próprio, independente, com os chefes de maior expressão aninhados no Senado, no exercício de uma posição vitalícia de poder. Influía, porém, na composição do corpo vitalício, em concorrência com o próprio Senado, que validava ou anulava as eleições. Os partidos se encarregavam de apresentar uma lista tríplice, na qual o imperador escolhia um nome. O ingresso na lista só era possível se o candidato tivesse, em regra, uma soma de largos serviços prestados ao partido — consagração da carreira. Havia um processo de circulação de elites, elevando aquelas que lograssem permanecer, dez ou vinte anos, em evidência, na Câmara ou no jornalismo partidário, até ao corpo vitalício. A seleção dos nomes que concorriam às eleições, para o preenchimento das listas tríplices, cabia aos partidos. A escolha era, todavia, atribuição do imperador — mas o Senado, no exercício da prerrogativa de verificar a legitimidade das eleições, podia anular as eleições, perdendo o efeito as cartas imperiais de nomeação. Explicava o imperador que, diante da fragilidade das eleições, não escolhia necessariamente o primeiro nome da lista. Promovia suas sindicâncias e se inclinava pelo mais honesto, moderado, com maior capacidade intelectual e maiores serviços prestados ao Estado. Desconfiava, sempre impressionado com a coação do voto, das candidaturas dos ministros, que só aceitava quando lhe parecessem naturais, sem eiva de provocadas apenas pela situação do postulante.[40] Exigia, se vencido nessa instância, que as candidaturas de ministros saíssem, pelo menos, das suas províncias. Na sua liberdade de escolha sofreu o imperador, no curso dos anos, sobretudo depois do incidente Zacarias, em 1868, nova restrição. Sujeitava-se à corrente do gabinete, retomando sua prerrogativa quando todos os candidatos vencedores eram da facção contrária. Cotegipe, chefe do gabinete, somente apresentou a lista senatorial, onde figurava um liberal, ao "homem de São Cristóvão", depois que o gabinete decidiu que, escolhido um oposicionista, o Conselho se demitiria.[41] Vez ou outra, o imperador tinha preferências desconcertantes. Em 1870, depois de anulada a nomeação de Saldanha Marinho, anulação que grandes consequências projetaria no fim do Império, numa lista de seis, para duas vagas, da província do Ceará, onde figurava o nome do recém-ministro José de Alencar, escolheu, preterindo o autor de *Iracema*, o doutor Domingos José Nogueira Jaguaribe, influência política da província, sem exercício na Câmara.

> Pássaro de voo curto, galgou repentinamente o poleiro, a que custavam alcandorar-se aves de alto viso e larga envergadura. [...] Não era, já se vê, vulto para competir com José de Alencar. Muito deveria, pois, ter pensado e refletido o imperador, antes de fixar-se em determinação irrevogável, que afastou de si um auxiliar e um admirador de ingente valia e inúmeros recursos, qual o autor das *Cartas de Erasmo*.[42]

São circunstâncias raras em que, provocado pela displicência dos partidos, o soberano criava uma carreira, do alto, sem o passo a passo habitual. A carreira estava lançada e consolidada com o título de senador de onde sairia, como saiu no caso de Jaguaribe, um ministro. Lembre-se que, nos 36 gabinetes do Segundo Reinado, cerca da metade dos lugares de ministros coube a senadores, bem como a quase totalidade dos presidentes do Conselho. O senador, portanto, seria um chefe — chefe e às vezes líder —, já pelo fato de ser senador, banhado pela autoridade institucional, ou, inversamente, por haver conquistado os galões de comando, projetado pelo seu partido, que também podia negociar com a Coroa a escolha definitiva.

Já se lembrou que Machado de Assis, ao estudar com tanta minúcia e paciência a ambição de seus personagens, esqueceu a cadeira senatorial. Somente fora da ficção, em página de raro encanto evocativo, cuidou do velho Senado, apontando-lhe, lucidamente, alguns traços: o congraçamento, a elevada despreocupação, figuras que perdiam a atualidade com o curso de longos anos alheados dos acontecimentos. Percebeu, em crônica, que os senadores "podiam fazer, desfazer e refazer os elementos e governar com mão de ferro este país" (P.R., *O velho Senado*), sem que, na ficção, o pensamento tivesse sequência. Esta omissão provoca-lhe o obscurecimento da teia de interesses que constituíam a chave do sistema de influências da política. Há um véu sobre as circunstâncias que determinam o passo de um deputado, que o elevam ou abatem, sombra que encobre os chefes, nomeados como figuras distantes, sem fisionomia, misteriosas. Sem luz sobre o Senado, difícil é a compreensão dos cordéis que movem os membros "da casta privilegiada a que pertence o governo do país"[43] — ela parecerá envolvida de névoa espessa, que desnorteia e cega. A câmara vitalícia é o elo entre as ambições e sua realização, o vestíbulo do ministério e o assento das decisões políticas, que projetam e comandam os partidos. A exclusão desse corpo não terá alguma coisa a ver com o malogro das aspirações ministeriais de Lobo Neves, Brotero, Camacho e Teófilo? Não saberiam eles que, sem a dignidade senatorial, o fardão de ministro seria difícil, precário, incerto? Fora do coche ou do *coupé* do senador, o ministério só viria por empréstimo, ou pelo influxo de algum chefe, refugiado na vitaliciedade, temente apenas à morte, alheio às quedas da vala comum. O Senado engasta, fisicamente, o partido ao poder, infundindo-lhe permanência e continuidade, ao abrigo dos volúveis azares eleitorais.

A carreira política, antes que a coroe o Senado, é fluida e passageira. Depende de dois imponderáveis: a confiança do alto não significa a interferência do imperador em todos os lances da vida política. Limitava-se geralmente "o homem de São Cristóvão", como a ele se referia Cotegipe, a uma vigilância e supervisão geral, exercidas por intermédio dos ministros. Nota-se, nos seus *Conselhos à regente*, que seu plano, para assegurar a própria sucessão, era o de criar, na

Coroa, um poder alheio ao governo, capaz de conciliar as facções e grupos, sem cair sob sua influência. Nomeava o presidente do Conselho e admitia, em geral, a exclusiva escolha por este dos colegas de gabinete. Impedia, com o uso de medidas de resistência e com a sua autoridade, o esmagamento do partido em desgraça. Obstava que a perseguição, sistematicamente oposta aos adversários, tomasse caráter selvagem ou cruel, atuando pela admoestação.[44] Havia, nem sempre eficazmente exercido, em torno da atividade política um cordão de vigilância, alimentado pela realidade e pelo mito. Não raro, os políticos serviam-se desse espectro para dissimular os próprios fins. Faziam ou não faziam alguma coisa sob o sibilino pretexto de que a inspiração vinha do imperador, fonte nunca investigada. Sobre o *poder pessoal*, com contornos visíveis, formou-se a lenda do poder arbitrário, do "lápis fatídico". Em geral só se descobria esse abuso na oposição, quando os ventos sopravam com dureza. Foi o que aconteceu com o irritado José de Alencar, na palavra áspera de um deputado monarquista leal, está visto: "Só descobriu o *poder pessoal*, depois que não foi escolhido senador". A Teófilo (*Quincas Borba*), quando lhe arredaram a cadeira ministerial, desculparam-se que os gabinetes já vinham organizados de São Cristóvão (cap. CLXXV). D. Cláudia, a mulher de Batista, aspirante a uma presidência de província, responsabilizava o malogro do marido pela falta de assiduidade ao paço (E.J., XXX). Na apresentação à Câmara do 36º Gabinete, chefiado pelo visconde de Ouro Preto, não causou crédito, por parte de um deputado que lembrava a campanha oposicionista à Coroa de Rui Barbosa, a afirmação de que o presidente do Conselho organizara, sob sua exclusiva alçada, o ministério. A lenda, misturada com a realidade, operava o obscurecimento entre a verdade e a mentira, alimentando o expediente para anular candidatos excessivamente sôfregos.

> Formava-se um gabinete [conta o visconde de Taunay] e certo deputado, aliás operoso e, sem dúvida alguma, digno de fazer dele parte, num círculo de pessoas chegadas, interpelou com energia a um dos deputados nomeados na véspera. Queria saber por que ficara de fora, quando o tinham convidado para entrar na composição ministerial.
>
> Depois de certa hesitação, o outro aludiu, vagamente, é verdade, à oposição do Imperador.
>
> — Bem, observou o interpelante, irei a S. Cristóvão discutir este ponto. Praticarei, reconheço, uma inconveniência, mas quero tirar isto a limpo; estou cansado de ser burro de carga (*sic*).

— Não vá, replicou logo o ministro, pois lhe digo com franqueza de amigo, julgamos da conveniência não apresentar já o seu nome... mais tarde... no primeiro ensejo... Não se falou ao Imperador em você.

Seguiu-se terrível cena. Quem se tinha em conta de preterido esbravejou, despejou toda a bílis contida, chorou até de raiva, batendo com os punhos fechados nos peitos, invectivou o gabinete, os políticos de seu credo, a política em geral e saiu, como desabalado furacão, prometendo tirar estrondoso desforço (o que aliás fez) do que ele capitulava *indigna traição*.

Explicações desse jaez produzidas pela fogosidade da índole, teriam poupado ao soberano as custas de iras alvoroçadas.[45]

O espetáculo vale bem a cólera de Teófilo (*Quincas Borba*), a amargura de Brás Cubas e Lobo Neves (*Memórias póstumas*) e a decepção de Brotero (P.R., *Papéis velhos*). A presença do imperador evitaria a explosão, ao tempo que criaria mais um partidário do poder pessoal. Machado de Assis aproxima-se da realidade sempre que lembra o fato anedótico, ocasional, pitoresco. Dela se afasta ao tocar o travejamento estrutural, um tanto embaciado, na sua arquitetura, aos olhos do historiador moralista.

O problema, para um aspirante a ministro que começa sua carreira na Câmara temporária, não se situa tão alto, à sombra da vontade imperial. Tudo se inicia modestamente: o grande destino é ainda um sonho, uma fantasia, ou ousada ambição. A primeira opção é o partido — conservador ou liberal, saquarema ou luzia. Depois, cogitará o expectante a um grande papel de aliciar a *influência*, sob cujo abrigo será incluído na lista de deputados, na província que lhe for determinada, e sob cuja proteção alçará voo para outros postos, já em condições de, pelo convívio e pelos serviços, puxar para si outros fios da rede que ampara os políticos. Assim se tramava uma situação, fechada no alto, que só se renovava segundo padrões consagrados, numa linha hostil às transformações, conservadora na essência.

O partido, veículo da carreira política, se corporifica num feixe de *influências*, "as influências que entre nós criam as situações e distribuem o poder".[46] No alto, é um instrumento de governo, fixado nas instituições, vitaliciamente no Senado e no Conselho de Estado, ramificado em titulares e membros da Guarda Nacional; na base, introduz na circulação política o povo — aquela parte do povo que vota, e, entre esta, a que se interessa pelo debate partidário. Base mínima, já se constatou, ridícula percentagem da população. Dentro do partido, três faixas: os chefes, os partidários ativos e os acompanhantes passivos, estes lembrados só em tempos de eleições. Os chefes, o grupo dirigente e seu estado-maior, consultados na constituição do ministério, elaboravam os nomes que concorreriam ao Senado e à Câmara, e indicavam os presidentes de províncias. Decidiam, em instância final, acerca das moções de confiança e desconfiança ao gabinete, com o poder de recomendar a presença ou a abstenção eleitoral. Num sistema centralizado como o do Segundo Reinado, inexistente a autonomia provincial, anulados os municípios, o centro diretor do partido fixava-se no Rio de Janeiro. A corte galvanizava as forças ativas do partido, indiretamente pela proximidade ao imperador, que, graças ao exercício do Poder Moderador, segurava em suas mãos importante setor de decisões, e diretamente pelo influxo do Senado e da sede do governo. Os chefes se situavam na câmara vitalícia — só seriam chefes os que conquistassem tal posto — e os que conquistassem o posto ganhavam condições de chefes; o influxo é duplo e reciprocamente convergente. Isto indicava o comprometimento, na cúpula, dos partidos com o imperador, responsável pela escolha senatorial, dentre candidatos eleitos, em lista tríplice, pelos partidos. O processo de chefia submetia-se a uma filtragem, que moderava os ímpetos exclusivistas, de natureza partidária independente. Do cume descia ao estado-maior e à oficialidade um sopro de adesão — às vezes sem íntima lealdade — monárquica, necessária para consagrar um chefe. Do chefe se irradiava ao presidente do Conselho, também escolhido pelo imperador, do presidente do Conselho aos ministros e presidentes de províncias, escolhidos pelo presidente do Conselho, e daí para os deputados, arregimentados pelas influências. O círculo, teoricamente, se fecharia até aos membros ativos dos partidos. O centro da máquina seria a vitaliciedade do senador, cuja permanência no poder assegurava continuidade no exercício da chefia. O deputado não dispunha de segurança, em caso de dissolução da Câmara, de seu retorno ao parlamento — ou mais corretamente: era certo que a eleição não o traria de volta, se decaído seu partido. Por isso é que o programa da "reforma ou revolução", de 1869, lançado pelo Partido Liberal unido, foi subscrito unicamente por senadores (José Tomás Nabuco de Araújo, Bernardo de Sousa Franco, Zacarias de Góis e Vasconcelos, Antônio Pinto Chichorro da Gama, Francisco José Furtado, José Pedro Dias de Carvalho, João Lustosa da Cunha Paranaguá, Teófilo Benedito Ottoni e Francisco Otaviano de Almeida Rosa). Apesar do vínculo dos partidos ao sistema imperial, vínculo ditado pela organização constitucional e tradicional, nas grandes crises, não raro, se manifestavam colapsos entre os dois elos. O afastamento abrupto de um partido do poder, sobretudo se o fenômeno ocorria com os liberais, provocava críticas e denúncias ao poder pessoal, ao Poder Moderador, e à própria antessala dos despachos imperiais. Os liberais, animados pela teoria política hostil à tutela do poder político, eram mais sensíveis a esse tipo de protesto. O ataque ao imperador, ataque velado ou frontal, só era possível, além da magnanimidade de dom Pedro II, pelo fato de os partidos, nas suas cúpulas, ocuparem, protegidos pela vitaliciedade dos chefes, uma cidade inexpugnável ao revide. Já na República, sem tais anteparos, a facção incompatibilizada com o presidente da República submergia no abismo, inapelavelmente. Do lado interior, dado o caráter dos partidos, principalmente instrumentos de apropriação do poder com coloração tradicional, sem que os animasse, vincadamente, um ideário ou uma concepção do mundo, não eram eles associações coesas, longe de qualquer estrutura monolítica. Os liberais, sobretudo, se partiam em históricos e progressistas, depois de uma fase em que digladiavam-se as alas exaltada e moderada. As discordâncias internas provocavam a queda do poder, com voto de desconfiança ao grupo no governo, dentro do mesmo partido. Vinte e sete gabinetes foram derrubados pela Câmara, mercê de manobras e deslocamentos de grupos no corpo da maioria. Esta primeira faixa — os chefes e seu estado-maior — dava a nota dinâmica do regime, apresentando ao debate público as grandes teses políticas, como as reformas e as inovações do sistema. Dentro dela se urdiam as crises, que ganhavam a imprensa, ameaçavam o trono e azedavam os ânimos do país.

O segundo círculo da atividade política compunha-se dos partidários ativos. Entravam, aqui, os cabos eleitorais, as plateias da Câmara dos Deputados e do Senado, o jornalismo da corte e das províncias, em regra folhas efêmeras, como a de Brás Cubas ou Camacho, ou como aquelas que xingavam os presidentes da província, com os nomes duros que provocavam a saudade de d. Cláudia, depois que o ostracismo a privou das descomposturas, para ela sinal de vida.

> Ouvir chamar tirano ao marido, [lembra d. Cláudia] que ela sabia ter um coração de pomba, ia bem à alma dela. A sede de sangue que se lhe atribuía, ele que nem bebia vinho, o guante de ferro de um homem que era uma luva de pelica, a imoralidade, a desfaçatez, a falta de brio, todos os nomes injustos, mas fortes, que ela gostava de ler, como verdades eternas, onde iam eles agora? A folha da oposição

era a primeira que d. Cláudia lia em palácio. Sentia-se vergastada também e tinha nisso uma grande volúpia, como se fosse na própria pele; almoçava melhor. Onde iam os látegos daquele tempo? (E.J., XXX)

Esta camada — de gama vária, de muitas cores — ampliava o debate político, dando-lhe, não raro, liberta das cautelas e moderações institucionalmente impostas à cúpula, ar sombrio, carranca dura. Dispensava ao círculo superior as aclamações e os aplausos, com discussões, em praça pública e nos jornais, dos acontecimentos que a feriam e das teses que a sensibilizavam. Não gozava de bastante autonomia para controlar, desviar os rumos ou censurar as decisões, erros ou desacertos que a faixa de cima praticasse, papel que, idealmente, lhe corresponderia. O caluniado Camacho (*Quincas Borba*), deslocado e desclassificado das aspirações ao primeiro plano para o segundo, queria "dar um empurrão aos correligionários, atacá-los, se for preciso". "Atacar é um modo de dizer: corrigir" (cap. CX). Esta função não a exercia, realmente, senão em rara medida, a massa dos aclamadores, condenados à aprovação entusiástica. Essa camada, reduzida ao papel de aplaudir ruidosamente, não tinha independência, forçada, para satisfazer os apetites e as ambições de seus membros, a se agregar aos chefes políticos. Um cabo eleitoral de nível rural dependia das graças do poder para exercer os instrumentos de força que lhe garantiam o aliciamento eleitoral. Seria uma patente da Guarda Nacional, um título de nobreza, um cargo de polícia e, muitas vezes, da magistratura. Situações, todas, que, com a irradiação do prestígio ou com a entrega de meios de compulsão, sagravam o fiel seguidor das chefias. No meio urbano, a falta de independência era ainda mais acentuada, dada a escassez de meios de vida autônomos, onde o próprio comércio — a mais importante atividade econômica — dependia do governo. O emprego público era, desse modo, uma meta e um seguro porto dos homens pobres, ou de fortuna mediana, servindo, não raro, de lustro aos abastados.

> Nessas condições [acentua Joaquim Nabuco] oferecem-se ao brasileiro que começa diversos caminhos, os quais conduzem todos ao emprego público. As profissões chamadas independentes, mas que dependem em grande parte do favor da escravidão, como a advocacia, a medicina, a engenharia, têm pontos de contato importantes com o funcionalismo, como sejam os cargos políticos, as academias, as obras públicas. Além desses, que recolhem por assim dizer as migalhas do orça-

mento, há outros, negociantes, capitalistas, indivíduos inclassificáveis, que querem contratos, subvenções do Estado, garantias de juro, empreitadas de obras, fornecimentos públicos.[47]

A Câmara dos Deputados, pressionada pelos deputados, obedientes às forças que ajudavam a levá-los ao parlamento, transformava-se, como afirmava um estadista, em "confraria de pedintes". A observação de João Francisco Lisboa vai pela mesma toada:

> Repetimo-lo ainda, a carreira política e dos empregos é quase a única a que se lançam as nossas classes superiores. Indivíduos há que abrem mão de suas profissões, deixam ao desamparo as suas fazendas, desleixam o seu comércio, e se plantam na capital anos inteiros à espera de um emprego, consumindo improdutivamente o tempo, e o pouco cabedal que possuíam, e que não obstante, bem aproveitados por um homem ativo e empreendedor, dariam muito mais que todos os empregos imagináveis. [...] A mania dos empregos é tal, o mal tão grave e profundo, que já não são somente os pobres e necessitados que andam após eles; os grandes, os fidalgos e os ricos fazem outro tanto, e sem pejo nem remorso, ajuntam aos contos e contos dos seus bens patrimoniais, os magros emolumentos de ínfimos lugares, roubados porventura ao mérito modesto e desvalido.[48]

Faltava aos partidos, com a traição dos aclamadores, uma força interna de controle e de advertência, capaz de impedir-lhes os extravios e o isolamento das reais necessidades do país. Não se pode esperar de pessoas que fazem da atividade partidária um meio de obtenção de emprego, ou que a utilizem para dourar o nome, que se disponham a orientá-la, advertindo e censurando. Entre a chefia e o povo havia um elo podre, que contaminava o escalão superior e a base, acentuando a passividade desta e o arbítrio daquele.

Finalmente, havia o povo, nominalmente o terceiro círculo do mundo político. Mero objeto das caçadas eleitorais, lembrado apenas nas vésperas de eleições, não participava da luta pelo poder com a opinião, a vontade ou a resistência. Passivo, dele não se lembravam os políticos sequer demagogicamente, para lisonjear-lhe as aspirações. O 1% da população que votava, a maioria se inclinava para o partido dominante, que jamais, de posse do ministério, afrontou uma derrota geral. Entravam, na definição da conduta acarneirada, diversas formas de coação: o temor de perder o emprego, se público, por infidelidade à situação, se particular, ao chefe, também dono do emprego, a presença dos capangas e capoeiras. O candidato Joaquim Nabuco, na oposição, conta a dificuldade do homem do povo em se desligar do governo.

> Uma vez, por exemplo, entrei na casa de um operário, empregado em um dos Arsenais, para pedir-lhe o voto. Chamava-se Jararaca, mas só tinha de terrível o nome. Estava pronto a votar por mim, tinha simpatia pela causa, disse-me ele; mas votando, era demitido, perdia o pão da família; tinha recebido a *chapa de caixão* (uma cédula marcada com um segundo nome, que servia de sinal), e se ela não aparecesse na urna, sua sorte estava liquidada no mesmo instante. [...] Em outros casos o chefe da família estava sem emprego havia anos por causa de um voto dado ao partido da oposição: a pobreza era completa, quase a miséria, mas todos ali tinham o orgulho de sofrer por sua lealdade ao partido... E como entre os liberais, entre os conservadores. Eram coerentes na miséria, na privação de tudo.[49]

A estes expedientes, de eficácia quase infalível, somava-se a violência direta, com a quebra de costelas, o espancamento brutal, a fuzilaria implacável. A anedota confirmava o quadro de rudeza na disputa eleitoral:

> Tal o caso daqueles dois eleitores conservadores que conversavam sobre certa cena sangrenta por ocasião de disputada eleição em Pernambuco.
> — Não lhe digo nada, contava um deles, aí a tropa fez fogo e pôs no chão nada menos de sete liberais.
> — Que horror, exclamou o outro compungido: e abaixando a voz: Mas que boa descarga, compadre![50]

A camada dos aclamadores — de onde se destacavam os cabos eleitorais — mobiliza os empregos, no interior, galardoando os fiéis seguidores ou punindo-os com a demissão ou a transferência. O recrutamento era outra arma, auxiliar das outras, para convencer os indecisos ou os recalcitrantes. Para completar o aparelhamento e impor obediência, havia os *capangas*, os *capoeiras*, ou, institucionalmente, a força policial e da Guarda Nacional.

> Os *capangas* no interior, e nas cidades os *capoeiras*, que também têm a sua flor, fizeram até ontem das nossas eleições o jubileu do crime. A faca de ponta e a navalha, exceto quando a baioneta usurpava essas funções, tinham sempre a maioria nas

urnas... A máquina eleitoral é automática; e, por mais que mudem a lei, o resultado há de ser o mesmo. O *capoeira* conhece o seu valor, sabe que não passam tão depressa como se acredita os dias de Clódio e em breve a eleição direta será o que foi a indireta; a mesma orgia desenfreada a que nenhum homem decente deveria, sequer, assistir.[51]

Os chefes locais, cujo poder era também de empréstimo, satélites de outros chefes, manipulam o voto, em grande parcela, descaracterizando-lhe a densidade política. O povo não é, assim, o 1% que vota — mas o 1% descontado da parcela aprisionada ao poder, sem forças para decidir a quem sufragará na urna. A maioria não o representa, mas representa o chefe local, que por sua vez representa o chefe nacional, delegado do ministério. Não havia, na instância derradeira e decisiva, o povo, mero agregado sem fisionomia do poder superior. Eleição indireta ou direta, voto a descoberto ou voto secreto, o voto é uma emanação da máquina, inerme, passivo, vazio de conteúdo. O sistema legal, sem alterar os dados sociais, acentuaria, no máximo, o influxo do cabo eleitoral, sem lhe dar nenhum instrumento de autonomia ou independência.

Esta situação — o anulamento da faixa popular e a domesticidade da camada ativa — define a política de clientela, responsável pela desfiguração ideológica dos partidos. Confessou dom Pedro ao barão Hubner, em 1882, que os dois partidos, "os conservadores e os liberais não se distinguem nem pelos princípios, nem pelas doutrinas, nem pelas tradições. São dois grupos que disputam o poder".[52] Para que o poder lhes pudesse ser confiado, nos períodos de alternação, os partidos faziam as eleições, nas bases locais, por meio de intermediários entre o centro (em suas ramificações institucionais: ministro — presidente de província) e o núcleo, predominantemente rural, de eleitores. Esses intermediários — os cabos eleitorais — situavam-se, diante do eleitor, em proximidade física, utilizando a reciprocidade de favores, embora em status superior.[53] O cabo eleitoral adquire sua qualidade por força de situação preexistente, da qual decorre seu prestígio, definindo-lhe os préstimos e lhe assegurando a liderança, que as relações tradicionais congelam em chefia, perpetuada no vínculo de lealdade. Por meio deles, a comunidade se liga ao sistema socioeconômico, absorvendo e tradicionalizando as mutações e os impactos que deste se irradiam. São os *amortecedores* da sociedade rural, os seus pequenos intelectuais, os corretores de duas ordens diversas, os compadres de muitos afilhados, os que se entendem, em favor dos agricultores ou peões, com as autoridades, colocando-lhes, não raras vezes, os produtos ou agenciando-lhes o crédito. Sua função permite a flexibilidade das inovações, a quebra de seus aspectos agudos e desorganizadores. Note-se que não se qualificam eles a este papel pelo simples fato de serem grandes proprietários, abastados fazendeiros, criadores de gado. Pode haver coincidência entre o senhor de terras e o intermediário social, mas a relação não é necessária. O uso, numa sociedade dinâmica, confia essa situação aos comerciantes locais, como numa sociedade estabilizada o fazendeiro terá mais chances de encarnar o papel. Nada impede, em certas regiões ou em determinados momentos, momentos sobretudo caracterizados pela centralização política, que os pequenos intelectuais sejam funcionários, o coletor, o delegado, o promotor público. Há, por isso, uma falsa conclusão na identificação do sistema de clientela com os interesses agrários, identificação que se converte em perplexidade nos desmentidos, observáveis em muitos aspectos, qual a realidade impõe à tese. Há, partindo da conexão extracomunitária, uma rede de intermediários, que se espalha em subintermediários, recrutados na base de relações pessoais, de parentesco ou, como se qualificou com extremado exagero, de clã. O componente familiar lançaria, na separação de partidos, um traço de radicalismo não ideológico nas bases. "Aqui" — lembra Machado de Assis, ao aludir aos municípios do norte, centro e sul — "a oposição dos rebentos continua a dar raízes, e cada árvore brota de si mesma, sem lançar galhos a outra, e esterilizando-lhe o terreno, se pode" (M.A., 14 de janeiro de 1888). Sustentados nas clientelas, os partidos resistem às pressões ideológicas, flexíveis em todas as questões de política e doutrina, sem apego a dogmas. Tornam-se, assim, libertos dos programas, partidos pragmáticos, sem coerência de ideias, permitindo a liberdade e o arbítrio dos chefes e líderes.[54] Ocorre ainda — como informam bem os partidos do Império — uma "assimetria de poder" entre a camada superior e a inferior. Os líderes e chefes tratam os clientes — os eleitores ativos — de uma maneira arbitrária, com os limites decorrentes apenas da estima pessoal ou da tradição, sem respeito às suas ideias e reivindicações. A base não tem meios para reagir a tal padrão de trato, incapaz de se organizar em corporações independentes ou de viver sem o favorecimento que lhe é proporcionado. Esta a face atuante dos partidos.

Nesse quadro, o partido, reduzido à primeira faixa — composta dos chefes nacionais —, decidia a sorte das carreiras políticas. Dentro do círculo fechado, as *influências* sagravam os candidatos, dando-lhes generosamente as mãos. Escolhido o partido, escolha determinada, em regra, pela tradição, na qual se infiltrava a família, o aspirante a deputado buscava a sua carta de nascimento. Dois exemplos, nos quais a filiação liberal decorreu da herança: Joaquim Nabuco e Afonso Celso. Quem fez a carreira de Afonso Celso foi o seu pai, o visconde de Ouro Preto: "O único protetor e chefe que tive na carreira política e quem me abriu as portas dessa carreira foi o visconde de Ouro Preto. As recomendações de que proveio o meu ingresso no parlamento devo-as a ele exclusivamente".[55] O depoimento de Joaquim Nabuco denuncia circunstância de igual índole:

> O fato que me lançou na política foi a morte de meu pai, em março de 1878, ano em que serei eleito pela primeira vez deputado... Ele morreu a tempo ainda de assegurar a minha eleição que tinha ficado resolvida entre ele e o barão de Vila Bela, chefe político de Pernambuco. [...] Não me custou nada essa eleição... Custou sim a Vila Bela na corte e na província a Adolfo de Barros, que passou pela política como um perfeito gentleman, seu presidente, incluírem-me na lista...[56]

Ambos afastaram outros candidatos, com maiores vinculações locais... a serpente, proclamava Camacho, era esmagada na capital (Q.B., LIX). Resultava do centralismo das decisões partidárias a submissão das províncias, ao adotarem candidatos nela não radicados. Taunay, o futuro visconde de Taunay, conquistou sua primeira eleição pela província de Goiás, depois transferiu-se para Santa Catarina, por onde se tornou senador, sem ser nativo de nenhuma delas. Sem quebra do princípio — a exclusividade das decisões pelo círculo dos chefes —, havia, em alguns casos, correções mais amplas entre os chefes nacionais e os locais. Depois das eleições diretas, em 1881, houve maior participação, no processo, das influências locais, nunca totalmente ausentes, com maior ascendência do cabo eleitoral provincial ou municipal. Por exemplo, em contraste com a deliberação circunscrita à corte das eleições de Joaquim Nabuco e Afonso Celso, a entrada do conservador José de Alencar obedeceu a outro meio. Ao se tornar político, em 1860 partiu para a sua terra natal, o Ceará,

> e, encontrando entusiástico apoio no chefe do partido, seu amigo e parente próximo, dr. Domingos Jaguaribe, legítima influência política, já pela lisura do caráter, já pela dedicação aos interesses da província, de lá voltou, trazendo o manuscrito

da flébil e formosa embora um tanto amaneirada *Iracema*, que dedicou àquele primo-irmão, e o diploma de deputado geral, cargo que desempenhou, senão por modo obscuro, pelo menos sem relevância especial, até quando foi dissolvida a câmara em 1863.[57]

Também de baixo para cima, sem o patrocínio de influências na corte, irrompeu na política nacional a figura de Silveira Martins. Sem prestígio de família ou de tradição, senão para a conquista de um cargo de juiz municipal no Rio de Janeiro, no qual se incompatibilizou com o ministro da Justiça, voltou ao Rio Grande do Sul, para iniciar sua carreira política.

> Mas como conquistá-la? Não dispõe de prestígio, nem de relações na corte, nem de amparos políticos, nem de parentescos ilustres. Veio de uma estância longínqua, de uma família sem política. Não pode aspirar o surto fácil dos que nasceram em berço de ouro, embalados por fadas amáveis e propícias.[58]

Sobra-lhe, unicamente, o caminho secundário da assembleia provincial e da política local, esta, no Rio Grande do Sul, depois do decênio heroico de 1835--45, severamente vigiada pelo poder central, temeroso de novas rebeldias. Eleito para a assembleia provincial, permanece dez anos deputado (1862-72), dos 26 anos aos 36. Tentou, em 1863, a eleição para a Câmara dos Deputados, na qual, embora sufragado, não obteve o reconhecimento — o que denuncia, ainda uma vez, a ausência de amparo político. Dez anos de atividade política provincial — encastelado na assembleia — deram-lhe o domínio do partido, no Rio Grande, domínio absoluto, incontestável, que durou trinta anos. Com esse apoio, extravagante nas praxes imperiais, de expressão anticentralizadora, logrou eleger-se para a Câmara dos Deputados (legislatura 1872-75), de onde se projetou ao Senado, com uma carreira que seria completa se houvesse conquistado a presidência do Conselho de Ministros. Há, no caso de Silveira Martins, o aproveitamento dos fatores locais para a formação de um destino político, também identificáveis, em menor grau, no de José de Alencar. Silveira Martins, ciente da força que tal origem lhe dispensava, jamais se desligou da assembleia provincial, para a qual se fazia eleger ainda senador do Império. Não lhe foi a câmara provincial, como para Soares (o.c., *O programa*) e Luís Tinoco, o túmulo de ambições mais altas ou o refúgio do malogro de uma carreira política auspiciosa. Com ela, acaudilhado o partido à sua palavra e à sua liderança, falou em nome do Rio Grande, com a autoridade de falar em nome do *povo*, "isto é, as pequenas parcelas de povo que se ocupam de política".[59] Eleito com meios locais, sem influxo superior, só nesta relação reconhecia a qualidade de representante da nação, profligando nos outros deputados, filhos da cabala, os "mercenários do poder". "A gratidão que lhes enche o peito é filha da venalidade e diretamente procede do tesouro público." A quebra das regras tradicionais do sistema de influências, conjugadas na estrutura dos partidos, é excepcional, ocasional, quase única. Não deixará consequências permanentes, senão o sismo de alguns momentos, que provocaria o temor, logo apaziguado com as próximas eleições. O fenômeno indica uma tendência, possível no Segundo Reinado, que seria perseguida pelos propagandistas republicanos, desmentida também na realidade, após 1889.

Se prevalecesse e caso se institucionalizasse o precedente de Silveira Martins, outra seria a feição política do fim do Império. Em primeiro lugar, o Senado perderia a ascendência diretora em favor da Câmara dos Deputados, onde se assentaria a representação nacional, eleita de baixo para cima, libertos os partidos da passividade que os paralisava. Representariam o povo — aquela faixa mínima de povo que vota. Esta mudança não escapou à perspicácia dos velhos liberais:

> Uma dessas causas foi a transformação radical que operaram no partido liberal as eleições de 1872, pela simples entrada de Silveira Martins para a Câmara. O partido, *que até então era dirigido sem contraste pelos velhos senadores, agora vê aparecer na Câmara dos Deputados um poder novo*, capaz de disputar-lhes a autoridade, pronto a medir-se com eles, para lhes tirar o séquito, a força do elemento popular, no qual eles se apoiam.[60]

Não viram os estadistas, no fenômeno novo, um processo de modernização e autenticidade das estruturas políticas. Não o estimularam, com reformas que lhe aprofundassem as tendências, ou com a boa vontade que as completassem e aperfeiçoassem. Ao contrário, procuraram anular os novos rumos, esclerosando as praxes consagradas, rotineiras, tradicionais. O curso dos acontecimentos, do qual Silveira Martins seria uma expressão, parecia-lhes envenenado de anarquia, numa onda que, avolumada, faria o Império soçobrar, submerso na onda popular, impaciente e demolidora. Mostravam-se os políticos, nos dois últimos decênios da monarquia, inaptos a absorver, transformando criadoramente, as correntes subterrâneas e profundas que convulsionavam a sociedade. A reação se armou, sutil e sem calor, porém persistente e tenaz, misturada com a incapacidade de reformar as estruturas políticas. Resistência condensada de pessimismo e desânimo, fundada na tradição morta, inelástica. Outra consequência que o esboço de renovação traria seria a maior continuidade da presença do líder político na vida pública. Provocaria um processo de circulação de elites, apoiado no eleitorado, renovando-se em função das mudanças que este filtrasse, sem o alijamento brusco da arena, derivado unicamente da alternação dos partidos no poder. No sistema imperial — já se notou neste ensaio — o deputado sofria o *deslocamento* de sua posição, lançado ao vácuo ou ao abismo, sem a oportunidade de retorno, a não ser pelo patrocínio superior e central do partido. Acontecia que o centro seletivo variava de tendências, afastando, no momento das eleições amparadas pelo partido, os antigos deputados, em favor de novas candidaturas, de filhos, genros e parentes, pressionado também pelas forças locais. O *deslocamento* favorecia assim a centralização partidária situada na corte, em prejuízo das influências locais e com o desfavor de deputados já uma vez eleitos. A seleção dos políticos não obedecia a pressões naturais, radicadas na política partidária em contato com o povo, mas a determinações do alto, com o afastamento daqueles que perdessem as graças dos poderosos. O *ostracismo* — termo então consagrado — era o grande terror dos políticos, o monstro que devorava as carreiras, consumia muitas esperanças em flor e esmagava as ambições mais ardentes. Provocava um fermento quase revolucionário, que extravasava, à míngua de cadeira parlamentar, na imprensa. A vítima preferida das cóleras decepcionantes era o *poder pessoal*. O ostracismo era, na verdade, a espada fatal pendente sobre os políticos, em proporções maiores do que se supõe. Examinem-se os números da representação da província de Minas Gerais na 20ª legislatura (1886-89), composta de vinte deputados. Sete eram novos, onze vinham da 19ª legislatura (quatro da 18ª e 19ª; dois da 18ª; dois da 17ª, 18ª e 19ª; um da 16ª e 17ª; um da 15ª e 19ª; um da 15ª, 16ª e 18ª), um da 18ª e um da 17ª (já vinha da 16ª). De 74 deputados, eleitos entre 1872-89, 46 se elegeram apenas uma vez (contado o fato a partir de 1872), dos eleitos em 1872 só dois, com interrupção, chegaram a 1889, de 1878 só um, de 1878-81 apenas dois, e de 1885 somente sete. No Rio Grande do Sul, num total de 44 deputados, de 1845-89, vinte se elegem uma única vez, um se elege seis vezes, um quatro vezes e oito três vezes. Um de 1845 vai até 1864, um de 1848 vai até 1864, um de 1866 alcança (com uma interrupção) 1881 e um de 1878 logra alcançar 1889, (com três interrupções).

Os números não levam em conta o afastamento pela morte, enfermidade ou desistência política. Desde logo um fato: raramente um deputado liberal se reelegeria numa situação conservadora ou vice-versa. Este fato é conhecido e axiomático: deriva das famosas câmaras unânimes ou quase unânimes. Ao lado desse fenômeno global de deslocamento — o ostracismo — havia o fenômeno especial: o retorno não trazia a bancada deslocada à Câmara dos Deputados, senão uma bancada desfalcada de, no mínimo, 40% dos elementos antigos, com projeções sobre a composição sucessiva do parlamento. Isto significava que a competição entre as elites não obedecia ao controle eleitoral, do prestígio com relação aos votantes, senão do patrocínio das influências. De outro lado, restringia a profissionalização dos políticos, limitando a atividade política a pessoas com situação econômica ao abrigo dos espaços estéreis de ostracismo. Somente o Senado vitalício lhes asseguraria rendimento permanente, sem interrupções — mas o senador, para se tornar senador, deveria, em regra, ter suportado, com recursos próprios, a entressafra do deslocamento da Câmara dos Deputados. Resultava daí a sobrevivência, na política, de uma camada plutocrática ou de profissionais com rendimentos constantes: fazendeiros, comerciantes, advogados, jornalistas, médicos, todos os que, no exercício da atividade política, não se desligavam das suas fontes de renda. A rotatividade dos ocupantes de postos políticos poderia sugerir, à primeira vista, a ausência de um sistema oligárquico, que supõe a permanência nas posições. Falsa conclusão: o deslocamento está dirigido por uma camada estável e uma camada vitalícia; camada estável no controle de rendas e bens, que, mercê desse controle, lhe assegura a presença continuada na política; camada vitalícia com enquistamento em posições institucionalmente vinculadas ao Estado. A rotatividade não é, desta forma, senão uma expressão da sociedade fechada, estamental, que seleciona o acesso de líderes e chefes por meio de mecanismos hierárquicos e autoritários. De outro lado, deve acentuar-se, embora com o risco do paradoxo, que a profissionalização garantiria maior grau de representatividade que o amadorismo elegante: o político que faz da política uma profissão há de estar atento aos sentimentos, ideias, desejos e interesses do eleitorado, para subsistir. Pelo menos, inclina-se, em busca da permanência e diante da rotatividade institucional, para a fonte mais estável de mandato. Certo, isto lhe daria menor fidelidade partidária, maior flutuação entre os partidos, mas o voltaria para o eleitorado, capaz de reelegê-lo, se mais fluidos os controles do círculo dirigente.

Por último, a centralização política não dispensava os vínculos locais entre o candidato e o círculo eleitoral. Conhecida é a figura do cabo eleitoral, que ganhou maiores proporções com a eleição direta. Os estadistas do Segundo Reinado estavam lucidamente cientes do significado da eleição nas suas relações locais — a equação fez o centro dos debates das reformas eleitorais, a começar pelos círculos, em 1855, até a eleição direta, em 1881. No sistema do *país oficial*, que acentua o princípio da autoridade, toda a máquina eleitoral submetida, verticalmente, ao chefe do gabinete, o cabo eleitoral seria simples ordenança do poder central, sem vontade, submisso, obediente. As aspirações liberais queriam o *país real* — que daria o predomínio às situações territoriais —, no qual o cabo eleitoral se emanciparia, passando ao primeiro plano. A comissão do Senado, em 1855, ao apreciar o projeto de lei dos círculos, destacava a transformação que se operaria, vingasse ela em termos absolutos:

> os deputados e senadores não sairão mais dentre as pessoas notáveis e bastante conhecidas para se fazerem aceitas por uma província inteira; os empregados subalternos, as notabilidades da aldeia, os protegidos de alguma influência local, serão os escolhidos.

A eleição mais autêntica — ao tempo se pretendia que a eleição mais autêntica seria a direta — entregaria o país, no interior sobretudo, ao senhor da terra, que, "com seus capangas, designaria imediatamente o deputado". A verdade eleitoral não dependia do processo eleitoral e de suas formalidades — o governo continuou a fazer as eleições e a triunfar sempre, com os círculos ou com a eleição direta, enquanto o eleitorado não se emancipasse economicamente. Liberto o eleitorado, os problemas seriam outros, mais vizinhos da anarquia do que do despotismo encoberto e macio do país oficial. A consequência, se dominada a anarquia local, seria o federalismo, o tosco federalismo da República Velha — uma oligarquia em lugar de outra. Ao assinalar a incompatibilidade entre a Federação e o Império, Machado de Assis tinha em conta que o Império era uma realidade, social e política, situada no tempo, calcada sobre uma estrutura centralizadora, incapaz de se amoldar aos particularismos regionais.[61] Verdade, porém, que, sobretudo a partir de 1855, o sistema de centralização, o princípio da autoridade que dava fisionomia ao país oficial, sofria o influxo das condições locais. Houve a lenta germinação das forças dos chefes locais, em busca de expressão, cujos progressos se refletiam na importância ascendente do cabo eleitoral. A acabada linha do fenômeno é o *coronelismo*, plenamente amadurecido na República. A autenticidade eleitoral — sabia bem Machado de Assis — traria ao primeiro plano as lutas de aldeia, as guerras de facções, as brigas de família, descomprometidas com a máquina política. A vila é, para ele, apenas a sede das rivalidades pessoais, que os partidos cobrem de legitimação artificial, meramente retórica. No fundo, as discussões locais teriam o mesmo conteúdo da guerra de aldeias, retratada no *Dom Quixote*, em torno do zurro de um asno (*Contos avulsos; Diálogos e reflexões de um relojoeiro*). Em 1884, na crônica dirigida a Taunay, Machado de Assis lhe recomenda, às vésperas de sua viagem a Santa Catarina, que estude o coronel. O conselho era ocioso: Taunay tinha o seu cabo eleitoral, intermediário entre os concílios da corte e a soberania popular:

> Foi Moreira, o meu inexcedível grande cabo eleitoral das três grandes campanhas de 1882, 1884 e 1886, homem de pequena instrução mas de larga inteligência natural, habilíssimo no perscrutar os sentimentos do meio em que vivia e admiravelmente conhecia.[62]

O eleitorado era mais sensível às explicações do cabo eleitoral do que do candidato, que usava de linguagem distante, erudita, de corte. "Antes do jantar" — prossegue — "fiz a tal *falação*, conferência a que me referi, como de rigor, à grande naturalização e a outros assuntos que o auditório acolheu perfeitamente indiferente a tudo. Os argumentos de Moreira os impressionavam muitíssimo mais."[63] Também Afonso Celso, na disputa de uma cadeira de deputado, já sob a Lei Saraiva, obteve o auxílio de um "valente cabo eleitoral", o coronel Gentil José de Castro, amigo de sua família.

> O fato de não me haver eu poupado a incômodos e perigos, viajando centenas de léguas para visitar o distrito — coisa que nenhum candidato tinha ainda feito; — as cartas de meu pai, a prestante colaboração do coronel Gentil, que não me deixou, empenhando-se por mim com ardor, produziram efeito decisivo. Posso dizer que conquistei o distrito, que de novo percorri em 1886. Ganhei sólido terreno a pouco e pouco. Afinal, cabalava por mim toda a gente de valor.[64]

A presença do candidato e a colaboração do cabo eleitoral, já no último decênio imperial, formavam as condições necessárias ao sufrágio. Mantida a centralização, nela se infiltrava o elemento local, sem que ferisse aquela na sua estrutura. O cabo eleitoral, indispensável, não teria ainda autonomia para deslocar o favorecido do centro, usurpando-lhe o lugar, como seria, provavelmente, seu secreto desígnio, que a hora má da infidelidade lhe sopraria ao ouvido. A luta urbana era mais difícil; o voto passivo seria menor nas cidades e mais independentes os diretores locais do eleitorado. A situação é retratada por Joaquim Nabuco, que disputaria a eleição no Recife, na maré de uma causa nacional, colorida de emotividade. Sua palavra, ardente e eloquente, não bastou para aliciar o voto, cativo de influências municipais e alheio ao teatro da oratória.

> Quem conhecia, porém, a Antônio Carlos Ferreira da Silva, então simples guarda-livros em uma casa do Recife e que no entanto fez todas as minhas eleições abolicionistas? A verdade é que era ele o espírito que movia tudo em meu favor; sem ele tudo teria corrido em outra direção...[65]

A presença do cabo eleitoral — sem o qual o êxito das urnas não coroaria a carreira — faria supor o caráter não popular da eleição. Entre o povo e o candidato, sagrado por uma combinação de alta política, havia um intermediário, responsável pela conquista de votos, intermediário da classe média, "simples guarda-livros". A conclusão de Nabuco é outra, surpreendentemente — para ele o *povo* não era o eleitor, mas o aparelhamento que o cercava, aprisionava e dirigia, apenas parcialmente independente da camada que formava uma das alas do estamento político. São palavras suas, infiéis à realidade:

> Essa é a melhor prova do caráter espontâneo, natural, popular, das minhas eleições do Recife, o ter bastante para fazê-las um homem como ele, sincero, dedicado, inteligente, leal, hábil, todo coração e entusiasmo sob uma máscara de frieza e misantropia, mas sem posição, sem fortuna, sem status político, sem ligação de partido, simples abolicionista, republicano confesso. [...] Esse foi o meu paraninfo. [...] Não esqueço ninguém, a começar por Dantas, que me fez quase forçadamente seguir para o Norte a pleitear um dos distritos da província; não esqueço o dr. Ermínio Coutinho e o dr. Joaquim Francisco Cavalcanti, de cuja dupla renúncia resultou a minha inesperada eleição pelo 5º distrito, uma semana depois de anularem o meu diploma pelo 1º, passe eleitoral que surpreendeu a todos na Câmara e em que Antônio Carlos foi grandemente ajudado pelo seu amigo dr. Coimbra.

Também não esqueço José Mariano, cuja lealdade para comigo foi perfeita em circunstâncias que poriam à prova a anulação e a suscetibilidade de outro espírito, capaz de inveja ou de ciúmes; [...]. Não esqueço ninguém, nenhum dos chefes e centuriões liberais, Costa Ribeiro, João Teixeira, Barros Rego, o Silva da Madalena, Faustino de Brito, os Rochas do Peres; seria preciso citar cem, duzentos...[66]

O conceito de povo é muito largo, a espontaneidade da eleição pouco convence. Nela colaboraram todos os grupos liberais, doutores, influências nacionais, como Dantas, provinciais, como José Mariano. Provavelmente, a perspectiva fidalga de Nabuco confundiu com o povo os grupos não integrados diretamente na aristocracia imperial. Daltonismo comum a todas as categorias dominantes. Houve colaboração popular, e não decisão popular — o que mostra que mesmo o movimento abolicionista, nacional no caráter, não o animava um impulso de baixo; de baixo só vieram os aplausos. Não houve, no episódio, exceção à regra: a regra se manteve, sem quebra, com maior apoio, em coincidência com largas camadas do povo, da segunda faixa, onde imperam os cabos eleitorais e os aclamadores. O povo, na sua primeira maré, era o Jararaca — mencionado pateticamente por Nabuco — que não podia votar de acordo com suas preferências, porque, votando, era demitido, perdia o pão da família.

As circunstanciadas observações, colhidas em depoimentos do Segundo Reinado, indicam a própria estrutura dos partidos, na sua face global. A atividade política concentrou-se nos partidos Liberal e Conservador, nas suas facções e alianças. O Partido Republicano, de militância limitada, era apenas um movimento, sem integração no mecanismo de poder, incompatível com a organização imperial, como é óbvio. Em termos de efetiva participação nos negócios públicos, ponderado que o partido adquire sua real fisionomia no exercício do governo, e não nas manifestações programáticas, a formação do Partido Liberal coincide com o Ato Adicional (Lei de 12 de agosto de 1834) e o Conservador com a feitura da Lei de Interpretação, bem como a de seus complementos nos anos de 1840 e 1841.[67] Estes dois atos definem uma linha permanente dos dois partidos: a descentralização, que tenderia para a federação, e a centralização. Na descentralização, viam os liberais — de acordo com seu mais amadurecido catecismo *A Província*, de Tavares Bastos — a consagração da liberdade e da democracia. Para os conservadores, a autonomia provincial, com o seu coroamento, a federação, seria apenas a anarquia. Sua bandeira se concentraria na centralização política, só ela capaz de assegurar a unidade do

Império, a paz, a ordem e o progresso. Mesmo depois que o Partido Republicano se apropriou do programa federativo, já no fim do Império, com sua realização contava Ouro Preto, apoiado no Partido Liberal, para inutilizar a República. As inspirações originais dos dois grupos — saquaremas e luzias — permaneceram íntegras, durante o Segundo Reinado, embora apagadas, em largos períodos, na acalmia das composições e amolecimento do exercício do poder. Acomodavam-se os partidos ao sistema imperial, institucionalizando-se mais como instrumentos de governo do que como expressões de sua estrutura. Muitas vezes — na Conciliação, na Liga ou Partido Progressista — as próprias fronteiras entre um e outro se confundiam, atraídos por uma realidade que ameaçava absorver liberais e conservadores: a realidade monárquica, que se projetava sobre a nação, a sociedade e a economia. Daí a afirmação, corrente no Segundo Reinado, de que nada havia de mais parecido com um saquarema do que um luzia no governo e vice-versa. No combate eleitoral, velava o imperador, com cautela e com energia, para evitar o esmagamento do partido decaído, assaltado por eleições violentas e fraudadas. Mantinha-se, desta sorte, o equilíbrio das facções, por meio de uma força incontrastável, o Poder Moderador.

Um ou outro partido não podiam, malgrado o inegável e tênue dissídio programático e a separação real do seu movimento interno, receber o influxo da opinião, que viria do eleitorado e se projetaria no círculo ativo dos votantes. Havia, entre a base e a cúpula, nítido bloqueio, que lhes impedia a autenticidade e, consequentemente, a identificação com a vontade, os desejos, os interesses e as aspirações dos votantes. Os dirigentes se sentiam à vontade para pregar ideias pessoais, sem fidelidade à coerência e ao programa do partido. Não se lhes permitia, contudo, servir à facção contrária, com o favorecimento pessoal ou as nomeações.

> No tempo do Império — assinala um político afeto a eleições —, o eleitorado não se arrepelava com as opiniões adiantadas que um candidato conservador pregasse em seu programa, ou com as ideias atrasadas que um liberal às claras manifestasse e de que até fizesse praça. Não queria, porém, e levava logo a mal, que um e outro condescendessem no terreno político e administrativo em relação ao adversário; o que era, decerto, um mal e não pequeno, pois conservava indefinidamente deslocados os homens do seu círculo natural e lógico, impedindo-lhes procurarem o equilíbrio em que por fim se haviam de achar mais a gosto. — Se houve exceções

àquela regra, foram restritas e na questão social da abolição — isto mesmo em limitadas zonas eleitorais e dadas certas circunstâncias. Assim, no Rio de Janeiro, Martinho Campos, presidente da província, coadjuvou francamente a política conservadora de Paulino de Sousa, e Joaquim Nabuco, com a maior nobreza e sobranceria, hipotecou os esforços e eloquência ao gabinete João Alfredo. Em sentido oposto, vimos Zacarias, movido por interesses meramente partidários, quase individuais, ligar-se, verdade é desacompanhado dos correligionários, à oposição do Senado e votar contra a aspiração que ele próprio fora dos primeiros a suscitar. — Daquela intransigência, de caráter enfezado e exclusivista, resultavam graves consequências, pois imprimiam feição pessoal a certos princípios gerais, cuja propaganda se tornava assim sobremaneira difícil, penosa e longa. — Mais do que ninguém com ela sofreu ininterruptamente o imperador, já no empenho de impulsionar o país no caminho do progresso e a esbarrar a cada passo com impedimentos antepostos pela politicagem e suas mil exigências e suscetibilidades, já no sincero desejo de acompanhar a corrente da opinião popular patenteada por eleições sinceras. — Cada qual buscava, por todos os meios, agarrar-se ao poder, agindo de modo a, quando menos, parecer ter consigo o apoio da nação.[68]

A ideologia partidária não se constituiu numa plataforma comum, nem a predominante recebia a adesão ou a censura das camadas intermediárias ou da camada inferior do povo. O pensamento do partido seria um esboço geral, do qual se desviavam impunemente os dirigentes, sem que o eleitor a ele se sentisse vinculado. O cabo eleitoral, o arrebatado seguidor e a base passiva aderiam a um mecanismo, capaz de distribuir favores aos amigos e punir os adversários, sem que um conjunto de ideias os agregasse e os reunisse. O resultado era uma formação fluida, não monolítica, de pessoas que comandavam, sem compromissos ideológicos, alheias à sugestão do eleitorado, da opinião pública. Isso não significava que houvesse o fácil trânsito de um partido a outro; impedia-o a estrutura partidária, embora não unida em termos de um ideário comum; baseava-se na solidariedade pessoal, mesclada de solidariedade familiar, no "terreno político e administrativo", no campo dos interesses comuns, das vantagens que os correligionários obtinham com a posse do poder. Explica-se que o trânsfuga — o vira-casaca — fosse figura rara, bem como se explica que o partido, condenado ao ostracismo, mantivesse íntegra a máquina. Admitia-se apenas a conversão republicana, fruto em geral de decepções indignadas — como ocorreu com Saldanha Marinho e atraiu, sem conquista plena, José de Alencar. Antes que mudança de partido, significava um adeus à política, o ingresso num grêmio que não governava e, portanto, incapaz de suscitar ódios ardentes, ciúmes ou invejas. Não correspondia ao sentimento da época, em consequência, a tolerância do dr. Camargo (*Helena*) com as *conversões*, ao observar ao jovem Estácio que "do botão luzia ou saquarema nasce um magnífico lírio saquarema ou luzia [...] O partido que lhe der a mão, — se não for o seu, — ficará consolado com a ideia de ter ajudado um adversário talentoso e honesto" (cap. VII). Não era verdade: o partido, se abandonado, sentia-se traído e escarnecido, armava o escândalo e a furiosa campanha de desmoralização do trânsfuga, campanha que, transformada em mancha moral, não o abandonaria até a morte. Foi a sombra que perseguiu, toda a vida, a Rio Branco pai. Um membro do Partido Conservador, atento mais às "acirradas malquerenças e rancores partidários", não podia tomar assento entre os ministros liberais: tornar-se-ia "a figura em que todos malhassem".[69] A desobediência à linha partidária atraía, como certeiramente assinala Machado de Assis, ao comentar o entendimento dos gêmeos Pedro e Paulo, a "nomes duros, repreensões acerbas" (E.J., CXXI). Batista (*Esaú e Jacó*), o conservador, suporta valentemente o ostracismo, na esperança de que o partido volte ao governo. Quando a sutil d. Cláudia quer levá-lo ao campo contrário — "Batista, você nunca foi conservador!" —, empalidece e recua, assombrado, sentindo-se ingrato e perjuro (cap. XLVII). Se os políticos podiam expressar ideias independentes, sem atemorizar os eleitores e sem provocar-lhes as censuras, não podiam se afastar do grupo de poder ou de oposição. Sem a fidelidade, nos tempos prósperos e no ostracismo, não havia carreira — ela mostrava a têmpera do correligionário, a sua firmeza, pré-requisito para as indicações aos cargos, às reeleições e ao Senado. Os hesitantes, os adeptos inseguros perdiam-se no limbo, ou no vestíbulo das manobras que conferem poder e governo.

Duas consequências: a apagada trama dos fios econômicos que estruturam os partidos e a expressão de ideias como criação livre dos dirigentes. Não havia condutos entre o topo da pirâmide e a terra onde ela assentava. Não chegava ao cume, filtrado pela experiência, transformado em seiva, o húmus da nação e do povo. Os partidos — "apenas sociedades cooperativas de colocação ou de seguro contra a miséria"[70] — se transformam em palcos da *política silogística*, a que aludia Nabuco, "a arte de construção no vácuo", que manipula teses, e não fatos, ideias, e não homens.[71] A ideologia, analisada no seu conteúdo, reduz-se a algumas aspirações sociais, a alguns interesses econômicos e a muitos debates intelectuais, programáticos e literários. Muitas vezes o plano de governo de um partido, forçado a barganhar o poder e a se acomodar às circunstâncias, desvia-se de suas raízes permanentes. O adiamento, a transigência, a conciliação tomavam o lugar da realização imediata, em favor do dia seguinte, da geração futura, de tempos melhores. Difícil, no contexto do dissídio partidário, será discernir os interesses econômicos que condicionavam o programa dos conservadores e dos liberais. Afirma-se, com frequência, que o Partido Conservador se vinculava à grande propriedade, aos interesses agrícolas, enquanto o Liberal teria maiores compromissos urbanos, com mais vivo componente ideológico, atraindo os reformadores. Na verdade, a afirmação é hipotética: para verificar-lhe os fundamentos seria necessário um trabalho de pesquisa jamais empreendido na nossa historiografia. O estudo partiria de dois polos: o minudente levantamento biográfico dos chefes de ambos os partidos, bem como do obscuro quadro dos mecenas, para lhes rastrear o condicionamento econômico; a verificação dos interesses que as plataformas e os programas dos partidos favoreciam. Previamente à aplicação dos dois métodos, haveria um necessário trabalho de construção: fixar, em cada estrutura partidária, entre os grupos que comandam, os de domínio preponderante, aqueles que dão a nota ao conjunto. Tarefa, em todos os planos, praticamente virgem, a justificar as perplexidades existentes. Possíveis são apenas algumas indicações, que levam a conclusões não ortodoxas. A descentralização, com certa carga federalista, que o Partido Liberal sempre cultivou, daria maior predomínio ao senhor de terras, pretendendo confiar-lhe poder de decisão — como o demonstrou a República, com o coronelismo. A eleição autêntica, da qual a direta foi uma etapa — propugnada também pelo Partido Liberal com a oposição dos conservadores, que a frustrou na primeira investida, graças ao veto do Senado —, também levaria ao mesmo resultado. A centralização, de outro lado, obra do Partido Conservador, com a consequente sistematização, no plano eleitoral, do *país oficial* oposto ao *país real*, serviria a interesses urbanos, ou com sede nas cidades. Seria ela conexa — o termo é cauteloso para evitar a enfática e não verificável causalidade —, seria conexa aos interesses dos financiadores da exportação e da importação, ligados ao comércio, também financiador do escravo. Havia, não obstante, abolicionistas e escravocratas em ambos os partidos, cabendo a ministérios conservadores a realização das duas mais importantes medidas em favor do cativo: o ventre livre e a abolição total. O fato tem, todavia, significação relativa: o partido escolhido para realizar certas tarefas poderia ser o mais infenso a elas; fazia-as, sob a direção imperial, para evitar o seu esfacelamento, que o domínio do poder compensava ou impedia. Tudo decorrência, em última análise, da inautenticidade dos partidos, incapazes de se comunicar, em profundidade, com o eleitorado, e, por ele, chegar ao povo e à nação, relegada a atividade política a um jogo elegante nos salões da elite. A denúncia é antiga e sempre renovada:

> Nenhum deles [referindo-se aos dois partidos, dizia o velho João Francisco Lisboa] tem sólido apoio na opinião pública, nem prende as suas raízes nas grandes massas da população. [...] Daí vem que quando à sabedoria imperial apraz mudar de política, e a sabedoria ministerial busca operar a mudança, ao seu aceno, e no meio de vãs e impotentes algazarras, se esvai o fantasma de partido anteriormente dominante; procurando, conforme as suas tendências, confesso e envergonhado, rebuçar sua extrema fraqueza, ou nos mentidos protestos de uma resignação e amor à ordem que não é senão a impotência, ou nas convulsões ainda mais impotentes, porém mais fatais, da desordem e da anarquia.[72]

É o elitismo, uma vez e sempre o elitismo.

O partido, no Segundo Reinado, não seria uma realidade social duradoura desde o Ato Adicional até o fim da monarquia. Sob o rótulo de Partido Liberal, teria havido diversos partidos liberais, nascidos e mortos ao sabor de conjunturas variáveis e móveis. A causa do fenômeno seria a ausência de nítida diferenciação econômica, a aguda separação de classes, a falta de conflitos na sociedade.

> Não é possível mais que tenhamos partidos duradouros, transmissíveis; os nossos partidos não podem nascer senão com as questões de atualidade para com elas morrerem. Esses partidos das eras passadas não os achareis senão nos países onde ainda há interesses heterogêneos de classes. Os partidos cessam quando cessa a sua razão de ser. [...] Nabuco foi em nossa política o iniciador deste princípio — que os partidos, e também os ministérios, se legitimam por ideias e duram enquanto elas duram. — A sua teoria, como vimos, era que só nas sociedades aristocráticas podem existir partidos como corporações de mão-morta e como se declarassem abolidos os vínculos políticos. A expressão mesma partidos transmissíveis é dele.[73]

Interesses heterogêneos, certamente, existiam na sociedade, capazes de, teoricamente, estruturar partidos diversificados. Não havia — este o problema

— instrumentos aptos a transmiti-los à atividade política, representando os impulsos, as aspirações e as condições sociais da população. Os partidos se perdiam na vaidade lúdica das classes dirigentes — ordenadas estamentalmente —, isoladas no elitismo. A crítica de Nabuco pai tinha, além disso, como premissa maior inarticulada, uma peculiar visão e íntima valoração do fenômeno partido, que mediava e avaliava a realidade. Para ele, os partidos deveriam expressar uma visão da sociedade e dos destinos nacionais. Um partido somente poderia reclamar a lealdade enquanto energicamente manifestasse uma ideia ou uma reivindicação que alteraria a feição passiva das coisas. Fora daí a organização partidária seria uma mistura de estagnação tradicional — "partidos como corporações de mão-morta" — e de patronato para obtenção de posições e cargos.[74] Em verdade, os partidos, reduzida sua expressão ideológica a um debate literário entre as elites, nada mais eram do que um longo hábito, consagrado pelo tempo, contraído por via familiar, que se alimentava do poder. Vez ou outra, todavia, os partidos — e com eles todo o campo político — eram varridos por um vendaval ideológico, provocando a ruptura de velhas praxes e anunciando transformações sociais. Foi o que ocorreu na eleição de 1860, tangida de algum frêmito carismático, a modo de uma revolução pacífica. Foi o que ocorreu em 1868, quando o trono sentiu, pela primeira vez, a fragilidade de seus apoios e suportes. Em um e outro caso, seria um partido novo que se situaria dentro da armadura do velho Partido Liberal. Na verdade, o curso do tempo amolecia as energias em revolta e domava os ímpetos agrestes — no fim, sobrava o partido tradicional, revigorado no rio dos benefícios que um ministério lhe daria. Somente uma agressão externa, de fora, alheia aos partidos e aos seus mecanismos, daria por terra com a monarquia.

O resíduo de todas as máscaras e de todas as palavras de fachada indicava ser o partido sobretudo a associação que ocupa os postos de governo e os cargos administrativos. As garras predatórias sofriam o polimento de uma tradição bem-educada que perdia a linha, muitas vezes, nas acusações ao poder pessoal, isto é, ao poder pessoal adverso às ambições e às cobiças do político decepcionado. A organização partidária, entrosada nas instituições, acentuava-lhe a estrutura coletiva, capaz de desviar, aliciar ou domesticar os pretendentes. Os candidatos dependiam do partido, que os erguia ou os abatia, evitando uma ordem plutocrática. O partido, e não somente a Câmara, seria, na observação cáustica de Zacarias, "simples confraria de pedintes". "O sistema representativo é, assim, um enxerto de formas parlamentares num governo patriarcal, e senadores e deputados só tomam ao sério o papel que lhes cabe nessa paródia de democracia pelas vantagens que auferem."[75]

O confronto entre a visão de Machado de Assis e a realidade, ou mais corretamente, a realidade tal como a percebe o historiador, indica muitas discrepâncias de detalhe. O papel do Senado escapou à perspicácia do romancista; a influência da minoria, no jogo político, não lhe parecia de molde a comprometer a legitimidade da representação política. Haveria, neste setor, imperfeições quantitativas, que o tempo e o esforço bem-intencionado dos homens corrigiriam. Outras, muitas outras, seriam as incongruências entre a perspectiva do escritor e o painel reconstruído do passado. As diferenças de pormenores não mostram, mesmo se arroladas, minudentemente, a peculiaridade do quadro construído por Machado de Assis sobre o Segundo Reinado. Os traços isolados, as indicações particulares, as observações de intimidade e profundidade são de rara autenticidade. Decorrem, todavia, de um centro de filtragem e de seleção valorativa que acentua e destaca o fenômeno singular em prejuízo da organização social, da estrutura política e das coordenadas supraindividuais. A história — condicionamento do destino da personagem de ficção — obedece à atividade consciente do homem ou que é redutível à consciência. Sempre que há um trilho preestabelecido ou uma conjunção de elementos alheia à vontade do indivíduo, o reconhecimento da realidade, relutantemente visto, faz-se como exceção à regra ou como circunstância provisória, que o tempo ou a vontade arredará. No fundo, todos os males da sociedade e todos os remédios estariam no coração do homem, só ele responsável pelos acontecimentos. Nesse poço de contradições, o destino humano e o destino das nações têm sua mola íntima e última de decisões. Tal concepção do homem e da história é que explica os extravios, as infidelidades sociais, a projeção no cenário dos pequenos motivos para explicar grandes acontecimentos. Fora da perspectiva psicológica, penetrada de moralismo, há no grande mundo, de cuja construção global, em retrovisão, decorre outra imagem do homem, mesmo a pequena imagem oculta e íntima que as virtudes e os vícios mascaram.

7 | *Ideologia e retórica*

Havia a política dos princípios, das ideias e dos programas, recheada de citações francesas e inglesas, em dia — considerado embora o atraso normal dos transportes interoceânicos — com as últimas novidades europeias. Nesse contexto, uma ou outra incursão norte-americana, sobretudo relativa ao federalismo e à república, a prenunciar o deslocamento da fonte ideológica dos políticos. Por efeito da autonomia intelectual das elites, descomprometidas com as bases, o debate de ideias travava-se nas nuvens, ao sabor dos gostos e preferências individuais, de acordo com o último livro mal digerido (*Crônicas de Lélio*). O xadrez intelectual complicava-se com a pesada carga de retórica que o turbava, retórica herdada da literatura portuguesa, seus oradores e escritores clássicos. Uma boa ideia se media pelo efeito que causaria num discurso, num aparte ou num artigo de jornal. Era a *política silogística*, a que aludia Nabuco, em que as ideias se escondiam em figuras e tropos, cobrindo algum problema financeiro ou jurídico, problema perdido num país desconhecido ou que não levava suas aspirações aos representantes da nação. Era um estilo enfático e solene, do qual se distinguia a atividade literária corrente e a linguagem do eleitorado ativo, dos cabos eleitorais ou dos intelectuais de aldeia. O lado caricatural dos chavões e frases que afligiam os políticos, oradores e jornalistas partidários encontra, mais de uma vez, em Machado de Assis o lúcido e divertido retratista. Camacho é bem o modelo, não obstante o desprezo que lhe devota o romancista.

> Camacho era homem político [...]. Já na academia, escrevera um jornal político, sem partido definido, mas com muitas ideias colhidas aqui e ali, e expostas em estilo meio magro e meio inchado. Pessoa que recolheu esses primeiros frutos de Camacho fez um índice de seus princípios e aspirações:
> — *ordem pela liberdade, liberdade pela ordem;*
> — *a autoridade não pode abusar da lei, sem esbofetear-se a si própria;*

> — *a vida dos princípios é a necessidade moral das nações novas como das nações velhas;*
> — *dai-me boa política, dar-vos-ei boas finanças (Barão Louis);*
> — *mergulhemos no Jordão constitucional;*
> — *dai passagem aos valentes, homens do poder, eles serão vossos sustentáculos etc. etc.* (Q.B., LVII)

Outro exemplo é Luís Tinoco (H.M.N., *Aurora sem dia*), talentoso — talentoso de acordo com o padrão da época — publicista em botão, no início de uma carreira que ele acreditava gloriosa.

> A erudição política de Luís Tinoco era nenhuma; o protetor emprestou-lhe alguns livros, que o ex-poeta aceitou com infinito prazer. Os leitores compreendem facilmente que o autor dos *Goivos e camélias* não era homem que meditasse uma página de leitura; ele ia atrás das grandes frases, — sobretudo das frases sonoras — demorava-se nelas, repetia-as, ruminava-as com verdadeira delícia. O que era reflexão, observação, análise parecia-lhe árido e ele corria depressa por elas.

De um escritor assim aparelhado, o resultado é o que se viu, na sua estreia no jornalismo. O período final causou impressão duradoura:

> Releve o poder — hipócrita e sanhudo —, que eu lhe diga muito humildemente que não temo o desprezo nem o martírio. Moisés conduzindo os hebreus à terra da promissão, não teve a fortuna de entrar nela: é o símbolo do escritor que leva os homens à regeneração moral e política, sem lhe transpor as portas de ouro. Que poderia eu temer? Prometeu atado ao Cáucaso, Sócrates bebendo a cicuta, Cristo expirando na cruz, Savonarola indo ao suplício, John Brown espernando na forca, são os grandes apóstolos da luz, o exemplo e o conforto dos que amam a verdade, o remorso dos tiranos, e o terremoto do despotismo.

O jornalista, sentado numa cadeira da assembleia provincial, não desmentiu sua cultura. No discurso de estreia, a propósito de um chafariz, "fez um discurso de duas horas em que demonstrou por A + B que a água era necessária ao homem". À palavra juntou o gesto — "aquele sacudir de cabeça, aquele arquear de braço, aquele apontar, alçar, cair e bater com a mão direita". As despesas oratórias caíram na discussão do orçamento, no estilo das grandes frases.

Nunca se falou de receita e despesa com maior luxo de imagens e figuras. A receita foi comparada ao orvalho que as flores recolhem durante a noite; a despesa, à brisa da manhã que as sacode e lhes entorna um pouco do sereno vivificante. Um bom governo é apenas brisa; o presidente atual foi declarado siroco e pampeiro. Toda a maioria protestou solenemente contra essa qualificação injuriosa, ainda que poética. Um dos secretários confessou que nunca do Rio de Janeiro lhes fora uma aura mais refrigerante. (*Crônicas de Lélio*)

Havia, sob a capa de lantejoulas da frase gorda, gorda e inchada, a política em prosa, própria para caudilhar a clientela, para pedir e assegurar empregos e apta a transmitir pancadaria, às vezes rija e que deixava muita costela quebrada. O doutrinário e o homem dos princípios desciam, bruscamente, ao terra a terra, sem saudade das nuvens. O problema agora são as nomeações, os favores e os votos, que a peça-chave da máquina — o presidente de província — manipula e propicia. O Luís Tinoco, o autor dos *Goivos e camélias*, enamorado retórico das grandes e sonoras teses, não poderia debater um tema político a murros e pontapés. Na sua virgindade, era inacessível à lama das discussões ásperas, ou do ataque direto. Por isso mesmo, o seu irrealismo comunica-lhe a nota de ridículo, de aéreo, de fora do mundo. De outro estofo, o Camacho, o exemplar Camacho, modelo de homem de ação, aviltado de sarcasmos nos seus malogros e punido pela falta de honestidade. Voltara — como José de Alencar e Silveira Martins — à província natal, para, pobre de influências nacionais, lançar as bases de sua carreira política, que deveria levá-lo à presidência do Conselho, à custa de frases e pequenos serviços (Q.B., LVII). A separação entre os princípios, altos e rutilantes, e os pequenos interesses partidários nem sempre encontrava a linha nítida. Em nome dos princípios, corria a moeda das barganhas e das vantagens. Dava-se nome inviolável, em regra, às prescrições que impunham os chefes a premiar as fidelidades locais: nos desdenhosos das bases se reconhecia os traidores dos princípios. As palavras desciam da sua dignidade, enquanto os interesses locais e partidários perdiam a cor desprezível, ganhando respeitabilidade. Machado de Assis, ao acentuar o lado caricatural do contraste, ao modo de Molière, percebe o lado cômico da situação, mal disfarçada numa teia de insinuações.

O governo [dirá um deputado] é reator; as províncias não podem mais suportá-lo. Os princípios estão todos preteridos; na minha província foram demitidos alguns subdelegados pela circunstância única de serem meus parentes; meu cunhado, que era diretor das rendas, foi posto fora do lugar, e este deu-se a um peralta contraparente do Valadares. Eu confesso que vou romper amanhã a oposição. (C.F., *A mulher de preto*; também: *Diálogos e reflexões de um relojoeiro*)

Algumas demissões de parentes, a nomeação de alguns adversários — a soma de todos os agravos e desatenções formaria um princípio. O princípio, já agora destilado e puro, liberto de personalismo e localismo, fundamentaria, na Câmara dos Deputados, a moção de desconfiança. O princípio de um descontente encontraria eco no princípio de outro desdenhado; esta aritmética fazia a maioria. No entrevero de teses e contrateses, os chefes asseguravam seu comando ou cediam lugar a outros, mais astutos na arte de reunir as clientelas e os cabeças das clientelas. O conteúdo demasiadamente realista das preocupações das influências, fortemente impregnadas de parentes e dependentes, escondia mal o alto debate doutrinário, impessoal, misturado de lições francesas e inglesas. No fundo, havia sempre uma nomeação ou uma demissão, ou vice-versa, ou as duas coisas. Na aparência, no palco nacional, as grandes questões, com algum cunho universal; na província, no contato com a fábrica de fazer votos, o favor, a perseguição eleitoral, às vezes o negócio. Num plano, a urbanidade, a educação refinada, o gosto pelas maneiras de salão; atrás delas, a navalha do capoeira, o bacamarte da Guarda Nacional nos casos extremos, e, em geral, o agrado pessoal, ao parente, ao amigo dedicado, ao hábil aliciador de lealdades. Inevitável, no quadro sem autenticidade das ideias e programas, a retórica em lugar do estudo das realidades, a teoria em lugar do conhecimento empírico, os chavões parlamentares em lugar do pensamento, da reflexão. Um dia, Brás Cubas, quando sentia já o calor do fardão ministerial, perdeu a cadeira na Câmara dos Deputados. As esperanças de um grande destino, de golpe, se esvaíram no ar — era o fim de uma carreira política. Pior: a porta de retorno se fechara, não havia mais sobre o seu ostracismo a sombra protetora de uma nova eleição. Era necessário, para consertar o fio rompido, um passo heroico, capaz de ressuscitar ambições sepultadas. O expediente do ex-deputado, ao fim de muitas reflexões, é o mesmo expediente pífio e usual: fundar um jornal. Funda um jornal, recomendou-lhe o filósofo Quincas Borba, "e desmancha toda esta igrejinha" (M.P., CXLI). O jornal — arma para reconquistar uma cadeira de deputado — destinava-se a sustentar um programa, farfalhante de princípios e altas ideias. O brado — "desmancha esta igrejinha"

— teria uma tradução, filha da mesma tinta que redigia os manifestos dos políticos expulsos do poder, indignados contra o poder pessoal, suspirosos de república, antimonárquicos.

> Era a fina flor dos programas; prometia curar a sociedade, destruir os abusos, defender os sãos princípios da liberdade e conservação; fazia um apelo ao comércio e à indústria; citava Guizot e Ledru-Rollin, e acabava com esta ameaça, que o Quincas Borba achou mesquinha e local: "A nova doutrina que professamos há de inevitavelmente derribar o atual ministério". Confesso que, nas circunstâncias políticas da ocasião, o programa pareceu-me uma obra-prima. A ameaça do fim, que o Quincas Borba achou mesquinha, demonstrei-lhe que era saturada do mais puro Humanitismo, e ele mesmo o confessou depois. Porquanto, o Humanitismo não excluía nada; as guerras de Napoleão e uma contenda de cabras eram, segundo a nossa doutrina, a mesma sublimidade, com a diferença que os soldados de Napoleão sabiam que morriam, cousa que aparentemente não acontece às cabras. Ora, eu não fazia mais do que aplicar às circunstâncias a nossa fórmula filosófica: Humanitas queria substituir Humanitas para consolação de Humanitas. (M.P., CXLVI)

O final do programa é o verdadeiro programa: derrubar o ministério. Uma doutrina filosófica justificaria a ambição de poder, mitigada e embelezada na sua rudeza. Mas a filosofia, em essência, não ensina outra coisa senão o deslocamento do partido que manda por outro que quer mandar. Nessa manipulação de fórmulas e palavras, os ingredientes dos dois partidos tradicionais se misturavam e confundiam: "defender os sãos princípios da liberdade e conservação". O emaranhamento das linhas partidárias seria fácil, natural, sem que provocasse o escândalo. Difícil era apenas o ato de passar de um lado a outro, com a quebra da lealdade aos chefes, ato a que d. Cláudia queria induzir o Batista, com as mais severas resistências deste: "Isto de subir as escadas do poder e dizer-lhe que estava às ordens não era concebível sequer" (E.J., XLVII). Uma crônica de 1884 insinuava que os partidos se distinguiam apenas pelo nome, como o demonstraria a anedota colhida na assembleia provincial do Rio de Janeiro.

> Orava então o deputado Magalhães Castro. Nesse discurso, essencialmente político e teórico, o digno representante ia dizendo o que era e o que não era, o que queria e o que não queria.

Ao pé dele, ou defronte, não me lembro bem, ficava o deputado Monteiro da Luz, conservador, e o deputado Herédia, liberal, que ouviam e comentavam as palavras do orador. Eles o aprovavam em tudo; e, no fim, quando o sr. Magalhães Castro, recapitulando o que dissera, perguntou com o ar próprio de um homem que sabe e define o que quer, eis o diálogo final (consta dos jornais do tempo):

O sr. Magalhães Castro: — Agora pergunto: quem tem estes desejos o que é? o que pode ser?

O sr. Monteiro da Luz: — É conservador.

O sr. Herédia: — É liberal.

O sr. Monteiro da Luz: — Estou satisfeito.

O sr. Herédia: — Estou também satisfeito.

Portanto, basta que eu exponha as teorias para que ambos os partidos votem em mim, uma vez que evite dizer que sou conservador ou liberal. O nome é que divide. (B.E., 4 de agosto de 1884)

Não só o nome, mas o que o nome revela: a máquina partidária, engrenada para a aventura da caça ao poder. Os princípios, nesse combate, não têm nada a dizer, senão como enfeite, ornamento, atavio.

Nesse mar de retórica, os conservadores e os liberais não se reduzem totalmente a saquaremas e luzias. Há, sem dúvida, um patrimônio inconfundível, que os partidos zelosamente cuidam de conservar, manter e acrescentar. O Partido Liberal pugnou pela descentralização, extremando-a até ao federalismo. Queria também que o rei reinasse, sem governo e administração. Ao contrário, a centralização e o reconhecimento do parlamentarismo com o Poder Moderador sempre se inscreveram na bandeira conservadora. Entre o liberal Tavares Bastos e os conservadores visconde do Uruguai e Pimenta Bueno há uma linha de separação, inconfundíveis as doutrinas. Nem tudo se perdia no propósito de sustentar o gabinete ou derrubá-lo. "Quero a liberdade política, e por isso sou liberal; mas para ter a liberdade política é preciso conservar a Constituição, e por isso sou conservador" (B.E., 4 de agosto de 1884) — a sátira inglesa seria uma caricatura, tal como o programa de Brás Cubas. Ao Ato Adicional, com o seu provincialismo, e ao Código de Processo Penal, ingenuamente localista, se opõem a Lei de Interpretação e a obra da quadra de 40, que anulam os primeiros. Há um pensamento liberal que o pensamento conservador cuida de podar, limitar e anular. Tudo é verdade, as publicações e os discursos a documentam. O que não é verdade, todavia, é que um conservador não realize, se chamado ao poder, ideias de cunho liberal e vice-versa. O que não é verdade: as ideias não dividem os partidos, mas são, em grande parte, luxo de intelectuais, muitas vezes irados, que ninguém se tem por obrigado a respeitar e cumprir. Sobretudo: o partido, como organização, corpo e máquina, se une com outro cimento, que não o ideológico. Secreção de elites, o ideário político se perde no jogo das cúpulas, com antagonismos pedantes e com oposições inspiradas nas controvérsias europeias ou norte-americanas. Entre o povo — a reduzida camada do povo que vota — e os dirigentes não circula o compromisso das ideias comuns, ignoradas na base. Daí que os conservadores, depois de alguma resistência inicial, resistência armada na corte, acabem por aceitar a eleição direta, que ampliará a influência local, afrouxando a centralização. Daí que os liberais, detentores do governo, não destruam a centralização, vigorosamente travejada pelos conservadores, senão que com ela só se preocupem quando, no ocaso do Império, os conservadores a ela não mais aderem. A ideologia dos dois blocos partidários seria mais uma arma para conquistar o poder, disfarce de apetites crus, do que um conjunto de decisões a realizar, cumprir e transformar em realidade. Este o seu idealismo — retórica para cobrir uma luta primária: Humanitas queria substituir Humanitas para consolação de Humanitas. A filosofia entra no espetáculo como mais um atavio, na tentativa de infundir gravidade aos atores, mascarando o primarismo do combate. Mais uma coleção de frases para divertimento do público e desespero dos raros ingênuos que nelas acreditavam, sem crítica, dogmaticamente. Era o idealismo que ocupava o lugar da ideologia. Este é o quadro do idealismo do Segundo Reinado, com suas feições sociais e psicológicas. Muito amor verbal aos princípios, louvores às cousas abstratas, que, traduzidas na realidade do dia, revelam-se incapazes de ação. A prática, desamparada de normas que com ela se ajustem, desagrega-se na intriga, nas nomeações e demissões, nos fornecimentos e eleições. Idealismo de colegial, que se compraz no jogo das ideias, jogo gratuito e frívolo. Enquanto a cena corre, os verdadeiros realistas, os políticos de instintos enérgicos, ganham a partida, vendo os peões onde os peões estão, vendo o imperador onde o imperador se coloca, sem as ilusões que deformam ao tempo que embelezam as cousas. A política, mascarada de palavras, revela-se a arte dos mais espertos, capazes de manusear as ideias sonoras para apoderar-se das posições, do comando. Os partidos pouco se distinguem daqueles que dividem as aranhas: o partido curvilíneo se opõe a tudo o que o partido retilíneo prega, para que as dissidências dos pequenos interesses tenham o lustro de uma causa. A lei, os princípios são instrumentos frágeis e luzidios para a conquista e a manutenção do poder, com suas pequenas vantagens e mesquinhos benefícios.

A galeria dos políticos está predisposta a exemplificar a sátira de Machado de Assis. Os oradores ocupam a tribuna, com solenidade e circunspeção, para dizer coisas triviais ou para os voos que o autor qualifica de metafísicos. Há os dois extremos e os dois estilos: o terra a terra, que discute o orçamento e as nomeações, e a águia, que não se preocupa com as moscas. João Brás (H.S.D., *Galeria póstuma*) "fez alguns discursos bons, não brilhantes, mas sólidos, cheios de fatos e refletidos". Teófilo (*Quincas Borba*) era também homem de trabalho, das comissões e dos números, preocupado com os relatórios, orçamentos e balanços do Tesouro. Seu gabinete de trabalho mostrava o deputado atento, cuidadoso, meticuloso:

> Tudo ali respirava atenção, cuidado, trabalho assíduo, meticuloso e útil. Da parede, em ganchos, pendiam os jornais da semana, que eram depois tirados, guardados e finalmente encadernados semestralmente, para consultas. Os discursos do deputado, impressos e brochados em 4º, enfileiravam-se em uma estante. Nenhum quadro ou busto, adereço, nada para recrear, nada para admirar; — tudo seco, exato, administrativo. (Q.B., CLXXV)

Do mesmo estofo era a oratória de Lobo Neves, agarrada ao orçamento e aos fatos, preocupada com os cabos eleitorais e os chefes políticos de paróquia (M.P., CXXVIII e LVIII). Brás Cubas está no outro lado: parte do fato miúdo para se erguer à filosofia e à literatura. Até aos cinquenta anos cortejara a cobiçada pasta ministerial, com o jogo sem brilho: "rapapés, chás, comissões e votos". Apodera-se da tribuna, para fazer o nome consagrado, e elege, a propósito da barretina da Guarda Nacional, o debate alto, intangível aos rasteiros cuidados dos cortejadores do fardão ministerial, os de passo miúdo e cauteloso (M.P., CXXXVII). O trivial e o sublime se misturam, confundindo os dois gêneros de oratória do tempo, com o predomínio do estilo dito filosófico. A reminiscência de Swift é manifesta; atrás dela está toda a retórica da liberdade: a fronte altiva e serena diante do poder, a Guarda Nacional como anteparo da liberdade. O conteúdo trescala liberalismo, em forma de sátira, a tese verdadeira do discurso, armado sobre um problema ínfimo. A miniatura inchada, a citação sem propósito, o enxerto literário e filosófico a propósito de quase nada — esta a crítica à oratória parlamentar. A fórmula do discurso de Brás Cubas já está na *Teoria do medalhão*, com a recomendação em favor dos temas alevantados, não o palavrório ridículo de Luís Tinoco (*Aurora sem dia*), mas a "metafísica política", macaqueada no índice das ideias do ilustre e desacreditado Camacho.

— Se for ao parlamento, posso ocupar a tribuna?
— Podes e deves; é um modo de convocar a atenção pública. Quanto à matéria dos discursos, tens à escolha: — ou os negócios miúdos, ou a metafísica política, mas prefere a metafísica. Os negócios miúdos, força é confessá-lo, não desdizem daquela chateza do bom-tom, própria de um medalhão acabado; mas, se puderes, adota a metafísica; — é mais fácil e mais atraente. Supõe que desejas saber por que motivo a 7ª companhia de infantaria foi transferida de Uruguaiana para Canguçu; serás ouvido tão somente pelo Ministro da Guerra, que te explicará em dez minutos as razões desse ato. Não assim a metafísica. Um discurso de metafísica política apaixona naturalmente os partidos e o público, chama os apartes e as respostas. E depois não obriga a pensar e a descobrir. Nesse ramo dos conhecimentos humanos tudo está achado, formulado, rotulado, encaixotado; é só prover os alforjes da memória. Em todo caso, não transcendas nunca os limites de uma invejável vulgaridade. (P.A., *Teoria do medalhão*)

É a retórica que convoca a atenção e o respeito, sem atrair os ódios e as malquerenças: tudo se move nas abstrações, para as quais os apartes e as réplicas contribuem, como a mostrar que os outros também sabem. Há o limite, "a invejável vulgaridade", que, ultrapassado, não é mais a metafísica, mas o pensamento, com o risco de inovar e deslocar os elementos estáveis.

A metafísica política tem muitas formas. Por exclusão, abrange tudo o que não cai sob a disciplina do trato da clientela política ou da rotina parlamentar (orçamentos, créditos, obras públicas). Sua matéria é a doutrina, o debate de ideias abstratas, superiores à torpe realidade. Aquele doutrinário que comparece a um baile na casa do Camacho é um perfeito metafísico, ele acredita que os princípios não morrem; "os partidos que o esquecem expiram no lodo e na ignomínia" (Q.B., LXX). É uma combinação de idealismo e de palavras, muito preocupada com a punição moral, que ferirá os heréticos. Ao contrário do que supõe Machado de Assis, a metafísica, se é mais fácil, não é menos atraente do que a vida ordinária, nem apaixona mais os ânimos. A demissão de uns coletores põe fogo a um debate e arrasta na discussão os partidos, movendo as peças das moções que derrubam ministérios (Q.B., LXX). Também nada tem com a metafísica política a apresentação do ministério às câmaras: há aí "debate grosso, veemência, chuva de apartes, impropérios, tímpanos, confusão" (B.E., 10 de maio de 1885). A exposição do programa, com incursões na doutrina, recheado de princípios, sofre uma guerra, só aparentemente vinculada às ideias: na verdade, o que dói é o governo que cai. O exemplar de todo o Segundo Reinado é o *18 de julho de 1868*, que marca a saída dos liberais, com Zacarias, e a entrada triunfal dos conservadores, puxados por Itaboraí. A guerra está travada: "brotam os apartes, agitam-se os ânimos; vem outro orador, mais outro — cruzam-se os remoques, surgem os punhos cerrados, bufam as cóleras, retinem os entusiasmos" (B.E., 10 de maio de 1885). Forma estranha de metafísica política, desligada das declamações doutrinárias, era a que se concentrava na ideia de progresso material. O século XIX está bem presente na ficção do escritor e se expande no mito mais caro ao tempo. Há, sempre que os fatos o demonstram, a manifesta alegria no progresso de uma forma nova sobre uma velha: o bonde de eletricidade sobre o bonde de burros, a influência do jornal (Misc., *O jornal e o livro*). A ideia de progresso — o mito do progresso — penetra na ficção de Machado de Assis por meio de uma inovação particular, que o simboliza e o expressa. Não o sensibiliza, senão incidentalmente, o industrialismo, ou a Revolução Industrial. O progresso, para o brasileiro do Segundo Reinado, ainda não se traduz em fábricas e usinas, em siderurgias e estaleiros. Ele vive nas suas manifestações exteriores, acabadas: a iluminação, o bonde, os serviços públicos. Trata-se de um progresso importado, sobreposto a um país agrícola — resultado e não processo. A fórmula, reduzida a esquema, seria esta: progresso é a estrada de ferro; progresso é grande, reconhecia o Palha, animado pelo aplauso da atraente Sofia (Q.B., XXI; M.A., seg.-feira; R.C.V., *Evolução*). O entusiasmo também é de Rui Barbosa, no seu austero e solene relatório de ministro da Fazenda:

> o maior de todos os instrumentos de civilização e o mais generoso de todos os sistemas de proteção ao trabalho, em todas as suas aplicações nacionais, dando à União, numa urdidura geral de vias férreas, um magnífico sistema arterial de comunicações, para favorecer a produção, a circulação, a centuplicação da sua riqueza.[76]

Num conto — *Evolução* — de 1884, narra Inácio a história de Benedito, moço abastado e, naturalmente, candidato a deputado. Travam, o herói e o narrador, a conversa:

Naturalmente, o primeiro objeto foi o progresso que nos traziam as estradas de ferro. Benedito lembrava-se do tempo em que toda a jornada era feita às costas de burro. Contamos então algumas anedotas, falamos de alguns nomes, e ficamos de acordo em que as estradas de ferro eram uma condição de progresso do país. [...] Eu comparo o Brasil [sentencia Inácio] a uma criança que está engatinhando; só começará a andar quando tiver muitas estradas de ferro. (R.C.V., *Evolução*)

As viagens do candidato pelo interior do país persuadiram-no da verdade da enfática afirmação de Inácio e passou a considerá-la um princípio — isto é, um item da metafísica política.

E referiu muita coisa, observações relativas aos costumes do interior, dificuldades da vida, atraso, concordando, porém, nos bons sentimentos da população e nas aspirações de progresso. Infelizmente, o governo não correspondia às necessidades da pátria; parecia até interessado em mantê-la atrás das outras nações americanas. Mas era indispensável que nos persuadíssemos que os princípios são tudo e os homens nada. Não se faziam os povos para os governos, mas os governos para os povos; e *abyssus abyssum invocat*.

Chega afinal o dia da estreia do deputado — o esperado dia do discurso de estreia, o qual revelará a grandeza do orador ou o seu malogro. E lá vem a apologia do progresso, oposta às preocupações das lutas partidárias, mesquinhas e sem altura.

No meio da agitação crescente dos espíritos [revela o representante das "forças vivas do país"], do alarido partidário que encobre as vozes dos legítimos interesses, permiti que alguém faça ouvir uma súplica da nação. Senhores, é tempo de cuidar, exclusivamente — notai que digo exclusivamente —, dos melhoramentos materiais do país. Não desconheço o que se me pode replicar; dir-me-eis que uma nação não se compõe só de estômago para digerir, mas de cabeça para pensar e de coração para sentir. Respondo-vos que tudo isso não valerá nada ou pouco, se ela não tiver pernas para caminhar; e aqui repetirei o que, há alguns anos, *dizia eu* a um amigo, em viagem pelo interior: o Brasil é uma criança que engatinha; só começará a andar quando estiver cortado de estradas de ferro...

O expoente do progresso material do país, Mauá traduzido em verbo, na apropriação da frase — sempre a frase — de um amigo, identifica estrada de ferro a progresso, e o progresso a um princípio. Aparentemente, é o outro lado do discurso da barretina de Brás Cubas, discurso frívolo e enfeitado de filosofia e reminiscências literárias. A oposição entre as duas peças é meramente de superfície: ambas navegam no meio do nevoeiro das ideias de efeito, esmaltadas de retórica, recheadas de retórica. No mesmo passo, com igual descomprometimento com a realidade, pregar-se-á a república, com palavras de efeito utópico. O republicano Paulo comemorará a abolição com uma nova esperança: "A abolição é a aurora da liberdade; esperemos o sol; emancipado o preto, resta emancipar o branco" (E.J., XXXVII). Natividade, atônita e preocupada, não atinou — "nem sempre as mães atinam" — que havia, na proposição incandescente, apenas uma frase, uma frase de ninguém e de toda gente. "Alguém a proferiu um dia, em discurso ou conversa, em gazeta ou em viagem de terra ou de mar. Outrem a repetiu, até que muita gente a fez sua. Era nova, era enérgica, era expressiva, ficou sendo patrimônio comum."

Este é um mundo governado pela frase — a frase feliz, sem pai, bem cunhada, com alguma sombra de ideias. Política e frase, opinião pública e frase, pensamento e frase — tudo será a frase. É a frase que traduz a alma exterior das coisas, da realidade — como a farda de alferes de Jacobina (P.A., *O espelho*).

> Considerei o caso [declara o bonzo] e entendi que, se uma coisa pode existir na opinião, sem existir na realidade, e existir na realidade, sem existir na opinião, a conclusão é que das duas existências paralelas a única necessária é a da opinião, não a da realidade, que é apenas conveniente. [...] Para compreender a eficácia do meu sistema, basta advertir que os grilos não podem nascer do ar e das folhas do coqueiro, na conjunção da lua nova, e por outro lado, o princípio da vida futura não está em uma certa gota de sangue de vaca, mas Patimau e Languru, varões astutos, com tal arte souberam meter estas duas ideias no ânimo da multidão, que hoje desfrutam a nomeada de grandes físicos e maiores filósofos, e têm consigo pessoas capazes de dar a vida por eles. (P.A., *O segredo do bonzo*)

A comunicação, a transmissão das ideias toma o lugar da realidade. Bela a frase, será ela convincente, guiando energicamente os espíritos. A retórica torna-se a arte suprema de conquistar a opinião, moldando as coisas, transformando a seca realidade na realidade que comanda. Ela faz as reputações, consagra as grandezas e distingue os homens, elevando-os do anonimato. A palavra, convertida em frase e retórica, envolve os homens numa teia de equívocos e falsidades, que, reiterada, faz desaparecer a verdade, a realidade e a essência das coisas.

> Por exemplo, um dos vereadores, — aquele justamente que mais se opusera à criação da Casa Verde, — desfrutava a reputação de perfeito educador de cobras e macacos, e aliás nunca domesticara um só desses bichos; mas, tinha o cuidado de fazer trabalhar a matraca todos os meses. E dizem as crônicas que algumas pessoas afirmavam ter visto cascavéis dançando no peito do vereador; afirmação perfeitamente falsa, mas só devida à absoluta confiança no sistema. (P.A., *O alienista*)

Palavra — frase — retórica; mais um passo, a retórica se converte na moderna publicidade, anterior aos sistemas de comunicação de massas. A raiz é uma só: a criação de um mundo falso mais eficiente que o mundo verdadeiro. Ela fará os medalhões, as grandes figuras da sociedade, os políticos ilustres. A sátira, presente à demonstração do fenômeno, adverte, quase aos brados, que sobre a mentira que devora a fisionomia das coisas há uma verdade a respeitar, embora coberta de sombras, esmagada de versões deformadoras.

No fundo da retórica há a frase, cuja qualidade é o efeito que pode suscitar, a eficácia para mover os ânimos, a força de moldar a opinião. Muitas personagens de Machado de Assis respiram ao som de uma frase sonora, bem polida. Raros serão insensíveis a uma tirada de efeito; quase todos vacilam se um dito bem cunhado lhes atravessa o caminho. Xavier, o saco de espantos (P.A., *O anel de Polícrates*), e o Elisiário (P.R., *Um erradio*) são os mais acabados criadores de imagens e metáforas, que conquistam a cidade, divulgam-se e acabam patrimônio comum. São produtores permanentes, em fluxo contínuo, de frases. Mas há em todas as pessoas da ficção machadiana a chaga oculta, que se revela uma ou outra vez, às vezes inesperadamente. José Dias padecia grandemente do mal, agravado com o amor aos superlativos: "Era um modo de dar feição monumental às ideias; não as havendo, servia a prolongar as frases" (*Dom Casmurro*, IV). Um dia a frase o empolga mais profundamente, levando-o ao transe místico, quando lhe resvala da boca a observação que o seminário é útil, porque "vale sempre entrar no mundo ungido com os santos óleos da teologia".

> Neste ponto, — lembra-me como se fosse hoje —, os olhos de José Dias fulguraram tão intensamente que me encheram de espanto. As pálpebras caíram depois,

e assim ficaram por alguns instantes, até que novamente se ergueram, e os olhos fixaram-se na parede do pátio, como que embebidos em alguma coisa, se não era em si mesmos; depois despegaram-se da parede e entraram a vagar pelo pátio todo. Podia compará-lo aqui à vaca de Homero; andava e gemia em volta da cria que acabara de parir. (cap. v)

Esta vaca de Homero tem prodigiosa fecundidade: ela está nos políticos e na gente do povo, mugindo em todas as bocas. O ilustre Porfírio, chefe da rebelião das Canjicas, compara o hospício de Simão Bacamarte à Bastilha — "essa Bastilha da razão humana". Foi o bastante para conquistar um membro do Senado da Câmara: "[...] um dos vereadores, que apoiara o presidente, ouvindo agora a denominação dada pelo barbeiro à Casa Verde — 'Bastilha da razão humana' — achou-a tão elegante, que mudou de parecer" (P.A., *O alienista*). Ela muge outra vez — entre outras sem número — na voz de Camacho, que compara a política à paixão de Jesus Cristo:

> Ah! meu caro Rubião, isto de política pode ser comparado à paixão de Nosso Senhor Jesus Cristo; não falta nada, nem o discípulo que nega, nem o discípulo que vende. Coroa de espinhos, bofetadas, madeiro, e afinal morre-se na cruz das ideias, pregado pelos cravos da inveja, da calúnia e da ingratidão... Esta frase, caída no calor da conversa, pareceu-lhe digna de um artigo; reteve-a de memória; antes de dormir, escreveu-a em uma tira de papel. (Q.B., C)

Mais feliz do que o vereador, José Dias e Camacho, foi o político Batista. Pôde resistir a uma frase, refutando-a ao pé da letra, vitoriosamente. Velho e fiel membro do Partido Conservador, sofre o assédio da astuta d. Cláudia para se bandear aos liberais. Batista seria conservador como quem estaria num baile, "onde não é preciso ter as mesmas ideias para dançar a mesma quadrilha". A seta tem o fluido mortal dos argumentos irrespondíveis:

> Batista sorriu leve e rápido; amava as imagens graciosas e aquela pareceu-lhe graciosíssima, tanto que concordou logo; mas a sua estrela inspirou-lhe uma refutação pronta.
> — Sim, mas a gente não dança com ideias, dança com pernas. (E.J., XLVII)

Ninguém se iluda, entretanto. Retórica não se confunde com literatura. A retórica abre todos os caminhos: convence, muda a realidade, é o cerne da opinião. A literatura, sobretudo a poesia, desvia do caminho da sociedade e da gravidade; frívola, é uma grande desgraça — "isto de poesia não dá nada de si" (H.M.N., *Aurora sem dia*).

> Já tínhamos Lafayette, ministro de Estado e presidente do Conselho, citando Molière na Câmara. Não é tudo. Para citá-lo bastam florilégios e o incomensurável Larousse, mas o nosso ex-ministro leva o desplante ao ponto de o ler e reler. Felizmente, a indignação parlamentar e pública lavou a Câmara e o país de tão grande mancha, e podemos esperar com tranquilidade o juízo da história. (B.E., 29 de outubro de 1884)

A retórica é o contrário de tais temeridades — "são as frases feitas, as locuções convencionais, as fórmulas consagradas pelos anos, incrustadas na memória individual e pública". É a arte de "pensar o pensado", com o adorno das figuras gastas, que não obrigam a indagações nem despertam as curiosidades vadias:

> [...] a hidra de Lerna, por exemplo, a cabeça de Medusa, o tonel das Danaides, as asas de Ícaro, e outras, que românticos, clássicos e realistas empregam sem desar, quando precisam delas. Sentenças latinas, ditos históricos, versos célebres, brocados jurídicos, máximas, é de bom aviso trazê-los contigo para os discursos de sobremesa, de felicitação, ou de agradecimento. *Caveant, consules* é um excelente fecho de artigo político; o mesmo direi do *Si vis pacem para bellum*. (P.A., *Teoria do medalhão*)

O efeito da frase, a eficácia da tirada e do dito, a energia da imagem e da metáfora têm alvo diverso do cultivo da palavra na literatura. Tudo se cifra em criar um vocabulário de enganos, que acorrenta a credulidade humana e mascara a verdade.

Mundo de brincadeira, sátira sem compromisso com a realidade, mero espetáculo lúdico do absurdo? A retórica, carne da opinião — da opinião que comanda e governa os homens —, tem um papel mais profundo nesse mundo de reflexos e de aparências. Ela está em lugar das estruturas sociais e das forças que constroem a história. A imagem desfigura o fato e o acontecimento; o tecido de palavras substitui as ideologias e as ideias que traduzem ou evocam as correntes dos sucessos humanos. Num dia de novembro não ruiu o Império nem nasceu uma República. A tabuleta da confeitaria do Custódio é que mudou de nome: a confeitaria do Império passaria a ser a confeitaria da República, se a transformação estivesse consolidada. A chave de tudo é Xenofonte, agora mais um refúgio do que uma explicação:

> Considerava eu um dia quantas repúblicas têm sido derribadas por cidadãos que desejam outra espécie de governo, e quantas monarquias e oligarquias são destruídas pela sublevação dos povos; e de quantos sobem ao poder, uns são depressa derribados, outros, se duram, são admirados por hábeis e felizes... (E.J., LXI)

Desejo de mudança, habilidade para subjugar os acontecimentos, tudo sob a inspiração da sorte. A dança dos motivos e das paixões se expressa com a palavra torneada, sombra do fato absurdo, de um mundo em que a frase revela a ausência de sentido.

III

Patrões e cocheiros

1 | *Valor da moeda. A interferência de fatores urbanos na produção agrícola: O crédito e o escravo* > 195
2 | *Cidade e campo; relações entre o capital e a produção* > 209
3 | *Classe proprietária: Capitalistas e ociosos. Valores e rendas. Herança e casamento* > 217
4 | *Lucro e negócios: Classe lucrativa* > 239
5 | *Os negócios da classe lucrativa. A aliança entre comércio e política: O capitalismo político* > 259
6 | *Classe média, caracteres. Pequenos comerciantes e indústria. Funcionários e empregados. As mulheres* > 281
7 | *Operários e escravos: Hierarquia e vingança* > 332
8 | *Sociedade e consciência* > 353

1 | *Valor da moeda. A interferência de fatores urbanos na produção agrícola: O crédito e o escravo*

A AÇÃO, na obra de Machado de Assis, percorre o espaço de cinquenta anos: de 1840 a 1890. Poucos são os episódios da época colonial e raros os acontecimentos da última década do século. As personagens têm, quase todas, um momento que as faz viver, sentir ou pensar dentro do mais glorioso período do século XIX. Foram cinquenta anos cheios de vibração econômica, da definitiva ascendência do café, da criação dos bancos, das primeiras tentativas industriais, da extinção do tráfico, da abolição, do emprego da mão de obra livre nos campos e nas cidades. Muita gente enriqueceu e muita gente se arruinou, ao tempo da abertura das estradas de ferro e das vivas transformações urbanas. O Rio de Janeiro expande-se: torna-se uma grande metrópole, com seus 415 mil habitantes em 1890.

Desde logo, uma particularidade. A vida da pobreza e da mediania é cara e difícil, os ordenados são curtos, mas está ausente a angústia do aviltamento do dinheiro. Ao contrário, respira-se o ambiente da vida estável, em termos de moeda. Mesmo na quadra do *encilhamento* (1889-94), o romancista não se impressiona com o aumento do custo de vida, anota apenas o fausto dos novos-ricos e o escândalo das torrentes de títulos e companhias que inundam a praça. Vez ou outra, o cronista alude à taxa de câmbio, cujas alterações percutem no valor das mercadorias importadas, num período em que grande parte do consumo era de origem europeia. Não obstante, o custo de vida não se manteve estável no século XIX. O índice cem de 1829 alcançou o índice 460 em 1900, enquanto, no Reino Unido, o índice cem caiu para 81 no mesmo espaço de tempo.[1] Note-se, entretanto, que, de 1829, ano-base, o índice atingiu, antes do *encilhamento*, em 1887, o número 231 (sendo 136 em 1844). De 1887 a 1896, o decênio acusou 115,1% de aumento nos preços, cerca de 11,5% ao ano, números nunca vistos no Império, tendo-se em conta, sobretudo, que os custos se precipitaram para o alto em dois ou três anos, de golpe. Em termos de normalidade, excluído o acidente do *encilhamento*, o quadro é o seguinte: 1) de

1829 a 1844, o custo de vida aumentou cerca de 35%; 2) de 1844 a 1857, 12,5%; 3) de 1857 a 1860, menos 2,6% (barateamento de 2,6%); 4) de 1860 a 1874, 18,7%; 5) de 1874 a 1881, 7,3%; 6) de 1881 a 1887, mais 21,5%. Num período de 58 anos o custo de vida se elevou à taxa correspondente a 1,5% ao ano — o que explica cabalmente o sentimento de estabilidade monetária, que o *encilhamento* não chegaria a perturbar, visto que não tomou o caráter de permanência, aos olhos dos contemporâneos, senão de fugaz e excepcional desequilíbrio. Os empregados e os capitalistas, homens, os últimos, que viviam das rendas de títulos públicos, aluguéis, juros e dividendos, não sofreram a sensação de que a moeda escorrega sob os dedos, provocando-lhes a febre dos investimentos para afastar os farrapos de papel, cada dia mais pobres. Acrescente-se ao quadro o barateamento, no mesmo período, das mercadorias inglesas, que abasteciam a mesa e o vestuário da população. A cena, provavelmente da época da Regência, mostra a estabilidade dos valores, em contraste escandaloso com o século seguinte. Brás Cubas e seu cunhado, o Cotrim, discutem os preços da herança, a opulenta herança do pai do primeiro:

> Veja-nos agora o leitor, oito dias depois da morte de meu pai, — minha irmã sentada num sofá, — pouco adiante, Cotrim, de pé, encostado a um consolo, com os braços cruzados e a morder o bigode, — eu a passear de um lado para outro, com os olhos no chão. Luto pesado. Profundo silêncio.
> — Mas afinal, disse Cotrim; esta casa pouco mais pode valer de trinta contos; demos que valha trinta e cinco...
> — Vale cinquenta, ponderei; Sabina sabe que custou cinquenta e oito...
> — Podia custar até sessenta, tornou Cotrim; mas não se segue que os valesse e menos ainda que os valha hoje. Você sabe que as casas aqui, há anos, baixaram muito. Olhe, se esta vale os cinquenta contos, quantos não vale a que você deseja para si, a do Campo?
> — Não fale nisso! Uma casa velha. (M.P., XLVI)

Há acordo acerca de um ponto: uma casa caiu de valor. Comprada por 58 contos, valeria entre cinquenta e 35, com um deságio, pela idade, entre 20% e 40%. O pressuposto de todos os negócios, de todas as transações, era sempre o valor invariável da moeda, permitindo que as coisas perdessem o valor pelo curso do tempo. Esta segurança, abalada pelo *encilhamento*, só seria subvertida a partir de 1939, com variações anuais, ao percentual de 10%, 20% e 50% ao ano, para um espaço de trinta anos. As operações econômicas serão submetidas, neste meado de século, a um fator novo, acentuado pelo prolongamento da prática, incorporado como permanente: a variação da moeda, angustiando os titulares de rendas, excitando a atividade econômica com a rápida conversão do dinheiro em valores.

Diante de tais números, é bem compreensível que se tenha formado uma classe de pessoas que vivia de rendas — os capitalistas, com "a fortuna de não comprar o pão com o suor do rosto" (M.P., CLX). Brás Cubas, preocupado em formar um pecúlio à medianeira de seus amores, converte cinco contos em apólices (M.P., CXLX). Era a renda certa, garantida, livre de trabalho — se a cobiça não existisse na pessoa de um carteiro da vizinhança. Durante o período mais florescente do Império — de 1857 a 1881 —, o índice do custo de vida subiu apenas de 152 a 188 (índice cem em 1829), sem que pusesse em risco as rendas prefixadas, sugerindo estabilidade e a consciência de estabilidade monetária. Não é aceitável, à luz dos números, que os produtores e exportadores tenham incentivado a inflação ou dela se beneficiado, ganhando com os preços mais altos a vantagem sobre os custos, mais lentos em se elevarem.[2] Explicar-se-ia a política monetária como uma manipulação de produtores de café, associados a exportadores, num sistema que, ao tempo que impedia a formação de uma forte classe média, perpetuaria a economia monocultora. A pequena taxa de depreciação monetária não autoriza a conjetura, só lastreada em fatos emergentes no fim do século e quase nos meados do século XX. Ao contrário, a moeda estável insinua que a classe favorecida seria a dos importadores, hostis à depreciação dos meios de troca, que encarecem os produtos postos à venda. Num período em que as populações urbanas vestiam e comiam mercadorias importadas, com a mobília e a decoração das casas de material europeu, lograram elas gozar de razoável nível de preços, com a integridade dos valores de suas rendas — juros e aluguéis, salários e ordenados. Ao invés dos produtores de café, a política monetária do Império protegia duas classes, ambas urbanas: os importadores, quase todos estrangeiros (o comércio inglês, francês e português), e os credores, o mal estudado e o obscurecido grupo dos financiadores da produção agrícola, financiadores de bens de consumo, de implementos e, sobretudo, de escravos. Para estes não interessa — não interessa e os prejudica — a queda do valor do mil-réis e o aviltamento do câmbio. Aqui está o ponto e daqui deve partir a meditação para o reestudo de muitos preconceitos acerca da economia e da sociedade brasileira do Império: o escravo e sua importância na ordem global. Talvez o Brasil do século XIX não seja o resultado de uma antinomia rural entre o senhor de terras e o escravo. Provavelmente o escravo será mais do que a força de trabalho e o senhor de terras mais do que o produtor agrícola: atrás de ambos estará o comissário, o exportador, o financiador, o transportador, todos radicados nas cidades, movendo e dirigindo os campos, submissos a interesses mais poderosos. Dois fatos consolidam a prova, extraídos de uma situação *típica*, recorrente, calcados na empresa cafeeira do Império, no momento de ascendência do Vale do Paraíba.

Duas das mais antigas fazendas de Vassouras se compunham dos seguintes valores:

1) Fazenda Guaribu (Barão do Guaribu) .... (1863)
Escravos .... 441:530 $
Café .... 70:650 $
Terras .... 41:150 $
Benfeitorias .... 16:168 $
Outros itens (móveis, café armazenado, animais, ouro e prata) ...... 65:879 $
Total .... 635:377 $

2) Fazenda Taboões (Felisberto Avelar Vieira) .... (1880)
Escravos .... 130:005 $
Café .... 23:200 $
Terras .... 15:000 $
Benfeitorias .... 15:480 $
Outros itens .... 9:207 $
Total .... 192:892 $[3]

Outro fato: as comissões, fretes e carretos absorviam 40%, em média, do preço do saco de café. Não se conta, nesse valor, a importância dos juros pelos adiantamentos dos comissários, nem o serviço dos empréstimos para compra de escravos.[4]

As conclusões que os dados indicam: 66% do investimento se concentrava no escravo e menos de 10% se fixava na terra. O valor dos escravos se elevava, na proporção do conjunto dos investimentos, a 73% entre 1857-58. Igualmente o valor das fazendas aferia-se pelo número de escravos.

Em regra, o fazendeiro explorava terras próprias, havidas com recursos pessoais, bem como com algum número de escravos. "Daí a razão de poder manter-se quando seu produto obtinha cotações que se podiam classificar de 'ridículas' nos mercados mundiais."[5] Isso acontecia, porém, ordinariamente só até 1850, quando as condições mudaram, com a quebra da autarquia fazendeira, onde quase tudo se produzia no âmbito da empresa agrícola, bem como com a elevação dos preços e das safras, que exigiam maiores entradas de dinheiro ou de crédito, quer para comercializar a safra, quer para manter o estabelecimento até o período de produção. Os recursos próprios do fazendeiro atingiam, desta sorte, só a primeira produção — daí por diante, a possibilidade de expansão exigia o crédito. O processo levou, até o fim do século, a um progressivo endividamento da fazenda cafeicultora. O caminho era o próprio percurso do café, desde a produção até a exportação.

Até meados do século XIX, o crédito se confundia com as relações pessoais do fazendeiro — era a economia pré-bancária. Superado o período inicial e tateante da exploração cafeeira, em que o plantador supria suas deficiências de capital com o auxílio de parentes e vizinhos, na garantia das hipotecas, a fonte dos financiamentos, no fastígio da lavoura, foi o comissário sediado no Rio de Janeiro. Os comissários adiantavam as mercadorias de consumo aos fazendeiros, aos juros de 12% a 18% ao ano, cobrando-se com as safras, a eles consignadas.

> Na função de intermediários entre os fazendeiros de serra-acima e os exportadores de café, os comissários ou correspondentes, verdadeiros factótuns dos fazendeiros, prestavam variados serviços a seus clientes isolados no interior. Para começar interessava ao fazendeiro aproveitar a viagem de retorno das tropas para transportar os artigos de que necessitava. Mantimentos — bacalhau, carne-seca, sal e toucinho — ao mesmo tempo que ferramentas e algumas guloseimas. O comissário era o fornecedor natural desses artigos, pois que as quantias creditadas aos fazendeiros pela venda de seu café eram empregadas na compra dos artigos encomendados. Em segundo lugar, achava-se o comissário favoravelmente situado na Capital, onde havia grande variedade de mercadorias importadas por preços mais módicos que os das casas comerciais das cidades de Vassouras ou do Pati, ou das vendas situadas à beira das estradas municipais. [...] Acontece que um fazendeiro se decidia a consignar sua safra de café a determinado comissário que, sem conhecer o fazendeiro, aceitava e vendia o seu produto. Abria, então, uma conta-corrente para o fazendei-

ro, lançava o seu saldo, e, em nota que entregava ao arreador, informava-o de seu crédito. Com o tempo firmava-se a confiança recíproca entre fazendeiro e comissário; de sua parte, aceitava o fazendeiro os preços lançados para a venda do café e a aquisição das mercadorias encomendadas, e, "sacava mais ou menos à vontade contra o comissário. Não poucos lançavam mão de todo o seu crédito antes de colhida a nova safra". A confiança era mútua, e quase sempre justificada. [...] Nos extratos das contas-correntes os fazendeiros verificavam o que haviam encomendado, se as contas tinham sido pagas e as *hipotecas saldadas* de acordo com as suas instruções, tudo cuidadosamente lançado nas colunas de débito e crédito.[6]

Além de comercializar a safra dos fazendeiros e lhes fornecer os artigos de consumo, pagavam-lhes as contas, saldando as prestações hipotecárias das dívidas oriundas dos fornecimentos de escravos. Em regra, os comissários não mercavam com escravos, mas os pagavam, fornecendo os meios e ampliando os prazos. O centro do comércio de escravos do Vale do Paraíba era o Rio de Janeiro, onde, até 1850, eram negociados os importados da África, e, depois de abolido o tráfico, se recambiavam os oriundos do norte. O comércio tinha sua rede própria, que acumulou grandes fortunas, desde os poderosos negreiros portugueses até os ciganos que os retalhavam no interior, no mesmo processo empregado na venda de tropas.

> Contrariamente a alguns fazendeiros abastados que tinham o tempo e o dinheiro necessários para ir ao Rio comprar escravos, muitos fazendeiros tinham de recorrer aos intermediários, cuja profissão consistia em comprar escravos e vendê-los localmente, ou aqueles que tinham contatos com os mercados do Rio, os *comissários* e os arreadores.[7]

O comissário, ao gerir os bens líquidos do fazendeiro, encarregava-se, em regra, de adiantar os meios para os pagamentos de escravos. A situação — o vínculo comissário-fazendeiro — não se alterou com o advento das estradas de ferro e com a fase bancária incipiente, aberta na década de 1850. Com os bancos, os comissários alargaram seu potencial de crédito, redescontando nesses estabelecimentos seus adiantamentos. Note-se, para completar o quadro, que alguns fazendeiros acumulavam a qualidade de empresários agrícolas e de comissários, justamente os mais abastados. No fim do Império, as casas bancárias suplantarão os comissários, tolhidos, de outro lado, pelos exportadores — e sua crise será dramática, amarga, numa brusca agonia.

O comissário era o banco e o empório do fazendeiro. Seu papel era o de um *clearing house* com respeito aos clientes do interior.[8] Mais do que *clearing house*, o banqueiro, que arrecadava recursos e os congregava, colhidos nos centros urbanos, para a expansão cafeeira. O comissariado do Rio de Janeiro fez o Vale do Paraíba — e não o contrário.

> Não seria exagerado afirmar que a grande lavoura do Brasil fora feita, em *magna pars*, pelo comissariado do Rio e de Santos. Num país sem crédito agrícola, não podiam os bancos financiar a produção do interior, fornecendo aos fazendeiros recursos que, inspirados, as mais das vezes, pelas circunstâncias pessoais, lhes davam os comissários. Fora, pois, o comissariado verdadeira alavanca do progresso e a maior contribuidora da prosperidade da zona fluminense, figurando entre os vanguardeiros da civilização brasileira.[9]

Graças à pressão das 2 mil casas comissárias do Rio de Janeiro organizou-se o crédito agrícola no Brasil: de sua inspiração são a Lei Hipotecária de 1864, a criação da carteira hipotecária do Banco do Brasil, com emissão de letras, e a Lei das Execuções Civis e Comerciais de 5 de outubro de 1885. De suas impaciências surgiam as crises financeiras, os reclamos da moeda e a grita para a estabilidade monetária. Com essas medidas, o crédito pôde ser racionalizado e garantido, permitindo segura e sólida expansão, sem os riscos da confiança pessoal. O Centro da Lavoura e Comércio, sua associação de classe, era, provavelmente, a maior força econômica do Segundo Reinado.

Até aqui a organização. A dinâmica do sistema mostrará a dependência da produção agrícola ao crédito, no comando urbano da economia, que o exportador mais acentuará. O endividamento do fazendeiro tem duas fases: antes e depois da extinção do tráfico. Por influência do fim do comércio de importação de escravos — ou concomitantemente a ele — abre-se nova época ao Império; começa o florescimento tropical da sociedade do Segundo Reinado, que abandona o marasmo colonial. O crédito girará, em uma e outra fase, em torno do escravo — 70% do investimento da empresa cafeicultora; para manter a força de trabalho se conjugavam as safras consignadas aos comissários, supridas pelo crédito. A década de 1850 é também uma década de inflação, inflação pelos recursos, antes empregados no tráfico, que afluíram à praça, e pelas emissões de papel-moeda. O estímulo comercial provocou maior fome de papel-moeda, saciada em quantidades, de 1853 a 1857, só superadas pelo *encilhamento*. Nem a Guerra do Paraguai provocou aumento percentual maior de dinheiro do que o dos anos que se seguiram à extinção do tráfico (33,2% em 1853-54; 26,6% em 1855-56 e 10,9% em 1856-57).

No sistema do tráfico, o crédito era pessoal — dependia das relações entre credor e devedor, embora assentasse sobre as garantias do primeiro, representadas sobretudo pela escravaria. As dívidas dos fazendeiros alimentavam e garantiam a aquisição de escravos, por conta das safras futuras. A economia do Vale do Paraíba fechava-se num círculo de ferro: "o círculo vicioso que consistia em derrubar a mata virgem para plantar café, empenhando as safras futuras para obter dinheiro, e comprar mais escravos para desbastar mais matas e plantar mais café".[10] O impacto da pressão creditícia — antes da década de 1850 — encontrava-se amortecido com o sistema autárquico das fazendas. As fazendas produziam, até as novas condições que emergiram em meados do século passado, seus próprios alimentos (fubá, farinha de mandioca, feijão, carne-seca e toucinho), adquirindo fora de seus domínios apenas ferro, sal, pólvora e chumbo. Pequena era, assim, a necessidade de numerário, depois expandida com a importação de gêneros e extraordinariamente exacerbada, em 1888, para o pagamento de salários. O crédito era necessário apenas nos momentos de crise, de baixos preços do café, ou para a renovação e expansão do acervo de escravos. Havia uma empresa mais latifundiária do que escravista, nas suas tendências, e não na sua realidade presente. Parece que, pelo menos antes da extinção do tráfico, quando o negro não atingiu preços astronômicos, a empresa escravista era rentável.[11] Considere-se que o plantio dos cafezais, antes da década de 1850, exigia capitais líquidos, dado que a produção só ocorre após o quarto ano, capitais líquidos que se empregavam na compra da mão de obra e não na aquisição de terras, de valor insignificante. Daí que a lavoura cafeeira, que se espraiou do Rio de Janeiro por via do Vale do Paraíba, tivesse sido obra, inicialmente, de homens abastados.[12] O modelo da carreira do fazendeiro está consagrado na ficção de Machado de Assis com realismo genealógico.

> O fundador da minha família foi um certo Damião Cubas, que floresceu na primeira metade do século XVIII. Era tanoeiro de ofício, natural do Rio de Janeiro, onde teria morrido na penúria e na obscuridade, se somente exercesse a tanoaria. Mas não; fez-se lavrador, plantou, colheu, permutou o seu produto por boas e honradas patacas, até que morreu, deixando grosso cabedal a um filho, o licenciado Brás

> Cubas. Neste rapaz é que verdadeiramente começa a série de meus avós — dos avós que a minha família sempre confessou —, porque o Damião Cubas era afinal de contas um tanoeiro, e talvez mau tanoeiro, ao passo que o Luís Cubas estudou em Coimbra, primou no Estado, e foi um dos amigos particulares do vice-rei conde da Cunha. (M.P., III)

O tanoeiro Damião Cubas tinha os recursos necessários à obra agrícola, que se multiplicou e prosperou, para a glória do futuro bacharel. Talvez houvesse algum exagero na hipótese de um tanoeiro enriquecer, hipótese que já formulara Machado de Assis a propósito de um albardeiro, em *O alienista* (P.A.). A tese é esta: na transição do século XVIII para o XIX, no começo da expansão cafeeira, eram necessários cabedais líquidos para organizar uma fazenda, sobretudo para a compra de escravos. Depois de o estabelecimento produzir, era possível o equilíbrio, que brotaria em lucros, entre a safra e a venda — com a intervenção do crédito para o custeio das mercadorias necessárias à autarquia agrária e ao renovamento do estoque de mão de obra servil. Buscasse o fazendeiro fixar seu investimento à base do crédito ou se, apoiado nele, expandisse a escravaria, provavelmente estaria perdido, enredado em adiamentos sucessivos de dívidas. Na década de 1840, o fazendeiro pagava 60% de juros "sobre o dinheiro emprestado, até começarem os cafeeiros novos a produzir, no fim do quarto ano!".[13] Joaquim Nabuco põe o dedo na chaga, ao analisar o comércio de escravos, antes da extinção do tráfico:

> A influência desse alto comércio africanista era preponderante, as fazendas estavam-lhe hipotecadas e iam caindo de dia a dia em seu poder. A antiga classe dos proprietários mudava assim rapidamente de constituição e de caráter, ao passo que a força do africanismo duplicava por essa solidariedade da agricultura devedora no interior com o comércio credor da capital.[14]

O mecanismo é conhecido: os negreiros vendiam os escravos aos fazendeiros, cumprindo aos comissários pagá-los à conta de ajustamentos futuros. A hipoteca seria em favor do negreiro ou do comissário, em nome daquele ou de seus intermediários, com frequência. A fonte de Joaquim Nabuco é o autor e campeão da abolição do tráfico, Eusébio de Queirós, cuja obra só foi possível em virtude da pesada, infamante e amarga pressão inglesa. Quer Eusébio provar que a extinção do tráfico atende aos interesses dos fazendeiros, ao tempo que fere os traficantes, quase todos portugueses, enriquecidos com a especulação. O discurso é de 16 de julho de 1852:

> A isto [o desequilíbrio entre as duas classes "livres e escravos" produzido pela "progressão ascendente do tráfico" que nos anos de 1846, 1847 e 1848 havia triplicado] veio juntar-se o interesse dos nossos lavradores: a princípio, acreditando que na compra do maior número de escravos consistia o aumento de seus lucros, os nossos agricultores, sem advertirem no gravíssimo perigo que ameaçava o país, só tratavam da aquisição de novos braços *comprando-os a crédito*, a pagamento de *três a quatro anos, vencendo no intervalo juros mordentes*. [...] Assim os escravos morriam, mas as dívidas ficavam, e com elas os terrenos hipotecados aos *especuladores*, que compravam os africanos aos traficantes para revender aos lavradores. *Assim a nossa propriedade territorial ia passando das mãos dos agricultores para os especuladores e traficantes*. Esta experiência despertou os nossos lavradores, e fez-lhes conhecer que achavam sua ruína, onde procuravam a riqueza, e ficou o tráfico desde esse momento definitivamente condenado.
>
> Grande parte [diz agora Joaquim Nabuco] do mesmo capital realizado foi empregada na edificação do Rio de Janeiro e da Bahia, mas o restante foi exportado para Portugal, que tirou assim do tráfico, como tem tirado da escravidão no Brasil, não menores lucros do que a Espanha tirou dessas mesmas fontes em Cuba.[15]

A transferência da propriedade das mãos dos lavradores às mãos dos senhores do crédito, os especuladores, se não seria uma realidade, seria ameaça constante, pendente, iminente, sobretudo se a crise econômica ferisse o produtor, quer com a baixa de preços ou com a diminuição ou ruína da safra. Ameaça para o cafeicultor, fato para o plantador de cana, onde já se notava a raridade de o neto herdar a fortuna do avô: "pai rico, filho nobre, neto pobre". Sobre a atividade agrícola pairava o espectro comercial, sócio e inimigo do fazendeiro, seu fornecedor e seu algoz.

A extinção do tráfico, na década de 1850, com ou sem relação causal entre uma e outra, trouxe uma onda de prosperidade, que dará euforia e alento ao Império. Expande-se a produção e aumentam os preços do café, sem, todavia, desvincular o fazendeiro das raízes do crédito. Afastou a permanente pendência da crise falimentar, com o acréscimo de empresas e atividades urbanas. O comércio exterior — exportador e importador — ganha maior relevo: é o momento alto dos comissários e dos exportadores. O *setor dinâmico* do sistema firma-se, consolida-se e se enriquece. Ele, o comércio exterior, dirige, comanda e se enobrece com títulos novos. As exportações aumentam e os preços internacionais se elevam: tudo corria bem, conjugadas as felizes circunstâncias do momento.[16] Mauá atribui a nova onda de negócios e a aceleração das transações aos capitais "repentinamente deslocados do ilícito comércio", o que lhe permitiu congregar recursos para um grande estabelecimento de crédito.[17] A influência da próspera fase da economia nacional altera quantitativamente o conjunto das relações entre comércio e agricultura.

> Comparando os valores médios correspondentes aos anos noventa com os relativos ao decênio dos quarenta, depreende-se que o *quantum* das exportações brasileiras aumentou 214 por cento. Esse aumento do volume físico da exportação foi acompanhado de uma elevação nos preços médios dos produtos exportados de aproximadamente 46 por cento. Por outro lado, observa-se uma redução de cerca de 8 por cento no índice de preços dos produtos importados, sendo, portanto, de 58 por cento a melhora na relação de preços do intercâmbio externo. Um aumento de 214 por cento no *quantum* das exportações, acompanhado de uma melhora de 58 por cento na relação de preços do intercâmbio, significa um incremento de 396 por cento na renda real gerada pelo setor exportador.[18]

Abria-se o momento áureo do café, desde logo com a primeira consequência extensiva e nacional: o eixo econômico se desloca do norte para o sul, para onde migra também a mão de obra cativa. A renda per capita se eleva dos cinquenta dólares do começo e meados do século para 106 no fim do Oitocentos (1950: 224 dólares). Era uma taxa, a de 1,5% de crescimento anual, superior à média dos países europeus ocidentais e só inferior à dos Estados Unidos (1,9%).[19] Daí uma tese difundida: o atraso brasileiro se deveu não ao século XIX, mas ao século XVIII, nos seus últimos 25 anos.

A expansão do mercado internacional provocou, de imediato, em estreito vínculo com o desaparecimento do tráfico, o desvio do trabalho escravo das oficinas e da lavoura de subsistência para a agricultura de produtos exportáveis, sobretudo o café. Rompe-se a autarquia agrária, dependente no exterior apenas do ferro, sal, pólvora e chumbo, e, naturalmente, de escravos, necessitada de alimentos, vestuário e implementos agrícolas. A prosperidade criou novas necessidades no campo, as supérfluas necessidades ostentatórias e as necessidades da civilização. Daí uma dependência maior do fazendeiro ao comissário e a um novo foco de crédito, agora nascente, as casas bancárias.

> Depois de proibido o tráfico negreiro em 1850, os capitais até então empregados no comércio de escravos africanos inundaram o mercado de investimentos, vendo os fazendeiros seus recursos crediários aumentarem da noite para o dia, ao mesmo tempo em que dobravam de valor seus haveres constituídos de escravos. Fundados nesta nova garantia, abriam os comissários novos créditos a seus clientes recorrendo aos novos estabelecimentos de crédito que se fundavam por toda parte para a obtenção do dinheiro necessário ao financiamento das safras futuras de seus clientes.[20]

A alta de preço do escravo dificultava a manutenção do estoque da pequena fazenda, impedindo-lhe a expansão. A grande fazenda, ao revés, que inflava de mão de obra servil, ao tempo dos preços baixos, viu seus bens valorizados para novas dívidas, graças às quais daria maior ímpeto à empresa agrícola. Abre-se o campo a novos cafezais, agora fundados no crédito. A prosperidade dava para tudo, mesmo para a aventura, que só a crise interrompia, mostrando o artificialismo da expansão com recursos carreados de fora, a juros pesados. Enquanto a crise não vinha — era enriquecer. A exportação pelo porto do Rio subiria, de 5.706.833 arrobas, no ano 1849-50, para 10.128.908 em 1853-54. No tempo, diga-se mais uma vez, o café era o Vale do Paraíba, e o Vale do Paraíba era o Rio. As hipotecas imobiliárias, na região cafeicultora da província do Rio, dobravam entre 1859 e 1864, em níveis superiores aos recomendados pela prudência. Foi o grande momento dos barões do café; o momento de ouro seria, porém, dos comissários e banqueiros.

Este quadro — o escravo na base do café, o crédito na base do negro e o crédito confundido com a comercialização do café — mostra a fisionomia autêntica da arquitetura econômica do Segundo Reinado. A fazenda torna-se ou acentua seu caráter de empresa voltada à exportação. Dois vínculos a arrastam a gravitar em esfera alheia a sua atividade fechada: o crédito e a exportação, crédito que a dirigia a partir do mercado internacional, por via da cidade fornecedora de dinheiro e sede do porto. Os dois polos que ditavam movimento à fazenda eram o escravismo e o capitalismo, capitalismo comercial, não o feudalismo e a base latifundiária. Não seria sem consequências a realidade que faria o escravo representar cerca de 70% do investimento agrícola. Nas suas relações internas, a fazenda pode lembrar traços feudais; em conexão com a totalidade da ordem econômica, é o comércio que lhe dá o sangue, o calor e o nervo. Ao contrário da América espanhola, de predomínio latifundiário, a economia brasileira do século passado baseava-se na riqueza móvel, o escravo. Dela se projetava a centralização financeira, com sede no Rio de Janeiro, acompanhada de um sistema unitário político. Segue-se do fato de o escravo ser dinheiro em estado vivo, sujeito à reposição permanente, que a circulação do capital torna-se mais vibrátil do que no regime latifundiário, onde a terra e as instalações constituem a maior parte do investimento.

> Ora, a circulação intensa do capital cria condições propícias ao aparecimento de formas políticas *unitárias*, ao passo que a ausência dessa circulação conduz ao exclusivismo regional que, entre nós, encontrou expressão no *federalismo*. Não será certamente estranho a isso o fato de ter a Antiguidade conhecido Estados imperiais muito mais amplos e estáveis — como o Império Romano — do que a Idade Média. É que a Antiguidade foi escravista, ao passo que a Idade Média foi feudal — regime onde o próprio homem se prende à terra e se torna tão imóvel quanto ela.[21]

O sistema comercial, que comandava a fazenda, obedecia ao sistema monetário dos centros importadores de bens. No regime da produção escravista, o padrão-ouro funcionava sem atritos, absorvendo, com relativa rapidez, as crises de exportação, geradas pela diminuição física ou pela queda de preços. Trariam as contrações um desequilíbrio na vida da fazenda se os comissários não o atenuassem com fornecimento de dinheiro, buscado nos estabelecimentos bancários, que, ou ruíam, como em 1864, ou reclamavam emissões inconversíveis do Tesouro. Por sua vez, o produtor encolheria a compra de novos escravos e reduzia seus gastos — reencontrando o nível de solvência. Com o trabalho assalariado, em 1889, os mecanismos não funcionavam com a mesma desenvoltura, dado que o dinheiro era urgentemente necessário para assegurar a exploração agrícola. As crises teriam uma incidência mais profunda, arruinando os comissários e levando as fazendas hipotecadas ao descalabro ou à mudança de donos. O centro das crises era, ainda uma vez, Rio de Janeiro, sede do crédito e sede da exportação. Era a cabeça do capitalismo mercantil, pré-industrial. Cabeça com os ouvidos atentos à matriz: ao capitalismo imperialista e mercantil, com forte coloração colonialista.[22] A conexão com o mercado mundial se faria pelo exportador, em regra ele próprio de nacionalidade inglesa, alimentado pelos bancos do Reino Unido.[23] A cadeia exportador-comissário-fazendeiro era vez ou outra subvertida, com o abandono do comissário, no contato direto entre o exportador e o fazendeiro, sobretudo depois da crise desses intermediários, no fim do século.

Até 1889 o Vale do Paraíba é a base da produção cafeeira. O Vale do Paraíba ganhara a Guerra do Paraguai — ouviu-se na Câmara dos Deputados. Ainda em 1860, ninguém plantava café em Rio Claro, a duas centenas de quilômetros de Santos: o frete consumiria a produção. Mais tarde, o oeste paulista ainda mandaria café ao porto do Rio de Janeiro, atraído por tarifas de transporte mais favoráveis. A exportação pelo porto de Santos cresce a partir de 1880, indicando a mudança do eixo da economia brasileira, que só o fim do século e o começo do século XX consagrarão. Ainda em 1883, São Paulo era uma triste aldeia de 35 mil habitantes. O fato: o Segundo Reinado será, repita-se ainda uma vez, o Vale do Paraíba, e o Vale do Paraíba se confunde com o Rio de Janeiro, a cidade centro não de fazendeiros absenteístas, mas do capital financeiro que alimentava o café. Tinha razão Joaquim Nabuco ao afirmar que, com a escravidão, não há centros locais de comércio: a capital centraliza os fornecimentos para o interior, fazendo secar e murchar as pequenas cidades. Sobretudo porque o comércio "é o manancial da escravidão e o seu banqueiro".[24] Só onde o comércio bem desempenha esta missão — agente da escravidão — a cidade floresce, civiliza-se e se expande.

Esta a cidade que Machado de Assis fez o cenário de suas personagens. A perspectiva urbana, sua ausência de vínculos com o campo e a fazenda, não o desviou da realidade. Ao contrário, porque na cidade se situava a mola, o motor e o dinamismo da vida econômica, a visão que pôde apreciar era a visão autêntica do Brasil em atividade, que se renovava e se projetava para caminhos europeus, os próprios caminhos da civilização, que a mística do progresso do século XIX confundia com o mundo que nasceria na América. A fazenda, na paisagem dos negócios e dos salões, dos capitalistas e dos aflitos advogados cobiçosos de posições, dos caixeiros e das moças calculistas, gulosas de casamentos ricos, a fazenda é o pano de fundo, o rumor apagado, a luz em crepúsculo, que, não obstante, se agita e pulsa, ao longe mas presente. Atrás do ouro e do seu brilho urbano estava o café, a agricultura, o escravo — matérias brutas da vida ardente, ou repousada, mesquinha ou rutilante das ruas da grande cidade.

2 | *Cidade e campo; relações entre o capital e a produção*

O BINÔMIO CIDADE E CAMPO não se esgota em relações de predomínio econômico, com um termo a serviço do outro. O vínculo não é aritmético e quantitativo; é de influência recíproca, dialética. Há um setor que comanda, o setor dinâmico, mas o outro polo não se reduz a massa passiva, fria, morta. As estruturas se interpenetram, em conflito permanente, ajustando-se e renovando seus componentes. O mundo da sociedade e o mundo da economia se fixam mal no repouso dos esquemas. Eles se dilaceram nas energias rebeldes e nas forças em busca de expansão, mal dominadas no equilíbrio. A cidade — o comércio, o crédito, a exportação — manda mas não impera, dirige mas não subjuga, orienta mas não esmaga. Uma corrente subterrânea a alimenta, comunica-lhe energia e sangue. Outra vez, ainda uma vez, o tema é a fazenda, sob novas cores e vista de melhor perspectiva. A fazenda levará à cidade, com seus negócios e seus negociantes, ao dinheiro e às classes que traficam.

O primeiro elo traduz uma realidade econômica: a expansão da lavoura do café, a única agricultura que Machado de Assis conhece, mais no contexto que no texto, como próspera, capaz de gerar grossos cabedais e rendas pingues. O tanoeiro Damião Cubas, que exercia o ofício no Rio de Janeiro, "teria morrido na penúria e na obscuridade, se somente exercesse a tanoaria. Mas não; fez-se lavrador, plantou, colheu, permutou o seu produto por boas e honradas patacas, até que morreu, deixando grosso cabedal a um filho, o licenciado Brás Cubas" (M.P., III). Um artesão amealha recursos para iniciar uma lavoura, junto ao Rio de Janeiro. Que plantou, colheu e permutou o tanoeiro? Café não seria — Damião Cubas floresceu na primeira metade do século XVIII, quando o café ainda não aparecera no sul. Necessariamente cultivou cana, anil, arroz ou cereais — mas o romancista, obviamente, confunde a repercussão econômica do fato com um fato fictício. O café — só ele — trouxe a prosperidade rápida, com grossos cabedais; Damião Cubas não o cultivou, mas o enriquecimento alude ao café, então inexistente. O modelo econômico deturpa o fato: no caso, o fato é nada, o contexto e o fundamento econômico são tudo. A prosperidade de Damião Cubas deve-se ao café, num tempo em que não havia café.

O outro elo entre cidade e campo parte em sentido contrário: um hipotético ramo da família de Damião Cubas persegue a lavoura, seguindo-a na sua marcha no Vale do Paraíba, e torna-se fazendeiro em Itaguaí. Seu nome, já no século XIX, será Pedro Albuquerque Santiago, pai de Bentinho, o *Dom Casmurro*. Eleito deputado, voltou ao Rio, agora a florescente corte, compra uma chácara, sem se desfazer da fazenda e da escravatura. Pedro de Albuquerque Santiago morre em 1846 — no século passado se morria à toa e cedo — e a viúva — não se era jovem, naquele tempo, aos 31 anos — preferiu ficar ao pé da igreja onde fora sepultado o marido, chorando suas saudades. "Vendeu a fazendola e os escravos, comprou alguns que pôs ao ganho ou alugou, uma dúzia de prédios, certo número de apólices e deixou-se estar na casa de Matacavalos, onde vivera os dois últimos anos de casada" (D.C., VII).

A cidade, sempre a cidade: um dela partiu e outro a ela voltou. Voltou o filho do primeiro, já bacharel de Coimbra, voltou o neto, deputado, pai de bacharel. O importante não é, porém, o letrado, mas o que sustenta o letrado e seus ócios: a renda, agora urbana, agora renda e não o lucro da exploração agrícola. O letrado — o licenciado Brás Cubas e o bacharel Bento — permite outra combinação: a integração numa camada nobre, que não trabalha e vive próxima ao Estado, como Luís Cubas, que "primou no Estado e foi um dos amigos particulares do vice-rei conde da Cunha" (M.P., III).

Há, ao lado da conversão do fazendeiro em capitalista e do dono de dinheiro em plantador, outros elementos que ligam a cidade ao campo: correspondentes, comissários e banqueiros. O fazendeiro tinha, no Rio, um vínculo comercial, fosse de Goiás ou do Vale do Paraíba, em geral com o nome de *correspondente*, transfiguração do conhecido comissário. Camilo Seabra, filho do comendador Seabra, fazendeiro em Santa Luzia, Goiás, mal desembarcado da Europa, procura o correspondente de seu pai, no Rio de Janeiro. O intermediário se incumbe de fornecer os recursos necessários para a longa viagem, bem como, se Camilo quisesse, poderia ele facilitar-lhe os meios para passar algumas semanas na corte. Na casa do correspondente, encontrou o goiano, já médico formado em Paris, o Soares, filho do comerciante Soares, também de Santa Luzia. A viagem se efetuou por mar até Santos, de lá para São Paulo, onde tomaram a estrada para Goiás, com a tropa que levava mercadorias da capital para o remoto interior (H.M.N., *A parasita azul*). Os fatos são de 1856, como se depreende da primeira linha do conto. Nas indicações do ficcionista está todo o mecanismo da "correspondência": adiantava recursos ao fazendeiro, por conta da safra, que compraria com exclusividade. Provavelmente se encarregaria também, se o fazendeiro tivesse filhos estudando no Rio ou na Europa, de pagar-lhes as despesas, creditando-se dos desembolsos. Mas o correspondente não se limitava às ligações com o agricultor, vendia em loja aberta e negociava com os comerciantes do interior, suprindo-lhes os estabelecimentos. O correspondente fazia seus adiantamentos a descoberto, mediante suprimento de safras futuras, com juros anuais que variavam entre 7% e 17%, ou, em certas províncias, de 18% a 24%.[25] De qualquer maneira, o juro anual de 7% era considerado não só barato, mas privilegiado. A regra, para os empréstimos bancários, seria de 9%, se realizado diretamente entre o estabelecimento e o fazendeiro; se um intermediário correspondente — ou comissário — atravancasse a operação, o encarecimento atingiria mais 2% ou 3%. Mas o problema não era só o juro — esta seria a hipótese normal, se suficiente a safra, pelo preço ou pelo volume, para saldar a dívida. Se ficasse um resíduo, as amortizações cumuladas aos juros punham em risco a estabilidade e o equilíbrio financeiro da fazenda, dada sua produtividade não alta (10% a 15% ao ano). Daí a bancarrota, o desastre, a execução hipotecária — porque a dívida, se excedente à rotina entre safras e avultada ou extraordinária, era, em regra, hipotecariamente garantida, na composição da qual pesava a escravatura.

Também Escobar (*Dom Casmurro*), filho de Curitiba, tinha um correspondente no Rio — o Rio, sempre o Rio, era o centro de todas as províncias, de Goiás ao Paraná. Mas Escobar não é apenas o estudante do interior: é o futuro comissário, que prospera a partir de empregado de uma das primeiras casas do Rio de Janeiro, no negócio de café naturalmente, em meados do século XIX. Serviu-se, para os primeiros passos, de capitais emprestados, astuciosamente aliciados à mãe do futuro Dom Casmurro. "Talvez ele não pensasse em mais que associá-la aos seus primeiros tentamens comerciais, e de fato, a pedido meu, minha mãe adiantou-lhe alguns dinheiros, que ele restituiu, logo que pôde, não sem este remoque: 'D. Glória é medrosa e não tem ambição'" (cap. XCVIII). A prosperidade de Escobar se mede por um índice seguro: a casa ou palacete no Flamengo, em substituição ao Andaraí (cap. CXVII). Também "comerciante de café — comissário" era o pai de Tristão, o que o obrigava a viagens pelo interior, a Minas, sobretudo (*Memorial de Aires*). Os exemplos poderiam se multiplicar. Outro passo, o passo final, da linhagem do correspondente, ainda modesto e pessoalmente ligado ao fazendeiro, homem de sua confiança e às vezes compadre, depois de passar pelo comissário, era o banqueiro — o banqueiro Agostinho Santos, cujo "banco era credor da lavoura" (E.J., IX). Santos já está, em crisálida, no correspondente do comendador Soares, de Goiás. Mas há um abismo entre um e outro, na forma de relações que ambos cultivam na lavoura. O primeiro fala em pessoa com o médico Camilo Soares, afaga-o e cuida de seu bem-estar. Assim também o correspondente do pai de Gonçalves, o estudante gastador e imprudente, guardava a rispidez paternal (O.C., *Vinte anos! Vinte anos!*). Santos, banqueiro elevado a barão, recebe muitas visitas de parabéns: "homens do foro, homens do comércio, homens da sociedade, muitas senhoras, alguns titulares...". Nenhum agricultor veio cumprimentar o novo nobre, nenhum homem da lavoura mandou cartas ou cartões. O plantador de café, uma pessoa e um amigo para o correspondente, transforma-se apenas em cliente e em devedor. Foi nesta qualidade, e só nela, que ele foi cumprimentar o barão Santos: "Devedores de Santos acudiram depressa, outros preferiram continuar o esquecimento" (E.J., XX). A diferença é de datas: 1850 a 1880, trinta anos. Mas, sobretudo, há, nas datas, duas épocas — o assunto é para outro momento, agora apenas antecipado. O quadro da comunicação entre terra e palacete, entre planta de café e loja, está em Machado de Assis. Mas falta alguma coisa: falta a visão do exportador, confundido, não raro, com o inglês sem entranhas, mais duro que o banqueiro, distante e não só impessoal, preocupado com a exploração, desdenhoso de pessoas e das considerações da família, da sua ruína e descalabro financeiro.

Mas o banqueiro não é o senhor da imaginação dos homens. O ex-fazendeiro, agora capitalista, não fez desaparecer a terra. A cidade vive em função do campo e em função das exportações, ela cresce e pulsa ao ritmo do comércio. O divórcio entre a cidade interesse e a cidade sentimento e imaginação faz-se visível: a primeira pensava nos juros, hipotecas e exportações; a segunda era frequentada pelas fazendas, suas pompas, grandezas e misérias. A fazenda estava longe, depois de uma viagem incômoda, a viagem sempre adiada, mas estava na imaginação de todos, como herança e como paraíso perdido. Havia Paris e a fazenda — as duas atrações que dilaceravam as cismas, os desejos e as ambições adormecidas na alma de toda a gente. As duas faces estão juntas no advogado Andrade e na súbita paixão da viúva Maria Soares.

Então considerou que esse coração abandonado, tiritando de frio na rua, podia ela recebê-lo, agasalhá-lo, dar-lhe o principal lugar, numa palavra, casar com ele. Pensou nisto um dia; no dia seguinte, acordou apaixonada. Já? Já, e explica-se. D. Maria Soares gostava da vida brilhante, ruidosa, dispendiosa, e o Andrade, além das outras qualidades, não viera a este mundo sem uma avó, nem esta avó se deixara viver até aos setenta e quatro anos, na fazenda, sem uns oitocentos contos. Constava estar na dependura; e foi a própria Carlota que lho disse a ela.

— Parece que até já está pateta.
— Oitocentos contos? repetiu d. Maria Soares.
— Oitocentos; é uma boa fortuna.

D. Maria Soares olhou para um dos quadros que Carlota tinha na saleta: uma paisagem da Suíça. Bela terra é a Suíça! disse ela. Carlota admitiu que o fosse, mas confessou que preferia viver em Paris, na grande cidade de Paris... (O.C., *O caso do Romualdo*)

A rica baronesa, a mãe postiça de Guiomar (*A mão e a luva*), de onde obtivera seus grossos cabedais? Não será descabida a conjetura que a urbanização de bens rurais seria a origem do atual bem viver, fundado em rendas. O único amigo do barão, que deixou traços na casa da baronesa, era um comendador, fazendeiro em Cantagalo — sempre a rota do café. A fazenda seria o passado, como para d. Glória, passado que a chamava, para uma curta visita de três a quatro meses. A segunda geração vê o campo como o exílio, sem o encanto que outra geração idealizará. "Quatro meses não é a eternidade, mas Cantagalo, para uma carioca da gema, há de ser um degredo, ou quase..." (M.L., XIII). Eugênia, a noiva de Estácio (*Helena*), também está ligada a Cantagalo: lá sua madrinha é fazendeira, fazendeira que pode legar alguma coisa à afilhada. O espectro do campo tem esta face — a face da avó do Andrade —: a opulência para o homem da cidade, em seus faustos, esbanjamentos e viagens, Paris luzindo ao longe, como um ímã de felicidade. Era cultivar a moribunda:

A madrinha de Eugênia, a fazendeira que lhe mandara um dia a opala, que a moça admirou namorando ao mesmo tempo os olhos do futuro noivo, a madrinha de Eugênia adoeceu gravemente, menos ainda da moléstia que a acometeu que dos anos que lhe pesavam nos ombros. Era senhora rica, flanqueada por duas sobrinhas solteiras, uma cunhada, um primo, dois filhos destes e uma vintena de afilhados [...]. Nestas circunstâncias, a viagem a Cantagalo era urgentíssima, e cumpria realizá-la à custa dos maiores incômodos. Todo o incômodo é aprazível quando termina em legado [...] desenlace afetuoso e pecuniário. (Hel., xiv)

Mas nem tudo, na fazenda, é promessa de grande vida: há a fazenda e a fazendola, a fazenda e as aflições do campo.

Fazendola era a propriedade rural de Pedro de Albuquerque Santiago, pai do Dom Casmurro (cap. vii). Não seria, em 1846, estabelecimento mínimo, nem deficitário; convertida em bens urbanos, proporcionou a renda mensal de 1:070$000. Dona de uma fazendola era também d. Maria Augusta, fazendola situada em Iguaçu, no caminho do café: "Uma fazendola, alguns escravos e dívidas, que lhe deixara o marido, além das saudades" (q.b., lxiv). Há mais de vinte anos entre a venda da fazendola de Pedro de Albuquerque Santiago e a pobre situação de d. Maria Augusta — entre as duas há a extinção do tráfico, que trouxe tantas dificuldades às empresas médias de café. O escravo subiu, em 1855, se comparado com o decênio anterior, 155%, enquanto o preço do café não se elevou mais de 20%. Isto explica a crise das fazendas médias — das fazendolas —, a prosperidade de *Dom Casmurro* e a insolvência de d. Maria Augusta. Há mais: entre uma e outra as diferenças se acentuam agudamente: o pequeno fazendeiro de 1840 era, na cidade e no campo, um senhor, com fumos aristocráticos. A fazendeira de trinta anos depois não era mais que a *roceira*, "a casca da roça" (q.b., lxviii) pesa e precisa ser desbastada, à custa de mestres de piano e francês, com a receita dos "teatros, visitas, passeios, reuniões em casa, vestidos novos, chapéus lindos, joias". Durante esse ciclo, as fazendolas declinam e sofrem o esmagamento das dívidas, incapazes de renovar o principal elemento do ativo, a mão de obra escrava, que é a base da produção e o valor mais importante sobre o qual assenta a garantia do crédito. As grandes fazendas, imunes a esse primeiro desajuste, imunes e favorecidas com ele, também terão o seu momento de acerto de contas com o fundamento de sua riqueza. Elas apenas adiaram a hora do descalabro, que a vinculação com o crédito urbano lhes preparará. O drama está presente, em 1888, no meio dos rumores crescentes, atordoantes, da abolição da escravatura. É o Vale do Paraíba que agoniza, representado pelo barão de Santa Pia, opulento fazendeiro da Paraíba do Sul. Depois de 1880, quando o problema abolicionista começa a se agitar, com a promessa de campanha vitoriosa, o preço do escravo desceu aos níveis anteriores a 1850. A Fazenda Guaribu, de Vassouras, viu o valor dos escravos cair, em 1880, a cerca de metade do de 1860. Em 1887, o preço dos escravos representaria um sexto do valor de 1880 e um décimo do de 1863.[26] À primeira vista, a mão de obra teria barateado, barateando o custo da produção. Nada mais ilusório: não havia escravos para comprar e, se os havia, ninguém ousava empatar dinheiro numa mercadoria que se desintegraria, de hora para outra, repentinamente. O importante, porém, era a outra face da situação: o fazendeiro, que não possuía reservas de numerário, trabalhava com o dinheiro dos comissários, sob a garantia das safras futuras. Faltava agora a base do crédito — o escravo, maior item do estabelecimento —, supondo todos, com maior apreensão em 1887 e 1888, que não haveria safras e que a estrutura de trabalho ruiria. Este o primeiro ato do drama; o segundo viria com a quebra dos comissários, desamparados do redesconto bancário, projetando, no campo, a onda das execuções hipotecárias, saldo de um castelo de cartas, urdido durante cinquenta anos, cartas com números e datas de vencimento. O escravo perdia o valor — de 1:925$000 em 1877 a 850$000 em 1887, e daí a zero. Vacilava o Vale do Paraíba, atingido pelo terremoto que o destruiria. É neste momento que o barão de Santa Pia irrompe na ficção de Machado de Assis (*Memorial de Aires*), preocupado com "a alforria coletiva e imediata dos escravos". Perdida a fonte de sua exploração agrícola, as ilusões perturbam a lavoura agonizante: o liberto permanecerá na terra, com ou sem salário; desaparecido o escravo, o fazendeiro continuará poderoso, e a mostra do poder é a alforria antes que o governo a faça. O último delírio, esvaída a consciência da grandeza, será o apoio à República, como revide e protesto ao infiel amparo político. A fazenda do barão de Santa Pia percorre, no leito de morte, o ciclo de uma região, esteio e espinha dorsal do Segundo Reinado: a desvalorização do escravo, o escravo assalariado, o liberto em fuga, a fazenda em ruína, abandonada, sem preço, sem compradores. A transformação da velha estrutura seria um sonho; o café continuaria a imperar, mas com o assalariado, recrutado de outra fonte, em outras terras, agora abertas em São Paulo, com outro sistema de empresa, desligada do fundamento escravagista e latifundiário. Santa Pia entra no romance para consagrar a despedida de uma época, um sistema, fim do Império sem anúncio de outra era. A encantadora Fidélia, sua filha, abandona a terra, entregando-a aos libertos, seguindo para o estrangeiro. Morria com ela, na sua emigração, a fazenda e o próprio país que ela vira, do campo ficou apenas a saudade de dias amargos, um ocaso violento, depois do qual vem a noite sem dia. O Vale do Paraíba segue a esteira, repetindo-lhe as pegadas, do açúcar do Nordeste, outra ruína magnífica. O capital urbano, sôfrego em sair do mau negócio, emprega-se nas apólices públicas ou desvaria na especulação, perseguindo a miragem das empresas, também urbanas, que transformariam o torturado país agrícola em país industrial, outra metamorfose fugaz, ardente, rutilante do velho mercantilismo colonial. As emissões, lançadas para suprir o campo de numerário, que se converteriam em salários, inundam a cidade, embriagando-a de papel-moeda, de euforia, de delírio.

O teatro começa e acaba na corte. O mais profundo sociólogo da quadra diria: "[...] a verdade é que a escravidão tem sido a ruína do nosso país: do território e do povo. A nossa intitulada riqueza são três ou quatro gêneros tropicais, e no que concerne à escravidão, pode dizer-se, é o café"... A lavoura não se basta a si mesma, de tempo imemorial ela se constituiu em "dívida insolvável para o capital —, que entretanto não é outra coisa entre nós senão a economia que outras classes fazem dos gastos da lavoura; [...] o fazendeiro é o empregado agrícola que o comissário ou o acionista de banco tem no interior para fazer o seu dinheiro render acima de 12%".[27]

A fazenda — fazenda traduzida em escravo — é o fundamento da vida econômica; dela vive o campo e se sustenta a cidade. Sua autonomia, desaparecida a velha autarquia sobranceira às necessidades do mundo, será a mesma de uma colônia que a metrópole subsidia e financia, para explorar-lhe as energias, o trabalho e a produção. Em economia, o setor dinâmico, que permuta os valores e fixa os lucros, nem sempre se situa na produção. O parasita não é só a planta mais vistosa: é ela que dá viço, ao contrário do que acontece em botânica, à árvore secular, infundindo-lhe calor e vibração, sangue e alma. Não será, como na paisagem vegetal, a flor mais bela, mas a mais ativa no trabalho de sugar a seiva, sem piedade e sem escrúpulos.

3 | *Classe proprietária: Capitalistas e ociosos. Valores e rendas. Herança e casamento*

HÁ UM GALHO URBANO que guarda maior simetria com a árvore agrícola: o capitalista. O fazendeiro absenteísta, o ex-fazendeiro, o herdeiro do fazendeiro não conhece a especulação, em regra. Raramente será ele comissário, banqueiro ou exportador; se comissário, banqueiro ou exportador, não será fazendeiro, mas produtor agrícola por acidente. O fazendeiro, na cidade, vive da renda, liberto da torturada atividade das plantações e da disciplina dos escravos. Ele se entende com o consumidor de outras rendas — rendas de casas, escravos, empréstimos fixos e apólices da dívida pública. Agrupa-se numa classe que tem simpatias abertas com um estrato restrito, um estamento, que tira sua importância do prestígio social, de hábitos e estilos de vida assinalados como *superiores*, cultos, finos, elegantes, sobranceiros aos especuladores e à mediania. Uma e outra, a classe e o estamento, se aproximam por uma ética — com muitos pontos de contato —, ambos não traficam e aborrecem o dinheiro como medida das coisas e dos homens. São os guardas da tradição, idealizada para o efeito de manter um sistema de valores, sujeita a transformações para assegurar a superioridade. Tradição como defesa, arma e instrumento, e não como realidade. Note-se: a classe dos capitalistas está próxima do lado exterior do estamento, do seu lado de aparência, e não do seu conteúdo íntimo, mas não é o estamento, embora o condicione. O estamento se compõe de um conjunto de convenções, que determinam um modo e um estilo de vida, certas maneiras de educação, com a auréola de prestígio secular, firmado na tradição. Tende para a apropriação de poder político, dele haurindo condições de sobrevivência, independente da base de classe.

Os capitalistas, ramo da classe proprietária positivamente privilegiada, se determinam pelas diferenças de propriedades, propriedades de terras e escravos, casas de aluguel, apólices e ações. Agrupam-se entre os *rentiers*, que vivem de rendas, rendas de escravos, de terras, de casas, de créditos e de valores.[28] Mesmo se empresários agrícolas, na realidade do Segundo Reinado, não se desviam para outra classe (a classe especulativa, ou lucrativa), a que tira da aquisição e venda no mercado sua situação econômica. Não é o comércio que os orienta, mas a formação do patrimônio por meio dos excedentes não consumidos. A experiência demonstra que o trânsito entre a classe *proprietária* e a *lucrativa* é muito raro: o proprietário, o capitalista tende para o consumo ostentatório ou para a ociosidade, sem que lhe ocorra aplicar seus recursos em empresas comerciais, industriais ou mesmo agrícolas (como empresas). Distingue-o o apego à tradição e certos traços de educação, tidos como superiores, com modelos hieráticos de conduta social e política. Cultiva "um pudor, um resguardo em questões de lucro, próprio das classes que não traficam".[29] Leva este consórcio e esta aproximação, entre situação econômica e situação social, entre classe e estamento, a uma conduta quase sempre *irracional* nos gastos, no endividamento, na despreocupação do cálculo de lucros e perdas. A classe, entretanto, não é uma comunidade, mas uma situação comum, com interesses e posses de igual teor, voltada para reivindicações unificadas.

A classe proprietária, dourada com a ética do estamento, dita a conduta e a moralidade da sociedade que Machado de Assis revela. Coube-lhe, pela primeira vez na ficção brasileira, separar e acentuar a classe da nebulosa do prestígio dos homens que orientam a sociedade, mostrando, em linha evolutiva, a emancipação das relações de mercado da contextura das convenções. Logo depois de romper o encanto sagrado dos estratos dominantes, com certo ranço colonial, assinalando a presença do mercado, que mede todos os valores, preocupou-se em reduzir tudo a dinheiro e a fome de pecúnia. Há, no processo íntimo desse desmascaramento, o fio de censuras éticas. Ser proprietário não é imoral, ao contrário, esse status assegura a plenitude do indivíduo. Mas a ociosidade, comum nas suas personagens, não merece incondicionada aprovação ética. Ganhar dinheiro com a especulação de negócios, ações e valores será, por outro lado, detestável, repelente. A linha moral segue uma linha evolutiva: os "homens bons" da colônia desaparecem e, em seu lugar, sobem os traficantes e banqueiros. Depois, o fenômeno contrário, que envolve todo o curso dos acontecimentos e embaraça a consciência: o rico muda com o dinheiro, por dentro, vencendo a repugnância, que o meio tradicional lhe infunde, para se nobilitar. Santos, especulador da praça, faz-se barão. D. Plácida, protetora de amores encobertos, graças a um pecúlio de cinco contos de réis, reza pelo êxito da ligação adúltera. Prudêncio, ex-escravo, devolve as pancadas recebidas a um escravo que adquirira. Em todas as transformações — Santos, d. Plácida,

Prudêncio — aparece, caracterizando-os, a nota de escárnio, máximo grau de censura e reprovação, a um tempo social e moral.

Um traço do mundo colonial, no início do processo. O dr. Simão Bacamarte, na Itaguaí anterior ao café, era filho da *nobreza da terra* (P.A., *O alienista*). Goza de grande prestígio, a Câmara de Vereadores cumula-o de atenções e favores, não por ser médico ilustre, mas pelo seu nascimento. O estrato dominante da vila se compunha dos vereadores e dos principais, isto é, dos principais da vila e seus delegados, os vereadores. Os principais dispunham de "apoio de gente, dinheiro e influência na corte". O barbeiro Porfírio, depois cabeça de uma rebelião contra a Câmara, desde alguns anos "forcejava por ver o seu nome incluído nos pelouros para o sorteio dos vereadores, mas era recusado por não ter uma posição compatível com tão grande cargo". Aqui, o dinheiro está na sombra, a situação econômica não rege o círculo dos fidalgos. Porfírio, simples barbeiro, não tem entrada na alta-roda, que domina e governa. Também o Mateus, artesão que enriquecera no fabrico de albardas, não gozava de consideração pública: afinal, era um simples albardeiro, embora dono de uma casa suntuosa. Mateus, apesar de rico, era repelido pelo círculo superior, que o invectivava, com escárnio e alguma inveja.

> Acabava de construir uma casa suntuosa. Só a casa bastava para deter e chamar toda a gente; mas havia mais — a mobília, que ele mandara vir da Hungria e da Holanda, segundo contava, e que se podia ver do lado de fora, porque as janelas viviam abertas — e o jardim, que era uma obra-prima de arte e de gosto. Esse homem, que enriquecera no fabrico de albardas, tinha tido sempre o sonho de uma casa magnífica, jardim pomposo, mobília rara. Não deixou o negócio das albardas, mas repousava dele na contemplação da casa nova, a primeira de Itaguaí, mais grandiosa do que a Casa Verde, mais nobre do que a Câmara. Entre a gente ilustre da povoação havia choro e ranger de dentes, quando se pensava, ou se falava, ou se louvava a casa do albardeiro, — um simples albardeiro, Deus do céu! [...] Os vizinhos, embora o cumprimentassem com certo respeito, riam-se por trás dele, que era um gosto. Um desses chegou a dizer que o Mateus seria muito mais econômico, e estaria riquíssimo, se fabricasse as albardas para si mesmo; epigrama ininteligível, mas que fazia rir às bandeiras despregadas.

Rico era também o Costa, mas sua fortuna vinha de raízes mais nobres, ele herdara 400 mil cruzados em boa moeda de el-rei dom João V, "dinheiro cuja renda bastava, segundo lhe declarou o tio no testamento, para viver 'até o fim do mundo'" (P.A., *O alienista*). Itaguaí, que escarnecia o Mateus, não ria do Costa, ao contrário, estimava-o, malgrado a louca dissipação do patrimônio, dividido em empréstimos sem usura e sem retorno. Outro lance da sociedade colonial: o tanoeiro Damião Cubas, montado em alguns recursos que o ofício lhe proporcionou, planta, colhe e permuta o produto por "boas e honradas patacas". Opulenta-se, mas não passa de um tanoeiro, incapaz de, pela origem, justificar uma dinastia. A família Cubas projeta-se, em contraste com o enxovalhado Mateus, porque o filho de Damião "estudou em Coimbra, primou no Estado, e foi um dos amigos do vice-rei conde da Cunha" (M.P., III). O letrado, o rico de segunda geração, apaga a origem escura, manchada com o trabalho grosseiro das mãos, permitindo o engaste na máquina do Estado. "Damião Cubas era afinal de contas um tanoeiro, e talvez mau tanoeiro"... apenas rico, sem o manto de uma camada nobre, ganho no trato dos negócios públicos. Há mais: o filho de Damião, Luís Cubas, não trabalha, como o neto Brás Cubas — que, a exemplo do pai, terá vergonha do trabalho. A sociedade do neto de Damião e do pai de Brás Cubas será a sociedade seleta do começo do século XIX, "o juiz de fora, três ou quatro oficiais militares, alguns comerciantes e letrados, vários funcionários da administração" (cap. XII).

Agora, um novo passo: a renda define o estrato superior, renda de empregos elevados ou renda de bens. Renda sem trabalho, com o horror ao trabalho das mãos, distante, no mínimo, uma geração. Renda e título de educação superior, renda e ócio. Esta será a vida de Brás Cubas, nascido em 1805. Mas Brás Cubas é o momento que separa o estamento da classe. A classe, calcada no dinheiro e na propriedade, na medida do mercado, se emancipa nesse cínico rebento dos Cubas. Filho de um estrato superior, que se equipara aos *homens bons*, a posição elevada não lhe cai nas mãos, conduzida pelo nome e pela fortuna. Ele, para conservar o lustro de um Cubas, deve conquistar novas alianças, no casamento com a filha de uma influência, na eleição para deputado. Sem a escada a ser galgada, Brás Cubas perde-se na ociosidade e na obscuridade. Outro momento: a renda sem a influência como o Dom Casmurro, que não foi deputado, nem titular, nem aspirará à farda de ministro, e para quem a advocacia supria o orçamento. Ainda outro passo: o desaparecimento dos donos de renda e dos ociosos, que o descalabro de Rubião anunciará; o patrimônio, para assegurar a serena situação de capitalista, há de ser gerido com moderação e prudência, sem desperdícios e excessos. As virtudes burguesas se emancipam, ao compasso da decadência de um estrato superior, agora e cada vez mais refugiado na política e daí se irradiando sobre a sociedade, em movimento contrário ao de cem anos antes. Tudo se passará no espaço de um século e meio, entre a primeira metade do século XVIII e o fim do século XIX.

Há muitos caminhos para a propriedade que gera renda e ócio, excluído o momento de aquisição inicial de cabedais, com a poupança e o trabalho, ou a acumulação opulenta de muitas gerações. O primeiro e o mais seguro será a herança, de pai a filho, que traz o patrimônio invulnerável à crítica e ao escárnio, com o esquecimento das mãos calosas ou astutas que o amealharam. Um pouco mais de sorte, e a herança virá de tios e avós; propícios os céus, ela virá de parentes remotos, padrinhos ou de um amigo grato. Se houver cálculo e diligência, uma vistosa estampa ou um nome tradicional, o casamento remediará o abismo. Raro será o caso do fazendeiro cuja escravaria e feitor proporcionará renda certa e larga para a vida faustosa ou folgada da cidade. Mais raro o fenômeno de Correia (R.C.V., *Maria Cora*), que, opulentado com o jogo da praça, reduzirá o capital à renda, para o gozo de uma vida tranquila, sem sobressaltos e sem riscos. A herança é a chave dos cabedais do chamado capitalista, herança presente ou futura. Herdeiros foram Brás Cubas, Bentinho (*Dom Casmurro*), Félix (*Ressurreição*), Jorge (*A mão e a luva*), ou outro Jorge (*Iaiá Garcia*), Estácio (*Helena*), Rubião (*Quincas Borba*) e muitos outros, de menor envergadura. O traço comum dessa legião de filhos e sobrinhos aquinhoados pela morte virá do horror ao trabalho; todos cultivam o bom e elegante ócio. Um ou outro, como Bentinho, dedicam-se, sem muitas fadigas, à advocacia, alguns ensaiam passos na política. Nenhum compra e vende ou agencia créditos e valores — sua classe situa-se na propriedade, de onde fluem as rendas e frutos. Oliveira (H.S.D., *Primas de Sapucaia*) deixou a promotoria em Minas Gerais, depois que recebeu uma herança, para dedicar-se ao estudo dos mistérios da indecifrável Adriana. Quintanilha (R.C.V., *Pílades e Orestes*), ao herdar os bens de um tio, não se ocupou em outra coisa senão em roer a renda. Estes são casos de personagens sem uma grande história; os outros seguem a mesma linha, com maior requinte. Félix (*Ressurreição*) constitui o modelo da vida elegante e ociosa do senhor de rendas. Médico, "conhecera o trabalho no tempo em que precisava dele para viver" (cap. I). Uma "inesperada herança", já aos 36 anos, levantara-o da pobreza, transformando-o num "rapaz vadio e desambicioso".

Desde que alcançou os meios de não pensar no dia seguinte, entregou-se corpo e alma à serenidade do repouso. Mas entenda-se que não era esse repouso aquela existência apática e vegetativa dos ânimos indolentes; era, se assim me posso exprimir, um repouso ativo, composto de toda a espécie de ocupações elegantes e intelectuais que um homem na posição dele podia obter.

Em Jorge (*A mão e a luva*), também alheio às aflições do trabalho, encontra-se uma nota nova, a censura da vadiagem. Censura em nome da premissa maior inarticulada, mas visível, a virtude burguesa, segundo a qual só o trabalho legitima a existência. Dos seus defeitos,

> o maior era um pecado mortal, o sétimo. O nome que lhe deixara o pai, e a influência da tia podiam servir-lhe nas mãos para fazer carreira em alguma coisa pública; ele, porém, preferia vegetar à toa, vivendo do pecúlio que dos pais herdara e das esperanças que tinha na afeição da baronesa. Não se lhe conhecia outra ocupação. (cap. VII)

A preguiça não merece a aprovação da ética que envolve a sociedade. Mas a vaga ética do tempo não recomenda o trabalho, qualquer trabalho. Em lugar do trabalho, a ocupação, ligada à coisa pública, reservada ao estamento político, que poderia dar emprego às energias sem retribuição pecuniária, longe da troca do suor por dinheiro. Igual é a trama de sentimentos que cerca Estácio (*Helena*), herdeiro rico e ocioso, preocupado com seus livros e seus passeios, retraído e generoso, sem extravagâncias. O futuro sogro, com a aprovação geral, quer impingir-lhe uma cadeira na Câmara dos Deputados. "A política é a melhor carreira para um homem em suas condições; tem instrução, caráter, riqueza; pode subir a posições invejáveis" (cap. VII). Jorge, filho de Valéria (*Iaiá Garcia*), bacharel sem gosto para a advocacia ou para a carreira de magistrado, empurra-o a mãe à guerra, na qual podia elevar-se aos mais altos postos. Certo, o motivo de Valéria é outro: o importante será o consenso ambiente para arredar o filho da ociosidade que "faz-se natureza com o tempo" (cap. II). Jorge não foge ao seu destino, organiza sua vida para gozar as rendas, advogando apenas o mínimo para ter o "nome no portal do escritório e no almanaque de Laemmert". Uma outra característica se insinua no *rentier*, contemporânea do fim da Guerra do Paraguai. A fruição de rendas deveria, para perdurar, ser moderada, cautelosa, prudente; fora desses limites, viria o desperdício, o esbanjamento, que trariam, na cauda, a ruína e a pobreza.

> Os haveres herdados podiam dispensá-lo de advogar ou de seguir qualquer outra profissão, uma vez que não fosse ambicioso e regesse com critério o uso de suas rendas. Tinha as qualidades precisas para isso, umas naturais, outras obtidas com o tempo. Os quatro anos de guerra, de mãos dadas com os sucessos imediatamente anteriores, fizeram-lhe perder estas preocupações que eram, em 1866, as únicas de seu espírito. A vida à rédea solta, o desperdício elegante, todas as seduções juvenis eram inteiramente passadas. (I.G., VII)

À virtude burguesa da condenação da vida sem trabalho se acrescenta outra, da mesma origem: não gastar além do necessário. Brás Cubas (*Memórias póstumas*), que vive em época anterior a Jorge, mas sofre o impacto de ética mais tarde dominante, visto o romance haver sido escrito anos depois de *Iaiá Garcia*, vive o conflito entre a virtude e o vício. O vício traduz-se no viver sem trabalho, ou melhor, sem ocupação, embora tivesse "a boa fortuna de não comprar o pão com o suor do rosto" (M.P., CLV). A vadiação e o egoísmo estão sob clara, veemente e enérgica censura, à qual a personagem responde com o cinismo e o despistamento. Brás Cubas é o homem que engana: engana a família, engana os amigos, engana a si mesmo e engana a sociedade. Está em fuga, justificando-se a cada passo, mascarando a conduta num cipoal de raciocínios, subtilezas e perfídias. O imperativo que Brás procura dissimular é o velho imperativo dos homens de renda: a política, que seu pai lhe acena como único meio de se afastar da inutilidade e da obscuridade, continuando e ilustrando a estirpe (cap. XXVIII). O malogro de tais expectativas deixa-o, diante de si próprio, nu, sem disfarces: um mandrião que não foi nada. O epílogo de suas frustrações lança-o à derradeira fuga: envergonhado, aborrecido, fugiria aos homens, metendo-se na Tijuca (cap. CXI). Perseguiam-no duas correntes: a repulsa do estrato superior, ao negar-lhe a farda ministerial, e a reprovação da ética burguesa, pela ociosidade, agora não mais a ociosidade de um Félix, de outro tempo, mas a pura e vulgar vadiagem. De passo em passo, chegar-se-á à lição de Bentinho (*Dom Casmurro*), o herói burguês que despreza as rendas, vivendo da advocacia, sob os cuidados de uma mulher poupada, boa dona de casa.

O remate dos conflitos do senhor de rendas está no desastre de Rubião (*Quincas Borba*). Herdeiro universal do filósofo Quincas Borba — herdeiro de "casas na Corte, uma em Barbacena, escravos, apólices, ações do Banco do Brasil e de outras instituições, joias, dinheiro amoedado, livros" (cap. XIV) —

desatende à moral burguesa. Entrega-se à ociosidade, não mais a elegante ociosidade, mas a reles, vítima da exploração dos amigos do homem rico, e não modera seus gastos. Ao seu lado, não mais existem os beneficiários de rendas — os tempos são outros. Há vadios, que roem as "primeiras aparas dos bens da mãe", e os que já não tinham o que roer (Q.B., XXIX). Rodeado de um outro mundo voraz e impiedoso da especulação, aventura-se em empresas com bases falsas. Seus bens se vão, gota a gota, gastando o próprio capital, em lugar de moderar a despesa pelas rendas líquidas. No fim, o julgamento:

— Que fazia ele, ou que faz agora? continuou o deputado.
— Nada, nem agora nem antes. Era rico — mas gastador. Conhecemo-lo quando veio de Minas, e fomos, por assim dizer, o seu guia no Rio de Janeiro, aonde não voltara desde longos anos. Bom homem. Sempre com luxo, lembra-se? Mas, não há riqueza inesgotável, quando se entra pelo capital; foi o que ele fez. (Q.B., CLVIII)

Rubião fechará uma longa série, o último exemplar da variada fauna dos capitalistas, ociosos e atraídos para a política. Daí por diante, só os aposentados (como o conselheiro Aires) dispensam o trabalho. Depois dele, a riqueza, a opulência será privilégio dos homens que traficam, como o Escobar, Palha, Cotrim e Santos. Uma classe decai e outra sobe, vítima, a primeira, de novas condições econômicas, que irrompem no cenário em 1850, depois da cessação do tráfico. Mauá será o símbolo da nova realidade. Terá contribuído para matar o ocioso fruidor de rendas, a desvalorização monetária, que se projeta, devastadora, depois de 1889. Mesmo antes houve momentos de elevação brusca de custos de vida, desmoralizando rendas fixas, sem o aniquilamento que lhes impôs o último decênio do Império. O índice do custo de vida, calculado em cem em 1850, depois de vinte anos, em 1870, chegou a 116. Volvidos dez anos, o índice chegaria a 132, o dobro, em apenas um decênio, de vinte anos anteriores. Já em 1890, o número se elevaria a 208, atingindo, no último ano do século, a 324.[30] Enquanto Machado de Assis cala acerca da inflação, conservando os valores estáveis no curso das peripécias de suas personagens, por um dado indireto, de mais profunda ressonância, evidencia-a, patenteando as transformações sociais que ela ajuda a provocar.

A classe proprietária desfrutava rendas, representadas por aluguéis, juros, dividendos e prestações. Que valores se colhiam daí e qual a escala de consumo possível com tais benefícios? A pesquisa mostrará que o escritor tinha noção realista, escrutinadora e calculada da propriedade e seus frutos. Ele media as fortunas e lhes avaliava as vantagens, com olho certeiro e sagaz. Antes da dança dos números, colhidos na ficção, um pouco de realidade, baliza da fantasia. O homem mais rico do Império, pelo menos o ostensivamente mais rico, era o visconde de Mauá. Na *Exposição aos credores e ao público*, escrita em 1878, o empresário e banqueiro conta que, depois de vinte anos de trabalho, aos 32 anos de idade, em 1846, amealhara recursos capazes de lhe assegurar, se quisesse permanecer ocioso, "uma renda superior a cinquenta contos anualmente, se fora o capital empregado nos títulos mais bem garantidos que o nosso país possui".[31] Sabido que o emprego de capital a que alude são os títulos públicos, com juros de 6% ao ano, sua fortuna deveria andar na casa dos oitocentos contos de réis, quantia de 1846 que, trinta anos depois, ainda parecia a Mauá bastante avultada, também ele, como Machado de Assis, sem a consciência da quebra do padrão monetário, no período, elevado (cem em 1850 a 129 em 1875). Essa importância — representada de bens pessoais — subia, no ano de sua falência, 1878, aos mil contos que entregou aos credores.[32] Cinquenta contos de réis de renda anual dariam, em 1846 ou em 1878, para uma vida opulenta, ociosa, despreocupada. Eram tempos sem imposto de renda! Renda mais alta só a renda principesca do conde d'Eu e da princesa Isabel, de 150 contos anuais, segundo os valores do ajuste de 11 de outubro de 1864. Há, no outro extremo, os vencimentos de Machado de Assis, chefe de seção do Ministério da Agricultura, com os seus cinco contos e quatrocentos mil-réis por ano, remuneração de alto funcionário. Vivia-se, sem desperdícios e sem luxo, com quatrocentos mil-réis mensais, ordenado quase escandaloso ainda em 1885 (B.E., 14 de junho). O certo é que duzentos mil-réis mensais seria o mínimo para uma existência poupada e sóbria (P.A., *O anel de Polícrates*). A oportunidade para um parêntese: em 1882, duzentos mil-réis por mês faziam de um homem um ser modesto, nem mendigo, nem nababo. Já em 1904, o ordenado é manifestamente insuficiente, com visível padrão de vida inferior, no regime das dívidas, trabalhos particulares e a fantasia do enriquecimento no jogo, no modesto e já popular jogo do bicho (O.C., *Jogo do bicho*). A inflação, com o *encilhamento* de permeio, deixa marcas na obra do ficcionista, que, mais uma vez, a percebe indiretamente, sem exame consciente, amortecido por um longo período de estabilidade. Fechado o parêntese, estes os extremos: 150 contos da princesa e 200 mil-réis do empregado público. Outros polos: os mil contos de Mauá e os cinco contos de d. Plácida, pecúlio para uma vida modesta e ínfima.

O conto *Luís Soares* (C.F.) é de 1869. Os valores têm três escalas: Luís Soares, estroina, dissipador, boêmio, recebe um dia uma notícia trágica: o banco lhe comunica estar seu saldo reduzido a seis contos. Seis contos seriam alguma coisa, com uma renda de 360 mil-réis por ano, trinta mil-réis por mês, o miserável salário de um trabalhador rural. Para Luís Soares, esquivo ao trabalho, gastador sem cálculo de futuro, seria a vergonha. "Pela primeira vez na sua vida Soares sentiu uma grande comoção. A ideia de não ter dinheiro nunca lhe havia acudido ao espírito; não imaginava que um dia se achasse na posição de qualquer outro homem que precisava de trabalhar." Aberto o abismo aos seus pés, o perdulário tem três saídas: o suicídio, o emprego, ou o casamento com mulher abastada. Não o suicídio total: "apenas meio suicídio, porque a pobreza já é meia morte". O casamento não resolve tudo; a noiva possível, ao alcance de sua cobiça, tem apenas trinta contos, "despesa de um ano". Sobrou o emprego numa secretaria "com um bom ordenado". Seria um caminho — quem sabe? — ao parlamento; para isso não lhe faltava uma influência, o tio, "constitucional por necessidade", que "chorava pela sociedade antiga". Um outro valor, de encher os olhos, se ergue, aureolando a desdenhada noiva dos trinta contos; doura-a uma herança de trezentos contos.

> Nessa noite o rapaz dormiu pouco. Sonhou com o Oriente. Pintou-lhe a imaginação um harém recendente das melhores essências da Arábia, forrado o chão com tapetes da Pérsia; sobre moles divãs ostentavam-se as mais perfeitas belezas do mundo. Uma circassiana dançava no meio do salão ao som de um pandeiro de marfim.

O Oriente vale Paris e o sobrepuja: o harém seriam todos os cabarés do Sena. Trezentos contos perturbam, em contraste com os miseráveis seis contos, convite ao suicídio. Romualdo, o homem que organizara um programa de vida, contava com os duzentos ou trezentos contos da viúva do B..., para a grandeza e a glória. Trezentos contos! — "é papa fina", será o comentário ingênuo, sem a consciência do cinismo (O.C., *O programa*). Igual importância assombra o modesto professor primário Rubião de Alvarenga, mineiro de Barbacena, que se supunha "um desgraçado, um caipora, frustrado na tentativa de 'enriquecer com empresas que morreram em flor'" (Q.B., XV). Herdeiro, a imaginação — o ano seria 1867 (I, 557) — põe-se a cabriolar, divertindo-se com a perplexidade cautelosa do novo capitalista.

> Calculou o algarismo. Menos de dez contos, não. Compraria um pedaço de terra, uma casa, cultivaria isto ou aquilo, ou lavraria ouro. O pior é se era menos, cinco contos... Cinco? Era pouco; mas, enfim, talvez não passasse disso. Cinco que fossem, era um arranjo menor, e antes menor que nada. Cinco contos... Pior seria se o testamento ficasse nulo. Vá, cinco contos! (cap. x)

Enfim, as dúvidas se desfazem — é a opulência.

> Quando o testamento foi aberto, Rubião quase caiu para trás. Adivinhais por quê. Era nomeado herdeiro universal do testador. Não cinco, nem dez, nem vinte contos, mas tudo, o capital inteiro, especificados os bens, casas na Corte, uma em Barbacena, escravos, apólices, ações do Banco do Brasil e de outras instituições, joias, dinheiro amoedado, livros, — tudo finalmente passava às mãos do Rubião, sem desvios, sem deixas a nenhuma pessoa, nem esmolas, nem dívidas. (cap. xiv)

É a opulência, opulência só aparente. Os valores devem ser somados, para que a fantasia descanse, embriagada com a soma mágica: trezentos contos. As inquietações de Rubião ainda não se pacificaram.

> Herdeiro já era muito; mas universal... Esta palavra inchava as bochechas à herança. Herdeiro de tudo, nem uma colherinha menos. E quanto seria tudo? ia ele pensando. Casas, apólices, ações, escravos, roupa, louça, alguns quadros, que ele teria na corte, porque era homem de muito gosto, tratava de coisas de arte com grande saber. E livros? devia ter muitos livros, citava muitos deles. Mas em quanto andaria tudo? Cem contos? Talvez duzentos. Era possível; trezentos mesmo não havia que admirar. Trezentos contos! trezentos! E o Rubião tinha ímpetos de dançar na rua. Depois aquietava-se; duzentos que fossem, ou cem, era um sonho que Deus Nosso Senhor lhe dava, mas um sonho comprido, para não acabar mais.

A Europa — Paris — abre-lhe as portas ao sonho e à fantasia (cap. xxi). Trezentos contos era a fortuna de Brás Cubas, que o dispensou de ganhar a vida com o suor do rosto.

Trezentos contos, com a renda certa e permanente de dezoito contos anuais, enchia a imaginação, fazia dançar na rua e provocava sonhos com o Oriente. Há valores mais altos, porém, antes de alcançar o limite dos mil contos de Mauá, com a renda de cinquenta, e dos 150 de renda da princesa.

Andrade — numa história escrita em 1884 — tinha uma avó, dona de seus oitocentos contos (O.C., *O caso do Romualdo*). Uma candidata à parceria do desfrute da grande fortuna, parceria selada com o casamento, pensa logo na Europa, sítio ideal para a grande vida. O teto dos trezentos contos, rompido pelo Andrade, só seria ultrapassado no *encilhamento*, com seus fantásticos, vistosos e fugitivos números. A *Anedota pecuniária* (H.S.D.), de 1883, alude a um sucesso de 1864, no qual o usurário Falcão mediu e pesou todas as fortunas que levaram um caixão à última morada.

> A linguagem do Falcão valia um estudo. Assim é que, um dia, em 1864, voltando do enterro de um amigo, referiu o esplendor do préstito, exclamando com entusiasmo:
> — Pegavam no caixão três mil contos!
> E, como um dos ouvintes não o entendesse logo, concluiu do espanto, que duvidava dele, e discriminou a afirmação:
> — Fulano quatrocentos, Sicrano seiscentos... Sim, senhor, seiscentos; há dois anos, quando desfez a sociedade com o sogro, ia em mais de quinhentos; mas suponhamos quinhentos...
> E foi por diante, demonstrando, somando e concluindo:
> — Justamente, três mil contos!

De raspão, apenas entrevistas, estão aí fortunas de quatrocentos a seiscentos contos, de causar pasmo, além dos melhores sonhos de Rubião e das garras impiedosas de Luís Soares. Um detalhe: quinhentos contos, depois de dois anos, saltam para seiscentos, num acréscimo de 20%. Falcão, que faz os cálculos e as conjeturas, era usurário, para o qual a taxa de 10% ao ano seria o normal para um patrimônio bem empregado. O *encilhamento*, que se abre em 1889, terá o efeito de um furacão: o índice de custo de vida chega às alturas, trocando trezentos contos em 2 mil, em salto jamais imaginado. O índice de preços 176 (cem em 1850) de 1888 eleva-se a 208 em 1890, não se detém no 321 de 1895, atingindo o máximo de 350 em 1896. Com tais números tudo é possível. Correia, em 1893, se aquieta no desfrute de quatrocentos contos que reunira "por jogo de praça". Passou, depois da aventura quase lotérica, a viver de suas rendas tranquilas, numa casa de pensão no Catete, embora os quatrocentos contos lhe permitissem "casa exclusiva e própria" (R.C.V., *Maria Cora*). Nóbrega, dotado de outra energia, não dormiu sobre êxito tão medíocre, agora medíocre dentro da corrente cruzada de ventos do *encilhamento*. De dois mil-réis chegou a 2 mil contos — a mais alta fortuna de toda a ficção de Machado de Assis (E.J., CIII).

Tanto Correia, personagem criado em 1898, como o Nóbrega, visto da perspectiva de 1904, transformam-se de especuladores em capitalistas: nutrem-se de rendas, depois de uma caminhada de compras e vendas. Correia é capitalista declarado — o ano é 1898, os fatos são de 1893. Nóbrega, também capitalista, tem suas atividades encobertas pela dúvida — talvez continue nos seus negócios — o ano não é distante de 1893, mas a perspectiva se irradia depois da virada do século. Enquanto Correia poderia, sem sobressalto, volver ao modelo antigo do homem abastado à renda sem riscos. Nóbrega não parece, embora opulento, gozar de igual tranquilidade sem perturbações, como se o tempo não trouxesse surpresas. Há algo de diverso entre os dois, além da observação do limite dos trezentos contos. Já há alguma distância da abastança despreocupada de Brás Cubas e dos dois Jorges (*A mão e a luva* e *Iaiá Garcia*), ou do Félix (*Ressurreição*), entregues de "corpo e alma à serenidade do repouso" (Res., cap. I). Efeito de causas duplas: a inflação e a agitação mercantil e industrial que leva o Segundo Reinado à agonia. Uma nova classe ronda a sua oportunidade para o comando, a classe de Escobar, Palha, Cotrim, Procópio Dias, Santos e, sobretudo, a classe de Nóbrega, todos filhos do nada, sem ócios, sem nome e sem linhagem, afastados da veleidade do poder político como ornamento da renda permanente e inviolável a mutações. O tabelião Vaz Nunes "roía muito caladinho os seus duzentos contos de réis" (P.A., *O empréstimo*), quantia que o especulador Cotrim ganharia numa única empresa, com fornecimentos ao Estado (M.P., CXLVIII). São duas pessoas e duas classes que se defrontam, com o declínio da que consome suas rendas, quietamente, tranquilamente. Virá a outra, que se considerará "acima das viravoltas da fortuna" (I.G., VII), depois de muitos negócios, especulações, em perene busca e contínua agitação insaciável. É outro mundo — de aventureiros gloriosos e sem maneiras, opulentos de bens e pobres de gramática.

Não bastam os hipotéticos trezentos contos para a vida sem sobressaltos, sobranceira às necessidades e ao trabalho. O patrimônio há de ser bem colocado, com segurança e com frutos periódicos. É reconhecida a operação de d. Glória, a mãe de Bentinho (*Dom Casmurro*), para investir o valor de uma fazenda: escravos para pôr ao ganho ou alugar, prédios e apólices de empréstimos públicos (cap. VII). A renda dos aluguéis de casas era o forte de suas prestações: um conto e setenta mil-réis mensais, correspondente a nove casas, de aluguel variável entre setenta e 180 mil-réis. Mais tarde, depois da Guerra do Paraguai, Jorge (*Iaiá Garcia*), herdeiro de pai rico, liquida todos os negócios da família, transformando-os em bens que o dispensariam de trabalhar e lhe permitiriam "viver à farta". Sabia bem que os valores lhe assegurariam o desfrute tranquilo, "uma vez que não fosse ambicioso e regesse com critério o uso de suas rendas" (cap. VII). Entende-se que boa parcela do patrimônio de Jorge fosse de casas: ele não dorme na contemplação de um edifício seu, senão que pensa nos aluguéis. Na casa da Tijuca, que vagara e pretende alugar, dialoga Jorge, capitalista, com Procópio Dias, comerciante e especulador. O choque é de duas mentalidades e de duas classes, a que trafica e a que desdenha o trato dos interesses.

— [...] soube [diz Procópio Dias] que esta casa vagara, vim vê-la; não sabia que era sua. Está um pouco estragada.
— Muito [confessa Jorge, o proprietário].
— Muito?
— Parece.
Procópio Dias abanou a cabeça com um gesto de lástima.
— Não é assim que deve responder um proprietário, disse ele. Meu interesse é achá-la arruinada; o seu é dizer que apenas precisa de algum conserto. A realidade é que a casa está entre a minha e a sua opinião. Olhe, se está disposto a concordar sempre com os inquilinos, é melhor vender as casas todas que possui. Ou fica perdido... Com que então esta casa é sua? A aparência não é feia; há alguma cousa que pode ser consertada e ficará então excelente. Não é casa moderna; mas é sólida. Eu já a vi quase toda; desci à chácara, e estava a examiná-la, quando o senhor apareceu na varanda.
— Quer ficar com ela?
— Ingênuo! respondeu Procópio Dias batendo-lhe alegremente no ombro. Se eu confesso que ela não está muito estragada é porque não a quero para mim.

De Félix (*Ressurreição*), Estácio (*Helena*) e do outro Jorge (*A mão e a luva*) pouco se sabe da composição de seus bens. A omissão de detalhes é significativa: personagens anteriores a 1880, a renda era um fato óbvio, sem necessidade de explicações. Somente quando a onda dos negócios, com seus lucros e perdas, compras e vendas, assoma o Império, não se entende o ocioso sem a minuciosa referência aos bens, valores e rendas. Do outro Jorge (*A mão e a luva*) se diz apenas que vive "do pecúlio que dos pais herdara" (cap. VII), como herdaram os outros. Rubião, como Jorge e como d. Glória, converte ou consolida sua herança em bens rentáveis, sob a assessoria do zangão e especulador Palha. Os valores que lhe caíram nas mãos se compunham de casas, escravos, apólices e de dinheiro amoedado (Q.B., XIV). Converteu-os em três categorias de bens: ações, apólices e imóveis, que rendiam juros, dividendos e aluguéis.

> Palha era agora o depositário dos títulos de Rubião (ações, apólices, escrituras) que estavam fechados na burra do armazém. Cobrava-lhe os juros, os dividendos e os aluguéis de três casas, que lhe fizera comprar algum tempo antes, a vil preço, e que lhe rendiam muito. Guardava também uma porção de moedas de ouro, porque Rubião tinha a mania de as colecionar, para contemplação. (Q.B., CVIII)

Note-se: d. Glória, em 1846, empregara o produto da fazenda em escravos, apólices e imóveis. Rubião, trinta anos depois, inverterá a herança em: *ações*, apólices e imóveis. Há um elemento novo e singular: as ações de companhias e casas comerciais, justamente o setor que levará o mineiro de Barbacena à ruína. Rubião, explorado em algumas letras em favor do Palha, provavelmente empréstimos sem juros ou a juros mesquinhos (caps. XLV e L), acede em se associar ao zangão, na firma Palha & Companhia, estabelecida na Rua da Alfândega, dedicada ao negócio de importação (cap. LXIX). Preocupado em gozar os capitais sem os riscos do comércio, hesitará antes de enveredar para compra e venda, embora meramente como financiador, a princípio.

> Apesar de fácil, Rubião recuou algum tempo. Pediam-lhe uns bons pares de contos de réis, não entendia de comércio, não lhe tinha inclinação. Demais, os gastos particulares eram já grandes; o capital precisava do regímen do bom juro e alguma poupança, a ver se recobrava as cores e as carnes primitivas. O regímen que lhe indicavam não era claro; Rubião não podia compreender os algarismos do Palha, cálculos de lucros, tabelas de preços, direitos da alfândega, nada; mas, a linguagem falada supria a escrita. Palha dizia cousas extraordinárias, aconselhava ao amigo que aproveitasse a ocasião para pôr o dinheiro a caminho, multiplicá-lo. Se tinha medo, era diferente; ele, Palha, faria o negócio com John Roberts, sócio que foi da Casa Wilkinson, fundada em 1844, cujo chefe voltou para a Inglaterra, e era agora membro do Parlamento. [...] Rubião não cedeu logo, pediu prazo, cinco dias.

> Consigo era mais livre; mas desta vez a liberdade só servia para atordoá-lo. [...] Atrás dos motivos de recusa, vieram outros contrários. E se o negócio rendesse? Se realmente lhe multiplicasse o que tinha? Acrescia que a posição era respeitável, e podia trazer-lhe vantagens na eleição, quando houvesse de propor-se ao Parlamento, como o velho chefe da Casa Wilkinson [...] que entraria de sócio com o marido [de Sofia], mediante certas cláusulas de segurança. (cap. LXIX)

Assim foi o primeiro passo, precedido do diálogo do especulador com o capitalista, cheio do molho das tentações de lucro rápido, com o discreto e astuto auxílio dos olhos da mulher do Palha, a enigmática e atraente Sofia. Vencida a primeira resistência, não se deterá mais, caindo na Companhia União dos Capitais Honestos e na Empresa Melhoradora de Embarques e Desembarques no Porto do Rio de Janeiro (caps. CVIII e CX), prenúncio do *encilhamento*. Os desvios de Rubião para o comércio e a compra de ações, atraído pelo lucro fácil e enganador, de golpe, não desnatura a natureza da fortuna do capitalista. A parte sólida do patrimônio é constituída de casas, como será o de Jorge, d. Glória, Brás Cubas e Rubião. O valor de uma casa variará muito, não no tempo, mas pela grandeza, pobre ou imponente. A casa de residência do pai de Brás Cubas, casa senhorial, própria para as recepções à mais luzida sociedade do tempo, custou 58 contos, no começo do século XIX. Em meados do século, valeria cinquenta, ou pelo cálculo de um interessado em aviltar-lhe o preço, 35 contos (M.P., XLVI). Viegas, no leito do enfermo, aos últimos arrancos de vida, negocia uma casa; quer quarenta contos e o comprador se propõe dar trinta, elevando a oferta a 38 (M.P., LXXXIX). A casa do Pádua, casa de funcionário público, custou menos de dez contos de réis, numa zona ilustrada pela presença de d. Glória, na Rua de Matacavalos (D.C., XVI). Os preços estariam dentro da realidade, a bem conhecida realidade de Machado de Assis, ele também preocupado com sua casa de residência, no Cosme Velho. Mauá, em 1849, vendeu sua chácara, com casa de vivenda, arvoredos e benfeitorias, em Santa Teresa, por onze contos de réis, valor pouco superior ao da casa do Pádua, presumivelmente modesta. Também aí o aluguel corresponderia a uma vantagem entre 6% e 10% ao ano: as casas de d. Glória rendiam entre 70$000 e 18$000 por mês, o que lhes daria um valor entre dez e vinte contos. Fora das apólices e das casas, com a passagem pelo aluguel de escravos, a intromissão do capitalista na compra de ações seria um passo incerto, cheio de riscos e perigos. Entrava a influência de outra classe, uma classe que invadia toda a sociedade, subvertendo os bens estáveis, certos, seguros, invioláveis, de todos os tempos.

Esta classe proprietária não enriquece com o trabalho, mil-réis a mil-réis, salvo os raros exemplos de um tanoeiro, como Damião Cubas, ou do albardeiro Mateus (*O alienista*). A fortuna já vem pronta de uma geração a outra, de pai a filho, de sogro a genro, de tio a sobrinho, de avô a neto. Herda-se sem testamento e com testamento, o testamento, que modifica o destino de tantas personagens.[33] O testamento determina a classe a Helena, a Valongo (*O enfermeiro*), a Félix e Rubião, entre outros. A fortuna vem inteira, bastará apenas, se necessário, convertê-la em bens de desfrute seguro, mais nada. O testamento despertará não apenas o herdeiro universal e o legatário, mas criará, ao seu lado, a fauna sinistra dos urubus de enfermos e velhos, cobiçosos de uma fatia de bem-aventurança. A ética do eventual herdeiro está na palavra do dr. Camargo (*Helena*): "Todo o incômodo é aprazível quando termina em legado" (cap. XIV). Uma mulher rica, viúva e idosa, atraía uma corte de esperanças, como a fazendeira de Cantagalo (*Helena*) ou a baronesa de *A mão e a luva*. Flanqueavam-nas sobrinhos, primos, afilhados, todos ávidos de um breve desenlace, "desenlace igualmente afetuoso e pecuniário" (Hel., XIV). Uma onda de bajulação cercava o eventual testador, impondo-lhe um afilhado ou uma afeição calorosa, como a que desabou sobre a Marcela decadente, comerciante e ourives (M.P., XXXIX). Virgília corteja o Viegas, grande avaro, "um cangalho de setenta invernos, chupado e amarelado, que padecia de um reumatismo teimoso, de uma asma não menos teimosa e de uma lesão no coração: era um hospital concentrado" (M.P., LXV). Os afagos de Virgília são realmente extraordinários e comoveriam uma pedra, provocando a promessa de muitos contos de réis, senão para si, ao menos para o filho.

> O caso de Virgília tinha alguma gravidade mais. Ela era menos escrupulosa que o marido: manifestava claramente as esperanças que trazia no legado, cumulava o parente de todas as cortesias, atenções e afagos que poderiam render, pelo menos, um codicilo. Propriamente, adulava-o; mas eu observei que a adulação das mulheres não é a mesma cousa que a dos homens. Esta orça pela servilidade; a outra confunde-se com a afeição. As formas graciosamente curvas, a palavra doce, a mesma fraqueza física dão à ação lisonjeira da mulher, uma cor local, um aspecto legítimo. [...] Era o que eu pensava comigo, quando Virgília se desfazia toda em afagos ao velho parente. Ela ia recebê-lo à porta, falando e rindo, tirava-lhe o chapéu e a ben-

gala, dava-lhe o braço e levava-o a uma cadeira, ou à cadeira, porque havia lá em casa a "cadeira do Viegas", obra especial, conchegada, feita para gente enferma ou anciã. Ia fechar a janela próxima, se havia alguma brisa, ou abri-la, se estava calor, mas com cuidado, combinando de modo que não desse um golpe de ar.

— Então? hoje está mais fortezinho.

— Qual! Passei mal a noite; o diabo da asma não me deixa.

E bufava o homem, repousando pouco a pouco do cansaço da entrada e da subida, não do caminho, porque ia sempre de sege. Ao lado, um pouco mais para a frente, sentava-se Virgília, numa banquinha, com as mãos no joelho do enfermo. Entretanto, o nhonhô chegava à sala; sem os pulos do costume, mas discreto, meigo, sério. Viegas gostava muito dele.

— Vem cá, nhonhô, dizia-lhe; e a custo introduzia a mão na ampla algibeira, tirava uma caixinha de pastilhas, metia uma na boca e dava outra ao pequeno. Pastilhas antiasmáticas. O pequeno dizia que eram muito boas. (cap. LXXXVIII)

No final, morto Viegas entre dois acessos de asma, discutindo o preço de uma casa, avarento, a decepção.

Nada. Nenhuma lembrança testamentária, uma pastilha que fosse, com que de todo em todo não parecesse ingrato ou esquecido. Nada. Virgília tragou raivosa esse malogro, e disse-mo com certa cautela, não pela cousa em si, senão porque entendia com o filho, de quem sabia que eu não gostava muito, nem pouco. Insinuei-lhe que não devia pensar mais em semelhante negócio. O melhor de tudo era esquecer o defunto, um lorpa, um cainho sem nome, [...]. (cap. XC)

A herança não será nova na ficção brasileira; já é tema batido por Alencar. Novo será o cinismo, a crueza do tratamento, a pérfida bajulação para aliciá-la, sem decoro íntimo nem afeição autêntica.

Outro caminho, também já pisado, para manter o status ou conquistá-lo, se pobre o postulante, será o casamento, procurado por homens e mulheres, no caminho da opulência. A nota inédita é a queda da máscara, a desenfreada luta entre pretendentes, a astuta armadilha lançada aos bons partidos de ambos os sexos. Nesta pequena e sórdida guerra entram todos, pais e mães, noivos e noivas, sem nenhuma mostra de sincera afeição, de respeito mútuo ou de sentimentos elevados. O pecúlio, o patrimônio, o dinheiro, só e simplesmente, sem disfarces. Também aqui há uma linha evolutiva, com o traço inicial se desprendendo, pouco a pouco, da magia romântica. Guiomar, de humilde nascimento, torna-se a herdeira presuntiva de sua madrinha, uma abastada baronesa; Luís Alves, advogado de recursos medianos, cultiva a ambição de subir, da riqueza ao parlamento. As duas ambições se adivinham e se entrelaçam, "ajustam-se ambas, como se aquela luva tivesse sido feita para aquela mão" (M.L., XIX). Mas há entre os noivos o amor; o interesse, se o há, confunde-se com o gosto de subir, sem a mácula pecuniária. Em *Iaiá Garcia*, a mãe de Jorge, a astuta Valéria, afasta-o de um casamento desigual com Estela, sem berço e sem fortuna. Também Estela não aceita a aliança, que a classe separa:

> Havia entre nós um fosso largo, muito largo, disse Estela. Eu era humilde e obscura, ele distinto e considerado; diferença que podia desaparecer, se a natureza me houvesse dado outro coração [...]. Casamento, entre nós, era impossível, ainda que todos trabalhassem para ele; era impossível, sim, porque o consideraria uma espécie de favor, e eu tenho em grande respeito a minha própria condição. (cap. XVI)

Duas situações só na aparência diversas: aproxima-as a ausência de cálculo de dinheiro. Guiomar não se casou por dinheiro, mas impelida pela ambição. Estela recusa elevar-se de classe, por temor à inferioridade que a pobreza lhe daria no casamento desigual. A ambição iguala os parceiros, no primeiro caso; o dinheiro os separa, no segundo. Rompido o véu romântico, desaparecem as cerimônias. O pai de Eugênia (*Helena*) não cuida de outra cousa senão do patrimônio futuro da noiva e da posição do noivo. Abre-se o mundo cínico das conveniências, friamente avaliadas, sem romantismo.

> Não era fácil dar a Eugênia a felicidade que o pai ambicionava e a que mais lhe apetecia a ela. Posto não fosse perdulário, eram poucos os haveres do médico, de modo que à filha não podia caber pecúlio suficiente a satisfazer todas as veleidades. Ele espreitou durante longo tempo um noivo, armando com algum dispêndio a gaiola em que o pássaro devia cair. No dia em que percebeu a inclinação de Estácio, fez quanto pôde para prendê-lo de vez. (cap. XIV)

O papel de pai da noiva desempenha-o o pai de Brás Cubas, preocupado em assegurar-lhe, com o casamento, uma posição política. Um ajuste prévio de casamento ou a troca de favores: riqueza por carreira política?

> Nenhum ajuste. Há tempos, conversando com ele [o pai de Virgília, o conselheiro Dutra] a teu respeito, confessei-lhe o desejo que tinha de te ver deputado; e de tal modo falei, que ele prometeu fazer alguma cousa, e creio que o fará. Quanto à noiva, é o nome que dou a uma criaturinha, que é uma joia, uma flor, uma estrela, uma cousa rara... é a filha dele; imaginei que, se casasses com ela, mais depressa serias deputado. (M.P., XXXVII)

Virgília traiu a combinação: "comparou a águia e o pavão, e elegeu a águia" (cap. XLIII). Mesmo as solteironas, como a d. Tonica, nos seus 39 anos, ainda esperavam um noivo, melhor um noivo rico do que um pobre.

> O coração, meio desenganado, agitou-se outra vez. Alguma coisa lhe dizia que esse mineiro rico era destinado pelo céu a resolver o problema do matrimônio. Rico era ainda mais do que ela pedia; não pedia riquezas, pedia um esposo. Todas as suas campanhas fizeram-se sem a consideração pecuniária; nos últimos tempos ia baixando, baixando, baixando; a última foi contra um estudantinho pobre... Mas quem sabe se o céu não lhe destinava justamente um homem rico? D. Tonica tinha fé em sua madrinha, Nossa Senhora da Conceição, e investiu a fortaleza com muita arte e valor. (Q.B., XXXVII)

No último arranco da esperança matrimonial, quando qualquer noivo serve, a riqueza sobrava como um recurso que não se excluía, bênção sempre possível. Palha, o fino calculista, o ousado especulador, vê na arruinada Maria Benedita, parente pobre, a perspectiva de um "marido rico". Sua mãe, inimiga do casamento, que a afastaria da filha, trazendo-lhe a solidão, também se deixa seduzir com o futuro provável. "O estado dos seus negócios, e a possibilidade de um genro abastado fizeram mais que outras razões" (Q.B., LXVIII). Para encurtar exemplos: o casamento rico fazia parte de um programa, programa de elevação social e de conquista das grandezas políticas. Romualdo formula seu programa, onde entra, primeiro, uma fazendeira rica.

> Era uma moça de quinze anos, filha de um fazendeiro de Guaratinguetá, que tinha ido à capital da província. Romualdo, de escassa bolsa, trabalhando muito para ganhar o diploma, compreendeu que o casamento era uma solução. O fazendeiro era rico. (O.C., *O programa*)

Foge-lhe a arisca fazendeira — haverá ainda a viúva B., "um cobrinho bem bom", talvez trezentos contos de réis, "papa-fina". Miloca, a de funesto destino, não queria um "pé-rapado" para noivo. Não contava com a roda da fortuna, capaz de muitos giros, fiel ao lugar-comum. No final, a dança do equívoco: o pai de Adelaide Vasconcelos, à beira da ruína, quer restaurar sua fortuna, ferida de trato sem moderação. Gomes, de olho na aparência, apresenta a candidatura de noivo. A especulação é recíproca e o malogro desfaz as ilusões — a velhacaria os une e os separa (C.F. *O segredo de Augusta*). A decepção que os arranjos mal concluídos revelam está a mostrar um teimoso resto de romantismo. O cinismo frio, calculado, comercial não toma o lugar da consciência da hipocrisia e do pecado, sem que um repelão interior não sobressalte a cena. O casamento é um negócio, como um negócio é a herança, mas negócios que tocam em coisas sagradas, o amor e a morte. Não consegue o ficcionista libertar o homem de um círculo mais alto, onde não penetra o dinheiro, senão por meio da usurpação e do contrabando de sentimentos maus. Há, no fundo do cinismo, uma censura moral, de conteúdo romântico, que se alimenta de raízes religiosas.

Este o quadro que tece a classe proprietária, composto de alguns fios tortos e sujos. A renda assegura vida estável, luxuosa e, sobretudo, ociosa. Ócio burguês, de olhos atentos na moderação e na cuidadosa regência dos bens, sem gastos perdulários, recatados de esbanjamentos, que levam à ruína e ao desastre, como mostram muitos casos, entre outros Luís Soares e Rubião. Não se trata de uma classe ociosa, de expressão feudal, confiada no consumo ostentatório e na emulação de despesas que não se medem pelo esforço de aquisições.[34] Há, é certo, dentro da composição burguesa, a sobrevivência de um estilo senhorial, a que repugna o contato do trabalho rotineiro, valorizando-se em ocupações mais altas, sobretudo na política. Tal classe, só ela a "alta sociedade", dita os padrões ao século, dela se compõem as personagens principais da obra de Machado de Assis: Félix, Estácio, Jorge, Brás Cubas, Rubião, Aires. A outra classe, a classe que especula e trafica, não tem o domínio do primeiro plano, age e se desenvolve na sombra, quase clandestinamente. Pertencem a ela Escobar, Cotrim, Palha. Somente no fim do Império e começo da República ela conquistará a boca do palco, nobilitando-se com o título de barão: será a vez do Santos, do Agostinho Santos, o barão de Santos. É o herói escarnecido, sem gramática e sem letras, afastado da política, não uma ocupação superior para ele, mas calada cobiça, desejoso de conspurcá-la para maiores lucros. A classe proprietária, com seu pudor de fazer negócios e de enriquecer com o trabalho ou a astúcia, está próxima da política e, por essa via, da influência no destino do Estado, vinculando-se, no estilo de vida, sem se confundir, com a comunidade, às vezes amorfa, dos que orientam, governam e mandam, o estamento político e burocrático, que será o eixo no qual se travará a centralização do Segundo Reinado. Homens que desfrutam rendas e estão com elas deslumbrados, como Rubião, que se sente no centro do mundo.

> Que era há um ano? Professor. Que é agora? Capitalista. Olha para si, para as chinelas (umas chinelas de Túnis, que lhe deu recente amigo, Cristiano Palha), para a casa, para o jardim, para a enseada, para os morros e para o céu; e tudo, desde as chinelas até o céu, tudo entra na mesma sensação de propriedade. (Q.B., I)

Propriedade sem angústia; renda sem o sentimento de coisa que se esgota; dinheiro como meio de gozo e desfrute. Fora daí, há o trabalho que envilece e o dinheiro sem origem, que macula sem elevar.

4 | *Lucro e negócios: Classe lucrativa*

A CLASSE DEDICADA AO COMÉRCIO, marcada pela compra e venda de mercadorias ou na colocação de dinheiro, não representava, no Império, o padrão social dominante. Os comerciantes eram, em grande parte, estrangeiros; o ramo mais saliente do comércio, o ligado ao escravo, sujava as mãos dos que com ele enriqueciam. Um título de comendador ou de barão dourava o busto do empresário, mas não o nobilitava, visto que o nobre pertencia a uma camada diversa, composta, sob o ponto de vista profissional ou econômico, de letrados ou senhores de rendas. O homem que trafica — membro da classe *lucrativa* ou *aquisitiva* —, para se qualificar socialmente, embriagou-se, perdidamente, na imitação do estilo ou nos traços secundários da classe proprietária e do estamento. Elevava-se, se enriquecido — elevava-se é o termo certo —, a uma categoria superior no desfrute ostentatório de rendas, transformando a natureza de seu patrimônio, ou ingressava na política e no governo, preocupado em amortecer a cintilação equívoca da origem. Era quase uma situação colonial, com a ascensão, nem sempre possível no espaço de uma geração, do albardeiro ao círculo dos *fidalgos*. Em meados do século XIX o velho equilíbrio se rompe, fio a fio, imperceptivelmente, na quebra de secular estrutura econômica e social. Consequência da nova dinâmica, que agita e move a sociedade, será a emancipação de uma classe inteira, até aí peada, impedida e entorpecida em seus passos. Dentro da consciência do homem que enriqueceu no trato de mercadorias e de valores, haverá agora uma crise. O dr. Félix (*Ressurreição*) ou Rubião (*Quincas Borba*), aquinhoados pela inesperada herança, trataram de aplicar os bens para que eles lhes proporcionem renda segura e estável.

Outra é a conduta de Mauá, como será a de Palha (*Quincas Borba*), Cotrim (*Memórias póstumas*) ou de Santos (*Esaú e Jacó*). Homens do comércio, não convertem o patrimônio em prestações de renda, mas continuam presos aos seus negócios, perseguindo o infinito, imantados por outros desígnios, alimentados por uma nova sociedade. Mas há a crise. Rubião (*Quincas Borba*) a vive, já, no último quartel do século, em sentido contrário, atraído pelos lucros do comércio, e não pelo comércio. Mauá a sentirá, no sentido autêntico: dos doze aos 32 anos, vergado no balcão e sócio de comerciante, torna-se dono de respeitável fortuna. Fiel à ordem dominante, não a calcula em bons e vistosos contos de réis, mas por sua renda, que seria superior a cinquenta contos anuais. A renda, e não o capital, dava a nota de grandeza, de opulência, para encher os olhos e provocar a admiração.

> Já se vê que [confessava, aludindo ao ano de 1846], ao engolfar-me em outra esfera de atividade, possuía eu uma fortuna satisfatória, que me convidava a desfrutá-la. Travou-se em meu espírito, nesse momento, uma luta vivaz entre o egoísmo, que em maior ou menor dose habita o coração humano, e as ideias generosas que em grau elevado me arrastavam a outros destinos...[35]

O egoísmo seria a fruição do capital, sem suor e angústias; o impulso contrário, a expansão da economia, que se identificaria, para a classe lucrativa, com o progresso do país. Certo de seu papel dinâmico na sociedade, criando atividades novas e aprimorando as existentes, esse estrato ganha relevo e autonomia, sem que se esconda atrás do biombo, dourado de tradição e respeitabilidade, da classe proprietária. É hostil, como conjunto, ao ócio dos homens de renda e ao prestígio do estamento político, que maneja o poder do alto e de cima, sem consultar-lhe as preferências nem lhe pedir orientação e conselho. Atente-se: a classe lucrativa tem conduta adversa ao estilo de vida da camada dirigente, não obstante a explore, e viva, em grande parte, de seus favores, numa espécie de capitalismo político, dependente e subordinado ao Estado.

Até meados do século XIX, a classe que trafica adquire bens para convertê-los em lucro e benefício. Daí em diante, ela será outra. Um traço para distinguir as duas fases já foi lembrado: o despertar do entorpecimento que lhe causava a predominância social da classe proprietária, por sua vez, na cúpula, recoberta pelo estamento dos que mandam, governam e dirigem a política. Mas que não haja equívoco: o arrastar-se na sombra denunciava-lhe prestígio negativo, oriundo da composição de estrangeiros entre seus membros e do tipo de negócios a que se dedicava, sobretudo no comércio negreiro. Não que vivesse alheia à importância econômica ou à eficiência no trato do sistema. Era ela a categoria dinâmica da economia, a que lhe dava impulso e energia, financiando a produção, com o fornecimento de crédito e escravos. Sobretudo, armava o elo que ligava o café ao comércio mundial, polo diretor, em última instância, da economia nacional, dependente de flutuação de centros de decisões fora do país. De outro lado, comunicava às cidades e ao campo a modernização, de nível europeu, de mercadorias, e, por via delas, de costumes, modas e hábitos de consumo. Estava na sombra, mas não lhe faltavam atividade, vibração nervosa e energia. Por via desse subterrâneo pulsar ligava-se ao estrato dirigente, o estamento, com repulsa e, não raro, em oposição de estilos de vida, mas em íntima compreensão, além da zona dos salões e dos palácios, aos interesses materiais. Assim é que, antes de 1850, a arquitetura política, caracterizada no centralismo, servia mais ao grupo dos negociantes, comissários, traficantes de escravos, importadores e exportadores, do que aos isolados produtores e fazendeiros. Servia-a, também, a estabilidade monetária, quebrada de maneira grave com a agitação de fazendeiros e especuladores industriais no fim do Império. Houve um momento em que ela — a classe lucrativa — se emancipou, passou a viver de seu próprio impulso, sem se disfarçar ou mascarar-se em traços secundários de outra classe, detentora de maior expressão social, ou do estrato monopolizador do prestígio político. Sobe uma classe e dentro dela elevam-se muitos aspirantes a essa camada. Individualmente, é o momento da crise — o homem escolhe o seu caminho, desdenhando o curso batido e frequentado. Socialmente, toda uma camada quer os bens da vida, materiais e ideais, sem arrimos ou auxílios, agora vistos como ilegítimos. O empresário faz-se na cidade, conquista títulos de nobreza e cadeiras no parlamento. Foi neste momento que a surpreendeu Machado de Assis, mal inclinado a ela por força de seus preconceitos, nutridos de tradição. No seu sarcasmo, ferindo-a de zombarias e riso, ele vê um mundo que cresce a sua frente, transformando a sociedade — ele tudo vê, com escândalo, repugnância e indignação. O dinheiro, avassalando os negócios, invade as consciências, infundindo torpeza em toda parte, na queda de escrúpulos, virtudes e valores.

As personagens, que representam o círculo desdenhado e zombado, estão em segundo plano. Só no fim do Império, já na plena orgia do *encilhamento*, um deles, o barão de Santos (*Esaú e Jacó*), procura o primeiro plano, ao lado de um desfrutador de rendas, o conselheiro Aires.

O primeiro espécimen novo a surgir em cena é Procópio Dias (*Iaiá Garcia*), logo depois da Guerra do Paraguai, exibindo seus maus sentimentos e sua sede de lucro. Procópio Dias começara suas atividades, já entrado o Segundo Reinado. Antes dele, embora mais tarde concebido, Cotrim (*Memórias póstumas*) engorda com a inexperiência alheia e a própria falta de escrúpulos. Pode-se afirmar que Cotrim enriquecera na Regência e consolidava sua fortuna no Segundo Reinado. Machado de Assis atribui-lhe todas as más tendências próprias a um homem de negócios, fingindo desculpá-lo e justificá-lo. Avarento, traficante de escravos, perverso com os negros cativos, negocista — tudo lhe enche a alma. Mas o romancista brinca de torná-lo inocente, realçando-lhe, por efeito do humorismo, a hipocrisia e a maldade que preside todo o convívio com o dinheiro e o lucro. Brás Cubas não se revela nenhum anjo; mas, no debate acerca do inventário do pai, na disputa dos bens, o lado da avareza cabe a Cotrim, com o qual se solidariza Sabina, a irmã de Brás, também ela convertida ao argentarismo por efeito do casamento. A irrupção na sociedade da classe a que Cotrim pertence não traduz, para o romancista, um movimento da economia. Ela lhe parece uma intrujice viciosa na paz social do Império, subvertendo valores e pervertendo os caracteres. Cotrim, servilmente ajudado por Sabina, quer despojar o cunhado de tudo, mas Brás Cubas não é nenhum ingênuo. Sua avareza, contudo, é de outra índole, traduz o espírito de outra classe, que, à força de dissimular os interesses, não os valoriza moralmente. Cotrim e Brás Cubas, no íntimo, se aproximam, guardadas as diferenças exteriores, da classe social. Falta ao primeiro apenas o pudor, conjunto de conveniências finamente lavradas, apuradas em algumas gerações. O diálogo e as circunstâncias dizem tudo.

— Ora, mano, deixe-se dessas coisas, disse Sabina, erguendo-se do sofá; podemos arranjar tudo em boa amizade, e com lisura. Por exemplo, Cotrim não aceita os pretos, quer só o boleeiro de papai e o Paulo...

— O boleeiro não, acudi eu; fico com a sege e não hei de ir comprar outro.

— Bem; fico com o Paulo e o Prudêncio.

— O Prudêncio está livre.

— Livre?

— Há dois anos.

— Livre? Como seu pai arranjava estas cousas cá por casa, sem dar parte a ninguém! Está direito. Quanto à prata... creio que não libertou a prata?

Tínhamos falado na prata, a velha prataria do tempo de D. José I, a porção mais grave da herança, já pelo lavor, já pela vetustez, já pela origem da propriedade; dizia meu pai que o Conde da Cunha, quando vice-rei do Brasil, a dera de presente a meu bisavô Luís Cubas.

— Quanto à prata, continuou Cotrim, eu não faria questão nenhuma, se não fosse o desejo que sua irmã tem de ficar com ela; e acho-lhe razão. Sabina é casada, e precisa de uma copa digna, apresentável. Você é solteiro, não recebe, não.

— Mas posso casar.

— Para quê? interrompeu Sabina.

Era tão sublime esta pergunta, que por alguns instantes me fez esquecer os interesses. Sorri; peguei na mão de Sabina, bati-lhe levemente na palma, tudo isto com tão boa sombra, que o Cotrim interpretou o gesto como de aquiescência, e agradeceu-me.

— Que é lá? redargui; não cedi cousa nenhuma, nem cedo.

— Nem cede?

Abanei a cabeça.

— Deixa, Cotrim, disse minha irmã ao marido; vê se ele quer ficar também com a nossa roupa do corpo; é só o que falta.

— Não falta mais nada. Quer a sege, quer o boleeiro, quer a prata, quer tudo. Olhe, é muito mais sumário citar-nos a juízo e provar com testemunhas que Sabina não é sua irmã, que eu não sou seu cunhado e que Deus não é Deus. Faça isto, e não perde nada, nem uma colherinha. Ora, meu amigo, outro ofício.

Estava tão agastado, e eu não menos, que entendi oferecer um meio de conciliação; dividir a prata. Riu-se e perguntou-me a quem caberia o bule e a quem o açucareiro; e depois desta pergunta, declarou que teríamos tempo de liquidar a pretensão, quando menos em juízo. Entretanto, Sabina fora até a janela que dava para a chácara, — e depois de um instante, voltou, e propôs ceder o Paulo e outro preto, com a condição de ficar com a prata; eu ia dizer que não me convinha, mas Cotrim adiantou-se e disse a mesma cousa.

— Isso nunca! não faço esmolas! disse ele.

Jantamos tristes. Meu tio cônego apareceu à sobremesa, e ainda presenciou uma pequena altercação.

— Meus filhos, disse ele, lembrem-se que meu irmão deixou um pão bem grande para ser repartido por todos.

Mas Cotrim:

— Creio, creio. A questão, porém, não é de pão, é de manteiga. Pão seco é que não engulo.

Fizeram-se finalmente as partilhas, mas nós estávamos brigados. (M.P., XLVI)

O combate entre os cunhados é árduo, nenhum vence pela generosidade. O torpe, porém, era o Cotrim, e não Brás Cubas, amparado, para se poupar a um juízo duro, na casca de Coimbra, na carreira política e na ociosidade elegante. Cotrim, pobre de anteparos e de esmalte nobilitador, fica exposto às mais íntimas indagações, que lhe destroem todo o respeito público. O romancista, num jogo muito equívoco, pinta-lhe o retrato, suavizando a penada negra com a penada branca, esta toda sarcasmo.

> [...] ele possuía um caráter ferozmente honrado. Eu mesmo fui injusto com ele durante os anos que se seguiram ao inventário de meu pai. Reconheço que era um modelo. *Arguíam-no de avareza*, e cuido que tinham razão; mas a avareza é apenas a exageração de uma virtude e as virtudes devem ser como os orçamentos: melhor é o saldo que o *deficit*. Como era muito seco de maneiras tinha inimigos, que chegavam a *acusá-lo de bárbaro*. O único fato alegado neste particular era o de mandar com frequência escravos ao calabouço, donde eles desciam a escorrer sangue; mas, além de que ele só mandava os perversos e os fujões, ocorre que, *tendo longamente contrabandeado em escravos*, habituara-se de certo modo ao trato um pouco mais duro que esse gênero de negócio requeria, e não se pode honestamente atribuir à índole original de um homem o que é puro efeito de relações sociais. A prova de que o Cotrim tinha sentimentos pios encontrava-se no seu amor aos filhos, e na dor que padeceu quando lhe morreu Sara, dali a alguns meses; prova irrefutável, acho eu, e não única. Era tesoureiro de uma confraria, e irmão de várias irmandades, e até irmão remido de uma destas, o que não se coaduna muito com a reputação de avareza; verdade é que o benefício não caíra no chão: a irmandade (de que ele fora juiz) mandara-lhe tirar o retrato a óleo. Não era perfeito, decerto; tinha, por exemplo, o sestro de mandar para os jornais a notícia de um ou outro benefício que praticava, — sestro repreensível ou não louvável, concordo; mas ele desculpava-se dizendo que as boas ações eram contagiosas, quando públicas; razão a que se não pode negar algum peso. Creio mesmo (e nisto faço o seu maior elogio) que ele não praticava, de quando em quando, esses benefícios senão com o fim de espertar a filantropia dos outros; e se tal era o intuito, força é confessar que a publicidade tornava-se uma condição *sine qua non*. Em suma, poderia dever algumas atenções, mas não devia um real a ninguém. (M.P., CXXIII)

As contradições do caráter de Cotrim, honrado e avarento, traficante de escravos de mão dura e membro de irmandades, estão a dizer que seria impossível conciliar as virtudes comerciais com as virtudes morais. Para Machado de Assis, ganhar dinheiro — fora do sistema da classe proprietária, a herança ou o casamento — induz sempre uma forma de fazer que outros o percam (E.J., IV). Um último traço da fisionomia de Cotrim: ingrato, cínico e aproveitador. Brás Cubas, em oposição ao ministério, edita um jornal. Cotrim, de imediato, se atravessa no caminho, para negar qualquer vínculo com a atitude do cunhado, aproveitando o momento para se solidarizar com o governo.

> Se ele nada tinha com os partidos, que lhe importava um incidente tão vulgar como a publicação de uma folha? Nem todos os cidadãos que acham bom ou mau um ministério fazem declarações tais pela imprensa, nem são obrigados a fazê-las. Realmente, era um mistério a intrusão do Cotrim neste negócio, não menos que a sua agressão pessoal. Nossas relações até então tinham sido lhanas e benévolas; não me lembrava nenhum dissentimento, nenhuma sombra, nada, depois da reconciliação. Ao contrário, as recordações eram de verdadeiros obséquios; assim, por exemplo, sendo eu deputado, pude obter-lhe uns fornecimentos para o arsenal de marinha, fornecimentos que ele continuava a fazer com a maior pontualidade, e dos quais me dizia algumas semanas antes, que no fim de mais três anos, podiam dar-lhe uns duzentos contos. Pois a lembrança de tamanho obséquio não teve força para obstar que ele viesse a público enxovalhar o cunhado? Devia ser mui poderoso o motivo da declaração, que o fazia cometer ao mesmo tempo um destempero e uma ingratidão; confesso que era um problema insolúvel... (M.P., CXLVIII)

Cotrim trocou, sem hesitar, a amizade do cunhado pelos futuros duzentos contos — o lucro vale bem um cunhadio. Este o homem novo de uma classe nova: o lucro é tudo; amizade, escrúpulos, generosidade, compaixão aos escravos, tudo isto é nada. O lucro é tudo, sem que nenhum ritual ou cerimônia dissimule a sede de dinheiro, soberano sobre todos os bens e escrúpulos.

Sucede a Cotrim o Escobar (*Dom Casmurro*). Também Escobar situa-se no discreto segundo plano, deixando a boca da cena para Bento e Capitu, que pavoneiam a vida farta, macia, sem a áspera necessidade de amontoar contos de réis. Ao contrário do cunhado de Brás Cubas, que se lança à aventura do contrabando de escravos e ao favoritismo dos fornecimentos ao governo, Escobar tem começo humilde. Não tinha fortuna, filho de um advogado provinciano de Curitiba (D.C., LVI), trabalha, depois de abandonar o seminário, quatro anos em uma das primeiras casas do Rio de Janeiro, provavelmente no primeiro degrau da escada. Seu negócio é café — seria, provavelmente, um dos comissários de meados do século XIX. Pobre de capital, socorre-se de um empréstimo, para se estabelecer. "[...] a pedido meu, [diz Dom Casmurro] minha mãe adiantou-lhe alguns dinheiros, que ele lhe restituiu, logo que pôde, não sem este remoque: 'D. Glória é medrosa e não tem ambição'" (cap. XCVIII). Escobar compõe o tipo da nova classe: refletido, inquisitorial, metediço (cap. XCIII) — palavras para definir o calculista frio, preocupado só com o lucro e o dinheiro. A pretexto de mostrar suas habilidades intelectuais, escrutina miudamente os haveres da família de seu amigo, dos quais se aproveitará, mais tarde. O comerciante prospera — deixa o Andaraí e se fixa no Flamengo; está a caminho do palacete. Mas o perfil precisa de outros retoques para se completar. O calculista é, afinal, refinado dissimulador, sem nenhum escrúpulo, retribuindo a amizade calorosa com a traição e a torpeza. Menos encoberto na caça de seus fins, todos reduzidos ao ouro e ao lucro, seria Procópio Dias, o primeiro exemplar a ter entrada nos romances de Machado de Assis com a paixão devoradora do ouro (*Iaiá Garcia*). Também este é um calculista sem emoções, tem a expressão "refletida e sonsa" (cap. VII): "tinha a particularidade de parecer simplório, sempre que lhe convinha: nessas ocasiões é que ria com a testa". Nem Cotrim nem Escobar mostram o novo-rico, escandaloso no traje e exibicionista de joias. Procópio Dias inaugura este traço na galeria de sua classe.

> Via-se que era homem abastado. As roupas, graves no corte e nas cores, eram da melhor fazenda e do mais perfeito acabado. Naquela manhã trazia uma longa casaca abotoada até a metade do peito, deixando ver meio palmo de camisa, infinitamente bordada. Entre o último botão da sobrecasaca e o único colarinho, fulgia um brilhante vasto, ostensivo, escandaloso. Um dos dedos da mão esquerda ornava-se com uma soberba granada. A bengala tinha o castão de ouro lavrado, com as iniciais dele por cima, — de forma gótica. (I.G., VII)

Astuto e grotesco, pintado de modo a provocar o riso, o escárnio, sinal claro que está fora da boa sociedade. Mas o grosso traço de ridículo não diz tudo. O homem é o que é pelo seu faro, pelo amor ao ouro, e, sobretudo, pela total ausência das qualidades superiores, que distinguem a classe proprietária e o estrato das influências políticas e sociais, que detém as admirações gerais. Era um "homem sem moral", agravado o defeito com a habilidade de ser "insinuante, afável, conversado", com certa viveza e graça. Associava à falta de escrúpulos a vida dissimulada das rodas de rapazes e senhoras, tudo a serviço do lucro e do gozo inferior.

Procópio Dias tinha dous credos. Era um deles o lucro. Mediante alguns anos de trabalho assíduo e finuras encobertas, viu engrossarem-lhe os cabedais. Em 1864, por um instinto verdadeiramente miraculoso, farejou a crise e o descalabro dos bancos, e retirou a tempo os fundos que tinha em um deles. Sobrevindo a guerra, atirou-se a toda sorte de meios que pudessem tresdobrar-lhe as rendas, cousa que efetivamente alcançou em 1869.

A não ser o segundo credo, é provável que Procópio Dias só liquidasse com a morte. Tendo chegado a uma posição sólida, aos cinquenta anos, achou-se diante de outra riqueza, não inferior àquela, que era o tempo. Ora, o segundo credo era o gozo. Para ele, a vida física era todo o destino da espécie humana. Nunca fora sórdido; desde as primeiras fases da vida, reservou para si a porção de gozo compatível com os meios da ocasião. Sua filosofia tinha dous pais: Lúculo e Salomão, — não o Lúculo general, nem o Salomão piedoso, mas só a parte sensual desses dois homens, porque o eterno feminino não o dominava menos que o eterno estômago. Entre os colegas de negócio foi sempre tido como um feliz vencedor de corações fracos. (cap. VII)

O tempo — o ócio — que Félix emprega nas "ocupações elegantes e intelectuais" da sociedade (Res., I), ou que Brás Cubas dedica à literatura, ao jornalismo e à política, tem, para a classe que lucra, outro emprego. Desamparada da educação da outra, que consome os dias sem aviltamento, procura, agora, o "eterno feminino" e o "eterno estômago", únicas ocupações ao alcance da angústia de matar o tempo. Feliz nas especulações da Guerra do Paraguai, onde se serviu, para os fornecimentos, de muitas recomendações, Procópio Dias colocara-se acima das "viravoltas da fortuna" (I.G., VII). Suas amizades, na campanha, duraram enquanto durou o interesse mercantil. A sociedade — aquela boa sociedade tradicional — seria, para ele, um aglomerado a explorar, em proveito de bons negócios, enquanto houvesse utilidade e vantagem.

Procópio Dias, Cotrim e Escobar são um prelúdio ao aparecimento de Cristiano de Almeida e Palha, que, ajudado da sua sedutora Sofia, quase irrompe no primeiro plano do romance *Quincas Borba*. Zangão da praça

ganhava dinheiro, era jeitoso, ativo e tinha o faro dos negócios e das situações. Em 1864, apesar de recente no ofício, adivinhou, — não se pode empregar outro termo, — adivinhou as falências bancárias.

— Nós temos cousa, mais dia menos dia; isto anda por arames. O menor brado de alarma leva tudo. (cap. XXXV)

Palha, como Procópio Dias, aproveitou-se de seu faro, igual ao "instinto verdadeiramente miraculoso" do outro, para tirar todo o proveito da crise de 1864. Palha encontra um veio de ouro: a inexperiência, a ingenuidade e a súbita riqueza de uma herança, caída nas mãos de Rubião. O primeiro encontro entre o espertalhão e sua vítima dá-se em Vassouras, a Vassouras do café, o que sugere que o zangão andava cultivando negócios de café ou ligados ao café. Em última análise, toda a vida comercial recairia no café, nas infinitas especulações que em torno dele giram. Cristiano experimenta o terreno, maldiz o governo, "que introduzira na fala do trono uma palavra relativa à propriedade servil" (cap. XXI). Engana-se. Rubião não era fazendeiro — queria ser apenas capitalista, no gozo de rendas. Daí vieram empréstimos e letras (caps. XLV e L) — tudo provavelmente sem juros ou a juros módicos, para alimento de compra e venda de ações, já o grande negócio da praça. Da ordenha tímida, lança-se Palha ao grande golpe: faz Rubião seu sócio, de cujo capital se serve, primeiro real alicerce de uma próspera carreira, que, talvez, levaria à sonhada meta de um banco.

> Rubião é sócio do marido de Sofia, em uma casa de importação, à Rua da Alfândega, sob a firma Palha & Companhia. Era o negócio que este ia propor-lhe, naquela noite, em que achou o dr. Camacho na casa de Botafogo. Apesar de fácil, Rubião recuou algum tempo. (cap. LXIX)

Palha prospera largamente; prospera socialmente e comercialmente, cerca-se de novas amizades.

> A carreira daquele homem era cada vez mais próspera. O negócio corria-lhe largo. [...] Palha, além do mais, possuía ações de toda a parte, apólices de ouro do empréstimo Itaboraí, e fizera uns dois fornecimentos para a guerra, de sociedade com um poderoso, nos quais ganhou muito. Já trazia apalavrado um arquiteto para construir um palacete. Vagamente pensava em baronia. (cap. CXXIX)

Enquanto os negócios cresciam, expandindo os lucros, com a abertura de novas oportunidades, Rubião se arruína, traído pelas suas fantasias, explorado por outros aventureiros. Era tempo de liquidar a sociedade, para "não ter que dividir com outro os lucros futuros" (cap. CXVIII) e para se afastar de um destino em declínio. Nada de sentimentalismos, generosidade ou gratidão — o outro passo de Palha passará sobre os destroços do Rubião delirante, no limiar da loucura.

— Estou com meu plano de liquidar o negócio; [sugere o Palha] convidaram-me aí para uma casa bancária, lugar de diretor, e creio que aceito.
Rubião respirou.
— Pois sim; liquidar já?
— Não, lá para o fim do ano que vem.
— E é preciso liquidar?
— Cá para mim, é. Se a história do banco não fosse segura, não me animaria a perder o certo pelo duvidoso, mas é seguríssima.

Não havia banco, nem lugar de diretor, nem liquidação; mas como justificaria o Palha a proposta de separação, dizendo a pura verdade? Daí a invenção, tanto mais pronta, quanto o Palha tinha amor aos bancos, e morria por um. (Caps. CXXVIII e CXXX)

Perdidos os bens, Rubião sofre o abandono de parasitas e exploradores. O Palha também deserta e inverte suas relações; lembra-se que fora o protetor do milionário, esquecido que fizera sua carreira à custa dos cabedais do mineiro. Rubião torna-se, para o Palha, unicamente "uma grande *amolação*" (Q.B., CLXIV). A fortuna do capitalista se esvai, transmutando-se na riqueza do especulador — duas classes se encontram, uma se alimenta de outra, num jogo que será a constante dos últimos trinta anos do Império.

Também Escobar, também Cotrim, e provavelmente também Procópio Dias tiveram o auxílio de algum capital, vindo de outra classe. Escobar contou com d. Glória; Cotrim teve por si o casamento na abastada família Cubas; Procópio Dias, já em 1864, devia ter recursos, que seriam a base de seus fornecimentos futuros. Palha não será um exemplar novo; seguiu a trilha conhecida. Terá exagerado, talvez, a impiedosa exploração de um capitalista — contou com melhor oportunidade. O que há de singular em Palha, na sua falta absoluta de escrúpulos, é o abandono de um valor quase sagrado na sociedade do Segundo Reinado, o recato do casamento. O grande capital de Palha — capital fixo e não circulante — é a mulher. Outra particularidade, já implícita em Escobar, marca-lhes a ascensão dupla: a ascensão da classe e a ascensão dentro da classe. Em um e outro caso as conveniências tradicionais ficam de lado:

a ética será a maquiavélica, ondulante e falsa, em proveito da escalada. Sofia era o atrativo de que se servia o Palha, a isca atirada às suas vítimas, modelo "daquela casta de mulheres que o tempo, como um escultor vagaroso, não acaba logo, e vai polindo ao passar dos longos dias" (Q.B., XXXV). O marido a exibia, como expressão de seu êxito comercial e para granjear, por essa via, as admirações pasmadas.

> Ia muita vez ao teatro sem gostar dele, e a bailes, em que se divertia um pouco, — mas ia menos por si que para aparecer com os olhos da mulher, os olhos e os seios. Tinha essa vaidade singular; decotava a mulher sempre que podia, e até onde não podia, para mostrar aos outros suas venturas particulares. Era assim um rei Candaules mais restrito por um lado, e, por outro, mais público. — E aqui façamos justiça à nossa dama. A princípio, cedeu sem vontade aos desejos do marido; mas tais foram as admirações colhidas, e a tal ponto o uso acomoda a gente às circunstâncias, que ela acabou gostando de ser vista, muito vista, para recreio e estímulo dos outros. Não a façamos mais santa do que é, nem menos. Para as despesas da vaidade, bastavam-lhe os olhos, que eram ridentes, inquietos, convidativos, e só convidativos: podemos compará-los à lanterna de uma hospedaria em que não houvesse cômodos para hóspedes. A lanterna fazia parar toda a gente, tal era a lindeza da cor, e a originalidade dos emblemas; parava, olhava e andava. (cap. XXXV)

A publicação dos encantos de Sofia, ao tempo que fere um valor moral consagrado, tem um sentido de índole diversa. Palha quer enriquecer e enriquece; de negócio em negócio aspira à abastança e à opulência. Mas a nova classe, na qual se situa o Palha, não estava ainda definida em torno de uma ideologia que lhe justificasse a proeminência, nem o Palha nela se fixara, com o reconhecimento geral. Daí que, para se elevar, sofreria o zangão — "zangão da praça", como o caracteriza Machado de Assis, e zangão como símbolo de uma realidade biológica — a dupla pressão da instabilidade pessoal e da instabilidade da camada em que buscava acolhimento. Por efeito da última circunstância, era necessário adotar os caracteres secundários da classe proprietária e do estamento político, visto que só eles consagravam a elevação à alta-roda. Por isso Palha, que deseja ser banqueiro, ponto mais alto de sua classe, também sonha com a baronia, que melhor cabe ao estrato agora imitado nas suas expressões mais inautênticas. Na subida de uma classe e no declínio de outra sempre há a manifestação de práticas imitativas, que se agarram aos restos luminosos de uma época em ocaso.³⁶ Sofia é o instrumento do "empurrão para cima" (cap. XCII), com novas amizades e o abandono das antigas, reunido um grupo, no qual entram um diretor de banco, "outro personagem bancário, um comerciante inglês, um deputado, um desembargador, um conselheiro, alguns capitalistas, e pouco mais" (cap. CXV). O casal "espanou a atmosfera", elevado ao *coupé*, entrando em "lua de mel da grandeza" (cap. CXXXVIII). Novo círculo, nova sociedade, classe nova — Sofia corrigia as imperfeições do marido, mal adaptado aos rapapés e às homenagens, lembrado em excesso de sua recente subserviência.

> Sofia é que, em verdade, corrigia tudo. Observava, imitava. Necessidade e vocação fizeram-lhe adquirir, aos poucos, o que não trouxera do nascimento nem da fortuna. [...] Cortou as relações antigas, familiares, algumas tão íntimas que dificilmente se poderiam dissolver; mas a arte de receber sem calor, ouvir sem interesse e despedir-se sem pesar, não era das suas menores prendas; e uma por uma, se foram indo as pobres criaturas modestas, sem maneiras, nem vestidos, amizades de pequena monta, de pagodes caseiros, de hábitos singelos e sem elevação (cap. CXXXVIII).

Sofia, de modo duro, áspero, impiedoso, repete a trajetória de Guiomar (*A mão e a luva*) e Iaiá Garcia, precursoras de Natividade (*Esaú e Jacó*), a baronesa que Sofia não conseguiu ser. Guiomar fez esquecer, nas maneiras finamente elegantes, a origem mediana — "a borboleta fazia esquecer a crisálida" (M.L., V). Também Iaiá Garcia se ajustou depressa à alta-roda: "A sociedade não lhe negou carinhos e respeitos. Se antes de casar, Iaiá possuía o abecedário da elegância, depressa aprendeu a prosódia e a sintaxe; afez-se a todos os requintes da urbanidade, com a presteza de um espírito sagaz e penetrante" (cap. XV). O acesso aos traços secundários da classe superior, a que a classe ascendente aspira, dá-se por meio da vida feminina, nos salões, bailes e festas. Daí o papel de Sofia, socialmente relevante, como expressão funcional, para dar ao Palha, além do suspirado banco, o calor, o respeito e a irradiação da vida elegante.

Palha floresce no Santos (*Esaú e Jacó*), banqueiro e barão. Entre o *Quincas Borba*, publicado em livro em 1891, e o *Esaú e Jacó*, editado em 1904, há um longo e significativo percurso, que denuncia o amadurecimento de situações, o aprimoramento de gestos esquivos, a fixação de caracteres até então vagos, informes e indefinidos. No *Quincas Borba* há um capitalista — o Rubião — que, desastradamente, tragicamente, perde seus bens, devorados pelo esbanjamento e pela especulação. No *Esaú e Jacó* já não existem mais os homens que vivem de rendas, salvo o conselheiro Aires, mais funcionário público aposentado do que capitalista. É a vez, no fim do Império e começo da República, dos homens que lidam com ações e títulos, para revendê-los, ciosos do aumento dos lucros. O malogro de Rubião assinala a despedida de uma classe, que condições econômicas novas solapam e da qual a inflação acelera a ruína. Santos é o Palha realizado, mas também ele, como o marido de Sofia, sofre da atração da classe proprietária, imitando-lhe os característicos secundários, inautenticamente. Também Santos foi pobre.

> Vindo para o Rio de Janeiro por ocasião da febre das ações (1855), dizem que revelou grandes qualidades para ganhar dinheiro depressa. Ganhou muito, e fê-lo perder a outros. Casou em 1859 com esta Natividade, que ia então nos vinte anos e não tinha dinheiro, mas era bela e amava apaixonadamente. A Fortuna os abençoou com a riqueza. Anos depois tinham eles uma casa nobre, carruagem, cavalos e relações novas e distintas. (E.J., IV)

Na elevação de classe — sobretudo na aquisição das luminosas expressões da classe vizinha e predominante — Natividade teve o mesmo papel de relevo que Sofia, talvez de forma menos impiedosa e sem os equívocos olhos convidativos.

> Natividade andava já na alta-roda do tempo; acabou de entrar por ela com tal arte que parecia haver ali nascido. Carteava-se com grandes damas, era familiar de muitas, tuteava algumas. Nem tinha só esta casa de Botafogo, mas também outra em Petrópolis; nem só carro, mas também camarote no Teatro Lírico, não contando os bailes no Cassino Fluminense, os dos amigos e os seus; todo o repertório, em suma, da vida elegante. Era nomeada nas gazetas, pertencia àquela dúzia de nomes planetários que figuram no meio da plebe de estrelas. O marido era capitalista e diretor de banco. (E.J., VI)

Ao contrário do que acontecia com os capitalistas, assim tidos os homens que retiravam seus ingressos de rendas, Santos — como Palha e Escobar — não fizera do casamento meio de aumentar os cabedais. Somente o Cotrim casou em família rica, mas nem o Cotrim fez do casamento meta do desfrute dos bens da noiva. Continuou a comerciar: contrabando de escravos, fornecimentos e demais artes que asseguram dinheiro. À medida, ao ócio, à elegância sem ostentação de mau gosto se substitui, na nova camada, o desejo insaciável de acumular bens. Cobiça de fortuna — não raro trocada em inveja, a inveja de Santos do Palácio Nova Friburgo. Inveja e a perseguição do dinheiro, sempre em ritmo crescente, sonhado em caudais sem fim.

> Ao passar pelo palácio Nova Friburgo, levantou os olhos para ele com o desejo do costume, uma cobiça de possuí-lo, sem prever os altos destinos que o palácio viria a ter na República; mas quem então previa nada? Quem prevê cousa nenhuma? Para Santos a questão era só possuí-lo, dar ali grandes festas únicas, celebradas nas gazetas, narradas na cidade entre amigos e inimigos, cheios de admiração, de rancor ou de inveja.

> Já não lhe bastava o que era. A casa de Botafogo, posto que bela, não era um palácio, e depois não estava tão exposta como aqui no Catete, passagem obrigada de toda a gente, que olharia para as grandes janelas, as grandes portas, as grandes águias no alto, de asas abertas. Quem viesse pelo lado do mar, veria as costas do palácio, os jardins e os lagos... oh! gozo infinito! Santos imaginava os bronzes, mármores, luzes, flores, danças, carruagens, músicas, ceias... (E.J., IX)

Santos, na estrita linhagem de Escobar, Cotrim e Palha, não é homem de cultura. Para ele não existem tais valores que fizeram Brás Cubas interessar-se pelas letras e pela filosofia, esta pela mão extravagante de Quincas Borba. Ele conservava gestos e modos de outro tempo, incapaz de se refinar com a elegância de Natividade, aspirando ao posto de senador por ser o cargo "eterno". Seu projeto de ganhar uma cadeira no parlamento sofreu rude e peremptória repulsa da mulher, como expressão do outro eu que censura e corrige. Não lhe socorreu o exemplo de Mauá — ao seu tempo, política era uma cousa e indústria outra (cap. XLVIII). Para esta classe, a política não seria o complemento natural, o bordado no punho, mas um empecilho, senão incompatível com a atividade econômica, ao menos exposta ao ridículo, se praticada pelo empresário. A alma exterior, a aparência que aperfeiçoa a alma interior era, agora, outra — não mais a política, mas o renome na praça, nas gazetas, nas denominações das sociedades anônimas. O modo de sonhar, de transfigurar a realidade, mudou, mudou com a própria realidade. Por dentro, em lugar do amor à glória, a pura e nua cobiça de dinheiro, a eminência social perde o posto para o desejo de suscitar invejas — degrada-se o mundo moral, aviltando-se os sentimentos elevados. Mas há uma diferença no curso da viagem que vai do Palha ao Santos. Ambos não conhecem a gramática e não falam de livros; Santos, todavia, não é mais o frio canalha que explora as fraquezas alheias, o cínico somente preocupado em sugar o sangue alheio. Volvidos trinta anos, ele se humaniza, capaz de amor, de compaixão e de piedade filial. A classe, ao se elevar e ao elevar seus sentimentos, perde as garras e os dentes, embotando a voracidade no contexto de um mundo integrado, em procura de sua harmonia interior. A própria especulação — agora avassalada ao ritmo doido da inflação, sob o regime do *encilhamento* — ganha colorido, com alguma coisa de épico insinuado na onda sarcástica. Especulação se prende, sutilmente, à grandeza nacional, procurando confundir-se com a prosperidade do país.

> — Uma ideia sublime, disse ele [Santos] ao pai de Flora; a que lancei hoje foi das melhores, e as ações valem já ouro. Trata-se de lã de carneiro, e começa pela criação deste mamífero nos campos do Paraná. Em cinco anos poderemos vestir a América e a Europa. [...] No dia seguinte, antes de almoçar, mostrou ao hóspede o programa e os estatutos. As ações eram maços e maços, e Santos ia dizendo o valor de cada um. Batista somava mal, em regra; daquela vez, pior. Mas os algarismos cresciam à vista, trepavam uns nos outros, enchiam o espaço, desde o chão até às janelas, e precipitavam-se por elas abaixo, com um rumor de ouro que ensurdecia. (E.J., LXXVII)

Os astutos jogadores — comerciantes que, por via da especulação, chegaram ao jogo e ao seu delírio — não enganam um fino, perspicaz e elegante filho da velha classe dos desfrutadores de renda. Aires, o civilizado Aires, homem de velhas maneiras, verá, na legião que ocupa as carruagens, debaixo dos anéis de mau gosto, o novo-rico, *parvenu* num mundo que não é o seu. "Casos há, — escrevia o nosso Aires — em que a impassibilidade do cocheiro contrasta com a agitação do dono no interior da carruagem, fazendo crer que é o patrão que, por desfastio, trepou à boleia e leva o cocheiro a passear" (E.J., LXXIII). O Santos ver-se-á já próspero, filho relutante, rebelde de sua classe. Quase fugiu dela ao se refugiar no baronato, se os especuladores não se fizessem barões só porque especuladores. Os títulos chegaram a eles, e não eles aos títulos. Não se evadiu na política; banqueiro, ficou fiel ao banco, com muitas infidelidades em favor do astro que se escondia no Ocidente. Um houve, porém, digno sucessor de Procópio Dias (*Iaiá Garcia*), que não se deixou contaminar de sonhos alienados: ele é só e unicamente o amado filho do dinheiro. Para ele, o dinheiro tudo pode e tudo compra — compra empresas, cria estradas de ferro, edifica cidades, elege noivas e dá a grandeza, letras e cultura. Nóbrega (*Esaú e Jacó*), o autêntico Nóbrega, não se extravia na imitação da elegância cultivada, nem no refinamento ocioso, não cobiça a baronia e não quer a cadeira parlamentar. As extravagâncias do Palha e do Santos, com as mulheres se insinuando na alta-roda, pertencem ao passado.

Nóbrega entra no *encilhamento*, que lhe multiplica os capitais, depois que a desonesta esperteza lhe anima o primeiro passo. Nóbrega, "irmão das almas", recebe de Natividade, para as almas do purgatório, em regozijo pela grandeza futura de seus filhos ainda não nascidos, uma nota de dois mil-réis, nova em folha. Não era muito, mas era alguma coisa, lá por 1870, comparada a esmola aos dous níqueis de tostão e alguns vinténs antigos, contribuição usual dos devotos.

> Na igreja, ao tirar a opa, depois de entregar a bacia ao sacristão, ouviu uma voz débil como de almas remotas que lhe perguntavam se os dous mil-réis... Os dous mil-réis, dizia outra voz menos débil, eram naturalmente dele, que, em primeiro lugar, também tinha alma, e, em segundo lugar, não recebera nunca tão grande esmola. (E.J., III)

Passaram-se muitos anos; o sujeito, que antes não se chamava nada, ganhou nome, o nome Nóbrega.

> Com pouco deixou a cidade, e não se sabe se também o país. Quando tornou, trazia alguns pares de contos de réis, que a fortuna dobrou, redobrou, e tresdobrou. Enfim, alvoreceu a famosa quadra do *encilhamento*. Esta foi a grande opa, a grande bacia, a grande esmola, o grande purgatório. Quem já sabia do andador das almas? A antiga roda perdera-se na obscuridade e na morte. Ele era outro; as feições não eram as mesmas, senão as que o tempo veio compondo e melhorando. — Se a grande bacia, ou qualquer das outras recebeu o destino da primeira, é o que se não sabe, mas é possível. (cap. LXXIV)

Compõe-se, com tais origens e com tais dúvidas de caráter, o novo-rico. O conselheiro Aires, que o viu na quadra dourada, escreveu aquela observação acerca dos cocheiros que melhor estariam no lugar dos patrões. De "dous mil-réis" subiu a "dous mil contos" — a "nota fecunda" "deitou de si muitas outras". "Agora os tempos eram claros, a manhã doce e pura" (cap. CIII). A ventania que varreu o fim do Império e tomou conta da República nascente transforma as velhas fortunas de trezentos contos, que faziam sonhar Paris, suas delícias e pompas, em 2 mil contos, pleno país da fábula, para delícia de Cândido e Cacambo. O luxo por atacado, em lugar da elegância, o espalhafato de riquezas adorna a recente grandeza, simbolizada na carruagem, "tirada por uma bela parelha de cavalos". "A casa dele era um palacete, os móveis feitos na Europa, estilo império, aparelhos de Sèvres e de prata, tapetes de Esmirna [...]" Incensado pelos serviçais, entre eles servos e um escriba promovido a secretário particular, sem amigos, vive no clima falso das loas e dos elogios pagos. Rude, pobre de gramática e de língua, adorna-o o dinheiro e sua sequela, o prestígio comprado, com os comensais famintos de seus jantares.

> Nóbrega sabia pouca ortografia, nenhuma sintaxe, lições úteis, decerto, mas que não valiam a moral, e a moral, diziam todos, acompanhando o secretário, era o seu principal e maior mérito. O fiel escriba acrescentava que, sendo preciso despir a camisa e dá-la a um mendigo, Nóbrega o faria, ainda que a camisa fosse bordada. (cap. CIII)

Nóbrega não aspira ao título de barão, não busca o casamento que o eleve à sociedade tradicional, nem quer, com outra Sofia ou outra Natividade, ingressar na alta-roda. Ele tem consciência que não precisa de muletas, amparos ou arrimos para que seu nome luza, resplandeça. Sente-se o centro da sociedade, tudo gira em torno dele, de seus cabedais, de sua casa e de seus banquetes. Escolhe uma noiva, que se elevaria ao aceitá-lo, ao partilhar de sua opulência. Seria possível a recusa de uma moça sem vintém e sem brincos? Aos seus olhos, só a doença ou a modéstia poderiam explicar tal ingratidão — porque o ato seria de "pura ingratidão" (cap. CIV). Toda a gente, a futura noiva, os vizinhos se sentiriam honrados em ingressar no corpo dos amigos e dos dependentes do "grande homem". Imagine-se o assombro da recusa da frágil, modesta Flora, finamente bela, ao convite de casamento, que se traduzia em dar-lhe carro, "joias, muitas joias, as melhores joias do mundo".

> Tinha imaginado que ela, ao ler a carta, devia ficar tão pasmada e agradecida, que nos primeiros instantes não pudesse responder a d. Rita; mas logo depois as pala-

vras sairiam do coração às golfadas. "Sim, senhora, queria, aceitava; não pensara em outra cousa." Escrevia logo ao pai e à mãe para lhes pedir licença, eles viriam correndo, incrédulos, mas, vendo a carta, ouvindo a filha e d. Rita, não duvidariam da verdade, e dariam o consentimento. Talvez o pai lhe fosse dar em pessoa. E nada, nada, nada, absolutamente nada, uma simples recusa, uma recusa atrevida, porque enfim quem era ela, apesar da beleza? uma criatura sem vintém, modestamente vestida, sem brincos, nunca lhe vira brincos às orelhas, duas perolazinhas que fossem. E por que é que lhe furaram as orelhas, se não tinham brincos que lhe dar? Considerou que às mais pobres meninas do mundo furam as orelhas para os brincos que lhes possam cair do céu. E vem esta, e recusa os mais ricos brincos que o céu ia chover sobre ela... (cap. CIV)

Toda a realidade, todos os sentimentos, todas as instituições se traduzem no dinheiro, ou em bens que o dinheiro compra. É um autêntico representante de sua classe, o Nóbrega, sem os disfarces do Palha, alheio à máscara de barão do Santos. O dinheiro, só ele, dá prestígio e poder, glória e grandeza. Apura-se um tipo, construído de muitas fisionomias, que se cristalizam no curso de cinquenta anos, casado a uma classe, que se emancipa da ganga na qual nasceu e floresceu. Completa-se um processo histórico, precipitado pelo acidente acelerador do *encilhamento*, que extremou os caracteres da sociedade, libertando-se do retardamento de um longo trabalho de amadurecimento.

A atividade econômica de compra e venda, da manipulação do crédito, dos fornecimentos às repartições do Estado, o lançamento de empresas, tudo se reduz à especulação, modalidade do jogo. Ganhar dinheiro importa em fazê-lo perder a outros (E.J., IV) — sobre este axioma constrói Machado de Assis seu império econômico, o império econômico da classe aquisitiva ou lucrativa. A operação típica obedece ao molde de 1870: Falcão propôs a Chico Borges uma venda de ações.

> Não as tinha; mas farejou uma grande baixa, e contava ganhar de um só lance trinta a quarenta contos ao Chico Borges. Este respondeu-lhe finamente que andava pensando em oferecer-lhe a mesma cousa. Uma vez que ambos queriam vender e nenhum comprar, podiam juntar-se e propor a venda a um terceiro. Acharam o terceiro, e fecharam o contrato a sessenta dias. [...] Entretanto, o sol, modelo de funcionário, continuou a servir pontualmente os dias, um a um, até chegar aos dois meses do prazo marcado para a entrega das ações. Estas deviam baixar, segun-

do a previsão dos dois, mas as ações, como as loterias e as batalhas, zombam dos cálculos humanos. Naquele caso, além da zombaria, houve crueldade, porque nem baixaram, nem ficaram ao par; subiram até converter o esperado lucro de quarenta contos numa perda de vinte. (H.S.D., *Anedota pecuniária*)

Do axioma deriva uma importante proposição: quem perde é o trouxa. Tudo como no jogo de cartas, presidido pela habilidade ou pela trapaça. No fundo, como em todos os jogos, a sorte fixa as recompensas e os castigos, nem sempre alheia a íntimas e dirigidas inspirações morais. Daí, na ficção machadiana, a grande abundância das imagens que versam sobre o jogo, sobretudo relacionadas à loteria, que improvisa fortunas e gera muitas decepções.[37] O mundo do dinheiro tem a sua divindade, que preside a cobiça dos homens, submetida a regras e princípios.

5 | *Os negócios da classe lucrativa. A aliança entre comércio e política: O capitalismo político*

ESTA CLASSE LUCRATIVA situava suas atividades em alguns padrões econômicos: compra e venda de mercadorias, compra das safras do campo e venda de mercadorias importadas ou procedentes de outros pontos do país, agenciamento do crédito ao fazendeiro, venda de escravos e sua importação, exportação das safras. O negreiro, o comissário, o banqueiro, o importador e o exportador realizam os negócios, enriquecem e se arruínam. Há, do lado de dentro da classe, pessoas que ganham o primeiro plano, com a prática de atos típicos, capazes de transformar um remediado em opulento. Ao contrário do caráter fechado do estamento político, com suas fixas tradições e estilos de vida que provam e trituram o recém-chegado, de modo diferente da classe proprietária, estável e voltada à permanência, a classe lucrativa está aberta a todas as ambições, propícia às cobiças e às arremetidas sem nobreza. O dinheiro, limpo de máscaras, liberto de dissimulações e disfarces, dita, ele só, a posição do indivíduo. O estrato orientado para o lucro afastará, com a sua integração na sociedade, todos os resíduos de outros tempos, que definem as hesitações de um período indefinido, de grupos em combate, que confundem seus valores. Há, na ficção de Machado de Assis, alguns expedientes que se repetem, responsáveis pela fortuna de Procópio Dias (*Iaiá Garcia*) e pela opulência do Santos (*Esaú e Jacó*). São estes que denunciam, mais do que a estrutura global, a contextura viva da economia do Segundo Reinado. A biografia de Mauá, nos episódios que ela revela e sobretudo no que ela pressupõe, dirão melhor de sua época do que a abstrata história econômica, perdida nas linhas gerais do sistema.

O quadro é simples, esquematicamente apresentado. Um ministro norte-americano, em 1846, identificava apenas três maneiras de enriquecer: o tráfico negreiro, a usura e os negócios dos comissários de café.[38] Entre os traficantes, a maioria se compunha de portugueses, salvo alguns comendadores e barões, socialmente importantes, os Sousa Breves, Vasconcelos Drumond, Cavalcanti de

Albuquerque, Wanderley Lins e outros.[39] Na usura se entende o empréstimo de dinheiro, germe do respeitável futuro comércio bancário. No rol de 1846, ainda não consta o grupo dos zangões da praça, dos especuladores de ações, que proliferarão depois de 1850. Cotrim (*Memórias póstumas*) representa, na galeria do romancista, o tráfico negreiro, comércio que se prolongará no contrabando de escravos. Acumula as atividades da usura com o negócio negreiro, do qual recebeu a fama de bárbaro, pelo trato duro "que esse gênero de negócio requeria" (M.P., CXIII). Extinto o tráfico, Cotrim se adapta às novas circunstâncias e se lança nos fornecimentos ao Estado, particularmente ao arsenal de Marinha, negócio que, em três anos, daria o lucro de duzentos contos de réis. Este tipo de operação não estava aberto a todos, mas somente aos que, como o Cotrim, dispusessem de apoio político, proporcionado por um deputado influente, como o cunhado Brás Cubas (M.P., CXLVIII). Cotrim desenvolve uma carreira de negócios: do tráfico negreiro ao fornecimento de bens às repartições públicas. Este — o fornecimento — era um dos grandes negócios da época. Graças a ele, Procópio Dias (*Iaiá Garcia*), durante a Guerra do Paraguai, triplicara os capitais, "o que lhe permitiu colocar-se acima das viravoltas da fortuna" (cap. VII). Também aqui, ao fornecedor foram muito úteis as recomendações de um prestigioso oficial. Observar-se-á, mais tarde, a importância de tal tipo de negócios na vida do Império, o que mostrará a conexão com a política, sugerindo um traço do capitalismo político então reinante. A classe dos comissários está representada no Escobar (*Dom Casmurro*), comissário próspero, do zero até o palacete, anterior à derrocada do fim do Império, contemporâneo à crise de mão de obra. Procópio Dias (*Iaiá Garcia*) é o homem de todos os negócios, sobretudo o fornecedor às tropas brasileiras no Paraguai. O trabalho assíduo, as *finuras encobertas* engrossaram-lhe os cabedais, triplicados na guerra.

Aparecerá, agora, pela primeira vez na ficção, um fator específico de riqueza: o destro, hábil e astuto aproveitamento das crises comerciais do Segundo Reinado. Santos (*Esaú e Jacó*) é filho da crise de 1855; Procópio Dias, como depois o Palha, sente a degringolada bancária de 1854; Nóbrega sairá do *encilhamento*, produto de arte mágica. Procópio Dias, "em 1864, por um instinto verdadeiramente miraculoso, farejou a crise e o descalabro dos bancos, e retirou a tempo os fundos que tinha em um deles" (I.G., VII). O mais expressivo exemplar dos novos tempos será o Palha, Cristiano de Almeida e Palha (*Quincas Borba*). Seu clima é o da compra e venda de papéis — apólices e ações. O próprio imóvel não representa mais a renda, o aluguel, senão investimento que eventualmente se revende com lucro. Ele se representa na escritura, aproximando-se da apólice e da ação. Primeira profissão de Palha: avulso zangão da praça, "jeitoso, ativo e tinha o faro dos negócios e das situações". "Em 1864, apesar de recente no ofício, adivinhou, — não se pode empregar outro termo, — adivinhou as falências bancárias." "— Nós temos cousa, mais dia menos dia; isto anda por arames. O menor brado de alarma leva tudo" (cap. XXXV). A respeitabilidade, ferida com as aventuras da praça, lhe virá com o estabelecimento comercial, uma casa de importação, que girará sob a firma de Palha & Companhia. Além de importador, Palha não abandonou seus velhos negócios, que lhe assentaram as bases da fortuna. Consolidou seus bens com a posse de "ações de toda a parte, apólices de ouro do empréstimo Itaboraí" (cap. CXXIX). Na mesma trilha do Cotrim e do Procópio Dias fez seus fornecimentos ao Estado — para a guerra — "de sociedade com um poderoso", que lhe deram lucros largos e rápidos. É o Estado que se aproxima da classe lucrativa, vinculada a deputados, titulares, senadores, os *poderosos* da política. Enquanto Rubião se lança, cego e temerário, tolo e imprevidente, às ações de companhias de engodo, filhas da especulação, a "Companhia União dos Capitais Honestos", a "Empresa Melhoradora de Embarques e Desembarques no Porto do Rio de Janeiro" (caps. CVIII e CX), Palha não se deixa aturdir na caudal de títulos que invadiam a praça. Palha se arreceia, cauteloso, perspicaz, dos enfáticos anúncios, feitos para "embair a gente e dar emprego a sujeitos necessitados" — confiava nos empreendimentos sólidos, medidas as ações pelos dividendos, e não pelas promessas. Palha não foi banqueiro, como o será Santos (*Esaú e Jacó*), também este, um antigo moço pobre enriquecido com a febre das ações, em 1855. Ganhou dinheiro depressa e ganhou muito — chegou ao prestígio de diretor de banco, alcançou o título de barão e cobiçou o Palácio Nova Friburgo, inveja de opulento. Credor da lavoura, preocupado com os efeitos da Lei Rio Branco, a Lei do Ventre Livre, passa, no *encilhamento*, a incorporador de companhias. A linha não se desfaz: especulador de ações, banqueiro e ás do *encilhamento*, fases de uma mesma carreira, sem saltos, em elevação constante. Nóbrega (*Esaú e Jacó*), finalmente, ganha muito, opulenta-se, sobretudo depois da quadra dourada — a grande oportunidade que dobrou, redobrou e tresdobrou alguns contos de réis. Há de se supor — pela indicação do romancista, mais preocupado com a falta de honestidade de seu personagem do que com o meio de enriquecimento —, há de se supor que o Nóbrega seria outro Procópio Dias, como ele especulador, liberto porém de mesquinha avareza.

Não para aí a galeria, sem contar o Falcão (*Anedota pecuniária*), homem de todos os negócios, especializado naquele que mais rende, o jogo de ações: há dois tipos que merecem lugar de relevo. Eles acentuam um padrão de negócios, já percorrido pelo Cotrim, Procópio Dias e Palha, expandindo-o em suas modalidades. O negócio de fornecimentos já é conhecido — fornecimento aos ministérios, com grossos lucros. Há ainda, também vinculada ao Estado, a *concessão*, que circula de mão em mão, até que um empresário estrangeiro a realize, gerindo o serviço público. Batista, presidente de uma província, entra num negócio de concessão de águas, envolvendo-se num gênero de atividade perigosamente comprometedora, da mesma índole do fornecimento.

> Batista dizia que por causa das eleições perdera a presidência, mas corria outra versão, um negócio de águas, concessão feita a um espanhol, a pedido do irmão da esposa do presidente. O pedido era verdadeiro, a imputação de sócio é que era falsa. Não importa; tanto bastou para que a folha da oposição dissesse que houve naquilo um bom "arranjo de família", acrescentando que, como era de águas, devia ser negócio limpo. A folha da administração retorquiu que, se águas havia, não eram bastantes para lavar o sujo do carvão deixado pela última presidência liberal, um fornecimento de palácio. [...] Batista acudiu depressa ao mal, declarando sem efeito a concessão, mas isso mesmo serviu à oposição para novos arremessos. "Temos a confissão do réu!" foi o título do primeiro artigo que rendeu à folha da oposição o ato do presidente. Os correspondentes tinham já escrito para o Rio de Janeiro falando da concessão, e o governo acabou por demitir o seu delegado. (E.J., XXX)

Nenhum dos dois negócios era possível sem a interferência de um *poderoso*, deputado ou senador, ministro ou chefe de partido. Deixava uma marca em quem fazia a recomendação, marca não raro explorada pelos comentários maldosos ou pela imprensa de oposição. Inácio (*Evolução*) destaca-se no ramo dos concessionários: obtém a concessão de uma estrada de ferro. Viaja a Londres, onde interessa os capitalistas ingleses no empreendimento. O especulador atuava de modo diverso. Obtinha a concessão, para si ou para companhia que organizasse, e a negociava, passando de mão em mão, até que algum empresário se dispusesse a levantar o empreendimento.

> Os concessionários tinham a obrigação de formar as companhias e iniciar os trabalhos das estradas de ferro em prazos determinados, porém estes sempre foram

prorrogados até que os interessados pudessem negociar, com vantagem, os privilégios de que eram donos.[40]

Na concessão havia favores que a valorizavam, como a subvenção quilométrica e a garantia de juros, capazes de atrair os empresários ao tempo que atraíam compradores para substituir os ágeis iniciadores. Por esse meio, o Império pôs em tráfego mais de 9 500 quilômetros de vias férreas. Em muitos momentos o concessionário, refugiado no monopólio, impedia a empresa, ao exigir ágio alto demais para a obra. Foi o caso do cabo submarino, retardada sua implantação por mais de vinte anos, "devido a uma dessas concessões a especuladores de má lei que ambicionam fazer fortuna de *um golpe* com a realização de uma ideia conhecida".[41] Não seria raro que o político — o protetor da concessão — também fosse o sócio na companhia concessionária. Mauá foi acusado de adotar o sistema de interessar homens públicos, direta ou indiretamente, nas suas empresas, associando-os à concessão.

> Concessões a políticos [lembra Cláudio Gans] não eram excepcionais: Gonçalves Martins (Barão de São Lourenço) teve a da navegação do Jequitinhonha; Cândido B. de Oliveira — a dos "bondes do Rio". Há ainda outros exemplos frisantes. Teófilo Otóni — a da colonização do Mucuri; Muniz Barreto (sogro de Otaviano) — a estrada de ferro da Bahia; Mariano Procópio, Machado Coelho e Castro e Drumond — depois deputados — diretores da "União e Indústria"; T. Cochrane (sogro de José de Alencar) — concessão de estrada de ferro e depois Ferro Carril da Tijuca. Cristiano Otóni, político também, foi administrador excepcional da Estrada d. Pedro II. Afora as cadeiras de diretores do Banco do Brasil, onde se assentaram sempre, apesar de políticos, portadores de nomes ilustres: J. J. Rodrigues Torres (Itaboraí), Sales Torres Homem (Inhomerim) e Teixeira Junior (Cruzeiro) etc.[42]

Esta interpenetração de política e negócios, criando a suspeição de suborno dos homens de Estado, provocava alteração na conduta dos políticos, tradicionalmente ligados à classe proprietária. O estamento se vinculará diretamente, por seus representantes, aos especuladores, juntando-se à grei de Procópio Dias, do Palha e do barão de Santos. É que o Estado, tradicionalmente unido às atividades econômicas, renovava sua velha aliança com o comércio, em proveito do qual fixara a centralização política e administrativa. Não só os fornecimentos e as concessões de estradas férreas dependiam do Estado; dele dependia a própria incorporação de sociedades anônimas. Por esta via, nasciam os acionistas, tão cuidadosamente estudados e ironizados por Machado de Assis (*Crônicas de Lélio*; *Diálogos e reflexões de um relojoeiro*). Dele vinham as garantias de juros, o auxílio direto para serviços públicos, a concessão de bancos, estipêndios às companhias de navegação, empréstimos a atividades econômicas, por meio de autorização legislativa. A indústria só seria possível se assegurada a compra da produção pelo Estado ou para obras do Estado, como ocorreu com a fábrica Ponta da Areia, protegida, além disso, pela tarifa alfandegária.[43] Há, entre os negócios, os agenciamentos de empréstimos, na fronteira da licitude. Eles deixavam uma "lambugem ao intermediário", quando contratados diretamente, no exterior, mas ninguém conhecia o destino da vantagem (*Crônicas de Lélio*).

As relações entre Estado e classes sociais situavam-se de modo ambivalente. A classe proprietária era a mais próxima do governo e da camada dirigente, pelo estilo de vida, fornecendo-lhe os titulares e parlamentares. Não se estabelecia a suspeição de suborno e de corrupção — era natural, lógico e consequente o parentesco. Servia-lhe de fachada, com a aparência de velha e obsoleta estrutura feudal, dado o vínculo entre a propriedade rural e a política. O setor dinâmico da economia, movimentada pelo Estado, estava em outro lugar, na íntima, subterrânea e clandestina ligação com a classe lucrativa, comerciantes, comissários, banqueiros, concessionários, exportadores e importadores. A especulação urbana, decorrente da efervescência da Bolsa, das crises bancárias e dos surtos inflacionários, seriam episódios, que favoreciam ou prejudicavam os membros de tal camada. O Estado, na conjuntura, representava o papel principal, dele virá "o calor, a luz, a vida".[44] Será ela, a classe lucrativa, que levará a cabo algumas transformações econômicas, animando as grandes empresas do Segundo Reinado: exportação e importação, bancos, estradas de ferro, melhoramentos urbanos. Contará, para isso, com o apoio e a associação do capital estrangeiro, sobretudo inglês, que tornará efetivas as concessões e os favores públicos. Qualquer empreendimento de vulto, dependente do capital e do crédito, encontrava pela frente o Estado, algumas vezes visto como o grande entrave da vida econômica, sob a perspectiva de empresários de formação liberal.

> Clama-se que *no Brasil* tudo se espera do *governo* e que a iniciativa individual *não existe*! E como não há de ser assim se tudo quanto se refere à ação *do capital*, desde

que este se aglomera para qualquer fim de utilidade pública ou particular, em que a liberdade das convenções devia ser o *princípio regulador*, esbarra-se logo de frente com péssimas leis *preventivas*, e quando estas não bastam, a intervenção *indébita* do governo aparece na qualidade *de tutor*? E o que diremos do crédito, essa alavanca magna da civilização, que tem a missão de desempenhar 95% das transações em que assenta a vida econômica das sociedades modernas? O *crédito* ou está entregue ao regime do privilégio, ou não existe fora dos limites da força *individual* em que sua ação é necessariamente *fraca*, em um país novo, que não tem tido tempo de converter em capital realizado senão uma parte mínima de seus recursos naturais: não pode ele dar um passo entre nós sem *encontrar-se* com essas leis preventivas, que sufocam a liberdade de ação.

O fato, pois, que tanta reprovação encontra, de tudo esperar-se do governo, é *consequência necessária* do regime legal a que entregaram o país os que têm governado.[45]

É a presença do Estado, materialmente, pelo conteúdo, intervindo na economia, ditando a esfera onde os negócios são possíveis com estímulos e privilégios, e negando a própria possibilidade a outros setores. As grandes crises do Segundo Reinado, todas assinaladas com particular ênfase e relevo por Machado de Assis, dão a mostra e a contextura da realidade histórica de conjunto. A febre das ações (1855), as falências bancárias (1864) e o *encilhamento* (1888) são momentos culminantes de uma economia quase colonial, dirigida de fora, intermediada pelo Estado. Cada um deles projeta um tipo de especulador: o Santos em 1855, o Procópio Dias e o Palha em 1864 e o Nóbrega em 1888. Todos levarão à estrutura do *capitalismo* político, forma que o específico mercantilismo brasileiro denunciará, fiel à tradição longínqua de Portugal das viagens marítimas.

A extinção do tráfico (Lei de 4 de setembro de 1850, completada pela Lei de 5 de junho de 1854) assinala a mais importante mudança econômica do Império. Se, por si só, não levaria ao fim da escravidão, determinará a alteração de rumo dos capitais disponíveis na economia brasileira. Os donos do dinheiro, por via do comércio de africanos, controlavam as fazendas, passando, não raro, de credores hipotecários a proprietários. "A nossa propriedade territorial, diria Eusébio de Queirós, ia passando das mãos dos agricultores para os especuladores e traficantes."[46] A extinção do tráfico muda as circunstâncias — o poderoso comércio negreiro encontra-se sem emprego, com disponibilidades monetárias de grande cabedal. Cerca de 16 mil contos, para um papel-moeda em circulação de 46 mil, provocaram súbita febre no mercado, com baixa da taxa de desconto e elevação do câmbio. Coincidiu o fato extraordinário com a maturação da economia cafeeira, que projetava, no setor urbano, as sobras, muitas, mais aparentes que reais, dos investimentos e reinvestimentos agrícolas. É a época de ouro da liderança de Mauá, já o empresário da Ponta da Areia, financiada com empréstimos autorizados pelo Poder Legislativo. O grande empresário funda, agora com capitais privados, o Banco do Brasil (1851), na sua segunda fase, obedecendo ao propósito de "reunir os capitais, que se viam repentinamente deslocados do ilícito comércio, e fazê-los convergir a um centro donde pudessem ir alimentar as forças produtivas do país".[47] Com 618 acionistas, o capital perfazia 10 mil contos. "Realizou esse estabelecimento transações de cerca de 300 mil contos em dous anos e meses, liquidando-se sem perda de um vintém para os seus acionistas."[48] Vieram, na mesma esteira, as pioneiras empresas de melhoramentos urbanos e de estradas de ferro — todas, como o negócio bancário, dependentes da concessão, do estímulo e da boa vontade oficial. O Banco do Brasil era o primeiro grande banco, ajustado à política oficial, somando-se aos pequenos bancos então existentes, incapazes de coordenar e orientar as finanças do Império. O estabelecimento de crédito, fundado pela iniciativa particular, era, na verdade, um agente do governo, situação que se consolidou com o terceiro Banco do Brasil, nascido da fusão do segundo com o Banco Comercial, já sem a presença de Mauá, que se instalou com o estabelecimento de crédito que levaria o seu nome. "A ideia da concentração absoluta do crédito" — relataria mais tarde — "em um só Banco, que apareceu em 1852, sempre me repugnou, e só condescendência encontrei nas vistas do ministério que fez passar a lei de 23 de julho…"

> O mecanismo de crédito [este era o propósito do monopólio de fato do novo banco] uma vez introduzido, apoiado no poderoso influxo de que emanava, que encerrava *em si mesmo a confiança*, levaria a *vida* ao capital *inerte* (por assim dizer em *dormência*), que superabunda em todos os cantos do Brasil, convertendo assim em instrumentos de produção, recursos dispersos e inutilizados para a criação da riqueza individual e consequentemente nacional. Tal era a perspectiva que se me figurava como consequência da organização do grande Banco do Brasil, o que só podia justificar o monopólio prática e legalmente criado.

Mas o governo não seguiu essa orientação — reunir e coordenar os capitais *ociosos*, isto é, *nas mãos dos homens de renda*, da classe proprietária. Este papel quis só para si o banco de Mauá, fundado para se manter alheio à *tutela* oficial, à intervenção *governativa*.[49] O importante, o que de importante se colhe nas longas transcrições, é a coincidência entre o pensamento de um liberal e o pensamento oficial: o aproveitamento dos capitais desvinculados do tráfico para as obras públicas, os serviços públicos e a indústria, *qualificados de inerte*, nas empresas que levassem o progresso às cidades e à agricultura. O dissídio era de método; pela mão do governo, no pensamento oficial; pela iniciativa individual e pela concorrência, segundo o desígnio dos liberais — liberais, mas não tanto: o Estado devia ser dispensado, quando regulamenta e dirige, mas não quando estimula e auxilia. Na verdade, o governo, com os instrumentos que criara, conseguiu despertar uma era de iniciativas. Uma transformação da economia, com profundos reflexos sobre a sociedade, ferindo a estabilidade das classes, levou a uma imprudente euforia. A empresa se confundiu com a jogatina — "o excesso de instrumentos de pagamento produziu a especulação e depois a inflação, com toda a sua influência sobre o câmbio e os preços correntes".[50] Em lugar da empresa surgiu o negócio das ações; em lugar dos ambicionados empreendimentos, a classe lucrativa viu apenas o jogo e a especulação, que se realizariam na compra e venda de títulos. Tudo ocorreu como se o país sofresse um reajuste imposto de fora, ignorante da verdade nacional. A estrutura existente, a vanguarda dinâmica, filha do comércio, que alimentava a intermediação com o campo (comissários), as exportações e o crédito, somente percebeu, no enxerto, oportunidades melhores, sob o patrocínio oficial, de obter maiores e mais rápidos lucros. Daí a *febre das ações* de 1855, que Machado de Assis celebra como o início da carreira do barão e banqueiro Santos (*Esaú e Jacó*), e cujo padrão de negócio acentua como a constante do especulador do Segundo Reinado. O papel-moeda se eleva, de 46 mil contos em 1850 para 95 mil em 1856-57, com níveis percentuais somados que só o *encilhamento* superaria. Na realidade — as exportações o demonstram —, o Império prosperava. Mas o grande salto, obscuramente entrevisto pelo governo, resultou num salto no vazio, com a falsa, enganadora e estéril euforia inflacionária. O folhetinista do *Jornal do Commercio*, de 28 de maio de 1854, via bem o momento:

> Ao jogo, cidadãos! Ao jogo! ao jogo em pleno dia, ao jogo na praça pública, ao jogo sem receio da polícia, ao jogo legal, comercial, industrial e moral. Ao jogo,

cidadãos, ao jogo! Abandonai o comércio, abandonai vossos empregos, abandonai todos os interesses de vossa vida, e da sociedade. O comércio! Isso é um ronceiro *cabriolet* quando se trata de locomotiva em ágio. [...] À praça, portanto, cidadãos! Já soaram as nove da manhã; nada de perder-se tempo. Quem sabe se a esta hora não se fará alguma transação fabulosa? Devorai o almoço, devorai o caminho, devorai o tempo. Entrai de roldão, acotovelai os vossos competidores, regalai os olhos, afinai os ouvidos, preparai o bote. A como estão as ações? A cento e vinte; é pouco. A cento e cinquenta; hão de subir. A cento e oitenta; bom! o preço já é tentador. A duzentos e dez: oh! Deus!! Quem sabe ainda a que virá. A duzentos e vinte; bravo! Não é possível que parem aí! [...]

Quantos castelos não se converterão em vigílias amargas!

Mas até lá, meus amigos, até o *dies irae* da reação, não se perca tempo, banco comercial, banco hipotecário, banco nacional, estrada de Mauá, iluminação a gás, ponta d'areia, navegação do Paraguai, tudo serve; podem representar no baralho da especulação como damas, valetes ou reis.

Se ainda precisardes de mais alguma empresa para distração da partida que jogais, não vos faltam os títulos pomposos, embora não passem daí. Lançai uma estrada desde S. Cristóvão até o Pará; desmontai as cachoeiras de S. Francisco e entupi desde a foz até a nascente com os *clipers* e os *ericsons*; fundai um banco, dois mais, de desconto, de hipotecas, tudo que quiserdes, porque o nome nada tem com a instituição em si. Iluminai o Corcovado, o Pão de Açúcar, a Gávea; e se a vossa imaginação vos faltar ao cabo destes projetos gigantescos, fundai um hospital para as vítimas do ágio no dia supremo das tribulações.[51]

Com a prosperidade, a falsa e a verdadeira prosperidade, o país se moderniza. Um novo Código Comercial é promulgado, vigente até a atualidade, instaura-se a lei hipotecária, de molde a disciplinar o crédito agrícola, entregue até então à confiança dos comissários, com a garantia única da honestidade pessoal. Afasta-se a presunção de que hipoteca era sinônimo de ruína. Um dos maiores financistas do tempo — Sales Torres Homem — definia a nova época, como a que deveria "imprimir voo rápido à indústria nacional" e, já em 1857, denunciava a ilusão de que havia

no crédito bancário regiões ainda inexploradas, como há em certas partes do globo jazigos auríferos ainda desconhecidos. Confundindo-se capital com o instrumento da circulação, imaginou-se que por isso o papel fiduciário de um banco, que preenche até certo ponto as funções de moeda, era também capital, e que as emissões bancárias teriam a virtude maravilhosa de aumentar os recursos da indústria até onde eles fossem precisos.[52]

Enfim, de paliativo em paliativo, de pequena em pequena crise, chegou a hora do ajuste de contas, fatal nas circunstâncias. 1864 é a cobrança das fantasias que se acumulam desde 1850. O golpe foi súbito e inesperado: o dia 10 de setembro de 1864 trouxe a falência de 95 casas comerciais e de cinco casas bancárias, arrastadas pelo pânico a que foi submetida a casa Souto & Cia. O prejuízo teria alcançado 70 mil contos; houve grande baixa do valor das ações e dos imóveis. Uma comissão especial mostrava os vínculos políticos da casa líder, dos quais confiava que viria a salvação.

> Acreditou, segundo o preconceito que lavrara nos antigos tempos, que o emprego de grande massa de capitais em propriedades urbanas e rurais, inspirando ilimitada confiança, devido à circunstância da posse de uma numerosa clientela de amigos da primeira classe da sociedade, assim *políticas*, como comerciais, e de pessoas que lhe eram dedicadas pelo nobre sentimento da gratidão, a colocaria em princípio tão forte, que quaisquer que fossem os vícios de seu sistema, dado o momento do perigo, essas âncoras a salvariam do naufrágio. Assim que, conquanto não se deixasse arrastar pela corrente geral, não se envolvesse no vórtice das especulações e da agiotagem, e não tomasse parte no furor e frenesi das empresas ou (conforme a expressão inglesa) *bubble companies*, indiretamente as alimentava com operação de desconto e empréstimos, e por impulso de seu ânimo generoso amparou a muitos que vão caindo, a grande número deu a mão e ao fim forneceu capitais para se estabelecerem.[53]

A falsa prosperidade — que se instalara ao lado da verdadeira — se alimentava do crédito, cujo conduto levava ao estrangeiro, provocando, em lugar dos empreendimentos, as armadilhas ao investimento, necessitados de rápida comercialização de títulos e ações para cobrir os empréstimos bancários. O surto das "iniciativas", estéril nos seus resultados, prejudicou a agricultura, desviando-lhe recursos que a ela naturalmente afluíam. Diminuiu a produção de café, entre 1859-64, acentuou-se a importação, com o reequilíbrio conseguido à custa do ouro exportado. O vínculo político — fixado entre o comércio e a política — garantiria todas as imprudências, se a imprudência não chegasse, como ocorreu em 1864, a um ponto que ameaçaria desarticular o próprio sistema.

A crise de 1864 arruinou muita gente, pôs um termo, embora provisório, na ascensão de uma classe que prometia galgar o primeiro posto. Ela apanhou nas suas redes os desprevenidos e os imprudentes. Aqueles que especularam no tempo certo e se retiraram na hora oportuna, antes da baixa dos títulos, esses consolidaram suas fortunas. Não é rara a conquista de fortuna durante a inflação, quando o industrial se faz *brasseur d'affaires*. Raro, porém, será conservá-la, quando soa a hora da verdade, com a perspectiva de equilíbrio da estabilização.[54] Foi o que compreenderam lucidamente, com a ciência de economista, Procópio Dias e o Palha, cujas riquezas se deviam ao aproveitamento da catástrofe de 1864, na qual o primeiro demonstrou "um instinto verdadeiramente miraculoso", enquanto Palha via que "isto anda por arames. O menor brado de alarma leva tudo". Também Santos, filho da febre das ações de 1855, só subsistiu porque percebeu que depois da euforia viria a verdade. O vínculo, as relações, a troca de favores entre comércio e política não acabaram no desastre de 1864. A aliança era por demais profunda para se romper ao primeiro pânico, a um clamor prolongado. A própria angústia do momento poderia recimentar as fendas abertas.

> No todo, a crise de 1864, como sempre tem acontecido entre nós, foi aproveitada pelos especuladores arruinados para obter do governo, sob a ação do pânico, além das medidas excepcionais em que a opinião estava concorde, favores extraordinários, em benefício exclusivo deles. É sempre esse o processo; levanta-se um clamor geral pedindo a intervenção do governo, e este, no uso da ditadura que lhe é imposta, não se limita à medida reclamada por todos; tornando-se cúmplice dos que exploram a confusão do momento, dos que jogam afoutamente contando com o Estado para salvá-los ou desobrigá-los em caso de perda, decreta providências excessivas que só aproveitam a essa classe, em favor da qual não merecia ser suspensa, muito menos inovada.[55]

Duas novas crises abalariam ainda o Império, só uma com a intensidade comparável a 1864, a do *encilhamento*. A Guerra do Paraguai trouxe excesso de emissões, que medidas dos anos seguintes absorveriam. Será, o período de 1865-70, a época de ouro dos fornecimentos, na qual ainda mais prosperará o conhecido Procópio Dias, o Palha, o Santos, todos favorecidos com boas recomendações políticas. Bem verdade que o grosso de tal comércio estava a cargo de comerciantes argentinos, fornecedores de cavalos e alimentos, como Lesica e Lanus, tolerados por Caxias, talvez preocupado com os dividendos políticos que daí resultariam, assegurando a firmeza da aliança platina. Frequentavam os acampamentos, atraídos pelos negócios, Quintino Bocaiúva, Jarbas Muniz Barreto e Fortinho.[56] "O primeiro arrendara, em companhia de Ferreirinha, a estrada de ferro entre Assunção e Paraguari, do que tiravam bem magros proventos."[57] O conde d'Eu, ao substituir Caxias no comando supremo da guerra, abriu concorrência pública, afastando os argentinos. Daí vieram os pedidos de fabulosa indenização — 3 600 contos — que movimentaram os bastidores da política brasileira. Tudo acabou por obra de Taunay, numa compensação de 380 contos, por equidade, não sem estas palavras de Lesica: "Se eu não soubesse, Taunay, que *Usted es un caballero muy distinto y caracterizado* (ficou-me gravada na memória esta adjetivação) lhe diria: tome cem, duzentos contos e até trezentos e acabemos depressa esta pendência, que nos incomoda tanto".[58] Era no que dava a prática de os negócios só serem possíveis mediante a intervenção do Estado, e, portanto, da política e dos políticos. Nem sempre as mãos continuavam limpas, depois de tantas transações, recomendações e favores.

A última crise, que irrompe em 1888 a 1889, tem fundas conexões com a própria estrutura do sistema de trabalho agrícola. Muda-se o eixo da economia, que se desloca do Vale do Paraíba. Altera-se a arquitetura das forças: o setor agrícola precisa de dinheiro para pagar salários, dinheiro até então concentrado no Rio de Janeiro. O esquema centralizador — baseado na concentração urbana da riqueza circulante, dupla concentração, a local e em poucas mãos — perde o comando, permitindo a pressão dos núcleos locais. O comissário se mostra incapaz de arcar com as novas demandas de dinheiro, agora lastreado com a garantia da safra, e não mais a do escravo, que perdia o valor à medida que avançava a campanha abolicionista. No norte, o preço de manutenção do escravo já se tornava mais elevado do que o necessário para o trabalhador livre. As hipotecas, desvalorizadas, sobretudo no Vale do Paraíba, levaram o comissário a contar com a aleatória produção, que o abandono dos escravos tornava precária, incerta, diminuta. O escravo — antes mesmo da abolição, estimulada oficialmente, caiu do

> cume de Rs. 1:925$000, atingido em 1877, até Rs. 850$000 em 1887. A única variação de preços comparável ocorrera vinte e cinco anos antes, quando o fim do

tráfico negro elevara os preços vertiginosamente de Rs. 630$000 para Rs. 1:350$000, em três anos.[59]

Os bancos, já convertidos em agentes das fazendas e das casas comissárias, urgidos por dinheiro, cada vez mais necessário para sustentar a empresa agrícola, pedem ao governo a elevação ou a criação de novos mecanismos emissores. Seriam necessários, segundo um cálculo autorizado, 50 mil contos, num papel-moeda em circulação de cerca de 200 mil, para reequilibrar a situação monetária. As soluções possíveis seriam a emissão pelo Tesouro ou pelos bancos. A Lei de 24 de novembro de 1888, a carta magna do *encilhamento*, permitiu as emissões bancárias até o limite de apólices da dívida pública depositadas no Tesouro.[60] Comissários, banqueiros e fazendeiros, sob a excitação do pânico de 13 de maio, conjugaram-se para abrir as portas ao *papel inconversível*, que, apesar da teoria metalista então dominante, era, desde longa tradição, o "único motor das transações monetárias do Brasil".[61] À ficção teórica prevaleceu a verdade prática, durante alguns anos liberta do efeito regulador da primeira, capaz, pelo seu prestígio universal, de evitar o abuso inflacionista. Em dez anos, de 1888 a 1897, passou o papel-moeda em circulação de 205 mil a 780 mil contos. O índice do custo de vida se elevou do nível 176 em 1888 (índice cem em 1850) para 342 em 1897. A solução do desequilíbrio viria do governo, do governo viria também o estímulo às transformações econômicas, agora já orientadas pela República. Sempre "a superstição da onipotência do governo", como lembrava Rui Barbosa.[62] Iludido pelo surto de iniciativas, sobretudo no terreno bancário e do jogo das emissões de ações, quis o novo regímen expandir-se

> em audazes medidas renovadoras, em soluções imediatas dos grandes problemas retardados até então pela morosidade das formas constitucionais, em cometimentos de longo alcance e proporções arrojadas, — tudo sob o propósito generoso de dotar a pátria, no menor termo possível, da maior soma possível de benefícios, políticos ou materiais.[63]

Era ainda, na palavra de Mauá, o mesmo país, "essencialmente oficial", onde "tudo gira, move-se, quieta-se, vive, ou morre, do bafejo governamental".[64] Por meio das finanças orienta-se a economia; a manipulação governamental transformaria o país, dando-lhe prosperidade, nas safras abundantes e nas indústrias novas, com progresso acelerado, imediato.

Os reflexos políticos da conjuntura financeira, depois de atingirem e reformularem a economia, feriam os olhos mais argutos. A transferência de recursos em moeda para fora do Rio de Janeiro reforçava os núcleos locais, sobretudo São Paulo, politicamente menos forte do que sua ascendente posição econômica. Ganhou o federalismo brusco incremento, capazes os principais centros de produção, com o manejo de sua economia, de se transformarem em centros de decisões políticas. Foi possível organizar, sob tais estímulos, uma ordem federal, de longa duração, verdade que vigiada, no primeiro passo, pelo Exército, e, em segunda etapa, pela hegemonia paulista, que ascendera ao lugar mais alto em importância econômica. Isto, porém, no primeiro ato do drama. Se o processo financeiro se expandisse em toda a sua amplitude, criaria, na capital da República, junto ao governo, uma camada de banqueiros, senhores, pelo crédito, do comando do dinheiro. Seria outra vez a centralização, o regime unitário, dirigido, em longo curso, pelos fiéis e improvisados banqueiros da República, sem os títulos da monarquia, assentados em carruagens vistosas como os outros. Daí a reação, *sur le champ*, de Júlio de Castilhos contra a política dos bancos emissores de Rui Barbosa,[65] protesto de um *ultrafederalista* contra o federalista moderado que o ministro da Fazenda de Deodoro já mostrara ser na Constituinte. O formulador do federalismo da República Velha, Campos Sales, será, por transparente coincidência, o campeão do retorno à estabilidade financeira, com a entrega da economia ao setor privado. Mas não haja ilusões: este aparente liberalismo era apenas o afastamento prudente do Estado — seria uma abstenção vigilante, e não o abandono a uma função que o verdadeiro liberalismo acoimaria de ilegítima, monstruosa, irracional.

Enfim, fechando o parêntese, era novamente, tal como em 1855, a febre do jogo e a especulação aberta a todas as ambições. Machado de Assis, de toda a complexidade dos acontecimentos, via apenas o aspecto exterior e decorativo, o lado social e cheio de cores berrantes, extravagantes. Em ligeira antecipação de mais desenvolvida tese: Machado de Assis, tal como Nabuco e Taunay, viu, na classe que emergia, classe sem moral, sem escrúpulos, sem maneiras e sem gramática, o fim de uma época e de um estilo. Acabava o Império e com ele todo um mundo — o pobretão Machado, homem de curtas rendas com suas apólices e sua aposentadoria, trai-se, afinal, homem de uma classe. Agora, a vez é do Nóbrega (*Esaú e Jacó*), que "sabia pouca ortografia, nenhuma sintaxe", filho de um furto, engrandecido por muitos mistérios. O cenário: o *encilha-*

mento. Dentro da descrição um detalhe — detalhe importante, significativo, revelador; o governo, como no *Eldorado*, paga tudo.

Vivia-se dos restos daquele deslumbramento e agitação, epopeia de ouro da cidade e do mundo, porque a impressão total é que o mundo inteiro era assim mesmo. Certo, não lhe esqueceste o nome, encilhamento, a grande quadra das empresas e companhias de toda espécie. Quem não viu aquilo não viu nada. Cascatas de ideias, de invenções, de concessões rolavam todos os dias, sonoras e vistosas para se fazerem contos de réis, centenas de contos, milhares, milhares de milhares, milhares de milhares de milhares de contos de réis. Todos os papéis, aliás ações, saíam frescos e eternos do prelo. Eram estradas de ferro, bancos, fábricas, minas, estaleiros, navegação, edificação, exportação, importação, ensaques, empréstimos, todas as uniões, todas as regiões, tudo o que esses nomes comportam e mais o que esqueceram. Tudo andava nas ruas e praças, com estatutos, organizadores e listas. Letras grandes enchiam as folhas públicas, os títulos sucediam-se, sem que se repetissem, raro morriam, e só morria o que era frouxo, mas a princípio nada era frouxo. Cada ação trazia a vida intensa e liberal, alguma vez imortal, que se multiplicava daquela outra vida com que a alma acolhe as religiões novas. Nasciam as ações a preço alto, mais numerosas que as antigas crias da escravidão, e com dividendos infinitos.

Pessoas do tempo, querendo exagerar a riqueza, dizem que o dinheiro brotava do chão, mas não é verdade. Quando muito, caía do céu. Cândido e Cacambo... Ai, pobre Cacambo nosso! Sabes que é o nome daquele índio que Basílio da Gama cantou no *Uraguai*. Voltaire pegou dele para o meter no seu livro, e a ironia do filósofo venceu a doçura do poeta. Pobre José Basílio! tinhas contra ti o assunto estreito e a língua escusa. O grande homem não te arrebatou Lindoia, felizmente, mas Cacambo é dele, mais dele que teu, patrício da minha alma.

Cândido e Cacambo, ia eu dizendo, ao entrarem no Eldorado, conta Voltaire que viram crianças brincando na rua com rodelas de ouro, esmeralda e rubi; apanharam algumas, e na primeira hospedaria em que comeram quiseram pagar o jantar com duas delas. Sabes que o dono da casa riu às bandeiras despregadas, já por quererem pagar-lhe com pedras do calçamento, já porque ali ninguém pagava o que comia; era o governo que pagava tudo. Foi essa hilaridade do hospedeiro, com a liberalidade atribuída ao Estado, que fez crer iguais fenômenos entre nós, mas é tudo mentira.

O que parece ser verdade é que as nossas carruagens brotavam do chão. Às tardes, quando uma centena delas se ia enfileirar no Largo de S. Francisco de Paula, à espera das pessoas, era um gosto subir a Rua do Ouvidor, parar e contemplá-las. As parelhas arrancavam os olhos à gente; todas pareciam descer das rapsódias de Homero, posto fossem corcéis de paz. As carruagens também. Juno certamente as aparelhara com suas correias de ouro, freios de ouro, rédeas de ouro, tudo de ouro incorruptível. Mas nem ela nem Minerva entravam nos veículos de ouro para os fins da guerra contra Ílion. Tudo ali respirava a paz. Cocheiros e lacaios, barbeados e graves, esperando tesos e compostos, davam uma bela ideia do ofício. Nenhum aguardava o patrão, deitado no interior dos carros, com as pernas de fora. A impressão que davam era de uma disciplina rígida e elegante, aprendida em alta escola e conservada pela dignidade do indivíduo. (E.J., LXXIII)

Na transcrição destacam-se os sentimentos que a inspiraram: o artificialismo e a falsidade do quadro; presença do Estado; o domínio de uma camada sem maneiras, enriquecida de golpe. No fundo, o irônico dardo do desprezo, atravessando pessoas e seu deslumbrante luxo. A mesma tinta seria empregada por Taunay (Heitor Malheiros), o Taunay cronista do *encilhamento* — com o acréscimo do saudosismo monárquico, apoiado numa pequena falsificação. O início da quadra dourada não seria o fim de 1888 e o começo de 1889, mas 1890, sob a única responsabilidade republicana. A descrição de Machado de Assis, tal como lançada no *Esaú e Jacó*, é contemporânea da renúncia de Deodoro. Não a tisna, entretanto, nenhum sentimento antirrepublicano, pelo menos aparentemente. Há, entre a versão de Machado de Assis e a de um jornal, *O Tempo*, correspondências manifestas, sobretudo no traço que apresenta as faustosas carruagens. Dizia o jornal, em princípios de 1891:

Pelos prospectos publicados em um só jornal [referia-se a *O País*] verificamos que no ano de 1890 foram lançados na praça do Rio de Janeiro 316 bancos e companhias, com capitais na soma de 1.678.160:000$...

Todos jogaram, o negociante, o médico, o jurisconsulto, o funcionário público, o corretor, o zangão; com pouco pecúlio próprio, com muito pecúlio alheio, com as diferenças do ágio e quase todos com a caução dos próprios instrumentos do jogo.

O espetáculo de tantos milagres da fortuna operados na Bolsa e patenteados ao público nas faustosas carruagens estacionadas no largo de S. Francisco de Paula, à espera dos milionários de hoje, deslizando pela rua do Lavradio e bairro do Catete produziu o mais assombroso efeito da contaminação do delírio das grandezas.

> Cada cidadão foi um incorporador e diretor de bancos e companhias; quem ontem não tinha capacidade para dirigir uma bodega nas mais limitadas proporções, viu-se de improviso arvorado em diretor de altas finanças; cada cidadão descurou do seu ofício para jogar e a praça do Rio de Janeiro metamorfoseou-se num abrir e fechar de olhos em um Cassino de Monte Carlo, com a diferença, porém, de haver em Mônaco um só príncipe e muito regímen no Cassino, e aqui serem muitos os príncipes e abundarem as falcatruas.[66]

Provavelmente, os interessados e os beneficiários da especulação não teriam o sentimento de jogo e muito menos de fraude. O nome seria outro — seria o progresso a grandes passos, transformando o país e aquinhoando os empresários. A perspectiva de Machado de Assis (do jornal *O Tempo* e de Taunay) insistia apenas no brilho artificial, nas fortunas rápidas, conseguidas à custa do jogo e da ilusão. O mundo de Cândido e Cacambo — o fantástico Eldorado, vapor de uma noite, que a manhã desfaria em vento, sonho e engano. A imagem do encapuzado Taunay se compõe de ilusão e estímulo do governo, aliança da desonestidade com o aventureirismo político contra a boa, sólida e respeitável tradição.

> Era o *Encilhamento* — espécie de redemoinho fatal, de Maelstrom oceânico, abismo insondável, vórtice de indômita possança e invencível empuxo a que iam convergir, em desapoderada carreira, presas, avassaladas, inconscientes no repentino arroubo, as forças vivas do Brasil, representadas por economias quase seculares e de todo o tempo cautelosas, hesitantes. Dir-se-ia um desses faróis imensos, deslumbrantes, de encontro a cujos vidros inquebráveis, convexos, nas sombras da noite e nos vaivéns da tempestade, grandes e misteriosas aves do oceano, para logo caírem malferidas, moribundas, ou sem vida e fulminadas sobre ásperos rochedos, na base das torres agigantadas [p. 5][...]
>
> Do alto descia, senão bem às claras o exemplo, pelo menos o incitamento. O governo, na entontecedora ânsia de tudo destruir, tudo derrubar, metido nos escombros da demolição, coberto de cobiça e de poeira, anelante das glórias da reconstrução no menor prazo, às carreiras, sem demora, olhando pouco para a natureza e qualidade dos elementos e materiais de que se ia servindo, visando efeitos imediatos, como que esquecido do futuro e do rigor da lógica, a amontoar premissas de que deviam fatalmente decorrer as mais perigosas consequências, o governo, com a faca e o queijo na mão, promulgava decretos sobre decretos, expedia avisos e mais

avisos, concessões de todas as espécies, garantias de juros, subvenções, privilégios, favores sem fim, sem conta, sem nexo, sem plano, e daí, outros tantos contrachoques na bolsa, poderosíssima pilha transbordando de eletricidade e letal pujança, madeiros enormes, impregnados de resina, prontos para chamejarem, atirados a fogueira imensa, colossal [pp. 7-8] [...]

Parecia indeclinável acabar de uma vez com todas as antigas práticas, transformar, quanto antes, as velhas tendências brasileiras de acautelada morosidade e paciente procrastinação. Ao *amanhã* de todo sempre, substituíra-se o *já e já*. Quanto moroso, senão estéril ao natural egoísmo, o pesado trabalho da terra, com os seus hábitos arraigados, rotineiros! A indústria, sim, eis o legítimo escopo de um grande povo moderno e que tem de aproveitar todas as lições da experiência e da civilização; a indústria, democrática nos seus intuitos; célere nos resultados, a fazer a felicidade dos operários, e valorizar e tresdobrar os capitais dos plutocratas, sempre em avanço e a progredir, tipo da verdadeira energia americana e a desbancar, com os seus inúmeros maquinismos, que dispensariam quase de todo o auxílio braçal, tudo quanto pudesse haver de melhor e mais aperfeiçoado nos mercados estrangeiros [p. 10] [...]

Por que razão pedir e pagar um sem-número de produtos à interesseira e avara Europa, até perfumes! quando de tudo aqui se tinha em profusão inacreditável? Tanta matéria-prima à mão, e entretanto, malbaratada, perdida, a apodrecer, como se fora no centro da bárbara e desconfiada Ásia, ou da negra e boçal África! Importar seda, chá, vinho, trigo, linho e mil artefatos! Que inconsideração! E que faziam Minas Gerais, Paraná, Rio Grande do Sul, todos os climas do mundo incluídos dentro do Brasil vastíssimo, interminável? Só se carecia de uma cousa; iniciativa, espírito de associação. A todo o transe, urgia apenas reunir, mobilizar capitais, acordá-los, sacudi-los, tangê-los e, sem detença nem vacilação, obrigá-los a frutificar — antes de mais em proveito de quantos se propunham, ousados e patriotas (era essa a nota do dia!) a agitar e vencer o torpor das economias amontoadas, apáticas, imprimindo-lhes elasticidade e vibração [pp. 12-3].[67]

Entre Machado de Assis e o disfarçado Taunay uma nota comum ostensiva: o escândalo das fortunas da noite para o dia, chovidas na Bolsa. As carruagens em desfile magnífico, cocheiros mais dignos que os donos — tudo o lado exterior de um grande momento. Há o lado íntimo, dinâmico, ativo, aos dois visível. O *encilhamento*, deflagrado para suprir de numerário o fazendeiro sem escravos e forçado a pagar salários, encontra, no curso de um ano, outro caráter. Era a vez do Brasil, de suas indústrias, promovidas e evocadas pelos banqueiros. O progresso, misticamente compreendido, devia, de golpe, fazer de um país agrícola um país industrial, no mesmo nível dos países mais desenvolvidos, sobretudo em igualdade com a América, recém-descoberta no seu direito público. A República significaria mais do que o federalismo — ela seria o progresso a todo o vapor, ela suscitaria, como nos Estados Unidos, um mundo novo. Taunay e Machado de Assis sentiam a falsidade do entusiasmo, presos a velhos, teimosos, sólidos e ajuizados preconceitos. De outra maneira, pensavam Rui e os banqueiros da hora — o conselheiro Francisco Paula Mayrink, Henry Lowndes (conde de Leopoldina) e o barão de Alto Mearim.

Mas há um distintivo que dá cor e vigor ao quadro: o próprio Estado, tímido tutor ao tempo de Mauá, continua tutor, mas torna-se ousado, audaz, extravagante. O homem de negócios era um Mauá embriagado, em delírio — delirava também o Estado. Santos, o barão de Santos, réplica do Mauá sem juízo, teve uma ideia sublime: "Trata-se de lã de carneiro, e começa pela criação deste mamífero nos campos do Paraná. Em cinco anos poderemos vestir a América e a Europa" (E.J., LXXVII). O Estado autorizava, com aplauso, os empreendimentos que o reino da fantasia comunicava aos graves homens de negócios. Os empresários republicanos, afagados pelo poder público, amavam os títulos: seca a fonte imperial, requestavam-nos da Europa, nas cortes decadentes ou do papa. Era, singularmente, uma aristocracia nova, em plena República, esquisitices da plutocracia. Fixa-se, sem desvios, o ponto: o Estado, suas preferências e favoritismos. Desta interferência, colaboração e estímulo sobrava, nos jornais e nos cochichos, a suspeita da *negociata*, da *mamata*, do figurão complacente e ocultamente sócio do especulador. O momento seria de Rui, crente do progresso, sacerdote máximo da grande arrancada que mudaria a rotina em energia. Campos Sales merecia as maiores desconfianças, juntamente com o grupo paulista, Rodrigues Alves à frente.[68] Era o conflito, profundo de um século, conflito entre o liberalismo econômico, que a República pretendia consagrar, e o velho, velho e secular mercantilismo. O *encilhamento*, com a ilusão do progresso rápido, mostra a persistência do antigo sistema, consorciado numa forma, de origem portuguesa, do capitalismo do Estado. Dele partiu o impulso de modernizar o Brasil de golpe, atravessando-o de estradas de ferro e encharcando-o de indústrias. Dele partirá o protecionismo, ele será a fonte última e necessária das crises financeiras, exacerbado em periódicos surtos, inflacionários, seja na manipulação dos preços do café, ou, mais tarde, no esforço de substituir as importações pela indústria nacional. Adam Smith era o teórico dos lábios, para os discursos e os pareceres; na ação, ação nutrida de sonhos e ambições, o mito do progresso, do desenvolvimento *à outrance*, sem esperar a manhã seguinte ou a longa, demorada e enervante maturação.

O mercantilismo — o "paradoxal mercantilismo brasileiro" — persiste em muitos séculos de política econômica, da Colônia à República. Rui, de formação literária liberal, executou política marcadamente mercantilista — instrumento da transformação nacional. Concessões privilegiadas, sobretudo de estradas de ferro, dariam outra feição ao continente.

> Graças a essas concessões, poderemos ver, dentro em cerca de dez anos, o norte do país ligado ao sul, o leste ao oeste, por uma trama contínua de viação. Mato Grosso e Goiás serão trazidos efetivamente ao seio da comunhão brasileira, e do Rio de Janeiro se poderá viajar até o Chile em caminho de ferro, mediante as nossas comunicações meridionais com o Rio da Prata [...]. Oitenta e seis mil contos de capital, para se dissipar em alguns meses, empenhou improdutivamente a monarquia, no seu último ano de administração, consignados a auxílios aparentes à lavoura. A primeira administração da República empenha a fiança do Tesouro em 94 mil contos de juros, a se distribuírem pelo decurso de onze anos, para criar, no país, o maior de todos os instrumentos de civilização e o mais generoso de todos os sistemas de proteção ao trabalho, em todas as suas aplicações nacionais, dando à União, numa urdidura geral de vias férreas, um magnífico sistema arterial de comunicações, para favorecer a produção, a circulação, a centuplicação de sua riqueza.[69]

Mas não é só: o entusiasmo industrial — caluniado pelos inimigos do *encilhamento* — encontra vigorosa e frontal defesa do ministro da Fazenda da República.

> O europeu, que não conhece a nossa história, nem da nossa situação atual vê mais do que a superfície, não pode apreciar na sua seriedade o fenômeno dessa eflorescência econômica, dessa exuberância de confiança no futuro, produzidas com rapidez quase mágica, depois que a abolição do cativeiro e a abolição da monarquia abriram, para este país, uma era definitiva e normal. E por isso nessa faina de organizações industriais e mercantis, que tem agitado, há dois anos, esta praça, vê apenas a ilusão da riqueza determinada entre os brasileiros pelas emissões de

papel. Ignora, pois, que havia, no Brasil, consideráveis acumulações de valores cuidadosamente ocultas e obrigadas a se ocultarem pelas incertezas, pelas ameaças, pelos perigos inerentes à perspectiva da revolução abolicionista e à perspectiva da revolução republicana.[70]

Não seriam, estas, ideias de muito tempo e ideias que durariam um século? Na sua base; a necessidade de alcançar o progresso pelo estímulo, pela proteção do Estado. A direção política — guiada por imperativos de grandeza do país, de enriquecimento ou de, em outros tempos, de estrutura militar — determina a economia, imprimindo-lhe o caráter de flor de estufa.[71] No centro do sistema, articulado ou difuso, pulsa o nacionalismo, ligado à emergência das modernas nações.[72] Nenhuma singularidade no predomínio de tal ideologia no século XIX — a singularidade está em sua manutenção, em convívio espúrio com o liberalismo teórico econômico e o liberalismo político. Que estadista, no Império ou na República, não subscreveria os planos de Rui?

Contra eles, contra seu núcleo ideológico, levantaram-se Machado de Assis e Taunay. Eles seriam como os europeus ignorantes do país, denunciados por Rui. Menos do que europeus extraviados eram eles brasileiros de outra classe, classe que não trafica, adversa à especulação — filhos legítimos da cautelosa classe proprietária, inquieta com o solapamento de suas rendas, aposentadorias, dividendos e aluguéis. Contra a aparência — contra a aparência do homem de rendas que se faz político por desfastio — a camada dirigente, alimentada pelo Estado, mantém consórcio ativo com a classe especuladora, senhora do crédito e da riqueza mobiliária, de gastos ostentatórios, imprevidente e aventureira. A aliança é velha entre comércio e monarquia absoluta, inimiga dos particularismos herdados do evanescente modelo feudal. Este constitui o real paradoxo da sociedade e da economia, em quatro séculos de história. O espectro da irracionalidade, que atormenta esse capitalismo político, não tem outra origem ou outra morada. Capitalismo preocupado em criar, de cima para baixo, estradas de ferro, indústrias, perdido em prematuros sonhos imperialistas.[73]

6 | *Classe média, caracteres. Pequenos comerciantes e indústria. Funcionários e empregados. As mulheres*

NEM TODO O PALCO está ocupado pelo ócio de Brás Cubas ou pela opulência insaciável do barão de Santos. Ao lado das figuras carregadas de prestígio, nimbadas do reflexo do ouro, vegetam, impacientes e amargos, muitos destinos sem futuro ou de futuro incerto, os pobres e os ricos de amanhã. Essa camada está dentro e abaixo das "viravoltas da fortuna": trata-se de gente que tem o que perder, nem capitalistas nem dependentes apenas de salário. Sem carruagens e sem casacas, a pequena loja lhes permite vida independente, os rendimentos do emprego e da profissão lhes dão acesso às modestas reuniões, com as saudações de sobremesa, na casa asseada, limpa, sem privações veementes. Este o traço que lhes marca a existência: eles têm o que perder e pouco têm a ganhar. O patrimônio contado e reduzido, a posição instável e volúvel, os ilusórios privilégios — tudo está à mercê do vento e dos maus negócios, dos deuses onipotentes que manipulam o dinheiro e o poder. A esperança de outra vida, a vida dos lucros fartos e do palacete, forma seu melhor capital. Esperança para outra geração, que o culto enérgico da família assegurará. Em lugar da realidade, a expectativa da oportunidade, transferida na educação superior aos filhos, no casamento afortunado ou na proteção da camada superior. Nutre, por isso, uma difusa ideologia conservadora, confiada que, no curso da partida, não se alterem as peças no tabuleiro de xadrez, para que o cálculo chegue ao fim, jogada a jogada, jogada prudente, mansa, pacífica. Três vertentes formam esta cinzenta classe média: a pequena empresa pré-capitalista, os profissionais livres e os modernos empregados, componentes da velha classe média e da nova classe média.[74] As águas escorridas de fontes diversas formam um conjunto heterogêneo, desde o mediano e próspero comerciante ao médico sem clientes, do circunspecto escrivão ao bacharel "proletaroide".

Nenhuma dificuldade em surpreender a sociedade média na ficção de Machado de Assis. Toda ela está nos saraus e nas reuniões íntimas, tocados de fina, aguda, penetrante zombaria, que desmonta todas as alegrias, reduzindo-as ao puro ridículo. A técnica literária da *separação dos estilos* impõe-lhe, tomada pela perspectiva da alta sociedade, da sociedade nobre, o descarnamento, nervo a nervo, fibra a fibra, impiedosamente, da ingênua convivência familiar. Da sala, com o piano, os jantares, os brindes, as festas de casamento, resta, depois de tudo submetido ao veneno ácido, um conjunto de cenas, que seriam cômicas se não fossem cruéis, friamente cruéis. Na casa de José Lemos, o sábado 25 de abril era dia do casamento da menina Carlota com Luís Duarte. Toda a classe média, nas suas gamas variadas, reúne-se para celebrar o acontecimento, "festa memorável", da qual o "verdadeiro brinde" "foi um pecurrucho que viu a luz em janeiro do ano seguinte, o qual perpetuará a dinastia dos Lemos, se não morrer na crise da dentição" (H.M.N., *As bodas de Luís Duarte*). Filhos e casamento recebem, de logo, a primeira estocada, fértil de outros golpes, aparentemente indolores — a lâmina, fina e aguda.

> Preparava-se o aparelho de jantar dos dias de festa, lavavam-se as escadas e os corredores, enchiam-se os leitões e os perus para serem assados no forno da padaria defronte; tudo era movimento, alguma cousa grande ia acontecer nesse dia.
>
> O arranjo da sala ficou a cargo de José Lemos. O respeitável dono da casa, trepado num banco, tratava de pregar à parede duas gravuras compradas na véspera em casa do Bernasconi; uma representava a *Morte de Sardanapalo*; outra a *Execução de Maria Stuart*. Houve alguma luta entre ele e a mulher a respeito da colocação da primeira gravura. D. Beatriz achou que era indecente um grupo de homens abraçado com tantas mulheres. Além disso, não lhe pareciam próprios dous quadros fúnebres em dia de festa. José Lemos que tinha sido membro de uma sociedade literária, quando era rapaz, respondeu triunfalmente que os dois quadros eram históricos, e que a história está bem em todas as famílias. Podia acrescentar que nem todas as famílias estão bem na história; mas este trocadilho era mais lúgubre que os quadros.

Os convidados se ajustam ao teor da dúvida histórica, conflito de moralidade e família, símbolo caro ao espírito da casa. Antes dos convidados, um sério problema há de ficar resolvido, para tranquilidade da festa.

> Foi grande assunto de debate nos três dias anteriores ao dia das bodas se o jantar devia preceder a cerimônia ou vice-versa. O pai da noiva inclinava-se a que o casamento fosse celebrado depois do jantar, e nisto era apoiado pelo jovem Rodrigo, que com

uma sagacidade digna de estadista, percebeu que, no caso contrário, o jantar seria muito tarde. Prevaleceu entretanto a opinião de d. Beatriz que achou esquisito ir para a igreja com a barriga cheia. Nenhuma razão teológica ou disciplinar se opunha a isso, mas a esposa de José de Lemos tinha opiniões especiais, em assunto de igreja.

Venceu a sua opinião.

Depois da lida caseira e dos debates acerca da ordem da festa, os convivas são o melhor do quadro.

O tenente Porfírio era o tipo do orador de sobremesa; possuía o entono, a facilidade, a graça, todas as condições necessárias a esse mister. A posse de tão belos talentos proporcionava ao tenente Porfírio alguns lucros de valor; raro domingo ou dia de festa jantava em casa. Convidava-se o tenente Porfírio com a condição tácita de fazer um discurso, como se convida um músico para tocar alguma cousa. O tenente Porfírio estava entre o creme e o café; e não se cuide que era acepipe gratuito; o bom homem, se bem falava, melhor comia. De maneira que, bem pesadas as cousas, o discurso valia o jantar.

Virão depois os Vilelas, família composta de Justiniano Vilela, chefe de seção aposentado, d. Margarida, sua esposa, e d. Augusta, sobrinha do casal.

A cabeça de Justiniano Vilela, — se se pode chamar cabeça a uma jaca metida numa gravata de cinco voltas, — era um exemplo de prodigalidade da natureza quando quer fazer cabeças grandes. Afirmavam, porém, algumas pessoas que o talento não correspondia ao tamanho, posto que tivesse corrido algum tempo o boato contrário. Não sei de que talento falavam essas pessoas; e a palavra pode ter várias aplicações. O certo é que um talento teve Justiniano Vilela, foi a escolha da mulher, senhora que, apesar dos seus quarenta e seis anos bem puxados, ainda merecia, no entender de José Lemos, dez minutos de atenção.

Trajava Justiniano Vilela como é de uso em tais reuniões; e a única cousa verdadeiramente digna de nota eram os seus sapatos ingleses de apertar no peito do pé por meio de cordões. Ora, como o marido de d. Margarida tinha horror às calças compridas, aconteceu que apenas se sentou deixou patente a alvura de um fino e imaculado par de meias.

Além do ordenado com que foi aposentado, tinha Justiniano Vilela uma casa e dois molecotes, e com isso ia vivendo menos mal. Não gostava de política; mas tinha opiniões assentadas a respeito dos negócios públicos. Jogava o solo e o gamão todos os dias, alternadamente; gabava as cousas do seu tempo; e tomava rapé com o dedo polegar e o dedo médio.

Outros convidados foram chegando, mas em pequena quantidade, porque à cerimônia e ao jantar só devia assistir um pequeno número de pessoas íntimas.

Às quatro e meia chegou o padrinho, dr. Valença, e a madrinha, sua irmã viúva d. Virgínia. José Lemos correu a abraçar o dr. Valença; mas este era homem formalista e cerimonioso, repeliu brandamente o amigo, dizendo-lhe ao ouvido que naquele dia toda a gravidade era pouca. Depois, com uma serenidade que só ele possuía, entrou o dr. Valença e foi cumprimentar a dona da casa e as outras senhoras.

Era ele homem de seus cinquenta anos, nem gordo nem magro, mas dotado de um largo peito e um largo abdômen que lhe davam maior gravidade ao rosto e às maneiras. O abdômen é a expressão mais positiva da gravidade humana; um homem magro tem necessariamente os movimentos rápidos, ao passo que para ser completamente grave precisa ter os movimentos tardos e medidos. Um homem verdadeiramente grave não pode gastar menos de dois minutos em tirar o lenço e assoar-se. O dr. Valença gastava três quando estava com defluxo e quatro no estado normal. Era um homem gravíssimo.

Insisto neste ponto porque é a maior prova da inteligência do dr. Valença. Compreendeu este advogado, logo que saiu da academia, que a primeira condição para merecer a consideração dos outros era ser grave; e indagando o que era gravidade pareceu-lhe que não era nem o peso da reflexão, nem a seriedade do espírito, mas unicamente certo *mistério do corpo*, como lhe chama La Rochefoucauld; o qual mistério, acrescentará o leitor, é como a bandeira dos neutros em tempo de guerra: salva do exame a carga que cobre.

Podia-se dar uma boa gratificação a quem descobrisse uma ruga na casaca do dr. Valença. O colete tinha apenas três botões e abria-se até ao pescoço em forma de coração. Um elegante claque completava a *toilette* do dr. Valença. Não era ele bonito de feições no sentido afeminado que alguns dão à beleza masculina; mas não deixava de ter certa correção nas linhas do rosto, o qual se cobria de um véu de serenidade que lhe ficava a matar.

O casal José Lemos, Justiniano Vilela e o dr. Valença, nos seus trajes e na sua elegância, dão a nota da pretensiosa classe média do tempo. Casa arrumada, vacuidade intelectual, gravidade artificial de maneiras, estão aí para caracterizar toda uma espécie. A gravidade do corpo — não o "puro reflexo ou emanação do espírito" (P.A., *Teoria do medalhão*) — servirá de adorno a uma reputação sem alcance. Mais tarde, na *Teoria do medalhão*, terá ela outro e maior destino, requisito primeiro para a nomeada pública, acima dos limites quadrados da sociedade do dr. Valença, rumo ao parlamento e ao ministério. Instrumento único para duas funções: o acatamento incolor das reuniões caseiras e a projeção maquiavélica no alto mundo. O escritor percebe o fundo comum e o acentua, sutilmente. Ambos os círculos ostentam, na sua segunda verdade, na verdade para uso exterior e moeda de troca, a falsidade íntima de toda a sociedade, seu pecado secreto. O moralismo põe, em todas as ocasiões, no sarcasmo e na aparente seriedade, as garras de fora. Todos são vítimas, atores e autores, do *pomadismo* (P.A., *O segredo do bonzo*), teoria que modela a vida social e espreita as consciências, com o riso torto nos lábios, no retrato caricatural das personagens e na correção da casaca. As armadilhas do humorista falam melhor do que a retórica intencional e bojuda das palavras fingidamente cautelosas.

As reflexões do grupo completam as *toilettes*: os noivos são "um par de pombos", as inevitáveis comparações entre os costumes antigos e os atuais, numa prodigalidade de lugares-comuns a que não falta a beleza da noiva e o segundo plano do noivo, tudo disfarçando a gula dos convidados, atraídos pelo prometedor banquete. A festa não estaria completa sem o tenente Porfírio.

> Pertencia o tenente a essa classe feliz de homens que não têm idade; uns lhe davam 30 anos, outros 35 e outros 40; alguns chegavam até os 45, e tanto esses como os outros podiam ter igualmente razão. A todas as hipóteses se prestavam a cara e as suíças castanhas do tenente. Era ele magro e de estatura meã; vestia com certa graça, e, comparado com um boneco, não havia grande diferença. A única cousa que destoava um pouco era o modo de pisar; o tenente Porfírio pisava para fora a tal ponto, que da ponta do pé esquerdo à ponta do pé direito, quase se podia traçar uma linha reta. Mas como tudo tem compensação, usava ele sapatos rasos de verniz, mostrando um fino par de meias de fio de Escócia mais lisas que a superfície de uma bola de bilhar.
>
> Entrou com a graça que lhe era peculiar. Para cumprimentar os noivos arredondou o braço direito, pôs a mão atrás das costas segurando o chapéu, e curvou profundamente o busto, ficando em posição que fazia lembrar (de longe!) os antigos lampiões das nossas ruas.

> Porfírio tinha sido tenente do Exército, e dera baixa, com o que andou perfeitamente, porque entrou no comércio de trastes e já possuía algum pecúlio. Não era bonito, mas algumas senhoras afirmavam que apesar disso era mais perigoso que uma lata de nitroglicerina. (H.M.N., *As bodas de Luís Duarte*)

O homem esculpia o estilo, sua desculpa pelo atraso arrasa a dona da casa: "— Condene-me, minha senhora, mas poupe-me a vergonha de explicar uma demora que não tem atenuante no código da amizade e da polidez". O clímax do acontecimento fica por conta dos brindes, para os quais o jantar será o pretexto. Toda a inteligência da classe média neles se concentra, por vontade do impiedoso cronista. A rodada vai de José Lemos, o anfitrião, ao tenente Porfírio, em dia de rara e inspirada veia poética.

> José Lemos pegou num copo e disse aos circunstantes:
> — Não é, meus senhores, a vaidade de ser ouvido por tão notável assembleia que me obriga a falar. É um alto dever de cortesia, de amizade, de gratidão; um desses deveres que podem mais que todos os outros, dever santo, dever imortal.
> A estas palavras a assembleia seria cruel se não aplaudisse. O aplauso não atrapalhou o orador, pela simples razão de que ele sabia o discurso de cor.
> — Sim, senhores. Curvo-me a esse dever, que é para mim a lei mais santa e imperiosa. Eu bebo aos meus amigos, a estes sectários do coração, a estas vestais, tanto masculinas como femininas, do puro fogo da amizade! Aos meus amigos! à amizade!
> A falar verdade, o único homem que percebeu a nulidade do discurso de José Lemos foi o dr. Valença, que aliás não era águia. Por isso mesmo levantou-se e fez um brinde aos talentos oratórios do anfitrião.
> Seguiu-se a estes dous brindes o silêncio de uso, até que Rodrigo dirigindo-se ao tenente Porfírio perguntou-lhe se havia deixado a musa em casa.
> — É verdade! queremos ouvi-lo, disse uma senhora, dizem que fala tão bem!
> — Eu, minha senhora? respondeu Porfírio com aquela modéstia de um homem que se supõe um S. João Boca de Ouro.
> Distribuiu-se o *champagne*; e o tenente Porfírio levantou-se. Vilela, que se achava um pouco distante, pôs a mão em forma de concha atrás da orelha direita, ao passo que Calisto fincando um olhar profundo sobre a toalha parecia estar contando os fios do tecido. José Lemos chamou a atenção da mulher, que nesse momento servia uma castanha gelada ao implacável Antonico, todos os mais estavam com os olhos no orador.

— Minhas senhoras! e meus senhores! disse Porfírio; não irei esquadrinhar no âmago da história, essa mostra da vida, o que era o himeneu nas priscas eras da humanidade. Seria lançar a luva do escárnio às faces imaculadas desta brilhante reunião. Todos nós sabemos, senhoras e senhores, o que é o himeneu. O himeneu é a rosa, rainha dos vergéis, abrindo as pétalas rubras, para amenizar os cardos, os abrolhos, os espinhos da vida...

— Bravo!

— Bonito!

— Se o himeneu é o que eu acabo de expor aos vossos sentidos auriculares, não é mister explicar o gáudio, o fervor, os ímpetos de amor, as explosões de sentimento com que todos nós estamos à roda deste altar, celebrando a festa do nosso caro e prezadíssimo amigo.

José Lemos curvou a cabeça até tocar com a ponta do nariz numa pera que tinha diante de si, enquanto d. Beatriz voltando-se para o dr. Valença que lhe ficava ao pé, dizia:

— Fala muito bem! parece um dicionário!

José Porfírio continuou:

— Sinto, senhores, não ter um talento digno do assunto...

— Não apoiado! está falando muito bem! disseram muitas vozes em volta do orador.

— Agradeço a bondade de v. exas.; mas eu persisto na crença de que não tenho o talento capaz de arcar com um objeto de tanta magnitude.

— Não apoiado!

— V. exas. confundem-me, respondeu Porfírio curvando-se. Não tenho esse talento; mas sobra-me boa vontade, aquela boa vontade com que os apóstolos plantaram no mundo a religião do Calvário, e graças a este sentimento poderei resumir em duas palavras o brinde aos noivos. Senhores, duas flores nasceram em diverso canteiro, ambas pulcras, ambas recendentes, ambas cheias de vitalidade divina. Nasceram uma para outra; era o cravo e a rosa; a rosa vivia para o cravo, o cravo vivia para a rosa; veio uma brisa e comunicou os perfumes das duas flores, e as flores, conhecendo que se amavam, correram uma para a outra. A brisa apadrinhou essa união. A rosa e o cravo ali estão consorciados no amplexo da simpatia: a brisa ali está honrando a nossa reunião.

Ninguém esperava pela brisa: a brisa era o dr. Valença.

Estrepitosos aplausos celebraram este discurso em que o Calvário andou unido ao cravo e à rosa. Porfírio sentou-se com a satisfação íntima de ter cumprido o seu dever.

O jantar chegava ao fim: eram oito horas e meia; vinham chegando alguns músicos para o baile. Todavia, ainda houve uma poesia de Eduardo Valadares e alguns brindes a todos os presentes e a alguns ausentes. Ora, como os licores iam ajudando as musas, travou-se especial combate entre o tenente Porfírio e Justiniano Vilela, que, só depois de *animado*, pôde entrar na arena. Esgotados os assuntos, fez Porfírio um brinde ao Exército e aos seus generais, e Vilela outro à união das províncias do Império. Neste terreno os assuntos não podiam escassear. Quando todos se levantaram da mesa, lá ficaram os dois brindando calorosamente todas as ideias práticas deste mundo e do outro.

Seguiu-se o baile, que foi animadíssimo e durou até três horas da manhã. [...]

Às duas horas retirou-se o dr. Valença com a família, sem que durante a noite, e apesar da familiaridade da reunião, perdesse um átomo sequer da gravidade habitual. Calisto Valadares esquivou-se na ocasião em que a filha mais moça de d. Beatriz ia cantar ao piano. Os mais foram-se retirando a pouco e pouco.

Quando a festa acabou de todo, ainda os dois últimos abencerragens do copo e da mesa lá estavam levantando brindes de todo o tamanho. O último brinde do Vilela foi ao progresso do mundo por meio do café e do algodão, e o de Porfírio ao estabelecimento da paz universal.

A cena retrata reuniões que se sucedem constantemente. Por motivo de casamento, aniversário, batizado, sem nenhum motivo, o funcionário aposentado, o militar reformado, o pequeno comerciante promovem festas e jantares. A nota expressiva dos encontros cabe às pessoas, nos seus trajes e na sua solenidade, e às ideias, extravasadas em tom oratório, a pretexto de brindes. As pessoas e as ideias formam a classe média, com suas esperanças ingênuas e sua cultura de terceira mão, enfeitada de mau gosto. Os exemplos são muitos, calcados em iguais pressupostos e sob idênticas perspectivas. Ao acaso, *Ernesto de Tal*, *D. Benedita*, *Um homem célebre*. Ernesto de Tal não comparece a uma festa na casa do dr. Vieira, por lhe faltar a casaca, necessária ao acontecimento, visto que compareceriam o subdelegado e um comendador. No aniversário de d. Benedita, reunião de vinte pessoas, depois do peru, habilmente trinchado pelo Cônego Roxo, o brinde acaba em desastre, provocado pela falta de tato do bacharel Leandrinho.

O peru está comido. D. Maria dos Anjos faz um sinal ao filho; este levanta-se e pede que o acompanhem em um brinde:

— Meus senhores, é preciso desmentir esta máxima dos franceses: — *les absents ont tort*. Bebamos a alguém que está longe, muito longe, no espaço, mas perto, muito perto, no coração de sua digna esposa: — bebamos ao ilustre Desembargador Proença.

A assembleia não correspondeu vivamente ao brinde; e para compreendê-lo basta ver o rosto triste da dona da casa. Os presentes e os mais íntimos disseram baixinho entre si que o Leandrinho fora estouvado; enfim, bebeu-se mas sem estrépito; ao que parece para não avivar a dor de d. Benedita. Vã preocupação! D. Benedita, não podendo conter-se, deixou rebentarem-lhe as lágrimas, levantou-se da mesa, retirou-se da sala. D. Maria dos Anjos acompanhou-a. Sucedeu um silêncio mortal entre os convivas. Eulália pediu a todos que continuassem, que a mãe voltava já. (P.A., *D. Benedita*)

O brinde, clímax ou esfriamento da festa, seria o resumo da literatura das reuniões, a essência das belas letras. Instrumento de exaltação, servia ao encantamento das senhoras e de duelo entre pretendentes e namorados. Rangel, o diplomático, perde os olhares de Joaninha, num dia sem inspiração.

— Vamos, uma saúde, *seu* diplomático… faça uma saúde daquelas.

Rangel acordou; a mesa inteira repetia a lembrança do tio Rufino; a própria Joaninha pedia-lhe uma saúde, como a do ano passado. Rangel respondeu que ia obedecer; era só acabar aquela asa de galinha. Movimento, cochichos de louvor; d. Adelaide, dizendo-lhe uma moça que nunca ouvira falar o Rangel:

— Não? perguntou com pasmo. Não imagina: fala muito bem, muito explicado, palavras escolhidas, e uns bonitos modos…

Comendo, ia ele dando rebate a algumas reminiscências, frangalhos de ideias, que lhe serviam para o arranjo das frases e metáforas. Acabou e pôs-se de pé. Tinha o ar satisfeito e cheio de si. Afinal, vinham bater-lhe à porta. Cessara a farandulagem das anedotas, das pilhérias sem alma, e vinham ter com ele para ouvir alguma cousa correta e grave. Olhou em derredor, viu todos os olhos levantados, esperando. Todos não; os de Joaninha enviesavam-se na direção do Queirós, e os deste vinham esperá-los a meio caminho, numa cavalgada de promessas. Rangel empalideceu. A palavra morreu-lhe na garganta; mas era preciso falar, esperavam por ele, com simpatia, em silêncio.

Obedeceu mal. Era justamente um brinde ao dono da casa e à filha. Chamava a esta um pensamento de Deus, transportado da imortalidade à realidade, frase que empregara três anos antes, e devia estar esquecida. Falava também do santuário da família, do altar da amizade, e da gratidão, que é a flor dos corações puros. Onde não havia sentido, a frase era mais especiosa ou retumbante. Ao todo, um brinde de dez minutos bem puxados, que ele despachou em cinco, e sentou-se.

Não era tudo. Queirós levantou-se logo, dois ou três minutos depois para outro brinde, e o silêncio foi ainda mais pronto e completo. Joaninha meteu os olhos no regaço, vexada do que ele iria dizer; Rangel teve um arrepio.

— O ilustre amigo desta casa, o sr. Rangel, — disse Queirós, — bebeu às duas pessoas cujo nome é o santo de hoje; eu bebo àquela que é a santa de todos os dias, a d. Adelaide.

Grandes aplausos aclamaram esta lembrança, e d. Adelaide, lisonjeada, recebeu os cumprimentos. — Mamãe! mamãe! exclamou, levantando-se; e foi abraçá-la e beijá-la três e quatro vezes; — espécie de carta para ser lida por duas pessoas. (V.H., *O diplomático*)

Estas reuniões — aniversários, casamentos e saraus íntimos — não tinham o fulgor das outras, com as suas sedas e rendas, as suas condecorações. No outro lado da rua — "uma faísca de diamantes, rápida, fugitiva, no giro da dança". Eram justamente o contrário delas, na casaca alugada, no vestido modesto e na grotesca gravidade das conversas e brindes. Mas não se confundiam com as da própria classe média, esta agora vista sob outro ângulo. As reuniões do Palha (*Quincas Borba*), o Palha apenas zangão da praça, antes de sua prosperidade, as reuniões de d. Carmo (*Memorial de Aires*) apresentavam outra índole. Palha e Sofia pertencem a uma camada provisória, a classe média desejosa de se elevar a outra categoria, mas ele não era, por aceitação, homem da classe média. Seu inconformismo, inconformismo forrado de ambição, se mostrava na vida íntima, entre seus amigos.

O pior é que ele [Palha] despendia todo o ganho e mais. Era dado à boa-chira; reuniões frequentes, vestidos caros e joias para a mulher, adornos de casa, mormente se eram de invenção ou adoção recente, — levavam-lhe os lucros presentes e futuros. Salvo em comidas, era escasso consigo mesmo. Ia muita vez ao teatro sem gostar dele, e a bailes, em que se divertia um pouco, — mas ia menos por si que para aparecer com os olhos da mulher, os olhos e os seios. (Q.B., XXXV)

O quadro reflete um homem impaciente nas suas limitações, em cuja fuga do estrato a mulher, decotada e convidativa, teria um papel de relevo, cautelosamente impudica. As bodas de Luís Duarte, o brinde do Rangel, o desastre do Leandrinho, têm, na pena do escritor, a nota do escárnio. O Palha e seu grupo representam um segundo modelo. Aguiar e d. Carmo (*Memorial de Aires*) formam, dentro do mesmo contexto social, um terceiro tipo. Nem gravidade oca, ausência de solenidade, alheamento ao inconformismo — assim às bodas de prata retratam o casal, imerso numa reunião íntima. Quem conta a reunião é o fino conselheiro Aires, que, se não mordeu, foi por falta de matéria e não de dentes.

> Lá fui ontem às bodas de prata. Vejamos se posso resumir as minhas impressões da noite.
> Não podiam ser melhores. A primeira delas foi a união do casal. Sei que não é seguro julgar por uma festa de algumas horas a situação moral de duas pessoas. Naturalmente a ocasião aviva a memória dos tempos passados, e a afeição dos outros como que ajuda a duplicar a própria. Mas não é isso. Há neles alguma coisa superior à oportunidade e diversa da alegria alheia. Senti que os anos tinham ali reforçado e apurado a natureza, e que as duas eram, ao cabo, uma só e única. Não senti, não podia sentir isto logo que entrei, mas foi o total da noite.
> Aguiar veio receber-me à porta da sala, — eu diria que com uma intenção de abraço, se pudesse havê-la entre nós e em tal lugar; mas a mão fez esse ofício, apertando a minha efusivamente. É homem de sessenta anos feitos (ela tem cinquenta), corpo antes cheio que magro, ágil, ameno e risonho. Levou-me à mulher, a um lado da sala, onde ela conversava com duas amigas. Não era nova para mim a graça da boa velha, mas desta vez o motivo da visita e o teor do meu cumprimento davam-lhe à expressão do rosto algo que tolera bem a qualificação de radiante. [...] A dona da casa, afável, meiga, deliciosa com todos, parecia realmente feliz naquela data; não menos o marido. Talvez ele fosse ainda mais feliz que ela, mas não saberia mostrá-lo tanto. D. Carmo possui o dom de falar e viver por todas as feições, e um poder de atrair as pessoas, como terei visto em poucas mulheres, ou raras. Os seus cabelos brancos, colhidos com arte e gosto, dão à velhice um relevo particular, e fazem casar nela todas as idades. [...] De quando em quando, ela e o marido trocavam as suas impressões com os olhos, e pode ser que também com a fala. Uma só vez a impressão visual foi melancólica. Mais tarde ouvi a explicação à mana Rita. Um dos convivas, — sempre há indiscretos, — no brinde que lhes fez aludiu à falta de filhos, dizendo "que Deus lhos negara para que eles se amassem melhor entre si". Não falou em verso, mas a ideia suportaria o metro e a rima, que o autor

talvez houvesse cultivado em rapaz; orçava agora pelos cinquenta anos, e tinha um filho. Ouvindo aquela referência, os dois fitaram-se tristes, mas logo buscaram rir, e sorriram. Mana Rita me disse depois que essa era a única ferida do casal. Creio que Fidélia percebeu também a expressão de tristeza dos dous, porque eu a vi inclinar-se para ela com um gesto do cálix e brindar a d. Carmo cheia de graça e ternura:

— À sua felicidade.

A esposa Aguiar, comovida, apenas pôde responder logo com o gesto; só instantes depois de levar o cálix à boca, acrescentou, com voz meio surda, como se lhe custasse sair do coração apertado esta palavra de agradecimento:

— Obrigada.

Tudo foi assim segredado, quase calado. O marido aceitou a sua parte do brinde, um pouco mais expansivo, e o jantar acabou sem outro rasto de melancolia.

De noite vieram mais visitas; tocou-se, três ou quatro pessoas jogaram cartas. Eu deixei-me estar na sala, a mirar aquela porção de homens alegres e de mulheres verdes e maduras, dominando a todas pelo aspecto particular da velhice d. Carmo, e pela graça apetitosa da mocidade de Fidélia; mas a graça desta trazia ainda a nota da viuvez recente, aliás, de dous anos. (M.A., 25 de janeiro de 1888)

Por amor ao esquema, com o propósito de surpreender o olho do ficcionista, estão aí três feições da classe média. Justiniano Vilela ou o dr. Valença expressam a gravidade calculada, Palha será o exemplar do ambicioso aprisionado e inconformado no seu meio, Aguiar, sem artificialismo e sem frases, encontrou a serena felicidade no convívio da esposa e dos amigos, alheio à escalada e ao solene mistério do corpo que empina o busto, denunciando a tolice emproada. Dir-se-ia, sem maior exame e sob o primeiro rótulo, que Aguiar redime a classe média do brinde de Porfírio, do casamento do cravo e da rosa, comparação capaz de esmagar, por um século, toda uma camada social. Ela desmentiria, também, o desejo de fuga para o alto, que lhe tira o caráter de permanência, para situá-la como mera provisória confluência de situações inconformadas. O engano será manifesto: Aguiar e d. Carmo são, na sua serena melancolia, a fisionomia da velhice, do desencanto do fim da jornada, sem esperança e sem amargura, realização estoica da existência do pessimista. No casal sem filhos, à espera da morte, está, em essência, condensado o lado moral da classe média: a ausência total de missão, na cultura, na sociedade e no Estado. Aguiar não se tornou dono do banco que geria escrupulosamente, não governou, não escreveu as memórias — ele é um compêndio de negativas. Revela o conformismo com as coisas e as pessoas, sem revolta, traindo a filosofia de todo o estrato que o esmaga: nada tem a fazer no mundo, senão o conforto da serenidade da esposa, náufragos sem ambições e sem desespero. No fundo, Palha e o dr. Valença são seus irmãos, com outra vestimenta, adornados de outros chapéus. Palha sabe que nada tem a fazer entre os seus amigos; ele, com o auxílio da pérfida Sofia, romperá o círculo, evadindo-se, em fuga. O dr. Valença, tocado da ardência de igual chaga, recorrerá, como Porfírio, como Rangel, como Justiniano Vilela, à falsificação — empoará o rosto e a alma, dourará as palavras, inflará o discurso e ganhará gravidade a suprema fraude. Ele enganará a si próprio, contraindo os vícios da sua classe, para realçar a superioridade falsa, inatingível. O contorno comum unirá a todos: no Império, entre proprietários e especuladores, entre titulares e deputados, a classe média será um purgatório, condenada ao ostracismo das grandezas. Faltar-lhe-á o papel de equilíbrio, que o proletariado futuro despertará. Ela não está entre o assalariado e o rico. Sua posição será, apenas, a da classe abaixo das outras; debaixo dela está o nada, o escravo. Dela não sairão os estadistas, os barões, os banqueiros e os fazendeiros, nem fermentará os inconformismos e as revoluções. Sua hora soará somente cinquenta anos depois: por enquanto representará o resto, o resíduo dos destinos mais afortunados. Esta a visão de Machado de Assis: a classe média só pode ser vista do alto, com desdém, com escárnio ou com tolerância. Longe estará a perspectiva marxista, lançada do ponto de vista da idealização proletária, também cruel com a "pequena burguesia". Ausente também a perspectiva que lhe atribuirá a função estabilizadora no conflito larvado de facções extremadas, celeiro da ordem, da educação e da cultura. No campo, não havia classes médias — marginalizados os lavradores não proprietários. Nas cidades, ela seria o resíduo, sem que abaixo dela, repita-se, o operário — o "artista" — desempenhasse papel social, perdido na sua miséria e excluído da comunhão política.

> Isso significa que o país está fechado em todas as direções; que muitas avenidas que poderiam oferecer um meio de vida a homens de talento, mas sem qualidades mercantis, como a literatura, a ciência, a imprensa, o magistério, não passam ainda de vielas, e outras, em que homens práticos, de tendências industriais, poderiam prosperar, são, por falta de crédito, ou pela estreiteza do comércio, ou pela estrutura rudimentar de nossa vida econômica, outras tantas portas muradas.[75]

Sobrará, apenas, o funcionalismo público, com a dependência da estrutura política, governando, dirigindo e conduzindo do alto, de cima, soberanamente.

A imagem exterior, pública, expressa nas reuniões e nos brindes, condensa-se, simetricamente, no destino individual, com o orçamento familiar lhe embaraçando os passos. A galeria é imensa, entre comerciantes, industriais, funcionários e "artistas", todos de rendimentos curtos, limitados pelos bolsos murchos, não raro atemorizados pelo futuro incerto. Em primeiro plano, reflexo apagado dos banqueiros, importadores, exportadores e comissários, os comerciantes de pequeno vulto, entre a mão e a boca. Exemplo, o pai de Celestina (o.c., *Uma carta*), "antigo comerciante, que morreu pobre, tendo apenas feito para a família um pequeno pecúlio. Era dele que esta vivia e mais de algumas costuras para fora". O drama do pequeno comerciante se retrata bem nos negócios de Rodrigo, acossado pela concorrência e pelos gastos de família.

> Infelizmente, o cunhado não era tão remediado como parecia à viúva, e além disso não tinha meios nem tino para fazer crescer os poucos cabedais que ajuntara durante longos anos no negócio de armarinho. O estabelecimento de Rodrigo, excelente e afreguesado em outros tempos, não podia competir com os muitos estabelecimentos modernos que outros comerciantes abriram no mesmo bairro. Rodrigo vendia de vez em quando algum rapé, lenços de chita, agulhas e linhas, e outras cousas assim; sem poder oferecer ao freguês outros gêneros que aquele ramo de negócio havia adotado. Quem lá ia procurar um corte de vestido, uma camisa feita, uma bolsa, um sabonete, uns brincos de vidrilho, tinha o desgosto de voltar com as mãos vazias. Rodrigo estava atrás do seu tempo; a roda começou a desandar-lhe.
>
> Além deste inconveniente, Rodrigo era generoso e franco, como disse acima, de maneira que, se por um lado não lhe crescia a bolsa, por outro ele próprio a desfalcava. (o.c., *Miloca*)

A ruína rondará o comerciante, não o poupando, se um revés se apresentar no caminho.

> Poucos meses depois da cena que deixamos relatada, a família de Miloca sofreu um grave revés pecuniário; Rodrigo perdeu o pouco que tinha, e não tardou que a este acontecimento sucedesse outro não menos sensível: a morte de d. Pulquéria. Reduzido à extrema pobreza e achacado de moléstias, Rodrigo viveu ainda alguns meses atribulado e aborrecido da vida.

Singular, no nível do pequeno comércio, a loja da Marcela, a Marcela que amou Brás Cubas "durante quinze meses e onze contos de réis". Nada, ou pouco sobrara do verde dos outros tempos.

> Vendera tudo, quase tudo; um homem, que a amara outrora, e lhe morreu nos braços, deixara-lhe aquela loja de ourivesaria, mas, para que a desgraça fosse completa, era agora pouco buscada a loja — talvez pela singularidade de a dirigir uma mulher [...].
>
> Não era certamente a Marcela de 1822; mas a beleza de outro tempo valia uma terça parte dos meus sacrifícios? Era o que eu buscava saber, interrogando o rosto de Marcela. O rosto dizia-me que não; ao mesmo tempo os olhos me contavam que, já outrora, como hoje, ardia neles a flama da cobiça. Os meus é que não souberam ver-lhe; eram olhos da primeira edição. [...] Disse ela então que desejava ter a proteção dos conhecidos de outro tempo; ponderou que mais tarde ou mais cedo era natural que me casasse, e afiançou que me daria finas joias por preços baratos. Não disse *preços baratos*, mas usou uma metáfora delicada e transparente. Entrei a desconfiar que não padecera nenhum desastre (salvo a moléstia), que tinha o dinheiro a bom recado, e que negociava com o único fim de acudir à paixão do lucro, que era o verme roedor daquela existência; foi isso mesmo que me disseram depois. (M.P., XXXVIII)

Há de tudo, o comerciante na corda bamba, ameaçado da queda, e o comerciante por cobiça, com bons e sólidos capitais ocultos e aplicados em renda. Em todos, o medo lhes vigia os passos, murando as esperanças e ameaçando o instável capital. A fortuna gira sua roda acima dessas cabeças apavoradas, sem que os seus raios as poupem. Um mundo cercado de perigos, inclusive o risco das viradas políticas, capazes de, açulando a multidão, partir a pedradas o estabelecimento. Este o medo peculiar de Custódio, o Custódio dono da Confeitaria do Império, cuja tabuleta nova se acabou de pintar no dia 15 de novembro de 1889. [...] Custódio confessou tudo o que perdia no título e na despesa, o mal que lhe trazia a conservação do nome da casa, a impossibilidade de achar outro, um abismo, em suma. Não sabia que buscasse; faltava-lhe invenção e paz de espírito. Se pudesse, liquidava a confeitaria. E afinal que tinha ele com política? Era um simples fabricante e vendedor de doces, estimado, afregueslado, respeitado e principalmente respeitador da ordem pública...

— Mas o que é que há? perguntou Aires.

— A república está proclamada.

— Já há governo?

— Penso que já; mas diga-me v. exa.: ouviu alguém acusar-me jamais de atacar o governo? Ninguém. Entretanto... Uma fatalidade! Venha em meu socorro, Excelentíssimo. Ajude-me a sair deste embaraço. A tabuleta está pronta, o nome todo pintado — "*Confeitaria do Império*", a tinta é viva e bonita. O pintor teima em que lhe pague o trabalho, para então fazer outro. Eu, se a obra não estivesse acabada, mudava de título, por mais que me custasse, mas hei de perder o dinheiro que gastei? V. ex^a crê que, se ficar "Império", venham quebrar-me as vidraças?

— Isso não sei.

— Realmente, não há motivo; é o nome da casa, nome de trinta anos, ninguém a conhece de outro modo...

— Mas pode pôr "Confeitaria da República"...

— Lembrou-me isso, em caminho, mas também me lembrou que se daqui a um ou dous meses, houver nova reviravolta, fico no ponto em que estou hoje, e perco outra vez o dinheiro.

— Tem razão... Sente-se.

— Estou bem.

— Sente-se e fume um charuto.

Custódio recusou o charuto, não fumava. Aceitou a cadeira. Estava no gabinete de trabalho, em que algumas curiosidades lhe chamariam a atenção, se não fosse o atordoamento do espírito. Continuou a implorar o socorro do vizinho. S. ex^a, com a grande inteligência que Deus lhe dera, podia salvá-lo. Aires propôs-lhe um meio-termo, um título que iria com ambas as hipóteses — "Confeitaria do Governo".

— Tanto serve para um regímen como para outro.

— Não digo que não, e, a não ser a despesa perdida... Há, porém, uma razão contra. V. ex^a sabe que nenhum governo deixa de ter oposição. As oposições, quando descerem à rua, podem implicar comigo, imaginar que os desafio, e quebrarem-me a tabuleta; entretanto, o que eu procuro é o respeito de todos.

Aires compreendeu bem que o temor ia com a avareza. Certo, o vizinho não queria barulhos à porta, nem malquerenças gratuitas, nem ódios de quem quer que fosse; mas, não o afligia menos a despesa que teria de fazer de quando em quando, se não achasse um título definitivo, popular e imparcial. Perdendo o que tinha, já perdia a celebridade, além de perder a pintura e pagar mais dinheiro. Ninguém lhe compraria uma tabuleta condenada. Já era muito ter o nome e o título no *Almanaque de Laemmert*, onde podia lê-lo algum abelhudo e ir com outros, puni-lo do que estava impresso desde o princípio do ano... [...]

Aires achou outro título, o nome da rua, "Confeitaria do Catete", sem advertir que havendo outra confeitaria na mesma rua, era atribuir exclusivamente ao Custódio a designação local. Quando o vizinho lhe fez tal ponderação, Aires achou-a justa, e gostou de ver a delicadeza de sentimentos do homem; mas logo depois descobriu que o que fez falar o Custódio foi a ideia de que esse título ficava comum às duas casas. Muita gente não atinaria com o título escrito e compraria na primeira que lhe ficasse à mão, de maneira que só ele faria as despesas da pintura, e ainda por cima perdia a freguesia. Ao perceber isto, Aires não admirou menos a sagacidade de um homem que em meio de tantas tribulações, contava os maus frutos de um equívoco. Disse-lhe então que o melhor seria pagar a despesa feita e não por nada, a não ser que preferisse o seu próprio nome: "Confeitaria do Custódio". Muita gente certamente lhe não conhecia a casa por outra designação. Um nome, o próprio nome do dono, não tinha significação política ou figuração histórica, ódio nem amor, nada que chamasse a atenção dos dous regimens, e conseguintemente que pusesse em perigo os seus pastéis de Santa Clara, menos ainda a vida do proprietário e dos empregados. Por que é que não adotava esse alvitre? Gastava alguma cousa com a troca de uma palavra por outra. *Custódio* em vez de *Império*, mas as despesas trazem sempre despesas. (E.J., LXIII)

Há uma grande distância entre Rodrigo, Marcela e Custódio, de um lado, e Palha ou Santos, de outro. Separam-nos os cabedais, mas o que os distingue será o impulso ascensional dos últimos e o muramento dos primeiros. Comerciante também foi o Cotrim (*Memórias póstumas*) e jamais se sentiu condicionado num círculo sem saída, aprisionado como Rodrigo ou Custódio. Dotados, os Cotrim, Palha e Santos, da energia que os poupa de submergir, sua posição, mesmo que pobres, será no topo da pirâmide social, na classe especulativa. Eles estão acima dos elementos que constrangem, sufocam e pesam, com a força alheia ao homem, dos tecidos manipulados fora do nível da água. A anedota do Custódio revela o apólogo de uma camada social, bloqueada no alto pela tirania de comandos transcendentes, obscuramente vislumbrados como algo invencível. Para todos os que partilham da mesma situação, reduzidos a fios inertes de uma trama, prende-os ao chão de sua impotência o conformismo da cartada já jogada, sem intervenção da decisão de quem participa. Dessa fonte nasce o conservadorismo, cuja alma se forma e plasma no medo ao mundo social, o mesmo medo do agricultor primitivo encadeado às incompreensíveis mutações atmosféricas. Custódio tem seu negócio, a Confeitaria do Império, fundada há trinta anos. Ele ama seus cabedais, forrado de avareza, o sono intranquilo com o advento da República. A política, com suas viravoltas súbitas, pode castigá-lo, sem que lhe dê nenhuma recompensa. Preocupa-o apenas o "respeito de todos", isto é, a afeição da clientela, como clientela que compra e paga. Ele queria ser o que era: "fabricante e vendedor de doces, estimado, afreguesado, respeitado, e principalmente respeitador da ordem pública". A ordem pública vela por ele, nela está a garantia de seu pacífico comércio. O centro de seu conservadorismo está aí: a ordem pública elevada a tabu, seja qual for sua natureza, ordem pública estranha à sua vontade, às suas decisões, soberanamente superior. A política, para a gente Custódio, será um jogo inacessível aos seus meios, misterioso, sinistro e perigoso. Dela ele não participa, ao contrário do Cotrim a ela familiar, que a associa às suas empresas, copiosamente dadivosas. Cotrim, Palha e Santos são íntimos do poder; Custódio o teme, e o respeita por temor, curvado aos seus caprichos e mistérios. Custódio está no centro de uma rede, que se espalha horizontalmente e desce na vertical. Ela vai da tranquilidade de Aguiar, sereno e refugiado na intimidade de sua harmonia conjugal, num extremo, às angústias do mercador de objetos usados, onde o freguês leva à venda um par de calças para almoçar um dia. "O dono da casa oferecia-lhe pelo objeto cinco patacas; o dono do objeto instava por mil e oitocentos. Afinal cortaram a dúvida, diminuindo o freguês um tostão e subindo o dono da casa outro tostão" (o.c., *História de uma fita azul*). Há as casas de pastos, as charutarias, as boticas, toda a gama de um comércio estacionário e sem futuro, preocupado com o dia de hoje, vergado ao trabalho de perspectivas curtas. Embaixo, o mascate de todos os artigos, com sua caixa pendurada às costas, como o José Diogo (H.S.D., *Noite de almirante*) que roubou ao Deolindo Venta-Grande a noite de almirante junto da Genoveva. Todos percorrem a ficção do século XIX, pingando, na passagem, traços de vida real, perdida no melancólico mundo sem grandeza, sem títulos e sem carruagens. Pior: num mundo sem inveja das grandezas, apagado no conformismo dos horizontes murados. Os empregados, caixeiros e guarda-livros sofrem outra ameaça, derivada do medo dos patrões, o *olho da rua* fatídico (H.M.N., *Ernesto de Tal*). Todos estão, afinal, debaixo das *viravoltas da fortuna*, sujeitos aos seus cruéis golpes, que levam à fome, à irremediável pobreza.

Mas nem só de comércio vivia essa camada. E a indústria, onde estava? Não a indústria de Mauá, aparceirada com o Estado, que lhe oferecia encomendas e lhe concedia empréstimos. A outra, a que trata do artesanato, a que gerará o "artista", depois se expandindo na manufatura, que era dela? Onde respirava, aquém da área dos projetos do *encilhamento* e dos sonhos do barão de Santos, que vestiria o mundo, desde a criação de carneiros até a lã? O país "essencialmente agrícola" parece que não via na industrialização o caminho mais curto para emancipar-se da tutela estrangeira. O alvará de 28 de abril de 1809, o primeiro passo de uma torturada história, inspirado por José da Silva Lisboa, queria criar as condições para afastar a estagnação colonial. Nas dúvidas de Cairu, que recomendava ao Brasil as fábricas "que proximamente se associam à agricultura, comércio, navegação e artes da geral acomodação do povo",[76] transparece uma política prudente, preocupada em não comprometer os interesses agrícolas. Daí por diante — sobretudo com o tratado de 1810 —, o mercado brasileiro foi entregue à indústria inglesa, por meio da tarifa preferencial. Somente em 1844, com a Tarifa Alves Branco, que tributou em 30% os produtos estrangeiros, ressurgiu o debate e a iniciativa das manufaturas. As isenções de direitos aduaneiros de matérias-primas destinadas às fábricas nacionais seriam o instrumento complementar, decretado pouco mais tarde, que pretendia criar a indústria brasileira. Mas o momento era do café, com o Vale do Paraíba em verde expansão — o café arrebatava os interesses, a imaginação e a cobiça. Não obstante, à sombra da Tarifa Alves Branco surgiram algumas indústrias, a mais notável delas a fundição da Ponta da Areia, criada por Mauá. Com seus mil operários, favorecida pelo Tesouro e pelas encomendas públicas, durou enquanto vigente a proteção alfandegária. Alimentada por uma tarifa, coube a outra, a Tarifa Ferraz, em 1860, feri-la de morte, ao isentar de direitos os materiais empregados na lavoura e os navios construídos no exterior. O projeto de grande empresário, que despontou em Mauá, com o estabelecimento da indústria e da siderúrgica de base, transformou-se no especulador, desiludido do caminho penosamente percorrido. "A legislação aduaneira — confessava amargamente o seu fundador — não lhe permite viver, mantendo-se apenas pequenas fábricas de consertos que têm empregado capital insignificante."[77] Desapareceu, ao sopro de uma lei, "a indústria que manipula o ferro", "mãe de todas as outras".[78] Prevalecia, à preocupação industrial, a defesa das rendas públicas, concentradas sobretudo nos direitos alfandegários, os quais se nutriam e se expandiam com a monocultura, que forçava a importar os próprios gêneros alimentícios (12,88% em 1850--51 e 19,24% em 1859-60). Os recursos ociosos, libertos pelo tráfico negreiro, se encaminharam para o grande comércio, na sua imensa rede cafeeira, sem percutir duradouramente no incentivo industrial.

A Tarifa Alves Branco (1844-60), mitigada pelo incentivo às *indústrias nacionais* (indústrias naturais em oposição às indústrias artificiais), proporcionando facilidades às manufaturas, orientou, só orientou, o surto econômico de 1855, a chamada *febre das ações*. A euforia financeira tomou a cor da prosperidade industrial, criando, ao lado do incremento real, a falsa prosperidade, estimulada pela inflação. O sonho das ambições cobria-se do manto industrial, das realizações materiais, do progresso aos saltos, mais cabriolas e cambalhotas de circo do que a queima de etapas. Foi a época das *bubble companies*. A realidade era, todavia, mais tarda do que o golpe de imaginação. A imaginação lançou grandes e pequenos à especulação; incentivou a criação de grandes e pequenas indústrias. O financista sonhou com empresas do porte das de Mauá; o artesão procurou ampliar seu atelier, sob o calor de circunstâncias novas. As fábricas de tecidos e de chapéus lograram se implantar, prosperando na ilha mercantilista que as ideias liberais do tempo permitiam. Tudo não passou, entretanto, de superficial fogo de palha. Ausência de capitais, dificuldades de mão de obra qualificada, concorrência de empreendimentos mais lucrativos, ambiente de desconfiança, proteção inadequada, enfim todo um conjunto de fatores levou ao esmorecimento o impulso industrial, de tão curta duração, dos meados do século XIX. Já em 1858, no município da corte, mesmo as fábricas auxiliadas pelo governo ou não mais existiam ou se encontravam em má situação. Tavares Bastos, comentando a exposição industrial de 1861, declarava que as fábricas no Brasil eram "um acidente".[79] A reforma da Tarifa Alves Branco se encarregou de fechar o ciclo promissor, cercado de todos os lados pelos interesses britânicos, aprisionadores do mercado interno brasileiro. Verdade que, além da pressão externa, havia, internamente, uma conjuração de situações, coincidentes ou vinculadas com aquela, oriundas do comércio e da economia cafeeira.

A indústria nacional, no século passado, assenta em surtos episódicos: o impulso de dom João VI, a expansão dos anos 1850. Ainda uma febre marcará o fim da década de 1860, favorecida pela guerra civil americana e pela Guerra do Paraguai, acompanhada, a última, além das necessidades de produção para o conflito, de estimulante aumento das emissões, que funcionavam como tarifa complementar. A par do incremento da cultura de algodão, que cobriu o vácuo deixado pelos Estados Unidos, a indústria têxtil tomou novo impulso. O conflito externo, por sua vez, provocou o fabrico de mercadorias até então importadas: calçado, produtos químicos, chapéus, vidro, charutos e cigarros, artigos de fundições, artigos de lã, banha e cerveja. Capitais ociosos, libertos pela queda do açúcar e do algodão, já na década de 1870, sustentaram a atividade recém-aberta. Os fazendeiros e os comerciantes mostraram-se hostis a esse surto, que lhes prejudicava fundamente os interesses. Os agricultores, com a indústria nacional, pagavam mais caro os produtos de que necessitavam, os comerciantes, sobretudo o comércio importador, preso às ramificações inglesas, viam com maus olhos a substituição de suas mercadorias pelo similar nacional. O resultado foi a Tarifa Rio Branco de 1874 — tarifa de transação, moderadora, de inspiração liberal: com a liberação de direitos de máquinas e aparelhamentos destinados à lavoura, às fábricas, às oficinas e à navegação

> enfim, satisfazendo os clamores da lavoura cafeeira e da estrutura comercial a ela vinculada, diminuía os direitos sobre os gêneros de primeira necessidade, mesmo quando produzidos no país, como velas, chitas, algodão cru liso; o mesmo com os que recaíam sobre os artigos de luxo, mas então com o fim de neutralizar o contrabando.[80]

De outro lado, conspirava também contra a nascente indústria a melhoria dos meios de transporte, que iriam ferir as manufaturas criadas no interior, ao abrigo dos preços altos das comunicações. A homogeneidade geográfica do país, a mística do progresso através das estradas de ferro, contribuía, indiretamente, para o esfacelamento das isoladas indústrias nacionais, que hauriam a vida de seu isolamento. A crise que se seguiu — de 1874-75 — não encontrou, como as anteriores, um país passivo: de sua reação é que surge, agora em linha contínua, o pensamento e a preocupação industrial. Começa daí, verdadeiramente, o debate da indústria contra o comércio e a lavoura. A bandeira erguida já estará implícita nas palavras de Alves Branco, em 1845, que via nos mercados estrangeiros estruturas auxiliares da lavoura e da indústria nacionais. Ao evocar o mercado interno, como fonte básica da abundância e da prosperidade, acenava para a solidariedade entre indústria, lavoura e comércio, numa mensagem larvadamente nacionalista. A isso se opunham, em primeira linha, os interesses locais (lavoura), soldados aos estrangeiros (comércio), todos em coincidência com as necessidades do Tesouro, alimentadas pelos direitos de importação. Em segunda linha, cobrindo-os e justificando-os, a ideologia liberal repelia a orientação potencialmente mercantilista, de cunho protecionista, que, além disso, agravaria a falta de mão de obra e encareceria os gêneros de primeira necessidade. Encontrava o liberalismo sua justa definição no país essencialmente agrícola, complementado pelas indústrias extrativas e outras *naturais — sem artificialismo*, isto é, como se diria mais tarde, sem que, para subsistir, precisassem de favores ou estímulos. Um aparente paradoxo, neste liberalismo: filho da indústria britânica volta-se, no Brasil, contra a indústria local, para exaltar os interesses agrários. Paradoxo aparente: no fundo, na Europa como aqui, estava ele a serviço da indústria, da indústria dominante, a que, produzindo melhor e mais barato, eliminaria as outras, subsidiadas, estimuladas e ajudadas pelo governo. Na corte, já em 1880, os industriais se congregam, criam seu próprio instrumento de pressão, apoiados sobre algumas fábricas, que teimosamente resistiam a todos os fatores adversos. Daí por diante, embora longe estivesse o dia do predomínio industrial, já não seria mais possível sufocar a corrente industrial, cada vez mais identificada com os retalhos de 1808 a 1844, ajustada ao pensamento nacionalista. Favoreceu-a, no começo de sua arrancada, a baixa dos preços do café no início da década de 1880 e a crise da lavoura que lhe sucederia. Concretamente, a indústria poderia convocar, em seu favor, o protecionismo — contra a resistência da lavoura e do comércio importador, este constituído quase totalmente de estrangeiros. A doutrina industrial encontrou, na pena de Felício dos Santos, em 1882, na já florescente Associação Industrial, a sua fórmula clara.

> Pleiteando, ao contrário, a objetividade e consideração da realidade brasileira, constituía um libelo contra os doutrinários, os acadêmicos que, por convicção ou por interesse, queriam condenar o Brasil a permanecer um país essencialmente agrícola. Era um ataque ao liberalismo e à política do governo, opondo às objeções dos adversários da industrialização uma argumentação que se pretendia basear em fatos concretos e nas condições econômicas e sociais do Brasil. Resumia-se essa argumentação nos seguintes pontos: pela industrialização o Brasil não só obteria a independência econômica, mas resolveria alguns dos seus problemas, pois atrairia para o país braços e capitais estrangeiros, ocuparia uma população urbana desocupada que poderia suscitar uma questão social, livraria o país da vulnerabilidade de uma economia monocultora e, abastecendo o mercado interno, diminuiria a

importação, aliviando a balança comercial. Não perdia, também, a oportunidade para atacar o intermediário considerado um parasita e cuja produtividade era nula ou quase. Essa depreciação do comerciante, por ser ele, em geral, estrangeiro e contribuir, pelas remessas de seus lucros para o exterior, para o desequilíbrio econômico do país, era, aliás, um conceito caro aos nacionalistas desses últimos anos do Império e do início da República.[81]

O novo regime, criando expectativas ardentes no progresso nacional, malgrado seu contorno liberal, tornou-se propício à indústria. Amaro Cavalcanti e Serzedelo Correia seriam os profetas da fé em expansão, com a cor ardente do nacionalismo. A indústria encontraria na pequena lavoura e na pecuária aliados para a pregação e para a pressão sobre os poderes públicos. Não seria ainda o momento da vitória: a indústria, já aceita no concerto da luta dos interesses nacionais, retardaria suas conquistas com o impacto contra ela desencadeado pela doutrina da "indústria natural" contra a "indústria artificial", que o governo Campos Sales, pela palavra de seu ministro da Fazenda, Joaquim Murtinho, oficializaria. Reduzia o movimento industrial a um vicioso patriotismo, que pugnava por empresas inconsistentes, geradas pelo *encilhamento*. Mil novecentos e trinta resolveria o impasse, de modo definitivo. As grandes linhas estavam, porém, lançadas, desde os fins da década de 1860.

A teia de interesses, pensamento e ideologia, que atravessa o Segundo Reinado e a República, no período abrangido pela ficção de Machado de Assis, está presente na sua obra. O escritor não a ignorou, posto não incensasse o mito industrial, seduzido ou encantado pelas douradas perspectivas de progresso. Três momentos retratam o sentimento que está por trás do quadro: o *encilhamento* (*Esaú e Jacó*), o entusiasmo industrial de Benedito (R.C.V., *Evolução*) e a tentativa industrial de Custódio (P.A., *O empréstimo*), sequioso este de enriquecer com os capitais alheios. Que sobra de tais exemplos, senão o traço da empulhação, do engodo, da fraude, cobrindo atividades meramente especulativas? Há alguma coisa mais do que a frustração das aparências. Todo o movimento industrial não resulta em produção, artigos novos, chapéus brasileiros ou tecidos nacionais. O que sai de uma empresa são ações, lançadas na Bolsa para uma hora de lucro, para que um trouxa as compre em benefício de alguém mais astuto. O *encilhamento* diz tudo — ele é, para Machado de Assis, a indústria, com todas as suas pompas e grandezas. Esta a indústria nas altas esferas, nos gabinetes do dr. Mefistófeles, transformando papel em ouro. Mas há o industrial modesto — o projeto de industrial, que vê na fábrica o meio de enriquecer, se alguém lhe franquear o crédito. Um conto de 1882, escrito no começo da era industrial do Segundo Reinado, quando a nova ideologia se firma e se cristaliza, mostra bem o significado da manufatura na imaginação do homem que sonha com a fortuna. Não parece a Custódio o meio próprio, para o enriquecimento imediato, a lavoura ou o comércio, o banco ou a concessão de estrada de ferro. Somente uma ideia concreta, objetiva e fulgurante, serviria para saquear a boa-fé de um financiador: a ideia de uma florescente indústria. O imaginário industrial tinha a vocação dos negócios desastrados — estaria aí o indício da descrença na atividade fabril, sutilmente insinuada pelo contista?

> Na rua, andando, sem almoço e sem vintém, parecia levar após si um exército. A causa não era outra mais do que o contraste entre a natureza e a situação, entre a alma e a vida. Esse Custódio nascera com a vocação da riqueza, sem a vocação do trabalho. Tinha o instinto das elegâncias, o amor do supérfluo, da boa-chira, das belas damas, dos tapetes finos, dos móveis raros, um voluptuoso, e, até certo ponto, um artista, capaz de reger a vila Torloni ou a galeria Hamilton. Mas não tinha dinheiro; nem dinheiro, nem aptidão ou pachorra de o ganhar; por outro lado, precisava viver. *Il faut bien que je vive*, dizia um pretendente ao ministro Talleyrand. *Je n'en vois pas la nécessité*, redarguiu friamente o ministro. Ninguém dava essa resposta ao Custódio, davam-lhe dinheiro, um dez, outro cinco, outro vinte mil-réis, e de tais espórtulas é que ele principalmente tirava o albergue e a comida.
>
> Digo que principalmente vivia delas, porque o Custódio não recusava meter-se em alguns negócios, com a condição de os escolher, e escolhia sempre os que não prestavam para nada. Tinha o faro das catástrofes. Entre vinte empresas, adivinhava logo a insensata, e metia ombros a ela, com resolução. O caiporismo, que o perseguia, fazia com que as dezenove prosperassem e a vigésima lhe estourasse nas mãos. Não importa; aparelhava-se para outra.
>
> Agora, por exemplo, leu um anúncio de alguém que pedia um sócio, com cinco contos de réis, para entrar em certo negócio, que prometia dar, nos primeiros seis meses, oitenta a cem de lucro. Custódio foi ter com o anunciante. Era uma grande ideia, uma fábrica de agulhas, indústria nova, de imenso futuro. E os planos, os desenhos da fábrica, os relatórios de Birmingham, os mapas de importação, as respostas dos alfaiates, dos donos de armarinho etc., todos os documentos de um longo inquérito passavam diante dos olhos de Custódio, estrelados de algarismos, que ele

não entendia, e que por isso mesmo lhe pareciam dogmáticos. Vinte e quatro horas; não pedia mais de vinte e quatro horas para trazer os cinco contos. E saiu dali, cortejado, animado pelo anunciante, que, ainda à porta, o afogou numa torrente de saldos. Mas os cinco contos, menos dóceis ou menos vagabundos que os cinco mil-réis, sacudiam incredulamente a cabeça, e deixavam-se estar nas arcas, tolhidos de medo e de sono. Nada. Oito ou dez amigos, a quem falou, disseram-lhe que nem dispunham agora da soma pedida, nem acreditavam na fábrica. (P.A., *O empréstimo*)

Desastradamente, inspirado pelo acaso de um nome no portal, Custódio procura o escrivão Vaz Nunes, para interessá-lo na sua ventura próxima. O projeto da fábrica se esvai, partido em esperanças, sobra apenas o quotidiano, suas aperturas e amarguras…

[…] tudo voara a um piparote do tabelião. Adeus, agulhas! A realidade veio tomá-lo outra vez com as suas unhas de bronze. Tinha de voltar ao precário, ao adventício, às velhas contas, com os grandes zeros arregalados e os cifrões retorcidos à beira de orelhas, que continuariam a fitá-lo e a ouvi-lo, a ouvi-lo e a fitá-lo, alongando para ele os algarismos implacáveis da fome. Que queda! e que abismo! Desenganado, olhou para o tabelião com um gesto de despedida; mas, uma ideia súbita clareou-lhe a noute do cérebro. Se a quantia fosse menor, Vaz Nunes poderia servi-lo, e com prazer; por que não seria uma quantia menor? Já agora abria mão da empresa; mas não podia fazer o mesmo a uns aluguéis atrasados, a dous ou três credores etc., e uma soma razoável, quinhentos mil-réis, por exemplo, uma vez que o tabelião tinha a boa vontade de emprestar-lhos, vinham a ponto. A alma do Custódio empertigou-se; vivia do presente, nada queria saber do passado, nem saudades, nem temores, nem remorsos. O presente era tudo. O presente eram os quinhentos mil-réis, que ele ia ver surgir da algibeira do tabelião, como um alvará de liberdade.

De degrau em degrau, entre desesperos e entusiasmos, Custódio logra arrancar uma nota de 5 mil-réis.

Custódio aceitou os cinco mil-réis, não triste, ou de má cara, mas risonho, palpitante, como se viesse de conquistar a Ásia Menor. Era o jantar certo. Estendeu a mão ao outro, agradeceu-lhe o obséquio, despediu-se até breve, — um *até breve* cheio de afirmações implícitas. Depois saiu; o pedinte esvaiu-se à porta do cartório; o general é que foi por ali abaixo, pisando rijo, encarando fraternalmente os ingleses do comércio que subiam a rua para se transportarem aos arrabaldes. Nunca o céu lhe pareceu tão azul, nem a tarde tão límpida; todos os homens traziam na retina a alma da hospitalidade. Com a mão esquerda no bolso das calças, ele apertava amorosamente os cinco mil-réis, resíduo de uma grande ambição, que ainda há pouco saíra contra o sol, num ímpeto de águia, e ora batia modestamente as asas de frango rasteiro.

Dois industriais que nada produzem: o banqueiro Santos e Custódio (*Esaú e Jacó*). Santos manipula as ações, a lã de carneiro, que vestiria a Europa e a América; são as ações, com o ágio das revendas. Custódio vive do *clima industrial*, para, de golpe, erguer cinco contos em oitenta ou cem. Nenhum dos dois suja as mãos no óleo e nas engrenagens das máquinas, ambos veem na indústria o lucro fácil, rápido e farto. As manufaturas, as fábricas existiam como sonho e fantasia, criadas na imaginação e no golpe do lançamento das empresas. Elas não nasciam de baixo para cima, como o fabrico de albardas do Mateus (P.A., *O alienista*) e as obras do tanoeiro Damião Cubas (*Memórias póstumas*). Estes, sim, são exemplos da indústria, modestamente iniciada no artesanato e projetada até a opulência. Mas, nos dois casos, os êxitos pertencem ao período colonial. Mateus, contemporâneo do dr. Simão Bacamarte, "enriquecera no fabrico de albardas", tornando-se novo-rico, sem brasões e sem títulos — "entre a gente ilustre da povoação havia choro e ranger de dentes, quando se pensava, ou se falava, ou se louvava a casa do albardeiro, — um simples albardeiro, Deus do céu!". Já o tanoeiro Damião Cubas, homem da primeira metade do século XVIII, teria perecido na penúria se permanecesse vergado na tanoaria. "Fez-se lavrador, plantou, colheu, permutou o seu produto por boas e honradas patacas" — da lavoura e do comércio veio-lhe a bela fortuna, que proporcionou o ócio da descendência. Industrial frustro, o Damião Cubas, de industrial a lavrador e a comerciante, para luzimento de sua opulência. Fabricante de albardas e fabricante de cubas, ambos não passaram a industriais, vencidos pelo bloqueio das circunstâncias, adversas ao prolongamento da empresa. Entre os dois tipos, entre Santos e Mateus, entre Custódio e Damião Cubas há um espaço não preenchido, feito de experiência, trabalho, técnica, tentativas e esforço. Nessa zona cinzenta e opaca agitava-se a indústria nacional, a verdadeira, cercada pelo comércio importador e pela lavoura em grande escala, elaborando, obscuramente, sua bandeira de guerra. Nela não penetrou a ficção de Machado de Assis, comprometida com a visão essencialmente agrícola, da qual bebia a vida a classe proprietária, alma do romancista. Fora daí — na indústria inclusive, com seus disparatados sonhos — só vivia a especulação, fantasia de uma manhã, muitas espertezas e algumas fraudes como saldo da aventura.

Havia, não obstante, o progresso, o verdadeiro mito do século XIX, discretamente associado pelo romancista com o industrialismo. Mas o progresso não vinha da obscura e intrépida tenacidade do industrial escarnecido de adversidades. Ele vinha do capital estrangeiro, que o transplantava ao país, criando maravilhas e deixando atrás de si a rotina e o atraso. Era como o sentia Benedito (R.C.V., *Evolução*), o sacerdote do progresso material. Progresso e estradas de ferro seriam termos correlatos; o progresso se revelava nas estradas de ferro, conforme a visão difundida ao tempo, persistente ainda no pensamento de Rui Barbosa, ministro da Fazenda do Governo Provisório. Das estradas de ferro irradia-se o conceito para o progresso material, vagamente aliado ao progresso industrial. Benedito e Inácio (R.C.V., *Evolução*) mostram bem a linha de tais ideias.

> Conhecemo-nos [conta Inácio] em viagem para Vassouras. [...] Naturalmente, o primeiro objeto foi o progresso que nos traziam as estradas de ferro. Benedito lembrava-se do tempo em que toda a jornada era feita às costas de burro. Contamos então algumas anedotas, falamos de alguns nomes, e ficamos de acordo em que as estradas de ferro eram uma condição de progresso do país.

Vassouras sugere o Vale do Paraíba, o café e seu fastígio. O tema é, por enquanto, a estrada de ferro, também saudada, em outra ocasião, no mesmo caminho de Vassouras, como a expressão por excelência do progresso.

> Cristiano foi o primeiro que travou conversa, dizendo-lhe que as viagens de estrada de ferro cansavam muito, ao que Rubião respondeu que sim; para quem estava acostumado a costa de burro, acrescentou, a estrada de ferro cansava e não tinha graça; não se podia negar, porém, que era um progresso... (Q.B., XXI)

O progresso entusiasma e verte melancolia — a conversa trava-se entre homens de outro tempo.

> Ao subir a serra as nossas impressões divergiram um tanto. Campos achava grande prazer na viagem que íamos fazendo em trem de ferro. Eu confessava-lhe que tivera

maior gosto quando ali ia em caleças tiradas a burros, umas atrás das outras, não pelo veículo em si, mas porque ia vendo, ao longe, cá embaixo, aparecer a pouco e pouco o mar e a cidade com tantos aspectos pinturescos. O trem leva a gente de corrida, de afogadilho, desesperado, até à própria estação de Petrópolis. E mais lembrava as paradas, aqui para beber café, ali para beber água na fonte célebre, e finalmente a vista do alto da serra, onde os elegantes de Petrópolis aguardavam a gente e a acompanhavam nos seus carros e cavalos até a cidade; alguns dos passageiros de baixo passavam ali mesmo para os carros onde as famílias esperavam por eles.

Campos continuou a dizer todo o bem que achava no trem de ferro, como prazer e como vantagem. Só o tempo que a gente poupa! (M.A., segunda-feira)

Mas, sem desvio do assunto, o problema é o progresso, do qual as estradas de ferro seriam o mais veemente instrumento. As vias férreas, na reflexão de Inácio, faziam a primeira necessidade do país. "Eu comparo o Brasil a uma criança que está engatinhando; só começará a andar quando tiver muitas estradas de ferro" (R.C.V., *Evolução*). Benedito sentia a justeza do rasgo oratório; impressionava-o o atraso do interior, sufocado em suas aspirações de progresso. As comunicações rápidas fariam da aldeia e da vila o prolongamento do Rio de Janeiro, da metrópole. Este o pensamento simplista: floresceria o campo se aproximado das cidades, mas floresceria — e aqui está o salto — pela exploração dos recursos naturais, graças à indústria, filha do progresso. O pressuposto do raciocínio está nas riquezas imensas e inexploradas do país, à espera da mão empreendedora e audaciosa.

> Quando, porém [explicava Benedito], seja ministro, creia que serei tão somente ministro industrial. Estamos fartos de partidos; precisamos desenvolver as forças vivas do país, os seus grandes recursos. Lembra-se do que *nós dizíamos* na diligência de Vassouras? O Brasil está engatinhando; só andará com estradas de ferro...

O entusiasmo do futuro deputado e do futuro ministro se acendia com as "matérias industriais" — "tinha a peito mostrar aos homens práticos da Câmara que também ele era prático". O discurso de estreia dá a nota da nova mentalidade, entrevista sob o fino punhal do ficcionista:

> No meio da agitação crescente dos espíritos, do alarido partidário que encobre as vozes dos legítimos interesses, permiti que alguém faça ouvir uma súplica da nação.

> Senhores, é tempo de cuidar, exclusivamente, — notai que digo exclusivamente, — dos melhoramentos materiais do país. Não desconheço o que se me pode replicar; dir-me-eis que uma nação não se compõe só de estômago para digerir, mas de cabeça para pensar e de coração para sentir. Respondo-vos que tudo isso não valerá nada ou pouco, se ela não tiver pernas para caminhar; e aqui repetirei o que, há alguns anos, *dizia eu* a um amigo, em viagem pelo interior: o Brasil é uma criança que engatinha; só começará a andar quando estiver cortado de estradas de ferro...

O círculo se fecha sobre si mesmo: estradas de ferro — progresso — estradas de ferro. Com o transporte, financiado de Londres, o Brasil renasceria, eliminando o atraso, globalmente, sem que, passo a passo, se erguesse a indústria, da oficina à usina. O analista não dissociava indústria e dinheiro, fazendo a primeira resultar do crédito.

> Este século é, como dizem, o século do dinheiro e da indústria. [...] A indústria e o comércio não são simples fórmulas de uma classe; são os elos que prendem as nações, isto é, que unem a humanidade para o cumprimento de sua missão. São a fonte de riqueza dos povos, e predispõem mais ou menos sua importância política no equilíbrio político da humanidade.
>
> O comércio estabelece a troca do gênero pelo dinheiro. Ora, o dinheiro é um resultado da civilização, uma aristocracia, não bastarda, mas legitimada pelo trabalho ou pelo suor vazado nas lucubrações industriais. O sistema primitivo da indústria colocava o homem na alternativa de adquirir uma fazenda para operar a compra de outra, ou o entregava às intempéries do tempo se ele pretendia especular com as suas produções agrícolas. O novo sistema estabelece um valor, estabelece a moeda, e para adquiri-la o homem só tem necessidade de seu braço.
>
> O crédito assenta a sua base sobre esta engenhosa produção do espírito humano. Ora, indústria manufatora ou indústria-crédito, o século conta a indústria como uma das suas grandes potências: tirai-a aos Estados Unidos e vereis desmoronar-se o colosso do norte. (Misc., *O jornal e o livro*)

O crédito dá o salto entre a economia primitiva e a indústria, salto cuja mola Londres aciona, financiando estradas de ferro.

Bloqueio no campo e bloqueio nas cidades — esta a situação econômica da classe média. No campo, a dicotomia, classicamente realçada até ao exagero, entre proprietário e escravo, não deixara lugar ao plantador sem terras e ao agricultor de gêneros de subsistência. O quadro monocultor permitia o florescimento medíocre, em algumas manchas do território nacional, à pecuária. Os gêneros de subsistência seriam, em boa parcela, importados do estrangeiro. A pequena agricultura, plantada à margem das concentrações do café, levava vida dependente, obscura e sem perspectivas. Nas cidades, o pequeno comércio e a hesitante indústria de curto porte arrastavam-se, pobremente, vivendo de suas ilusões. O que sobra, nas cidades, é a outra classe média, o grupo dos homens de colarinho-branco da sociedade pré-industrial. Difere da outra — embora unida pela falta de bens como qualificação de classe — no encaixe e na função que exerce no conjunto da estrutura. Ela não resulta do sistema escravocrata, como já se pretendeu afirmar, mas do predomínio comercial, intimamente associado ao Estado patrimonial-burocrático. De modo diferente da classe média da sociedade industrial, murada nos seus limites, a classe média dos bacharéis e funcionários, na sua camada superior, transita livremente nas classes superiores, pelo casamento e pela carreira política. O bacharel, mais símbolo de profissão liberal do que advogado, absorve o panorama. Os médicos que circulam na obra de Machado de Assis se equiparam ao advogado com banca, sem os fumos políticos, inerentes ao bacharel, reflexo de um mundo, cujas portas lhe estão, senão franqueadas, pelo menos entreabertas.

O bacharel está em toda parte: político, jornalista, orador, advogado profissional, empregado público. Domina-o uma auréola superior, de aspirante credenciado à mão de uma herdeira rica ou a uma cadeira do parlamento. O bacharel pobre, empregado numa repartição pública ou entregue a uma promotoria, guarda, junto com o diploma, o bastão do futuro, no hipotético e cobiçado ministério. O sonho, nessa camada, cria, livremente, todos os projetos de futuro. Os bacharéis do tipo de Jorge (*A mão e a luva*), o outro Jorge (*Iaiá Garcia*) e Brás Cubas são bacharéis sem vínculo com a advocacia: ricos, o título lhes servia para dourar o nome, enganando com a presunção de cultura, que o romancista lhes nega. O filho de Valéria, Jorge, não tinha nenhum amor à profissão; inteligência teórica

> para ele, o praxista representava o bárbaro. Possuindo muitos bens, que lhe davam para viver à farta, empregava uma partícula do tempo em advogar o menos que podia — apenas o bastante para ter o nome no portal do escritório e no almanaque de Laemmert. (I.G., II)

Brás Cubas trouxe da Universidade de Coimbra "as fórmulas, o vocabulário, o esqueleto". Colheu "de todas as cousas a fraseologia, a casca, a ornamentação". Bacharéis sem vocação e sem clientes. Dotados do emprego suave de não fazer nada, o diploma, para eles, é uma relíquia (C.F., *Linha reta e linha curva*). São membros da classe proprietária, filhos de rendas permanentes e do ócio. O canudo não lhes servia para ganhar o pão; mas marcava-os de muitos impedimentos. O status que o título lhes assegurava não lhes permitia especular na praça, como o Palha ou o Santos, vedando-lhes, ainda, o comércio miúdo ou as ocupações menores. Só se abriam, com honra, ocupações elevadas, nas quais estivesse ausente o trabalho braçal, o contato com o balcão ou a proximidade da oficina. A sociedade lhes fixava, em abstrato, um papel, que não seria impunemente esquecido, ignorado ou desdenhado. O comércio, a indústria ou a lavoura, somente como patrão, patrão e senhor, de acordo com os moldes da aristocracia do tempo.

O bacharel sem dinheiro ou não opulento está no mundo com muitas estradas abertas diante de si, iludido com suas possibilidades, que supõe infinitas. Janjão — o destinatário da elaborada *Teoria do medalhão* — tem 21 anos, já bacharel. Nas suas esperanças de futuro está todo o compêndio do que a sociedade esperava dele, com a grande carreira pela frente.

> Vinte e um anos, algumas apólices, um diploma, podes entrar no parlamento, na magistratura, na imprensa, na lavoura, na indústria, no comércio, nas letras ou nas artes. Há infinitas carreiras diante de ti. Vinte e um anos, meu rapaz, formam apenas a primeira sílaba do nosso destino. Os mesmos Pitt e Napoleão, apesar de precoces, não foram tudo aos vinte e um anos. Mas, qualquer que seja a profissão da tua escolha, o meu desejo é que te faças grande e ilustre, ou pelo menos notável, que te levantes acima da obscuridade comum.

A universalidade do bacharel está toda nos conselhos a Janjão, como está o aceno para as grandezas. Romualdo (O.C., *O programa*) não tem apólices, "filho de pais modestíssimos". A ambição de subir alto e depressa lhe é infundida pela sociedade do Império, que cercava sua pobreza sem remédio. Armou o programa, cujo esqueleto e cuja mola mestra serão a carta de bacharel.

> Uma circunstância local incitou o jovem Romualdo também a formular o seu programa, resoluto a cumpri-lo: refiro-me à residência de um ministro, na mesma

rua. A vista do ministro, das ordenanças, do *coupé*, da farda, acordou no Romualdo uma ambição. Por que não seria ele ministro? Outra circunstância. Morava defronte uma família abastada, em cuja casa eram frequentes os bailes e recepções. De cada vez que o Romualdo assistia, de fora, a uma dessas festas solenes, à chegada dos carros, à descida das damas, ricamente vestidas, com brilhantes no colo e nas orelhas, algumas no toucado, dando o braço a homens encasacados e aprumados, subindo depois a escadaria, onde o tapete amortecia o rumor dos pés, até irem para as salas alumiadas, com os seus grandes lustres de cristal, que ele via de fora, como via os espelhos, os pares que iam de um a outro lado etc.; de cada vez que um tal espetáculo lhe namorava os olhos, Romualdo sentia em si a massa de um anfitrião, como esse que dava o baile, ou do marido de algumas daquelas damas titulares. Por que não seria uma cousa ou outra?

Madame Bovary sonha e se prepara para a conquista do mundo. O bovarismo representa um meio, meio falso, para romper o bloqueio, com os instrumentos da fantasia, que as resistências contaminam doentiamente.

Ele, Romualdo, não só seria esposo de alguma daquelas formosas damas, que vira subir para os bailes, mas possuiria também o carro que costumava trazê-la. Literatura, ciência, política, nenhum desses ramos deixou de ter uma linha especial. Romualdo sentia-se bastante apto para uma multidão de funções e aplicações, e achava mesquinho concentrar-se numa cousa particular. Era muito governar os homens ou escrever *Hamlet*; mas por que não reuniria a alma dele ambas as glórias, por que não seria um Pitt ou um Shakespeare, obedecido e admirado? Romualdo ideava por outras palavras a mesma cousa. Com o olhar fito no ar, e uma certa ruga na testa, antevia todas as vitórias, desde a primeira décima poética até o carro do ministro de Estado. Era belo, forte, moço, resoluto, apto, ambicioso, e vinha dizer ao mundo, com a energia moral dos que são fortes: lugar para mim! lugar para mim, e dos melhores!

Agora, o principal, para converter a fantasia em realidade, a intrépida vontade.

Tinha preparatórios o Romualdo; e, havendo adquirido com o advogado certo gosto ao ofício, entendeu que sempre era tempo de ganhar um diploma. Foi para S. Paulo, entregou-se aos estudos com afinco, dizendo consigo e a ninguém mais, que ele seria citado algum dia entre os Nabucos, os Zacarias, os Teixeiras de Freitas etc. Jurisconsulto! E soletrava esta palavra com amor, com paciência, com delícia, achando-lhe a expressão profunda e larga. Jurisconsulto! os Zacarias, os Nabucos, os Romualdos! E estudava, metia-se pelo direito dentro, impetuoso.

Depois, todos os projetos serão lícitos: casamento rico, o parlamento. Mas aqui o carro se detém — as garras do dia a dia entorpecem a asa da fantasia. Sem os cabedais, sua carreira mergulha no atoleiro, sufocada na advocacia, na clientela arredia e rara. A estrela do Romualdo, com os raios conjugal, forense e político, mostra-se esquiva. Uma escassa causa o procura, estéril de outras.

> Romualdo estava realmente satisfeito. Todas as ordenações do Reino, toda a legislação nacional bailavam no cérebro dele, com a sua numeração árabe e romana, os seus parágrafos, abreviaturas, cousas que, por secundárias que fossem, eram aos olhos dele como as fitas dos toucados, que não trazem beleza às mulheres feias, mas dão realce às bonitas. Sobre esta simples causa edificou o Romualdo um castelo de vitórias jurídicas. O cliente foi visto multiplicar-se em clientes, os embargos em embargos; os libelos vinham repletos de outros libelos, uma torrente de demandas.

Na falta de suporte, que o casamento rico proporcionaria, a ambição — ambição ou veleidade — permanecia impotente, "como alicerce de casa derrubada". As derrotas convertem o plano em escombros, derrota sentimental, derrota política e derrota econômica. Romualdo vê, ainda no seu soçobro, o sol de Austerlitz; espera-o, implacavelmente, o meio-dia de Waterloo.

> Com miolo ou sem miolo, a verdade é que o pão eleitoral passou à boca do adversário, que deixou Romualdo em jejum. O desastre abateu-o muito; começava a ficar cansado da luta. Era um simples advogado sem causas. De todo o programa da adolescência, nenhum artigo se podia dizer cumprido, ou em caminho de o ser. Tudo lhe fugia, ou por culpa dele, ou por culpa das circunstâncias.

As fantasias, crescidas à ilharga do título de bacharel, deixam, ao se apagar, o advogado reduzido a si mesmo, nu e desamparado. Resta, nos fragmentos da estrela de César, o pobre homem da classe média, na companhia amarga de uma profissão, nem sempre próspera. Todas as sonhadas ambições, meios de fuga da classe média, dissipadas, restituem Madame Bovary à sua aldeia, às dívidas e ao destino medíocre, sem horizontes. Chegou a hora de ganhar o pão, duramente, sem fantasias, vintém a vintém.

Tentou alguns casamentos que, por um ou outro motivo, falharam; e tornou à imprensa política, em que criou, com poucos meses, dívidas e inimigos. Deixou a imprensa, e foi para a roça. Disseram-lhe que aí podia fazer alguma cousa. De fato, alguma cousa o procurou, e ele não foi malvisto; mas, meteu-se na política local, e perdeu-se. Gastou cinco anos inutilmente; pior do que inutilmente, com prejuízo. Mudou de localidade; e tendo a experiência da primeira, pôde viver algum tempo, e com certa mediania. Entretanto, casou; a senhora não era opulenta, como ele inserira no programa, mas era fecunda; ao cabo de cinco anos, tinha o Romualdo seis filhos. Seis filhos não se educam nem sustentam com seis vinténs. As necessidades do Romualdo cresceram; os recursos, naturalmente, diminuíram. Os anos avizinhavam-se.

"Onde os meus sonhos? onde o meu programa?" dizia ele consigo, às vezes.

As saudades vinham, principalmente, nas ocasiões de grandes crises políticas do país, ou quando chegavam as notícias parlamentares da corte. Era então que ele remontava até a adolescência, aos planos de Bonaparte, feitos por ele e não realizados nunca. Sim, criar na mente um império, e governar um escritório modesto de poucas causas... Mas isso mesmo foi amortecendo com os anos. Os anos, com o seu grande peso no espírito de Romualdo, cercearam-lhe a compreensão das ambições enormes; e o espetáculo das lutas locais acanhou-lhe o horizonte. Já não lutava, deixara a política: era simples advogado. Só o que fazia era votar com o governo, abstraindo do pessoal político dominante, e abraçando somente a ideia superior do poder. (o.c., *O programa*)

Janjão e Romualdo: dois bacharéis pletóricos de ambições — dois destinos falsos, à procura de reconhecimento fora da sua classe. O lado interior autêntico das veleidades é a real possibilidade de carreira, aberta ao bacharel. O lado enganador: não será com o escritório, com as causas e o foro, que se alcançarão as alturas. Este caminho calça-se de outras pedras, o casamento rico, o favorecimento e a proteção política, elementos necessários para a situação numa classe superior ou no estamento vigente. O salto se compõe de pequenos saltinhos, elaborados com muito cálculo e exame, sem a audácia cega. Foi isso que compreenderam os bacharéis presos à terra, desdenhosos dos voos temerários, que levam ao malogro, armados pelas divagações de Romualdo ou

Estêvão. Matias Deodato de Castro (H.S.D., *Último capítulo*) deixou-se seduzir, apesar de sua origem humilde, pelos raios da estrela matrimonial e política. Também ele, como toda gente, viu no "pergaminho uma chave de diamante que iria abrir as portas da fortuna". A viúva, "ardente, lépida e abastada", caiu nos braços de um amigo, justamente o patrocinador dos seus amores. Matias Deodato mergulhou no quotidiano — não de vontade própria, ou por eleição, mas forçado pelas amargas circunstâncias que queimaram as asas às quimeras. Os bacharéis realistas são todos da mesma índole: realistas porque a imaginação os fraudou da fulminante e sonhada carreira às nuvens. Eles reconhecem, depois dos primeiros malogros, que a carta de bacharel não enche sozinha as algibeiras. Começa agora, passo a passo, a carreira das desventuras, com arrazoados e clientes.

> Deixei a capital, e fui advogar na roça, mas por pouco tempo. O caiporismo foi comigo, na garupa do burro, e onde eu me apeei, apeou-se ele também. Vi-lhe o dedo em tudo, nas demandas que não vinham, nas que vinham e valiam pouco ou nada, e nas que, valendo alguma cousa, eram invariavelmente perdidas. Além de que os constituintes vencedores são em geral mais gratos que os outros, a sucessão de derrotas foi arredando de mim os demandistas. No fim de algum tempo, ano e meio, voltei à corte, e estabeleci-me com um antigo companheiro de ano, o Gonçalves.

Descontado o pessimismo, a banca no interior não se revelou a fábrica de dinheiro e de prestígio político que a distância de um século faz supor. Romualdo, envolvendo-se na luta das facções municipais, perdeu a clientela. Matias Deodato não consegue sobreviver, batido, provavelmente, pela numerosa concorrência. A corte seria, malgrado os inúmeros escritórios, ainda o campo mais largo e mais promissor. As demandas, na capital, vieram vindo, morosas mas certas, a ponto de lhe permitir casa e família, perdidas as antigas ilusões do casamento que opulenta. Sua mulher era modesta — "não amava bailes, nem passeios, nem janelas. Vivia consigo. Não mourejava em casa, nem era preciso; para dar-lhe tudo, trabalhava eu, e os vestidos e chapéus, tudo vinha 'das francesas', como então se dizia, em vez de modistas". A vida de um advogado da corte, embora permitisse os vestidos e os chapéus das "francesas", seria dura, cheia de preocupações para manter o orçamento familiar equilibrado. Exige constância no trabalho, zelo, estudo e vigilância permanente (R.C.V., *Pílades e Orestes*). Não permite festas e recepções, casas de luxo e vestidos caros à mulher. Este será o drama de Honório: solicitado pela posição de advogado na corte a despesas supérfluas, apelará para as dívidas. Honório vive em aperturas, a banca não lhe paga as despesas de família, despesas acima do seu nível. Há uma dívida que o tortura, pressionando-o com o vencimento próximo.

> A dívida não parece grande para um homem da posição de Honório, que advoga; mas todas as quantias são grandes ou pequenas, segundo as circunstâncias, e as dele não podem ser piores. Gastos de família excessivos, a princípio por servir a parentes, e depois por agradar à mulher, que vivia aborrecida da solidão; baile daqui, jantar dali, chapéus, leques, tanta cousa mais, que não havia remédio senão ir descontando o futuro. Endividou-se. Começou pelas contas de lojas e armazéns; passou aos empréstimos, duzentos a um, trezentos a outro, quinhentos a outro, e tudo a crescer, e os bailes a darem-se, e os jantares a comerem-se, um turbilhão perpétuo, uma voragem. [...]
>
> A verdade é que ia mal. Poucas causas, de pequena monta, e constituintes remissos; por desgraça perdera ultimamente um processo, em que fundava grandes esperanças. Não só recebeu pouco, mas até parece que ele lhe tirou alguma cousa à reputação jurídica; em todo caso, andavam mofinas nos jornais. [...]
>
> Compreende-se que era o medo do futuro e o horror da miséria. Mas as esperanças voltavam com facilidade. A ideia de que os dias melhores tinham de vir dava-lhe conforto para a luta. Estava com trinta e quatro anos; era o princípio da carreira; todos os princípios são difíceis. E toca a trabalhar, a esperar, a gastar, pedir fiado ou emprestado, para pagar mal, e a más horas. (O.C., *A carteira*)

Outra não seria a rotina da vida de tio Cosme (*Dom Casmurro*) sem a aflição das dívidas: o trabalho anônimo do foro. "Formado para as serenas funções do capitalismo, tio Cosme não enriquecia no foro: ia comendo." Este o destino de todos, a regra geral, comiam modestamente as aparas das causas que não vinham ou vinham sem ímpeto.

Verdade, a regra não atingia os Nabucos, os Zacarias e os Teixeiras de Freitas. Havia também os que viam "com os olhos da cara", como Luís Alves (*A mão e a luva*), cuja ambição e egoísmo o levam a uma carreira vitoriosa, na advocacia e na política. Bentinho (*Dom Casmurro*), alheio às seduções da política e ao deslumbramento do consórcio com mulher rica, cuida da sua vida, já garantida pelos sólidos aluguéis de sua mãe. Ele era "advogado de algumas casas ricas, e os processos vinham chegando". Escobar, o comissário do café em flor, dirá ele, "contribuíra muito para as minhas estreias no foro. Interveio com um advogado célebre para que me admitisse à sua banca, e arranjou-me algumas procurações, tudo espontaneamente". Também próspero foi o defunto marido de Valéria (*Iaiá Garcia*), que amealhou recursos de monta, com reflexo na sorte de seu escrevente — porque, no tempo, todo advogado tinha seu escrevente, auxiliar e confidente, copista e aliciador de causas. Na mesma categoria, sem privações aparentes, situam-se os políticos que advogam na entressafra: o Camacho (*Quincas Borba*), o Batista (*Esaú e Jacó*).

O bacharel não opulento, vencida a fumaça do pergaminho novo, incapaz do grande salto, procurava refúgio na burocracia do Segundo Reinado. A magistratura, as promotorias e os cargos da administração pública servem de sustento às ninhadas que saem de São Paulo e Recife. Da burocracia à política há apenas um passo: muitos estadistas do Império não tiveram outra fonte, na sua ascensão. Joaquim Nabuco entendia, com evidente exagero e com distorcida visão, que o funcionalismo público seria subproduto do regime escravocrata. A causa era outra, fundada em duas colunas: a ausência de indústria, sem a abertura de perspectivas econômicas, e a natureza da estrutura político-social do Estado. Sua descrição, retirada a conjetura da gênese social, será válida.

> Assim como, nesse regime, tudo se espera do Estado, que, sendo a única associação ativa, aspira e absorve pelo imposto e pelo empréstimo todo o capital disponível e distribui-o, entre os seus clientes, pelo emprego público, sugando as economias do pobre pelo curso forçado, e tornando precária a fortuna do rico; assim também, como consequência, o funcionalismo é a profissão nobre e a vocação de todos. Tomem-se, ao acaso, vinte ou trinta brasileiros em qualquer lugar onde se reúna a nossa sociedade mais culta: todos eles ou foram ou são, ou hão de ser, empregados públicos; se não eles, seus filhos. [...] É além disso o viveiro político, porque abriga todos os pobres inteligentes, todos os que têm ambição e capacidade, mas não têm meios, e que são a grande maioria dos nossos homens de merecimento. Faça-se uma lista dos nossos estadistas pobres, de primeira e segunda ordem, que resolveram o seu problema individual pelo casamento rico, isto é, na maior parte dos casos, tornando-se humildes clientes da escravidão; e outra dos que o resolveram pela acumulação de cargos públicos, e ter-se-ão, nessas duas listas, os nomes de quase todos eles. Isso significa que o país está fechado em todas as direções; que muitas avenidas que poderiam oferecer um meio de vida a homens de talento, mas sem qualidades mercantis, como a literatura, a ciência, a imprensa, o magistério, não passam ainda

de vielas, e outras, em que homens práticos, de tendências industriais, poderiam prosperar, são por falta de crédito, ou pela estreiteza do comércio, ou pela estrutura rudimentar da nossa vida econômica, outras tantas portas muradas.[82]

Enquanto a classe lucrativa recolhia, lembra o autor, o miolo do orçamento, com os contratos, subvenções, garantias de juros, fornecimentos e empreitadas, o bacharel pobre recebia as migalhas, as sobras, como meio de subsistência. O orçamento, à falta de outras fontes, dava para todos, para os que o exploravam e para os que dele viviam. Proença (P.A., *D. Benedita*) alcançou, de golpe, o posto mais alto da magistratura, foi nomeado desembargador pelo ministério Zacarias. "Ele queria a Relação de S. Paulo, ou da Bahia; mas não pôde ser e aceitou a do Pará." O Leandrinho, mais jovem, recém-formado, espera uma promotoria, se o Itaboraí deixar o ministério (P.A., *D. Benedita*). Oliveira abandona a promotoria em Minas Gerais, "por ter recebido uma herança" (H.S.D., *Primas de Sapucaia*). Outro bacharel aspirante ao cargo público é o Plácido (O.C., *Viagem à roda de mim mesmo*).

> Não se imagina [lembra ele] a minha confiança no futuro. Viera recomendado a um dos ministros do gabinete Furtado, para algum lugar de magistrado no interior, e fui bem recebido por ele [...]. Já por esse tempo abrira banca de advogado, com outro, e morava em uma casa de pensão. Durante a sessão legislativa, ia à Câmara dos Deputados, onde, enquanto me não davam uma pasta de ministro, cousa que sempre reputei certa, iam-me distribuindo notícias e apertos de mão. Ganhava pouco, mas não gastava muito; as minhas grandes despesas eram todas imaginativas. O reino dos sonhos era a minha casa da moeda.

Nesse mar de funcionários públicos, escoadouro de bacharéis de cueiros, a situação de Osório apresenta uma singularidade: é advogado do Banco do Sul, apesar de seu "muito talento e grande futuro" (*Memorial de Aires*). Mas nem só de magistraturas e promotorias viviam os bacharéis: em último caso, serviam os empregos no Tesouro (*Quem conta um conto*).

Depois do funcionário público, aparentado com a profissão liberal, intacto o prestígio do pergaminho, vem a legião obscura dos empregados dependentes. Eles gravitam em torno do comércio e do foro, perseguidos pelo temor da miséria e pelo temor da fome, com a perda do emprego, fixo ou eventual. É a classe média proletaroide, na incerteza de uma sociedade pré-industrial.

Eles não frequentam as reuniões onde brilha Justiniano Vilela e o tenente Porfírio (H.M.N., *As bodas de Luís Duarte*), nem aspiram, senão por maluquice manifesta, o pó de ouro da classe alta ou a farda ministerial. Seu problema é comer, sem fantasias nem sonhos, duramente, asperamente. Os salários variavam de oitenta mil-réis a quatrocentos mil-réis por mês, da insuficiência para as despesas mais comuns à mediania poupada. Há, entre os empregos, os permanentes e os eventuais, sendo que, mesmo os permanentes, estão submetidos às despedidas inopinadas. Fernandes (*O programa*), num conto de 1882, ganha, como escrevente do advogado Romualdo, oitenta mil-réis por mês, ordenado que o levou a deixar um lugar ínfimo no foro. São oitenta mil-réis e mais o futuro que lhe prometia uma réstia da estrela de César, com uma carreira burocrática gloriosa.

> O futuro certo, a pasta de ministro, o Fernandes inspetor de alfândega, e, mais tarde, *bispo do tesouro*, dizia familiarmente o Romualdo. Era assim que eles enchiam as horas do escritório, [...] porque o Fernandes para ligar de uma vez a sua fortuna à de César, deixou o emprego ínfimo que tinha no foro e aceitou o lugar de escrevente que o Romualdo lhe ofereceu, com o ordenado de oitenta mil-réis. Não há ordenado pequeno ou grande, senão comparado com a soma de trabalho que impõe. Oitenta mil-réis em relação às necessidades do Fernandes, podia ser uma retribuição escassa, mas cotejado com o serviço efetivo eram os presentes de Artaxerxes.

Camilo (O.C., *Jogo do bicho*), personagem de um conto de 1904, depois do *encilhamento*, empregado num dos arsenais do Rio de Janeiro, percebia duzentos mil-réis mensais, sujeitos ao desconto de taxa e montepio. Era pouco, não daria para um casal se manter, obrigando-o a trabalhos extraordinários, com dívidas que o fim do mês mal saldava. Em 1882, os duzentos mil-réis do Xavier (P.A., *O anel de Polícrates*) asseguram uma vida modesta, curta de gastos.

> Mas o Xavier que ali vai nunca teve mais de duzentos mil-réis mensais; é um homem poupado, sóbrio, deita-se com as galinhas, acorda com os galos, e não escreve cartas a namoradas, porque não as tem. Se alguma expede aos amigos é pelo correio. Não é mendigo, nunca foi nababo.

Sem que Machado de Assis se aperceba claramente das variações do valor da moeda, um excelente ordenado, em todos os períodos, vence os quatrocentos mil-réis mensais, ordenado quase escandaloso no serviço público (B.E., 14 de junho de 1885). Ele próprio, que atingiu a mais alta graduação na burocracia, recebia, como chefe de seção, em 1876, a alta importância de 450 mil-réis por mês, ordenado capaz de assegurar a pobreza elegante.

Na galeria dos homens que tiram do ordenado mensal o sustento, realçam-se os funcionários públicos. Machado de Assis, ele próprio funcionário público, não se poupou ao meticuloso estudo de seus colegas. Havia os funcionários superiores e os subalternos, visivelmente separados, no estilo de vida, em categorias próprias. Mas nem só funcionários respira sua obra: há os guarda-livros, empregados em companhias, professores. Só não existem os operários, senão muito incidentalmente lembrados nos *artistas*, mal discriminados dos escravos. Os operários não têm história, confundem-se na zona escura dos elementos inertes, incapazes de destino.

Entre os funcionários públicos, três tipos ocupam o primeiro plano: o conselheiro Aires, ex-diplomata (*Esaú e Jacó* e *Memorial de Aires*), Luís Garcia (*Iaiá Garcia*) e Pádua (*Dom Casmurro*). Os dois primeiros merecem do escritor tratamento respeitoso, o Pádua é francamente escarnecido — empregado subalterno, chefe apenas por interinidade, não se situa na roda elegante que a concepção romanesca reputa digna de acatamento. Para todos, a atividade burocrática ocupa o lugar central das suas vidas, traduzindo uma ética confuciana do serviço público. O pai de Capitu abre as portas da repartição pública do Império, o estilo de vida e as necessidades prementes dos funcionários, suas vaidades e desventuras.

> Pádua era empregado em repartição dependente do Ministério da Guerra. Não ganhava muito, mas a mulher gastava pouco, e a vida era barata. Demais, a casa em que morava, assobradada como a nossa, posto que menor, era propriedade dele. Comprou-a com a sorte grande que lhe saiu num meio bilhete de loteria, dez contos de réis. (D.C., XVI)

> A primeira ideia do Pádua, quando lhe saiu o prêmio, foi comprar um cavalo do Cabo, um adereço de brilhantes para a mulher, uma sepultura perpétua de família, mandar vir da Europa alguns pássaros etc.; mas a mulher, esta d. Fortunata que ali está à porta dos fundos, em pé, falando à filha, alta, forte, cheia, como a filha, a mesma cabeça, os mesmos olhos claros, a mulher é que lhe disse que o melhor era comprar a casa, e guardar o que sobrasse para acudir as moléstias grandes. Pádua

hesitou muito; afinal, teve de ceder aos conselhos de minha mãe, a quem d. Fortunata pediu auxílio. Nem foi só nessa ocasião que minha mãe lhes valeu; um dia chegou a salvar a vida do Pádua. Escutai; a anedota é curta.

O administrador da repartição em que Pádua trabalhava teve de ir ao Norte, em comissão. Pádua, ou por ordem regulamentar, ou por especial designação, ficou substituindo o administrador com os respectivos honorários. Esta mudança da fortuna trouxe-lhe certa vertigem; era antes dos dez contos. Não se contentou de reformar a roupa e a copa, atirou-se às despesas supérfluas, deu joias à mulher, nos dias de festas matava um leitão, era visto em teatros, chegou aos sapatos de verniz. Viveu assim vinte e dous meses na suposição de uma eterna interinidade. Uma tarde entrou em nossa casa, aflito e desvairado, ia perder o lugar, porque chegara o efetivo naquela manhã. Pediu à minha mãe que velasse pelas infelizes que deixava; não podia sofrer a desgraça, matava-se. Minha mãe falou-lhe com bondade, mas ele não atendia a cousa nenhuma.

— Não, minha senhora, não consentirei em tal vergonha! Fazer descer a família, tornar atrás... Já disse, mato-me! Não hei de confessar à minha gente esta miséria. E os outros? Que dirão os vizinhos? E os amigos? E o público?

— Que público, sr. Pádua? Deixe-se disso; seja homem. Lembre-se que sua mulher não tem outra pessoa... e que há de fazer? Pois um homem... Seja homem, ande.

Pádua enxugou os olhos e foi para casa, onde viveu prostrado alguns dias, mudo, fechado na alcova — ou então no quintal, ao pé do poço, como se a ideia da morte teimasse nele. D. Fortunata ralhava:

— Joãozinho, você é criança?

Mas, tanto lhe ouviu falar em morte que teve medo, e um dia correu a pedir à minha mãe que lhe fizesse o favor de ver se lhe salvava o marido que se queria matar. Que maluquice era aquela de parecer que ia ficar desgraçado, por causa de uma gratificação menos, e perder um emprego interino? Não, senhor, devia ser homem, pai de família, imitar a mulher e a filha... Pádua obedeceu; confessou que acharia forças para cumprir a vontade de minha mãe.

— Vontade minha, não; é obrigação sua.

— Pois seja obrigação; não desconheço que é assim mesmo.

Nos dias seguintes, continuou a entrar e sair de casa, cosido à parede, cara no chão. Não era o mesmo homem que estragava o chapéu em cortejar a vizinhança, risonho, olhos no ar, antes mesmo da administração interina. Vieram as semanas, a ferida foi sarando. Pádua começou a interessar-se pelos negócios domésticos, a cuidar dos passarinhos, a dormir tranquilo as noites e as tardes, a conversar e dar notícias da rua. A serenidade regressou; atrás dela veio a alegria, um domingo, na figura de dous amigos, que iam jogar o solo, a tentos. Já ele ria, já brincava, tinha o ar do costume; a ferida sarou de todo.

Com o tempo veio um fenômeno interessante. Pádua começou a falar da administração interina, não somente sem as saudades dos honorários, nem o vexame da perda, mas até com desvanecimento e orgulho. A administração ficou sendo a hégira, donde ele contava para diante e para trás.

— No tempo em que eu era administrador...

Ou então:

— Ah! sim, lembra-me, foi antes da minha administração, um ou dous meses antes... Ora espere; a minha administração começou... É isto, mês e meio antes; foi mês e meio antes, não foi mais.

Ou ainda:

— Justamente; havia já seis meses que eu administrava.

Tal é o sabor póstumo das glórias interinas. José Dias bradava que era a vaidade sobrevivente; mas o padre Cabral, que levava tudo para a Escritura, dizia que com o vizinho Pádua se dava a lição de Elifas a Jó: "Não desprezes a correção do Senhor; Ele fere e cura". (D.C., XVI)

Pádua, funcionário de uma repartição do Ministério da Guerra, provavelmente no último grau de sua carreira burocrática, visto que substituto eventual do chefe, não podia, com os vencimentos, comprar casa. Uma loteria — o jogo, evasão da classe média indefinida no seu status — lhe permite a casa própria, assobradada, adquirida, em torno de 1850, por menos de dez contos. Alude o escritor à vida barata, para explicar o passadio mediano, poupado e restrito do funcionário, que só conheceu o leitão, o teatro e os sapatos de verniz com a administração interina. A glória burocrática era tudo — o público, a vizinhança, o renome; sem ela, a morte. Nesta limitação do mundo e na mesa de papéis administrativos está o miolo ridículo do Pádua. Ele é o funcionário que não ri, não desdenha e não despreza a repartição. Está nela engajado com toda a alma nas lutas burocráticas, olho ambicioso no posto do chefe, que, ao viajar, comete a perfídia de não morrer ou não ficar no norte para sempre. Homem de classe média que não vê, não conhece e não percebe outros horizontes — dele ao conselheiro Aires vai uma imensa e profunda distância. Mas, entre os dois, há o Luís Garcia, cheio de desdém e ceticismo, encarcerado nos seus medidos vencimentos de burocrata.

> Luís Garcia era funcionário público. Desde 1860 elegera no lugar menos povoado de Santa Teresa uma habitação modesta, onde se meteu a si e a sua viuvez. Não era frade, mas queria como eles a solidão e o sossego. [...]
>
> A vida de Luís Garcia era como a pessoa dele, — taciturna e retraída. Não fazia nem recebia visitas. A casa era de poucos amigos; havia lá dentro a melancolia da solidão. Um só lugar podia chamar-se alegre; eram as poucas braças de quintal que Luís Garcia percorria e regava todas as manhãs. Erguia-se com o sol, tomava do regador, dava de beber às flores e à hortaliça; depois recolhia-se e ia trabalhar antes do almoço, que era às oito horas. Almoçado, descia a passo lento até à repartição, onde, se tinha algum tempo, folheava rapidamente as gazetas do dia. Trabalhava silenciosamente, com a fria serenidade do método. Fechado o expediente, voltava logo para casa, detendo-se raras vezes em caminho. Ao chegar à casa, já o preto Raimundo lhe havia preparado a mesa, — uma mesa de quatro a cinco palmos —, sobre a qual punha o jantar, parco em número, medíocre na espécie, mas farto e saboroso para um estômago sem aspirações nem saudades. Ia dali ver as plantas e reler algum tomo truncado, até que a noite caía. Então, sentava-se a trabalhar até às nove horas, que era a hora do chá.
>
> Não somente o teor da vida tinha essa uniformidade, mas também a casa participava dela. Cada móvel, cada objeto, — ainda que ínfimos, — parecia haver-se petrificado. A cortina, que usualmente era corrida a certa hora, como que se enfadava se lhe não deixavam passar o ar e a luz, à hora costumada; abriam-se as mesmas janelas e nunca outras. A regularidade era o estatuto comum. (I.G., I)

Este é outro homem; não desambicioso e não infenso à vaidade. Descrente, cético, desdenhoso das honras do seu mundo, era um coração cansado, talvez atraído para outras obras, metas impossíveis, com o amor oblíquo e escondido dos desprezadores da terra. Resignado aos seus hábitos, sepultado na regularidade da rotina, ele não queria ver acima do seu estado — o desdém poupa-lhe o ridículo, do qual não soube o Pádua fugir. A repartição é um meio de vida; o emprego, ele o exerce com zelo e dedicação, friamente. Sua vida, pobre e retraída, traduz os vencimentos curtos, sem cobiça de postos ou de chefias. Será o mesmo ceticismo, agora sem melancolia, uma viuvez sem tristeza, que fará o conselheiro Aires, funcionário público graduado, também ele liberto da repartição, praticar suas pequenas maldades.

A classe média — aceita por Pádua em virtude da falta de alcance visual, abatida sobre Luís Garcia — como que está vencida por Aires, homem de educação cosmopolita. A vez será do funcionário público emancipado do casaco de alpaca, aparentado, pela regularidade da renda, à classe superior do proprietário. A nota que perseguia o Pádua, fixando-lhe o rabo de papel do "sabor póstumo das glórias interinas", não mais existe. O trânsito com as camadas que fazem os barões e os ministros apaga-lhe a nódoa cômica, filha das aperturas diárias e do leitão assado nas datas solenes.

> Apesar dos quarenta anos, ou quarenta e dous, e talvez por isso mesmo, era um belo tipo de homem. Diplomata de carreira, chegara dias antes do Pacífico, com uma licença de seis meses.
> Não me demoro em descrevê-lo. Imagina só que trazia o calo do ofício, o sorriso aprovador, a fala branda e cautelosa, o ar da ocasião, a expressão adequada, tudo tão bem distribuído que era um gosto ouvi-lo e vê-lo. Talvez a pele da cara rapada estivesse prestes a mostrar os primeiros sinais do tempo. Ainda assim o bigode, que era moço na cor e no apuro com que acabava em ponta fina e rija, daria um ar de frescura ao rosto, quando o meio século chegasse. O mesmo faria o cabelo, vagamente grisalho, apartado ao centro. No alto da cabeça havia um início de calva. Na botoeira uma flor eterna. [...] Não era general para escala à vista, nem para assédios demorados; contentava-se de simples passeios militares, — longos ou breves, conforme o tempo fosse claro ou turvo. Em suma, extremamente cordato. [...] Posto que viúvo, Aires não foi propriamente casado. Não amava o casamento. Casou por necessidade do ofício; cuidou que era melhor ser diplomata casado que solteiro, e pediu a primeira moça que lhe pareceu adequada ao seu destino. Enganou-se: a diferença de temperamento e de espírito era tal que ele, ainda vivendo com a mulher, era como se vivesse só. Não se afligiu com a perda; tinha o feitio do solteirão.
> Era cordato, repito, embora esta palavra não exprima exatamente o que quero dizer. Tinha o coração disposto a aceitar tudo, não por inclinação à harmonia, senão por tédio à controvérsia. (E.J., XII)

Mais tarde, já aposentado, era o mesmo homem:

> Já então este ex-ministro estava aposentado. Regressou ao Rio de Janeiro, depois de um último olhar às cousas vistas, para aqui viver o resto dos seus dias. Podia fazê-lo em qualquer cidade, era homem de todos os climas, mas tinha particular amor à sua terra, e porventura estava cansado de outras. Não atribuía a esta tantas calami-

dades. A febre amarela, por exemplo, à força de a desmentir lá fora, perdeu-lhe a fé, e cá dentro, quando via publicados alguns casos, estava já corrompido por aquele credo que atribui todas as moléstias a uma variedade de nomes. Talvez porque era homem sadio. (E.J., XXXII)

O círculo está fechado: o funcionário público, extraviado nos pequenos labirintos de sua repartição, respira o ar limpo do mundo. Não vence apenas as limitações sufocantes da classe — a emancipação obedece a um processo interno, que a libertação da mediocridade ambiente proporciona. Torna-se elegante o burocrata, leve, risonho, descomprometido da pequena e solene gravidade — ao se emancipar, perde o ar ridículo, pesado, enfadonho, melancólico, grave. Quase a libertação do trabalho, com o seu cotejo de maldições. Uma baronia, como a que coube a Vasco Maria Portela, diplomata aposentado, completará a superação da mediania (V.H., *D. Paula*).

Mas, fora da ilha, está a legião dos condenados à rotina, que assegura porto seguro à miséria. São, todos, primos de Pádua e de Luís Garcia; Aires está, todavia, no fundo das ambições, seja no posto no exterior ou na estrada clara e luminosa da política. Adolfo (O.C., *Miloca*), Camilo (V.H., *A cartomante*), o oficial da secretaria candidato à mão de Henriqueta (O.C., *Cantiga velha*), Ernesto (H.M.N., *Ernesto de Tal*), Gouveia (*Esaú e Jacó*), todos sofrem o amargo destino, na pobreza sem horizontes. Adolfo, empregado no Tesouro, "era pobre e vestia com apuro relativamente à sua classe. Estava longe porém do rigor e da opulência aristocrática" (O.C., *Miloca*). Miloca, gulosa de posição social, despreza-o, sem contar com a inesperada herança que mudaria a sorte do infortunado pretendente. Camilo se recolhe ao emprego público depois do naufrágio das esperanças que, sobre ele, teceram seus pais, que o queriam médico (V.H., *A cartomante*). Ernesto perdia-se nas mesas de trabalho do arsenal, sem subir muito nem depressa. Seu grande drama converte-se na casaca, necessária numa festa do tio de sua Rosina. Aí está ele, mergulhado em aflições.

> Pálido, por quê? Leitor, por mais ridícula ou lastimosa que te pareça esta declaração, não hesito de dizer-te que o nosso Ernesto não possuía uma só casaca nova nem velha. A exigência de Vieira era absurda; mas não havia fugir-lhe; ou não ir, ou ir de casaca. Cumpria sair a todo o custo desta gravíssima situação. Três alvitres se apresentaram ao espírito do atribulado moço; encomendar, por qualquer preço, uma casaca para a noite seguinte; comprá-la a crédito; pedi-la a um amigo.

> Os dous primeiros alvitres foram desprezados por impraticáveis; Ernesto não tinha dinheiro nem crédito tão alto. Restava o terceiro. Fez Ernesto uma lista dos amigos e casacas prováveis, meteu-a na algibeira e saiu em busca do velocino.
>
> A desgraça porém que o perseguia fez com que o primeiro amigo tivesse de ir no dia seguinte a um casamento e o segundo a um baile; o terceiro tinha a casaca rota, o quarto tinha a casaca emprestada, o quinto não emprestava a casaca, o sexto não tinha casaca. Recorreu ainda a dous amigos suplementares; mas um partira na véspera para Iguaçu e o outro estava destacado na fortaleza de S. João, como alferes da guarda nacional.
>
> Imagine-se o desespero de Ernesto; mas admire-se também a requintada crueldade com que o destino tratava a este moço, que ao voltar para casa encontrou três enterros, dous dos quais com muitos carros, cujos ocupantes iam todos de casaca. Era mister curvar a cabeça à fatalidade; Ernesto não insistiu. (H.M.N., *Ernesto de Tal*)

Luís Soares, dissipados seus cabedais, acolhe-se ao emprego público, para "ganhar uma posição" (C.F., *Luís Soares*). Posição melhor do que a de vadio, capaz de fazer o titular homem sério, sem lhe oferecer muito. De qualquer modo, base para o grande salto: o casamento opulento ou a carreira política, esta possível com a proteção do tio influente. Gouveia, o pretendente platônico à mão de Flora, como o anônimo requestador de Henriqueta (O.C., *Cantiga velha*), era oficial de secretaria, cargo superior ao de amanuense e inferior ao de chefe de seção. Gouveia cobria-se das glórias administrativas.

> Descreveu também a situação administrativa, a promoção iminente, os louvores recebidos, comissões e gratificações, tudo o que o distinguia dos outros companheiros. De resto, ninguém na repartição lhe queria mal. Aqueles mesmos que se creram prejudicados, acabavam confessando que era justa a preferência dada ao Gouveia. (E.J., XCV)

A situação permitia o casamento, sem a cobiça da noiva rica: o ordenado daria, embora modestamente, para o sustento da casa. Macedo, fiscal de teatro (*Finoca*), fazia proezas para poupar, "para ter o seu lenço de seda, roupa à moda, perfumes, teatros e, quando há lírico, luvas. Vive em um quarto de hóspedes, estreito, sem luz, com mosquitos, e (pra que negá-lo?) pulgas. Come mal para vestir bem". O pretendente de Henriqueta, sossegado e avaro, gastava apenas uma quarta parte dos vencimentos, "emprestava a juros outra quarta parte e aferrolhava o resto" (O.C., *Cantiga velha*). Da falta da casaca cai o funcionário às faltas mais urgentes. São os homens que *marcam passo*, como o Camilo (O.C., *Jogo do bicho*), com os seus chupados duzentos mil-réis em 1904, equilibrando precariamente suas contas, que precipitavam um *deficit* em crescendo, progressivamente. Para compensá-lo, os trabalhos extraordinários seus e da mulher não alcançam o desejado encontro de contas; sobra o apelo à ilusão, ao jogo do bicho ou à loteria, escapatória das situações insolúveis. Apelo gêmeo do bovarismo, ilusão de riqueza irmã da ilusão dos salões e das carruagens, bovarismo modesto, acessível às bolsas murchas.

O mundo do século XIX não se amoldava à classe média: não dispunha esta dos mecanismos de defesa, pelo crédito, que lhe permitissem a compra da casa ou dos móveis. Ausente dele está, também, a revolta contra a ordem social, estruturada em torno de pequenas frustrações acumuladas. Enquanto o funcionário público tem algumas garantias, com os proventos da aposentadoria, o empregado do comércio sente a ameaça constante do desemprego. Empregado, fora da burocracia, somente como caminho para a compra do negócio ou sociedade com o patrão. Desamparado de tais expectativas, a sorte será a de um escravo. O quadro da fortuna molda-se no destino de Aguiar (*Memorial de Aires*).

> Aguiar casou guarda-livros, d. Carmo vivia então com a mãe, que era de Nova Friburgo, e o pai, um relojoeiro suíço daquela cidade. Casamento a grado de todos. Aguiar continuou guarda-livros, e passou de uma casa a outra e mais outra, fez-se sócio da última, até ser gerente de banco, e chegaram à velhice sem filhos. [...] Viveram até hoje sem bulha nem matinada.
>
> [...] Aguiar contara uma vez ao desembargador os tempos amargos em que, ajustado o casamento, perdeu o emprego por falência do patrão. Teve de procurar outro; a demora não foi grande, mas o novo lugar não permitiu casar logo, era-lhe preciso assentar a mão, ganhar confiança, dar tempo ao tempo. [...]
>
> A pobreza foi o lote dos primeiros tempos de casados. Aguiar dava-se a trabalhos diversos para acudir com suprimentos à escassez dos vencimentos. D. Carmo guiava o serviço doméstico ajudando o pessoal deste e dando aos arranjos da casa o conforto que não poderia vir do dinheiro. Sabia conservar o bastante e o simples; mas tão ordenadas as cousas, tão completadas pelo trabalho das mãos da dona que captavam os olhos ao marido e às visitas. Todas elas traziam uma alma, e esta era nada menos que a mesma, repartida sem quebra e com alinho raro, unindo o

gracioso ao precioso. Tapetes de mesa e de pés, cortinas de janelas e outros mais trabalhos que vieram com os anos, tudo trazia a marca da sua fábrica, a nota íntima da sua pessoa. Teria inventado, se fosse preciso, a pobreza elegante! Criaram relações variadas, modestas como eles e de boa camaradagem. (M.A., 4 de fevereiro de 1888)

Tal como Aires, Aguiar, também de classe média, sem cabedais e sem opulência, não conhece o ressentimento. Está alheia, ainda, a nota ridícula ou sarcástica; ao contrário, o casal, apesar de remediado, desconhece a revolta e o retórico ornamento que procura mascarar o abandono social. Os guarda-livros percorrem os contos de Machado de Assis, nenhum com o garbo e a personalidade de Aguiar. O moço de nariz comprido (H.M.N., *Ernesto de Tal*), guarda-livros, tem a vocação conjugal. "Tinha vinte e seis anos, era laborioso, benquisto, econômico, singelo e sincero, um verdadeiro filho de Minas." Dotado de tão raras qualidades, sofria uma ameaça permanente: o olho da rua, palavra que o patrão não se acanharia em proferir, sem respeito às deliberações do namorado.

> Um dia, chegando-se o patrão à escrivaninha em que ele trabalhava, viu um papelinho debaixo do tinteiro, e leu a palavra *amor*, duas ou três vezes repetida. Uma que fosse bastava para fazê-lo subir às nuvens. O sr. Gomes Arruda contraiu as sobrancelhas, concentrou as ideias, e improvisou uma alocução extensa e ameaçadora, em que o mísero guarda-livros só percebeu a expressão *olho da rua*.
> Olho da rua é uma expressão grave. O guarda-livros meditou nela, reconheceu a justiça do patrão, e tratou de emendar-se dos descuidos, não do amor.

Há, ainda na mesma categoria, os empregados de empresas (H.M.N., *As bodas de Luís Duarte*), provavelmente as de serviços públicos concedidos, então em florescimento. Todos vergados sob a ameaça do desemprego — salva-os da miséria em potencial o pecúlio ajuntado pelas economias, a sociedade com o patrão —, muitos capitalistas haviam começado ao balcão (V.H., *Conto de escola*) — ou o emprego permanente, permanente à custa de zelo, dedicação e lealdade. Neste mundo, as heranças não existem, estão ausentes os casamentos com noivas opulentas. Resta a loteria e o jogo do bicho — escapatórias da sociedade fechada. Para eles não havia a aposentadoria, que faz o seguro do funcionário público e o distingue dos demais velhos, "um dos curiosos tipos da sociedade".

Na gravata, na presilha, na bengala, há certo ar, uma nuança especial, que não está ao alcance de qualquer. Ou natureza, ou estudo, a aposentadoria traz ao empregado público esses dotes, como um presente de núpcias.

[...] Não é maledicente, mas gosta de cortar o seu pouco sobre as coisas do país. Não é um vício, é uma virtude cívica: o patriotismo.

O governo, não importa a sua cor política, é sempre o bode expiatório das doutrinas retrógradas do empregado público aposentado. Tudo quanto tende ao desequilíbrio das velhas usanças é um crime para esse viúvo da secretaria, arqueólogo dos costumes, antiga vítima do ponto, que não compreende que haja nada além dos raios de uma existência oficial. Todos os progressos do país estão ainda debaixo da língua fulminante deste cometa social. Estradas de ferro! é uma loucura do modernismo! [...]

De ordinário o aposentado é compadre ou amigo dos ministros, apesar das invectivas, e então ninguém recheia as pastas de mais memórias e pedidos. Emprega os parentes e os camaradas, quando os emprega, depois de uma longa enfiada de rogativas importunas. (Misc., *Aquarelas*)

Este o caminho dos homens, quando desamparados de fortuna, influência política e noivas ricas. Mais triste é a sorte das mulheres — para elas as opções ou oportunidades são mais estreitas, sem perspectiva. Se não lhes cai do céu a madrinha opulenta, nem as requesta o noivo rico, aguarda-as o casamento, na melhor das hipóteses, com o bacharel sem futuro, o funcionário sem recursos ou o empregado vexado com a ameaça de desemprego. Fora daí, como ganhar o pão? Se possui escola, a única saída, saída e não perspectiva, é o professorado, visto como degradação das esperanças mais altas. Será o caminho possível, mas não percorrido, de Guiomar (*A mão e a luva*) e de Miloca (o.c., *Miloca*).

Guiomar tivera humilde nascimento; era filha de um empregado subalterno não sei de que repartição do Estado, homem probo, que morreu quando ela contava apenas sete anos, legando à viúva o cuidado de a educar e manter. A viúva era mulher enérgica e resoluta, enxugou as lágrimas com a manga do modesto vestido, olhou de frente para a situação e determinou-se à luta e à vitória. [...]

Aos treze anos ficou órfã; este fundo golpe em seu coração foi o primeiro que ela verdadeiramente pôde sentir, e o maior que a fortuna lhe desfechou. Já então a madrinha a fizera entrar para um colégio, onde aperfeiçoava o que sabia e onde lhe ensinavam muita cousa mais. [...] Tinha a moça dezesseis anos quando passou para o colégio da tia de Estêvão, onde pareceu à baronesa se lhe poderia dar mais apurada educação. Guiomar manifestara então o desejo de ser professora.

— Não há outro recurso, disse ela à baronesa quando lhe confiou esta aspiração.

— Como assim? perguntou a madrinha.

— Não há, repetiu Guiomar. Não duvido, nem posso negar o amor que a senhora me tem; mas a cada qual cabe uma obrigação, que se deve cumprir. A minha é... é ganhar o pão.

Estas últimas palavras passaram-lhe pelos lábios como que à força. O rubor subiu-lhe às faces; dissera-se que a alma cobria o rosto de vergonha.

— Guiomar! exclamou a baronesa.

— Peço-lhe uma cousa honrosa para mim, respondeu Guiomar com simplicidade. [...]

[...] Pouco depois estabeleceu-se Guiomar definitivamente em casa da madrinha, onde a alegria reviveu, gradualmente, graças à nova moradora, em que havia um tino e sagacidade raros. [...]

Ao mesmo tempo que ia provando os sentimentos de seu coração, revelava a moça, não menos, a plena harmonia dos seus instintos com a sociedade em que entrara. A educação, que nos últimos tempos recebera, fez muito, mas não fez tudo. A natureza incumbira-se de completar a obra, — melhor diremos, começá-la. Ninguém adivinharia, nas maneiras finamente elegantes daquela moça, a origem mediana que ela tivera; a borboleta fazia esquecer a crisálida. (M.L., V)

De órfã pobre a herdeira, ou de órfã pobre e quase professora, uma caminhada triunfante. Miloca, o outro extremo, filha do comerciante Rodrigo, sente, com a ruína do pai, o soçobro de todas as suas esperanças de construir o destino acima do seu meio. Recusa o noivo pobre, funcionário público, atraída a ambições mais altas, quiméricas.

Uma família da vizinhança ofereceu-lhe asilo logo na noite do dia em que se enterrou o pai. Miloca aceitou o favor, disposta a dispensá-lo por qualquer maneira razoável e legítima.

Não tinha muito que escolher. Só uma carreira lhe estava aberta: a do professorado. A moça resolveu-se a ir ensinar em algum colégio. Custava-lhe isto ao orgulho, e era com certeza a morte de suas esperanças aristocráticas. Mas segundo ela disse a si mesma, era isso menos humilhante do que comer as sopas alheias. Verdade é que as sopas alheias eram servidas em pratos modestos.

> Nesse projeto estava, — apesar de combatido pela família que tão afetuosamente lhe abrira as portas, — quando apareceu em cena um anjo enviado do céu. Era uma de suas companheiras de colégio, casada de fresco, que vinha pedir-lhe o obséquio de ir morar com ela. Miloca recusou o pedido com alguma resolução; mas a amiga vinha disposta a esgotar todos os argumentos possíveis até vencer as repugnâncias de Miloca. Não lhe foi difícil; a altiva órfã cedeu e aceitou. [...]
>
> Alcançara Miloca os seus desejos. Vivia numa sociedade bem diferente daquela em que vivera a família. Já não via todas as tardes o modesto boticário da esquina ir jogar gamão com o pai; não suportava as histórias devotas de d. Pulquéria; não via à mesa uma velha doceira amiga de sua casa; nem parava à porta do armarinho quando voltava da missa aos domingos. Era muito outra sociedade, era a única que ela ambicionava e compreendia. [...]
>
> Uma só cousa, porém, vinha de quando em quando escurecer o espírito de Miloca. Ficaria ela sempre naquela posição, que apesar de excelente e brilhante, tinha a desvantagem de ser equívoca? Esta pergunta, cumpre dizê-lo, não lhe surgia no espírito por si mesma, mas como prelúdio de outra ideia, capital para ela. Por outras palavras, o que a agitava principalmente era o problema do casamento. Casar-se, mas casar-se bem, eis o fim e a preocupação de Miloca. Não faltava onde escolher. Iam à casa de Leopoldina muitos rapazes bonitos, elegantes, distintos, e não poucos ricos. Talvez Miloca ainda não sentisse amor verdadeiro por nenhum deles; mas essa circunstância era puramente secundária no sistema adotado por ela. [...]
>
> Infelizmente para Miloca, estes desejos pareciam longe de realização. Dos rapazes casadeiros nenhum contestava a beleza da moça; mas corria entre eles uma teoria de que a mais bela mulher deste mundo precisa de não vir com as mãos abanando.
>
> Ao cabo de dois anos de inúteis esperanças, Miloca transigiu com a sua altivez, trocou o papel de praça que pede assédio pelo de exército sitiador. (O.C., *Miloca*)

O final da história se impõe: Miloca se amanceba, sob promessa de casamento, para, abandonada, procurar outras aventuras ou a morte. Sociedade fechada para os homens, sociedade murada para as mulheres ambiciosas, com poucas vias para escolher o destino, no fundo do qual a miséria espreita.

7 | *Operários e escravos: Hierarquia e vingança*

HÁ AINDA UM DEGRAU, no caminho descendente. Nele se acotovelam os trabalhadores braçais, do artista ao lavrador assalariado, com os escravos. Estão juntos, mal separados no seu status de homens livres, os criados, cocheiros, as costureiras como d. Plácida (*Memórias póstumas*), os desempregados. Cândido Neves (R.C.V., *Pai contra mãe*) constitui o paradigma do operário, para o qual não havia lugar, lugar disputado e ocupado pelo escravo. Homem pobre, sem nenhuma habilitação profissional, entrega-se a todos os ofícios, sem se fixar em nenhum.

Cândido Neves, — em família Candinho, — é a pessoa a quem se liga a história de uma fuga, cedeu à pobreza, quando adquiriu o ofício de pegar escravos fugidos. Tinha um defeito grave esse homem, não aguentava emprego nem ofício, carecia de estabilidade; é o que ele chamava caiporismo. Começou por querer aprender tipografia, mas viu cedo que era preciso algum tempo para compor bem, e ainda assim talvez não ganhasse o bastante; foi o que ele disse a si mesmo. O comércio chamou-lhe a atenção, era carreira boa. Com algum esforço entrou de caixeiro para um armarinho. A obrigação, porém, de atender e servir a todos feria-o na corda do orgulho, e ao cabo de cinco ou seis semanas estava na rua por sua vontade. Fiel de cartório, contínuo de uma repartição anexa ao ministério do Império, carteiro e outros empregos foram deixados pouco depois de obtidos.

Quando veio a paixão da moça Clara, não tinha ele mais que dívidas, ainda que poucas, porque morava com um primo, entalhador de ofício. Depois de várias tentativas para obter emprego, resolveu adotar o ofício do primo, de que aliás tomara algumas lições. Não lhe custou apanhar outras, mas, querendo aprender depressa, aprendeu mal. Não fazia obras finas nem complicadas, apenas garras para sofás e relevos comuns para cadeiras. Queria ter em que trabalhar quando casasse, e o casamento não se demorou muito.

Este homem, acossado pela miséria, tinha duas opções: o emprego ou o ofício; emprego de criado, operário, cocheiro, contínuo; ofício de tipógrafo, entalhador — sujeito aos eventuais clientes e à perfeição do seu trabalho, como artesão. Uma ou outra ocupação permitia-lhe apenas vida difícil e incerta, com salário insuficiente para o casamento e a prole. Seria o drama do rendimento inferior aos duzentos mil-réis por mês, como o de Camilo (o.c., *Jogo do bicho*), que mal sustentava as despesas da casa, tendo de apelar para os empréstimos, os trabalhos extras, e, como sonho de melhoria súbita, o jogo — a loteria ou o jogo do bicho. De modo diverso da camada média, a fortuna individual não se suavizava com a quimera da mudança de sorte, pelo casamento, carreira política, ajuda da família ou dos influentes. Agora, o problema único será sobreviver — casar, ter filhos e assegurar a mesa com pão. Seria o modo de vencer o tempo dos operários, dos empregados braçais nas estradas de ferro, dos mil operários da Ponta da Areia de Mauá, dos teares.

A segunda metade do século XIX denuncia o momento do surgimento do trabalhador livre. Ele se emancipa do escravo, substituindo-o e herdando-lhe a função, só pouco a pouco diferenciada na qualidade de assalariado. O mercado de trabalho se abre e floresce, destacando-se do braço escravo. "O trabalho manual que existe em nosso país é quase todo de descendentes de escravos, de homens em cujo sangue cristalizou algum sofrimento de escravo."[83] O obstáculo será a escravidão, obstáculo global e absoluto. Rompido o impedimento, prometia-se a educação técnica ao operário e leis sociais que modificassem as condições de trabalho, apelando aos proletários para que se organizassem, se unissem e se associassem. Com alguma sombra de visionarismo, talvez com uma ponta de demagogia, traçava Joaquim Nabuco o perfil do Brasil futuro, ao falar aos "artistas" do Recife, em 1884:

> Eu bem sei que vós não pesais pelo número, e não influís pela fortuna, e além disso estais desarmados pela falta de organização, mas, como na frase revolucionária de Sieyès, podeis desde já dizer: "O que é o operário? Nada. O que virá a ser? Tudo". (aplausos) É que o futuro, a expansão, o crescimento do Brasil está em vós, depende de vós, e enquanto não fordes um elemento ativo, enérgico, preponderante, vós que sois a democracia nacional, (aplausos) enquanto grandes correntes de ideias não vos moverem e não tiverdes consciência de vossa força, não teremos chegado ainda ao nível das nações emancipadas.[84]

O sabor revolucionário da tirada oratória, vinculada à linha do *Manifesto comunista*, perdia sua pólvora subversiva ao se dirigir ao vácuo: o país estava longe de possuir, ouvidos atentos e mãos em protesto, a massa operária. A influência eleitoral da classe em botão era mínima: dos 5928 eleitores do Município Neutro (Rio de Janeiro), em 1881, havia somente 236 artistas.[85] De outro lado, à medida que se expandia o mercado de trabalho livre, emancipado do escravo, a entrada do imigrante permitia o aumento da legião do trabalhador urbano. Ganhava a indústria, nascente e claudicante, expansiva e incerta, os braços para seu incremento. Já em 1872, para uma população de 10.112.061, havia cerca de 260 mil operários para 41.203 artistas.[86] Era, obviamente, pouco para a profecia que assegurava o futuro político a uma classe que seria tudo.

Machado de Assis, do mesmo modo que ignorou a expansão industrial, identificando-a apenas nas estradas de ferro e nas ilusões da fortuna quimérica, ignorou também o operário. Em Cândido Neves viu unicamente o emprego instável, a profissão incerta, o ofício mal assimilado. De seu mundo está ausente o espetáculo futuro das concentrações industriais, que gerariam as aglomerações operárias. Decorre, da visão turva, o esquecimento do trabalhador livre, descrito ligeiramente na sua miséria, na sua exclusão da sociedade, que lhe negaria o casamento estável e a segurança da prole. No seu lugar estão os párias do serviço doméstico, criados, cocheiros e costureiras, mal diferenciados do escravo, como este dependentes, ou mais, da afeição ou da malquerença do patrão. O homem pobre, confiado no braço, não se emanciparia como operário, entidade ausente na sua obra, mas eventualmente no ofício, no artesanato, filho da habilidade, da experiência e do apurado zelo. No ofício de tipógrafo ou entalhador estaria a salvação de Cândido Neves, na carreira comercial, se fosse caixeiro mais dedicado, no funcionalismo público, se se elevasse de contínuo a escriturário. A fábrica não aparece nesta paisagem sem viço, tradicionalmente fechada, respirando comércio, café e estradas de ferro. A nota de sarcasmo mostra que esse mundo não tem nenhum futuro: vegeta como *déclassé*, sem perspectiva, sem influência e sem lugar no mundo. Espera--o o destino de d. Plácida e de Cândido Neves. Cândido Neves, frustrado no ofício de entalhador, dedica-se à caça de escravos fugidos.

> Um dia os lucros entraram a escassear. Os escravos fugidos não vinham já, como antes, meter-se nas mãos de Cândido Neves. Havia mãos novas e hábeis. Como o negócio crescesse, mais de um desempregado pegou em si e numa corda, foi aos

jornais, copiou anúncios e deitou-se à caçada. No próprio bairro havia mais de um competidor. Quer dizer que as dívidas de Cândido Neves começaram de subir, sem aqueles pagamentos prontos ou quase prontos dos primeiros tempos. A vida fez-se difícil e dura. Comia-se fiado e mal; comia-se tarde. O senhorio mandava pelos aluguéis.

Clara não tinha sequer tempo de remendar a roupa ao marido, tanta era a necessidade de coser para fora.

Sem casa e sem comida, vê-se o casal na contingência de levar o filho recém-nascido à roda, — na rua dos Barbonos. Salva-o uma escrava fugida — aí está a nota trágica e sarcástica — que, presa, perde o filho, perda que vem em benefício do filho de Cândido Neves, com cem mil-réis de gratificação.

Disse, é verdade, algumas palavras duras contra a escrava, por causa do aborto, além da fuga. Cândido Neves, beijando o filho, entre lágrimas verdadeiras, abençoava a fuga e não se lhe dava do aborto.
— Nem todas as crianças vingam, bateu-lhe o coração. (R.C.V., *Pai contra mãe*)

D. Plácida, costureira e agregada de Virgília, dá a mostra das dificuldades do trabalhador autônomo e da extrema dependência do trabalhador doméstico ao patrão, dependência suavizada em lealdade. Vive dos favores da família abastada, sem vontade, subjugada a todos os ofícios que lhe fossem impostos, mesmo o de encobrir os amores adúlteros da patroa.

Era filha natural de um sacristão da Sé e de uma mulher que fazia doces para fora. Perdeu o pai aos dez anos. Já então ralava coco e fazia não sei que outros trabalhos de doceira, compatíveis com a idade. Aos quinze ou dezesseis anos casou com um alfaiate, que morreu tísico algum tempo depois, deixando-lhe uma filha. Viúva e moça, ficaram a seu cargo a filha, com dous anos, e a mãe, cansada de trabalhar. Tinha de sustentar a três pessoas. Fazia doces, que era o seu ofício, mas cosia também, de dia e de noite, com afinco, para três ou quatro lojas, e ensinava algumas crianças do bairro, a dez tostões por mês. Com isto iam-se passando os anos, não a beleza, porque não a tivera nunca. Apareceram-lhe alguns namoros, propostas, seduções, a que resistia.

— Se eu pudesse encontrar outro marido, disse-me ela, creia que me teria casado; mas ninguém queria casar comigo.

Um dos pretendentes conseguiu fazer-se aceito; não sendo, porém, mais delicado que os outros, d. Plácida despediu-o do mesmo modo, e, depois de o despedir, chorou muito. Continuou a coser para fora e a escumar os tachos. A mãe tinha a rabugem do temperamento, dos anos e da necessidade; mortificava a filha para que tomasse um dos maridos de empréstimo e de ocasião que lhe pediam. E bradava:

— Queres ser melhor do que eu? Não sei donde te vêm essas fidúcias de pessoa rica. Minha camarada, a vida não se arranja à toa; não se come vento. Ora esta! Moços tão bons como o Policarpo da venda, coitado... Esperas algum fidalgo, não é?

D. Plácida jurou-me que não esperava fidalgo nenhum. Era gênio. Queria ser casada. Sabia muito bem que a mãe não o fora, e conhecia algumas que tinham só o seu moço delas; mas era gênio e queria ser casada. Não queria também que a filha fosse outra cousa. Trabalhava muito, queimando os dedos no fogão, e os olhos ao candeeiro, para comer e não cair. Emagreceu, adoeceu, perdeu a mãe, enterrou-a por subscrição, e continuou a trabalhar. A filha estava com quatorze anos; mas era muito fraquinha, e não fazia nada, a não ser namorar os capadócios que lhe rondavam a rótula. D. Plácida vivia com imensos cuidados, levando-a consigo, quando tinha de ir entregar costuras. A gente das lojas arregalava e piscava os olhos, convencida de que ela a levava para colher marido ou outra cousa. Alguns diziam graçolas, faziam cumprimentos; a mãe chegou a receber propostas de dinheiro...

Interrompeu-se um instante, e continuou logo:

— Minha filha fugiu-me; foi com um sujeito, nem quero saber... Deixou-me só, mas tão triste, tão triste, que pensei morrer. Não tinha ninguém mais no mundo e estava quase velha e doente. Foi por esse tempo que conheci a família de Iaiá: boa gente, que me deu que fazer, e até chegou a me dar casa. Estive lá muitos meses, um ano, mais de um ano, agregada, costurando. Saí quando Iaiá casou. Depois vivi como Deus foi servido. Olhe os meus dedos, olhe estas mãos... E mostrou-me as mãos grossas e gretadas, as pontas dos dedos picadas da agulha.

— Não se cria isto à toa, meu senhor; Deus sabe como é que isto se cria... Felizmente, Iaiá me protegeu, e o senhor doutor também... Eu tinha um medo de acabar na rua, pedindo esmolas... (M.P., LXXIV)

A reflexão do romancista, para lembrar o vazio de tal destino, a sua nenhuma participação na sociedade, se tece com alguma ferocidade, cruelmente.

Assim, pois, o sacristão da Sé, um dia, ajudando à missa, viu entrar a dama, que devia ser sua colaboradora na vida de d. Plácida. Viu-a outros dias, durante semanas inteiras, gostou, disse-lhe alguma graça, pisou-lhe o pé, ao acender os altares, nos dias de festa. Ela gostou dele, acercaram-se, amaram-se. Dessa conjunção de luxúrias vadias brotou d. Plácida. É de crer que d. Plácida não falasse ainda quando nasceu, mas se falasse podia dizer aos autores de seus dias:

— Aqui estou. Para que me chamastes?

E o sacristão e a sacristã naturalmente lhe responderiam:

— Chamamos-te para queimar os dedos nos tachos, os olhos na costura, comer mal, ou não comer, andar de um lado para outro, na faina, adoecendo e sarando, com o fim de tornar a adoecer e sarar outra vez, triste agora, logo desesperada, amanhã resignada, mas sempre com as mãos no tacho e os olhos na costura, até acabar um dia na lama ou no hospital; foi para isso que te chamamos, num momento de simpatia.

D. Plácida encontra o fim na miséria, que tanto temera, molho de ossos "envolto em molambos, estendido sobre um catre velho e nauseabundo" (cap. CXLIV). Amanheceu morta; "saiu da vida às escondidas, tal qual entrara". Para que servira tanto trabalho, tantas amarguras e tantas dores?

> Mas, adverti logo que, se não fosse d. Plácida, talvez os meus amores com Virgília tivessem sido interrompidos, ou imediatamente quebrados, em plena efervescência; tal foi, portanto, a utilidade da vida de d. Plácida. Utilidade relativa, convenho; mas que diacho há absoluto nesse mundo?

Estes feixes de desgraças, eles seriam os senhores do futuro, na proposição de Nabuco. Machado de Assis vê em Cândido Neves e em d. Plácida, ao contrário, a total ausência da missão, como vislumbra, na união de marido e mulher, apenas a conjunção de luxúrias vadias. Nada resta da solene comemoração do casamento das classes altas, com suas casacas e títulos, nem das ruidosas bodas de Luís Duarte, para o qual o "himeneu é a rosa, rainha dos vergéis, abrindo as pétalas rubras, para amenizar os cardos, os abrolhos, os espinhos da vida" (H.M.N., *As bodas de Luís Duarte*). A retórica não cobre, nem estende o ramo de ouro sobre os casamentos, que dão riqueza ou amor. Agora, a reunião do homem e da mulher, procurada pela mulher para suavizar as amarguras materiais, soma misérias, transmitindo a falta de pão à prole desgraçada. O dia a dia, com aflições novas e continuadas, consome as energias e as esperanças, sem deixar lugar para o sonho ou para a revolta. Nesse desvão de infelicidades, não há o fermento para a ascensão: no mundo pária não se organiza, nas consciências, o plano de vida, que, ferido, proporcionaria o protesto ou o desejo de reconstruí-lo. Um e outro, Cândido Neves e d. Plácida, têm a mesma sorte do escravo, sem as garantias deste, para cujo sustento vela o senhor. A liberdade lhes serve apenas de estorvo, de nenhum modo, ideológica ou politicamente, valorizada socialmente. Esta a feição conservadora, conservadora na medula mais do que na aparência, ditada por uma concepção da sociedade onde a indústria está ausente, sem que o operário desempenhe qualquer papel, na hora que passa e no futuro. O frustrado entalhador, o caçador de escravos, a doceira e a costureira arrastam, vida afora, a miséria, na qual a liberdade é apenas ilusão e engodo. Feição conservadora casada, agora, à visão realista dos fatos, do observador sem horizontes históricos, que as viagens dariam ao cosmopolita. Liberdade sem pão não representa nada, se excluída a perspectiva de futuro, futuro na terra, com a participação nos bens que ela dá. É o que se compreende no fundo do olho frio, irônico, muitas vezes cruel do romancista. O problema supremo é o pão, difícil de conquistar com o suor, as canseiras e a labuta de todos os dias.

O enquadramento social do trabalhador livre no contexto da miséria permitiu a Machado de Assis medir o escravo sob ângulo original. Somente ele insistiu na calamidade que a alforria poderia significar para o cativo. O escravo seria livre, mas ficaria sem trabalho e sem pão, entregue à mendicância. O senhor, só ele, lucraria com o ato de generosidade, ao se desfazer de uma boca inútil, envelhecida ou estropiada no trabalho. A liberdade não passava, nas circunstâncias, de retórica cruel ou de mentira. O drama transparece nas relações entre Luís Garcia e o preto Raimundo (*Iaiá Garcia*).

> Raimundo parecia feito expressamente para servir Luís Garcia. Era um preto de cinquenta anos, estatura mediana, forte, apesar de seus largos dias, um tipo de africano, submisso e dedicado. Era escravo e livre. Quando Luís Garcia o herdou de seu pai, — não avultou mais o espólio, — deu-lhe logo carta de liberdade. Raimundo, nove anos mais velho que o senhor, carregara-o ao colo e amara-o como se fora seu filho. Vendo-se livre, pareceu-lhe que era um modo de o expelir de casa, e sentiu um impulso atrevido e generoso. Fez um gesto para rasgar a carta de alforria, mas arrependeu-se a tempo. Luís Garcia viu só a generosidade, não o atrevimento; palpou o afeto do escravo, sentiu-lhe o coração todo. Entre um e outro houve um pacto que para sempre os uniu.

> — És livre, disse Luís Garcia; viverás comigo até quando quiseres.
>
> Raimundo foi dali em diante um como espírito externo de seu senhor; pensava por este e refletia-lhe o pensamento interior, em todas as suas ações, não menos silenciosas que pontuais. Luís Garcia não dava ordem nenhuma; tinha tudo à hora e ao lugar competente. Raimundo, posto que fosse o único servidor da casa, sobrava-lhe tempo, à tarde, para conversar com o antigo senhor, no jardinete, enquanto a noite vinha caindo. (cap. I)

O "impulso atrevido e generoso" de Raimundo, impulso, na verdade, filho da decepção, diz tudo; livre, o escravo perdia a pousada e a mesa, abandonado à miséria. O senhor nada percebe; a recusa da liberdade soa como ato de extrema generosidade. Abolicionista — como os abolicionistas do fim do século XIX —, identificava a campanha no grande movimento liberal que irrompera no mundo, atraído pela ideologia, esquecido da realidade. A verdade, a verdade sem camisa e sem pão, restaura-se no chamado à consciência de Machado de Assis, lançado discretamente, na dobra de uma página. Havia alguma coisa de diferente no seu modo de sentir a realidade do Rio de Janeiro, sem o véu culto, ilustrado, falsamente livresco dos seus contemporâneos, embriagados de fórmulas. Somente ele, isolado na multidão que aclama, ousou manifestar a inanidade do 13 de maio. Livre o escravo, estará na rua, sem emprego, ou receberá do senhor a esmola do salário, em troca de igual trabalho, com as antigas pancadas e injúrias. Muitos estadistas, políticos e escritores perceberam que a abolição feriria a organização do trabalho. A visão de Machado de Assis é outra, inédita e inesperada, embora traduza a mais elementar das reações. Desapareceu o cativo, mas ficaram de pé as instituições que sujeitam, prendem e agrilhoam o trabalhador livre. A crônica de 19 de maio parece que desvenda a alma da propaganda abolicionista e a dependência do antigo escravo, agora mesquinhamente assalariado.

> Eu pertenço a uma família de profetas *après coup*, *post factum*, depois do gato morto, ou como melhor nome tenha em holandês. Por isso digo, e juro se necessário for, que toda a história desta lei 13 de maio estava por mim prevista, tanto que na segunda-feira, antes mesmo dos debates, tratei de alforriar um molecote que tinha, pessoa de seus dezoito anos, mais ou menos. Alforriá-lo era nada; entendi que, perdido por mil, perdido por mil e quinhentos, e dei um jantar.

Neste jantar, a que meus amigos deram o nome de banquete, em falta de outro melhor, reuni umas cinco pessoas, conquanto as notícias dissessem trinta e três (anos de Cristo), no intuito de lhe dar um aspecto simbólico.

No golpe do meio (*coup du milieu*, mas eu prefiro falar a minha língua), levantei-me eu com a taça de champanha e declarei que, acompanhando as ideias pregadas por Cristo, há dezoito séculos, restituía a liberdade ao meu escravo Pancrácio; que entendia que a nação inteira devia acompanhar as mesmas ideias e imitar o meu exemplo; finalmente, que a liberdade era um dom de Deus, que os homens não podiam roubar sem pecado.

Pancrácio, que estava à espreita, entrou na sala como um furacão, e veio abraçar-me os pés. Um dos meus amigos (creio que é ainda meu sobrinho), pegou de outra taça, e pediu à ilustre assembleia que correspondesse ao ato que eu acabava de publicar, brindando ao primeiro dos cariocas. Ouvi cabisbaixo; fiz outro discurso, agradecendo, e entreguei a carta ao molecote. Todos os lenços comovidos apanharam as lágrimas de admiração. Caí na cadeira e não vi mais nada. De noite, recebi muitos cartões. Creio que estão pintando o meu retrato, e suponho que a óleo.

No dia seguinte, chamei o Pancrácio e disse-lhe com rara franqueza:

— Tu és livre, podes ir para onde quiseres. Aqui tens casa amiga, já conhecida, e tens mais um ordenado, um ordenado que...

— Oh! meu senhô! fico.

— [...] Um ordenado pequeno, mas que há de crescer. Tudo cresce neste mundo; tu cresceste imensamente. Quando nasceste, eras um pirralho deste tamanho; hoje estás mais alto que eu. Deixa ver; olha, és mais alto quatro dedos...

— Artura não qué dizê nada, não, senhô...

— Pequeno ordenado, repito, uns seis mil-réis; mas é de grão em grão que a galinha enche o papo. Tu vales muito mais que uma galinha.

— Eu vaio um galo, sim, senhô.

— Justamente. Pois seis mil-réis. No fim de um ano, se andares bem, conta com oito. Oito ou sete.

Pancrácio aceitou tudo; aceitou até um peteleco que lhe dei no dia seguinte, por me não escovar bem as botas; efeitos da liberdade. Mas eu expliquei-lhe que o peteleco, sendo um impulso natural, não podia anular o direito civil adquirido por um título que lhe dei. Ele continuava livre, eu de mau humor; eram dois estados naturais, quase divinos.

Tudo compreendeu o meu bom Pancrácio; daí para cá, tenho-lhe despedido alguns pontapés, um ou outro puxão de orelhas, e chamo-lhe besta quando lhe não chamo filho do diabo; cousas todas que ele recebe humildemente, e (Deus me perdoe) creio que até alegre.

O meu plano está feito; quero ser deputado, e, na circular que mandarei aos meus eleitores, direi que, antes, muito antes da abolição legal, já eu, em casa, na modéstia da família, libertava um escravo, ato que comoveu a toda a gente que dele teve notícia: que esse escravo tendo aprendido a ler, escrever e contar, (simples suposição) é então professor de filosofia no Rio das Cobras; que os homens puros, grandes e verdadeiramente políticos não são os que obedecem à lei, mas os que se antecipam a ela, dizendo ao escravo: *és livre*, antes que o digam os poderes públicos, sempre retardatários, trôpegos e incapazes de restaurar a justiça na terra, para satisfação do céu. (B.D., 19 de maio de 1888)

A tese transparece claramente, de maneira inesperada e sutilmente protestatória. A libertação do escravo pode esconder apenas o expediente mau de afastar o trabalhador ou o doméstico inútil. Mais um passo, um passo radical: o abolicionismo, ao tempo que entrega ao cativo o próprio destino, prende-o ao salário de fome, com as mesmas humilhações que a escravidão consagrava. E as frases, as belas frases da propaganda? Elas servem para eleger o deputado, à custa dos eleitores embasbacados, enganados pela retórica de conteúdo falso. Agora tornam-se evidentes as palavras do desembargador Campos acerca da conduta de seu irmão fazendeiro, o barão de Santa Pia, senhor de muitos escravos, que resolvera alforriá-los antes da lei de 13 de maio.

> Será a certeza da abolição que impele Santa Pia a praticar esse ato, anterior de algumas semanas ou meses ao outro? A alguém que lhe fez tal pergunta respondeu Campos que não. "Não, disse ele, meu irmão crê na tentativa do governo, mas não no resultado, a não ser o desmantelo que vai lançar às fazendas". (M.A., 10 de abril de 1888)

O resultado, o trabalho livre, não seria atingido pela lei, dado que lei nenhuma terá alcance tão alto de, pela fórmula, criar a realidade. Ganha sentido, à luz da equívoca proposição, a diferença e o contraste das opiniões dos irmãos Pedro e Paulo, o conservador e o revolucionário, acerca do 13 de maio.

> Não esqueça dizer que, em 1888, uma questão grave e gravíssima os fez concordar também, ainda que por diversa razão. A data explica o fato: foi a emancipação dos escravos. Estavam então longe um do outro, mas a opinião uniu-os.

> A diferença única entre eles dizia respeito à significação da reforma, que para Pedro era um ato de justiça, e para Paulo era o início da revolução. Ele mesmo o disse, concluindo um discurso em S. Paulo, no dia 20 de maio: "A abolição é a aurora da liberdade; esperemos o sol; emancipado o preto, resta emancipar o branco". (E.J., XXXVII)

A frase, que tanto assustou os cabelos grisalhos de Natividade, a mãe dos gêmeos, trai alguma coisa que o romancista quer esconder. A destreza intervém para quebrar-lhe a força e a veemência, sugerindo um circunlóquio eufêmico, que termina, finamente, em revelar mais do que obscurecer. A sonoridade do brado oratório não se perde no vácuo: a frase pode governar o mundo — ela corresponde a alguma coisa, que o pudor manda calar, capaz de assenhorear as imaginações. Haverá, refugiado e oculto no conservador, um encapuzado revolucionário, preocupado em redimir, no escravo, o trabalhador independente? A suposição parece gratuita; o autor sugere mais do que diz; às vezes, como neste momento, a sugestão tem dinâmica arbitrária, desenvolvendo-se em cabriolas livres. Uma coisa é certa: o escravo, com a liberdade, equipara-se ao branco, sem que o branco, cativo a outras cadeias, esteja emancipado. Entre escravidão e liberdade há alguma diferença de sorte. Mas a diferença essencial não é esta — ela está em outro lugar, onde a carta de alforria de Raimundo e Pancrácio não atingem, no trabalho livre, a ausência de sujeição à miséria, dramaticamente partilhada por d. Plácida.

Seria temerário construir, de alguns retalhos soltos, uma teoria social, da qual Machado de Assis estava longe, quer por falta de preparo filosófico, quer por aderência aos valores dominantes. Há menos do que uma doutrina, na sua obra, e mais do que o protesto intuitivo. Não desconhecia Machado de Assis o confuso rumor que o fim do século XIX projetava da Europa para o mundo, rumor que confundia, apaixonadamente, socialismo, anarquismo e comunismo (B.D., 11 de maio de 1888; A.S., 20 de outubro de 1895 e 5 de janeiro de 1896). Proudhon merece explícita referência, com a observação que, graças a um folheto seu, teve um "vislumbre de política", porque entendeu o "rumor e as suas causas" (A.S., 5 de janeiro). O próprio nome de Marx é evocado, sem que Machado de Assis jamais o tenha lido (*Crônicas de Lélio*). Notou que os socialistas procuravam discernir, atrás dos fatos, sua significação, de modo mais amplo do que os moralistas, amarrados aos motivos das ações como pecados capitais. A diferença entre uma atitude e outra denunciaria, ironicamente, o homem de olhos abertos e o homem de olhos fechados.

> Vejam os leitores a diferença que há entre um homem de olho aberto, profundo, sagaz, próprio para remexer o mais íntimo das consciências (eu, em suma), e o resto da população.
>
> Toda a gente contempla a procissão na rua, as bandas e bandeiras, o alvoroço, o tumulto, e aplaude ou censura, segundo é abolicionista ou outra cousa, mas ninguém dá a razão desta cousa ou daquela cousa; ninguém arrancou aos fatos uma significação, e, depois, uma opinião. Creio que fiz verso.
>
> Eu, pela minha parte, não tinha parecer. Não era por indiferença; é que me custava a achar uma opinião. Alguém me disse que isto vinha de que certas pessoas tinham duas e três, e que naturalmente esta injusta acumulação trazia a miséria de muitos; pelo que, era preciso fazer uma grande revolução econômica etc. Compreendi que era um socialista que me falava, e mandei-o à fava. Foi outro verso, mas vi-me livre de um amolador. Quantas vezes me não acontece o contrário! (B.D., 11 de maio de 1888)

Tais opiniões são anteriores ou contemporâneas das observações de Machado de Assis acerca da sorte do escravo Pancrácio e da famosa tirada de Paulo, que queria emancipar o branco. Não tinha a oratória do republicano mero sentido político, que se poderia filiar aos liberais de 1848 — Paulo protesta contra esta interpretação, cioso do conteúdo carbonário de sua frase (E.J., XLIV). Tudo está a testemunhar que há, na visão do escritor projetada sobre o problema servil, um processo novo na tomada de consciência da realidade. Ao seu cuidado antigo de descobrir na ação o móvel íntimo, que desfigura o fato exterior — para quem "o nosso espadim é sempre maior do que a espada de Napoleão" (M.P., XII) —, sobrepõe-se a preocupação de ver, no acontecimento público, as razões, não mais de ordem moral, mas oriundas da organização social. Atrás da alforria do escravo não está apenas a cobiça, mas a tranquila exploração do empregado, que o sistema do salário explica e legitima. A técnica é a mesma da dos moralistas, dos caros moralistas de Machado de Assis dos séculos XVI e XVII e da arte de Swift: a cabeleira empoada esconde, e esconde mal, a fisionomia viciosa, o pecado de boa aparência. A literatura da virada do século — da passagem do século XIX ao XX — sugere igual expediente, recheado de outro conteúdo, timidamente furtado, incorporado sem reflexão mais profunda. Não mais o gosto de sondar a causa secreta da ação generosa (V.H., *A causa secreta*), mas a vingança — será vingança e ressentimento? — de desmascarar a beleza retórica das grandes ações e dos gestos públicos. (Socialismo e ressentimento, vinculados viciosamente, em algum momento, na dobra mais íntima da consciência.) De alguma forma, palidamente (cautelosamente?), tremula o reflexo de Freud, Nietzsche e Marx, autores, todos, provavelmente desconhecidos do escritor, nas páginas de *Esaú e Jacó* e nas crônicas. A denúncia, o desmascaramento, em Machado de Assis, não mostra, no fundo das ações, o inconsciente, os interesses de classe e a longa distorção do tecido histórico. Vai além, na verdade, do nariz de Cleópatra de seu louvado Pascal, para discernir uma ordem subterrânea, que ele supõe organizada segundo forças obscuras, empenhadas em se alhear da presunção humana. Ele sabe que tudo o que se vê, na superfície da sociedade, não passa de falsidade e mistificação. Ignora, ou apenas pressente, emancipando-se, sem audácia, dos moralistas, que as relações entre os homens obedecem a outros imperativos, talvez falsos e vãos, como os ostensivos. Enfim, na questão servil, o escritor não quer ser enganado pelos discursos e pelas ações falsamente generosas. Ele, quase solitariamente, vê, atrás da liberdade, o fundamento da liberdade, assentado sobre a autonomia econômica. Percebe que a libertação do escravo pode ser apenas um bom negócio para o branco e o caminho da miséria para o preto. A liberdade, a bela e milagrosa liberdade dos comícios e dos panfletos, também ela esconde a servidão.

Cético com respeito à abolição e às alforrias, a escravidão existe, na obra de Machado de Assis, independente dos sentimentos. O entusiasmo abolicionista, a piedade com a sorte do escravo, o protesto contra o maltrato, não encontrarão nenhum eco na palavra do escritor, senão em expressões palidamente convencionais. Paira sobre os destinos individuais o tecido de ferro de um sistema, a instituição servil, fixamente enraizada na história, na sociedade e na economia. O arcabouço exterior explica tudo e faz calar a revolta, submersa na ordem social, que a própria poesia incorporou, num e noutro fio mais ardente.

> A escravidão levou consigo ofício e aparelhos, como terá sucedido a outras instituições sociais. Não cito alguns aparelhos senão por se ligarem a certo ofício. Um deles era o ferro ao pescoço, outro o ferro ao pé; havia também a máscara da folha de flandres. A máscara fazia perder o vício da embriaguez aos escravos, por lhes tapar a boca. Tinha só três buracos, dous para ver, um para respirar, e era fechada atrás da cabeça por um cadeado. Com o vício de beber, perdiam a tentação de furtar, porque era geralmente dos vinténs do senhor que eles tiravam com que matar

a sede, e aí ficavam dous pecados extintos, e a sobriedade e a honestidade certas. Era grotesca tal máscara, mas a ordem social e humana nem sempre se alcança sem o grotesco, e alguma vez o cruel. (R.C.V., *Pai contra mãe*)

A ordem social absorve, para subsistir, o grotesco e o cruel, a piedade e a solidariedade. Cedem a ela todas as considerações humanas, sob o pressuposto não declarado de que ela era necessária e diante dela o homem é impotente. Já a história de Cotrim (*Memórias póstumas*) mostra bem, ainda em relação ao escravo, a distância entre sentimento particular e a ordem social, um indiferente à outra.

> Como era [Cotrim] muito seco de maneiras tinha inimigos, que chegavam a acusá-lo de bárbaro. O único fato alegado neste particular era o de mandar com frequência escravos ao calabouço, donde eles desciam a escorrer sangue; mas, além de que ele só mandava os perversos e os fujões, ocorre que, tendo longamente contrabandeado em escravos, habituara-se de certo modo ao trato um pouco mais duro que esse gênero de negócio requeria, e não se pode honestamente atribuir à índole original de um homem o que é puro efeito de relações sociais. A prova de que o Cotrim tinha sentimentos pios encontrava-se no seu amor aos filhos, e na dor que padeceu quando lhe morreu Sara, dali a alguns meses; prova irrefutável, acho eu, e não única. (M.P., CXXIII)

Sob o calor do 13 de maio, que deu "grande prazer" ao conselheiro Aires, diante das aclamações e do entusiasmo, o escritor se defronta, longe do atordoamento da hora, com a instituição.

> Ainda bem que acabamos com isto. Era tempo. Embora queimemos todas as leis, decretos e avisos, não poderemos acabar com os atos particulares, escrituras e inventários, nem apagar a instituição da história, ou até da poesia. A poesia falará dela, particularmente naqueles versos de Heine, em que o nosso nome está perpétuo. Neles conta o capitão do navio negreiro haver deixado trezentos negros no Rio de Janeiro, onde "a casa Gonçalves Pereira" lhe pagou cem ducados por peça. Não importa que o poeta corrompa o nome do comprador e lhe chame Gonzales Perreiro; foi a rima ou a sua má pronúncia que levou a isso. Também não temos ducados, mas aí foi o vendedor que trocou na sua língua o dinheiro do comprador. (M.A., 13 de maio de 1888)

Ordem social, relações sociais, instituição — expressões que dizem da inelutável armadura exterior, que constrange a conduta íntima, triturando-a nas suas duras malhas. Esta a perspectiva que orienta a visão do escravo, miserável no cativeiro, maltratado na dignidade, ferido na carne. Se não há mais pancadas será porque "o sentimento da propriedade moderava a ação, porque dinheiro também dói" (R.C.V., *Pai contra mãe*). E o moralista, cegado pela virtude e pelo vício, móveis de toda a vibração humana, onde está ele? Parece que o sociólogo usurpa o seu lugar, atento à realidade exterior, fixada na história e na sociedade. O sociólogo tem a função exclusiva, ao contrário de revelar a sociedade, de denunciar a presença de uma trama inacessível à vontade humana e ao protesto. Mostra, sob a aparência de estudioso das instituições sociais, a impotência para reagir diante do monstro inexorável que comanda homens e coisas. As relações sociais, a ordem social, a instituição não são feitas pelo homem; são a ele superiores, esmagando-o, inflexivelmente. Ocupam as zonas daquela natureza que Brás Cubas sentiu no delírio, antes de entrar no país não descoberto.

> Nada mais quieto; nenhuma contorção violenta, nenhuma expressão de ódio ou ferocidade; a feição única, geral, completa, era a da impassibilidade egoísta, a da eterna surdez, a da vontade imóvel. Raivas, se as tinha, ficavam encerradas no coração. Ao mesmo tempo, nesse rosto de expressão glacial, havia um ar de juventude, mescla de força e viço, diante do qual me sentia eu o mais débil e decrépito dos seres. [...] Aí vinham a cobiça que devora, a cólera que inflama, a inveja que baba, e a enxada e a pena, úmidas de suor, e a ambição, a fome, a vaidade, a melancolia, a riqueza, o amor, e todos agitavam o homem, como um chocalho, até destruí-lo, como um farrapo. Eram as formas várias de um mal, que ora mordia a víscera, ora mordia o pensamento, e passeava eternamente as suas vestes de arlequim, em derredor da espécie humana. A dor cedia alguma vez, mas cedia à indiferença, que era um sono sem sonhos, ou ao prazer, que era uma dor bastarda. Então o homem, flagelado e rebelde, corria diante da fatalidade das cousas, atrás de uma figura nebulosa e esquiva, feita de retalhos, um retalho de impalpável, outro de improvável, outro de invisível, cosidos todos a ponto precário, com a agulha da imaginação; e essa figura, — nada menos que a quimera da felicidade, — ou lhe fugia perpetuamente, ou deixava-se apanhar pela fralda, e o homem a cingia ao peito, e então ela ria, como um escárnio, e sumia-se, como uma ilusão. (M.P., VII)

Sociedade ou natureza — tudo o que, exterior ao homem, lhe governa os sentidos, a imaginação, os instintos — reduzem-no a um chocalho que ri e sofre. Na visualização do problema social, bem verdade, a natureza se transmuta em sociedade; há grande progresso na perspectiva do moralista, agora vizinho do historiador e do sociólogo. Mas a essência é a mesma, composta de fatalidade, sem que a mão do homem teça a história, entidade estranha, devoradora, imponente. Esse passo — da natureza à história — somente podia ser inspirado por quem vivesse a tragédia do escravo, a ele próximo pelo sangue, impotente para intervir no seu destino. Há, na sutil mudança de ângulo, o calado protesto das lamentações inúteis, refugiadas no conformismo, que se exprimem na descrição minuciosa do sofrimento do escravo, de suas falsas alegrias, onde o leitor menos generoso poderá vislumbrar algum retalho de sadismo. Reside aí, nesse sentimento de impotência e na inelutável avalanche que desaba sobre o homem, o senso trágico da existência, que impregna a arte de Machado de Assis. Enquanto o homem se agita, esperneia e geme, "outro tecelão maior, mais alto ou mais fundo e totalmente invisível compõe os fios de outra maneira, e com tal força que não podemos desfazer nada". A concepção da história do século XIX, da qual o romancista se abeberou largamente, frequentando Comte e Spencer, parece legitimar o fatalismo, dourado cientificamente de naturalismo, com seus imperativos inexoráveis e leis necessárias.

Filho dessa óptica é o escravo de Machado de Assis: conformado à sorte, escravo também nos sentimentos que refletem as alegrias e as tristezas do senhor, obediente. Alguns fugiam, muitos bebiam, havia os vadios e os viciados.

> Há meio século [escreveria em 1905], os escravos fugiam com frequência. Eram muitos, e nem todos gostavam da escravidão. Sucedia ocasionalmente apanharem pancada, e nem todos gostavam de apanhar pancada. Grande parte era apenas repreendida; havia alguém de casa que servia de padrinho, e o mesmo dono não era mau; além disso, o sentimento de propriedade moderava a ação, porque dinheiro também dói. A fuga repetia-se, entretanto. Casos houve, ainda que raros, em que o escravo de contrabando, apenas comprado no Valongo, deitava a correr, sem conhecer as ruas da cidade. Dos que seguiam para casa, não raro, apenas ladinos, pediam ao senhor que lhes marcasse aluguel, e iam ganhá-lo fora, quitandando. (R.C.V., *Pai contra mãe*)

A regra não era esta: o escravo, vinculado a uma família, nela se absorvia, não resignadamente, pois resignação supõe revolta íntima, mas com o aniquilamento da personalidade. Mesmo liberto (como o Raimundo de *Iaiá Garcia*), conservava a comunhão aos senhores, sem reservas, sem a amarga reação de haver sacrificado o destino individual. Os exemplos são muitos: o compositor Romão Pires tem no pai José, ex-escravo, "a sua verdadeira mãe" (H.S.D., *Cantiga de esponsais*). A senzala provocara, na dedicação ao dono, emulações de afeto.

> Dos próprios escravos não obteve Helena desde logo a simpatia e boa vontade; esses pautavam os sentimentos pelos de d. Úrsula. Servos de uma família, viam com desafeto e ciúme a parenta nova, ali trazida por um ato de generosidade. Mas também a esses venceu o tempo. Um só de tantos pareceu vê-la desde princípio com olhos amigos; era um rapaz de 16 anos, chamado Vicente, cria da casa e especialmente estimado do conselheiro. Despido de interesse, porque a esperança da liberdade, se a podia haver, era precária e remota, a afeição de Vicente não era menos viva e sincera; faltando-lhe os gozos próprios do afeto, — a familiaridade e o contato, — condenado a viver da contemplação e da memória, a não beijar sequer a mão que o abençoava, limitado e distanciado pelos costumes, pelo respeito e pelos instintos, Vicente foi, não obstante, um fiel servidor de Helena, seu advogado convicto nos julgamentos da senzala. (Hel., IV)

A fina mão de Machado de Assis distingue bem, com intencional clareza, a distância do servo e da família do senhor — estava o escravo longe da familiaridade e do contato, recebia e dava afeição, sem receber amizade. Os escravos de Santos (*Esaú e Jacó*), espelho de seus sentimentos, viveram a recente baronia, alegres com a alegria do senhor.

A liberdade, sente-o Machado de Assis, não emancipa o escravo. Mas há grande diferença entre o escravo e o liberto. O liberto adquire a condição, embora mínima e limitada, de transferir os agravos recebidos, as pancadas sofridas, a outrem. A alforria significa uma ascensão social: galgado o primeiro degrau, o homem sai da condição de saco de afrontas, para o qual não há a possibilidade de reação. A liberdade se identifica com o status na sociedade, acrescido do arbítrio de castigar, repreender e punir. O liberto adquire a faculdade de ser mau — faculdade que a escravidão lhe negava. O menino Brás Cubas dá a medida da passividade que se esperava do escravo, passividade como matéria-prima da afeição, lealdade e dedicação aos senhores. A pancada, a injustiça, o castigo não geram o ressentimento, o desejo oculto de vingança adiada. O escravo se conforma à sorte, sem maldizê-la, submerso num mundo que não lhe permite esperanças, senão as recompensas depois da morte, no reino da bem-aventurança. Ele, ao contrário do negro importado, com a consciência recente da liberdade, capaz de lhe animar a fuga, afeiçoou a vida à escravidão, sem referência a nenhum valor que lhe inspirasse a revolta ou o mero protesto. As legiões de Spartacus se formavam de outro material — não o do homem criado, desde o berço, no encarceramento espiritual do cativeiro.

> Desde os cinco anos [lembra Brás Cubas] merecera eu a alcunha de "menino diabo"; e verdadeiramente não era outra cousa; fui dos mais malignos do meu tempo, arguto, indiscreto, traquinas e voluntarioso. Por exemplo, um dia quebrei a cabeça de uma escrava, porque me negara uma colher do doce de coco que estava fazendo, e, não contente com o malefício, deitei um punhado de cinza ao tacho, e, não satisfeito da travessura, fui dizer à minha mãe que a escrava é que estragara o doce "por pirraça"; e eu tinha apenas seis anos. Prudêncio, um moleque da casa, era o meu cavalo de todos os dias; punha as mãos no chão, recebia um cordel nos queixos, à guisa de freio, eu trepava-lhe ao dorso, com uma varinha na mão, fustigava-o, dava mil voltas a um e outro lado, e ele obedecia, — algumas vezes gemendo, — mas obedecia sem dizer palavra, ou, quando muito, um "ai, nhonhô!" ao que eu retorquia:
> — Cala a boca, besta! (M.P., XI)

Um dia, depois de muitos anos de fiel serviço, Prudêncio recebeu a liberdade — mais do que a liberdade, um pecúlio, que lhe permitiu estabelecer uma quitanda, servido por um escravo. O liberto Prudêncio torna-se senhor de escravo — só esta qualidade, verdadeiramente, lhe infunde o caráter de homem livre, melhor, de homem. Agora Prudêncio pode expandir-se, punindo e castigando — livre, sabe que o homem obedece a outro homem porque há o chicote ou a promessa de pancada. A dedicação afetuosa do escravo, sente-o Prudêncio, será apenas uma armadilha para evitar a pancada ou o insulto. Brás Cubas, bacharel e ocioso, mal acredita na mutação de Prudêncio — o Prudêncio livre tem a mesma alma diabólica de Brás Cubas menino.

> Um ajuntamento; era um preto que vergalhava outro na praça. O outro não se atrevia a fugir; gemia somente estas únicas palavras:
> — Não, perdão, meu senhor; meu senhor, perdão!

> Mas o primeiro não fazia caso, e, a cada súplica, respondia com uma vergalhada nova.
> — Toma, diabo! dizia ele; toma mais perdão, bêbado!
> — Meu senhor! gemia o outro.
> — Cala a boca, besta! replicava o vergalho.
> Parei, olhei... Justos céus! Quem havia de ser o do vergalho? Nada menos que o meu moleque Prudêncio, — o que meu pai libertara alguns anos antes. (M.P., LXVIII)

A liberdade, casada à emancipação econômica, fez de Prudêncio um homem responsável para com a instituição, adotando-a, nas suas normas e valores, interiormente. Deu-lhe, também, o meio de cobrar, no degrau inferior, o funcionamento da ordem social, cuja base é a hierarquia. A hierarquia, que se define rigidamente entre escravo e homem livre, se prolonga, com maior flexibilidade, na autoridade entre governantes e governados e nas relações da classe.

> Saí do grupo, que me olhava espantado e cochichava as suas conjeturas. Segui caminho, a desfiar uma infinidade de reflexões, que sinto haver inteiramente perdido; aliás, seria matéria para um bom capítulo, talvez alegre. Eu gosto dos capítulos alegres; é o meu fraco. Exteriormente, era torvo o episódio do Valongo; mas só exteriormente. Logo que meti mais dentro a faca do raciocínio achei-lhe um miolo gaiato, fino, e até profundo. Era um modo que o Prudêncio tinha de se desfazer das pancadas recebidas, — transmitindo-as a outro. Eu, em criança, montava-o, punha-lhe um freio na boca, e desancava-o sem compaixão; ele gemia e sofria. Agora, porém, que era livre, dispunha de si mesmo, dos braços, das pernas, podia trabalhar, folgar, dormir, desagrilhoado da antiga condição, agora é que ele se desbancava: comprou um escravo, e ia-lhe pagando, com alto juro, as quantias que de mim recebera. Vejam as sutilezas do maroto!

O episódio, transformado em padrão social, se esgarça, fina e tenuemente, nos fios da análise psicológica. A sociedade, tecido de absurdos, onde homens posam de escravos e de senhores, segundo a visão do moralista, perde sua consistência histórica em favor do emaranhado das reflexões falsamente gaiatas, tocadas pelo humorismo. O fenômeno aí está, denunciando a estrutura, que pesa sobre os destinos, e, somente dentro dela, incontestada globalmente, se agitam, sofrem e crescem as personagens. O ex-escravo deveria repudiar a escravidão — é o que espera o romancista. Nada disso acontece: Prudêncio mostra-se um renegado, esta a censura que lhe faz o escritor, sutilmente. Ao mesmo tempo, o ex-escravo não tem outra saída, empurrado inflexivelmente para o abismo, abismo cheio de regras, normas e leis. A situação — que no caso de Prudêncio é um paradigma — se repete entre homens livres, como na visita do diretor de banco ao Palha. O banqueiro, no espaço de uma hora, sentira dois empurrões opostos, lavando-lhe o segundo a alma humilhada.

> Fora primeiro à casa de um ministro de Estado, tratar do requerimento de um irmão. O ministro, que acabara de jantar, fumava calado e pacífico. O diretor expôs atrapalhadamente o negócio, tornando atrás, saltando adiante, ligando e desligando as frases. Mal sentado, para não perder a linha do respeito, trazia na boca um sorriso constante e venerador; e curvava-se, pedia desculpas. O ministro fez algumas perguntas; ele, animado, deu respostas longas, extremamente longas, e acabou entregando um memorial. Depois ergueu-se, agradeceu, apertou a mão ao ministro, este acompanhou-o até à varanda. Aí fez o diretor duas cortesias, — uma em cheio, antes de descer a escada, — outra em vão, já embaixo, no jardim; em vez do ministro, viu só a porta de vidro fosco, e na varanda, pendente do teto, o lampião de gás. Enterrou o chapéu, e saiu. Saiu humilhado, vexado de si mesmo. Não era o negócio que o afligia, mas os cumprimentos que fez, as desculpas que pediu, as atitudes subalternas, um rosário de atos sem proveito. Foi assim que chegou à casa do Palha.
> Em dez minutos, tinha a alma espanada e restituída a si mesma, tais foram as mesuras do dono da casa, os *apoiados* de cabeça, e um raio de sorriso perene, não contando oferecimentos de chá e charutos. O diretor fez-se então severo, superior, frio, poucas palavras; chegou a arregaçar com desdém a venta esquerda, a propósito de uma ideia do Palha, que a recolheu logo, concordando que era absurda. Copiou do ministro o gesto lento. Saindo, não foram dele as cortesias, mas do dono da casa.
> Estava outro, quando chegou à rua; daí o andar sossegado e satisfeito, o espraiar da alma devolvida a si própria, e a indiferença com que recebeu o embate do Rubião. Lá se ia a memória dos seus rapapés; agora o que ele rumina saborosamente são os rapapés de Cristiano Palha. (Q.B., XCVI)

A hierarquia prende, agora nas rodas de seda, um ministro, e, daí pra baixo, um banqueiro e um zangão da praça. Não há pancadas, senão na alma, que deixam apenas o vergão que humilha. Todos renegam de si próprios, agarrados pelo sistema: a pose ministerial se irradia no banqueiro, que a transmite para o degrau inferior. Todos, para encenar o papel exterior, se mascaram: mascara-se Prudêncio, mascara-se o banqueiro e mascara-se o revolucionário, na pele do barbeiro Porfírio (P.A., *O alienista*). Porfírio, sublevado, alcança o poder supremo de Itaguaí, com a missão de destruir a Casa Verde, a "Bastilha da razão humana". Vitorioso, ocupa o lugar da Câmara, para a qual nunca conseguira se eleger em virtude de sua extração humilde, e se põe a governar, esquecido de seu mandato revolucionário. Todos renegam e todos se vingam. A ordem social se apura, filtra-se e se decanta, no fundo, com o exercício da vingança — vingança institucionalizada, sem afronta à ordem que a gerou, cuja injustiça, apenas entrevista, revela-se superior à vontade do pobre verme que não protesta. Com nada disso contou o barão de Santa Pia — pensava o ingênuo senhor de escravos que a alforria coletiva aliciaria a dedicação do homem livre. Os libertos — apesar da amizade — deixam a fazenda, atraídos pelo mistério interior, que os leva, envolvidos pela ordem social, a procurar um posto onde possam exercer, pela hierarquia, a vingança.

8 | *Sociedade e consciência*

O HOMEM MUDA POR EFEITO DO DINHEIRO: há uma situação de classe, da camada social que condiciona a conduta, o estilo de vida e os sentimentos. Lucidamente, denuncia-o o sensível microscópio da análise psicológica, na perspectiva do julgamento moral, fino, encoberto e irônico. Sem obediência a nenhuma doutrina social, longe de qualquer reminiscência de teses sustentadas desde Aristóteles,[87] o primado da economia, entre as forças de comando da sociedade, sobressai no estudo da personagem, de sua ação, e, sobretudo, de sua motivação íntima. Em geral, a situação no mundo cobre totalmente a personalidade — o romancista se diverte quando registra, na alma humana, esse "miolo gaiato". Casos há em que, entre a compulsão dos fatos, diluídos em consciência de grupos, sobra um resíduo, resíduo que tem remorsos, que censura, repreende e amargamente ri. Sempre, escandalosamente nos momentos de ascensão social, na flexível corrente vertical, torna-se manifesto, senão o conflito, o recobrimento da névoa exterior sobre a frágil constelação interior. Há o ser verdadeiro e o ser imaginário — a alma exterior e a alma interior, pois, segundo Jacobina (P.A., *O espelho*), o homem é, metafisicamente, uma laranja — "*Nous travaillons incessament*" — replica Pascal — "*à embellir et conserver notre être imaginaire, et négligeons le véritable. [...] nous serions de bon coeur poltrons pour en acquérir la réputation d'être vaillants*".[88] Mas, ainda sob a sugestão de Pascal, o ser imaginário cobre o ser verdadeiro, mas não o anula — a vigilante consciência zombeteira o revelará, no tumulto de um baile, debaixo da baronia, no próprio espaldar da cadeira do parlamento, na dobra da farda ministerial. Este contraste diverte, sobretudo se a vítima do engano não o percebe, perdida no ruído da estonteante vida nova. Mas quem ri? — o ser verdadeiro, imagem de Deus na versão pascalina; ou fruto, também ele, de outras e diferentes fibras implantadas de fora? Parece que Machado de Assis tem sérias dúvidas se o "ser verdadeiro" não será mais falso do que o "ser imaginário", espécie, aquele, de ser imaginário em primeiro grau. A teoria do *pomadismo*, da qual a divisão do homem em duas almas, a exterior e a interior, é uma face, revela a inversão da perspectiva.

> Considerei o caso, e entendi que, se uma cousa pode existir na opinião, sem existir na realidade, e existir na realidade, sem existir na opinião, a conclusão é que das duas existências paralelas a única necessária é a da opinião, não a da realidade, que é apenas conveniente. (P.A., *O segredo do bonzo*)

Subtraído o Deus de Pascal, toda a ordem social recebe conteúdo subversivo: o homem, produto do costume e da natureza, mais do costume do que da natureza, esta provavelmente um primeiro costume, perde a identidade, submerso no insondável mar da sociedade. Na verdade, nem tudo se aniquilou, o romancista o pressente — mas não sabe definir o que ficou, banido o vínculo teológico. Quem revelará, no inconformismo, o rebelde grito interior, serão as personagens postas à margem do honesto viver — os parasitas, vadios e ociosos, descomprometidos com as ambições, com a riqueza e com o poder. Os últimos moicanos querem viver a sua vida, fora dos padrões dominantes, exclusivos e absorventes. O *ser verdadeiro* se refugia neles, restos inassimiláveis do progresso e da tradição. Os filhos de Deus — do Deus de Pascal — se concentram no difuso protesto ao trabalho, desde que o trabalho exige o encadeamento ao demônio que comanda de fora, desumanizando o homem. Espera-os, remanescentes da teologia, o escárnio e o nada.

"O uso acomoda a gente às circunstâncias" (Q.B., XXXV) — a frase explica Sofia, pudica filha de um funcionário público, que acaba aceitando, e gostando, de exibir o contorno dos seios em público, porque o Palha, seu marido, "um rei Candaules", quer capitalizar, para sua ascensão social, este proibido, ao tempo, pedaço da anatomia feminina. Sofia e Palha, o casal mergulha no ser imaginário, sem remorsos e sem reservas, na conquista dos salões e da riqueza. Na lua de mel da grandeza, Sofia criou a atmosfera nova, com o afastamento das modestas e antigas relações. Palha não se adaptou logo às novas maneiras,

> pecava por turbulento, excessivo, derramado, dando bem a ver que o cumulavam de favores, que recebia finezas inesperadas e quase imerecidas. Sofia, para emendá-lo, vexava-o com censuras e conselhos, rindo:
> — Você esteve hoje insuportável; parecia um criado.

"Cristiano, fique mais senhor de si, quando tivermos gente de fora, não se ponha com os olhos fora da cara, saltando de um lado para outro, assim com ar de criança que recebe doce..."

Ele negava, explicava ou justificava-se, afinal, concluía que sim, que era preciso não parecer estar abaixo dos obséquios; cortesia, afabilidade, mais nada...

— Justo, mas não vás cair no extremo oposto, acudiu Sofia; não vás ficar casmurro...

Palha era então as duas cousas: casmurro, a princípio, frio, quase desdenhoso; mas, ou a reflexão, ou o impulso inconsciente, restituía ao nosso homem a animação habitual e com ela, segundo o momento, a demasia e o estrépito. Sofia é que, em verdade, corrigia tudo. Observava, imitava. Necessidade e vocação fizeram-lhe adquirir, aos poucos, o que não trouxera do nascimento nem da fortuna. [...] Cortou as relações antigas, familiares, algumas tão íntimas que dificilmente se poderiam dissolver; mas a arte de receber sem calor, ouvir sem interesse e despedir-se sem pesar, não era das suas menores prendas; e uma por uma, se foram indo as pobres criaturas modestas, sem maneiras, nem vestidos, amizades de pequena monta, de pagodes caseiros, de hábitos singelos e sem elevação. (Q.B., CXXXVIII)

Sofia se eleva aos salões e ao *coupé* e adquire a consciência da alta sociedade e da carruagem. Nenhum vinco restou da antiga Sofia, amável, buliçosa, olhos que oferecem. Machado de Assis escolhe, para as transformações interiores, nas mutações de sociedade, as mulheres, que renovam o ambiente sem as reservas inconscientes do Palha ou de Agostinho Santos. Os homens se tornam ricos e barões, constroem o palacete e conquistam os bancos, mas, na sua maneira de receber, de conviver e de sentir, sobra o laivo do rastaquera, excessivamente desdenhoso ou excessivamente preocupado com as zumbaias e os rapapés. Sua conduta, por isso, ao contrário da maneira das mulheres, é cômica, exposta ao sarcasmo, encoberto no *humour*.

Guiomar (*A mão e a luva*) e Natividade (*Esaú e Jacó*), em contraste com Estêvão e Agostinho Santos, não sentiram nenhuma vertigem na alta sociedade. De nascimento humilde, as duas tomam, com os vestidos e o luxo, a alma de grandes damas. Guiomar revela "a plena harmonia de seus instintos com a sociedade em que entrara. [...] Ninguém adivinharia, nas maneiras finamente elegantes daquela moça, a origem mediana que ela tivera; a borboleta fazia esquecer a crisálida" (M.L., V).

Natividade andava já na alta-roda do tempo; acabou de entrar por ela, com tal arte que parecia haver ali nascido. Carteava-se com grandes damas, era familiar de muitas, tuteava algumas. Nem tinha só esta casa de Botafogo, mas também camarote no Teatro Lírico, não contando os bailes do Cassino Fluminense, os dos amigos e os seus; todo o repertório, em suma, da vida elegante. Era nomeada nas gazetas, pertencia àquela dúzia de nomes planetários que figuram no meio da plebe de estrelas. O marido era capitalista e diretor de banco. (E.J., VI)

Luís Alves não se transforma em borboleta: ambicioso, conquista um lugar no mundo, com a vulgaridade da ambição. Nas maneiras elegantes de Guiomar descobre apenas a encoberta fome de nomeada, degradando-lhe a ascensão, aos seus olhos apenas um disfarce para subir nos degraus da alta-roda. Santos, o marido de Natividade, banqueiro e barão, confunde vitaliciedade com perpetuidade, na ânsia de conquistar um lugar no Senado. Subiram os dois, mas apenas por fora, sem a fina arte de Guiomar e Natividade, que conseguiram enganar-se a si próprias, com o vestido de baile, a carruagem e o palacete. Os homens não conseguem superar a dupla personalidade: Cotrim (*Memórias póstumas*), duro no comércio de escravos, avarento e feroz, não se deixa submergir no negociante — sua índole original, nota o escritor, não se confunde com a índole resultante das relações sociais. Nóbrega (*Esaú e Jacó*), opulentado pelo *encilhamento*, mudou de feições, mas não pôde esquecer o seu tempo de pedinte para as almas, nem conseguiu aniquilar, da consciência, o furto de uma convidativa nota de dois mil-réis. Coberto com o palacete e a carruagem, "tinha medo de tornar ao bairro, onde andara a pedir para as primeiras almas". [...] O passado o perseguia e o atraía:

> Não confiaria de homem aquele passado, mas às paredes mudas, às grades velhas, às portas gretadas, aos lampiões antigos, se os havia ainda, tudo o que fosse discreto, a tudo quisera dar olhos, ouvidos e boca, uma boca que só ele escutasse, e que proclamasse a prosperidade daquele velho andador.
>
> Uma vez, viu a matriz de S. José aberta e entrou. A igreja era a mesma; aqui estão os altares, aqui está a solidão, aqui está o silêncio. Persignou-se, mas não orou; olhava só a um lado e outro, andando na direção do altar-mor. Tinha receio de ver aparecer o sacristão, podia ser o mesmo, e conhecê-lo. Ouviu passos, recuou depressa e saiu. (cap. LXXIV)

Luís Alves, Palha, Agostinho Santos, Cotrim e Nóbrega não lograram perder a antiga personalidade em favor do estilo imposto pelas circunstâncias. Homens-feitos, a camada psicológica mais dura, também produto social, reagiu à completa integração. Permaneceram, no curso do tempo, os dois estratos internos, apenas sobrepostos, irrompendo, desastradamente, o mais velho, para perturbar a gravidade da máscara. Este risco não corria o Custódio (*Esaú e Jacó*); sua alma interior estava toda embebida na sua confeitaria e na tabuleta que a simbolizava. Ele vivia nela e para ela — mas agora o problema é outro. Ao contrário dos abastados e ambiciosos, Custódio não subiu, como o Prudêncio; este, apesar da liberdade, não mudou. O estágio anterior de um e outro — do dono da confeitaria e do ex-escravo — não é senão a preparação, ostensiva ou oculta, para a situação atual. Prudêncio não faz outra coisa senão preparar-se, em cada pancada recebida, dentro de todas as humilhações, para ter o próprio escravo, que lhe realizará a personalidade. Enquanto Palha e Nóbrega são homens coagidos, Custódio e Prudêncio não têm o sentimento da compulsão: neles, como em Guiomar, Natividade e Sofia, a crisálida se faz borboleta, por efeito da natureza, isto é, do costume transformado em natureza. Também d. Plácida (*Memórias póstumas*) não guarda, depois que passa de um degrau a outro, a lembrança da consciência que reprova ou censura. No princípio, doía-lhe o ofício de proxeneta — chorava e tinha nojo de si mesma.

> Quando obtive a confiança, imaginei uma história patética dos meus amores com Virgília, um caso anterior ao casamento, a resistência do pai, a dureza do marido, e não sei que outros toques de novela. D. Plácida não rejeitou uma só página da novela: aceitou-as todas. Era uma necessidade da consciência. Ao cabo de seis meses quem nos visse a todos três juntos diria que d. Plácida era minha sogra.
>
> Não fui ingrato. Fiz-lhe um pecúlio de cinco contos, — os cinco contos achados em Botafogo, — como um pão para a velhice. D. Plácida agradeceu-me com lágrimas nos olhos, e nunca mais deixou de rezar por mim, todas as noites, diante de uma imagem da Virgem, que tinha no quarto. Foi assim que lhe acabou o nojo.
> (M.P., LXX)

D. Plácida tinha necessidade de acreditar na pureza das relações adúlteras de Brás e Virgília — os cinco contos apressaram a mudança da consciência. Em outro plano, a mutação seria da mesma índole da que sofreu Sofia e Natividade. Enquanto Guiomar realiza um feito, com a admiração do cronista,

d. Plácida, ao se debater com a miséria, pratica uma ação má, que o romancista explora satiricamente. A escada que leva para cima não é a mesma, para quem a mede, que leva para baixo. Entre um degrau e outro, a vigilante consciência do grupo espia os passos, para o aplauso e para o apupo. O apupo persegue Palha, Santos, Nóbrega e Cotrim, vem de dentro, da consciência que não foi totalmente envolvida. A zombaria a Custódio, a Prudêncio e a d. Plácida vem de fora — o voo foi curto, não merece palmas. Palha e Agostinho Santos casaram com mulheres humildes de nascimento, quando a fortuna mal lhes lançava os primeiros ventos. Eles não desceram, não ergueram ninguém do nada — a ascensão foi recíproca, com melhor e mais fina arte por parte de Sofia e Natividade, cedo esquecidas da origem — o esquecimento da origem era também "uma necessidade de consciência". Nada disso ocorreu entre Jorge e Estela, entre o herdeiro e a agregada da mansão opulenta (*Iaiá Garcia*): a pressão social, que impele de baixo para cima, trabalha para separar o vínculo eletivo. A voz interior de Jorge reflete o ambiente, energicamente.

> Tua mãe é quem tem razão, bradava uma voz interior; ias descer a uma aliança indigna de ti; e se não soubeste respeitar nem a tua pessoa nem o nome de teus pais, justo é que pagues o erro indo correr a sorte da guerra. A vida não é uma égloga virgiliana, é uma convenção natural, que se não aceita com restrições, nem se infringe sem penalidade. Há duas naturezas, e a natureza social é tão legítima e tão imperiosa como a outra. Não se contrariam, completam-se; são as duas metades do homem, e tu ias ceder à primeira, desrespeitando as leis necessárias da segunda.
> (I.G., IV)

O jogo do moralista, dividindo o homem em duas partes, enriquecidas da longa experiência de um homem que cumpriu sua marcha ascensional, com a superação do preconceito de pobreza e de cor, este jogo termina num golpe inesperado. Em lugar da vitória das arbitrárias virtudes ou vícios, descomprometidas do ambiente, do espaço e do tempo, a traçar o descontraído passo no absurdo, surge uma visão determinista, que acentua o império das convenções sociais. A liberdade de consciência, a força criadora do homem, capaz de romper instituições e quebrar a ordem exterior, reduz-se a um sonho, vaga "égloga virgiliana", impotente e vazia, pobre de energia, desamparada da vontade forte. O absurdo da vida continua, não obstante, intacto, filho do frágil destino humano, casca de um grande sonho, ferido pela ondulação surda das ondas. O homem — o "ser verdadeiro" de Pascal — não faz a história, não cria o destino, sombra vaga; reflete, sem contornos, as relações sociais, que comandam, compelem e imperam. Deus, pai do homem, reduz-se a espectador cego e mudo da mesquinha luta pelo pão, pela riqueza e pelo poder. O quadro estaria preparado para a tragédia, se o conflito de forças fosse insuperável; a vitória do lado exterior, com a mesa posta e o teto que abriga, se impõe, engolindo o tímido protesto dos destinos interiormente construídos, frustrados pela veleidade — "figura vaga e transparente, trajada de névoas, toucada de reflexos, sem contornos definidos" (P.A., *D. Benedita*). A tragédia se converte na zombaria culta, no humour amargo e alegre, entre a afirmação e a negação, mais negação do que afirmação.

A energia interior não logra combater o seu combate; sente-se, previamente, derrotada. Ela não desaparece, nem se aniquila. Foge e se refugia nos destinos desdenhosos da glória, da carreira e da riqueza. Há toda uma casta que se afasta da sociedade e de suas exigências, para, longe da nomeada e do poder, fruir a vida com liberdade. São os boêmios, vadios, loucos, mendigos, parasitas e poetas. O traço que os reúne é a comum repulsa ao trabalho, trabalho como organização social coletiva. A dependência, fonte da deformação do homem, estaria, com a atitude negativa, rejeitada. Na medida em que essa conduta se fixa como doutrina ou como estilo de vida, ela sofre a censura do meio, censura calada ou ostensiva, em nome de valores burgueses, gradativamente dominantes na sociedade do Segundo Reinado. Estácio (*Helena*) resume a filosofia de toda uma família de espíritos.

> Os espíritos, disse ele, nascem condores ou andorinhas, ou ainda outras espécies intermédias. A uns é necessário o horizonte vasto, a elevada montanha, de cujo cimo batem as asas e sobem a encarar o sol; outros contentam-se com algumas longas braças de espaço e um telhado em que vão esconder o ninho. Estes eram os obscuros, e, na opinião dele, os mais felizes. Não seduzem as vistas, não subjugam os homens, não os menciona a história em suas páginas luminosas ou sombrias; o vão do telhado em que abrigaram a prole, a árvore em que pousaram, são as testemunhas únicas e passageiras da felicidade de alguns dias. Quando a morte os colhe, vão eles pousar no regaço comum da eternidade, onde dormem o mesmo perpétuo sono, tanto o capitão que subiu ao sumo estado por uma escada de mortos, como o cabreiro que o viu passar uma vez e o esqueceu duas horas depois. Suas ambições não eram tão ínfimas como seriam as do cabreiro; eram as do proprietá-

rio do campo que o capitão atravessasse. Um bom pecúlio, a família, alguns livros e amigos, não iam além seus mais arrojados sonhos. (cap. VII)

Os compromissos sociais escravizam — compromissos do trabalho e da política, da empresa ou do poder —, mas, para deles libertar-se, a fortuna será indispensável. O ócio não burguês do proprietário assenta-se no pecúlio, construído por muitas gerações. Este será o padrão da conduta independente, que, não obstante a ausência de base econômica, irradia sua validade a todas as pessoas.

O parasita cultiva o mesmo sistema — mantém-se alheio ao trabalho, cujos vínculos não suporta, cioso de sua liberdade, que o consenso social desonrará.

> Viana era um parasita consumado, cujo estômago tinha mais capacidade que preconceitos, menos sensibilidade que disposições. Não se suponha, porém, que a pobreza o obrigasse ao ofício; possuía alguma cousa que herdara da mãe, a conservara religiosamente intacta, tendo até então vivido do rendimento de um emprego de que pedira demissão por motivo de dissidência com o seu chefe. Mas estes contrastes entre a fortuna e o caráter não são raros. Viana era um exemplo disso. Nasceu parasita como outros nascem anões. Era parasita por direito divino.
>
> Não me parece provável que houvesse lido Sá de Miranda; todavia, punha em prática aquela máxima de uma personagem do poeta: "boa cara, bom barrete e boas palavras, custam pouco e valem muito...". (Res., I)

De igual índole é o Freitas (Q.B., XXIX): um despreocupado náufrago, "vivo, interessante, anedótico, alegre como um homem que tivesse cinquenta contos de renda". A maldição de ganhar a vida, a maior de todas as misérias, leva o parasita ao ócio, num casamento em que se associa despreocupação e vadiagem, roendo os bens próprios ou os alheios.

O escarnecido poeta Luís Tinoco, autor da obra *Goivos e camélias*, quer viver de seu trabalho, sem patrão e sem dependência. Recusa o salário, que o exilará na sociedade, certo de que o pão sairá de sua pena, longe da disciplina e da sujeição. Poeta e homem ajuizado são, porém, termos incompatíveis; o homem ajuizado cuida do emprego ou dos bens, sem a temerária independência, vizinha da desgraça da falta de teto e de almoço.

> Não havia que duvidar: o rapaz dera em poeta. Para o velho aposentado era isto uma grande desgraça. Esse, ligava à ideia de poeta a ideia de mendicidade. Tinham-

-lhe pintado Camões e Bocage, que eram os nomes literários que ele conhecia, como dous improvisadores de esquina, espeitorando sonetos em troca de algumas moedas, dormindo nos adros das igrejas e comendo nas cocheiras das casas grandes.
(H.M.N., *Aurora sem dia*)

Luís Tinoco, desabrochando versos e rimas, sente a prisão que representa o emprego no foro:

— Fui despedido ontem.
— Já?
— É verdade. Se ouvisse o discurso com que eu respondi ao escrivão, diante de toda a gente que enchia o cartório! Vinguei-me.
— Mas… de que viverá agora? seu padrinho não pode, creio eu, com o peso da casa.
— Deus me ajudará. Não tenho eu uma pena na mão? Não recebi do berço um tal ou qual engenho, que já tem dado alguma cousa de si? Até agora nenhum lucro tentei tirar das minhas obras; mas era só amador. Daqui em diante o caso muda de figura; é necessário ganhar o pão, ganharei o pão.

A convicção com que Luís Tinoco dizia estas palavras, entristeceu o amigo do padrinho. O dr. Lemos contemplou durante alguns segundos, — com inveja, talvez, — aquele sonhador incorrigível, tão desapegado da realidade da vida, acreditando não só nos seus grandes destinos, mas também na verossimilhança de fazer da sua pena uma enxada.

O belo sonho durou pouco. Luís Tinoco viu-se pressionado pela perspectiva da miséria, compelido a socorrer-se do emprego. Voltaria aos grilhões, envolvido no exagero de sua retórica poética.

— Volto ao foro, não? disse ele com a mais melancólica resignação deste mundo. Minha inspiração deve descer outra vez a empoeirar-se nos libelos, a aturar os rábulas, a engrolar o vocabulário da chicana! E a troco de quê? A troco de uns magros mil-réis, que eu não tenho e me são necessários para viver. Isto é sociedade, doutor?

— Má sociedade, se lhe parece, respondeu o dr. Lemos com doçura, mas não há outra à mão, e a menos de não estar disposto a reformá-la, não tem outro recurso senão tolerá-la e viver.

O poeta deu alguns passos na sala; no fim de dous minutos estendeu a mão ao amigo.

— Obrigado, disse ele, aceito; vejo que trata de meus interesses, sem desconhecer que me oferece um exílio.

— Um exílio e um ordenado, emendou o dr. Lemos.

A arte poética não se permite ao homem sisudo, que persegue uma carreira. Gouveia (E.J., XCV) só fizera versos quando amanuense; nomeado oficial, perdeu, com a nova gravidade, o extravagante gosto.

Versos e literatura, não só os versos, desqualificam o escritor e o poeta para a política, para todas as profissões sisudas. A república das letras repele todo o estilo burguês e vice-versa. Murat, derrotado para a cadeira de deputado, continuará poeta; na Câmara não há lugar para essa raça.

Poetas entram, com a condição de deixar a poesia. Votar ou poetar. Vota-se em prosa, qualquer que seja, prosa simples, ruim prosa, boa prosa, bela prosa, magnífica prosa, e até sem prosa nenhuma, como o sr. Dias Carneiro, para citar um nome. Os versos, quem os fez, distribui-os pelos parentes e amigos e faz uma cruz às musas. Alencar (e era dos audazes) tinha um drama no prelo, quando foi nomeado ministro. Começou mandando suspender a publicação; depois fê-lo publicar sem nome do autor. E note-se que o drama era em prosa... (B.D., 29 de julho de 1888; Crít., *O teatro de José de Alencar*)

A recriminação pública, tecida dentro de uma sociedade que valorizava, cada vez mais, o trabalho útil, isto é, vinculado à ordem econômica, repelia as andorinhas, cujo ócio envolvia protesto e recusa aos valores dominantes. De exílio em exílio, o último extremo é a demência, que libertou Quincas Borba e Rubião do servilismo da própria vida, confundida com a gaiola que sufoca todas as liberdades, sonhos e independências. O homem não governa mais o seu destino — só os desvios da sociedade, com os caminhos calçados de censura e escárnio, lhe permitem construir a verdadeira vida, sem deformações e sem máscaras. Nesse desvão, não há glória nem poder, opulência nem nomeada, pão nem teto.

IV

O basto e a espadilha

1 | *Uma camada social que se apaga: Fim de um mundo > 365*
2 | *Uma camada social que emerge. O Exército > 373*
3 | *O moralista e as forças sociais > 395*

1 | *Uma camada social que se apaga: Fim de um mundo*

HÁ EM TODA OBRA LITERÁRIA omissões significativas, com o mesmo alcance das referências explícitas. O que não se diz significa, às vezes, mais do que aquilo que se proclama, com solenidade ou a altas vozes. Em nenhum momento como agora, na busca do melancólico ocaso de um mundo, que Machado de Assis entreviu e vislumbrou, a dupla prova — a omissão e a ação — terá maior propriedade.

O ficcionista, do qual não se distancia o cronista, viveu cerca de cinquenta anos de história, dentro do Segundo Reinado. Retratou e elaborou uma sociedade, decantada, filtrada, construída a partir da conduta de personagens, transformados em homens, escravos e capitalistas, bacharéis e deputados, banqueiros e poetas. O padrão teórico, colhido nos moralistas e nos sociólogos deterministas do século XIX, sublima-se como produto da investigação crítica, pressuposto do ordenamento da realidade. O banqueiro não é uma categoria abstrata, mas a atividade de Agostinho Santos (*Esaú e Jacó*), no dia a dia de suas especulações, na caça astuta ao juro e às comissões. O romancista não se preocupa com entidades sociais ou econômicas, mas com situações concretas, significativas na medida em que os valores dominantes lhes conferem cor, sentido e consistência, projetados da estrutura global. As ações que Agostinho Santos lança na Bolsa, as quais, transformadas em criação de carneiros e em indústria têxtil, vestiriam a América e a Europa, se inserem no quadro da especulação, só possível porque o Rio de Janeiro atingia, naquele momento, uma estrutura comercial, de índole capitalista, capaz de atrair os astutos — ingênuos e astutos — compradores. Da mesma forma, o barão de Santa Pia cogitou de alforriar todos os escravos do seu estabelecimento agrário sob a pressão da atmosfera que desvalorizava o elemento servil como instrumento de trabalho. A mesma ação, que o escritor cautelosamente não confunde com ato gratuito de generosidade, não teria sentido senão às vésperas do 13 de maio. Há, em todos os gestos e atos das personagens, motivando-as ou determinando-as, a mola, secreta ou ostensiva, forjada com o material da ordem social, globalmente considerada. A longa meditação do fato literário, impregnado de realismo, dá a perspectiva, singular entre os escritores brasileiros do seu tempo, do compromisso do ato com o seu meio. Ele sabe que, além dos condicionamentos da realidade, realidade interior e exterior, há o falso mundo da "égloga virgiliana". Com os fios da vida e da tradição, do pensamento e da experiência, pinta um quadro acabado da sociedade brasileira. Euforicamente, ele a sente crescer nas mãos, filha de seu poder de criação, estabilizando-a, em certo momento, como a obra que realiza todas as suas virtualidades. No ato de fixar esse retrato, os homens realizam seu destino, perseguem a felicidade, amam e se reproduzem, esquecidos das suas angústias. O drama tem, porém, outros atos, que se sucedem evocados pelo movimento que condena a vida a se agitar, em saltos regulares ou em cabriolas. O que existe há de perecer, dizia Mefistófeles, para que o que existe possa viver em plenitude. Na sucessão de momentos, há o ato final — aquele que o romancista sente como final, porque, dentro de sua cartola de mágico, nenhum outro suscita o renovamento das folhas amarelas e das raízes exaustas. A estrutura, penosamente armada, deu o que tinha que dar; o escravo ganhou a liberdade, o proprietário já não goza seu ócio e suas rendas, o zangão se fez banqueiro. A colheita esgotou a safra, plantada com muito esforço e durante uma vida: o campo tornou-se estéril. Para o homem que nasceu e viveu dentro das quatro estações, a quinta estação parece-lhe impossível, incapaz de despir as rugas para esperar o novo ano, com a repetição do mesmo ciclo. Machado de Assis, depois de evocar as fontes coloniais de seus heróis, de seus comerciantes, fazendeiros e proprietários, sente que, no fim do século, suas personagens nada têm a realizar, nada mais têm a dizer. Entram em cena outros homens, os especuladores do *encilhamento*, os militares e os propagandistas de uma nova fé. Entram em cena na vida real, mas o escritor não os aceita: eles são filhos de outro mundo, que vai nascer. O romancista pressente, para recusá-los, afastando-os à força do escárnio e do apupo, que não pertencem à roda antiga, familiar. Eles não passam, aos olhos do homem velho, de sombras da decadência, fruto da desordem dos novos tempos, intrusos sem espírito, maneiras e estilo. Desconhecem a gramática, a arte do gamão e do voltarete, grosseiros, rudes, incultos. Afinal, a melancolia do conselheiro Aires — obsedado pelo verso de Shelley (*I can give not what man call love*) — reflete uma classe que cai, sem admitir que outra lhe tome o lugar, na monótona sucessão de todas as coisas.

Machado de Assis não se deixou atrair, diante do espetáculo da decrepitude, ao desespero e à tragédia. Há um ensaio de tragédia, uma imitação de tragédia, perdida no humorismo. A vida não seria impossível, no sentimento geral de um grupo, sob as novas condições. Ela seria apenas diferente, menos cômoda — o que gera tristeza, melancolia, ressentimento. Há uma geração que não se adapta às novas circunstâncias, com o ocaso de uma classe e seu sistema, de um estamento e seu estilo de vida. Representam-na, além de Machado de Assis, o visconde de Taunay e Joaquim Nabuco. O mesmo Joaquim Nabuco que viu o futuro pertencer ao proletariado — o que não era nada e seria tudo, paráfrase declamatória de Sieyès — vê agora diante de si unicamente o caos, o ruidoso desabamento do velho edifício, tido um dia como eterno. A *corrupção* e a *gangrena* tomaram conta do corpo outrora viçoso. A política converte-se na auxiliar dos negócios, que roeriam tudo, a monarquia e o caráter nacional.

> A política propriamente dita perdia importância, ao passo que deixava desenvolver-se, à sua custa, o gérmen invasor que a devia matar; subordinava-se à função de servir a uma plutocracia tão artificial quanto efêmera, afetando a essa sua criação de um dia tarifas de alfândegas, impostos, papel-moeda, crédito público. Bem poucos estadistas sentiam quanto seu papel era secundário, ingênuo; que, com seus discursos, suas frases, seus projetos, suas dissensões, eles não eram senão o instrumento de que se servia, quando eles menos o suspeitavam, a ambição de fortuna que estava por toda parte. Que era todo o trabalho que eles faziam nas câmaras, na imprensa, no governo, senão o revolvimento surdo e interior do solo, necessário para a germinação da planta? Eles, políticos, eram os vermes do chão; a especulação, a planta vivaz e florescente que brotava dos seus trabalhos contínuos e aparentemente estéreis; eles desanimavam, ela enriquecia. [...] Esse espírito de cobiça, em torno e com os recursos do Tesouro, criando leis como se descobrem minas de ouro, irá crescendo desde então, dia por dia, no caráter e índole do governo, como o outro espírito, a sede de transformações radicais no mecanismo político do Estado. Um mina, alui a sociedade no alto, o outro, embaixo; um alicia o interesse, o outro, a imaginação; por forma que, o fato de 15 de Novembro de 1889, o baque da monarquia, precipitado pelo impulso do segundo, encontra o primeiro em tal grita e agitação de negócios, que a queda do trono, no momento, passa quase despercebida ao mundo financeiro, ao gigantesco parasita que havia sugado a melhor seiva da nossa política, o seu grande alento das épocas desinteressadas e patrióticas.

[...] O prestígio substituíra o respeito: o respeito fora o reflexo do caráter sobre a opinião; o prestígio era o reflexo da situação que o homem de Estado ocupava ou podia ocupar; não havia mais propriamente o estadista, havia só o político, criatura de um dia, desenraizado, flutuante, sentindo que em nada se apoiava, que um sopro o precipitaria da altura a que fora elevado.[1]

O espetáculo irradia desencanto, amargura e dor. Só restam duas forças na sociedade em perecimento: a especulação e a transformação radical, alimentadas, ambas, pela plutocracia. A política, filha da moral e do direito, cultivada num círculo ilustrado e superior, degrada-se nos conchavos do dinheiro ou a eles serve, ignorante de sua grandeza. O gérmen corruptor se insinuara na máquina do Império, corrompendo-o e abafando o estrépito de sua queda. As "épocas desinteressadas e patrióticas" dão a tonalidade ao momento atual, por contraste — a saudade purifica os vícios do tempo velho, idealizando-o. De outro lado, os arautos do progresso, embriagados de futuro, queriam vestir a Europa e a América, graças a uma derrama de ações.

Ao visconde de Taunay, ex-senador do Império, as transformações sociais se deviam à nova ordem política. Falta-lhe a fria isenção de Nabuco, o fino alheamento de Machado de Assis, que identificaram, na nova atmosfera do fim do Segundo Reinado, a erva daninha longamente incubada, operando a ascensão de um grupo e a queda de outros. Para Taunay, a República seria a fonte de todas as desgraças, descalabros e a inversão dos valores. Adiantou o *encilhamento* no tempo, idealizou o Império — o milagre está feito, milagre para abrir as explicações convincentes. O *sebastianismo* coloria o passado, em contraste com a especulação atual, que traduziria a ladroeira solta, mal disfarçada na febre industrial.

> A indústria, sim, eis o legítimo escopo de um grande povo moderno e que tem de aproveitar todas as lições da experiência e da civilização; a indústria, democrática nos seus intuitos, célere nos resultados, a fazer a felicidade dos operários, a valorizar, a tresdobrar os capitais dos plutocratas, sempre em avanço e a progredir, tipo da verdadeira energia americana e a desbancar, com os seus inúmeros maquinismos, que dispensariam quase de todo o auxílio braçal, tudo quanto pudesse haver de melhor e mais aperfeiçoado nos mercados estrangeiros.[2]

O *encilhamento* teria criado uma nova classe — os especuladores —, que, organizada, resultou na "oligarquia plutocrática". O Império se constituiria de uma "sociedade admiravelmente equilibrada", assaltada por um furacão, que cessava "o funcionamento regular de todas as peças, as quais no seu trabalho harmônico a todos levava o bem-estar e a quietação necessários à felicidade e ao contentamento da nação inteira".[3] Daí nasceu o desassossego popular, com a questão operária, expressa na greve da estrada de ferro Central do Brasil, original pelas suas proporções, no Brasil, como contrapeso à plutocracia dominante.

> Nasceu a questão operária da Bolsa, da febre da agiotagem, os lucros consagradores e rapidíssimos da especulação desenfreada e dos golpes aleatórios e arriscados.
>
> De todo aquele conjunto, que absorveu durante largos meses a melhor parte pensante do Brasil, emergiu logo o luxo, a ânsia de gozar e sobretudo de ostentar; originou-se o desapego ao dinheiro naquela catadupa de emissões, a despertar mil instintos maus e a fomentar o esbanjamento e o desperdício.
>
> [...] O que, porém, não havia, era o *pauperismo*, isto é, "a pobreza anormal, agindo em sentido subversivo", inquieta do futuro, conturbada por maus pensamentos e abrindo conflito odiento com o dinheiro dos patrões — isto é que não havia.
>
> Foi a intitulada mudança democrática que o fez nascer — essa democracia ávida de gozo, de luxo, e no fundo cheia de arrogância aristocrática, quando o regime monárquico era todo diferente na orientação que dava ao Brasil, e pregava pelo exemplo a modéstia e a igualdade.[4]

A República, na visão retrospectiva de um *sebastianista*, não se equiparava apenas a uma mudança política. Identificava-se ao *encilhamento*, obra da plutocracia reinante, que emergiu e se tornou possível em decorrência do afastamento da estrutura e dos controles imperiais. No fundo, insinuava que a ordem aristocrática, limitando as ambições individuais, impedia o aparecimento do especulador, restritas as oportunidades de lucro às situações tradicionalmente fixadas. Sem as cautelas e o equilíbrio, impostos de cima e confundidos com a organização social, extremaram-se as competições democráticas, suscitando, de um lado, a plutocracia financeira, e, no povo, o sentimento de miséria injustamente sofrida. O pobre também era pobre no Império mas esquecia a pobreza, pois a riqueza não lhe era acessível, dependente de qualidades privativas de um estilo de vida aristocrático. De outra perspectiva, alheia a Nabuco e a Machado de Assis, descobre o visconde de

Taunay, perplexo como os outros com a maré de fogo, na ideologia democrática e igualitária da República, a origem das perturbações da estrutura que a tradição inculcava como eterna. O *sebastianista* contrapunha-se ao *jacobino*, discernindo o conteúdo da troca de slogans da época. A plutocracia — vestida com aparato e não com gosto — era a flor das forças em ascensão e em contraste — com origens, de acordo com o sarcasmo ressentido, nos negócios de escravos ou na advocacia administrativa dos corredores ministeriais, nas concessões e nos favorecimentos oficiais.

Machado de Assis, em comum com Joaquim Nabuco e o visconde de Taunay, sente que um mundo envelheceu e se prepara para sair de cena. Não está alheio ao aristocratismo de Taunay, para quem o equilíbrio das forças sociais, capaz de evitar a predominância dos instintos predatórios, só seria possível com o Império. O imperador desempenharia o papel de educador de selvagens e amansador de paixões, ajudado pelo estamento de nobres, escolhidos entre os melhores rebentos da velha sociedade. A irrupção democrática tumultuou a estrutura pacífica e estável, suscitando o sentimento de injustiça na pobreza e desaçaimando a cobiça de riqueza, riqueza transformada em padrão da superioridade social e política. Ao tempo que não vê — em omissão significativa — o perigo do sentimento de pobreza, que geraria greves, percebe o outro lado da equação. O sistema republicano suscitaria o "nascimento da mais insolente aristocracia que o sol jamais alumiou" (18 de março de 1867). A referência alude à plutocracia. Sabia, porém, com explicitude não reconhecida por Joaquim Nabuco e Taunay, que a aristocracia, no Segundo Reinado, encobria apenas uma oligarquia absoluta. Em contraste às reivindicatórias observações políticas do autor de *O encilhamento*, harmonizado com Joaquim Nabuco, percebia bem que o fenômeno nada tinha com a República, no máximo esta teria revelado um processo existente e em curso durante muitos anos. A classe de especuladores ganha o posto dominante, o pináculo, transformando-se em plutocracia. Houve, precipitada pelo 15 de novembro, a valorização política de um fato já consolidado no Segundo Reinado. O arredamento do estamento da aristocracia permitiu, para preencher o vácuo, a atribuição de densidade política e a elevação do conteúdo social a uma classe que enriquecera. Não percebe Machado de Assis — outra omissão significativa — que no lugar do velho estamento aristocrático outro poderia ocupar-lhe o lugar, estamento composto de militares. Com isso se restabeleceria a fachada institucional; pelo menos, se frustra a tentativa, duraria o mesmo sistema, apenas interiormente renovado. Ou, quem sabe, a "insolente aristocracia" não seria a do dinheiro mas a da espada? Nada autoriza a conjetura, senão que ela é desmentida pela concepção que emerge da obra de ficção, com a subida ao primeiro plano de Escobar, Palha, Cotrim, Santos e Nóbrega, todos homens filhos da esperteza comercial.

O conselheiro Aires (*Esaú e Jacó* e *Memorial de Aires*) assiste, como silenciosa e cética testemunha, ao ocaso dos "bons velhos tempos", saudosista inconfessado, *sebastianista* encoberto. Ele é a consciência melancólica do fim dos tempos. Vê o abolicionismo, a República e o *encilhamento*, sem se engajar em nada, incapaz de se associar aos acontecimentos, identificado, para comodidade do papel, a um diplomata que perdeu a noção da realidade brasileira. Há, no funcionário aposentado, rico e despreocupado, viúvo e sem amores, o esboço de uma consciência trágica: o mundo está vazio de interesse, distante de seus valores, mudo às suas paixões, indiferente à sua vontade. Mas tudo ficou no esboço — o desencanto cede lugar ao sentimento de impotência, o pitoresco irônico cobre as coisas, as coisas mudas e frias, sem penetrar na chaga que revolta a alma. "A ascensão de um governo, — de um regime que fosse, — com as suas ideias novas, os seus homens frescos, leis e aclamações, valia menos para ele que o riso da jovem comediante" (E.J., XL). Aires se refugia nas suas lembranças, no pequeno mundo, nas cavilações de moralista e humorista, em fuga desabalada, mas intramundana, da ação exterior, arredia à força de seus braços envelhecidos. No baile da ilha Fiscal (*Esaú e Jacó*), todos — Natividade, a mulher do Batista, Pedro e Paulo, Flora — soltam a imaginação, envolvidos na derradeira parada do Segundo Reinado, presidida pelo imperador em pessoa. Cada um deles sente que um papel futuro, de ação e participação, lhe está reservado, na austera e fantástica comédia do governo. Flora traduz, incorporando-a aos seus sonhos, a imagem da futura imperatriz, que elege e despede ministros. O conselheiro Aires, no meio da sarabanda, cresta a ilusão juvenil e imperial, com o extemporâneo bom senso, destronando a princesa, para reduzi-la ao miúdo papel de namorada.

> Ora, o conselheiro tinha visto no rosto da moça a expressão de alguma cousa e insistia por ela. Flora disse como pôde a inveja que lhe metia a vista da princesa, não para brilhar um dia, mas fugir ao brilho e ao mando, sempre que quisesse ficar súdita de si mesma. Foi então que ele lhe murmurou, como acima:
> — Toda alma livre é imperatriz. (E.J., XLVIII)

Diante da queda do Império, vence, contra o espanto, a revolta ou o entusiasmo, a rotina dos dias, cheios dos mesmos trabalhos e enfados, escoando-se debaixo da indiferença eterna dos astros.

> Vieram amigos da casa, [do barão de Santos, no próprio dia 15 de novembro] trazendo notícias e boatos. Variavam pouco e geralmente não havia opinião segura acerca do resultado. Ninguém sabia se a vitória do movimento era um bem, se um mal, apenas sabiam que era um fato. Daí a ingenuidade com que alguém propôs o voltarete do costume, e a boa vontade de outros em aceitá-lo. [...] Enfim, o basto e a espadilha fizeram naquela noite o seu ofício, como as mariposas e os ratos, os ventos e as ondas, o lume das estrelas e o sono dos cidadãos. (E.J., LXVI)

E a Constituição, que é ela para os gêmeos Pedro e Paulo, os futuros grandes homens? Ela, o paládio das liberdades, o sacrário das garantias contra os tiranos, cede diante dos olhos da encantadora Flora nebulosa. "Efetivamente, eles iam chegando ao ponto em que dariam as duas constituições, a republicana e a imperial, pelo amor exclusivo da moça, se tanto fosse exigido. Cada um faria com ela a sua constituição, melhor que outra qualquer deste mundo" (E.J., LXXXV). Finalmente, há uma classe que toma conta dos salões e das carruagens. O conselheiro Aires assiste ao mundo que emerge, convencido de que as pessoas mudaram de lugar, sem trocar de maneiras, enquanto a Terra gira, indiferente, no seu eixo.

2 | *Uma camada social que emerge. O Exército*

O 15 DE NOVEMBRO ultrapassa as coordenadas militares que o ditaram. Significa — embora se relute em reconhecê-la — profunda alteração social e política na estrutura das forças dominantes. A República, como instituição política, não será a causa, soberana e isolada, de um novo ciclo. Ela se insere num longo movimento, manifestação espetacular de transformações que se operavam silenciosamente. Deodoro, no Campo de Sant'Ana, com a feição das litografias oficiais, representa apenas um símbolo, atrás do qual a vida tumultua contradições e efeitos que surpreendem os autores do drama.

Há um complexo fenômeno, urdido em vinte anos de expansão, preparado com cinquenta anos de ressentimentos e trabalhos, que explica o gesto, espada desembainhada, olhos em desafio, porte viril, do 15 de novembro. Um setor da sociedade se eleva, como camada monolítica, dentro da ordem imperial, vencendo poderoso cerco de resistências e a tradicional hostilidade da política civil. Não se trata de um oficial que galga os altos postos — títulos nobiliárquicos, a cadeira senatorial, a farda de ministro —; o fato não era estranho ao Império, os exemplos de Caxias, Osório, Pelotas, Taunay o demonstram. O que se passou foi justamente o contrário, como outra será a índole da ascensão de Deodoro e Floriano: elevou-se uma classe, uma camada inteira, que, com o poder, irradiou status a todos os seus integrantes. Daí o caráter de cataclismo que provocou no equilíbrio do poder reinante, ao deslocar grupos e instituições tradicionalmente ancoradas na maquinaria política. Este traço antitradicional, vulcânico, dá a nota aos acontecimentos que precederam, gerando-o, o 15 de novembro. A conduta usual, de feitio conservador, da Coroa — do estamento que a sustentava — sempre foi a de absorver, assimilar e cunhar, flexivelmente, as expressões mais destacadas de todas as classes e de todos os departamentos da vida econômica, social e cultural. Desde a época colonial, em obediência a um estilo velhamente português, o agricultor, o comerciante, o letrado, depois de submetidos interiormente aos valores dominantes, sentavam-se à mesa das decisões políticas, dóceis à ordem tradicionalmente vigente. Elevavam-se as expressões individuais, os expoentes, rompendo o vínculo da solidariedade com a camada que os nutriu, projetou e ilustrou. Passavam a outro círculo, a uma roda mais alta, a uma comunidade, às vezes amorfa, mais distinta, guardando apenas o pálido reflexo dos interesses de outro tempo. O enobrecimento fazia esquecer lealdades antigas, no orgulho dos títulos, dos brasões e da audiência nos conselhos superiores da Coroa. Todos se aquietavam, depois de entrar na dança, mesmo os heróis, mesmo os potentados territoriais, os ricos comerciantes e banqueiros. Ao retirar das fileiras as glórias militares, para cobri-las de condecorações e títulos, supunha o Império desarmar o Exército, como corpo, de suas expressões reivindicatórias, em torno das quais podia ele se estruturar, organizar e arregimentar. O expediente mostrava-se eficiente, com respeito à Marinha, integrada, por esse mecanismo, à paz imperial. O oficial de Marinha, como o bacharel, o comerciante e o fazendeiro, tinha acesso provável ao prestígio social, na antecâmara da nobreza. Os almirantes eram, como almirantes, peça integrada no círculo dominante, projetando sobre a oficialidade a auréola de respeito geral, que deles, na qualidade de nobres com ou sem títulos, se irradiava. Não era a Marinha que subia às altas esferas, como setor da força armada: eram os oficiais de Marinha que, ao se enobrecerem, se desligavam do fermento de um grupo coeso, unido por ideias, interesses e valores autônomos. Ela se perdia na massa superior dos funcionários, como os juízes, bacharéis e senadores.

O artifício não deu o resultado esperado com o Exército. Caxias e Osório, glórias militares do Império, se integram nos partidos, trazendo, junto com o prestígio de suas espadas, a estabilidade política. Já a outra geração, também gloriosa, de Deodoro e Pelotas, não se deixou enfeitiçar ao sortilégio tradicional. Entre uma e outra geração, mudou o Império e mudou o próprio Exército. Os reflexos da mais longa das guerras permitiram que, de soldado a soldado, se consolidasse o cimento que amalgamou uma camada. Camada que poderia, elevando-se coletivamente, como cedo percebeu, decidir do destino do país, monopolizando o poder e o prestígio. Certo, o Império, por seus políticos e estadistas, também sabia o risco que o rondava. Nesta partida, não havia ingênuos; as pedras se moviam no tabuleiro sob a vigilância dos parceiros e antagonistas. Em primeiro lugar, se a força de terra mostrava-se, por experiência histórica, relutante em se dobrar ao domínio civil, a Armada era trunfo certo, em favor da ordem. Em 1895, ao escrever a história trágica de

Balmaceda, Joaquim Nabuco, refletindo o eco dos acontecimentos brasileiros, destacou o papel legalista da Marinha.

> A verdade é que um *pronunciamento* naval era novidade para a América, onde não havia ainda surgido um Topete. Sempre que os partidos enumeram seus recursos põem de parte a força naval, e de fato por sua natureza a esquadra é em política um elemento neutro. O caráter nacional da armada é em toda parte mais acentuado do que o do exército, quando sejam igualmente patrióticos. O marinheiro é um ausente; tem que ser, pelo seu gênero de vida, muito menos regional do que o soldado, vinculado à guarnição. A luta do homem do mar é na maior parte do tempo contra os elementos, pelo menos o era na antiga marinha de vela, da qual ele vem, e isto imprime à sua energia um caráter de grandeza que amesquinha as dissensões civis. [...]
>
> Em todos os países a marinha tem uma popularidade sua, um prestígio próprio sobre as massas. O exército é outra coisa; popular, como se vai ele tornando em nossos dias, ainda assim não foi possível ao povo, em parte alguma, desprender da farda militar a antiga ideia de opressão, resto do uso, que os governos fizeram sempre da tropa para se imporem. Uma revolução militar, por mais liberal que fosse o seu intuito, teria sempre contra si um preconceito, o caráter autoritário da força armada. A tendência do governo militar é o militarismo. Não pode, porém, haver despotismo naval. Tem havido até hoje todas as espécies de tirania, mas não se viu um tirano embarcado. Do mar ainda não se governou a terra.[5]

Em segundo lugar, contra o eventual predomínio militar, havia a Guarda Nacional, firmemente controlada pelo governo desde a reação centralizadora de 1841, que a retirou do comando territorial. Ainda na hora derradeira do Império, o visconde de Ouro Preto viu, na reorganização da Guarda Nacional, o meio de

> não deixar o governo à mercê da força de linha, absolutamente sem outra qualquer em que se apoiasse para, se mister fosse, prevenir ou conter-lhe os desmandos.
>
> Não era isto [segue explicando] uma ameaça, mas imprescindível cautela, natural e legítima, e que só podia ser mal recebida por aqueles que já alimentavam intuitos inconfessáveis e planos subversivos.[6]

A realidade é que o Exército não se integrou na ordem imperial como a Marinha, presa ao mecanismo de nobilitação de seus expoentes. Ele permaneceu alheio ao jogo de forças, ao arranjo do tabuleiro. Para quebrar-lhe a unidade — com êxito durante algum tempo —, houve o enfeudamento de seus generais mais expressivos, heróis nacionais, distinguidos com títulos. Ouro Preto, no último gabinete da monarquia, foi aconselhado a *pacificar* a força de terra com o enobrecimento em massa, manobra desesperada, exagero caricato de usual prática política.

> Ao que não anuiu o gabinete [confessa Ouro Preto], e tal é a exceção que ressalvei (sugestão do ministro da guerra, visconde de Maracaju, oficial general), foi uma derrama de graça por toda a oficialidade, baseada em certa tabela de equação entre os postos e a categoria dos títulos e condecorações, de modo que a cada marechal de campo se conferisse, *verbi gratia*, um baronato, a cada brigadeiro uma dignitária da Rosa, e assim por diante.[7]

Diferenciado, congregado interinamente, não amalgamado como bloco, não desintegrado pela conquista dos expoentes, revelou-se, a partir da Guerra do Paraguai, corpo hostil no quadro das instituições. Ele chegou a este extremo, não somente em virtude da desconfiança do Império em relação à força armada, temeroso de um pronunciamento, já comum nas repúblicas sul-americanas, perigosamente contagiosas. Havia, no fundo do processo de desencontro, desencontro que provocou a homogeneidade do Exército, uma divergência acerca da função da força de terra. Enquanto a Marinha era vista como o instrumento da defesa do país, externamente, capaz de lhe guardar as fronteiras e servir de prolongamento à política platina, o Exército seria apenas um corpo de emergência, complementar, senão auxiliar, da Guarda Nacional. Na Guarda Nacional repousava, além disso, para os estadistas imperiais, o instrumento de repressão e paz interna, assimilada, como estava, ao mecanismo institucional e às molas do poder político, envolvida sobretudo no processo eleitoral. Daí o ódio que lhe votavam os liberais, embora cientes — como Ouro Preto — dos seus préstimos (*Diálogos e reflexões de um relojoeiro*). O grosso das tropas na campanha contra Lopes se constituiu da Guarda Nacional, sobretudo do Rio Grande do Sul, ajudada pelos corpos de voluntários. A melhor instrução dos oficiais de carreira, saídos da escola militar, suportava mal esse convívio, não raro imposto de fora. O visconde de Taunay conta, retratando as susceptibilidades da classe já em fermentação, o mal-estar do comando de um tenente-coronel da Guarda Nacional sobre oficiais de carreira, chamado ao posto pela ausência de patente superior.[8] De outro lado, os oficiais de carreira não encontravam, na sociedade brasileira, o mesmo acatamento das patentes da Guarda Nacional ou dos oficiais de Marinha. A redução drástica dos efetivos, terminada a Guerra do Paraguai, soou como manifestação de desapreço, inspirada no propósito de aniquilamento da força de carreira. Ocorre que o imperador, interpretando a vontade do estamento que presidia, não fixava num Exército forte a garantia de sua política platina. Para ele, o único perigo exterior a temer seria a República Argentina, que se imobilizaria com os tampões geográficos, o Uruguai e o Paraguai. A destruição do último país causou-lhe o desgosto de, contra seu propósito, eliminar uma barreira de contrapeso.[9] Reforçar o Exército significava, ainda, onerar o Tesouro além de sua capacidade, solicitando às Câmaras dotações que elas relutariam em conceder, dada, no dizer do imperador,

> a extrema repugnância dos brasileiros pelo serviço militar. Ultimamente — confidenciava d. Pedro II ao filho de Metternich — numa cidadezinha onde as comissões de recrutamento tinham estabelecido sua repartição, as mulheres nela penetraram e expulsaram os comissários e rasgaram os papéis que tinham.[10]

Daí a redução, findo o conflito, para desespero do conde d'Eu, da força de linha a menos de 12 mil homens, depois dos 100 mil durante a mobilização.

Desmobilizado embora, o Exército agora era uma força com a qual havia que contar. Ganhara a opinião pública com a auréola carismática que se derramara nas cabeças de seus chefes, Caxias e Osório. Enquanto a velha geração, à qual pertenciam os dois heróis máximos, se deixava dissolver, incorporando-se à ordem imperial, a segunda onda, de Deodoro e Floriano, era inseparável do corpo militar, do qual eram líderes, e só vivia porque expressão da classe. Osório, enquanto vivo, evitou — pela ação de presença e pelo enquadramento na ordem imperial — as manifestações reivindicatórias da corporação. Deodoro, mesmo que desejasse, como provavelmente o desejou Pelotas, não conseguiria sofrear a corrente, da qual eles eram, visceralmente unidos, o eco, a expressão e a luz reflexa. Aí se situa — no choque destas duas gerações — o momento da ruptura, que culminaria no 15 de novembro. Provavelmente, para afirmar a nova geração, muito teriam influído as lições hauridas no convívio com argentinos e paraguaios, entre os quais o Exército era força atuante nos destinos internos do país.[11] Teria contribuído, também, a formação letrada, não puramente especializada, introduzida pela Escola Militar, desde 1874.

A parte pensante do Exército, que se destinava ao estado-maior e ao corpo de engenheiros e vinha formar-se em conjunto com a mocidade civil, ficou concentrada nos cursos da escola militar, segregada no isolamento do seu internato. O que poderia ser uma medida destinada a aperfeiçoar o sentimento e a instrução militares serviu para constituir uma espécie de ginásio político-literário-militar, [...] tudo isso foi preparando ali uma casta intermédia, interessada nas contendas civis, pela direção do espírito, e ligada ao exército, pela identidade da profissão legal. [...]

Um corpo dessa natureza estava fatalmente destinado a agravar os antecedentes históricos da formação do exército. Na fileira, os praças de pré provinham do voluntariado e do recrutamento forçado. Essas duas fontes só fornecem gente do mais rudimentar estado de civilização, quase toda originária das classes mais necessitadas e mais expostas ao contato da escravidão. Nada mais fácil do que desviar essa massa de um dever de que ela não tinha a consciência perfeita.

Foi justamente o movimento político contra a escravidão que abalou o terreno preparado entre os militares. Era a primeira grande questão nacional que surgia depois da Guerra do Paraguai e da concentração da escola militar; a questão religiosa tinha-se agitado naquela mesma época, porém era uma questão que interessava mais à consciência do que à paixão política dos cidadãos.

A escola militar tornou-se um foco de propaganda abolicionista e do seu seio saíam oficiais que tomavam parte ostensiva em manifestações, que não podiam agradar o governo.[12]

As causas são diversas, entretecidas para formar da corporação militar um setor diferenciado da sociedade. A preservação de sua autonomia, bloqueada e ferida, levou a força de terra a intervir nos assuntos do governo, num momento em que estava solidamente reconhecida a supremacia do poder civil, integrado na pessoa inviolável do imperador. Entre Exército e as demais instituições quebrou-se a identidade. O remédio previsto pela camada dirigente para conter as manifestações explosivas dessa desconexão revelou-se contraproducente. Consistia no antiquado conceito de disciplina, que importaria, se aplicado, na exclusão do Exército da comunidade geral. De outro lado, a nobilitação dos expoentes produzia efeito contrário ao desejado — eficaz ao tempo de Osório, levaria, no momento, a afastar o líder da tropa, identificando-o com o trânsfuga. Acrescente-se que o próprio poder civil — cujo símbolo de supremacia se encarnava no imperador — abandonou a posição sobranceira, com a exacerbação partidária. Os partidos — o Conservador e o Liberal —, depois de se enriquecerem com a colaboração *totêmica* dos grandes heróis da Guerra do Paraguai, passaram a rondar os quartéis, sedentos de atrelar ao seu carro, não apenas o herói, mas os líderes da corporação, que entravam, nas composições políticas, com o eventual peso da espada. Os partidos do Império, impedidos pela sua integração no mecanismo vigente, não levavam ao extremo o expediente. Legaram-no ao Partido Republicano, sobretudo ao rio-grandense, que o utilizou como arma contra o imperador e a estrutura dominante. Conjugados todos os fatores, os tempos estavam maduros: um novo conceito de disciplina surgiria, vinculado ao *cidadão fardado*; o Exército constituía um bloco que reagiria, se tocado, em revide uníssono; a força armada se dispunha a intervir nas contendas nacionais, identificada com o supremo interesse do país, como expressão de seu alto papel de defesa da pátria e da auréola carismática conquistada nas batalhas. Contra essa emergente realidade, esclerosava-se o poder civil — o estamento político —, despido da força material e incapaz de se alargar, enriquecendo-se da diferenciada expressão, ideologicamente colorida, da espada. Confrontavam-se bacharéis e militares, em aberta guerra.

> Nos últimos tempos do Império, esse sentimento contra os chamados "bacharéis" se havia tornado, por assim dizer, quase que geral entre as fileiras do Exército. E nada o exprimia melhor do que os termos de uma carta que o General Tibúrcio de Sousa escrevia, em agosto de 1887, ao seu amigo João Brígido, queixando-se do que ele chamava "as pretensões da canalhocracia jurista", e propondo que o Exército, para defender-se, fortalecesse "a disciplina da ciência e a aristocracia da força".
>
> Data de então o conceito, que se iria generalizar entre os militares sob o regime republicano e num certo sentido aceito pelo país, de que eles formavam uma classe à parte e acima das demais classes da Nação, com poderes e privilégios próprios, já que só eles é que tinham patriotismo, só eles é que tinham a consciência dos deveres para com a Pátria, cabendo-lhes por isso o papel de defendê-la contra a sede insaciável de mando e as pretensões inconfessáveis dos políticos civis que a exploravam.[13]

Mais um passo, consolidar-se a consciência, ainda não teorizada, do poder moderador do Exército, expressa no controle, veto e destituição do grupo dirigente.

Ao lado exterior, institucional e ornamental, corresponde o lado interior, íntimo, amargo e sombrio. Ninguém o descreverá melhor do que um militar, o qual, embora senador do Império, não esqueceu os sentimentos da farda.

> De longa, de longuíssima data, tinham os militares do Exército queixas e queixas bem acerbas não da monarquia, mas da sociedade brasileira em geral, magoados, digamos a palavra, pisados, como sempre haviam sido, pelo bacharelismo invasor, insistente, jeitoso nas suas tendências monopolizadoras, às vezes bem-intencionado, outras pessimamente inspirado, tagarela, impaciente em sua exuberância parlamentar e retórica, bizantino nas fórmulas, vassalo em tudo de Triboniano e de Cujácio e por isto atado em suas resoluções e intuitos, atrasado nas suas concepções e acanhado em suas aspirações e na orientação que as gigantescas proporções do Império indicavam e aconselhavam. [...]
>
> Por esse conjunto de causas deprimentes mal se salientavam por suas aptidões alguns oficiais, ou lhes sorria de qualquer modo a fortuna, a ansiedade era logo e logo deixar a farda, entrar na sociedade civil, tornar-se paisano e abandonar os camaradas de armas, que os viam partir tristes e desgostosos, mas sem reserva lhes aplaudiam a resolução. "Pudesse eu fazer o mesmo!" era a reflexão de cada um deles.
>
> Pretendesse qualquer oficial, um alferes, um tenente, por bem reputado que fosse, a mão de qualquer moça de família mais notada pela posição e pelos haveres; eram surpresas, pasmo, sorrisos de compaixão, mil dificuldades, ao passo que todas as portas pressurosas se abriam ante a solicitação de qualquer bacharelzinho saído de fresco das escolas, mas que contava com patronos no senado, na política e na alta administração.[14]

Com a ascensão militar, as resistências, outrora apagadas e difusas, tornam-se abertas, agressivas e candentes. O duelo República contra Monarquia, identificado o 15 de novembro, na primeira hora, com a farda, transfere-se na luta entre a tirania e a liberdade.

> A luta vai ser [dirá o mais extremado combatente, ainda sonhando com a restauração monárquica] entre o exército estragado pelos jornalistas ambiciosos, pelos professores pedantes, entre esse exército político, servido por seus escribas e que não quererá largar a rendosa tirania, e a sociedade civil que terá de reagir ou de se aniquilar. A nação terá de mudar ou de devorar o exército político ou o exército político acabará de humilhar e de devorar a nação.[15]

O espectro do militarismo levava o próprio Taunay a guardar-se do entusiasmo, dolorido com a sorte da monarquia.

Agora era a vez do militarismo, a espada a tinir pelas calçadas, o argumento, a argúcia e a eloquência cedendo o passo ao fato e à força, os batalhões em contínuas marchas e significativas passeatas pelo centro da cidade, a artilharia rolando surdamente pelas ruas, como a melhor e a *ultima ratio*, o exército com seus chefes decidindo tudo, associado por camaradagem à marinha, em nome da nação que não fora consultada, nem de modo algum pretendia fazer valer os seus direitos; a farda brilhando em todas as festas com os seus vistosos uniformes, mantendo assim mesmo alguma coesão benéfica à ordem e à paz, e, apesar de feias exceções, conservando qualidades de honestidade e guardando certo retraimento no meio do descalabro geral, desse monstruoso desabar que sepultava os nomes mais respeitáveis e os caracteres de que deviam contudo partir os exemplos de desinteresse, dignidade e patriotismo.

Mas o outro tempo não era só a maravilha evocada pelos *sebastianistas*:

> Ha! sim, o outro tempo!... Mal chegado de São Paulo com o anel de rubi no dedo, logo a tribuna da assembleia provincial — os discursos longos, intermináveis, a política geral do Império discutida na salinha de Niterói, tudo salpicado de *Ave, Caesar, morituri te salutant*, brocardos de direito, poder pessoal, tiranias inaturáveis, a liberdade dos povos, sua pimentinha de republicanismo, frases de efeito, perorações retumbantes, tudo a propósito da força policial ou das façanhas do delegado fulano ou do inspetor sicrano.[16]

Até aqui, o painel de um debate político, cristalizado sobre fatos e acontecimentos em curso. O estamento dos bacharéis, incapaz de se renovar e de se enriquecer, cede lugar ao estamento dos militares, transitoriamente, até que as oligarquias estaduais entrem na cena. No fundo dos sucessos, a preservação da unidade nacional, a conquista duradoura da sucessão de categorias políticas, ameaçada diante da desagregação institucional. Desaparecido o monarca, o sucessor não lograria assegurar a incolumidade da máquina constitucional, encantada no respeito devotado a dom Pedro II. A Guarda Nacional, rompido o elo superior que a sustentava, aceleraria os particularismos regionais, exigindo a causa da unidade, provavelmente, a recomposição pela guerra civil, resultado dos antagonismos latentes. O 15 de novembro, trazido pelo Exército, assegurou a homogeneidade nacional, gravemente perturbada nos seus fundamentos. O centro da questão permaneceu ignorado, nublado pelo embate de dois segmentos da sociedade em torno do poder. Atrás do poder está a realidade que o poder representa, só discernível na perspectiva histórica. Nada perceberam os defensores do Exército, nem os que resistiam à sua ascensão, perdidos no temor do militarismo, excesso realmente possível, mas distante, na explosão que culminou com a República.

Machado de Assis, no curso da obra de ficção, viveu o momento da ascensão militar, retratou o íntimo duelo de forças sociais. No contexto de suas personagens, inexiste a missão unificadora do Exército. É a sua omissão *significativa*, que permite reconstruir a paisagem, onde o melhor material serão as peças ocultas. Na superfície só se mostram os tenentes, capitães e majores — desprezados na escala social a que são relegados. A glória da guerra e da defesa nacional, do revide às humilhações nacionais não se associa à carreira militar. A intervenção da espada se equipara, aos seus olhos hostis, à invasão estrangeira. Não quer ver, sequer, o movimento de uma camada, que faz oscilar e fender-se a outra, a tradicional, armada sob o fulgor imperial. Ao tempo que desdenha o oficial do Exército, valoriza positivamente o oficial da Armada e a patente da Guarda Nacional. A técnica literária ajuda-o na concatenação de seus elementos: apresenta o oficial como um desprezado, ridiculamente ferido na caracterização. Os generais e os almirantes, próximos da camada superior, estão ausentes, mal se lhes percebendo a sombra, entre uma vaga alusão e uma referência fugaz. Em suma, mais uma vez toma o escritor o escudo de salvaguarda das instituições, finamente advertido da direção do vento contrário. Os militares, por isso — já se observou —, não gozam, para ele, de "boa imprensa".[17]

O tenente Porfírio (H.M.N., *As bodas de Luís Duarte*), o major Lopo Alves (P.A., *A chinela turca*), o major Siqueira (*Quincas Borba*) caracterizam, nos traços coincidentes, a figura do oficial do Exército. O retrato, que resulta da multidão de personagens, sublimado em tipo ideal, pode se integrar na classe média, na desesperada classe média de um país pré-industrial. O bloqueio lançado contra os militares de terra terá a mesma contextura dos impedimentos opostos à ascensão da classe média. Uma diferença, porém, extrema as duas situações. Enquanto o homem de classe média aspira e almeja colocar-se numa situação de classe superior, a classe proprietária ou especulativa, o militar tem outras ambições, que definem e dão cor ao seu enquadramento social. Limitado ao vencimento fixo, não se expande em sonhos e devaneios de enriquecer ou viver de rendas, que perseguem o pequeno industrial e o pequeno comerciante. Integrado numa corporação, sente-se amparado pela solidariedade de grupo, visualizando na melhor posição deste a própria elevação do indivíduo. Assemelha-se, no particular, ao funcionário público de linha superior — ao bacharel empregado —, para o qual se abrem, em potencial, as portas dos salões, do parlamento, das condecorações e dos títulos nobiliárquicos. Um traço os distingue, bem verdade. Enquanto o caminho ascendente do funcionário público está pré-traçado, no macio curso que leva às grandezas, a vida do militar está fechada, abruptamente, pela não integração à burocracia dominante — ao estamento. Daí que ao capitão, ao major, ao coronel, para ingressarem na camada dominante, não lhes sirva o atalho. Necessitam, na sua longa viagem, de uma transformação, de uma mutação, capaz de projetar sua corporação na cúpula do poder. Diverso, e equiparável ao bacharel funcionário, é o engaste, no alto, da Marinha e Guarda Nacional, envolvida, a última, no processo de validação das categorias políticas. Há, em consequência, um explosivo fermento revolucionário no movimento ascensional do oficial. Nas suas atitudes, nas suas palavras, no seu modo de vida, há sempre, no próprio traço de amargura confiante em contraste com a amargura ressentida, a perspectiva do projétil em voo, carregado de promessas de mudança. Sua ascensão será política, em busca de ocupar o lugar do estamento civil — a "canalhocracia jurista" —, constituindo, em seu lugar, uma "aristocracia da força", na linguagem veemente do general Tibúrcio. O desvio dos chefes, gloriosos na guerra ou na sociedade, arrebatados, com os títulos nobiliárquicos ou com a cadeira no Senado, será, para o sentimento solidário do corpo, pura e simples traição ou deserção. Num certo momento, pela força da lógica dos acontecimentos, o jogo será tudo ou nada. Ora, esse desfecho provável infunde o caráter diferenciado ao coronel e ao anônimo tenente, atuantes na *Questão Militar*, ou perdidos nos quartéis, vergados sobre suas dificuldades e sobre seus problemas profissionais.

Igualmente com o que ocorre com a classe média, Machado de Assis desqualifica o oficial do Exército com a nota do sarcasmo. Nas ocultas nuanças, nos pequenos detalhes — no detalhe se esconde o pensamento do ficcionista —, revela-se o rasgo específico do estrato social. Porfírio (H.M.N., *As bodas de Luís Duarte*), o orador dos brindes

> tinha sido tenente do exército, e dera baixa, com o que andou perfeitamente, porque entrou no comércio de trastes e já possuía algum pecúlio. Não era bonito, mas

algumas senhoras afirmavam que apesar disso era mais perigoso que uma lata de nitroglicerina. Naturalmente não devia essa qualidade à graça da linguagem, pois falava sibilando muito a letra *s*; dizia sempre: Asss minhasss botasss...

De oficial a comerciante de trastes não havia decesso — as mesquinhas posições se equipararam. Não será em virtude das suas qualidades mercantis que Porfírio ingressará na roda dos casamentos de classe média, classe média com peru e champanha nos dias de festas grandes.

O tenente Porfírio era o tipo do orador de sobremesa; possuía o entono, a facilidade, a graça, todas as condições necessárias a esse mister. A posse de tão belos talentos proporcionava ao tenente Porfírio alguns lucros de valor; raro domingo ou dia de festa jantava em casa. Convidava-se o tenente Porfírio com a condição tácita de fazer um discurso, como se convida um músico para tocar alguma cousa. O tenente Porfírio estava entre o creme e o café; e não se cuide que era acepipe gratuito; o bom homem, se bem falava, melhor comia. De maneira que, bem pesadas as cousas, o discurso valia o jantar.

Era um tenente com os adornos de bacharel: falante, discursador, retórico. Essas graças infundiam prestígio, mas indicavam uma cópia de estilo, que a sociedade recebera da imagem do bacharel. A vida civil permitiu-lhe extravasar os dons que davam prestígio, numa espécie de mudança de campo. Prestígio que o narrador envolve de ridículo, associando seus gestos aos hábitos e cortesias de caserna.

Mas o tenente era o homem das situações difíceis, o salvador dos lances arriscados. Mal acabava d. Beatriz de falar, e José Lemos de assentir mentalmente à opinião da mulher, ouviu-se na escada a voz do tenente Porfírio. O dono da casa soltou um suspiro de alívio e satisfação. Entrou na sala o longamente esperado conviva. [...] Entrou com a graça que lhe era peculiar. Para cumprimentar os noivos arredondou o braço direito, e curvou profundamente o busto, ficando em posição que fazia lembrar (de longe!) os antigos lampiões das nossas ruas.

A carreira difícil de Porfírio — apenas tenente aos 35 ou quarenta anos — retrata a penosa marcha de um oficial, no tempo do Império, lembrada por Taunay,[18] apesar de capitão aos 26 anos.

O golpe definitivo de descrédito, vibrado contra o tenente Porfírio, escondendo a estocada contra uma camada social inteira, está na reprodução de seu brinde aos noivos, onde uniu o Calvário ao cravo e à rosa. Para terminar, o escritor recorda, sem apresentar o texto, a saudação de Porfírio, nas bodas de Luís Duarte, "ao exército e aos seus generais", enquanto o bacharel retrucou com outra "a união das províncias do Império". Na mesma linha está Lopo Alves (P.A., *A chinela turca*), major do Exército, no ano de 1850. Enquanto o tenente Porfírio, verborrágico e retórico, ganhava admirações, sob a censura do escritor, que lhe acentua o traço ridículo, Lopo Alves é apenas um maçador, "um dos mais enfadonhos sujeitos do tempo". O major castiga o bacharel Duarte, pronto para um baile, com a leitura de um longo dramalhão — é o senso da inoportunidade do cacete.

> Duarte recordou-se de que efetivamente o major falava noutro tempo de alguns discursos inaugurais, duas ou três nênias e boa soma de artigos que escrevera acerca das campanhas do Rio da Prata. Havia porém muitos anos que Lopo Alves deixara em paz os generais platinos e os defuntos; nada fazia supor que a moléstia volvesse, sobretudo caracterizada por um drama. Esta circunstância explicá-la-ia o bacharel, se soubesse que Lopo Alves, algumas semanas antes, assistira à representação de uma peça do gênero ultrarromântico, obra que lhe agradou muito e lhe sugeriu a ideia de afrontar as luzes do tablado. Não entrou o major nestas minuciosidades necessárias, e o bacharel ficou sem conhecer o motivo da explosão dramática do militar. Nem o soube, nem curou disso. Encareceu muito as faculdades mentais do major, manifestou calorosamente a ambição que nutria de o ver sair triunfante naquela estreia, prometeu que o recomendaria a alguns amigos que tinha no *Correio Mercantil*, e só estacou e empalideceu quando viu o major, trêmulo de bem-aventurança, abrir o rolo que trazia consigo. [...] Duarte procurou desviar aquele cálix de amargura; mas era difícil pedi-lo, e impossível alcançá-lo. Consultou melancolicamente o relógio, que marcava nove horas e cinquenta e cinco minutos, enquanto o major folheava paternalmente as cento e oitenta folhas do manuscrito.

O pai de Tonica será o mais característico dos maçadores. Notem-se as caudalosas palavras com que, num primeiro encontro, saúda o pacato e tímido Rubião:

> — O nosso Palha já me tinha falado em Vossa Excelência, disse o major depois de apresentado ao Rubião. Juro que é seu amigo às direitas. Contou-me o acaso que os

ligou. Geralmente, as melhores amizades são essas. Eu, em trinta e poucos, pouco antes da Maioridade, tive um amigo, o melhor dos meus amigos daquele tempo, que conheci assim por um acaso, na botica do Bernardes, por alcunha o *João das pantorrilhas*... Creio que usou delas, em rapaz; entre 1801 e 1812. O certo é que a alcunha ficou. A botica era na Rua São José, ao desembocar na da Misericórdia... *João das pantorrilhas*... Sabe que era um modo de engrossar as pernas... Bernardes era o nome dele, João Alves Bernardes... Tinha a botica na Rua de S. José. Conversava-se ali muito, à tarde, e à noite. Ia a gente com o seu capote, e bengalão, alguns levavam lanterna. Eu não; levava só o meu capote... Ia-se de capote; o Bernardes, — João Alves Bernardes era o nome dele — era filho de Maricá, mas criou-se aqui no Rio de Janeiro... *João das pantorrilhas* era a alcunha; diziam que ele andava de pantorrilhas, em rapaz, e parece que foi um dos petimetres da cidade. Nunca me esqueci, *João das pantorrilhas*... Ia-se de capote... (Q.B., XXXIV)

O comentário acentua o aflitivo da tagarelice insuportável. "A alma de Rubião bocejava debaixo deste aguaceiro de palavras; mas estava num beco sem saída por um lado nem por outro. Tudo muralhas. Nenhuma porta aberta, nenhum corredor, e a chuva a cair." Em todos, na ausência da cultura, na pretensão letrada, ressalta a origem negativa, de quem não veio dos grupos nobres ou ricos dos barões e dos comerciantes. A observação trai a origem popular do recrutamento do oficial — traço que justifica o desdém do escritor.

Não será por acaso, em eleição fortuita, a escolha de Porfírio, Lopo Alves e Siqueira, para personificar a retórica inchada da classe média, na macaquice do bacharel, bem como a inoportunidade insistente e cansativa. No tenente Porfírio percebe-se, no egresso da curteza do ordenado do Exército, prosperamente instalado no comércio de trastes, a vida sem perspectivas econômicas do oficial. Os outros denunciam — no estilo e nas pretensões literárias de mau gosto — o desejo de dourar, por algum meio, um status desprezado. Lopo Alves não encontrou, no serviço militar, cura aos seus males de escritor; a caserna serviu-lhe apenas de paliativo, com a "boa soma de artigos que escrevera acerca das campanhas do Rio da Prata". Para o major Siqueira, o Ministério da Guerra, a campanha do marechal Lopes, as fadigas do arsenal não supriam a ansiedade de melhor posição, que servisse ao menos para casar a filha solteirona. Mas, no destino de todos, não existe o bloqueio irremediável da classe média. Uma sombra lhes permite, pela promoção aos altos postos, pela glória militar ou pelo reconhecimento geral, a mudança de sorte. O coronel sonha com o general, para sua farda futura, ou, na falta, para genro. É o caso do coronel, cuja filha o bacharel Duarte quer esposar. Na ordem das preferências, o severo e ambicioso pai não admite a presença do bacharel, sobre o qual se erguiam o general e, na sua falta, um comendador rico.

> Nada impedia que os dous casassem, uma vez que se amavam e se mereciam. Mas aqui entrou justamente o destino ou o acaso, o que ele chamava há pouco "complexo das circunstâncias da vida", definição realmente comprida e enfadonha. O coronel teve ordem de seguir para o Sul; ia demorar-se dous a três anos. Ainda assim podia a filha casar com o bacharel; mas não era este o sonho do pai da moça, que percebera o namoro e estimava poder matá-lo. O sonho do coronel era um general; em falta dele, um comendador rico. Pode ser que o bacharel viesse a ser um dia rico, comendador e até general, — como no tempo da Guerra do Paraguai. Pode ser, mas não era nada, por ora, e o pai de Malvina não queria arriscar todo o dinheiro que tinha nesse bilhete que podia sair-lhe branco. [...] Que houve depois? Duarte teve algumas notícias, a princípio, por parte da prima, a quem Malvina escrevia, todos os meses, cartas cheias de protestos e saudades. No fim de oito meses, Malvina adoeceu, depois escassearam as cartas. Afinal, indo ele à Europa, cessaram elas de todo. Quando ele voltou, soube que a antiga namorada tinha casado em Jaguarão; e (vede a ironia do destino) não casou com general nem comendador rico, mas justamente com um bacharel sem dinheiro. (O.C., *Entre duas datas*)

Nas preferências do coronel, com a disposição tirânica sobre a escolha de Malvina, transparece a medida dos valores sociais. O bacharel pode ser um partido conveniente — se fizer carreira; mas, na visão do oficial, prevenido contra as glórias bacharelescas, o risco não vale a pena. Antes um general ou um comendador rico. O bacharel, e bacharel sem dinheiro, só em último caso. Tonica, a filha quarentona do major Siqueira, traduz, nas suas decepções, o mundo íntimo do pai. Ele compara, com inveja, a sorte de uma amiga, casada agora com um *oficial de Marinha*, "foi ainda o que reverdeceu as esperanças à amiga solteira, que não pedia tanto, posto que a farda de aspirante foi a primeira cousa que lhe seduziu os olhos, aos quinze anos..." (Q.B., XLIII). Depois queria só um noivo, mas o molde ideal seria a farda, fora do qual lhe serviria um capitalista, mesmo rústico e entrado em anos como o Rubião. Do oficial caiu para o capitalista, de outras tentativas caiu para o estudantinho pobre. Estudantinho pobre, bacharel em botão? O último passo, derradeiro e desesperado, foi um empregado numa repartição do Ministério da Guerra (cap. CLXXX). Havia, está claro, um fumo diferente sobre esta classe média: ela esperava alguma coisa, embora incompreendida e desdenhada. O delírio de Rubião revelou ao major Siqueira uma de suas perspectivas, agora só recuperável pela loucura. "General... Para que há de o senhor ficar sempre em major?..." (Q.B., CLXXXI). As reminiscências do major Siqueira evocam, em Rubião, o fantasma de Napoleão III, que dele se apodera. Ao aludir a Monte Caseros não estará, também ele Siqueira, na pele divagadora de um general em campanha? Há o delírio exterior e o delírio oculto. A força íntima do sonho em composição, reflexo íntimo de um movimento social, autoriza o major Siqueira a sentir, com amargura agressiva, o afastamento da roda familiar do Palha, agora rico e banqueiro. No inconformismo pulsa o sentimento de que também ele, pobre e espezinhado, tem a marca da glória, toldada, encoberta, desconhecida. O militar, embora como classe se situe na classe média, dela se distingue no prestígio que a posição dominante na sociedade lhe promete. O poder econômico separa-se do poder social, afastando os nomes da classe e do estamento — do dinheiro e do domínio.

— Quem diria que a gente do Palha nos trataria desse modo? Já não valemos nada. Escusa de os defender...

— Não defendo, estou explicando; há de ter havido confusão.

— Fazer anos, casar a prima, e nem um triste convite ao major, ao impagável major, ao velho amigo major. Eram os nomes que me davam; eu era impagável, amigo velho, grande e outros nomes. Agora, nada, nem um triste convite, um recado de boca, ao menos, por um moleque: "Nhanhã faz anos, ou casa a prima, diz que a casa está às suas ordens, e que vão com luxo". Não iríamos; luxo não é para nós. Mas era alguma cousa, era recado, um moleque, ao impagável major...

[...]

— Lembra bem, interrompeu o major Siqueira; por que não meteram minha filha na comissão das Alagoas? Qual! Há já muito que reparo nisto; antigamente não se fazia festa sem nós. Nós éramos a alma de tudo. De certo tempo para cá começou a mudança; entraram a receber-nos friamente, e o marido, se pode esquivar-se, não me cumprimenta. Isto começou há tempos; mas antes disso sem nós é que não se fazia nada. Que está o senhor a falar de confusão? Pois na véspera dos anos dela, já desconfiando que não nos convidariam, fui ter com ele no armazém. Poucas palavras; disfarçava. Afinal disse-lhe assim: "Ontem, lá em casa, eu e Tonica estivemos discutindo sobre a data dos anos de d. Sofia; ela dizia que tinha passado, eu disse que não, que era hoje ou amanhã". Não me respondeu, fingiu que estava absorvido em uma conta, chamou o guarda-livros, e pediu explicações. Eu entendi o bicho, e repeti a história: fez a mesma cousa. Saí. Ora o Palha, um pé-rapado! Já o envergonho. Antigamente: major, um brinde. Eu fazia muitos brindes, tinha certo desembaraço. Jogávamos o voltarete. Agora está nas grandezas; anda com gente fina. Ah! vaidades deste mundo! Pois não vi a mulher dele, num *coupé*, com outra? A Sofia de *coupé*! Fingiu que não me via, mas arranjou os olhos de modo que percebesse se eu a via, se a admirava. Vaidades desta vida! Quem nunca comeu azeite, quando come se lambuza. (Q.B., CXXX)

Estava longe o lustro dos tempos coloniais e da corte transmigrada, quando o pai de Brás Cubas reuniu a luzida sociedade do tempo. O tio João, antigo oficial de infantaria, que perdoava em Napoleão, por espírito de classe, o déspota (M.P., XII), integrava o grupo seleto que comemorou a queda do aventureiro:

> [...] o juiz-de-fora, três ou quatro oficiais militares, alguns comerciantes e letrados, vários oficiais de administração, uns com suas mulheres e filhas, outros sem elas, mas todos comungando no desejo de atolar a memória de Bonaparte no papo de um peru.

Restava apenas, desse fio extraviado, o prestígio do oficial de Marinha. Não se alude à patente da Guarda Nacional, por outros fundamentos integrada à aristocracia. Os oficiais de Marinha, curto o vencimento como os do Exército, deixando, todos, as viúvas em dificuldades, com o seu murcho meio soldo, recebiam, na sociedade, o calor e a simpatia geral. Não se identificavam aos maçantes, nem aos oradores de brindes. Desbancavam, na preferência das moças e das famílias, a concorrência dos bacharéis, desdenhados pelos oficiais na inversão de perspectivas de setores em choque. O bacharel Romualdo (O.C., *O programa*) fixa os olhos cobiçosos numa viúva bela e dona de trezentos contos.

> Daí a dias, era o Romualdo convidado para um baile. Não se descreve a alma com que ele saiu para essa festa, que devia ser o início da bem-aventurança. Chegou; vinte minutos depois soube que era o primeiro e último baile da viúva, que dali a dous meses casava com um capitão de fragata.

Para vencer o obstáculo, que de futuro viesse a se interpor entre suas mãos ambiciosas e outra noiva, Romualdo altera as regras do programa, que engendrou para o triunfo e a glória.

> Tinha um cálculo o Romualdo: trocar os artigos do programa. Em vez de ir do casamento para o parlamento, e de marido a ministro de Estado, resolveu proceder inversamente: primeiro seria deputado e ministro, depois casaria rico. Entre nós, dizia ele consigo, a política não exige riqueza; não é preciso muitos cabedais para ocupar um lugar na Câmara ou no Senado, ou no ministério. E, ao contrário, um ministro candidato à mão de uma viúva é provável que vença qualquer outro candidato, embora forte, *embora capitão de fragata*. Não acrescentou que no caso de um capitão de fragata, a vitória era matematicamente certa se ele fosse ministro da Marinha, porque uma tal reflexão exigiria espírito jovial e repousado, e o Romualdo estava deveras abatido.

Só um ministro derrotaria um capitão de fragata, cujo prestígio atraía, por efeito do círculo vicioso, os filhos de famílias bem situadas, como os do barão de Santos, que pensava entregar um dos abastados gêmeos à Escola de Marinha (E.J., VIII). Pobre do bacharel — simples bacharel ainda com promessa de emprego —, pobre do bacharel Leandrinho, que disputa a mão de Eulália sem se aperceber da presença do primeiro-tenente da Marinha Mascarenhas, proclamado por um conselheiro um futuro almirante. A derrota do Leandrinho é esmagadora, humilhante. A conquista da sogra, mulher de um desembargador — o que presumia simpatia ao bacharel — foi fulminante.

> Vede, porém, a perfídia do oficial: vinha fardado; e d. Benedita, [e futura sogra] que amava os espetáculos novos, achou-o tão distinto, tão bonito, entre os outros moços à paisana, que o preferiu a todos, e lho disse. O oficial agradeceu comovido. Ela ofereceu-lhe a casa; ele pediu-lhe licença para fazer uma visita. [...] Mascarenhas foi, e foi mais cedo. D. Benedita falou-lhe da vida do mar; ele pediu-lhe a filha em casamento. D. Benedita ficou sem voz, pasmada. (P.A., *D. Benedita*)

Deolindo, o Deolindo Venta-Grande, simples marujo, tinha uma aventura e o sonho da melhor das noites: era a noite de almirante (H.S.D., *Noite de almirante*).

— Ah! Venta-Grande! Que noite de almirante você vai passar! Ceia, viola e os braços de Genoveva. Calorzinho de Genoveva... Deolindo sorriu. Era assim mesmo, uma noite de almirante, como eles dizem, uma dessas grandes noites de almirante que o esperava em terra. Começara a paixão três meses antes de sair a corveta. Chamava-se Genoveva, caboclinha de vinte anos, esperta, olho negro e atrevido.

Há, em toda parte e em todos os tempos, a associação entre a glória guerreira e a camada dominante. A Marinha, que sorria à mãe dos gêmeos Pedro e Paulo, elevado o pai banqueiro a barão, "pela distinção particular da escola" e do prestígio na sociedade, incorporava, na Guerra do Paraguai, o brilho patriótico das ações. Um jovem oficial do Exército de 25 anos, o futuro visconde de Taunay, sonhava com a glória militar, corporificada na campanha contra Lopes, num oficial de Marinha.

Pensava, então, poder subir, subir muito alto, tornando-se conhecido em todo o Brasil, assim uma espécie de Mauriti, cujo nome era tão aclamado desde a célebre façanha na passagem pelas baterias de Humaitá, a 18 de fevereiro de 1868.

Era, com efeito, difícil gozar de mais popularidade do que este oficial de Marinha, cuja carreira, para diante, não correspondeu a tão estrondoso início. E assim são, no geral, as coisas humanas! Naquele tempo porém não se falava senão em Mauriti, e por toda parte, cidades do litoral e do interior o aclamavam e davam-lhe brilhantes e seguidas festas.[19]

A passagem de Humaitá, feito das forças de mar, projetou o herói que, no comando do monitor *Alagoas*, deu relevo à batalha, ganhando Mauriti (Joaquim Antônio Cordovil, 1844-1915) a Ordem do Cruzeiro, a promoção a capitão-tenente e uma pensão anual. O que impressiona não são os galardões do bravo, mas a repercussão pública do feito, que denuncia, oficialmente favorecido, o acatamento da glória, se derivada de um acontecimento naval. Barroso e Tamandaré, cuja sombra aureolará mais tarde Saldanha da Gama, acentuam o mesmo fenômeno. O herói — aceito e estimulado pela aristocracia imperial — devia trazer, prefigurado, o cunho do grupo integrado no estamento, nas forças de poder, institucionalizadas, então reinantes. Compreende-se que um oficial do Exército, ele próprio engajado na ordem constituída, projetasse suas ambições de honras num oficial de Marinha. Compreende-se que, apesar da legenda de Caxias, de Osório, das gloriosas guerras platinas, o entusiasmo pelo herói percutisse em outras camadas, que não davam "brilhantes e seguidas festas". Eram heróis que a camada dominante procurava amortecer, talvez temerosa da "palavra fatal", a *caudilhagem*, evocada em 1868 com a queda de Zacarias e dos liberais.[20] Não sente Machado de Assis a glória da guerra associada ao militar de carreira — a apoteose de Osório, de volta do Paraguai, não deixa vestígios, senão pálidos, em sua obra. Verdade, também, que as glórias da Marinha não lhe merecem vibração especial.

A glória militar, em Machado de Assis, se confunde com a reação civil, com o povo em armas, pronto para defender a pátria e vingar os ultrajes. Ideia mais próxima da Guarda Nacional do que do Exército como instituição nacional de segurança externa. A poesia *A cólera do Império* (P.Col.), publicada em 17 de maio de 1865, convocação às armas, concentra-se nesse conteúdo:

> De pé! — Quando o inimigo o solo invade
> Ergue-se o povo inteiro; e a espada em punho
> É como um raio vingador dos livres!
>
> Que espetáculo é este! — Um grito apenas
> Bastou para acordar do sono o império!
> Era o grito das vítimas. No leito,
> Em que a pusera Deus, o vasto corpo
> Ergue a imensa nação. [...]
>
> Então (nobre espetáculo, só próprio
> De almas livres!) então rompem-se os elos
> De homens a homens. Coração, família,
> Abafam-se, aniquilam-se: perdura
> Uma ideia, a da pátria. As mães sorrindo
> Armam os filhos, beijam-nos; outrora
> Não faziam melhor as mães de Esparta.
> Deixa o tálamo o esposo; a própria esposa
> É quem lhe cinge a espada vingadora.
> Tu, brioso mancebo, às aras foges,
> Onde himeneu te espera; a noiva aguarda
> Cingir mais tarde na virgínea fronte
> Rosas de esposa ou crepe de viúva.

A nação em armas não cumpre um mandato militar de vencer a guerra. Os soldados — "não pérfidos soldados como esses que a traição lançou nos campos; vão como homens." [...]

> Basta isso? Ainda não. Se o império é fogo,
> Também é luz: abrasa, mas aclara.
> Onde levar a flama da justiça,
> Deixa um raio de nova liberdade.

A guerra se aproxima da missão libertadora das hostes revolucionárias de 1879: vencem mas não subjugam, libertam e não oprimem. A expressão individual dessa concepção da guerra será o voluntário, detentor dos feitos heroicos, ao tempo em que se apagam as ações dos oficiais de escola. Os postos — tenente, capitão — prodigalizam-se aos civis, que acorriam ao conflito, de acordo com o prestígio social, sem atender ao esforçado e fatigado oficial de carreira, que conquistara as promoções arduamente. De tenente se podia chegar a general, sem a penosa carreira e a dura iniciação — "no tempo da Guerra do Paraguai" (O.C., *Entre duas datas*). Se a realidade não correspondia à fantasia, nem por isso perde esta a densidade para reconstruir o mundo social, estruturado em valores e não em fatos.

> Pela minha parte [dirá uma mãe] trabalho com o meu Jorge para que vá alistar-se como voluntário; podemos arranjar-lhe um posto de alferes ou tenente; voltará major ou coronel. [...] — Jorge está formado, disse ela, mas não tem queda para a profissão de advogado nem para a de juiz. Goza por enquanto a vida; mas os dias passam, e a ociosidade faz-se natureza com o tempo. Eu quisera dar-lhe um nome ilustre. Se for para a guerra, poderá voltar coronel, tomar gosto às armas, segui-las e honrar assim o nome do pai. (I.G., II)

Todos partem oficiais e voltam promovidos (O.C., *Troca de datas*; *Uma noite*) — todos se batem valorosamente. Eles roubam a glória dos oficiais de carreira, tolhidos pelo dever, amando as campanhas com o sentimento do ofício, como o coronel comandante de Jorge. "O coronel era homem de seu ofício; amava a guerra pela guerra; morreu talvez de nostalgia no regaço da paz" (I.G., V). O prestígio guerreiro do oficial de linha surgiu depois da Guerra do Paraguai, alimentado pelo favor popular, desligado pouco a pouco da ideologia imperial e enriquecido pela ascensão do Exército. O oficial de carreira guardou — como se depreende do diálogo da manhã de 15 de novembro entre Deodoro e Ouro Preto — o sentimento de exclusão e do sacrifício não recompensado.[21] Mais uma vez, a serviço da estrutura dominante, Machado de Assis se tornou agente do bloqueio difuso, persistente e calado, contra o Exército, no qual identificava, com o seu papel político, apenas um elemento perturbador da ordem imperial, sem lhe perceber nenhuma missão nacional. Para assegurar a paz ao Uruguai, em 1886, já aberta a *Questão Militar*, lembrava o expediente de suprimir os coronéis, evitando, com a extinção dos galões, as ambições políticas (*Diálogos e reflexões de um relojoeiro*). O monarquista Pedro revida ao entusiasmo do republicano Paulo, que, na noite de 15 de novembro, cantarola a primeira estrofe da *Marselhesa*, com a segunda estrofe.

> Pedro percebeu antes pela toada que pela letra, e concluiu que a intenção do outro era afligi-lo. Não era, mas podia ser. Vacilou entre a réplica e o silêncio, até que uma ideia fantástica lhe atravessou o cérebro, cantarolar, também baixinho, a segunda parte da estrofe. "*Entendez-vous dans vos campagnes…*", que alude às tropas estrangeiras, mas desviada do natural sentido histórico, para restringi-la às tropas nacionais. Era um desforço vago, a ideia passou depressa. (E.J., LXVII)

Na luz lançada pelo raio da "ideia fantástica" há o clarão do inconformismo de Eduardo Prado e de Ouro Preto, farrapo consciente de uma longa tradição, armada secreta e ocultamente. Era mais do que a Monarquia em causa — estava, dentro dela, viva a adesão ao estamento aristocrático, repentinamente fendido e degradado. Lágrima sem desespero, mostra-lhe o fim, destituído de glória trágica.

3 | *O moralista e as forças sociais*

UMA LONGA JORNADA DE CINQUENTA ANOS corre pelo Segundo Reinado, interessada no homem, desdenhosa de todas as vestimentas exteriores, que o deformam, maculam e ferem. O moralista quer surpreender, atrás da máscara que ri, a face ambiciosa, o rosto contraído de cobiça, o gesto medroso. Ele sabe que os sentimentos, os impulsos, as virtudes e os vícios, todos os ingredientes que movem o boneco, se disfarçam e se transmutam. Há muitas leis que governam o subterrâneo — "a lei da equivalência das janelas", cujo enunciado estabelece: "o modo de compensar uma janela fechada é abrir outra, a fim de que a moral possa arejar continuamente a consciência" (M.P., LI); a lei do espadim, que denuncia ser "o nosso espadim maior do que a espada de Napoleão" (M.P., XII); a lei da alma exterior, que degenera no "pomadismo" e no medalhonismo, segundo a qual

> se uma coisa pode existir na opinião, sem existir na realidade, e existir na realidade, sem existir na opinião, a conclusão é que das duas existências paralelas a única necessária é a da opinião, não a da realidade, que é apenas conveniente. (P.A., *O segredo do bonzo*)

As três leis, constelação de surpresas, querem alcançar o homem nu, lançando o foco luminoso sobre a roupa colorida, a face empoada, o colarinho grotesco. Na eleição dessa perspectiva, na busca da alma sem refolhos e sem dobras, enreda-se o moralista em realidades que não consegue domar nem exorcismar. O arbítrio e o capricho, expressão das forças interiores do homem, ditam a conduta. Depois, a conduta se solidificará em leis inflexíveis. Elas se impõem à consciência das personagens sem que apresentem a fria exterioridade do mundo físico, do céu e das montanhas, a indiferença das estrelas. Não são o homem, mas o homem quer fazê-las, contorcido na vontade rebelde ou impotente — o homem, ao criá-las, sofre-lhes os efeitos não desejados, que o desnaturam, malogram e esmagam. Os costumes, as leis sociais — a vida exterior — ameaçam anular e submergir a vida interior, onde jaz o homem autêntico, desesperado com a imagem de Deus, negada pelo espelho da sociedade. No meio da tempestade que o empurra, desorientado, em todas as direções, sobra a nostalgia do senhor do destino. É o momento em que o rei suspeita, à beira da angústia, haver, dentro dele, mais forte e conjugado aos elementos, o escravo. Escravo do trabalho, da miséria, das grandezas, das honras, do prestígio — escravo que abre uma janela para compensar outra que se fechou, que se refugia no espadim quando a espada ganha as ruas e as imaginações, que se perde na imagem do espelho, diluído o corpo que a provoca.

O mais seguro expediente para vencer o demônio é incorporar-se o cristão às suas hostes. Entrar no jogo para desbancar o mágico da fraude, do engano. Mas o demônio domina artes não suspeitadas e não conhecidas: ele dita as regras e as paradas.

Pobre do Palha — queria enriquecer e se viu violentado por dentro, com a consciência mudada. A bela Sofia, convidando sem oferecer, malogra-se ao oferecer sem correspondência. Teófilo quer ser ministro — não alcança a farda e o *coupé*, mas a política o devora. Quincas Borba quer a filosofia, a loucura o mata. Nenhum deles foi o que é — nenhum conhecia o único apelo autêntico, o apelo honrado do homem sem máscara, o homem nu. O torvelinho cegou as personagens e o senhor das personagens: todos perderam o jogo. O moralista, com suas leis, seus saltos e suas cabriolas, não era mais possível, como verdade e como sonho. O mundo pertence às instituições, às estruturas sociais, às classes — o *humour* é apenas o expediente entre dois momentos, o que passou e o que não chegou. O mundo não vai acabar — a tragédia não abrirá o pano. Um mundo acabou — a comédia já não faz rir. O espetáculo chega ao fim: é a vez do esquecimento — o *oblivion*, prólogo do capítulo das negativas.

> Vai em versaletes esse nome. OBLIVION! Justo é que se doem todas as honras a um personagem tão desprezado e tão digno, conviva da última hora, mas certo. Sabe-o a dama que luziu na aurora do atual reinado, e mais dolorosamente a que ostentou suas graças em flor sob o Ministério Paraná, porque esta acha-se mais perto do triunfo, e sente já que outras lhe tomaram o carro. Então, se é digna de si mesma, não teima em espertar a lembrança morta ou expirante; não busca no olhar de

hoje a mesma saudação do olhar de ontem, quando eram outros os que encetavam a marcha da vida, de alma alegre e pé veloz. *Tempora mutantur*. Compreende que este turbilhão é assim mesmo, leva as folhas do mato e os farrapos do caminho, sem exceção nem piedade; e se tiver um pouco de filosofia, não inveja, mas lastima as que lhe tomaram o carro, porque também elas hão de ser apeadas pelo estribeiro oblivion. Espetáculo, cujo fim é divertir o planeta Saturno, que anda muito aborrecido. (M.P., CXXXV)

V

Os santos óleos da teologia

1 | *Pandora — Do demoníaco ao diabólico > 401*
2 | *O pecado perante o céu e a dessacralização burguesa do mundo > 418*
3 | *O sacerdote no tempo e na sociedade > 447*
4 | *As potências religiosas desprezadas > 484*

1 | *Pandora — Do demoníaco ao diabólico*

DENTRO DA VIDA, sobre a morte, além das pessoas e do seu pobre destino, há uma força que comanda, que guia e que impera. Um adolescente, Bentinho, encarou-a, sentiu-lhe a face quente, enquanto um moribundo, Brás Cubas, recolheu-lhe, nas próprias entranhas, o hálito feito de gelo e de morte. Seus olhos são *olhos de ressaca*, o refluxo do mar que leva para o desconhecido, na aventura em que os seres se perdem no ser único, que uma onda devora e se renova em outra de sal e espuma. Contra sua inelutável sedução, o adolescente e o moribundo se agarram às areias, à precária carne que testemunha a presença do homem individualizado.

> Olhos de ressaca? Vá, de ressaca. É o que me dá ideia daquela feição nova. Traziam não sei que fluido misterioso e enérgico, uma força que arrasta para dentro, como a vaga que se retira da praia, nos dias de ressaca. Para não ser arrastado, agarrei-me às outras partes vizinhas, às orelhas, aos braços, aos cabelos espalhados pelo ombro; mas tão depressa buscava as pupilas, a onda que saía delas vinha crescendo, cava e escura, ameaçando envolver-me, puxar-me e tragar-me. (D.C., XXXII)

O namorado resiste e se debate, não quer perder a identidade, ameaçado pelas vagas do eterno, que está em todas as coisas, e, entre as coisas, na sua mais fiel e inconsciente servidora, a mulher, irmã da natureza. Na ressaca, despida a *retórica dos namorados*, debaixo da palavra frívola, aparentemente frívola, garatujada para enganar sem embair, há atração que vem de dentro e de fora, do alto e da mesquinha condição humana. Sempre a misteriosa atração, recheada de terror e de fascínio, frequenta a imaginação, desarticula a razão e liberta a fantasia. Ela apavora Bentinho, mas, vestida de loucura, tenta o equilíbrio mental de Rubião. Agora, uma sombra, cultivada por Shakespeare, compõe pompas matrimoniais, coches, os soberbos coches de outrora, evoca marquesas e embaixadores, rondando a cabeça do modesto mestre-escola de Barbacena.

Que misterioso Próspero transformava assim uma ilha banal em mascarada sublime? "Vai, Ariel, traze aqui os teus companheiros, para que eu mostre a este jovem casal alguns feitiços da minha feitiçaria." As palavras seriam as mesmas da comédia; a ilha é que era outra, a ilha e a mascarada. (Q.B., LXXXII)

A ilha e a mascarada eram outras, como outro era Próspero, não mais o duque de Milão, mas um vulto imenso, que surge do fundo do abismo, decifrando o enigma da vida e devorando a criatura. Brás Cubas, só ele entre tantos que lhe perceberam os passos abafados, o semblante negro de cinzas e de fogo, viu-o de perto e com ele fez a viagem em redor do mundo e dos séculos, no espaço e no tempo, à borda da vida e da morte, acompanhado dos espectros do amor e da loucura.

Caiu do ar? destacou-se da terra? Não sei; sei que um vulto imenso, uma figura de mulher me apareceu então, fitando-me uns olhos rutilantes como o sol. Tudo nessa figura tinha a vastidão das formas selváticas, e tudo escapava à compreensão do olhar humano, porque os contornos perdiam-se no ambiente, e o que parecia espesso era muita vez diáfano. Estupefato, não disse nada, não cheguei sequer a soltar um grito; mas, ao cabo de algum tempo, que foi breve, perguntei quem era e como se chamava: curiosidade de delírio.
— Chama-me Natureza ou Pandora; sou tua mãe e tua inimiga. [...]
— Não te assustes, disse ela, minha inimizade não mata; é sobretudo pela vida que se afirma. Vives: não quero outro flagelo. [...]
— Entendeste-me? disse ela, no fim de algum tempo de mútua contemplação.
— Não, respondi; nem quero entender-te; tu és absurda, tu és uma fábula. [...] Natureza, tu? a Natureza que eu conheço é só mãe e não inimiga; não faz da vida um flagelo, nem, como tu, traz esse rosto indiferente, como o sepulcro. E por que Pandora?
— Porque levo na minha bolsa os bens e os males, e o maior de todos, a esperança, consolação dos homens. Tremes?
— Sim; o teu olhar fascina-me.
— Creio; eu não sou somente a vida; sou também a morte, e tu estás prestes a devolver-me o que te emprestei. Grande lascivo, espera-te a voluptuosidade do nada. (M.P., VII)

Natureza, Pandora, com a forma de mulher, mãe e inimiga, irmã da morte e da loucura, feita de lascívia e egoísmo, ela cria e devora, ama e consome. Insaciável na sua fome, no mar "espreguiça-se toda em convulsões estranhas":

> Pois essa criatura está em toda a obra:
> Cresta o seio da flor e corrompe-lhe o fruto;
> E é nesse destruir que as suas forças dobra.
>
> Ama de igual amor o poluto e o impoluto;
> Começa e recomeça uma perpétua lida,
> E sorrindo obedece ao divino estatuto.
> Tu dirás que é a Morte; eu direi que é a Vida.
> (P.C., *Uma criatura*)

Por via das coisas e das pessoas, dissociadas no espaço e no tempo em partículas plurais, na vontade de viver de cada um, pulsa uma força universal, captada num salto metafísico, por obra do sentimento. Para o engano da mascarada do mundo, a criatura supõe perseguir fins, conscientemente autônomos. No fundo, os fins são apenas instrumentos de sua substância que tudo domina, retalhos da vontade que arde na garra do tigre ou na lascívia do homem. A lógica, a ciência, são armadilhas que desviam, sem vencer, da verdade que está em tudo e em todos. Essa metafísica poderia concluir na harmonia do contingente com a ordem superior, na paz com a vida ou na reconciliação com o universo. No dualismo aparente, que culmina no monismo essencial, entra um componente trágico, no momento em que a substância se expressa na vontade, que abriga no seio a cisão, a luta, o anelo insaciável.

> Com isso introduziu-se no ponto radical unitário da vida, — cuja unidade, só pelo fato de ser unidade, concederia em outro caso à existência e a seu reflexo espiritual a tranquilidade suprema e a quietude, — a luta pela existência e o fugir dela, a ânsia perpétua sem fim nem objeto, a cisão irreconciliável entre todo presente e o que nós propriamente queremos. A forma com que todo monismo confere quietude, firmeza e paz à sua concepção do mundo transforma-se aqui, em razão de seu conteúdo, no seu contrário, na ânsia e inquietude perenes e na contradição interior.[1]

Daí por que a natureza, tradução machadiana da vontade de Schopenhauer, é mãe e inimiga. Como mãe ela atrai e seduz, convida e arrasta; como inimiga, por influxo da razão, atemoriza o Brás Cubas moribundo e o Bentinho enamorado. A natureza, na ênfase do romancista, como na doutrina do filósofo alemão, se manifesta no fenômeno e na realização da vontade de viver. Mas a natureza vela pelo indivíduo enquanto ele realiza sua missão, que é perpetuar a espécie, só esta eterna, superior ao espaço e ao tempo. A morte — tema frequente de Machado de Assis, que vê na imortalidade apenas feitiçaria e a perpetuação do nome (lembre-se o emplasto de Brás Cubas) — não passa de um acidente, que só a razão não entende. Recusar-se a ela seria como se o sol se pusesse a bradar, diante da tarde: vou perder-me na noite eterna. Ao cessar a vida orgânica, o sopro que provoca a respiração e o sangue que circula — a força inspiradora continua a arder,

> pois a roca, ao parar, não denuncia a morte da fiandeira. Quando um pêndulo, encontrando a força de gravidade, se imobiliza, perdendo a aparência da vida individual, ninguém haveria de crer que a força de gravidade desapareceu, senão que todos a compreenderão na contínua atividade dos fenômenos.

> Se nossa mãe comum [prossegue Schopenhauer] entrega seus filhos, indefesos, aos mil perigos que os cercam, é porque sabe perfeitamente que eles volverão ao seu seio, onde se encontram ao abrigo de todos os riscos, sendo a queda somente um incidente sem importância.

Assim é para o homem e para o animal, para a árvore e para a pedra, matéria que alimenta a mó da vida, impiedosamente ativa na sua permanência.[2] Todos os elementos — do homem ao pó — são irmãos, mas irmãos que se digladiam, combatem, ocupam um lugar que, eterno, tem ocupantes sucessivos, conquistado na luta.

Há mais coerência no escritor do que sugeriria o leitor que imita, adere e copia. Uma velha ideia, a natureza, se esgalha em consequências éticas e pseudorreligiosas, sugerindo uma comunhão de sentimentos que vai além do modelo aparente do escritor Machado de Assis. O Humanitismo "explica e descreve a origem e consumação das coisas", além de prometer a supressão da dor e assegurar a felicidade (M.P., XCI). Metafísica e moral: tronco e galhos de uma só árvore. Combinação de Schopenhauer e do Voltaire de *Candide*, descobrindo no otimismo de Pangloss a veia do desespero, escondida na tolice aparente. Tudo é vontade, isto é, natureza, seja na *fase estática*, anterior à criação; na *expansiva*, começo das cousas; na *dispersiva*, aparecimento do homem, como na *contrativa*, absorção do homem e das cousas (M.P., CXVII). Nada de reminiscência ou de zombaria torta a Comte: o mergulho no mar dos fenômenos leva a uma metafísica, de onde se espraia a moral, com a supressão da dor, tal como no livro IV de *O mundo como vontade e representação* — esta a correção da rebeldia racional contra o estado da natureza. Natureza, *natura naturans*, que a escolástica e especialmente Averróis (leitura de Simão Bacamarte, P.A., *O alienista*) introduziram na filosofia, identificada a Deus por Santo Agostinho (o santo que era a mesma alma de Quincas Borba, o autor do Humanitismo) — *ea natura quae creavit omnes coetera instituique naturas* —, daí por diante adotada pelos suspeitos do panteísmo. Ela circulou nas páginas de Giordano Bruno, Nicolau de Cusa, Eckhart, até atingir Spinoza.

> Natureza naturante [explica o parente de Averróis, para quem o criado é emanação do criador] é o que é em si e é concebido por si, ou dito de outro modo, os atributos da substância que expressam uma essência eterna e infinita, ou seja, Deus, enquanto se o considera como causa livre.[3]

Vontade, *natura naturans*, origem e energia das coisas, marca o início da longa viagem por dentro e em torno do homem. Os olhos de ressaca, que vêm do mar e do infinito, sugerem a presença de uma força que arrasta e apavora. Reflexo religioso na essência, pseudorreligioso nas circunstâncias, o sentimento do homem diante do mundo sugere *mysterium tremendum*, o mistério que faz tremer.[4] O terror, o pavor pânico, mais ameaçador e mais poderoso do que todas as coisas criadas, sugerindo uma entidade escondida, extraordinária e estranha, alimenta a resistência de entrar nas águas do mar, inspira o desespero da luta, para não perecer no grande e eterno nada. O mistério, superior às coisas e aos fenômenos, mais alto que o homem e seu destino, será evocado sempre por um golpe na alma, o amor, a revelação do amor, a morte. Na energia que o ímã projeta há o raio que fascina e arrasta, o convite dionisíaco à embriaguez, que leva a ressaca para o oceano sem fim. Para domar o insondável e salvar-se das ondas, há um caminho que domina o mistério e pacifica o terror. Caminho que os eleitos conseguem pisar, discernindo a linha reta dos atalhos que extraviam, na identificação mágica do encantamento, por meio da posse da realidade fremente que habita o homem, posse que leva ao êxtase e à exaltação. Só por via da graça, na humildade com que se deprecia a si mesmo, chega-se a Damasco. Este reflexo sobre a pessoa se ilumina com o sentimento de dependência ao criador, no sentimento e no reconhecimento do estado da criatura.⁵ O Humanitismo, ao tempo que evoca o primeiro lance, o *mysterium tremendum*, fecha as portas ao estado de criatura. O homem, perseguido, segundo Pascal, pelo orgulho que o identifica a Deus, ou pela semelhança ao animal, encontra, no meio-termo, a sua vocação existencial e religiosa. O homem não tem destinos tão altos e tão extraordinários, reduzindo-se, na óptica machadiana, a uma peça de um grande jogo, peça inconsciente do mundo eterno, da natureza que se expressa em tudo. "Nota que eu não faço do homem um simples veículo de Humanitas; não, ele é ao mesmo tempo veículo, cocheiro e passageiro; ele é o próprio Humanitas reduzido; daí a necessidade de adorar-se a si próprio" (M.P., CXVII). A ética que deriva dessa concepção do mundo se afasta dos preceitos e dos comandos, como queria Schopenhauer,⁶ mas se arreda também do pessimismo, que só existe na perspectiva do indivíduo, e não na perspectiva da natureza. A desgraça maior não consiste em nascer, mas, ao contrário, em não nascer. Dentro da luta e das controvérsias, no espetáculo da inveja e do homicídio, arde sempre a vida, que distribui as missões aos homens, aos animais e às coisas.

> Olha: a guerra, que parece uma calamidade, é uma operação conveniente, como se disséssemos o estalar dos dedos de Humanitas; a fome (e ele chupava filosoficamente a asa do frango), a fome é uma prova a que Humanitas submete a própria víscera. Mas eu não quero outro documento da sublimidade do meu sistema, senão este mesmo frango. Nutriu-se de milho, que foi plantado por um africano, suponhamos, importado de Angola. Nasceu esse africano, cresceu, foi vendido; um navio o trouxe, um navio construído de madeira cortada no mato por dez ou doze homens, levado por velas, que oito ou dez homens teceram, sem contar a cordoalha e outras partes do aparelho náutico. Assim, este frango, que eu almocei agora mesmo, é o resultado de uma multidão de esforços e lutas, executados com o único fim de dar morte ao meu apetite. (M.P., CXVII)

Surpreendentemente, no antropomorfismo que a resignação sugere, identificando a vontade metafísica à vontade no espaço e no tempo, a filosofia volta-se para o otimismo caricato, sobre as cinzas da justiça e da liberdade, após a queda do bem e do mal. O mal não existe, todas as coisas são boas, dirá rejeitando Santo Agostinho (t. 563), contanto que, num giro da ética sobre a metafísica, o homem abandone o papel de criatura e cinja a máscara do instrumento do universo.

> Sendo Humanitas a substância criadora e absoluta, cada indivíduo deveria achar a maior delícia do mundo em sacrificar-se ao princípio de que descende; [... apesar dos flagelos] não diminuiria o poder espiritual do homem sobre a terra, inventada unicamente para seu recreio dele, com as estrelas, as brisas, as tâmaras e o ruibarbo. Pangloss [...] não era tão tolo como o pintou Voltaire. (M.P., CXVII)

Nas dobras da caricatura, na retificação de Schopenhauer, ao ultrapassar o *ateísmo teológico* do panteísmo de Spinoza, sob a máscara pedante de Pangloss, há o mundo sem Deus, sem tragédia e sem dor. O *mysterium tremendum* perde o sentido ante a degradação da criatura, bicho entre bichos, enfermidade da crosta terrestre, que se abisma no mar, indiferente à sorte do homem. A alegria do mar, com suas marés inquietas e com seu regaço profundo, ilusão e esperança da epopeia lusa de outrora, explica o mundo, devora a divindade e amesquinha a sombra que percorre a terra. "Venha para o Humanitismo; ele é o grande regaço dos espíritos, o mar eterno com que mergulhei para arrancar de lá a verdade" (M.P., CIX). Dois caminhos conduzem ao mar: a redução das coisas múltiplas a uma só realidade e a identificação do mundo a Deus, e não de Deus ao mundo. Neste último passo, há o vestígio de Deus teísta, apagado pela fé evanescente. Ao confrontar a divindade e o mundo, opondo-se ao teísmo e ao ateísmo, vibra, na corda mais íntima do panteísta e do monista, um fator irracional, dessacralizado, contra o centro religioso do universo. A vontade, Pandora ou a natureza, movidas por um impulso ativo e permanente, sugere sua entidade metamorfoseada, entidade criada com os pressupostos renovados da teologia. Em lugar de Deus, com sua aparência e noutra essência, há um demônio sombrio e atuante, coado sob a luz de valores cristãos. O centro da filosofia será o *pandemonismo*,[7] que com uma vela ilumina o velho humanismo filosófico, com outra mal clareia o mal, selvagem e terrível, que a inversão pacificadora e exótica na substância original superará e anulará. O Proteu, reduzindo o múltiplo ao uno, esvazia o uno de sua cor religiosa, não se aproximando, na sua ética, da religião da humanidade, outra corrente pseudorreligiosa do século XIX. Por atalhos de índole sistemática, ele se desvia da comunidade cristã e da sociedade fraterna, para buscar um túmulo além dos homens e da divindade. Filosofia, na verdade, de um momento que perdeu a fé, mas não se desprendeu dos valores que incendeiam a fé, invertendo apenas seus pressupostos.

O demoníaco não se confunde com o diabólico, lembrava Goethe,[8] mas a passagem do primeiro ao segundo representa a expressão individual da realidade superior. O demoníaco é a energia que está fora do alcance da razão, penetrando a natureza toda, no mundo visível e no invisível. Napoleão estaria dotado de força demoníaca, mas Mefistófeles, o espírito que nega, é apenas diabólico. A terrível presença do demoníaco frequenta os homens, colocando-os fora do bem e do mal, desgarrando-se no diabolismo, com a valorização do pecado, racionalizando as forças da natureza, sem amor às virtudes. Para ajustar o homem e o mundo ao elã que mora em todas as coisas, nada mais natural que a inversão ética da velha teologia. Quincas Borba já havia acentuado que a inveja e o homicídio são passos indiferentes na jornada de *Humanitas*. Mas, além da virada na ética, o demonismo, para configurar o diabólico, vai à própria criação do mundo, retificando o *Gênese*. Deus e o Diabo colaboram na obra comum, com a significativa primazia do segundo, embora atue com permissão do altíssimo.

> Em primeiro lugar, não foi Deus que criou o mundo, foi o Diabo. [...] Foi o Tinhoso que criou o mundo; mas Deus, que lhe leu no pensamento, deixou-lhe as mãos livres, cuidando somente de corrigir ou atenuar a obra, a fim de que ao próprio mal não ficasse a desesperança de salvação ou do benefício. (V.H., *Adão e Eva*)

Mais tarde, o cantor sem voz Marcolini, depois de muito vinho, volta ao tema, diante de Dom Casmurro atônito. Na grande ópera da vida,

> Deus é o poeta. A música é de Satanás, jovem maestro de muito futuro, que aprendeu no conservatório do céu. Rival de Miguel, Rafael e Gabriel, não tolerara a precedência que eles tinham na distribuição dos prêmios. Pode ser também que a música em demasia doce e mística daqueles outros condiscípulos fosse aborrecível ao seu gênio essencialmente trágico. Tramou uma rebelião que foi descoberta a tempo, e ele expulso do conservatório. Tudo se teria passado sem mais nada, se Deus não houvesse escrito um libreto de ópera, do qual abrira mão, por entender que tal gênero de recreio era impróprio de sua eternidade. Satanás levou o manuscrito consigo para o inferno. Com o fim de mostrar que valia mais que os outros — e acaso para reconciliar-se com o céu — compôs a partitura, e logo que a acabou foi levá-la ao Padre Eterno. (D.C., IX)

A recusa do Padre Eterno em ouvir a música explica os desconcertos

> que a audiência prévia e a colaboração amiga teriam evitado. Com efeito, há lugares em que o verso vai para a direita e a música para a esquerda. Não falta quem diga que nisso mesmo está a beleza da composição, fugindo à monotonia, e assim explicam o terceto do Éden, a ária de Abel, os coros da guilhotina e da escravidão.

Certo, o mal, o grotesco, o vil teriam sido obra do Diabo, em colaboração que desfigura o plano original. Mas no polo negativo não estaria a verdade do mundo? O outro lado, o bem e a harmonia, não seriam senão fantasias inspiradas pela astúcia da maldade humana? Por outra maneira: o mal é o sal da terra e só por via dele, reinterpretado de sua sombra ilusória, o homem se realiza. Na obra comum, tecida de fios divinos e de fios diabólicos, ultrapassando a dissensão maniqueísta, tudo aporta no demoníaco. Deus autoriza o trabalho do Diabo, mas, a despeito da vênia, ele atua por si próprio, senhor do mundo. Culmina o Tinhoso na criação de sua igreja e do seu sermão, acordes últimos da despedida da divindade e da providência da terra. O Diabo (a maiúscula é do autor) teve a ideia de fundar a sua igreja. "Não se apavorem as almas católicas" — dirá em outro lugar. Já Santo Agostinho dizia que "a igreja do Diabo imita a igreja de Deus" (P.R., *O sermão do Diabo*). Agora, ao contrário do sentimento expresso em *Adão e Eva* e no *Gênese* de Marcolini, Satanás não impetra licença do Senhor: ele desafia e se limita a comunicar sua ideia ao Padre Eterno.[9] Satanás, como Mefistófeles, é o espírito que nega, que tudo nega.

> O meu credo será o núcleo universal dos espíritos, a minha igreja uma tenda de Abraão. E depois, enquanto as outras religiões se combatem e se dividem, a minha igreja será única; não acharei diante de mim, nem Maomé, nem Lutero. Há muitos modos de afirmar; há só um de negar tudo. (H.S.D., *A igreja do Diabo*)

O modo de negar leva o Diabo a retornar ao demoníaco, com a exaltação dos pecados que ajudam ao fomento da vontade schopenhaueriana, em favor de Humanitas. Com uma tonalidade diversa, harmônica com a retificação ascendente da velha natureza inconsciente: o que ajuda a vida, no seu elã universal, se aproxima do espírito do mundo, cujo consórcio de metafísica e ética tempera o pessimismo original. Os pecados são necessários a Humanitas, e, uma vez necessários, são fonte de bem-aventurança, e não de dor. O dedo de Pangloss está de novo aqui, sempre com seriedade maior. Se os pecados capitais são o instrumento da realização da vida, eles levam às delícias da terra, à glória e à pompa. O Diabo nega os preceitos divinos, para afirmar o mundo e o alento que vibra no homem. É o diabo a serviço do demônio, do pandemonismo.

> Clamava ele que as virtudes deviam ser substituídas por outras, que eram as *naturais* e as *legítimas*. A soberba, a luxúria, a preguiça foram reabilitadas, e assim também a avareza, que declarou não ser mais do que a mãe da economia, com a diferença que a mãe era robusta, e a filha uma esgalgada. A ira tinha a melhor defesa na existência de Homero; sem o furor de Aquiles, não haveria a Ilíada: "Musa, conta a cólera de Aquiles, filho de Peleu"... O mesmo disse da gula, que produziu as melhores páginas de Rabelais, e muitos bons versos do *Hissope*; virtude tão superior, que ninguém se lembra das batalhas de Lúculo, mas das suas ceias; foi a gula que realmente o fez imortal. Mas, ainda pondo de lado essas razões de ordem literária ou histórica, para só mostrar o valor intrínseco daquela virtude, quem negaria que era muito melhor sentir na boca e no ventre os bons manjares, em grande cópia, do que os maus bocados, ou a saliva do jejum? Pela sua parte o Diabo prometia substituir a vinha do Senhor, expressão metafísica, pela vinha do Diabo, locução direta e verdadeira, pois não faltaria nunca aos seus com o fruto das mais belas cepas do mundo. Quanto à inveja, pregou friamente que era a virtude principal, origem de prosperidades infinitas, virtude preciosa, que chegava a suprir todas as outras, e ao próprio talento... Nada mais curioso, por exemplo, do que a definição que ele dava da fraude. Chamava-lhe o braço esquerdo do homem, o braço direito era a força; e concluía: muitos homens são canhotos, eis tudo. Ora, ele não exigia que todos fossem canhotos, outros destros; aceitava a todos, menos os que não fossem nada.
> (H.S.D., *A igreja do Diabo*)

O Diabo, começando modestamente sua obra com a franja de algodão do manto de veludo das virtudes, em breve viu sua igreja triunfante. "Todas as virtudes cuja capa de veludo acabara em franja de algodão, uma vez puxadas pela franja, deitaram a capa às urtigas e vinham alistar-se na igreja nova." Mas, no auge da sua glória, percebeu o Diabo que as antigas virtudes, posto que proscritas da sociedade, eram praticadas às escondidas, por seus apóstolos e fiéis. Quem lhe explica o mistério é Deus, em novo colóquio: "— Que queres tu, meu pobre Diabo? As capas de algodão têm agora franjas de seda, como as de veludo tiveram franjas de algodão. Que queres tu? É a eterna contradição humana". A explicação ofusca, mas não obscurece o fato essencial: a igreja do Diabo é senhora das capas de algodão, restando a Deus apenas as franjas de seda. Franjas de seda, mas franjas, que não cobrem o corpo, nem aquecem, nem protegem do sol e da chuva: pobres ornamentos sem poder. O Diabo conquistou a terra, não pela negação, mas pelo socorro do demônio, soberano do visível e do invisível. A inversão está completa, com a pirâmide apoiada sobre o ápice. O altar está em outras mãos, para outras missas, preparado para o sermão diabólico. Mas a vitória é a mesma vitória de outrora, turbada pela legião dos contestantes ocultos, discípulos do Diabo e filhos de Deus, como antes eram filhos do Diabo e discípulos de Deus. O demolidor que nega e esteriliza serve-se, para a reconstrução, da sociedade dos homens e da natureza, para a glória da terra, impassível à voz da divindade.

Não seria possível a descida do palco metafísico para o palco da história sem o componente de uma sociedade que se secularizou. Deus, depois de abandonar a força que está na vontade eterna e na vida, desertou da terra, por obra da conjuração do século. A aluvião ambiental, contingente, sufocou a raiz da religião, o viço da fé, afogando a flor que se abre para a divindade. A comunidade dos homens perdeu o seu enérgico cimento, para se transformar em peças justapostas, que se digladiam, na busca do pão e da glória, sem caridade e sem amor. O Diabo sabe que por aí há de culminar sua obra triunfante.

> Para rematar a obra, entendeu o Diabo que lhe cumpria cortar por toda a solidariedade humana. Com efeito, o amor do próximo era um obstáculo à nova instituição. Ele mostrou que essa regra era uma simples invenção de parasitas e negociantes insolváveis: não se devia dar ao próximo senão indiferença; em alguns casos, ódio ou desprezo. Chegou mesmo à demonstração que a noção do próximo era errada, e citava esta frase de um padre de Nápoles, aquele fino e letrado Galiani, que escrevia a uma das marquesas do antigo regime: "Leve a breca o próximo! Não há próximo". A única hipótese em que ele permitia amor ao próximo era quando se tratasse de amor às damas alheias, porque essa espécie de amor tinha a particularidade de não ser outra coisa mais do que o amor do indivíduo a si mesmo. E como alguns discípulos achassem que uma tal aplicação, por metafísica, escapava à compreensão das turbas, o Diabo recorreu a um apólogo:
>
> — Cem pessoas tomam ações de um banco, para as operações comuns; mas cada acionista não cuida realmente senão nos seus dividendos: é o que acontece aos adúlteros. Este apólogo foi incluído no livro da sabedoria.

Por este apólogo, que reduz o homem ao acionista, entra-se no campo da vida moderna, devorada e esterilizada pela economia. O homem religioso, o cristão, o católico, são extravagâncias e inutilidades na máquina do mundo. O católico perdeu as raízes cristãs que o alimentaram e lhe insuflaram o sentimento da divindade. Sua existência social se determina pela qualidade de burguês, cujo último estágio é o acionista, e não de membro da cristandade, da igreja.

> O indivíduo não é mais burguês e católico, senão um burguês católico... Sua vida transcorre fora da igreja, vida que se fez autônoma e se basta a si própria. Para ele a igreja já não representa a grande comunidade em que se vive e se morre; mesmo quando frequenta a igreja, frequenta-a como cidadão deste mundo. Em suma, é estranho no seio da igreja.[10]

Exatamente nesse momento histórico, depois do meado do século XIX, com o atraso de cem anos sobre a Europa, sentem a ficção e as personagens de Machado de Assis a decomposição da fé. Na hora da despedida, procura, revivendo o drama jansenista,[11] reconstruir o mundo dilacerado, no grande mergulho na natureza. Schopenhauer serve a Pascal, num jogo anacrônico de referências, em que as sugestões racionalizam a visão do mundo. Não admira que, em lugar de Deus unido ao povo, à comunidade soldada pelo amor, encontre átomos perdidos e hostis, que refletem a imagem do Diabo. A mulher e a mãe natureza personificam o mal, o mal que é a substância da terra, das suas armadilhas e da sua glória. A rota da divindade se alheou do povo, da comunidade, da igreja, numa viagem inversa ao mais religioso dos escritores do século XIX, Dostoiévski.[12] Deus, dominado no seu mistério, depois de imergir no mundo, se dessacraliza, convertendo-se, na ação do homem, em fragmentos que a velha teologia estigmatizava de pecado. A comunidade desaparece da consciência do homem, queimada pelas grandes crises do Renascimento, até que dela, individualizada, não reste senão a sombra do *Homo economicus*. As esferas morais e religiosas não mais existem como demônios específicos e autônomos, na marcha batida para o mundo amoral e a-religioso.[13] As personagens de Machado de Assis, encontrando o mundo transformado, já perderam a saudade da fé, o sentimento das realidades divergentes e inconciliáveis, que inspirava o *pathos* da tragédia. Na indiferença do universo, apenas ativo por efeito de sua força intrínseca, Deus não só está mudo, senão que se ausentou do destino dos homens. Sem saudade da fé, mas, não obstante, com a sombra da saudade, sombra que se espanca no horizonte, o humorismo está na esteira do desespero e da tragédia frustrada. Daí a afinidade de Machado de Assis com Pascal, que ele frequenta assiduamente, na busca de um fantasma que já se desintegrou, deixando no ar os vestígios longínquos da face em fragmentos. Dentro de tais condicionamentos, afastado do Deus de Abraão, do Deus de Isaac e do Deus de Jacó, a religião, longe de ser um porto, seria um extravio, indigno da razão e da sabedoria do tempo. Seria engano supor que a elucubração racional tenha levado o homem do século XIX tão longe. Para a escalada, o equipamento essencial seria a cegueira ao ato religioso e a dessacralização do culto.

Para ser mais preciso: o culto se reduz a um hábito vazio, ao convívio sem conteúdo, na forma sem energia, porque não o anima o ato religioso. Não há religião sem o culto, nem religião sem interioridade. O culto não é o acidente, o ornamento da fé, da exigência ética, senão que expressa a dependência necessária do sentimento que incorpora a divindade na consciência. Os dois lados do mesmo ato não nascem da ética ou da metafísica, do raciocínio ou da crença cega, senão que refletem um específico movimento da alma, inconfundível com todas as outras manifestações do homem. Todo o conhecimento de Deus é um conhecimento através de Deus, fundado na transcendência mundana da sua intenção, na realização por meio do divino e na apreensão ao que se revela do alto.[14] A esfera do divino é original e não derivada; não necessita de prova — o que se forma são os conceitos sobre o real, não a própria realidade. O que se prova é o que já se encontrou.[15] O ato religioso se aperfeiçoa no ser que lhe responde, ou na possibilidade desse alvo, procurado pelo gesto e pelo impulso íntimo. Fora daí, não há a vocação religiosa, senão vestígios religiosos ou a pseudorreligião. Cinzas de um incêndio extinto há em toda parte, em todas as consciências; os desvios acompanham todos os caminhos. A labareda que arde, a estrada real são, todavia, coisas diversas, e só estas falam da divindade pessoal, diretamente, ou por seu intermediário, o que subiu o Gólgota.

No itinerário de Machado de Assis, concretamente depois da fogueira das ilusões de 1880, na crise dos quarenta anos, não há mais Deus. Do demonismo ao diabolismo, no passeio humorístico, crestam-se as últimas folhas da dependência da criatura. Mais: o escritor supõe que o ato religioso não é mais possível, restando, no capítulo das negativas, o espírito que apenas nega. Por um instante, ainda haverá dois céus, o que as nuvens encobrem e o que recebe as orações (D.C., XX), mas o segundo já não passa de alegoria, fuga da consciência ardilosa. Uma tentativa dialética, por via da carambola lógica, poderia ver no diabolismo o reflexo do seu contrário. O Diabo, evocado humoristicamente, sugeriria Deus, reverenciado com seriedade. No jogo das conjeturas, o contrário da negação pode ser outra negação, e não uma afirmação, como o contrário da mentira não será a verdade, senão provavelmente outra mentira. Na cidade erma de Deus, opaca ao sentimento religioso, o Diabo prega o seu sermão, desdobramento lógico de sua visão da terra,[16] prometendo copioso galardão aos que se mantêm agarrados ao mundo, fiéis ao pecado que o incendeia.

> 13º Ouvistes que foi dito aos homens: Amai-vos uns aos outros. Pois eu digo-vos: Comei-vos uns aos outros, melhor é comer que ser comido; o lombo alheio é muito mais nutritivo que o próprio. 14º Também foi dito aos homens: Não matareis a vosso irmão, nem a vosso inimigo, para que não sejais castigados. Eu digo-vos que não é preciso matar a vosso irmão para ganhardes o reino da terra; basta arrancar-lhe a última camisa. 15º Assim, se estiveres fazendo as tuas contas, e te lembrar que teu irmão anda meio desconfiado de ti, interrompe as contas, sai de casa, vai ao encontro de teu irmão na rua, restitui-lhe a confiança, e tira-lhe o que ele ainda levar consigo. (P.R., *O sermão do Diabo*)

O mundo se estreita na caça do dinheiro, o cristão se anula no burguês, na imensa paisagem desolada e perdida do Diabo. Mas nem tudo é permitido: mortos os mandamentos, ainda vigoram as convenções e a polícia, que vigiam as ruas, os bancos, as assembleias de acionistas. Certo, há a consciência que rói surdamente, mas o brilho do vil metal a pacifica, como outrora a prece.

Entre o reino metafísico da vontade, insaciável e contínua no seu movimento, e o homem perdido na terra, sob o governo de Satanás, a coerência não se forma necessariamente no campo do pessimismo. Machado de Assis, ferido por outra trajetória, não se dobra, servilmente, ao comando de Schopenhauer. Ele, o escritor carioca, vê a cena final do homem como um baile de máscaras,[17] quando os mascarados se retiram, calada a música, reconquistada a fisionomia real. Porque nem por ser o homem a presa do pecado há de entregar-se só à dor. Sobre a dor o espetáculo tem a sua grandeza, diante do céu mudo e do absurdo do destino. Entre a metafísica e a ética se interpõe um espelho que retrata a luz e a converte num feixe de novas imagens. A realidade se transfigura não apenas em outro estilo, com a cor e a tonalidade diversa. Uma concepção, a *concepção humorística da vida*,[18] dota as coisas e os homens de um eixo novo, capaz de fazê-los circular em torno de outro centro, devorando a matéria-prima do pessimismo.[19] Da cega vontade que domina o mundo, e, dentro dele, o homem, pode deduzir-se não só o pessimismo, como supunha Schopenhauer, mas também a sinfonia ditirâmbica da vida, como demonstraria Nietzsche. Entre uma e outra consequência, na encruzilhada de caminhos possíveis, o humorismo sombreia a dúvida, parecendo tudo afirmar ao tempo que tudo nega. Schopenhauer, na sua visão metafísica e especulativa, despreza as provas de felicidade do quotidiano: a felicidade não passa de momentâneo fenômeno negativo, da provisória cessação da dor. Ele viu o espetáculo e não quer enganar-se, depois do baile de máscaras só há o homem nu, dentro do universo. Para o humorista há a realidade e o espetáculo, em dualismo em que um não nega o outro, peças de um só jogo. Nem o desespero, nem a tragédia, mas o vestíbulo do desespero e da tragédia, o homem diante do absurdo, do fluir sem sentido da eternidade, na luta para perseguir valores impossíveis de se concretizarem na limitada gaiola do mundo. Se o Diabo domina a cena, isto sugere que o seu contrário está presente, insinuando que perdeu o comando da alma humana, com a dilaceração dos ideais. Melancólico ou burlesco, Swift ou Rabelais, há lugar, na visão humorística da vida, para todos os temperamentos. A terra que alimenta a planta tem muitos elementos — pessimismo, ceticismo, otimismo —, mas a árvore é uma só.[20] No eterno vir-a-ser da vida, busca o humorista as formas permanentes, conceitos, ideais, valores, para, sentindo-os viver, descobrir a inanidade de tudo, na carência dos fins, na nudez da paisagem. O pretensioso rei da criação percebe que a fantasmagoria é infinita, graças à minuciosa análise que tudo decompõe, deixando as engrenagens à vista, na incoerência universal. O mundo se despe de sua solenidade, varrido por dois furacões opostos, a chama perene que o faz vibrar e o pequeno capricho que ergue o homem do pó à ilusão. A espada de Napoleão vale tanto, ou menos, do que o espadim que alimenta a vaidade do menino ou dos graves senhores do mundo (D.C., XII). A dor universal e a universal bondade de todas as coisas, nessa perspectiva de contrários, se entredevoram. No final, visto o mundo dentro do baile de máscaras, "todas as coisas são boas, *omnia bona*" (Q.B., X). À luz das estrelas indiferentes, só há figurantes enganados, para os quais a terra foi inventada para o recreio do homem. Só há uma desgraça, para quem se compraz com a festa, e é não nascer (M.P., CXVII).

> Ânimo, Brás Cubas, não me sejas palerma. Que tens tu com essa sucessão de ruína a ruína ou de flor a flor? Trata de saborear a vida; e fica sabendo que a pior filosofia é a do choramingas que se deita à margem do rio para o fim de lastimar o curso incessante das águas. O ofício delas é não parar nunca; acomoda-te com a lei e trata de aproveitá-la . (M.P., CXXXVII)

O nada, que espera o grande lascivo, tem a sua volúpia, mais do que a negação da dor, a própria felicidade de quem vê e não se revolta com o espetáculo. Dentro da casca do riso não há só a dor, também dentro da casca da dor pode haver o riso, no dualismo inconciliável da contemplação humorística da terra, de sua força e da sua miséria.

Sem o propósito de renovar os estudos acerca do humorismo de Machado de Assis, diga-se que, como concepção de vida, ele se desenvolve no processo narrativo, e não na graça das palavras, que traduz o *wit*. O narrador está sempre acompanhado, ao evocar um episódio, uma personagem, um retalho do passado, do olho zombeteiro de alguém que raciocina desarticulando a fluidez do relato. A associação dos contrários se revela, a todo tempo, seja com a intervenção do autor ou de um anônimo bisbilhoteiro. O escritor, para evidenciar seu jogo, coloca-se diante do leitor, em caminhos ora opostos, ora cruzados. O diálogo esconde o narrador armado de florete, não sem entremostrá-lo na manga do casaco. O confronto das duas entidades — escritor e leitor — tem caráter antitético, às vezes alternando-se, como duas vozes num coro, desdobrando-se, no momento de clímax, na oposição competitiva, agonal, quando os atores acentuam sua individualidade, rompendo o consenso de vozes.[21] Predomina, nessa dinâmica, a personalidade oposta aos padrões solidários e comunitários, na rebeldia do eu diante do costume passivo ou do absurdo de todas as coisas. Por haver vivido e encontrado o trânsito, o passo que sai da comunidade consensual e se aproxima do individualismo de rebeldia, pôde liberar uma força lúdica, entre o engano e o desengano.

Nesse combate, onde o sério se esconde no jogo, a seriedade na burla, há um impasse. O autor engana o leitor, zombando de sua credulidade. Mas o leitor adverte que está sendo enganado e revida ao autor com a desconfiança. A relação se abre, para completar o quadro e tornar a ação inteligível em outro ângulo. Ao lado do narrador e do leitor, intervém o espectador que também participa do espetáculo, só ele advertido da identidade dos mascarados. A verdade não está com o autor, nem com o leitor. O espectador percebe o enganador e o enganado, mas não detém a última palavra, senão que apenas, rindo, se diverte da assimetria das perspectivas. O escritor mostra o enlevo dos amores de Bentinho e Capitu e insinua o adultério. O espectador afoito, com a prova concludente da semelhança do filho ao comborço, exulta. Mas será que ele viu tudo, ou, embaraçado pela antítese do ataque e defesa, não criou a sua verdade, que nem sempre é o confronto de duas proposições falsas?

Só com *Brás Cubas*, na virada dos quarenta anos do escritor, Machado de Assis descobre seu caminho. A ele chega depois de haver descoberto o fundamento metafísico do mundo, o demonismo da vontade que guia, sem meta e sem destino, todas as coisas e os fantoches de carne e sangue. O pessimismo, sorvido no mesmo cálice, tempera a receita, para um transtorno qualitativo, que funde a angústia no riso.

> Ao contemplar tanta calamidade, não pude reter um grito de angústia, que a natureza ou Pandora escutou sem protestar nem rir; e não sei por que lei de transtorno cerebral, fui eu que me pus a rir, — de um riso descompassado e idiota.
> — Tens razão, disse eu, a cousa é divertida e vale a pena, — talvez monótona — mas vale a pena. Quando Jó amaldiçoava o dia em que fora concebido, é porque lhe davam ganas de ver de cá de cima o espetáculo. Vamos lá, Pandora, abre o ventre, e digere-me; a cousa é divertida, mas digere-me. (M.P., VII)

2 | *O pecado perante o céu e a dessacralização burguesa do mundo*

PARA QUEM QUER SURPREENDER A PASSAGEM e não o ser — Machado de Assis, como seu antepassado espiritual, Montaigne, só via o ser na passagem — a cronologia revela, mais do que o tempo, a mudança. Cronologia não se confunde, todavia, com a sucessão biográfica de acontecimentos. O Machado de Assis situado no tempo, nascido em 1839 e falecido a 29 de setembro de 1908, homem de sangue e de ódios, é apenas a sombra do outro Machado de Assis, o verdadeiro, o que vive no papel impresso, espírito que flutua sobre o absurdo da terra. O primeiro, dourado da duvidosa lenda de sacristão, vítima da crise religiosa que todos tiveram, todos os que nasceram no seio da madre Igreja Católica Apostólica Romana, pouco acrescenta à compreensão do segundo. Vagamente crente, ansioso pelo reencontro, no outro mundo, de sua Carolina, ele, o homem de carne e de incerteza, teria saudade dos sinos de antanho, cercado da corte católica de seus amigos. A hipótese é inverossímil, mesmo diante dos dados biográficos, que o mostram, na hora suprema, recusando o confessionário. Hipótese, além de inverossímil, inútil. O Machado de Assis que evoca Carolina do reino das sombras, o missivista que zomba do esperanto do outro mundo, é apenas uma personagem do outro, do autêntico. Entre a máscara de rugas e o cerne de vento, só este dá o sentido, o calor, a chama ao velho alquebrado e tartamudo. A sombra que vaga na Rua do Ouvidor, ou, refugiada nas suas lembranças, no Cosme Velho, será a caricatura, não raro infiel, da imagem do fazedor de palavras.

Abandonados os acidentes de uma vida que transcorre obscura, na outra vertente, onde se desenvolve a criação poética, a presença do tempo terá autenticidade própria. O poeta, em torno dos quarenta anos, entre *Iaiá Garcia* e *Memórias póstumas*, chega ao alto da montanha, "e quando ia a descer a vertente do oeste, / Viu uma cousa estranha, / uma figura má" (P.C., *No alto*). Este o momento da mudança, radical e qualitativa, longamente gestada e que explode subitamente. "Era o parto de um novo Machado, uma conversão às avessas. Há conversões de várias naturezas; do ponto de vista canônico, a de Machado só pode ser interpretada como o avesso de uma conversão edificante, uma crise de sentido eversivo."[22]

Entre Deus e o nada há a passagem, com as folhas que caem ao sopro do inverno. O céu, povoado pelo Deus de Abraão, se duplica mais tarde, até reunificar-se no reino das estrelas mudas. Antes do incêndio das ilusões, o padre, ainda o "varão apostólico, homem de sua igreja e de seu Deus, íntegro na fé, constante na esperança, ardente na caridade" (*Helena*, IV), obedece aos mandamentos, e bebe na fonte viva e transcendente da ética. Quem crê em Deus deve observar sua lei.

> Não basta supor que se crê; [adverte o padre Melchior, em *Helena*] nem basta crer à ligeira, como na região obscura da Ásia, onde nunca se pretende pôr os pés. O Deus de que te falo, não é só essa sublime necessidade do espírito, que apenas contenta alguns filósofos; falo-te do Deus criador e remunerador, do Deus que lê no fundo de nossas consciências, que nos deu a vida, que nos há de dar a morte, e, além da morte, o prêmio ou o castigo. (cap. XXIII)

Na afirmação, o padre Melchior adverte que ao lado do divino, por obra da razão, está o seu dissolvente, o tecido filosófico que o destrói, ao explicá-lo. Como Pascal, acautela-se o crente contra o Deus dos metafísicos, frio e alheio ao homem. No plano interior, projeção da luta racional, sente que o coração se divorcia da consciência — o "véu espesso que os separa" e que justifica o pecado. Crer e viver devem se associar no mesmo gesto, na unidade do céu com a terra. Fora desse consórcio, a impiedade edificará seu templo, invadindo, de baixo para cima, em interação dialética, o reino de Deus. Dois anos mais tarde, Iaiá Garcia, em angústia que lembra a de Estácio, dilacerada entre o coração e o dever — agora o mandamento não passa do dever seco e estéril, ético e não religioso —, ergue os olhos ao céu, desamparada do padre, ausente desse combate.

> O céu não lhe respondeu nada, esse imenso taciturno tem olhos para ver, mas não tem ouvidos para ouvir. A noite era clara e serena; os milhões de estrelas que cintilavam pareciam rir dos milhões de angústias da terra. Duas delas despegaram-se e mergulharam na escuridão, como os figos verdes do Apocalipse. Iaiá teve a superstição de crer que também ela mergulharia ali dentro e cedo. Então, fechou os

olhos ao grande mudo, e alçou o pensamento ao grande misericordioso, ao céu que se não vê, mas de que há uma parcela ou um raio no coração dos símplices. Esse ouviu-a e confortou-a; ali achou apoio e fortaleza. (I.G., cap. XIII)

O céu do padre Melchior e o céu de Iaiá Garcia têm diferente conteúdo. O padre Melchior arde, dominado pelo fogo divino, por sua cólera e por sua justiça. Iaiá Garcia percebe, antecipando-se ao filósofo Quincas Borba, que, na natureza muda, as estrelas estão caladas, reino de silêncio em que ela própria mergulharia, e cedo. Mas há ainda um vestígio, uma luz tênue, resíduo que vive "no coração dos símplices", e que, não obstante coada do plano superior e divino, ainda conforta. Entre o grande mudo e o grande misericordioso, não há mais identidade, desdenhado o último como apelo vão, que se reduzirá em objeto de desdém. Mais tarde, o céu será apenas a sede do Cruzeiro, indiferente à sorte dos homens. "Eia! chora os teus recentes mortos, se tens lágrimas. Se só tens riso, ri-te! É a mesma cousa. O Cruzeiro, que a linda Sofia não quis fitar, como lhe pedia Rubião, está assaz alto para não discernir os risos e as lágrimas dos homens" (Q.B., CCI). Verdade que, depois da trajetória de silêncio progressivo, que vai de *Helena* a *Quincas Borba*, há uma recidiva aparente. Mas a fé, em lugar da opacidade no seu objeto, como em *Iaiá Garcia*, adquire o caráter de alvo de mofa. O céu não será mais o amparo dos *símplices*, senão que se fixa no engano intencional dos maliciosos. Ele serve para mascarar a consciência, desviar remorsos e barganhar, de má-fé, favores e esperanças.

Levantei os olhos ao céu, [confessa Bentinho, já Dom Casmurro em perspectiva] que começava a embruscar-se, mas não foi para vê-lo coberto ou descoberto. Era ao outro céu que eu erguia a minha alma; era ao meu refúgio, ao meu amigo. E então disse de mim para mim:

"Prometo rezar mil padre-nossos e mil ave-marias, se José Dias arranjar que eu não vá para o seminário". (D.C., XX)

A promessa, com o dispensador de benefícios de permeio, tem ar supersticioso, com o regateio subsequente, para um ato de suborno.

Realmente, a matéria do benefício era agora imensa, não menos que a salvação ou o naufrágio da minha existência inteira. Mil, mil, mil. Era preciso uma soma que pagasse os atrasados todos. Deus podia muito bem, irritado com os esquecimentos, negar-se a ouvir-me sem muito dinheiro… Homem grave, é possível que estas agitações de menino te enfadem, se é que não as achas ridículas. Sublimes não eram. Cogitei muito no modo de resgatar a dívida espiritual. Não achava outra espécie em que, mediante a intenção, tudo se cumprisse, fechando a escrituração da minha consciência moral sem *deficit*. Mandar dizer cem missas, ou subir de joelhos a ladeira da Glória para ouvir uma, ir à Terra Santa, tudo o que as velhas escravas me contavam de promessas célebres, tudo me acudia sem se fixar de vez no espírito. Era muito duro subir uma ladeira de joelhos; devia feri-los por força. A Terra Santa ficava muito longe. As missas eram numerosas, podiam empenhar-me outra vez a alma…

A queda das folhas do céu primaveril da infância e da juventude determina a transformação interna das personagens. Estácio se detém, advertido pelo mandamento cristão, no vestíbulo do incesto. Lívia (*Ressurreição*) resiste, refugiada em valores religiosos, às torpes maquinações de Luís Batista, valores que alentam a vitória de Iaiá Garcia contra a quebra da fé conjugal. Quando o céu luzia, no alto e dentro das almas, o pecado, sob a forma do adultério, do incesto, do homicídio, não permite que os pés se manchem de lodo. Se a porta larga é franqueada, o arrependimento purga o mal, renovando na consciência a doçura antiga, agora reconquistada. Nesse tempo, embora a sombra se aproxime do céu, o arrependimento ainda não era mero fenômeno patológico ou a encarnação retardada da polícia dos lares. Para a sensibilidade religiosa, que envolve, ainda que vagamente, as personagens de Machado de Assis, na fase pré-*Memórias póstumas*, o arrependimento abre o caminho da salvação, mediante concessão do favor divino. Sua perspectiva mais profunda se vincula à consciência do pecado, no pedido do perdão e na disputa da graça. O arrependimento parte da autoacusação perante Deus e da confissão da culpa, para o renovamento da alma, extinto o pecado.[23]

Em breve, varrido dos corações o sentimento da criatura dependente, que mal roça as entranhas de Estácio e Helena, de Iaiá e Luís Garcia, o arrependimento abandona as consciências. Virgília e Brás Cubas, Ezequiel e Capitu, Palha e Sofia pecam sem muitos remorsos, indiferentes ao arrependimento. O destino, apenas o acaso ordenado pelas consequências, e não pelas intenções dos homens ou da Providência, tudo conduz, nome vazio para conteúdos diversos. Brás Cubas fere os tabus matrimoniais, levado pelas determinações do mundo, sem vigilância moral e sem cuidados religiosos.

> Eis-nos a caminhar sem saber até onde, nem por que estradas escuras; problema que me assustou, durante algumas semanas, mas cuja solução entreguei ao destino. Pobre Destino! onde andarás agora, grande procurador dos negócios humanos? Talvez estejas a criar pele nova, outra cara, outras maneiras, outro nome, e não é impossível que... Já me não lembra onde estava... Ah! nas estradas escuras. Disse eu comigo que já agora seria o que Deus quisesse. Era a nossa sorte amar-nos; se assim não fora, como explicaríamos a valsa e o resto? Virgília pensava a mesma cousa. Um dia, depois de me confessar que tinha momentos de remorsos, como eu lhe dissesse que, se tinha remorsos, é porque me não tinha amor, Virgília cingiu-me com os seus magníficos braços, murmurando:
> — Amo-te, é a vontade do céu.
> E esta palavra não vinha à toa; Virgília era um pouco religiosa. Não ouvia missa aos domingos, é verdade, e creio que só ia às igrejas em dia de festa, e quando havia lugar vago em alguma tribuna. Mas rezava todas as noites, com fervor, ou, pelo menos, com sono. Tinha medo às trovoadas; nessas ocasiões, tapava os ouvidos, e resmoneava todas as orações do catecismo. Na alcova dela havia um oratoriozinho de jacarandá, obra de talha, de três palmos de altura, com três imagens dentro; mas não falava dele às amigas; ao contrário, tachava de beatas as que eram só religiosas. Algum tempo desconfiei que havia nela certo vexame de crer, e que a sua religião era uma espécie de camisa de flanela, preservativa e clandestina; mas evidentemente era engano meu. (M.P., LVII)

Nesse contexto, dirigido pela lascívia, origem das coisas e do homem, o destino se transmuta em Deus e Deus na força elementar que impulsiona o desejo e a consciência. Deus, o céu de Virgília, vela para que se consume o pecado, esquecido das tábuas da lei. A "camisa de flanela, preservativa e clandestina" não tem nenhuma utilidade, senão a de inverter, irreligiosamente, a divindade, auxiliar da vida, reduzida esta aos impulsos. Nessa dessacralização do divino, a lâmina encoberta do punhal, em rebeldia oculta, protesta contra a providência. Desafio velado que, nas meias palavras, denuncia a hostilidade do céu, caminhando nas margens do ateísmo militante. Na sequência do sentimento que vai da irreligião contra a religião, pode-se discernir a "patologia da vida valorativa",[24] com a revolta contra o Espírito Santo, segundo a teologia cristã. Não a ausência de valores religiosos, mas a sua inversão, em adesão ao Diabo, às suas glórias e pompas. Resto apagado de consciência religiosa, porém só de consciência, sem a estrutura que dita o ato religioso autêntico.

Supor que Deus possa ser uma vivência puramente interior, surpreendido em contrários e cinzas, será engano, embora engano comum. A religião íntima, sem Deus transcendente e despida do culto e da oração, não é religião. A alma desamparada das conexões metafísicas, a alma dos *símplices* ou dos recolhidos, não geme pela fé, mas pela procura do sentido do mundo, complacente com o absurdo da terra. O destino, nessa paisagem, tudo substitui, convertendo-se no caos. De outro lado, as orações de sono, o culto sem alma, reduz-se às imagens e à decoração, como a alcova de Virgília, dotada do oratório de jacarandá, que vale mais pela talha do que pelo sentido representado na obra artística. Religião, esta, não distante da de outra personagem, vizinha de Virgília, o cônego Ildefonso. Para ele a igreja estava toda no

> lado externo, a hierarquia, as preeminências, as sobrepelizes, as circunflexões. Vinha antes da sacristia que do altar. Uma lacuna no ritual excitava-o mais do que a infração dos mandamentos. Agora, a tantos anos de distância, não estou certo se ele poderia atinar facilmente com um trecho de Tertuliano, ou expor, sem titubear, a história do símbolo de Niceia; mas ninguém, nas festas cantadas, sabia melhor o número e caso das cortesias que se deviam ao oficiante. (M.P., XI)

O cônego e Virgília, na exterioridade das regras católicas, incorrem no anátema de Pascal "*Fausse piété, double péché*".

Chega o momento, na história espiritual da obra de Machado de Assis, no vínculo retardado com a mudança de valores do mundo, em que dois céus são excessivos. "*C'est trop de deux. Il n'en felloit qu'un*", dirá um barão do século XVIII.[25] No trânsito entre o céu e a terra, ainda há a indecisão, a dúvida, as contradições e as luzes equívocas. O ponto de partida será o pecado, sobre o qual, ainda evanescente, o arrependimento perderá as formas e a morte, posto que séria e solene, se converterá apenas na extinção do ser, volta ao nada. O pecado só existe como pecado dentro da religião. Quando se secularizа, na consciência social dos dois últimos séculos, ele se torna infração moral ou caso de polícia, desaparecendo seu autêntico conteúdo.[26] Só peca o filho de Adão, o homem cuja natureza o leva ao pecado, o pecador por essência. O homem antigo não pode deixar de pecar, por efeito do pecado original, inscrito na sua alma, e que o desvia do bem. O pecador inclina a face a ele, só se resgatando na transfiguração do arrependimento. O condicionamento mundano e terreno, quando o céu das estrelas indiferentes vence o céu da divindade, ensina os homens a dissociar o pecado do pecador, convertido aquele em infração ou crime, reparados pela moral e pelo direito. Primeiro passo da transformação: a ideia do pecado se dissolve numa congérie de problemas, solvidos casuisticamente, em processo que escamoteia o pecador. Último passo: as ações adquirem autonomia ao sujeito, ações boas ou más, segundo critérios que esquecem a essência religiosa do homem. O mistério, o enlace sobrenatural, deserta do céu, reduzido, nas cinzas apagadas, a experiências mundanas, conservado o pecado — com outro conteúdo — sem lembrar o pecador, e, por via dele, Deus, a morte e o arrependimento. O pecador será unicamente o homem que comete infrações — dissociando-se o homem do pecador, isto é, do infrator. A pátria do velho desterrado não é o vale de lágrimas, mas o vale da promissão, em busca da felicidade, dos prazeres e da alegria, mesmo que, nos deleites da terra, haja um travo de fel. O velho e atormentado pecador tem, agora,

> uma pátria na terra, na qual se permite passar bem e gozar a vida em conexão com a natureza; sua existência terrena tem significação autônoma, está justificada por si mesma. Vive sua vida, a vida que sua essência e leis próprias lhe determinam de modo puramente temporal, uma vida posta aquém do bem e do mal, radicada na natureza. Esta vida ele a pode ordenar como queira, ao seu arbítrio, sem pensar em Deus, nem no além.[27]

Brás Cubas está no cimo da montanha. Na vertente sul ficaram o pecador e os pecados, ilusões da juventude. Ele ainda polemiza com Deus, na ambígua reação ímpia de quem ainda não queimou todas as dúvidas. Na vertente norte, Virgília peca porque esta é a vontade do céu, seguida de Sofia e de Capitu, obra, a última, de carne e de luxúria, instrumento dissimulado da reprodução da espécie, e aquela, nas suas condescendências e no adultério frustro, alimentada pela ética burguesa do amor à opulência. Todos franqueiam a barreira, simbólica e real, do pecado de adultério, no qual se casa a luxúria e a quebra da fé. Se Virgília, cronologicamente a primeira adúltera dos romances de Machado de Assis, ainda sente algumas cócegas de pecadora, em Sofia, sempre às portas do mal, sem franqueá-lo por falta de oportunidade, o terceiro leitor — aquele espectador e partícipe do humorismo — perdoa-lhe as travessuras, sem escândalo, com a condescendência risonha da colaboração íntima, em secreta e oculta colaboração. Capitu vai mais longe na sua malícia: nela todos pecamos, ela se move por nossa mão, ajudada por nossas desconfianças e estimulada pela nossa piedade. Infratoras e não pecadoras, alheias ao pecado e às preocupações, senão às preocupações exteriores, de Deus e seus mandamentos. Para configurar a situação, com toda a crueza e sem disfarces, o escritor serve-se de um ser de outra classe, na qual os ornatos respeitosos não seriam necessários. A visão burguesa adquire, com a eleição do modelo, a luz plena, desnudada a retórica na identificação da miséria ao mal, elevando-se a personagem à medida que se liberta da pobreza. No mundo sem Deus e sem pecado, deslocado o eixo valorativo para a terra, o mal convive com o ridículo, ridículo que, com a mesma nódoa, se sublima em Virgília, Sofia e Capitu. Aí está, testemunhando a mudança do raio de luz, mas não do foco, d. Plácida. Coerente ao extremo, frio até a crueldade, ele não denuncia nem protesta. Revela o jogo, que não se forma apenas de ases, culminando, ao contrário, nas cartas ínfimas. O tecido de prata e ouro adultera a consciência, tecido de igual contextura que cobriu as outras e os outros, os ociosos do mundo dourado. D. Plácida passou das "fidúcias de pessoa rica", da resistência aos "maridos de ocasião e de empréstimo" (M.P., LXXIV) à alcovitice. O processo? O mesmo processo, mas agora ao grotesco, que encobriu o céu para sua patroa. Ela mudou. Mudou ou descobriu as rotas do mundo, que se obstinou, sem êxito, a negar? Dos seus princípios, fortemente ancorados na presença do pecado, com a fé ingênua do povo, ela chega ao proxenetismo, convertendo, no termo de sua jornada, os meios do culto divino à sua nova consciência. Ela construiu o caráter nas penas de uma vida amarga, "queimando os dedos ao fogão, e os olhos ao candeeiro, para comer e não cair". Mas a consciência muda, estrumada pela mentira e, sobretudo, pela conveniência. Um dia, a pobre medianeira aceita tudo, seduzida pela segurança que o mundo dá: "era uma necessidade da consciência" (M.P., LXX). A corrupção se insinua no temor à miséria, a outra face da moeda de igual cunho, que consola Virgília no pecado.

> Não fui ingrato; fiz-lhe um pecúlio de cinco contos, — os cinco contos achados no Botafogo, — como um pão para a velhice. D. Plácida agradeceu-me com lágrimas nos olhos, e nunca mais deixou de rezar por mim, todas as noites, diante de uma imagem da Virgem, que tinha no quarto. Foi assim que lhe acabou o nojo.

Nessa ação individual, de persuasão e engano, se expressa uma categoria de valores, toda inscrita nas tábuas da terra e do século, cega para o transcendente e o sagrado. Parece que já não mais é possível ordenar este mundo pela visão do outro, há muito surdo aos clamores e à prece dos homens. Há, todavia, o remorso residual, o farrapo do arrependimento, sombra apagada do velho que ainda rasteja, quer na consciência de d. Plácida, quer na de Brás Cubas. Esta também se apaga e escurece, consumida pela implacável máquina do tempo presente.

> Súbito [reflete Brás Cubas] deu-me a consciência um repelão, acusou-me de ter feito capitular a probidade de d. Plácida, obrigando-a a um papel torpe, depois de uma longa vida de trabalho e privações. Medianeira não era melhor que concubina, e eu tinha-a baixado a esse ofício, à custa de obséquios e dinheiros. Foi o que me disse a consciência; fiquei uns dez minutos sem saber que lhe replicasse. Ela acrescentou que eu me aproveitara da fascinação exercida por Virgília sobre a ex-costureira, da gratidão desta, enfim da necessidade. Notou a resistência de d. Plácida, as lágrimas dos primeiros dias, as caras feias, os silêncios, os olhos baixos, e a minha arte em suportar tudo isso, até vencê-la. E repuxou-me outra vez de um modo irritado e nervoso.
>
> Concordei que assim era, mas aleguei que a velhice de d. Plácida estava agora ao abrigo da mendicidade: era uma compensação. Se não fossem os meus amores, provavelmente d. Plácida acabaria como tantas outras criaturas humanas: donde se poderia deduzir que o vício é muitas vezes o estrume da virtude. O que não impede que a virtude seja uma flor cheirosa e sã. A consciência concordou, e eu fui abrir a porta a Virgília. (M.P., LXXVI)

Que poderia objetar a consciência diante do aluvião que consagra a segurança econômica com a medida de todos os valores? Que é a virtude, senão o abrigo da mendicidade? Para Brás Cubas, fio da mesma estopa podre, um pouco de hipocrisia salva os dedos, sem sacrifício dos anéis. A compulsão burguesa abrange todas as categorias sociais, com cores várias. Lustrosa no alto, grotesca na escala ínfima, justificando o bem-estar. O pecado se retorce, esfuma-se, adquire outro miolo, perdidas suas origens teológicas. Os filhos de Adão, esquecidos da tragédia do Éden, não são mais pecadores por natureza, mas peças conscientes e astutas de uma máquina que adora o ouro. D. Plácida, com as tenazes na garganta, foge da miséria; Sofia aspira ao palacete, à baronia próxima, jogando as mesmas cartas, cartas de espadas, para uns, de ouros, para outros, de paus, para a maioria desvalida.

Morto o pecador, sepultado no conceito do pecado sem o céu, o arrependimento se esvai, mal substituído pelo remorso. A transmutação do pecado corresponde à dissimulação do arrependimento. Um moralista do século XVI já sentira bem a falsidade que cobre os dois termos, ambos desnaturados.

> *La vraie condennation et qui touche la commune façon de nos hommes, c'est que leur retraicte même est pleine de corruption et d'ordure; l'idée de leur amendament, chafourré; leur penitence, malade et en coulpe, autant à peu près que leur péché. Aucuns, ou pour estre colléz au vice d'une attache naturelle, ou pour longue accostumance, n'en trouvent plus la laideur. A d'autres (duquel regiment je suis) le vice poise, mais ils le contrebalancent avec le plaisir ou autre occasion, et le soufrent et s'y presttent à certain prix; vitieusement pourtant et lachement.* (Essais, I, III, c. II)

Na escalada e na paz da planície não há sequer remorsos, devorados pela ambição ou pela sede de tranquilidade econômica. Para ocupar o trono, o tormento de lady Macbeth não passa de um expediente literário, obsoleto, inútil e prejudicial à marcha do destino. Brás Cubas contempla o marido enganado, náufrago de seu ressentimento, calcando escrúpulos para galgar o fardão ministerial. Ele devia conter o remorso, consciente da sua infração, sombra do pecado sem pecador.

> Não tinha remorsos. Se possuísse os aparelhos próprios, incluía uma página de química, porque havia de decompor o remorso até os mais simples elementos, com o fim de saber, de um modo positivo e concludente, por que razão Aquiles passeia à roda de Troia o cadáver do adversário, e lady Macbeth passeia à volta da sala a sua mancha de sangue. Mas eu não tenho aparelhos químicos, como não tinha remorsos; tinha vontade de ser ministro de Estado. Contudo, se hei de acabar este capítulo, direi que não quisera ser Aquiles, antes passear ovante o cadáver do que a mancha; ouvem-se no fim as súplicas de Príamo, e ganha-se uma bonita reputação militar e literária. Eu não ouvia as súplicas de Príamo, mas o discurso de Lobo Neves, e não tinha remorsos. (M.P., CXXIX)

Antes a glória do vencedor que a vitória atormentada: na proposição escamoteia-se, em proveito do sucesso, a reconciliação com a consciência, agora um tecido de conveniências e formalidades. Se remorsos fossem possíveis, antes os de Aquiles, que triunfa, traduzindo-se, modernamente e no espaço político, numa pasta ministerial. Certo, sobra a visão do mal, embora recoberta pela vida que se agita — *vitieusement* e *lachement*. O que importa é que o leve rebate interior se contrabalança e se anula, não raro com o auxílio das orações da religião morta.

Bentinho, já Dom Casmurro em botão, desejou, num momento mau, relâmpago inconsequente, a morte da mãe. Com a remoção do obstáculo, o cárcere, representado no seminário, abria suas portas, para glória e fomento de *Humanitas*.

> Tão depressa alumiou a noite, como se esvaiu, e a escuridão fez-se mais cerrada, pelo efeito do remorso que me ficou. Foi uma sugestão da luxúria e do egoísmo. A piedade filial desmaiou um instante, com a perspectiva da liberdade certa, pelo desaparecimento da dívida e do devedor; foi um instante, menos que um instante, o centésimo de um instante, ainda assim, o suficiente para complicar a minha situação com um remorso. (D.C., LXVII)

O narrador procura empalidecer o ato e cuida, com isso, reduzir o remorso a um escrúpulo exagerado. Corrupção do próprio remorso. Mas o próprio gesto adulterado será readulterado, para conciliar a consciência interior aos valores do mundo, estes ainda disfarçados em religião, culto vazio de intenções. O processo das compensações adia o problema, negando-o no expediente escamoteador. A receita será a velha receita do seminarista, seminarista fruto das ocas superstições familiares.

> Então levado do remorso, usei ainda uma vez do meu velho meio das promessas espirituais, e pedi a Deus que me perdoasse e salvasse a vida de minha mãe, e eu lhe rezaria dous mil padre-nossos. Padre que me lês, perdoa este recurso; foi a última vez que o empreguei. A crise em que me achava, não menos que o costume e a fé, explica tudo. Eram mais dous mil; onde iam os antigos? Não paguei uns nem outros, mas saindo de almas cândidas e verdadeiras tais promessas são como a moeda fiduciária, — ainda que o devedor as não pague, valem a soma que dizem. (D.C., LXVII)

A segunda corrupção está no falso perdão, captado pela fraude, diante do padre, complacente na sua figura convencional, e não de Deus. A reconciliação, com a reforma do pecador, está ausente, diluída na moeda inautêntica, que, sabe o confitente, não substitui, mas expulsa a verdadeira. Em lugar da comunicação da criatura com a divindade, interpõe-se um desvio mágico e supersticioso, mesclado de ímpio suborno, que monetariza as relações mais altas. O suborno dispensa a boa-fé do devedor, confiado na riqueza e prodigalidade do credor.

Enquanto Virgília, Brás Cubas, Bentinho tergiversam, com os pecados que o espectador — o terceiro leitor do narrador, o de nariz franzido e olho de zombaria — também comete, cúmplice e humano, há, em certo momento, o crime que espanta. Procópio José Gomes Valongo (v.h., *O enfermeiro*, 1884), náufrago da vida aos 42 anos, torna-se zelador da saúde de um coronel, o coronel Felisberto, homem cheio de achaques e de maus bofes. O enfermeiro padece injúrias e pancadas, trabalhos e rabugens, tudo em troca do pão magro. O remédio à miséria explica tudo e, como em *Pai contra mãe* (r.c.v.), inclusive o homicídio. Talvez, na ficção brasileira, ninguém tenha chegado tão longe, nas justificações do mal, o mais terrível dos males. Um dia, em revide a uma afronta, o desfecho. "Não tive tempo de desviar-me; a moringa bateu-me na face esquerda, e tal foi a dor que não vi mais nada; atirei-me ao doente, pus-lhe as mãos ao pescoço, lutamos, e esganei-o" (v.h., *O enfermeiro*). Um inválido, incapaz de defesa, recebe o abraço fatal de seu guarda e empregado. No primeiro golpe, o pavor da ação, o gesto homicida esmaga o criminoso.

> Os gritos da vítima, antes da luta e durante a luta, continuavam a repercutir dentro de mim, e o ar, para onde quer que me voltasse, aparecia recortado de convulsões. Não creio que esteja fazendo imagens nem estilo; digo-lhe que eu ouvia distintamente umas vozes que me bradavam: assassino! assassino!.

Diante do quadro, em delírio, o enfermeiro apela para os outros, para a "cumplicidade dos outros homens" (v.h., *O enfermeiro*), que o levaram a servir ao patrão desalmado. Depois, antes ou junto ao remorso, o temor de ser agarrado, o medo da polícia vingadora. Caim pensa em fugir para o fim do mundo, mas teme a própria fuga, que o denunciaria.

Oculto o crime, recolhido o coronel Felisberto ao silêncio inviolável, sepultado, Procópio José Gomes Valongo reanima-se com o engano de todos. "Quando tudo acabou, respirei. Estava em paz com os homens." Feita a paz com os homens, arredada a polícia e a punição, só restava adulterar a sombra do remorso, pacificando a consciência, mais o desassossego e a aflição do que a consciência. Agora, a estrada tortuosa, com o ópio da terra, será percorrida até o termo surpreendente, surpreendente mas rigorosamente lógico. Passo a passo, a consciência se acomoda. Primeiro, os elogios ao morto, exorcizando as cóleras póstumas, depois a missa pelo eterno descanso do coronel, na igreja do Sacramento.

> Não fiz convites, não disse nada a ninguém; fui ouvi-la, sozinho, e estive de joelhos todo o tempo, persignando-me a miúdo. Dobrei a espórtula do padre, e distribuí esmolas à porta, tudo por intenção do finado. Não queria embair os homens; a prova é que fui só. Para completar este ponto, acrescentarei que nunca aludia ao coronel, que não dissesse: "Deus lhe fale n'alma!".

Sim, Procópio não queria enganar os homens: ele queria embair a Deus, presa mais fácil da malícia, no tempo histórico, do que o vizinho, mudo e distante. O culto sem alma serve bem ao propósito, outrora ímpio, no momento usual, fórmula já da preferência de Bentinho.

O exorcismo do remorso, não o seu desate no arrependimento e no perdão, serve ao incréu como serve ao prestidigitador a cartola para iludir o auditório, este também não persuadido. O elemento decisivo do processo, todavia, o caráter diabólico do movimento interior, capaz de inverter a perspectiva religiosa em favor da imunidade, vilmente mundano, vem agora.

O coronel, a vítima inerme nas mãos assassinas de Valongo, grato por suas atenções e desvelos, nomeia-o herdeiro universal de seus bens. Valongo, surpreendido e atônito, depois que se supunha liberto do pesadelo, volta a envolver-se numa teia, cujos fios se subvertem e o levam a dançar um minueto sinistro. Sua consciência será o joguete de sua cobiça — o cerne de todas as ações —, cobiça envolta em valores que lhe dão sentido e a despertam. Cogita, na sedução ingênua pela linha reta, recusar a herança. Mas a renúncia, sopra-lhe a voz interior ávida de justificações, pode descobri-lo diante do mundo — isto é, da polícia. Depois uma transação: recolher a herança e doá-la, em parcelas e às escondidas. Mas por que os escrúpulos? Teria Valongo cometido um crime ou travado uma luta, na qual ele, em defesa, abatera a vítima?

> Crime ou luta? Realmente, foi uma luta em que eu, atacado, defendi-me, e na defesa... Foi uma luta desgraçada, uma fatalidade. Fixei-me nessa ideia. E balanceava os agravos, punha no ativo as pancadas, as injúrias... Não era culpa do coronel, bem o

> sabia, era da moléstia, que o tornava assim rabugento e até mau... Mas eu perdoava tudo, tudo... O pior foi a fatalidade daquela noite... Considerei também que o coronel não podia viver muito mais: estava por pouco; ele mesmo o sentia e dizia. Viveria quanto? Duas semanas, ou uma: pode ser até que menos. Já não era vida, era um molambo de vida, se isto mesmo se podia chamar ao padecer contínuo do pobre homem... E quem sabe mesmo se a luta e a morte não foram apenas coincidentes? Podia ser, era até o mais provável; não foi outra cousa. Fixei-me também nessa ideia...

A recusa ao arrependimento, ou melhor, a impossibilidade de arrepender-se, por ausência dos pressupostos religiosos desse ato, levam a negar o pecaminoso do pecado e o delituoso do crime. Desimpedida a viagem de tais barreiras e de tais escrúpulos, acrescida com a imagem perversa do morto, exagerada pela necessidade de autojustificar-se, Valongo entra na posse da herança. Distribui, com mão encolhida, algum dinheiro aos pobres, lisonjeia a matriz com paramentos, concede esmolas, sem tocar no principal. Como substituto tangível do remorso, levanta um túmulo ao coronel, todo de mármore, obra de encher a vista.

> Os anos foram andando, a memória tornou-se cinzenta e desmaiada. Penso às vezes no coronel, mas sem os terrores dos primeiros dias. Todos os médicos a quem contei as moléstias dele, foram acordes em que a morte era certa, e só se admiravam de ter resistido tanto tempo. Pode ser que eu, involuntariamente, exagerasse a descrição que então lhes fiz; mas a verdade é que ele devia morrer, ainda que não fosse aquela fatalidade...

Mas sem a herança, alma burguesa do mundo, não seria completa e definitiva a desconversão de Valongo. A chave de tudo, com estranha lucidez, está no final do conto, onde não só se celebra a morte do pecador, a dessacralização do pecado, mas a euforia do desfrute dos bens da vítima.

> Adeus, meu caro senhor. Se achar que esses apontamentos valem alguma cousa, pague-me também com um túmulo de mármore, ao qual dará por epitáfio esta emenda que faço aqui ao divino sermão da montanha: "Bem-aventurados os que possuem, porque eles serão consolados".

O leitor e o espectador são cúmplices de Procópio José Gomes Valongo, no processo que o desenredou do arrependimento. Talvez o mal e o pecado não sejam tão hediondos como parecem.

O ardiloso enfermeiro volta-se contra a ordem social e a lei. Cândido Neves (R.C.V., *Pai contra mãe*), no exercício de um ofício lícito, caçava escravos. O ofício

> não seria nobre, mas por ser instrumento da força com que se mantém a lei e a propriedade, trazia esta outra nobreza implícita das ações reivindicadoras. Ninguém se metia em tal ofício por desfastio ou estudo; a pobreza, a necessidade de uma achega, a inaptidão para outros trabalhos, o acaso, e alguma vez o gosto de servir também, ainda que por outra via, davam o impulso ao homem que se sentia bastante rijo para pôr ordem à desordem.

O herói do conto serve à ordem legal, mas o autor não reconhece legitimidade à instituição do cativeiro. Apesar da dissociação, não há lugar para as hesitações de consciência, os remorsos, as dúvidas do procedimento. Cândido Neves, sem emprego certo, incapaz de pagar o teto para a família e dar o pão ao filho, decide enjeitá-lo, para que a caridade o crie ou outrem o adote. Salva-o uma gratificação, que remediaria a apertura, na busca de uma escrava fujona e grávida, que, presa e perseguida, perde o filho, à vista do patrão e do perseguidor. Nenhum travo lhe deixou o espetáculo, nada lhe disse a consciência: nada. Não queria saber de sua vítima, todo consumido no amor ao filho, resgatado, graças aos 100 mil-réis de gratificação, à roda dos enjeitados.

> Tia Mônica, ouvida a explicação, perdoou a volta do pequeno, uma vez que trazia os cem mil-réis. Disse, é verdade, algumas palavras duras contra a escrava, por causa do aborto, além da fuga. Cândido Neves, beijando o filho, entre lágrimas verdadeiras, abençoava a fuga e não se lhe dava o aborto.
> — Nem todas as crianças vingam, bateu-lhe o coração.

Em 1905, numa das ilhas da passagem, o céu já se incorpora à terra, composta de lodo, o lodo dourado do amesquinhamento do homem, da criatura convertida em verme.

No itinerário que vai da luz à cinza, a jornada da vida culmina na morte, sem que a engrandeça o reencontro da eternidade. O último transe, mais terrível pela ameaça das penas e tormentos do que pela extinção de ser, será um engano, um preconceito, delírio do terror diante do nada. O filho do mundo e da terra não se preocupa com a tragédia, com o acerto de contas, com a emenda derradeira. Ele sabe que vai morrer, mas não acredita; o inferno não passa de metáfora ou espetáculo, como lembra La Bruyère. Medo da morte, sim, puro medo do fim da jornada, não tremor do comparecimento perante o juiz de todas as ações, das ocultas e das ostensivas. Morte sem *pathos* religioso, com resignação filosófica ou com a certeza de que, na morte e na vida, se agita o mundo, indestrutível e eterno, eterno na indiferença do castigo. Nessa perspectiva dessacralizada, só existe a imortalidade do viver, e não a imortalidade depois da morte. Viver, mesmo alguns anos mais, um minuto que seja, mas viver. "Viver somente, não te peço mais nada" (M.P., VII), reclama Brás Cubas no delírio, na hora do encontro certo. Viver, mesmo que o espere a voluptuosidade do nada. O último homem está morrendo e "ainda sonha com a vida" (V.H., *Viver!*). Mesmo Ahasverus, condenado à vida, depois de experimentar, só ele intacto no curso das gerações, o fastio da vida, cansado do espetáculo das desgraças e da pequenez dos homens, mesmo Ahasverus não quer a morte. O fim de Ahasverus, desejado mas não querido, revela um motivo, ainda não desvendado num conto, escrito quatro anos antes (O.C.). O imortal, depois de dois séculos de existência, volta a ser mortal, desencantado da vida eterna. O espetáculo deixou de ser divertido, por isso mil vezes a morte, ao contrário do que pensa Brás Cubas. A monotonia decide o ânimo a buscar a única emoção desconhecida — emoção sem nenhum laivo religioso — a da morte. A "indesejada das gentes", a viagem na *undiscovered country* tem seu encontro, à míngua do mistério.

A paisagem, depois da *"nonchalance du salut, sous crainte et sous repentir"*, na censura de Pascal a Montaigne, revela os sentimentos pagãos sobre a morte (*"sentiments tout païens sur la mort"*). Também aqui, como em toda a obra, há a passagem, o salto sobre a luz que envolve o último olhar. Solto, é verdade, mais pagão do que denunciam os sentimentos da esfumada constelação religiosa do mundo espiritual. Helena morre assistida catolicamente, com os socorros derradeiros ministrados pelo padre Melchior, o varão apostólico. Mas ela se despede da vida com revolta, não sem algum "lampejo de inveja", para os vivos, com o cadáver profanado pelo beijo de amor de lábios quase incestuosos. A seguir, Luís Garcia morre só com a enfermidade, assistido apenas pelo pasmo que o último ato causa nas criaturas perplexas.

> Ao vê-lo morrer, as duas mulheres ficaram longo tempo prostradas. Era a primeira vez que contemplavam a morte. Nenhuma delas vira nunca expirar uma só criatura humana, e a primeira que a seus olhos se despedia da vida representava para elas largos anos de afeição terna e profunda, e o mais forte laço moral que as ligava uma a outra. (I.G., XV)

Com alguma saudade, o agonizante, enfermo e não filho de Deus, embarca para a outra pátria, dentro do mundo repaganizado.

A solenidade está presente no fim de Helena e de Luís Garcia. A solenidade, todavia, despida como é, por natureza, de outras considerações que não as humanas, pode desnaturar-se no espetáculo formal. Pode ir além e comportar o grotesco, com o componente da crueldade, onde se mistura a decepção ou a alegria do legatário e a falsa piedade. Uma vez atravessada a ponte — a que franqueia o religioso do paganismo — tudo é possível. De Helena a Viegas (*Memórias póstumas*) o passo é coerente, embora nem sempre exteriormente lógico. Viegas, avarento e potencial mina dos herdeiros, caíra de cama, definitivamente. Virgília, com o olho cínico posto na sucessão testamentária, assiste o doente, ao lado de Brás Cubas, o espectador de tudo — espectador que transcende o leitor, o terceiro da conjuração humorística. Esta comédia vale a pena de ser vista, ainda que longa.

> Viegas tossia com tal força que me fazia arder o peito; no intervalo dos acessos debatia o preço de uma casa, com um sujeito magro. O sujeito oferecia trinta contos. Viegas exigia quarenta. O comprador instava como quem receia perder o trem da estrada de ferro, mas Viegas não cedia; recusou primeiramente os trinta contos, depois mais dous, depois mais três, enfim teve um forte acesso, que lhe tolheu a fala durante quinze minutos. O comprador acarinhou-o muito, arranjou-lhe os travesseiros, ofereceu-lhe trinta e seis contos.
> — Nunca! gemeu o enfermo.
> Mandou buscar um maço de papéis à escrivaninha; não tendo forças para tirar a fita de borracha que prendia os papéis, pediu-me que os deslaçasse: fi-lo. Eram as contas das despesas com a construção da casa: contas de pedreiro, de carpinteiro, de pintor; contas do papel da sala de visitas, da sala de jantar, das alcovas, dos gabinetes; contas das ferragens; custo do terreno. Ele abria-as, uma por uma, com a mão trêmula, e pedia-me que as lesse e eu lia-as.
> — Veja; mil e duzentos, papel de mil e duzentos a peça. Dobradiças francesas... Veja, é de graça, concluiu ele depois de lida a última conta.

— Pois bem... mas...

— Quarenta contos; não lhe dou por menos. Só os juros... faça a conta dos juros...

Vinham tossidas estas palavras, às golfadas, às sílabas, como se fossem migalhas de um pulmão desfeito. Nas órbitas fundas rolavam os olhos lampejantes, que me faziam lembrar a lamparina da madrugada. Sob o lençol desenhava-se a estrutura óssea do corpo, pontudo em dous lugares, nos joelhos e nos pés; a pele amarelada, bamba, rugosa, revestia apenas a caveira de um rosto sem expressão: uma carapuça de algodão branco cobria-lhe o crânio rapado pelo tempo.

— Então? disse o sujeito magro.

Fiz-lhe sinal para que não insistisse, e ele calou-se por alguns instantes. O doente ficou a olhar para o teto, calado, a arfar muito: Virgília empalideceu, levantou-se, foi até a janela. Suspeitava a morte e tinha medo. Eu procurei falar de outras cousas. O sujeito magro contou uma anedota, e tornou a tratar da casa, alteando a proposta.

— Trinta e oito contos, disse ele.

— Ahn?... gemeu o enfermo.

O sujeito magro aproximou-se da cama, pegou-lhe na mão, e sentiu-a fria. Eu acheguei-me ao doente, perguntei-lhe se sentia alguma cousa, se queria tomar um cálice de vinho.

— Não... não... quar... quaren... quar...

Teve um acesso de tosse, e foi o último; daí a pouco expirava ele, com grande consternação do sujeito magro, que me confessou depois a disposição em que estava de oferecer os quarenta contos; mas era tarde. (M.P., LXXXIX)

Em que pensavam Brás Cubas e Virgília, que não se lembraram dos ritos católicos? Por que o rito, com o confessor e os óleos sagrados, se o problema era de dinheiro? Coerência nos propósitos, incoerência com a formalidade. Viegas morre sem hipocrisia, acrescida a cena com o malogro de Virgília, piedosamente atenta à lembrança testamentária que não veio.

O problema teológico perdera a significação: tratava-se apenas do dinheiro, legado ou não legado, regateando antes que a tosse fatal o atalhasse. O grotesco não se confunde com o riso. A morte, apesar dos trejeitos do Viegas, acompanha-se da resistência do agonizante e do pasmo dos vivos. Só nessa dupla reação, que não existiria se a vida se prolongasse pelos séculos e a encerrasse o tédio, reside a solenidade, quase a seriedade do fim dos trabalhos e dos dias. O ingênuo Rubião supõe que a sabedoria elimina um e outro choque, preocupações de gente inculta. O médico de Quincas Borba reconhece o fim do enfermo, mas recomenda que o fiel amigo e enfermeiro o anime:

> Para que tornar-lhe a morte mais aflitiva pela certeza?...
> — Lá isso, não, atalhou Rubião; para ele morrer é negócio fácil. Nunca leu um livro que ele escreveu, há anos, não sei que negócio de filosofia...
> — Não; mas filosofia é uma cousa, e morrer de verdade é outra; adeus. (Q.B., IV)

Morrer de verdade é outra cousa, mesmo para Ahasverus e para Brás Cubas, este agarrado à ilusão do indivíduo, certo que, sem ele, o espetáculo será o mesmo, transcendendo a vida aos acidentes nominais e aos destinos mesquinhos do homem. Entre a metafísica, transposta, na sua irrelutabilidade à sociedade, como aquela regida por leis necessárias, e o homem, há uma peça solta, na qual se pendura o moralista, o humorista, a resistência do espírito que não quer se submeter ao verdadeiro mundo.

A morte de Rubião e a morte do cão chamado Quincas Borba correm, dentro do todo metafísico que se materializa na sociedade, em igual plano. Apenas separa o fim de um do fim de outro o delírio de grandeza do homem, que despe a máscara de imperador, ou do louco que se supõe imperador. Fora disso, a carne inerte é a mesma. Rubião, no delírio que o transforma em Napoleão III, cinge a coroa imaginária:

> [...] ele pegou em nada, levantou nada e cingiu nada; só ele via a insígnia imperial, pesada de ouro, rútila de brilhantes e outras pedras preciosas. O esforço que fizera para erguer meio corpo não durou muito; o corpo caiu outra vez; o rosto conservou porventura uma expressão gloriosa. [...]
> A cara ficou séria, porque a morte é séria; dous minutos de agonia, um trejeito horrível, e estava assinada a abdicação. (Q.B., CC)

Não foi Rubião que morreu, como não morreu Viegas: agora o fim é do imperador, como antes fora do avarento. Quem morre é a máscara; o fim da carne animada será indiferente ao mundo. A carne perece como a do cão, narrado a seguir, complemento da extinção do seu dono e guarda.

Queria dizer aqui o fim do Quincas Borba, que adoeceu também, ganiu infinitamente, fugiu desvairado em busca do dono, e amanheceu morto na rua, três dias depois. Mas, vendo a morte do cão narrada em capítulo especial, é provável que me perguntes se ele, se o seu defunto homônimo é que dá o título ao livro, e por que antes um que outro, — questão prenhe de questões, que nos levariam longe. Eia! chora os dous recentes mortos, se tens lágrimas. Se só tens riso, ri-te! É a mesma cousa. O Cruzeiro, que a linda Sofia não quis fitar, como lhe pedia Rubião, está assaz alto para não discernir os risos e as lágrimas dos homens. (cap. CCI)

Para o céu, ermo e despovoado, pouco importam as lágrimas. O que distingue o cão do homem será a coroa, imaginária ou real, que as duas se equivalem. O que sobra é a carne decomposta, devorada por outros elementos, na voracidade do mundo que continua, como mundo e como espetáculo. Daí que a morte seja, para o vivo agarrado às suas ilusões, a interferência importuna. Bentinho volta de um encontro com Capitu, com os olhos ainda embriagados dela, e sabe da morte de Manduca. "Ver um defunto ao voltar de uma namorada… Há cousas que não se ajustam nem combinam" (D.C., LXXXIV). Por que Manduca não esperou para morrer mais tarde? "Por que morrer exatamente há meia hora? Toda hora é apropriada ao óbito; morre-se muito bem às seis ou sete horas da tarde." Manduca, sem namorada e sem coroa, leproso e abandonado, só exibe, já cadáver, a carne em decomposição, contrastando com a paisagem, bela e indiferente, além das janelas em luto.

Realmente, o quadro era feio, já pela morte, já pelo defunto, que era horrível. Isto aqui, sim, é outra cousa. Tudo o que vejo lá fora respira vida, a cabra que rumina ao pé de uma carroça, a galinha que marisca no chão da rua, o trem da Estrada Central que bufa, assobia, fumega e passa, a palmeira que investe para o céu, e finalmente aquela torre da igreja, apesar de não ter músculos nem folhagem. Um rapaz, que ali no beco empina um papagaio de papel, não morreu nem morre, posto também se chame Manduca. […]

Vivo era feio; morto pareceu-me horrível. Quando eu vi, estendido na cama, o triste corpo daquele meu vizinho, fiquei apavorado e desviei os olhos. Não sei que mão oculta me compelia a olhar outra vez, ainda que de fugida; cedi, olhei, tornei a olhar, até que recuei de todo e saí do quarto.

Morte inoportuna para os vivos, como desastrada fora para o comprador da casa do Viegas. José Dias, cômico nos seus superlativos, morre convertido, mas da homeopatia à alopatia, que é o "catolicismo da medicina". Ao expirar, expira o último superlativo, derradeira vaidade retórica, sem que nada o liberte da terra (D.C., CXLIII). Também a etérea Flora acaba, como acabam as tardes, sem apelo ao céu, por efeito só dos olhos que se cerram (E.J., CVI).

A morte, no século XIX, está longe da pungência católica e solene que assistiu a Dom Quixote. Este não morre como Rubião, mas contrito, certo de que, nos homens que o assistem e na sua alma, há uma presença transcendental, feita de espanto, misericórdia e justiça. Não morre, na sua pobre alcova, o cavaleiro andante com a razão recobrada, mas o cristão, reconciliado, pelo arrependimento, com o céu. Por mais que o narrador evoque a seriedade do transe, com o mistério dos olhos fechados, já não pode mais ressuscitar o cristão. De Cristo desviou-o a filosofia, caricaturada no Humanitismo, na verdade, no convívio da terra, as tenazes de uma rede de aço, estruturada na sociedade. O moralista, se não lamenta a transição, registra a mudança, com o olho divertido. Mas o espectador, aparentemente cruel e impassível, não tem saudades: se as tivesse retornaria ao caminho vencido, indignado ou melancólico. Nesta passagem tem relevo, para a compreensão do destino humano, um caráter biográfico, biográfico no estofo e poético na transfiguração literária. O pobre mulato que se evadira da miséria, ganhando status, respeito e prestígio, não pode ter a visão do aristocrata decaído, que apela para o bom passado. Sua visão se lança prospectivamente para o futuro, com o realismo de encarar o mundo como resistência, e não como reino das ideias.[28] O cristianismo não é mais possível para o homem de seu tempo, o homem do século XIX. Não é mais possível nem desejável, embora o olhar sobre o passado advirta acerca de terrores não explicados, de mistérios indecifrados, mas talvez decifráveis. O sentimento da criatura, o ato religioso só não se dissolvem em hipocrisia porque a alma humana é por demais complexa para a solução simplista. O culto, em breve, se esvaziará na formalidade, sem outro conteúdo que o costume, revestido de vaidade, para consolo e ostentação dos vivos. Quem, ainda uma vez, lança os elementos para decifrar o enigma será a bela e fútil Virgília.

> Não podia sacudir dos olhos a cerimônia do enterro, nem dos ouvidos os soluços de Virgília. Os soluços, principalmente, tinham o som vago e misterioso de um problema. Virgília traíra o marido, com sinceridade, e agora chorava-o com since-

ridade. Eis uma combinação difícil que não pude fazer em todo o trajeto; em casa, porém, apeando-me do carro suspeitei que a combinação era possível, e até fácil. Meiga Natura! A taxa da dor é como a moeda de Vespasiano; não cheira à origem, e tanto se colhe do mal como do bem. A moral repreenderá, porventura, a minha cúmplice; é o que te não importa, implacável amiga, uma vez que lhe recebeste pontualmente as lágrimas. Meiga, três vezes meiga Natura! (M.P., CLII)

Desça a Natura do pedestal metafísico e se traduza e alongue em sociedade, travada, como aquela, de fios irrecusáveis, e as explicações se abrem a todas as situações. Explicações aceitas com a reserva de quem, conformado com a comédia, não esquece o fio tragicômico do enredo. Bentinho, repugnado com a importuna morte de Manduca, quer acompanhar o morto ao cemitério. Neste ato gratuito na aparência, há uma revelação, que a lógica íntima dos sentimentos sugere. O ato religioso converte-se, dissolvendo-se, em culto. Os pretextos: exibir o carro "e suas doçuras", faltar ao seminário no dia seguinte. Em lugar da piedade cristã, os substitutos mundanos. A recusa dos parentes tem o mesmo sabor do desejo de Bentinho: não dar ao morto obscuro o lustro de sua pessoa (D.C., LXXXIX). A morte, depois de um longo processo psicológico, religioso e social, se desnatura no mero jogo das conveniências, armadas pelo mundo, montadas sobre a terra. Esse gesto tem um antecedente de relevo, na mascarada em que se converte o serviço cristão de assistir os moribundos. Os enfermos em artigo de morte, ainda no século XIX, convocavam o auxílio da Igreja, para a morte cristã. Em procissão, saiu do templo, solenemente, o Santíssimo, acompanhado pela reverência dos circunstantes, capitaneado pelo vigário da paróquia e seguido pelas opas da irmandade. Bentinho, por sugestão de José Dias, se dispõe a se incorporar ao séquito, "a princípio constrangido, mas logo depois satisfeito, menos pela caridade do serviço que por me dar um ofício de homem" (D.C., XXX). A disputa trava-se logo, em torno de uma das varas do pálio, entre José Dias e o pai de Capitu, Pádua, em sequência a rancores antigos. José Dias obtém uma vara do pálio e recebe outra, disponível, para Bentinho, com prejuízo do pai de Capitu, que teve de se contentar com uma tocha. Nessa cena de vaidades, o culto se reduz a uma competição vazia, varrida a sombra do serviço religioso, para honra do prestígio e da hierarquia social.

Pela minha parte, quis ceder-lhe a vara; lembrou-me que ele costumava acompanhar o Santíssimo Sacramento aos moribundos, levando uma tocha, mas que à

> última vez conseguira um pálio. A distinção especial do pálio vinha de cobrir o vigário e o sacramento; para tocha qualquer pessoa servia. Foi ele mesmo que me contou e explicou isto, cheio de uma glória pia e risonha. Assim fica entendido o alvoroço com que entrara na igreja; era a segunda vez do pálio, tanto que cuidou logo de pedi-lo. E nada! [...]
> Opas enfiadas, tochas distribuídas e acesas, padre e cibório prontos, o sacristão de hissope e campainha nas mãos, saiu o préstito à rua. Quando me vi com uma das varas, passando pelos fiéis, que se ajoelhavam, fiquei comovido. Pádua roía a tocha amargamente. É uma metáfora, não acho outra forma mais viva de dizer a dor e a humilhação do meu vizinho. De resto, não pude mirá-lo por muito tempo, nem ao agregado, que, paralelamente a mim, erguia a cabeça com o ar de ser ele próprio o Deus dos exércitos.

A enferma, no cenário público e formal, ocupa lugar secundário, como acidental é a confissão e os sacramentos ministrados pelo padre. Bentinho, voltado para seu mundo juvenil, passa das lágrimas ao riso, sem correspondência, umas e outro, à moribunda. Ele ia cheio de si mesmo, embora a encenação, composta do mundo acima dos homens e dos homens dentro do mundo, lhe marque o ânimo.

> Demais, o sol cá fora, a animação da rua, os rapazes da minha idade que me fitavam cheios de inveja, os devotos que chegavam às janelas ou entravam nos corredores e se ajoelhavam à nossa passagem, tudo me enchia a alma de lepidez nova.
> Pádua, ao contrário, ia mais humilhado. Apesar de substituído por mim não acabava de se consolar da tocha. E contudo havia outros que também traziam tocha, e apenas mostravam a compostura do ato; não iam garridos, mas também não iam tristes. Via-se que caminhavam com honra.

No acompanhamento pseudamente religioso, falsamente piedoso, a irmandade, a consagração dos fiéis, perverte-se no conglomerado de invejas e vaidades. A fase do culto, a comunidade dos crentes, está ausente. Os sequiosos de pequenas glórias, os aspirantes à frouxa admiração pública não são cristãos, mas pessoas isoladas e divididas, prisioneiros de dramas ocultos e amores ostensivos. O Diabo, fiel à sua igreja, cortou a solidariedade humana — nome já suspeito da velha comunidade cristã — em favor da competição de ódios e desprezos (H.S.D., *A igreja do Diabo*). O culto, ao se distanciar de suas raízes fundadas no amor coletivo, afasta-se da fé. Cortesia, cerimônia, formalidade, como quer que se chame, na sua exterioridade, está perdido o conteúdo religioso. O culto, despido de fé e de autenticidade, volve-se, em retorsão dialética, contra a religião, completando o movimento das negações mútuas. Se o culto mascara a fé, a máscara completa o afogamento da religião. A missa, o sacramento, o enterro são feitos para os vivos, sem atenção às almas. Rubião, sem os cuidados exorcistas de Procópio José Valongo (v.h., *O enfermeiro*), também ele herdeiro universal, mandou dizer uma missa por alma do finado Quincas Borba, por motivos puramente mundanos,

> considerando que não era ato de vontade do morto, mas prece de vivos; considerou mais que seria um escândalo na cidade, se ele, nomeado herdeiro pelo defunto, deixasse de dar ao seu protetor os sufrágios que não se negam aos mais miseráveis e avaros deste mundo. (Q.B., XIX)

Na missa encomendada por Rubião há, além de respeito aos sentimentos sociais da população católica, a exibição de glória, da pequena glória do relevo público. Por isso muitas pessoas compareceram à igreja — "e não da ralé", adverte o narrador. A sociedade de classes, definidas pelo dinheiro, interfere no ato religioso, transformando-o em espetáculo a pretexto de religião. Aí está, na divisão da gente, entre ralé e a grada, o mais sério golpe à unidade cristã, simbolizada na mesa de comunhão, onde o rico se iguala ao pobre, com a alma tocada por iguais pecados. Agora, há as missas grandes e as missas pequenas, os enterros graves e os, pela pobreza das personagens, cômicos. Assim, a missa que o banqueiro Santos manda dizer em homenagem a um parente pobre, desacompanhada de anúncios, condiz com a obscuridade do falecido. A igreja escolhida, também ela, e como o falecido, recôndita e anônima. Mas um grande das finanças faz do pobre templo um palácio, pela magia do luxo.

> Às oito horas parou um *coupé* à porta; o lacaio desceu, abriu a portinhola, desbarretou-se e perfilou-se. Saiu um senhor e deu o braço a uma senhora, a senhora saiu e tomou o braço ao senhor, atravessaram o pedacinho de largo e entraram na igreja. Na sacristia era tudo espanto. A alma que a tais sítios atraíra um carro de luxo, cavalos de raça, e duas pessoas tão finas não seria como as outras almas ali sufragadas. A missa foi ouvida sem pêsames nem lágrimas. Quando acabou, o senhor foi à sacristia dar as espórtulas. O sacristão, agasalhando na algibeira a nota de dez

mil-réis que recebeu, achou que ela provava a sublimidade do defunto; mas que defunto era esse? O mesmo pensaria a caixa das almas, se pensasse, quando a luva da senhora deixou cair dentro uma pratinha de cinco tostões. Já então havia na igreja meia dúzia de crianças maltrapilhas, e, fora, alguma gente às portas e no largo, esperando. O senhor, chegando à porta, relanceou os olhos, ainda que vagamente, e viu que era objeto de curiosidade. A senhora trazia os seus no chão. E os dous entraram no carro, com o mesmo gesto, o lacaio bateu a portinhola e partiram.

A gente local não falou de outra cousa naquele e nos dias seguintes. Sacristão e vizinhos relembravam o *coupé*, com orgulho. Era a missa do *coupé*. As outras missas vieram vindo, todas a pé, algumas de sapato roto, não raras descalças, capinhas velhas, morins estragados, missas de chita ao domingo, missas de tamancos. Tudo voltou ao costume, mas a missa do *coupé* viveu na memória por muitos meses. Afinal não se falou mais nela; esqueceu como um baile. (E.J., IV)

E Santos o que pensaria, diante da contradição entre o aparato do *coupé* e o templo modesto? Para o banqueiro, o céu era já um aposento de luxo, Deus feito um superbanqueiro (D.C., LXIX), agradado das galas deste mundo, seduzido com as púrpuras de Salomão. Deus ou o Diabo? Natividade, a mulher do banqueiro Santos, já não passa de apêndice do *coupé*. O nevoeiro, composto de orvalho burguês, condensado em valores econômicos, degrada, falsifica, diaboliza a religião.

A travessia, desde o mar alto em que a sombra de Deus se perde no oceano, até o culto sem alma, chega ao seu porto. O arrependimento se dissimula no remorso e este se perde no disfarce. A fé esvai-se no culto. A morte se reduz à carne que apodrece, sem lágrimas e com repugnância. A extinção da vida se completa numa missa de pêsames, para espanto da plebe, na competição das grandezas. Ao contrário de Bentinho, impedido de levar a Manduca o lustro de sua pessoa, Rubião acompanha o enterro do humilde Freitas. Os soluções, o desespero, a miséria se douram, com o carro e o amigo importante — senador ou desembargador — elevando o defunto da sua desqualificação social (Q.B., CI). O próspero Escobar teve, pela riqueza em ascensão, o enterro pomposo, a afluência numerosa de amigos. Mereceu discurso — os convidados "queriam o discurso. Tinham jus ao discurso anunciado" (D.C., CXXIV). Não há mais o morto, senão os vivos, entre os vivos o defunto, avaliado por seus negócios e bens. Pegaram no caixão algumas centenas de contos de réis, menos que os assombrosos 3 mil contos de outra ocasião (H.S.D., *Anedota pecuniária*). Mesmo Damasceno (*Memórias póstumas*), pai de uma filha única, a Nhã-loló noiva de Brás Cubas, sente menos o golpe da morte que os convidados que não vieram ao enterro. Compareceram, dos oitenta chamados, os vinte que cederam ao apelo da amizade. Os outros viriam por formalidade. Damasceno, desesperado com a desconsideração, o desprestígio, não se consola — "Mas viessem!" (cap. CXXVI). Que viessem, porque a filha morta não é uma tragédia, nem provoca angústia, mas pretexto para que os vivos luzam e se exibam à consideração pública. Na falta dos mortos, outros pretextos existem — o importante é o cenário, não o drama que as personagens representam. Esconder o rosto — filosofa o narrador — será o melhor meio para divulgar a beleza — com maior exatidão, em lugar da beleza "a orelha de uma rígida e meiga companheira do homem social…". Esta a essência do culto, refúgio transitório da religião, num momento biombo para esconder pecados, noutro, a festa do *coupé*.

> Amável Formalidade, tu és, sim, o bordão da vida, o bálsamo dos corações, a medianeira entre os homens, o vínculo da terra e do céu; tu enxugas as lágrimas de um pai, tu captas a indulgência de um Profeta. Se a dor adormece e a consciência se acomoda, a quem, senão a ti, devem esse imenso benefício? A estima que passa de chapéu na cabeça não diz nada à alma; mas a indiferença que corteja deixa-lhe uma deleitosa impressão. A razão é que, ao contrário de uma velha fórmula absurda, não é a letra que mata; a letra dá vida; o espírito é que é objeto de controvérsia, de dúvida, de interpretação, e conseguintemente de luta e de morte. Vive tu, amável Formalidade, para sossego do Damasceno e glória de Muamede.

Por meio de uma fórmula, burla semântica, engano dos sentidos, toca-se uma nota que desvenda todo o complexo íntimo das relações humanas. A formalidade, palavra de ocasião, literariamente evocativa, traduz a norma de conduta, na ordem moral, com o significado de cortesia ou conveniência.[29] Seu campo de atividade, quer como sentimento, quer como regra de conduta, se situa na sociedade, feixe de indivíduos unidos pela vontade de arbítrio, ao contrário da comunidade, cimentada por vínculos profundos de unidade de destino. Na comunidade, da qual as irmandades religiosas são emanações atuantes, os homens se aproximam chamados pelos padrões de pai a filhos e de irmãos a irmãos. A vida, com suas alegrias e suas desditas, se verte sobre todos, como carga comum ou como desgraça coletiva. No reino da formalidade — a cortesia em termos sociológicos —, o terreno onde o homem pisa se fixa em torno de interesses, divergentes de acordo com a situação de classe, debaixo dos supremos valores econômicos. A cortesia se reveste de uma tendência de igualdade entre os membros de círculo determinado, em regra marcado pela distinção social, igualdade, todavia, só exteriormente admitida. Em lugar da recíproca confiança ou da intimidade, predomina a distância, o cuidado de não aborrecer os semelhantes, evitando o escândalo, tudo para excluir e dissimular a indiferença pelo destino comum. Nas ações que não causam cuidados, que não exigem sacrifício ou esforço — frequentar a missa de sétimo dia, o elogio de boas qualidades, a civilidade das homenagens públicas — o homem cortês está sempre atento. Não importa seu miolo, que o olho não "educado" denuncie, de falsidade, mentira, embuste. O protótipo será o medalhão, sempre atento à opinião pública, isto é, à opinião conquistada com pequenos obséquios e finuras constantes.

> Toda a questão é não infringir as regras e obrigações capitais. Podes pertencer a qualquer partido, liberal ou conservador, republicano ou ultramontano, com a cláusula única de não ligar nenhuma ideia especial a esses vocábulos, e reconhecer-lhe somente a utilidade do *scibboleth* bíblico. [...] No caso de que uma comissão te leve à casa o retrato, deves agradecer-lhe o obséquio com um discurso cheio de gratidão e um copo d'água: é uso antigo, razoável e honesto. Convidarás então os melhores amigos, os parentes, e, se for possível, uma ou duas pessoas de representação. Mas se esse dia é um dia de glória ou regozijo, não vejo que possas, decentemente, recusar um lugar à mesa aos *reporters* dos jornais. Em todo o caso, se as obrigações desses cidadãos os retiverem noutra parte, podes ajudá-los de certa maneira, redigindo tu mesmo a notícia da festa; e, dado que por um tal ou qual escrúpulo, aliás desculpável, não queiras com a própria mão anexar ao teu nome os qualificativos dele, incumbe a notícia a algum amigo ou parente. (P.A., *Teoria do medalhão*)

Na ambiguidade entre a verdade e a aparência, transita o mundo velho ao mundo novo, coado pelo óleo da burocracia estamental do Segundo Reinado, com a gravidade e o servilismo da caça às posições e às preeminências. Nem a rudeza dos antigos potentados rurais, nem a pura conveniência dos homens de negócios: um meio-termo que guarda o decoro, mas já definiu a inclinação em torno do sol dourado do dinheiro, que outorga posição social e a tinge de nobreza.

Sobre essa terra amável, viça o católico profano, com o demo agasalhado no coração, religioso por elegância, frequentador das missas para exibir as joias e o luxo (*Contos avulsos*). A irmandade é irmandade só de nome, seu reino é o deste mundo, com os títulos nobiliárquicos de empréstimo. As cerimônias e festas servem, à maravilha, para a emulação dissimulada das vaidades. Emulação que bem pode se originar da disputa em torno de um vestido (*Contos sem data*). A manhã, como no verso célebre, pode ser católica, mas a tarde é idólatra (id.). Do lado do padre, a manhã é que é idólatra: questão só de troca de horas. Para um deles, o *ite, missa est* está incompleto no texto: "Quando, pois, ao fim do ofício (divino e não humano) uso da fórmula: *Ite, missa est cinco mil-réis*" (*Crônicas de Lélio*). Aqui, a cortesia, guardada como reserva mental, perde a compostura, e, por isso, só por isso, surpreende e escandaliza. Só quem protesta são os santos, no colóquio imaginário de entidades fantásticas. As virtudes religiosas desertaram a terra, devastadas por valores mais atuantes, fundados na fome e no amor, nos bens que saciam a fome e na luxúria que esconde o amor. Os próprios santos, no convívio com o homem moderno, se acomodam aos seus vícios, hierarquizando, de acordo com uma tábua nova, os pecados. São João Batista, não obstante sua própria mudança interior, começa a descrer dos homens, "sentimento singular em santo" (v.h., *Entre santos*). A adúltera, aos pés de são José, o mais casto dos habitantes do céu, pede que o coração se limpe da lepra da luxúria, não arrependida, mas ofendida pela desavença da noite anterior. Antes que a oração acabe, todavia, a imagem do namorado retorna-lhe ao coração e ela se precipita da igreja. Mas o mal maior está na alma do avarento, que procura conciliar o favor de são Francisco de Sales. O pecador, falsamente contrito, é não só avarento, mas revela sua avareza na exploração do escravo. "Fez enterrar a escrava como pessoa livre e miserável para não acudir às despesas da sepultura." Ele não ora, mas propõe ao santo um negócio: um milagre em troca de cera, uma perna de cera.

> Não foi o crente, que simboliza desta maneira a lembrança do benefício; foi o usurário que pensou em forçar a graça divina pela expectativa do lucro. E não foi só a usura que falou, mas também a avareza; porque em verdade, dispondo-se à promessa, mostrava ele querer deveras a vida da mulher — intuição de avaro; despender é documentar: só se quer de coração aquilo que se paga a dinheiro, disse-lhe a consciência pela mesma boca escura.

São José, complacente com a terra, pondera que o pedinte tem, ao menos, alguma religião.

> Alguma tem, [reconhece são Francisco de Sales] mas vaga e econômica. Não entrou nunca em irmandades e ordens terceiras, porque nelas se rouba o que pertence ao Senhor; é o que ele diz para conciliar a devoção com a algibeira. Mas não se pode ter tudo; é certo que ele teme a Deus e crê na doutrina.

Trava-se, na alma do marido e avarento, a luta entre a devoção e o dinheiro, no regateio de "O almocreve" (*Memórias póstumas*, XXI). Vence, é óbvio, a moeda, mediante nova sugestão do demônio, a mesma de Bentinho. Em lugar da perna de cera, o aflito e penitente rezaria trezentos padre-nossos e trezentas ave-marias. No banco do céu, esta é a melhor moeda, desvendando-se, no incidente, o mecanismo das promessas do futuro Dom Casmurro.

> Foi subindo, chegou a quinhentos, a mil padre-nossos e mil ave-marias. Não via esta soma escrita por letras do alfabeto, mas em algarismos, como se ficasse assim mais viva, mais exata, e a obrigação maior e maior também a sedução. Mil padre-nossos, mil ave-marias. E voltaram as palavras lacrimosas e trêmulas, as bentas chagas, os anjos do Senhor. 1000 — 1000 — 1000. Os quatro algarismos foram crescendo tanto, que encheram a igreja de alto a baixo, e com eles, crescia o esforço do homem, e a confiança também; a palavra saía-lhe mais rápida, impetuosa, já falada, mil, mil, mil, mil. (V.H., *Entre santos*)

Amável Formalidade? Dentro dela, no chapéu reverente, no gesto distante e polido, na palavra sem aspereza, circula o veneno da terra, o pecado embebido na linfa que alimenta o vício. Ela cobre e dissimula não só a intenção honrada, senão que a substitui, nas convenções fixas, pelas normas que comandam a sociedade, vistas pelo moralista crítico. Em breve, o sociólogo e o historiador, eles também filhos da Formalidade, esquecerão o riso ácido, a zombaria sutil, o humor que sente os polos em confronto. Então o mundo volverá à solenidade, à gravidade, irremediavelmente mergulhado no lado do qual extrairá as regras, as normas e as leis da conduta.

3 | *O sacerdote no tempo e na sociedade*

UMA CONSEQUÊNCIA EXTREMADA, já advertida: a impossibilidade de ser cristão. Cristão e homem do século, duas contradições irremediáveis. Filha desta contradição, outra dela derivada. O padre, fruto de um cárcere, será sua figura anacrônica ou uma consciência de palha, movida pelos ventos do mundo. Dentro da gaiola de ferro, todavia, há territórios de mistério, mantidos pela ingenuidade, pois só a ingenuidade sustenta a fé. Para que o quadro adquira suas linhas mais claras, ainda um componente, de teor sociopolítico: a visão liberal. Para o liberal do século XIX, a religião — no caso o catolicismo — já havia realizado sua missão civilizadora, incorporando a herança do mundo antigo à barbárie ocidental, domando-a e transformando-a espiritualmente. Esgotada essa missão, a cultura, que a Igreja ajudava a formar, tomou rumo autônomo, perturbada, já agora, pela tutora de outros tempos, interessada, para preservar seu domínio, em aliar-se à opressão, à ignorância, à reação.[30] A Igreja parecia-lhes apenas o *Syllabus*, reminiscência obscurantista contra a liberdade. Os liberais voltavam os olhos, repelindo a função moderna da Igreja, para o cristianismo antigo e da Idade Média, associando-o aos missionários dos mundos descobertos no século XVI.[31] Vincularam-se, desta sorte, ao romantismo, e, em graus diversos, ao anticlericalismo, Machado de Assis entregue ao contexto dos valores dominantes.[32]

Em contraste à desnaturação do padre e ao seu caráter complacentemente amoldado à vida social, seus regalos e luzimento, o cristianismo se representa nos missionários. O modelo será são Paulo, embora certo que os tempos modernos não permitam a energia da figura original (*Crônicas de Lélio*). Em são Paulo vibra o lado heroico da Igreja, apagado nas práticas modernas. Frequente a referência do grande apóstolo, por via direta ou indireta (exemplos: *Contos recolhidos*, *Diálogos e reflexões de um relojoeiro*). No missionário, o zelo apostólico revive a alma de Paulo, seja pelo aspecto titânico e heroico, seja pela integração no mundo novo, sem saudades do velho, seja pela chama da liberdade em que arde. José de Anchieta será a réplica nacional da têmpera apostólica,[33] moldada na argila vigorosa do modelo idealizado. Verdade que, com tais atributos, o sacerdote-padrão não será, como herói, o sacerdote católico, tolhido por outras inspirações, coagido a um papel mais mesquinho. A censura velada a este culmina na glorificação da obra missionária do primeiro século da história brasileira.

> Vós os que hoje colheis, por esses campos largos,
>   O doce fruto e a flor,
> Acaso esquecereis os ásperos e amargos
>   Tempos do semeador?
> Rude era o chão; agreste e longo aquele dia;
>   Contudo, esses heróis
> Souberam resistir na afanosa porfia
>   Aos temporais e aos sóis.
>
> Ó Paulos do sertão! Que dia e que batalha!
>   Venceste-la; e podeis
> Entre as dobras dormir da secular mortalha;
>   Vivereis, vivereis!
> (P.C., *Os semeadores*)

Converter e amansar o gentio, civilizar e europeizar o sertão, são atividades que, a rigor, não se ligam, fundamentalmente, à missão do sacerdote, intermediário entre a divindade e o homem. Obra secular, equiparável ao papel civilizatório da Igreja antiga, portadora de cultura e sua defensora entre os bárbaros. No poema dedicado a José de Anchieta, o missionário se destaca, entre seus precursores de outro tempo, pela nota de promotor da fusão de culturas, com laivos americanistas:

> Não procedia então como os cativos
> De Sião, consumidos de saudade,
> Velados de tristeza, e pensativos.
>
> Os cantos de outro clima e outra idade
> Ensinava sorrindo às nossas gentes,

Pela língua do amor e da piedade.
(P.C., *José de Anchieta*)

O padre, nesse tecido heroico e missionário, não será o "pobre servo do altar de um deus esquivo" (P.C., *Ite, missa est*). A cruz se tempera com outro atributo, este em dissídio com a Igreja do tempo:

Aquela cruz é o sol da liberdade
Ante o qual são iguais povos e reis!

Povos! realizou-se a liberdade,
E toda consumou-se a redenção!
Curvai-vos ante o sol da Cristandade
E as plantas osculai do novo Adão
(P.Col., *A morte no Calvário*)

Cristo se realizaria melhor na figura de Moisés do que na que lhe atribui o catolicismo. Antes o lutador que o salvador.

A moldura dos missionários, todos com a alma de são Paulo, renascida nos Anchietas, está fechada para os padres políticos. Nas poltronas não há lugar para o lutador, o semeador, o herói. A dimensão paulina revive e se revigora sempre que a resistência, sem marcar-se e perder-se no combate partidário, se torna necessária. Este o caso de Dom Vital, bispo de Olinda, só e altivo na luta contra o Império.

Nenhum lutador mais impetuoso, mais tenaz e mais capaz que d. Vital, bispo de Olinda, e a impressão que este me deixou foi extraordinária. [...]
A figura de frade, com aquela barba cerrada e negra, os olhos vastos e plácidos, cara cheia, moça e bela, desceu da sege, não como o velho d. Manuel, mas com um grande ar de desdém e superioridade, alguma cousa que o faria contar como nada tudo o que se ia passar perante os homens. (A.S., 24 de janeiro de 1897)

O louvor não alcança, todavia, a fé intolerante, a guerra dogmática, a luta inglória contra os "fatos estabelecidos", que não podem ser desterrados do mundo por obra das cruzadas, sobretudo se obscurantistas. No modelo do padre herói, de onde emanam os missionários e o bispo de Olinda, não cabem as "batinas rebeldes na Independência".[34] Nenhuma palavra de admiração se percebe, na obra de ficção, nas crônicas e na poesia, aos clérigos revolucionários de 1817 e da Confederação do Equador. A elite intelectual, que frequenta as cortes portuguesas e a Assembleia Constituinte, com ardor nacionalista, e muitas vezes incendiária, não tem abrigo nas páginas de Machado de Assis. Pernambuco estará longe dos seus olhos, como longe estava o tempo da Assembleia Constituinte. Depois desse período tumultuário tudo se aquietou e os rebeldes ainda não se haviam transformado em mito, o que só aconteceria quando desaparecesse a pesada armadura imperial. Os heróis da Independência eram, ao tempo, suspeitos de regicidas, mácula que só a República lhes tiraria, reabilitando-os, como reabilitou Tiradentes. O incendiário Luís Tinoco (H.M.N., *Aurora sem dia*, 1873), personagem de um conto escrito em plena ascensão liberal e republicana, ao atacar o "poder — hipócrita e sanhudo —", não cita, entre suas vítimas, nenhum brasileiro sacrificado, nem padres nem inconfidentes. Sua retórica só se lembra de Moisés, Sócrates, Cristo, John Brown, de atropelo com Savonarola. Uma senhora opulenta, indignada com os sentimentos igualitários de um padre, evoca, muito timidamente, o eclesiástico contestatório, mas vinculando-o a 1831, e não ao processo da Independência. "Realmente, [adverte a indignada coluna da ordem] não sei que ideias entraram por aqui depois de 31. São ainda lembranças do padre Feijó. Parece mesmo achaque de padres" (O.C., *Casa velha*). A censura ao padre político vem também de um clérigo, monsenhor Queirós, mestre do padre historiador.

> Só então revelei a monsenhor Queirós, meu velho mestre, o projeto que tinha de escrever uma história do Primeiro Reinado... Monsenhor Queirós abanou a cabeça, desconsolado. Era um bom filho da Igreja, que me fez o que sou, menos a tendência política, apesar de que no tempo em que ele floresceu muitos servidores da Igreja também o eram do Estado. Não aprovou a ideia; mas não gastou tempo em tentar dissuadir-me. "Contanto", disse-me ele, "que você não prejudique sua mãe, que é a Igreja. O Estado é um padrasto". (O.C., *Casa velha*)

O herói autonomista se afogara na camada do eclesiástico, autoridade e dignitário temporal. Depois, acentuando a inclinação anticlerical, virá o padre desfrutador de paróquias e fazedor de eleições. Na censura à batina, o foco de visão vem do tempo contemporâneo e o volve ao passado, detendo-se em Feijó. Quando se cuida de apressar a entrada de Bentinho no seminário, José Dias, além dos motivos vocacionais, acena à glória que virá para o iniciado.

> — Bem, uma vez que não perdeu a ideia de o fazer padre, tem-se ganho o principal. Bentinho há de satisfazer os desejos de sua mãe. E depois a igreja brasileira tem altos destinos. Não esqueçamos que um bispo presidiu a Constituinte, e que o padre Feijó governou o Império... (D.C., III)

O velho advogado, tio Cosme, sai com a réplica inesperada, contundente, que atemoriza o agregado José Dias e deve ter enchido de júbilo a alma do futuro Dom Casmurro:

> — Governou como a cara dele! atalhou tio Cosme, cedendo a antigos rancores políticos.
> — Perdão, doutor, não estou defendendo ninguém, estou citando. O que eu quero dizer é que o clero ainda tem grande papel no Brasil.

A cena transcorre no ano de 1857: que rancores políticos seriam os do velho bacharel, provavelmente vividos trinta anos atrás? O narrador dá apenas uma indicação — o advogado fora, em outros tempos, "partidário exaltado", mas os anos "levaram-lhe o mais do ardor político e sexual, e a gordura acabou com o resto de ideias públicas e específicas". Um exaltado, político em botão, de que as correntes políticas afogaram a florescência, ressentido contra o regente. Provavelmente, a conjetura é plausível, o "partidário exaltado" seria o liberal exaltado, da linha de Ottoni, republicano e federalista, tolhido pelos moderados, que assaltaram o poder logo após 1831. A linhagem revolucionária dos padres, cristalizada em Feijó, teria resultado num malogro, malogro sobre que assentou a reação monárquica dos anos 1840 e estava, em 1857, em pleno esplendor. Por isso Feijó "governou como a cara dele", não por inovador na ordem social, como supunha a aristocrática dama de *Casa velha*, mas como reacionário, fundo de toda a atividade clerical, revelada depois do *Syllabus*. Depois, Feijó em escala provincial, virá Alves dos Santos, que exerce os cargos de vigário e de deputado provincial do Rio de Janeiro. "Isto permite-lhe cumprir à risca o preceito evangélico, dar a César o que é de César, os orçamentos, e a Deus o que é de Deus, a oração" (B.E., 29 de março de 1885). Para este sacerdote, a explicação da falta de padres no interior, diante do contraste de um povo católico onde ninguém quer envergar a batina, parece simples: "O padre, em geral, [orava ele] procura as melhores freguesias, nas quais possa subsistir sem o grande ônus de cura d'almas". Nada mais contrário ao que se espera de um homem de Deus, senão admitindo-se que a alma do missionário e do herói, que deveria haver nele, já se metalizara.

Que o padre, em geral, procure as melhores freguesias, em que possa subsistir, vá; nem todos hão de ser uns S. Paulos, nem os tempos comportam a mesma vida. Mas o que me fez cismar, foi este acréscimo: "sem o grande ônus de cura d'almas". Isto, se bem entendo, quer dizer ganhar muito sem nenhum trabalho. Mas, vigário meu, é justamente o emprego que eu procuro, e não acho, há uns vinte e cinco anos, pelo menos. Não cheguei a pôr anúncios, porque acho feio; mas falo a todos, os amigos e conhecidos, obtenho cartas de recomendação, palavras doces, e mais nada.

Afora os missionários, menos padres que políticos e combatentes, guerreiros com a espada transfigurada, o padre, historicamente, seria o censor de costumes, sentinela do tirano. Seu poder é temporal, para os gozos da terra e o mando do mundo, com o auxílio da fogueira inquisitorial. Há as formas brandas de governo, quase discretas, e as cruas. O conto *Adão e Eva* (v.h.), cuja ação transcorre nos anos de mil setecentos e tantos, mostra uma sociedade estratificada e quase rígida, no campo de um engenho da Bahia, onde o comando espiritual e o temporal se confiam ao juiz de fora e a um padre, o carmelita frei Bento. O "régulo do Recôncavo", como o padre Antônio Vieira chamava ao senhor de engenho, aparece, no quadro, na qualidade de anfitrião, em segundo plano, com o poder derivado da riqueza. O predomínio de uma categoria estatal, o estamento, está afirmado no texto, embora mais no contexto do que no painel ostensivo. O juiz de fora, homem piedoso, mas jovial e inventivo, permite-se, por meio de uma fábula, alterar a Escritura: quem criou o mundo não foi Deus, mas o Diabo. Frei Bento sorri, instado para que faça calar o herege, ele que é senhor da verdade divina. Ele vigia e só sob a sua permissão a brincadeira tem curso, intervindo apenas para aceitar a advertência de que, em lugar de Diabo, se diga Tinhoso. Sem a presença do clérigo, a fala da sobremesa seria sacrílega e sujeita a desconfianças que só o fogo limparia. A condescendência do carmelita recebe a recompensa panglossiana, veladamente voltairiana, contrabandeada num almoço de gulosos e devotos: "Pensando bem, [conclui o juiz de fora] creio que nada disso aconteceu: mas também, d. Leonor, se tivesse acontecido, não estaríamos aqui saboreando este doce, que está, na verdade, uma cousa primorosa. É ainda aquela sua antiga doceira de Itapagipe?". A colonial Itaguaí (P.A., *O alienista*) vive drama mais sério, com maior profundidade no dissídio espiritual, agora não mais de zombaria. A desavença existe, indisfarçavelmente, entre a religião e a ciência, o médico, de um lado, incréu larvado, e o padre, no outro, respeitoso aos títulos do sábio educado nas universidades europeias. Simão Bacamarte, "filho da nobreza da terra e o maior dos médicos do Brasil, de Portugal e das Espanhas", depois de cursar Coimbra e Pádua, retorna ao Brasil, aos 34 anos, "não podendo el-rei alcançar dele que ficasse em Coimbra, regendo a universidade, ou em Lisboa, expedindo os negócios da monarquia". A ciência era sua vocação única e a vila brasileira seu universo e laboratório. Defronta-se, ao longo de luminosa carreira, com o poder da Câmara de Vereadores, que uma vez se rebelou, e com a autoridade do padre Lopes, vigário do lugar. O tecnocrata — primeiro ensaio tecnocrático nas letras brasileiras, com a aliança entre ciência e tirania — tem, contra os vereadores, a confiança real, o que fez o padre atuar com cautela, mas sempre discretamente vigilante. O verdadeiro e último comando está longe, em Lisboa, mas, sabem todos, ele, com seus batalhões e suas armas, é o senhor da ordem. O padre Lopes vela e vigia, não somente sobre o rebanho ignaro, mas também, e sobretudo, sobre os condutores intelectuais. O primeiro golpe de audácia do médico, nada menos que aposentar os loucos na mesma casa, vivendo em comum, pareceu-lhe lance de rematada demência. O vigário acode com o expediente mais à mão, caseiro, advertindo melifluamente a mulher do cientista e tecnocrata:

> — Olhe, d. Evarista, disse-lhe o padre Lopes, vigário do lugar, veja se seu marido dá um passeio ao Rio de Janeiro. Isso de estudar sempre, sempre, não é bom, vira o juízo.
>
> D. Evarista ficou aterrada, foi ter com o marido, disse-lhe "que estava com desejos", um principalmente, o de vir ao Rio de Janeiro e comer tudo o que a ela parecesse adequado a certo fim. Mas aquele grande homem, com a rara sagacidade que o distinguia, penetrou a intenção da esposa e redarguiu-lhe sorrindo que não tivesse medo.

Manobra, a do padre, que o romantismo divulgou, antes que o naturalismo e o realismo a consagrassem: o divisor da família, pretendendo dirigir a mulher, herdeira do catolicismo intolerante, contra o marido, liberal e culto. Este leite todos os escritores o mamaram da literatura francesa e da portuguesa.

Simão Bacamarte não se abate, atento ao punho que manobra o florete. O muito estudo vira o juízo, por comprometer a ordem religiosa, ou, senão religiosa, ao menos tradicional, cuja subversão perturba a supremacia do vigário. Ele rebate à investida, enganando os zelos do discreto censor, ao inaugurar a hospedaria de loucos, a Casa Verde.

> Como fosse grande arabista, achou no Corão que Maomé declara veneráveis os doudos, pela consideração de que Alá lhes tira o juízo para que não pequem. A ideia pareceu-lhe bonita e profunda, e ele a fez gravar no frontispício da casa; mas, como tinha medo ao vigário, e por tabela ao bispo, atribuiu o pensamento a Benedito VIII, merecendo com essa fraude, aliás pia, que o padre Lopes lhe contasse, ao almoço, a vida daquele pontífice eminente.

O diálogo de enganos e negaças não acaba aí. A ciência e a religião explicam a loucura de modo diverso, sem se conciliarem. O padre Lopes, diante do caso de um rapaz bronco, que, por efeito da loucura, se revelou letrado e retórico, entende o fenômeno pela confusão das línguas na torre de Babel. A Escritura estava à mão: "confundidas antigamente as línguas, é fácil trocá-las agora, desde que a razão não trabalhe…". Há de ter sorrido o sábio deste pré-cientificismo português, que põe no lugar da observação a nuvem das razões bíblicas. Se sorriu interiormente, nada revelou ao incauto adversário, limitando-se a separar os campos e torná-los impermeáveis: "— Essa pode ser, com efeito, a explicação divina do fenômeno, concordou o alienista, depois de refletir um instante, mas não é impossível que haja também alguma razão humana, e puramente científica, e disso trato…". Mais um lance ágil e Simão Bacamarte toma a si o governo espiritual da Casa Verde, excluindo, nessa cláusula, a supremacia religiosa. O comando espiritual será o da ciência, e não o da teologia, usurpando a direção das consciências, que, por alienadas, estavam fora da jurisdição do vigário. A subtileza aparente torna-se flagrante, quase desafiadora:

> Simão Bacamarte começou por organizar um pessoal de administração; e, aceitando essa ideia do boticário Crispim Soares, aceitou-lhe também dous sobrinhos, a quem incumbiu da execução de um regimento que lhes deu, aprovado pela Câ-

mara, da distribuição da comida e da roupa, e assim também da escrita etc. Era o melhor que podia fazer, para somente cuidar do seu ofício.

— A Casa Verde, disse ele ao vigário, é agora uma espécie de mundo, em que há o governo temporal e o governo *espiritual*.

E o padre Lopes ria deste pio trocado, — e acrescentava, — com o único fim de fazer também uma chalaça:

— Deixa estar, deixa estar, que hei de mandá-lo denunciar ao papa.

Não se contentou o tecnocrata em arrebatar do domínio da religião uma categoria de enfermos, sob o fundamento de serem os escolhidos de Deus, senão que foi mais longe. Agarrado ao saber especializado, do qual excluiu a teologia, a outrora rainha das ciências, ousou redefinir as fronteiras que dividem a razão da loucura.

O vigário Lopes, a quem ele confiou a nova teoria, declarou lisamente que não chegava a entendê-la, que era uma obra absurda, e, se não era absurda, era de tal modo colossal que não merecia princípio de execução.

— Com a definição atual, que é a de todos os tempos, acrescentou, a loucura e a razão estão perfeitamente delimitadas. Sabe-se onde uma acaba e onde a outra começa. Para que transpor a cerca?

Sobre o lábio fino e discreto do alienista roçou a vaga sombra de uma intenção de riso, em que o desdém vinha casado à comiseração; mas nenhuma palavra saiu de suas egrégias entranhas.

A ciência contentou-se em estender a mão à teologia, — com tal segurança, que a teologia não soube enfim se devia crer em si ou na outra. Itaguaí e o universo ficavam à beira de uma revolução.

Esse diálogo, que é realmente do século XVIII, se prolonga no seguinte, para o divórcio final. A teologia se defende, encastelada na tradição — a sabedoria de "todos os tempos" —, desconfiada da ciência, que a tem por inimiga. A ciência, ao minar as bases do conhecimento tradicional, só reconhece a razão e, com base na razão, o progresso indefinido, contra os obstáculos religiosos — obstáculos que são obstáculos quando aliciam a tradição na resistência à luz científica. Não se enganava a batina: não correm muitos dias e Simão Bacamarte recolhe à Casa Verde uma mulher, pela insensatez de acreditar em pragas. Toda a população, alimentada de crenças meio religiosas, meio mágicas, estava em risco de encarceramento. Os domínios da fé, longamente fixados, sofrem o perigo de ruir. O remédio seria a sublevação, mas o padre desaprova a desobediência civil, conservador, coerentemente, na ordem social, como na teológica. Mais uma vez, o padre Lopes recorre ao caminho de outrora: a influência da mulher. Expediente vão — a mulher do alienista tornara-se adepta insubornável da ciência do século e do consorte.

Não tardará o golpe final, precedido de medidas extremas. A própria mulher de Simão Bacamarte, a esperança última, e sempre decepcionante, do padre, é recolhida ao hospício. Seguem-se o juiz de fora, alguns vereadores — todo o quadro político da vila, sendo de assinalar a cautela com que agiu para capturar o primeiro, depois de estudar-lhe minuciosamente os atos e interrogar os principais da vila. Não se esqueça o principal. Com a nova doutrina, que caracteriza a loucura no gozo do perfeito equilíbrio das faculdades mentais, foi aposentado na Casa Verde o próprio vigário, o padre Lopes. Este só conseguiu a liberdade, graças à sua improbidade intelectual, depois de comentar, ignorando o grego e o hebraico, a versão dos Setenta.

A censura religiosa do século XVIII, de frei Bento (V.H., *Adão e Eva*) e do padre Lopes (P.A., *O alienista*) está em defensiva. Em Portugal já se passara a revolução pombalina, com a extinção das fogueiras do Santo Ofício. O padre, já integrado aos costumes, se ainda maneja as penas do outro mundo e a excomunhão, não dispõe mais do braço temporal, limitando-se a advertir e exortar sem punir. A batina se esgueira entre as autoridades civis e tolera o livre-pensador. Saudosos os tempos em que, tudo podendo a religião, a batina manda e ordena, para o bem da virtude, ainda que para encobrir os vícios próprios. Bom tempo, o do século XVII, de predomínio eclesiástico, sem os trabalhos dos semeadores da fé, os missionários. Com a perspectiva, anticlerical, imbuída de liberalismo, Machado de Assis assimilou o retrato do padre do romantismo e do padre da literatura portuguesa. Um paradoxo de Portugal católico, o seu velho anticlericalismo, alheio ao futuro liberalismo:

> País católico mas anticlerical, jamais em Portugal a literatura de ficção compreendeu o lugar especial do padre na vida social ou particular. Várias vezes o achincalhou, outras louvou-o. Mas ironias ou louvores atingem mais o homem que se esconde no padre do que o seu sacerdócio. O espírito sacerdotal, a entrega da vida

a um ideal de louvor divino, a preocupação de fazer nascer Deus nas almas, isso passa despercebido: é utopia incompreendida e a que talvez se entreguem alguns lunáticos de mentalidade retrógrada.[35]

Antes da devastação literária do século XIX, Gil Vicente já havia revelado, no teatro, o padre guloso, dissoluto, bêbado, namorador, cortesão, intrigante, ambicioso. Isso num tempo supostamente clerical. O Portugal restaurado, com os Braganças, beatos alguns e alguns devassos, recuperam os padres, agora jesuítas, o comando nas ideias e na conduta civil. Os inacianos, depois de pouco mais de um século da fundação da ordem, se afogam nos negócios temporais, transigindo com os vícios em favor da supremacia política. Como eles, mais brutais e mais vorazes, as outras ordens. Depois da morte de dom João IV, no período que vai até dom José I, com a reação pombalina, domina a "brutalidade soez e a parvoíce carola".[36] Baldadamente Alexandre de Gusmão resmungava: "A fradaria absorve-nos, a fradaria suga tudo, a fradaria arruína-nos!". O quadro, expandindo-se na colônia, com as cores modernas do anticlericalismo liberal, gera *O Almada*, poema herói-cômico, cuja ação transcorre em 1659. O modelo, indica-o Machado de Assis em *Le Lutrin*, de Boileau, e no *Hissope*. O episódio, com base num fato real, recorda a guerra do prelado administrador do Rio de Janeiro, o doutor Manuel de Sousa Almada, presbítero do hábito de são Pedro, contra o ouvidor, Pedro de Mustre. O prelado usa da excomunhão para o pacífico governo de suas intrigas e comilanças, num golpe frustrado, graças à resistência do governador da cidade e das outras batinas. Coerente com a idealização do missionário, o poeta contrapõe ao clero devasso e ambicioso a palavra e o exemplo de um missionário, Manuel da Nóbrega.

> Posto que o assunto [adverte Machado de Assis] entenda com pessoas da Igreja, nada há neste livro que de perto ou de longe falte ao respeito devido ao clero e às cousas da religião. Sem dúvida, as personagens que aqui figuram não são dignas de imitação; mas além de que o assunto pedia que eles fossem assim, é sabido que o clero do tempo, salvas as devidas exceções, não podia ser tomado por modelo. São do padre Manuel da Nóbrega, da Companhia de Jesus, estas palavras textuais: "Os clérigos desta terra têm mais ofício de demônios que de clérigos. [...] De maneira que nenhum demônio temos agora que nos persiga senão estes. Querem-nos mal porque lhes fomos contrários aos seus maus costumes, e não podem sofrer que digamos as missas de graça em detrimento de seu interesse". (P. Col., *O Almada*)

Em *O Almada*, acentuados pela ausência, luzem os missionários de outrora:

> …, porém faltava
> Meia dúzia de padres venerandos,
> Em quem poder não teve a Gula nunca,
> Nem a mole Preguiça, e que enjoados
> Da vida solta em que viviam esses,
> As sandálias à porta sacudindo,
> Da aborrecível casa se alongaram
> Levando n'alma a austeridade antiga
> E a pureza imortal da santa igreja.

Esta "pureza imortal da santa igreja" não se parece a um lamento de crente decepcionado. Ela, ao se fixar no ideal do missionário, nada terá de sobrenatural, de cristão, mas — repita-se ainda uma vez — de heroico, tal como flui da fonte romântica, mais próxima da religiosidade do que da religião.[37]

O clero, organizado para o desfrute dos bens do mundo, articulado na venda da mercadoria divina, sonha com a tirania, em nome da fé. Dardo liberal com marca anticlerical, na sua inspiração, a silhueta do Almada prepara vinganças, fermentadas pela ambição, em consórcio com a ira e a gula:

> No cérebro agitado lhe traçava
> A mão da Ira mil diversos planos
> Contra o fero ouvidor. Ora imagina,
> Em saco estreito atado na cintura,
> Mandar deitá-lo aos peixes; longos anos
> Encerrá-lo em medonho, escuro cárcere;
> Ou já numa fogueira, concertava
> Pelas discretas mãos do Santo Ofício,
> Esmero d'arte e punição de hereges,
> Como um simples judeu, torrá-lo aos poucos.

Quando a comunidade ainda era o grêmio católico, o ouvidor, atingido pela ameaça de excomunhão, prólogo dos castigos futuros, treme e hesita, ante o "venerando anátema". O secular, mesmo investido de autoridade, fora da Igreja, seria um réprobo, inerme à morte civil e espiritual. O magistrado sente a dura mão à garganta:

> Já trêmulo de raiva, já de susto,
> O magistrado fica; ora calado
> Algum tempo rumina; ora soltando
> Descompassadas vozes e suspiros,
> Atônito percorre a casa inteira.
> Vagamente cogita uma vingança
> Contra o duro rival; mas logo a triste
> Realidade o coração lhe afrouxa.
> A fantasia pinta-lhe o desprezo
> Dos devotos sinceros, a medonha,
> A dura solidão da vida sua,
> O fugir dos amigos, os estranhos
> Que por trás uma cruz fazendo nele,
> Mais sozinho na terra vão deixá-lo
> Do que em praia deserta ingrato dono
> Deixa um triste cavalo moribundo.
> Ora pensa em fugir; ora em prostrar-se
> Do sagrado pastor aos pés rendido...
> Enleia-se, vacila, nada escolhe,
> E nesta triste, miserável vida,
> Entre sonhos, visões, medos e angústias,
> Passa o duro ouvidor três horas longas.

A amarga condição lhe sugere o quadro de solidão perseguida, sem socorro dos amigos, do povo, das autoridades:

> ... Tu não sabes
> Que de mim vai fugir a gente toda?
> Que eu vou ser o leproso da cidade?
> Que meirinhos, beatas, algibebes,
> E quem sabe se até os cães vadios,
> Que à sumida barriga andam de noite
> Pelas ruas catando algum sustento

Tudo vai desprezar-me?
(P.Col., *O Almada*)

Contra essa conspiração, o próprio governador, a sombra do rei no ultramar, não se afoita à reação. Só lhe resta, apesar de seus poderes majestáticos, combater a conspiração com outra conspiração, insinuando-se na camada dominante do clero, dividindo-o. O poder temporal não ousa combater o padre de frente, mas sabe que, com sua força e seus instrumentos de comando, isolará o agressor. O reinado português, embora complacente com o clero e estimulando, muitas vezes, o Santo Ofício, não toleraria os sinuosos avanços teocráticos. O Senado da Câmara, temeroso do combate, nada decide, entregando a sentença ao governador. Ele se põe a campo:

..., mas porque seja
O caso novo, e caminhar convenha
Sem da igreja ferir os santos foros,
Manda o governador que se convidem
Os diversos teólogos da terra,
O reitor do Colégio, o dom abade,
O guardião dos filhos de Francisco,
Frei Basílio, o prior dos Carmelitas,
E alguns licenciados de mão-cheia
Que o nó desfaçam deste ponto escuro.
(Idem)

Conta o Almada com seus irmãos: "uma mão lava a outra, com finezas as finezas se pagam". O "congresso teológico", minado pela autoridade civil, susta a excomunhão e delibera sujeitar a causa ao régio exame. O poderoso prelado, administrador do Rio de Janeiro, recua e reconhece a derrota, por temor, volvido um século da obra missionária, de perder seus cargos e a farta mesa, retornando ao convívio rude do gentio:

Basta já de lutar! Se tu, prelado,
E vós, teimosos servidores dele,
Na guerra prosseguirdes que ameaça
A doce paz quebrar deste bom povo,

> Sabei que a mão severa do destino
> Nos volumes de bronze uma sentença
> Contra vós escreveu. Dos vossos cargos
> Perdereis o exercício, e sem demora
> Ireis pregar a fé entre os gentios,
> As tribos afrontar e as frechas suas,
> Fomes, sedes curtir, vigílias longas,
> Que o castigo serão de vossa teima.

O padre político, intrigante e ambicioso, dominado, depois do primeiro século heroico, por todos os pecados capitais, sobretudo pela Preguiça, tomou o lugar do padre heroico. Seu papel religioso, tão incompreendido hoje como outrora, está vazio de mensagem autêntica. Sombra do passado, ele prega no vácuo. O poeta, com as lunetas deformantes dos românticos e realistas, projeta, no passado, o padre acomodado às suas glórias mundanas e aos prazeres terrestres, esquecido da cura das almas. Debaixo do missionário ressoa o padre rural, o eco do "*vicaire savoyard*" de Rousseau, corrompido, nas dobras da civilização, por atividades obscurantistas, retorcido no intrigante sem nenhuma vocação de intermediador entre Deus e os homens.[38] O sentido do sobrenatural desaparece, devorado pelos pecados da terra, desvirtuando os próprios modelos de são Paulo, que ajudaram a integrar o mundo americano.

A incompreensão do papel religioso do padre não se revela apenas nas degeneradas caricaturas do padre glutão, irado, preguiçoso e filho da luxúria. Ela está no próprio missionário, evocado como contrapartida aos discípulos e irmãos do Almada. Incompreensão que será, mesmo quando se exaltam suas virtudes, a dos escritores e poetas do século XIX, dos Chateaubriand, Lamartine, Herculano. Todos os padres de Machado de Assis, sejam missionários ou intrigantes, sinceros defensores da fé ou homens seduzidos pela carreira eclesiástica, não possuem a essência do sacerdócio. No zelo de alguns deles, zelo quase frenético, incapaz de se opor ao espírito do tempo, há, quando muito, a atividade de conjuradores de demônios, de resíduos deformados de uma missão impossível. Alguma coisa de carisma pessoal, e não do carisma do cargo, carisma, o último, que caracteriza o sacerdote católico, peça ativa no mundo vivo da cristandade. O carisma, uma das formas de autoridade, supõe qualidades extraordinárias, no seu titular, reconhecidas pelos adeptos, emocionalmente. Condicionado magicamente nas suas origens ("dom da graça", no grego de onde deriva), supõe que a personalidade dispõe de forças sobrenaturais ou sobre-humanas,[39] convindo especialmente ao exercício da autoridade religiosa, na medida em que esta representa a divindade. Enquanto o carisma pessoal pode vincular-se a diversos tipos de autoridade religiosa, como o mago por exemplo, o carisma oficial (*Amtscharisma*) é específico do sacerdote. O carisma, por esta via, se transmite à pessoa, adotando técnicas racionais de atividade, graças à ordenação, separando o indivíduo das qualidades que o caracterizam.[40] O sacerdote, dedicado ao culto, renuncia aos poderes que convêm aos magos, e, noutro sentido, ao profeta. O sacerdote recorre, para se aproximar das potências suprassensíveis, à súplica, ao sacrifício, à adoração, renunciando à coerção mágica. Ser-lhe-á impossível, todavia, afastar totalmente, no culto e no ritual, os ingredientes mágicos que desvirtuam a atividade religiosa. O sacerdote, enquanto sacerdote, e não quando residualmente mago, contribuiu para a separação do campo da magia e da religião. Os remanescentes mágicos foram tidos como expressões desqualificadas de religião, compreendendo a nota negativa da superstição, numa moldura que, além dos magos, abrange os videntes e os adivinhos.[41]

O sacerdote, dotado de carisma profissional, coloca-se na vida religiosa como intermediário entre a divindade e os homens. Ele se aproxima, repita-se, das entidades extraterrenas mediante o culto, consubstanciado na adoração e na prece, sem conjurar as potências superiores por vias coercitivas. A qualificação mágica, que se transmuta no carisma, se sublima no culto, o qual se regulariza e disciplina, corporifica-se e institucionaliza-se em certas normas, dentro de uma comunidade. Não há sacerdócio sem culto, embora possa haver culto sem sacerdócio.[42] No culto sem sacerdote, como nos magos desservidos do culto, está ausente um corpo racional de concepções metafísicas, em regra complementado por uma ética especificamente religiosa. Só o sacerdócio, como carisma profissional, desenvolve-se nas duas cristalizações religiosas, racionalizando o culto e desenvolvendo a técnica da cura das almas. Certo, para estruturar a metafísica e a ética, intervêm influências extrassacerdotais, seja com os *reveladores* de concepções do mundo e normas, os profetas, ou com os laicos intelectualizados.[43] No cristianismo, além da função básica do exercício do culto e da intermediação entre os homens e a divindade, há um fator que lhe dá relevo e especificidade.

> A Bíblia vai mais longe, e situa o sacerdócio como algo que o pecado tornou necessário e indispensável entre Deus ofendido e o homem pecador. Como mediação entre Deus e a humanidade, o sacerdócio é essencialmente o meio de abolir o pecado interposto entre Deus e os homens.
>
> O sacerdócio e o sacrifício são duas ideias correlativas, em certo modo complementares. Será pelo segundo que o primeiro realizará a sua missão de reconciliador e medianeiro, e verdadeiro sacrifício, num sentido pleno, será precisamente aquilo a que tende todo o sacrifício: o regresso a Deus da humanidade separada dele pelo pecado.[44]

Sacerdote, no qual Cristo está presente, embaixador dele e não apenas seu instrumento, de modo a não anular a presença do homem — este o sacerdote cristão.

Sempre que falte o sentido do sobrenatural, acentuado com a anulação do Deus pessoal, a intermediação sacerdotal perde o seu conteúdo. Alheia ao homem a marca substancial do pecador, contraída na herança de Adão, a função do pseudointermediário se amesquinha, desvirtuando-se, na melhor hipótese, no pregador da fé, no semeador entre os gentios, no civilizador, embora heroico, que forma o missionário. Dessa dupla deficiência padecem os batinas que circulam na obra de Machado de Assis, não raro reduzidos a ritualistas sem alma. Mesmo no padre Melchior (*Helena*), "verdadeiro varão apostólico, homem de sua Igreja e de seu Deus, íntegro na fé, constante na esperança, ardente na caridade" (cap. IV), já se denuncia o sacerdote incompatível com a missão sacerdotal. Ele é perfeito nos seus caminhos, mas seus caminhos são os da terra, mais de moralista do que de intermediário com a divindade, e do sacrifício. Ele não converte, admoesta; não aponta para Deus, mas para o mundo, posto que puro, ainda terreno. Ao seu jeito, herói em marcha contra a maré e a avalanche da dessacralização do mundo. Herói que será o molde do herói vencido, típico do romantismo.

> O heroísmo sente-se como a necessidade de impor a própria vontade passional, em quebrar as leis sociais ou morais, e em mergulhar decididamente no mar revolto do sentimento, para além do bem e do mal. Justifica-se a rebelião pela necessidade de afirmar os direitos do indivíduo e a legitimidade da sua paixão espontânea. E condena-se de antemão o herói ao fracasso final, num verdadeiro culto de heróis vencidos, que se elevam ao heroísmo precisamente através da derrota, grandiosa porque inevitável.

O padre da literatura romântica está normalmente integrado no cortejo dos heróis vencidos e frustrados.⁴⁵

Herói vencido não precisamente por frustrações amorosas, como ocorre normalmente na literatura europeia. Vencido, também, pelas frustrações da missão sacerdotal, como prenuncia o padre Melchior, e como se revela no padre Teófilo (H.S.D., *Manuscrito de um sacristão*). Seduzido pelo ideal apostólico — de são Paulo e do missionário — encontra no mundo a indiferença, que o condena ao ceticismo, senão ao ridículo. Teófilo fez-se padre porque na família um dos varões devia envergar a batina, em cada geração. Mas, não obstante a origem, ele se integra no ambiente espiritual da Igreja, com zelo e fervor. Aos 22 anos já era um místico,

> achava em todas as cousas uma significação recôndita. A vida era uma eterna missa a que o mundo servia de altar, a alma de sacerdote e o corpo de acólito; nada respondia à realidade exterior. Vivia ansioso de tomar ordens para sair a pregar grandes cousas, espertar as almas, chamar os corações à Igreja, e renovar o gênero humano. Entre todos os apóstolos, amava principalmente S. Paulo [...]. Nem tinha somente esse modelo, tinha mais dous: Hildebrando e Loiola. Daqui podeis concluir que nasceu com a fibra da peleja e do apostolado. Era um faminto de ideal e criação, olhando todas as cousas correntes por cima da cabeça do século.

Teófilo, ao contrário do apóstolo, percorreu o caminho de Damasco às avessas, primeiro desiludindo-se de suas esperanças, depois, prendendo-se à carne. Ele não perdeu a fé — que, no fundo, não tinha; perdeu a confiança na missão apostólica, que estava em lugar da crença. Entrou em conflito com a realidade, impenetrável ao zelo missionário: tudo o que o cerca é "trivial e chocho".

> Com efeito, gastara o aço da mocidade em divulgar uma concepção que ninguém lhe entendeu. Enquanto os três amigos mais chegados do seminário passavam adiante, trabalhando e servindo, afinados pela nota do século, Veloso cônego e pregador, Soares com uma grande vigararia, Vasconcelos a caminho de bispar, ele Teófilo era o mesmo apóstolo e místico dos primeiros anos, em plena aurora cristã e metafísica. Vivia miseravelmente, costeando a fome, pão magro e batina surrada, tinha instantes de tristeza e de abatimento.

Teófilo sente-se um náufrago, depois da inútil jornada de apóstolo. Seu drama nada tem a ver com o céu, com a jornada transcendental. O narrador quer provar o fato, fazendo-lhe correr à ilharga, até o encontro quase fatal para a batina, o destino da prima Eulália. Também ela era possuída do mesmo amor místico, menos uma vocação do que um temperamento, como em Teófilo.

> Nela dominava principalmente a contemplação. Era na cabeça que ela descobria as cidades abandonadas. Tinha os olhos dispostos de maneira que não podiam apanhar integralmente os contornos da vida. Começou idealizando as cousas, e, se não acabou negando-as, é certo que o sentimento da realidade esgarçou-se até chegar à transparência fina em que o tecido parece confundir-se com o ar.

Ambos, tão iguais e tão igualmente presos ao mundo, embora sem transigir com a realidade atual, fazem, em conjunto, o "*piquenique* das ilusões". O são Paulo do primo será a santa Teresa da prima, personagens despidas de santidade, só de terra feitas, transmutada a transcendência no ideal. Teófilo volta para a roça, sepultando no desterro seu amor decepcionado — o duplo amor — como Eurico o Presbítero, abrandado o heroísmo na vila sem ilusões.

Faltou a Teófilo afinar-se à "nota do século" — daí lhe nasceu a frustração, o naufrágio, pobre herói vencido de batina surrada. Mas nada de enganos: ele recusa, como Eulália, a pauta comum, embora incapaz de seguir o modelo extraordinário. As cidades que ambos procuram não estão no outro mundo, já deserto e ermo, nem nesta terra vil, por demais trivial. A miragem os confunde, sem que eles se conformem em refazer os passos, sobre a areia prosaica.

> Crusoé, na ilha deserta, inventa o trabalho; eles não; lançados à ilha, estendiam os olhos para o mar ilimitado, esperando a águia que viria buscá-los com as suas grandes asas abertas. Uma era a eterna noiva sem noivo, outro o eterno profeta sem Israel; ambos punidos e obstinados.

Curioso místico, este Teófilo. Espantosa cismadora, esta Eulália. No tronco do ideal viceja, mais forte que a árvore, a flor da decepção, alimentada de outra seiva que não a da fé. Lastima a vida miserável, a forma castigadora, a batina cansada — sem namorar as pompas do século. O místico talvez fosse apenas o bordão do apóstolo, este sim autenticamente sentido, mas apóstolo no mundo e para o mundo, para mudá-lo e cristianizá-lo sem transcendência. Não estará em convívio com o demônio, e, por via dele, com o Diabo, em sutil troca de eflúvios? O místico se extravia, mas sobre o malogro do apóstolo, no século sem lugar para o primeiro e já inapto à palavra do segundo.

Da mesma poeira de que se compõe a frustração de Teófilo, se tecem as meias roxas do cônego e o pontifical do bispo. Seus colegas pensavam no mundo, como ele, mas no mundo da realidade, com a carreira eclesiástica e os grandes cargos. Vasconcelos, Soares e Veloso, também seminaristas, mas excelentes retóricos — "A teologia é a cabeça do gênero humano, o latim a perna esquerda, e a retórica a perna direita" — se agarram ao trapézio, para escalar a pirâmide. Eles não conhecerão o "diálogo de árabe e japonês": alojam-se na boa vigararia, no canonicato e na diocese. Do sacerdócio eles só cultivarão o lado externo da missão, entregues ao rito, ao culto sem alma religiosa. Ao amor pela carreira corresponde, em perfeita simetria, o amor pelo lado externo do sacerdócio, ignorante da parte substancial da Igreja. Tal o cônego Ildefonso, o tio cônego de Brás Cubas, seduzido pela "hierarquia, as sobrepelizes, as circunflexões. Vinha antes da sacristia que do altar. Uma lacuna no ritual excitava-o mais do que uma infração dos mandamentos" (M.P., XI). Cônego fora a ambição de sua vida, ambição realizada. Severo nos costumes, observante das regras, subalterno, nada lembra da paixão apostólica. Sem ciência teológica, abandonando os clássicos latinos, perde-se na retórica do altar, esquecido da herança cultural da Igreja e de seu passado civilizador. Em lugar dos Agostinhos e dos Tertulianos saem dos seminários os pachorrentos professores de latim (padre Cabral — *Dom Casmurro*), os eruditos compiladores de crônicas históricas, ao modelo do padre Perereca (O.C., *Casa velha*), ou os esgravatadores de subtilezas, restos do conceptismo barroco, meio ridículos, meio joviais (V.H., *O cônego ou Metafísica do estilo*) e (P.A., *A seren*í*ssima República*). A elite intelectual, composta na Colônia e no Primeiro Reinado, por muitos padres, não deixa vestígio na obra de Machado de Assis. Verdade que o escritor nega-lhe o valor de liderança política, desprezando-a com o silêncio.

Os dois cônegos, o cônego Vargas de *A seren*í*ssima República* e o cônego Matias, de *Metafísica do estilo*, dedicam-se à ciência do frívolo, do fútil, envolvendo-se em estudos estranhos à vida e à realidade. Na sombra do humour vestido em sátira, eles cultivam, entre a extravagância e a retórica — sempre a sátira à retórica, tema constante do escritor —, o estranho, o alucinado da farsa científica, alienados do mundo real. Eles se equivalem, em correspondência à medicina, ao tecnocrata frustro que é Simão Bacamarte. O cônego Vargas, para traduzir o irrealismo e a fraude eleitoral do tempo em termos de apólogo, serve-se da descoberta científica. Ele remonta à tradição, esta válida e séria, do padre Bartolomeu, o Voador, para a ele se equiparar, revelando a fala das aranhas, por meio da qual reconstituiu o seu regime social. O cônego tem preferências ousadas: afasta-se de Aristóteles e segue a trilha que vai de Plínio a Darwin, sem receio das leituras de Buchner. Mas adverte: "Citando Darwin e Buchner, é claro que me restrinjo à homenagem cabida a dois sábios de primeira ordem, sem de nenhum modo absolver (e as minhas vestes o proclamam) as teorias gratuitas e errôneas do materialismo". Ao dar-lhes um governo, o cônego vai desenterrar um modelo estranho ao tempo novo. Outro sintoma de desvairado irrealismo, preservando a lógica na fantasia. Desenterra o quadro político de Veneza e o impõe às aranhas — com simetria — com a imitação brasileira de regimes sem ponderação ao estado social e de cultura do povo.

> Não direi, senhores, que a obra chegou à perfeição, nem que lá chegue tão cedo. Os meus pupilos não são os solários de Campanela ou os utopistas de Morus; formam um povo recente, que não pode trepar de um salto ao cume das nações seculares. Nem o tempo é operário que ceda a outro a lima ou o alvião; ele fará mais e melhor do que as teorias do papel, válidas no papel e mancas na prática.

O resultado da experiência, cuja base é o ato eleitoral, não espanta: as fraudes sucedem-se às fraudes. Os partidos são tão falsos, nas denominações e aparências, como as leis, desvirtuadas pela malícia do comentário. Só os poderosos, preexistentes e superiores ao processo legal, dominam a república, apesar dos arabescos teóricos e constitucionais. O importante, todavia, nesse processo de artificialização, de mascaramento da vida social, é que ele se institui por obra do letrado, e, sobre letrado, padre. O cônego Vargas artificializa a vida, subverte-lhe a espontaneidade, abafa-lhe os ímpetos. O místico Teófilo afirma sua vingança: não podendo dobrar o espírito do século, nem a ele se pautar, ele o mascara, o petrifica, o congela. A obra civilizadora, o apostolado missionário chega ao seu termo, no momento em que o casulo torna-se o empecilho do seu criador.

O outro cônego, o cônego Matias (*O cônego ou Metafísica do estilo*) segue a mesma direção, ao navegar nos mares da retórica, chegando ao mesmo porto.

O bolor cinzento da cultura, da cultura falsificada, se impõe à vida, convertendo a pregação em obra de lavor artístico, despreocupado em persuadir e converter. Aos quarenta anos vive entre livros, regalando-se com os chegados no último navio. A elaboração do sermão é penosa e lenta: o substantivo chama o adjetivo.

> As palavras têm sexo. Estou acabando a minha grande memória psicolexicológica, em que exponho e demonstro esta descoberta. Palavra tem sexo.
> — Mas, então, amam-se umas às outras?
> Amam-se umas às outras. E casam-se. O casamento delas é o que chamamos estilo.

Esta a teoria, a chave da retórica. Sobre esta pedra, a memória morta supre, quase afogando, o impulso da vida, que lavra no interior da cabeça do cônego.

> Caminho difícil e intrincado que é este de um cérebro tão cheio de cousas velhas e novas! Há aqui um burburinho de ideias, que mal deixa ouvir o chamado de ambos; não percamos de vista o ardente Sílvio, que lá vai, que desce e sobe, escorrega e salta; aqui, para não cair, agarra-se a umas raízes latinas, ali abordoa-se a um salmo, acolá monta num pentâmetro, e vai sempre andando, levado de uma força íntima, a que não pode resistir.

Sílvio, o substantivo, procura Sílvia, o adjetivo, esquivo adjetivo — a noiva — que não está no pó dos livros. Fausto sai de sua cela e interroga o mundo, cansado da lida íntima, do esforço erudito na busca do ornato retorcido. Diante da natureza, desapareça a porfia e os livros adquirem, por um momento fugaz, a cor de alfarrábios imprestáveis.

> Agora não te assustes, leitor, não é nada; é o cônego que se levanta, vai à janela, e encosta-se a espairecer do esforço. Lá olha, lá esquece o sermão e o resto. O papagaio em cima do poleiro, ao pé da janela, repete-lhe as palavras do costume e, no terreiro, o pavão enfuna-se todo ao sol da manhã; o próprio sol, reconhecendo o cônego, manda-lhe um dos seus fiéis raios a cumprimentá-lo. E o raio vem, e para diante da janela: "Cônego ilustre, aqui venho trazer os recados do sol, meu senhor e pai". Toda a natureza parece assim bater palmas ao regresso daquele galé do espírito. Ele próprio alegra-se, entorna os olhos por esse ar puro, deixa-os ir fartarem-se de verdura e fresquidão, ao som de um passarinho e de um piano; depois fala ao

papagaio, chama o jardineiro, assoa-se, esfrega as mãos, encosta-se. Não lhe lembra mais nem Sílvio nem Sílvia.

Depois do choque entre a retórica e a natureza, o cônego volta à sua faina. Escorrega outra vez nos textos venerandos, onde não falta "a mão panteísta de Spinoza, às escondidas". Mas o espírito que retorna à superfície depois do convívio com o sol já não é o mesmo. Ele renasce, volta aos livros, mas não se fixa mais nos clássicos latinos, senão que explode no *Cântico dos cânticos*, tomado no sentido profano. Sílvio e Sílvia amam-se e procuram-se, seguindo o rumo de suas inclinações, esquecidos dos "debuxos de concepções, pó que tens de ser pirâmide, ficai, elaborai, esperai, desesperai, que eles nada têm convosco". A cantiga, posto que inspirada nas letras impressas, arde como a brasa.

> Procuram-se e acham-se. Enfim, Sílvio achou Sílvia. Viram-se, caíram nos braços um do outro, ofegantes de canseira, mas remidos com a paga. Unem-se, entrelaçam os braços, e regressam palpitando de inconsciência para a consciência. "Quem é esta que sobe do deserto, firmada sobre o seu amado?", pergunta Sílvio, como no *Cântico*; e ela, com a mesma lábia erudita, responde-lhe que "é o selo do seu coração" e que "o amor é tão violento como a própria morte".

No seio da retórica, sem dela se evadir, coa-se, por via do sexo das palavras, a sombra da vida, sombra que, desesperada da natureza, se perde em outras sombras.

No último degrau da escada, que vai de uma missão apostólica e civilizadora até o esvaziamento cultural do sacerdócio, murcha o padre das famílias, orientador das virtudes domésticas e casamenteiro. Em rápido lance, na mesma escala, a batina rural, festiva e acomodada aos grandes da terra, vigilante às ideias novas e às inclinações das moças. Padre no âmbito da família, embora de horizonte mais largo, agregado a casa patriarcal — era já o padre Melchior (*Helena*), como seria o reverendo Mascarenhas (o.c., *Casa velha*), também agregado à capela doméstica, para uso da família e dos moradores próximos. Reminiscências urbanas, sem dúvida, de costumes rurais, com o prolongamento, na cidade, da fazenda. O tio cônego, o Ildefonso de *Memórias póstumas*, será o representante, nas velhas famílias, do membro padre, ao estilo aristocrático. Ele representa a Igreja e dá a nota de austeridade nos hábitos frouxos do tempo, garantindo, com sua investidura, não só a nobreza da casa, mas o resgate antecipado dos pecadores da família. Obviamente, nenhum casamento, carreira ou função social e política se decide antes do seu conselho, mesmo que não obedecido. Sem vínculo de parentesco ou de dependência, mas sempre orientador espiritual, será, na mesma linha de conduta, com igual corte social, o padre Cabral (*Dom Casmurro*) e o cônego Roxo (P.A., *D. Benedita*), exemplar acabado, o último, do casamenteiro hábil, astuto, manhoso. O padre Cabral, à míngua de influência e de vocação, arrasta os seus dias à sombra de uma casa patriarcal, recendente do transplante da fazenda para a cidade. Ensina latim e doutrina ao filho da casa, futuro padre por obra de uma promessa da mãe. Homem do hábito e do conformismo, alheio à intriga e à ambição, tem sua hora de glória com a nomeação, por decreto pontifício, para o cargo de protonotário apostólico. Cargo singular, ninguém lhe conhecia a função, estranho a ouvidos só acostumados a padres, cônegos, monsenhores, bispos, núncios e internúncios. Acomodado às distrações caseiras, será considerado, pelos companheiros, padre-modelo: "bom canonista, bom latinista, pio e caridoso", com algumas prendas de sociedade, "insigne parceiro de gamão" (D.C., CXLII). Não só isso.

> Alguns defeitos tinha; o mais excelso deles era ser guloso, não propriamente glutão; comia pouco, mas estimava o fino e o raro, e a nossa cozinha, se era simples, era menos pobre que a dele. Assim, quando minha mãe lhe disse que viesse jantar, a fim de se lhe fazer uma saúde, os olhos com que aceitou seriam de protonotário, mas não eram apostólicos. (cap. XXXV)

A gula, deformando a imagem do padre antigo, reaparece, discreta, suave, amável, nos olhos do padre Cabral, protonotário apostólico. Mas, sobre a gula, ele tem um papel na família, que não é só de mestre de latim. Orienta as consciências, as vocações, as carreiras, dita as fronteiras entre o lícito e o ilícito. Padrão, sempre casado à mesa e às distrações familiares, dessa fauna pitoresca, é o cônego Roxo (*D. Benedita*). Conviva certo dos jantares solenes, ele é o trinchante obrigatório e grave do peru festivo. Ao contrário de frei Bartolomeu dos Mártires, confiado mais nos seus dentes do que nas honras sociais, d. Benedita não dispensa o "pianista daquelas ocasiões solenes".

> Ninguém conhecia melhor a anatomia do animal, nem sabia operar com mais presteza. Talvez, — e este fenômeno fica para os entendidos, — talvez a circunstân-

cia do canonicato aumentasse ao trinchante, no espírito dos convivas, uma certa soma de prestígio, que ele não teria, por exemplo, se fosse um simples estudante de matemáticas, um amanuense de secretaria.

Seu verdadeiro papel será, todavia, o de encaminhar as negociações matrimoniais, para casar, e bem, a moça Eulália, a qual aproximou de seu candidato, bacharel em direito à espera de uma promotoria. O leal conselheiro da casa, paternalmente afeiçoado à moça, quer sondar suas inclinações, abrandando a autoridade paterna. Mas as jovens do tempo eram mais astutas que os cônegos: não afrontam seus conselhos, mas se refugiam na fingida recusa ao casamento. Ele escolhe por si o noivo, limitada a função do cônego a oficiar o casamento, travado sem sua intermediação.

O padre doméstico exerce, como orientador das consciências, papel de conteúdo inesperado. Ele não é o aliado incondicional da vontade paterna, nem o instrumento do capricho dos filhos. Intermedeia as inclinações, evitando os conflitos, conciliando as tendências. O padre Cabral, convencido da vocação sacerdotal de Bentinho, acomoda-se ao alvitre conciliador, quando se convence de sua repugnância ao estado sacerdotal. Não raro, como Melchior e o cônego de *Casa velha*, resiste ao império dos chefes de família, porventura mais autoritários quando as mulheres se investem nessa qualidade. O cônego Roxo, macio e insistente, percebe que Eulália, ao repelir o casamento em tese, não aceita o bacharel candidato. D. Benedita, em rompante patriarcal, não admite a resistência à sua vontade: a filha não tinha opção, senão a sua, já deliberada. O cônego não quer o uso da força e da violência, prefere a brandura, contra as vozes de d. Benedita: "— Tinha que ver! um tico de gente, com fumaças de governar a casa". Sabia o cônego, e não sabiam o pai e a mãe, que a mulher, neste século, tem uma vontade, dotada de rebeldia, de têmpera romântica. De filha submissa, ela se transforma, à luz do tempo, em anjo e demônio, ciosa de sua liberdade, de seu livre-arbítrio, embora se lhe consigne o papel da abnegada entre as paixões em conflito.[46] A mulher, angelical na aparência, pode, por obra da rebeldia, transformar-se em Diabo, vencendo-o nas suas manobras:

Toma um conselho de amigo,
Não te cases, Belzebu;
Que a mulher, com ser humana,

É mais fina do que tu.
(P.Col., *O casamento do Diabo*)

Os padres mostram-se, no painel do século XIX, mais contemporizadores que os pais, menos autoritários do que eles, acomodados à realidade emergente. Essa flexibilidade de espírito será, nada menos, do que um traço de sua mundanidade, e não expressão de superioridade sobre os costumes do tempo. Sem a intransigência do missionário, despida a roupeta do herói, o padre de portas adentro quer durar na estima dos filhos, transigindo com suas inclinações, embora velando pela moralidade. Moralidade que é, em regra, o padrão social da família, pelo qual zelam, mas sem admitir que a sociedade se feche, abertos à ascensão social, eles próprios, muitas vezes, fruto da escalada de baixo para cima. Talvez aí esteja a raiz de sua consciência do renovamento, contra uma ordem social rígida, que se enrijeceria em castas, se o tempero desses recém-elevados à casa patriarcal não abrandasse os exclusivismos.

Mas, cuidado. O ofício de conselheiro, de orientador de casamentos, pode queimar os dedos. Os caminhos que levam à carne não são apenas os de Teófilo, náufrago de suas ilusões apostólicas (H.S.D., *Manuscrito de um sacristão*). Sob a mesma inspiração — o esvaziamento do ideal superior — outros perigos espreitam o conviva das famílias. Não casará o padre, muita vez, por intermédio de seus candidatos, violando o dever de guardar a castidade? Este é o caso do cônego da Capela Imperial (O.C., *Casa velha*). O drama que se apresenta ao conselheiro, o cavalheiro intruso, porque o padre da casa se dobra às conveniências da senhora dura, está logo delineado: o rapaz, "filho de ministro e aspirante a ministro, e mais que tudo filho de casa-grande", só pode casar com gente de sua igualha. Mas Félix — este o nome do rapaz, o Félix da mesma carne de Estácio de *Helena* — ama Lalau, filha não se sabe de quem, e Lalau ama Félix. A solução óbvia: amar sem casar. Mas o vínculo das duas almas perturba o cônego e o incomoda.

> Criatura espiritual e neutra, cabia-me tão somente alegrar-me com a declaração da moça, aprová-la e santificá-la ante Deus e os homens. Que incômodo era então esse? que sentimento espúrio vinha mesclar-se à minha caridade? Que contradição? que mistério? Todas essas interrogações surgiram do fundo de minha consciência, não assim formuladas, com a sintaxe da reflexão remota e fria, mas sem liame algum, vagas, tortas e obscuras.

>Já se terá entendido a realidade. Também eu amava a menina. Como era padre, e nada me fazia pensar em semelhante cousa, o amor insinuou-se-me no coração à maneira das cobras, e só lhe senti a presença pela dentada de ciúme.
>
>A confissão dele não me fez mal; a dela é que me doeu e me descobriu a mim mesmo. Deste modo, a causa íntima da proteção que eu dava à pobre moça era, sem o saber, um sentimento especial. Onde eles viam um simples protetor gratuito existia um homem que, impedido de a amar na terra, procurava ao menos fazê-la feliz com outro. A consciência vaga de um tal estado deu-me ainda mais força para tentar tudo.

Não só a consciência revela o homem ao padre. A senhora patriarcal também denuncia, Eva falando de Eva, as suas artes e manhas. "Ela principalmente, parece tê-lo enfeitiçado... Não precisa ficar vermelho; as moças também enfeitiçam os padres, quando querem que eles os casem com os escolhidos no coração delas." Sempre a mulher, mais astuta que Belzebu.

Daqui, dessa situação embaraçosa só vai um passo, para que o estado psicológico revele todo o complexo social e espiritual. O problema a evocar se esgalha em três direções, com a mesma substância: a vocação, o celibato e a ascensão social. Três situações que se unem, comandadas pela vocação, que revela o convívio do padre com a divindade, na sua missão autêntica ou espúria. O padre católico, intermediário entre Deus e os homens, fortalecido com a presença de Cristo, só se realiza no cumprimento da vocação. Sem a vocação o sacerdote torna-se o funcionário do ritual, o homem do mundo, o revoltado contra o celibato, o arranjador de cargos e glórias.

>A vocação sacerdotal é uma vocação no mais estrito sentido da palavra. Mais do que uma escolha ou uma inclinação, é um apelo que se responde. Um apelo que vem de Deus, e não dos homens. Para todo o padre vale a palavra do Mestre: "Não fostes vós que ma escolhestes, eu é que vos escolhi a vós" (Jo., xv, 16). E o autor da Epístola aos Hebreus afirma o mesmo quando escreve: "Ninguém se arrogue o direito desta dignidade, porque só pertence a quem é chamado por Deus, como Aarão. Pois nem Cristo se elevou a Si mesmo à glória do pontificado".[47] (Heb., v, 3)

A raiz da vocação reside, portanto, num apelo, num chamado de Deus, que elege e escolhe.

O essencial é que Deus chame — e os sinais externos que levarão a discernir o apelo divino são as necessárias disposições e aptidões do candidato: espirituais, morais, físicas e psíquicas. Perante elas é que o bispo ou Superior competente — a quem pertence, exclusivamente, o direito de uma decisão final — se pronunciarão pela admissão ou não admissão ao sacerdócio.

O que vale não é pois a *vocação-atrativo* mas a *vocação-aptidões*.

Esta cuidadosa atitude da Igreja não invalida, porém, o princípio de que a grande decisão pertence ao candidato, o único que pode dizer sim ou não ao chamamento divino.[48]

Vocação e escolha do sacerdócio para dourar a linguagem, para cumprir uma promessa de família, para ascender socialmente são termos antitéticos. Mas o sentido da vocação só pode ser apreendido numa perspectiva religiosa, conservada a transcendência da divindade pessoal. Os padres de Machado de Assis, se suspeitam do conteúdo da vocação, na sua autenticidade, a desviam e eludem, apagando-lhe a luz genuína. O candidato encaminha-se ao sacerdócio por uma causa estranha à vocação — para arder no zelo missionário e heroico, na melhor das hipóteses, para fugir de decepções amorosas, ou para seguir apelos familiares. Muitos são os padres apostólicos, decepcionados pela cegueira do mundo, que se convertem em mornos restos da fé — como Teófilo. Frei Simão (C.F., *Frei Simão*) enterra-se no seminário para sepultar a paixão amorosa, como o Eurico de Herculano, o frei Luís de Garrett, ao estilo romântico. "A sepultura que Simão escolheu foi um convento", e não espanta que, ao morrer, enlouquecido, odeie a humanidade. Flávio (*Contos esquecidos, Muitos anos depois*) escolhe a batina quando Laura o desengana. Euricos sem o gesto heroico para sublimar o desespero, eles se consomem na loucura ou, outra loucura, no púlpito para encantar ouvidos profanos. Há os padres atraídos pelo lustre da tradição. O tio cônego fareja no sobrinho não uma vocação, mas uma carreira: "Cônego é o que ele há de ser, e não digo mais por não parecer orgulho; mas não me admiraria nada se Deus o destinasse a um bispado... É verdade, um bispado; não é coisa impossível" (M.P., X). Bentinho, empurrado para o seminário por uma promessa de sua mãe, tem antecedentes familiares que preparam o modelo (D.C., XLI). Caso também de Teófilo (H.S.D., *Manuscrito de um sacristão*): "na família era uso antigo que um dos rapazes fosse padre. Vivia ainda na Bahia um tio dele, cônego".

Mas, antes de seguir o rumo dos padres chamados para lustre das famílias, ou dos padres por ascensão social, explore-se o tema da vocação. Bentinho, aos quinze anos, sentindo não ter vocação para o sacerdócio, pede o seminário do mundo. Esta a doutrina em debate, doutrina correta, mas viciada pelo propósito de desviar o menino do seminário. "A vocação é tudo. O estado eclesiástico é perfeitíssimo, contanto que o sacerdote venha já destinado do berço. Não havendo vocação, falo de vocação sincera e real, um jovem pode muito bem estudar as letras humanas." O padre Cabral, mais padre do que teólogo, mais sacerdote no seio da sociedade do que no altar, retifica o leigo. A vocação seria tudo — sem ela não haveria o padre. O sacerdote do mundo, sem contestar, tempera a palavra, amacia o preceito: "A vocação é muito, mas o poder de Deus é soberano. Um homem pode não ter gosto à igreja e até persegui-la, e um dia a voz de Deus lhe fala, e ele sai apóstolo; veja são Paulo". A vocação passa do tudo ao muito; o exemplo é, ainda uma vez, não do sacerdote, mas do apóstolo, sempre são Paulo. O padrão não jura pela tese do padre Cabral, mas de José Dias: o chamado vem de Deus e não será obra do hábito ou do costume. Hábito e costume que, ao contrário do que supõe o padre Cabral, é o verdadeiro fundamento do seu raciocínio, como dirá a seguir. São Paulo entra na história como enfeite, tirada retórica:

> Um moço sem gosto nenhum à vida eclesiástica pode acabar por ser muito bom padre: tudo é que Deus o determine. Não me quero dar por modelo, mas aqui estou eu que nasci com a vocação da medicina; meu padrinho, que era coadjutor de santa Rita, teimou com meu pai para que me metesse no seminário; meu pai cedeu. Pois, senhor, tomei tal gosto aos estudos e à companhia dos padres, que acabei ordenando-me.

O Deus que determina, invocado pelo padre Cabral, não é senão o costume — agora ele esclarece a interpretação que dera ao chamado de são Paulo, negando-o. Costume, na verdade, elemento de toda a ordem social, quer expresso no sacerdócio como gosto, e não como vocação, e no casamento ordenado pelos pais, e não obra da eleição de amor. O padre Cabral, ao acentuar o abismo entre o padre acomodado ao costume e o apóstolo, não sai do caminho do sacerdote profano. Apenas o amolecerá, sem quebrar-lhe a têmpera do aço, na imanência de suas preocupações. Todos, quer avivados pelo zelo missionário, quer apagados no convívio das famílias, são galhos de uma só árvore, a do mundo terreno, secretamente manobrado pelo demônio. Não espanta que proponha dois anos de experiência no seminário para Bentinho, sob o fundamento de que as promessas das mães, mesmo à revelia da vocação e da vontade dos filhos, devem ser cumpridas. Se, no prazo, o *costume* não vier, a vontade divina é outra. Só aí a vocação entra na arena, como último recurso da rebeldia, e não como preliminar do rumo ao sacerdócio. Se a vocação não vier, para guardar a promessa, haveria um trunfo surpreendente: ordenar-se-ia padre um substituto de Bentinho, alguém sem posses, mas custeado, nos estudos, por este.

Bentinho, o padre prometido mas não realizado, não se afasta do seminário apenas porque lhe falte a vocação. Na alma do futuro Dom Casmurro não se trava a batalha inocente do cristão sem vocação com o cristão no mundo — entre cristão e cristão. Quem chama Bentinho não é Deus, quer pela vocação, quer pelo costume. Mas na recusa do sacerdócio entra outra peça, que desarticula o arcabouço cristão do espírito rebelde. Bentinho não quer ser padre porque o fascinam os olhos de Capitu — se não houvera o celibato, ele podia ser padre, o padre sem cor ou o padre apostólico. Seria um padre como os outros, sem a presença de Cristo, sem a missão de intermediário entre o homem e Deus. Seria sacerdote, mas sem provar a vocação, sem esta "pedra de toque duma vocação".[49] Sem que o celibato seja essencial ao sacerdócio, segundo a doutrina católica, ele afirma, demonstra e prova a vocação. Para o homem do século XIX, que bebeu o leite do romantismo, justamente o celibato é a porta que desvia do mundo, do que há de mais autêntico na pessoa, no seu vínculo com Pandora, a natureza e, por esta via, o demônio. Bentinho só sabe que não quer ser padre, porque o seminário o afastará de Capitu. Um soneto, que o seminarista não escreveu, revela toda a essência de seu conflito, numa luta interior que liga a alma juvenil ao grande universo, superior aos homens, mas ao qual estes pertencem. As apalpadelas, os tateios, as insinuações se corporificam em símbolos. Os dois termos do poema estão definidos: *flor do céu — "oh! flor do céu! oh! flor cândida e pura"*, como introdução, o ideal e o valor a buscar — e a conclusão: "Perde-se a vida, ganha-se a batalha". Enquanto a primeira parte se mantém inalterada, na penosa elaboração do soneto, a última se inverte, mudando o sentido do pensamento do seminarista. "Quem era a flor? Capitu, naturalmente; mas podia ser a virtude, a poesia, a religião, qualquer outro conceito a que coubesse a metáfora da flor, a flor do céu" (D.C., LV). Só Capitu existe, embora possa se dissimular em outras máscaras, para enganar os outros e a si próprio. Enganar está sempre nas almas, porque os valores, os ideais são sempre o véu que ilude e simula, enquanto, atrás de tudo, está a força cega que comanda, sem disfarces. O soneto adquire luz plena, na chave de ouro — *perde-se a vida, ganha-se a batalha*. A batalha prima sobre a vida, o ideal sobre a realidade, o sacrifício sobre as glórias mundanas, o sacerdócio sobre o profano. Nesta perspectiva Capitu se desvanece no ar, substituída por mais alentados ideais, os ideais do engano, agora sublimados.

> A ideia agora, à vista do último verso, pareceu-me melhor não ser Capitu; seria a justiça. Era mais próprio dizer que, na pugna pela justiça, perder-se-ia acaso a vida, mas a batalha ficava ganha. Também me ocorreu aceitar a batalha, no sentido natural, e fazer dela a luta pela pátria, por exemplo; nesse caso a flor do céu seria a liberdade. Esta acepção, porém, sendo o poeta um seminarista, podia não caber tanto como a primeira, e gastei alguns minutos em escolher uma ou outra. Achei melhor a justiça, mas afinal aceitei definitivamente uma ideia nova, a caridade, e recitei os dous versos, cada um a seu modo, um languidamente:
> "Oh! flor do céu! oh! flor cândida e pura!"
> e o outro com grande brio:
> "Perde-se a vida, ganha-se a batalha!"

Mas Bentinho está em terreno falso. Se mantiver o poema com os dois polos, ele seria outro, com a renúncia da terra, dos braços e dos lábios da cigana oblíqua e dissimulada. Ele retorna a si próprio, retorna ao chamado do mar, agarra-se à terra, ao pecado, com suas delícias e graças. A transposição de duas palavras o devolve a si próprio e o fecho de ouro seria assim: *Ganha-se a vida, perde-se a batalha!* O essencial será ganhar a vida, com o abandono da batalha, vitória do ilusório sobre o real, do falso sobre o autêntico. "Neste caso, [dirá o enganador que não engana] era uma ironia: não exercendo a caridade, pode-se ganhar a vida, mas perde-se a batalha do céu." A ironia tem o sentido no seu contrário, na fina arte deste torcedor da retórica. Ganhar a vida — este o sentido dos passos do solerte Bentinho, tão solerte nas palavras como Capitu nos atos.

O seminário, o celibato, a vocação priva o iniciado dos encontros de Capitu. Mas, no drama juvenil, o conteúdo do símbolo e do episódio se irradia em rumos mais amplos. O seminarista não reage à privação, senão que rejeita e condena o alheamento ao mundo, com a mulher e o luzimento, no qual o hoje se realiza, em toda a plenitude. O conselho de Escobar a Bentinho de que, sem vocação, não se faça sacerdote, porque no mundo também se serve a Deus, conjuga-se, em hipocrisia, ao do agregado: "que se pode muito bem servir a Deus sem ser padre, cá fora". Nenhum dos dois quer servir a Deus, já vendidos, ambos, ao demônio. Debaixo da frase do agregado José Dias — "vale sempre entrar no mundo ungido com os santos óleos da teologia" — nada há mais que a retórica, a retórica que encobre o contrário do que expressa. Fingimento igual ao de Bentinho, que, seduzido pelas graças físicas de Capitu, só lhe louvava a modéstia, a simplicidade, os costumes religiosos. Sem máscara e sem enganos, o seminarista arvora a bandeira de sua libertação: "Era um grande e belo mundo, a vida uma carreira excelente, e eu nem mais nem menos um mimoso do céu; eis a minha sensação" (D.C., LXXVIII). O céu enfeita a frase, como os santos óleos da teologia — o grande e belo mundo é a única verdade. Nesse contexto que seria o seminário senão o cárcere, cárcere para Bentinho, cárcere para Damião (P.R., *O caso da vara*), menino pobre sem Capitu? Sepulcro e cárcere, o confinamento da vida só é possível pelo constrangimento, pelas pancadas e ameaças. Para o castigado, antes a morte que a vida "santa e bonita" de padre. Para quem se dói do destino estreito, a reação não aponta para as pompas da terra, senão que se disfarça sempre "antes um padre de menos que um padre ruim. Cá fora também se podia amar e servir a Nosso Senhor". Na verdade, o aljube ou a presiganga seriam a alternativa: ou o seminário ou a cadeia. Casa de correção para endireitar incorrigíveis e rebeldes, este o seminário dos pais desvalidos, e não o estreito caminho do sacrifício voluntário e vocacional.

De Bentinho a Damião há sensível espaço histórico, senão histórico no sentido de cronologia, pelo menos no sentido social. Estão longe os tempos em que o estado eclesiástico expressa a condição da nobreza. O exemplar dessa situação — ou da situação que se prolonga no arremedo — será o cônego Ildefonso, das *Memórias póstumas*. Teófilo — repita-se — está no mesmo círculo, em iguais circunstâncias. *O imortal* (O.C.) tomou o hábito de franciscano aos 25 anos, por vontade da mãe.

> Tanto ela como o marido eram pessoas de bom nascimento, — "bom sangue", como dizia meu pai, afetando a linguagem antiga.
> Meu avô descendia da nobreza de Espanha, e minha avó era de uma grande casa do Alentejo.

Verdade que os velhos expedientes fidalgos não somem de golpe, prolongando-se no curso de muitas gerações. Gilberto Freyre, o romancista e não o sociólogo, mas no romancista presente o sociólogo, alude às desventuras de um filho padre, rebento mofino da estirpe dos Warderleys. Uma ou duas gerações depois de Ildefonso e de Teófilo, o chefe nominal da família, o patriarca, compreende, mas aceita com relutância o estado sacerdotal nas famílias numerosas.

> Que as famílias grandes, de oito, dez e doze filhos, cada uma reservasse um filho para padre ou para frade, ou uma filha para madre ou para freira, ele João Gaspar, compreendia. A Igreja no Brasil precisava de gente boa e branca no seu comando; e em dez ou doze filhos, havia sempre algum com alguma e, às vezes, com inteira, completa inclinação para a vida religiosa. Mas que Sinhá consagrasse ao sacerdócio o filho único, antes mesmo de saber se o menino tinha ou não vocação para padre, era erro que ele não sabia desculpar na irmã; e que atribuía aos tais frades estrangeiros a quem ela vivia submetida desde menina de colégio do São José.[50]

O herdeiro do nome e das tradições dos Warderleys ainda reconhece a missão dos nobres na Igreja, para comandá-la e orientá-la, mas não compreende mais o papel da Igreja, cuja missão não suspeita. Nesta, com o papa senhor absoluto, só percebe a manobra degenerativa das freiras francesas e dos padres italianos. Pior — e aí está a denúncia do fim dos tempos antigos e bons —, o escolhido para perpetuar o papel do nobre na Igreja será padre por obra de suas insuficiências sociais e dos desvarios católicos da mãe. Milton Guedes, dos Guedes dos Cajazeiros do Norte, senhor de engenho e senhor de muitos negócios, conforma-se, mais recentemente, que o filho único, por influência da mãe, se torne padre — "na família dos Guedes sempre houvera um varão consagrado ao serviço de Deus, o último fora tio José Carlos, latinista ilustre, morto aos noventa anos em odor de santidade".[51] Mudaram os olhos que veem os padres — ou mudaram os padres?: no século XIX, os sacerdotes já não conseguem ser de Deus, no século XX eles pertencem só à terra. Sacerdotes de "meio-sexo" ou do terceiro sexo, eles não representam a família na Igreja — para os ficcionistas nomeados — senão o rebotalho dela, o resto apodrecido de sua tradição. A herança tradicional, além de exaurir-se, se desviriliza na suspeita palidez de seus ministros. O celibato, outrora um sacrifício que prova a vocação, se desnatura na incapacidade ou na oblíqua inclinação.

O padrão social do padre aristocrata, embora aristocrata de arremedo, na família numerosa, serviu de modelo para a ascensão do pobre, do mulato, do filho ilegítimo.[52] Status, o do padre, não apenas na sua carreira, nas oportunidades de elevação política, mas também para formar o letrado, com os conhecimentos de base para todas as categorias profissionais e ornamentais. Se do seminarista não florescesse o padre, sobrariam os "santos óleos da teologia", necessários ao mundo (D.C., LXI). Não se ordenasse o jovem, teria estudado "algumas matérias que é bom saber, e são sempre melhor ensinadas naquelas casas" (D.C., XXXIX). Sempre haveria, no limiar das profissões nobres, um lugar para o cultivado nas letras sagradas, mesmo que o lugar fosse de sacristão ou copista. O aristocrata não tem mais nada a esperar da batina. O burguês tem outras perspectivas, sobretudo na beca do bacharel, e, mais tarde, na espada do militar. O pobre com proteção tem, todavia, alguma coisa a pedir à roupa negra. O padre será ainda necessário ao estamento e às classes superiores, como guardião dos costumes e disciplinador da ordem social. Necessário, mas não raro suspeito, dado que, nas dobras da ascensão social, guardará conceitos perturbadores, tendências igualitárias, intermediando casamento entre categorias diferentes. Há de haver padres, para o bem da religião, com o dinheiro das famílias que podem pagar os estudos do protegido. O custo da educação pode sair de um legado, incluído no testamento, abono de alma generosa. O padre pode ser um *substituto* do filho das famílias de prestígio ou das famílias de dinheiro. Para isso há, no mundo, muitos órfãos e muitos moços bem-dotados, mas sem meios. Se o filho não quer fazer-se sacerdote, ou se lhe falta a vocação, nem por isso priva-se o altar do padre. Haverá quem lhe aceite o lugar, sem tais escrúpulos e sem tais fidúcias, empurrado pela precisão. Manipulação, esta, da pessoa humana pela riqueza, a pretexto do serviço de Deus — trapaça bem burguesa. Quem a maquina será Escobar, aos quinze anos aprendiz de outras imposturas, que realizará antes dos trinta. A mãe de Bentinho havia atado sua vontade, por uma promessa, a Deus — não devia desatá-la, mas cumpri-la com outro miolo.

> Sua mãe [argumenta o astuto seminarista a outro seminarista não menos fraudulento] fez promessa a Deus de lhe dar um sacerdote, não é? Pois bem, dê-lhe um sacerdote que não seja você. Ela pode muito bem tomar a si algum mocinho órfão, fazê-lo ordenar à sua custa, está dado um padre ao altar, sem que você […].

Escobar observou que, pelo lado econômico, a questão era fácil; minha mãe gastaria o mesmo que comigo, e um órfão não precisaria grandes comodidades. Citou a soma dos aluguéis das casas, 1:070$000, além dos escravos... (D.C., XCVI)

Órfão ou pobre, seria o escolhido um dócil menino, que os parentes ou a ambição impelissem para o alto, pela única via reservada à sua tenacidade, ou um jovem rebelde, como Damião (P.R., *O caso da vara*), que à casa de correção preferisse o seminário, ao modelo ainda de Matias Deodato de Castro e Melo (H.S.D., *Último capítulo*). O roteiro se executou cabalmente. "Tudo se fez por esse teor. Minha mãe hesitou um pouco, mas acabou cedendo, depois que o padre Cabral, tendo consultado o bispo, voltou a dizer-lhe que sim, que podia ser" (D.C., XCVII). A fraude, agora outra pia fraude, envolve o bispo, apaziguando o próprio substituído. "É bom que te sintas na alma do outro, como se receberas em ti mesmo a sagração." O substituto some no clero, a origem se apagou, a promessa está cumprida. Depois de corromper a consciência, o ardil econômico devora o altar, dentro do processo global do aburguesamento da ética. O ciclo está completo: o modelo aristocrático se fecha na ascensão do pobre, à medida que se amarrota e rasga o próprio padrão. Desta batina emergirá, para seus crimes, um padre Amaro? Dela sairá um cônego Roxo, um cônego Ildefonso, um padre Cabral, devotados às famílias, entregues ao culto pelo ritual, amantes do gamão? Que importa, contanto que a tradição perdure e a ordem social se mantenha? O padre Cabral passa à posteridade, dourado no título de protonotário apostólico, mas é recordado pelas prendas da sociedade, "insigne parceiro de gamão". Um colega, louvando-o, evoca-o: "Tinha muito bom dado! suspirou lentamente o vigário. Um dado de mestre" (D.C., CXLIII).

Na devastação das consciências e dos tempos, não restou, senão na remota evocação poética, o missionário. Na sua esteira, nos sertões, desapareceu mesmo seu rastro, a pisada luminosa que o romantismo lhe avivou. Onde está o "bom padre", o "advogado dos pobres", o protetor dos humildes, o cura da aldeia, que socorre os infelizes contra os poderosos? O missionário e o cura de aldeia são duas criações gêmeas, cultivadas desde Rousseau (o *vicaire savoyard*, em Émile) e Chateaubriand (o padre Aubry em *Atala*), florescendo na criação do modelo protestante de Goldsmith (*O vigário de Wakefield*). Nessa imagem, vibram não tanto as qualidades próprias, como os contrastes tácitos. O dardo fere o padre da cidade, envolvido nas intrigas do alto clero, envilecido na antipatia aos poderosos, que oprimem e humilham os desvalidos. Com tal perfil, ele corre nas páginas de Herculano e Camilo, num frêmito que o *Jocelyn* de Lamartine fixou,[53] antes que o naturalismo também o denegrisse. Embora o escritor carioca-fluminense — como ele preferia — não seja atraído pela vida rural, muitos de seus tipos guardam feições patriarcais da lavoura, de onde se originam as famílias recém-transplantadas. Seus tipos são, porém, urbanos. Nas visitas ao interior, raras e fugitivas, deixou a marca de uma visão realista, adequada às circunstâncias e ao momento. Não deixou de sentir, sem observar e sem acentuar discursivamente as situações, que o velho socorredor dos infelizes, o dispensador decantado pela ficção europeia, será incompatível com a estrutura social dos sertões. O padre não será o aliado dos pobres e desamparados, mas dos potentados, pessoa grada ele próprio entre pessoas gradas, solidário na adesão a iguais valores. Ele é um dos grandes da terra, esquecido da linhagem missionária e alheio à missão de olhar pelos pobres. Num dos raros desvios rurais (H.M.N., *A parasita azul*), o vigário se senta ao lado das notabilidades da vila — o juiz municipal, o negociante e o fazendeiro. Não esquece, entre seus deveres, coluna da ordem, de zelar pela ortodoxia, com a mesma discreta circunspecção do padre Lopes (P.A., *O alienista*). Esse papel censório, que o cosmopolitismo das cidades dissolve, se exerce em conexão com os detentores do poder temporal, de fato e de direito. O padre Maciel estuda os pendores do médico Camilo, filho de abastado fazendeiro, certificando-se de que não trouxera de Paris nenhum vírus materialista ou ateu.

> Pode gabar-se, sr. comendador, dizia ele ao pai de Camilo, pode gabar-se que o céu lhe deu um rapaz de truz! Santa Luzia vai ter um médico de primeira ordem, se não me engana o afeto que tenho a esse que era ainda ontem um pirralho. E não só médico, mas até bom filósofo, é verdade, parece-me bom filósofo. Sondei-o ontem nesse particular, e não lhe achei ponto fraco ou duvidoso.

Este padre rural, modelo de muitos padres rurais da Colônia e do Império, guarda, todavia, apesar de situado nas esferas superiores, a moldura nacional e popular, sem a inflexibilidade europeia e a intransigência de seus predecessores. Integra-se à gente e à terra, participando na festa do Espírito Santo, feliz com a pompa do imperador do Divino. No centro da alegria popular, os sinos convocam à cerimônia religiosa, numa brasileira irmanação do profano ao divino, sem letras, mas com fiel observância da tradição. O padre não esquece, imantado pelo culto festivo e no convívio dos notáveis, de vigiar e acompanhar as inclinações amorosas. Ele perscruta os corações, mas com certa peculiaridade, como se estivesse fora do espetáculo, alheamento que lhe confere o celibato e sua provável origem social. Isabel mostra-se indecifrável, mas não indecifrável ao olhar do vigário, que suspeita, na indiferença, a ambição de, pelo casamento, galgar as "grandezas políticas".

O padre, depois de uma trajetória gloriosa, não se desnatura, nem se envilece na pena do escritor. Simplesmente, prosaicamente adere ao quadro dominante de valores, em processo de adaptação sem total integração. Entre a batina e a sociedade resta uma sombra, indefinida, incapaz de se materializar num corpo próprio, desfigurado pela pressão do tempo. Sombra, todavia, sem angústia e sem nostalgia. Contra o império das circunstâncias, vítima de uma causa morta, não se levanta o heroísmo antigo. Como uma escritora do romantismo já dissera, o padre: — "*cet homme du passé transporté au XIXe siècle, n'ayant plus sa raison d'être, chantait dans le vide*".[54] O homem do passado, o perfume do vaso oco, não se conformará com a morte natural, que parecia inevitável. Ele renascerá no padre social, no padre apostólico, no padre da fé restaurada, na ficção europeia e na brasileira.

4 | *As potências religiosas desprezadas*

A PAISAGEM RELIGIOSA, católica no contexto e duvidosamente cristã no conteúdo, não se estruturará na obediência vertical aos valores dominantes. O quadro está cortado de desvios e atalhos, sombreado de obscuras forças que pulsam nos porões da sociedade, apertada a ação central entre crenças e apelos mágicos que negam a ortodoxia. A cidade e o campo geram outros deuses, diferentes ídolos, alguns mártires e muitos impostores.

O eixo da autoridade religiosa, fixado no sacerdote, está delimitado pela instituição da Igreja católica. Seus valores e símbolos, além de marcados racionalmente, se transmitem na tradição católica, a única oficialmente reconhecida, oficialmente no sentido público e da dominância institucional. Na sociedade vivem, animadas pelo carisma, outras entidades religiosas, que pressionam a crosta convencional, com armas forjadas no lastro primitivo ou nas pressões externas. Nas figuras que representam o fundo da cultura, o setor não integrado pela religião oficial, recendendo a magia, destacam-se os *videntes* e *adivinhos*. O vidente caracteriza-se pela recepção passiva das mensagens dos espíritos e deuses, confiado, no seu papel de intermediário, em captar intuitivamente as maquinações do reino invisível. Não conhece os juízos gerais dos profetas nem manipula, como o mago, a boa vontade das potências sobrenaturais.[55] Ele se aproxima, fundindo geralmente as técnicas, do adivinho, mas particulariza-se no uso de meios e procedimentos para interpretar a vontade dos deuses ou dos demônios, incapaz, porém, de conjurá-los. Por via de signos e manifestações sensíveis, revela a correspondência entre este mundo e o outro, harmonicamente casados, como a imagem e o espelho.[56] Um e outro, ou a fusão de ambos, se expressam no carisma individual, sem vínculo ao cargo, que supõe grau elevado de institucionalização. Caso-limite pode ser apreendido nos sacerdotes do espiritismo, que adotam as vivências do vidente, numa ordenada concepção do mundo.

A presença dos videntes e adivinhos, na obra de Machado de Assis, sofre uma dupla censura: a censura social, com o desprezo da classe alta pelas crendices do vulgo, e a censura intelectual, do letrado sobre o ignorante. Essa conjugada visão se atenua e ameniza com respeito ao espiritismo, que não apela apenas para a superstição, mas se funda numa doutrina. Típico adivinho é a cartomante (v.h., *A cartomante*), cuja impostura terá sido funesta ao destino de Camilo. Rita confia na mensagem das cartas e supõe, como Hamlet, que há mais cousas no céu e na terra do que sonha a nossa filosofia. Camilo, outrora religioso, não acredita sequer nas cousas postas no céu pela doutrina católica.

> Também ele, em criança, e ainda depois, foi supersticioso, teve um arsenal inteiro de crendices, que a mãe lhe incutiu e que aos vinte anos desapareceram. No dia em que deixou cair toda essa vegetação parasita, e ficou só o tronco da religião, ele, como tivesse recebido da mãe ambos os ensinos, envolveu-os na mesma dúvida, e logo depois numa só negação total. Camilo não acreditava em nada. Por quê? Não poderia dizê-lo, não possuía um só argumento; limitava-se a negar tudo. E digo mal, porque negar é ainda afirmar, e ele não formulava a incredulidade; diante do mistério, contentou-se em levantar os ombros e foi andando.

Religião e superstição, duas vertentes distintas e separadas, não resistem à dúvida do adulto, adulto num século descrente. Mas, numa emoção violenta, na angústia de caminhos que ameaçam cruzar-se, o descrente se perturba. Não busca, para retemperar a razão em pânico, a igreja, senão a vegetação parasita, que supunha ter banido aos vinte anos. A religião, incapaz de proporcionar o meio de superar a crise, não lhe oferece o milagre, só possível na magia, senão pela alteração do mundo, ao menos pelo olhar antecipado dos acontecimentos.

> A agitação dele era grande, extraordinária, e do fundo das camadas morais emergiam alguns fantasmas de outro tempo, as velhas crenças, as superstições antigas. […] Depois fez um gesto incrédulo: era a ideia de ouvir a cartomante, que lhe passava ao longe, muito longe, com vastas asas cinzentas; desapareceu, reapareceu, e tornou a esvair-se no cérebro; mas daí a pouco moveu outra vez as asas, mais perto, fazendo uns giros concêntricos…

O funcionário público Camilo sobe as escadas da cartomante, as escadas que levam à infância, e ouve, maravilhado, a revelação dos seus amores e das suas venturas. "Tudo lhe parecia agora melhor, as outras cousas traziam outro aspecto, o céu estava límpido e as caras joviais." Desfeita a barreira racional, sobre a devastação religiosa, o mundo mágico que a mãe lhe transmitira, o mesmo mundo das amas e das escravas africanas, tudo no quadro primitivo da cultura nacional, ressurge e, se não satisfaz a inteligência, tranquiliza a alma. Só ele devolve, debaixo das letras hesitantes, a harmonia com o universo e o homem. Pobre do orgulhoso americano, voltado para valores europeus, mas prisioneiro dos símbolos obstinados de sua gente, que lhe marginalizam a autenticidade.

Natividade (*Esaú e Jacó*), mulher da alta sociedade, casada com um banqueiro, futura baronesa, posto que humilde nas origens, também percorre o caminho de volta. A distraída católica, que frequenta a igreja mais pela exibição da carruagem do que pelo culto, ouve a voz das amas, sabedoras da ambição de um alto destino aos filhos. Curioso é que a crendice se aproxime, não sem certa relutância inicial, do espiritismo, como se entre uma e outra fé existisse um vínculo óbvio.

> Uma das amas, parece que a de Pedro, sabendo daquelas ânsias e conversas, perguntou a Natividade por que é que não ia consultar a cabocla do Castelo. Afirmou que ela adivinhava tudo, o que era e o que viria a ser; conhecia o número da sorte grande, não dizia qual era nem comprava bilhete para não roubar os escolhidos de Nosso Senhor. Parece que era mandada de Deus.
>
> A outra ama confirmou as notícias e acrescentou novas. Conhecia pessoas que tinham perdido e achado joias e escravos. A polícia mesma, quando não acabava de apanhar um criminoso, ia ao Castelo falar à cabocla e descia sabendo; por isso é que não a botava para fora, como os invejosos andavam a pedir. Muita gente não embarcava sem subir primeiro ao morro. A cabocla explicava sonhos e pensamentos, curava de quebranto...
>
> Ao jantar, Natividade repetiu ao marido a lembrança das amas. Santos encolheu os ombros. Depois examinou rindo a sabedoria da cabocla; principalmente a sorte grande: era incrível que, conhecendo o número, não comprasse bilhete. Natividade achou que era o mais difícil de explicar, mas podia ser invenção do povo. *On ne prête qu'aux riches*, acrescentou rindo. O marido, que estivera na véspera com um desembargador, repetiu as palavras dele que "enquanto a polícia não pusesse cobro ao escândalo...". O desembargador não concluíra. Santos concluiu com um gesto vago.
>
> — Mas você é espírita, ponderou a mulher.
> — Perdão, não confundamos, replicou ele com gravidade.

> Sim, podia consentir numa consulta espírita: já pensara nela, algum espírito podia dizer-lhe a verdade em vez de uma adivinha de farsa... Natividade defendeu a cabocla. Pessoas da sociedade falavam dela a sério. Não queria confessar ainda que tinha fé, mas tinha. Recusando ir outrora, foi naturalmente a insuficiência do motivo que lhe deu a força negativa. Que importava saber o sexo do filho? Conhecer o destino dos dous era mais imperioso e útil. Velhas ideias que lhe incutiram em criança vinham agora emergindo do cérebro e descendo ao coração. (cap. VIII)

Na sociedade distinta as opiniões sobre a cabocla sofrem um escrutínio inspirado da posição de cada um, mas revelando a indecisão cultural de todos. Para o banqueiro Santos, a cabocla refletia apenas as "crendices da gente reles", parecendo-lhe inverossímil que ela, conhecendo o número do bilhete de loteria premiado, não o comprasse. Sua cunhada, a irmã de Natividade, justificava sua fé com pessoas distintas que a consultaram. O desembargador, esteio da ordem, espera que a polícia coíba o escândalo. Natividade, esta, tinha fé, a fé coada pela crença das amas e, por via destas, viva no substrato da alma coletiva. A gente do povo — *a gente reles* — revidava ao desprezo da casta superior com sarcasmo. As grandes senhoras não iam à cabocla? O povo zomba do espetáculo, do disfarce da consulta, das cautelas para que não se revelem as crentes encapuzadas. "Tinham fé, mas tinham também vexame da opinião, como um devoto que se benzesse às escondidas." Quem zomba é o crente, o povo miúdo, zomba dos que creem e não confessam a fé. A zombaria revela não a adoção da censura, mas a ironia de aceitá-la por pressão exterior, enquanto quem a irradia crê e se encapuza. O narrador, solerte e ambíguo, se esconde nas citações de Ésquilo, abrandando a superstição na literatura. E Aires, o que pensava da cabocla? José da Costa Marcondes Aires, diplomata e homem do mundo, pulveriza, na sua opinião vaga, o indefinível da cultura de sua gente, equívoca e não cética, opinião criada antes da lógica e das convicções.

> Aires não pensava nada, mas percebeu que os outros pensavam, e fez um gesto de dous sexos. Como insistissem, não escolheu nenhuma das duas opiniões, achou outra, média, que contentou a ambos os lados, cousa rara em opiniões médias. Sabes que o destino delas é serem desdenhadas. [...] Aires opinou com pausa, delicadeza, circunlóquios, limpando o monóculo ao lenço de seda, pingando as palavras graves e obscuras, fitando os olhos no ar, como quem busca uma lembrança, e achava a

lembrança, e arredondava com ela o parecer. Um dos ouvintes aceitou-o logo, outro divergiu um pouco e acabou de acordo, assim terceiro, e quarto, e a sala toda. (cap. XII)

Natividade e Santos, mulher e marido, os dois se afastam da ortodoxia reinante. Santos era espírita, Natividade, posto professasse o catolicismo, guiava-se pelos oráculos da cabocla do Castelo. Entre os dois, nas suas crenças específicas, há um elo profundo, íntimo, que não está na crença nos espíritos ultraterrenos. Santos, espírita com a "fé noviça e firme", procura não crer na pitonisa, mas crê sem querer. Ansiosamente procura saber o desfecho da consulta, mas disfarça a impaciência. "Em caminho, advertiu que, não crendo na cabocla, era ocioso instar pela predição. Era mais; era dar razão à mulher. Prometeu não indagar nada quando voltasse. Não prometeu esquecer, e daí a teima com que pensou muitas vezes no oráculo." Ele irá confrontar o oráculo caboclo com a autoridade do sacerdote espírita — *Teste David cum Sibylla* —, desvirtuando a sugestão de Pascal. A rude adivinha — mais vidente que adivinha — precisava do apoio científico, porque o espiritismo se articularia em "leis científicas para excluir qualquer mácula de seita". A cabocla teria razão, de acordo com o veredito da grave religião espírita, mesmo que não soubesse o que dizia.

— Deixe [dirá o sacerdote espírita] às senhoras as suas crenças de meninice, concluiu; se elas têm fé na tal mulher do Castelo, e acham que é um veículo de verdade, não as desminta por ora. Diga-lhes que eu estou de acordo com o seu oráculo. *Teste David cum Sibylla*. (cap. XV)

Santos e Natividade são, ambos, casos marginais — e por isso mais sensíveis à percepção dos desvios da ortodoxia — de ascensão social e, portanto, de integração cultural. Os valores a que se submeteram, na escalada, são valores utilizados mas não vigentes na alma, sem contestação íntima. Ele, homem pobre que se elevou a banqueiro, futuro barão, tem a mesma cepa da mulher, também de classe inferior e que, em pouco tempo, galgou o primeiro plano. Na verdade, os dois aventureiros, crentes nos símbolos oficiais, ardorosos na sua defesa, exteriormente ortodoxos para que se não desconfie de suas origens, serão, no íntimo, críticos da ordem vigente. Não conhecem a displicência dos bem-nascidos acerca das cousas comuns, antes, no ardor aparente, trilham os desvios suspeitos, no mais fundo da alma. Santos repele a crença na cabocla porque a gente distinta a despreza; no outro lado, a cunhada do banqueiro a sustenta, em nome de pessoas distintas que a frequentaram. Na ambiguidade da referência, os apelos da formação e da ascensão se projetam no debate interior. Na mulher, perduram as fantasias do passado, as névoas que vêm das amas e do povo. No banqueiro, no desvio do catolicismo, à margem do oficialismo constitucional, há a procura de uma religião científica, racional, capaz de explicar o mistério, chave que a presença dos espíritos, na simetria entre os dois mundos, fornece. Magia, obediente às mesmas leis de causalidade, que se converte em ciência, embora em ciência vulgar, presa à fé do povo inculto. O casal preenche, inspirado pela sua experiência pessoal, a *anomia* que a mudança ascensional de categoria social provoca. Na transmigração e outras vidas, que é a essência da fé dos videntes e dos espíritas, há a busca da compensação adiada, requerida pelo negativamente privilegiado e pelo privilegiado que não se incorpora plenamente aos valores dominantes. A reserva de aceitação, seja das camadas superiores com referência às inferiores, seja das superiores burguesas com respeito à nobreza, pode sensibilizar o crente para esperar, no destino individual ultraterreno, a plena realização da vida.

Enquanto o núcleo católico da fé se desfaz em espuma, sem zombaria e sem censura, como o passado que se extingue, o olho do narrador ri discretamente, ironicamente, do mundo dos espíritos. Plácido, o mestre de Santos, desaparece suspeito de doido. O racionalismo espírita se complica no mistério, mistério mais denso do que o do catolicismo, e do que a pura afirmação da natureza. O sacerdote se enreda na cabocla e no mistério irracional: "Doutor em matérias escuras e complicadas, sabia muito bem o valor dos números, a significação dos gestos não só visíveis como invisíveis, a estatística da eternidade, a divisibilidade do infinito" (E.J., LXXXI). As divergências dentro da seita perturbam o renome do mestre, que, só invocado, esclareceria as dúvidas. O banqueiro, por sua vez, com a evolução espiritual simétrica à prosperidade, esquece a velha fé, soterrada nas operações de dever e haver.

> Talvez o velho Plácido deslindasse o problema em cinco minutos. Mas para isso era preciso evocá-lo, e o discípulo Santos cuidava agora de umas liquidações últimas e lucrativas. Não só de fé vive o homem, mas também de pão e seus compostos e similares.

O dinheiro, que já havia dessacralizado o catolicismo, aburguesando as almas, devora a vegetação marginal e parasitária, devastando a paisagem, devolvendo-lhe a mesma cor cinzenta e morta. O helenista e desembargador Álvares (P.A., *Uma visita de Alcibíades*), antes de se tornar o desembargador X, explica o espiritismo pela descrença total, num passo erudito que mostraria o curso futuro da crença do banqueiro Santos, se as letras o ajudassem.

> Sou espiritista desde alguns meses. Convencido de que todos os sistemas são puras nulidades, resolvi adotar o mais recreativo deles. Tempo virá em que este não seja só recreativo, mas também útil à solução dos problemas históricos; é mais sumário evocar o espírito dos mortos, do que gastar as forças críticas, e gastá-las em pura perda, porque não há raciocínio nem documento que nos explique melhor a intenção de um ato do que o próprio autor do ato.

Evocação que pode ser de si próprio, como a de Brás Cubas, que escreve suas memórias além do túmulo, contando a própria morte. O expediente só foi possível porque todos entenderiam o pressuposto da ação, a encoberta sátira numa sociedade que, se não acreditava, sabia da possibilidade do espiritismo. José Maria (H.S.D., *A segunda vida*) vai além de Brás Cubas: viu sua morte e recebeu do destino o privilégio da reencarnação. Podia renascer príncipe ou cocheiro, mas escolheu outra condição:

> [...] declarei que me era indiferente nascer mendigo ou potentado, com a condição de nascer experiente. Não imagina o riso universal com que me ouviram. Jó, que ali preside a província dos pacientes, disse-me que um tal desejo era disparate; mas eu teimei e venci. Daí a pouco escorreguei no espaço; gastei nove meses a atravessá-lo até cair nos braços de uma ama de leite, e chamei-me José Maria.

O destino de José Maria põe em debate o problema da reencarnação. O relevo das objeções que se fazem ao fenômeno atinge o aspecto ético da doutrina espírita, aspecto que suscita a compensação, em outras vidas, da insuficiência da que se vive. A reencarnação é exatamente o núcleo da doutrina, ao tempo que se liga à concepção da transmigração, núcleo que a torna atraente pelas esperanças que suscita e pelo consolo que deita aos males do mundo. A segunda vida, prêmio dos aflitos ou expiação dos maus, será uma vida tolhida, infeliz pelo lastro que lhe vem da primeira. O medo lhe ditará a conduta, o fastio virá antes do prazer. "A minha segunda vida é assim uma mocidade expansiva e impetuosa, enfreada por uma experiência virtual e tradicional. Vivo como Eurico, atado ao próprio cadáver." Em melhor imagem: "um pássaro batendo as asas e amarrado pelos pés". A ressaca chegava antes da embriaguez, azedando o vinho no copo. Como sempre, o Diabo se mascara em figura escarninha, para presidir o espetáculo da vida sem sabor pior, da vida enferma.

> Sonhei que o Diabo lia-me o Evangelho. Chegando ao ponto em que Jesus fala dos lírios do campo, o Diabo colheu alguns e deu-me. "Toma, disse-me ele; são os lírios da Escritura; segundo ouviste, nem Salomão em toda a pompa pôde ombrear com eles. Salomão é a sapiência. Sabes o que são estes lírios, José? São os teus vinte anos." Fitei-os encantado; eram lindos como não imagino. O Diabo pegou deles, cheirou-os e disse-me que os cheirasse também. Não lhe digo nada; no momento de os chegar ao nariz, vi sair de dentro um réptil fedorento e torpe, dei um grito, e arrojei para longe as flores. Então, o Diabo, escancarando uma formidável gargalhada: "José Maria, são os teus vinte anos". Era uma gargalhada assim: — cá, cá, cá, cá...

O diálogo entre o espírita e o sacerdote católico trava-se, sob a suspeita, para este, da rematada loucura do primeiro. O sistema espírita, niilidade no campo das niilidades, volve-se, de *jovial* e *recreativo*, no absurdo, dentro do qual o Diabo vela pelos destinos, só ele real, só ele eterno. Não apenas para documentar a história servirá a seita, mas também na correção dos equívocos do mundo. Por que não trocar as almas, passando as almas femininas, acaso extraviadas em corpos masculinos, nos corpos autênticos e vice-versa? (H.S.D., *As academias de Sião*). Mudar os homens, reconstituir os homens redistribuindo os talentos e as virtudes, este sonho de perfeição será sempre uma preocupação religiosa. Enquanto o espiritismo tem uma fórmula para levá-lo a bom porto, metafisicamente fundada, com a mira posta na perfeição humana, o mundo cuida de outras combinações. Sroibus supõe que, por meios físicos e naturais, ele mudará o homem, como se o sangue do rato, dado a beber a um homem, possa fazê-lo um gatuno (H.S.D., *Conto alexandrino*). Sem intervenção do Diabo, por obra humana que a substitui, o jogo dos espíritos se perde na matéria, nas suas energias e nos seus poderes. Mais uma vez, a viagem chega ao fim. A viagem cristã aporta na ilha do demônio, a viagem espírita, calcada nas mesmas leis que fazem a ciência natural, se completa no materialismo negando, ao fim das fadigas, o conteúdo espiritual.

O espiritismo, que fez sua entrada no Brasil por meio da obra de Allan Kardec (1804-69), traduzido e editado pela Casa Garnier,[57] parecerá ao ficcionista e ao cronista uma salada de adivinhações e vidências, apelo ao outro mundo sem sair da terra, incongruência para o espírito científico. A Federação Espírita Brasileira (fundada no Rio de Janeiro, em 1º de janeiro de 1884) reúne os adeptos da nova doutrina, só criada no Brasil porque na Europa pessoas eminentes nela acreditam. "Eu," — zomba o cronista — "em geral, creio em tudo aquilo que na Europa é acreditado" (*Crônicas de Lélio*). Em nome do século, das luzes progressistas do século, tal como o positivismo, o passado deveria ser abandonado, com suas superstições e crendices.

> O orador combateu as religiões do passado, que têm de ser substituídas todas pelo espiritismo, e mostrou que as concepções delas não podem ser mais admitidas, por não permiti-lo a instrução do homem; tal é, por exemplo, a existência do Diabo. Quando ouvi isto, acreditei deveras. Mandei o Diabo ao diabo e aceitei a doutrina nova, como a última definitiva.

Mas o Diabo, último vestígio do mundo cristão, expelido da terra pela ciência e pelo materialismo, teima em existir, fingindo aceitar sua morte para renascer nos medicamentos miraculosos, os medicamentos do corpo e da alma. A demência será o terreno propício aos milagres, aos mistérios, à evocação dos espíritos (B.D., 7 de junho de 1889; A.S., 13 de setembro de 1896). Dentro do absurdo está a loucura, o Diabo, todas as potências deste e do outro mundo. Onde vagam os espíritos e o maravilhoso, o feitiço e o sortilégio extraviam a mente, baralhando os destinos, dos quais ninguém conhece o rumo certo.

> Depois que os filósofos modernos, com a mania de destruir tudo, afirmaram que o Criador era uma invenção dos homens, eu, que não dou ao acaso as honras de ter criado o universo, substituí Deus por um feiticeiro, autor de todas as coisas, e nem por isso sou mais absurdo que os filósofos. (*Contos avulsos*)

O mistério que atua nas vielas e nos morros da cidade desfaz-se em loucura e em superstição. Se a visão estivesse condicionada, ainda que tacitamente, pelo oficialismo religioso, nada mais natural que também os movimentos do sertão se desqualificassem na superstição. Uma surpresa, porém. As crendices que irrompem da crença popular — da *gente reles* — ou das modas europeias sofrem da mácula de inautenticidade, quer pelo bovarismo na adoção das últimas, quer pelos resíduos desfeitos da integração imperfeita. No sertão, todavia, o homem da cidade sente a presença de um frêmito criador, genuíno, da autêntica e espontânea cultura nacional. Perspectiva que espanta, e que não seria sequer a de Euclides da Cunha, mais tarde, escritor aberto às transformações do povo, pelo seu sentimento telúrico. Machado de Assis preservou, aos primeiros brados do campo, o mundo nativo, recusando esmagá-lo nas categorias oficiais. O país não seria mero prolongamento europeu, servil aos valores deste, mas teria, no caos e na confusa voz de sua gente, um fundo novo, próprio, peculiar, legítimo. Em 1894, às primeiras notícias da presença do Conselheiro na Bahia — "que Conselheiro? O Conselheiro. Não lhe ponhas nome algum, que é sair da poesia e do mistério" (P.R., *Canção de piratas*) —, recusa condená-lo a priori, em nome dos preconceitos civilizados. "Jornais e telegramas dizem dos clavinoteiros e dos sequazes do Conselheiro que são criminosos; nem outra palavra pode sair de cérebros alinhados, registrados, qualificados, cérebros eleitores e contribuintes." Nesta primeira aproximação, no contato do tumulto com a ordem, o fenômeno será visto pela alma romântica, o romantismo de 1830, dos piratas à margem da lei, com direito à sua liberdade.

> Para nós, artistas, é a renascença, é um raio de sol que, através da chuva miúda e aborrecida, vem dourar-nos a janela e a alma. É a poesia que nos levanta do meio da prosa chilra e dura deste fim de século. Nos climas ásperos, a árvore que o inverno despiu, é novamente enfolhada pela primavera, essa eterna florista que aprendeu não sei onde e não esquece o que lhe ensinaram. A arte é a árvore despida: eis que lhe rebentam folhas novas e verdes.
>
> Sim, meus amigos. Os dous mil homens do Conselheiro, que vão de vila em vila, assim como os clavinoteiros de Belmonte, que se metem pelo sertão, comendo o que arrebatam, acampando em vez de morar, levando moças naturalmente, moças cativas, chorosas e belas, são os piratas dos poetas de 1830. Poetas de 1894, aí tendes matéria nova e fecunda. Recordai vossos pais; cantai, como Hugo, a canção dos piratas:
> *En mer, les hardis écumeurs!*
> *Nous allions de Fez à Catane...*

Os óculos românticos de Hugo e Byron ensinam a amar o sertão, a anarquia em busca de princípios próprios, por enquanto somente os princípios da rebeldia. Os aventureiros seriam os corsários; com a cor retórica *avant la lettre*, inadequados às leis importadas e aos relógios feitos nas cidades.

São homens fartos desta vida social e pacata, os mesmos dias, as mesmas caras, os mesmos acontecimentos, os mesmos delitos, as mesmas virtudes. Não podem crer que o mundo seja uma secretaria de Estado, com o seu livro de ponto, hora de entrada e de saída, e desconto por faltas. O próprio amor é regulado por lei: os consórcios celebram-se por um regulamento em casa do pretor, e por um ritual na casa de Deus, tudo com etiqueta dos carros e casacas, palavras simbólicas, gestos de convenção [...]. Os partidários do Conselheiro lembraram-se dos piratas românticos, sacudiram as sandálias à porta da civilização e saíram à vida livre.

A vida livre, para evitar a morte igualmente livre, precisa comer, e daí alguns possíveis assaltos. Assim também o amor livre. Eles não irão às vilas pedir moças em casamento. Suponho que se casam a cavalo, levando as noivas à garupa, enquanto as mães ficam soluçando e gritando à porta das casas ou à beira dos rios.

O civilizado, entediado das convenções e das leis, apalpa o mistério por meio da poesia. Na óptica da rebeldia romântica, sem embargo da ironia que a desfigura, há a valorização do mundo em criação, com suas perspectivas próprias. O conteúdo religioso da revolta ainda está escondido no olhar estético. "Maometana ou outra cousa, pois nada sabemos da religião desses, nem dos clavinoteiros, a verdade é que todas elas se afeiçoarão ao regímen, se regímen se pode chamar a vida errática. Também há estrelas erráticas, dirão elas, para se consolarem."

Volvidos dois anos do primeiro registro das agitações sertanejas, agitações inéditas pelo caráter coletivo, Machado de Assis volta a comentá-las, distinguindo-lhe a nota marcadamente religiosa. Como as idealizara antes, buscando enquadrá-las no extremo individualismo romântico, mantém, agora, a sua defesa, sob o manto da liberdade religiosa. O "emissário" de Jesus Cristo, em Sergipe, Manuel da Benta Hora, com séquito de cem pessoas, é visto, na opinião reinante, como o perturbador da ordem e falso profeta. O civilizado, com a condicionante católica na formação, não repele, com dureza, o evangelho sertanejo.

Não serei eu que chame a isto verdade ou mentira. Podem ser as duas cousas, uma que a verdade confine na ilusão, e a mentira na boa-fé. Não tendo lido nem ouvido o Evangelho de Benta Hora, acho prudente conservar-me à espera dos acontecimentos. Certamente, não me parece que Jesus Cristo haja pensado em mandar emissários novos para espalhar algum preceito novíssimo. Não; eu creio que tudo está dito e explicado. Entretanto, pode ser que Benta Hora, estando de boa-fé, ouvisse alguma voz em sonho ou acordado, e até visse com os próprios olhos a figura de Jesus. Os fenômenos cerebrais complicam-se. As descobertas últimas são estupendas; tiram-se retratos de ossos e de fetos. Há muito que os espíritas afirmam que os mortos escrevem pelos dedos dos vivos. Tudo é possível neste mundo e neste final de um grande século. (A.S., 13 de setembro de 1896)

Não é admissível que, na impossibilidade de afirmar a verdade, se reprima o profeta, mesmo em nome da crença da maioria ou do oficialismo. O governo de Sergipe, exercido por um padre, prende padres da oposição, não em nome da fé, mas do domínio político. A repressão — sugere o cronista — não teria esse cunho, o de cativar o eleitorado às baionetas, para sustentar a ordem, contra a liberdade?

Em Sergipe, onde o governo é quase eclesiástico, não há necessidade de novos emissários do céu; as leis divinas estão perpetuamente estabelecidas, e o que houver de ser, não inventado, mas definido, virá de Roma. Assim o devem crer todos os padres do Estado, sejam da oposição, ou do governo, Olímpios, Dantas ou Jônatas. Portanto, se alguns forem ali presos, não é porque se inculquem portadores de novas regras de Cristo, mas porque, unidos no espiritual, não o estão no temporal. A cadeia fez-se para os corpos. Todos eles têm amigos seus, que os acompanham no infortúnio, como na prosperidade; mas tais amigos não vão atrás de uma nova doutrina de Jesus, vão atrás de seus padres.

A cadeia existe para a oposição, para os dissidentes políticos e sociais, sejam padres ou profetas toscos. A prisão, meio outrora de assegurar, nas vilas e nos ermos, a autoridade imperial, se pulveriza, nos centros de comando, em favor das facções estaduais. Esta hora está, na sua indisciplina, a indicar o advento da *política dos governadores*, com a coordenação central de domínio dos potentados.

Enquanto esse homem [Benta Hora] não constituir partido político com os seus discípulos, e não vier pleitear uma eleição, devemos deixá-lo na rua e no campo, livre de andar, falar, alistar crentes ou crédulos, não devemos encarcerá-lo nem depô-lo. [...] Se Benta Hora, porém, trocando um mandato por outro, quiser passar do espiritual ao temporal e...

Não seria esse o motivo da tolerância aos videntes e adivinhos das cidades, incapazes de constituir séquito, séquito que prometa se transformar em movimento social e político? A disparidade da conduta repressiva, entre a cidade e a vila, teria fundamento na ameaça, inexistente na corte, à ordem política e social (*Crônicas de Lélio*). Ora, se a ameaça não existe, por que perturbar o profeta?

Pergunto eu: a liberdade de profetar não é igual à de escrever, imprimir, orar, gravar? [...]
 Lá porque o profeta é pequeno e obscuro, não é razão para recolhê-lo à enxovia. Os pequenos crescem, e a obscuridade é inferior à fama unicamente em conter menor número de pessoas que saibam da profecia e do profeta. [...]
 Agora se a alegação para a captura é a falsidade do mandato, cumpre advertir que, antes de tudo, é mister prová-lo. Em segundo lugar, nem todos os mandatos são verdadeiros, ou, por outra, muitos deles são arguidos de falsos, e nem por isso deixam de ser cumpridos: porquanto a falsidade de um mandato deduz-se da opinião dos homens, e estes tanto são veículos da verdade como da mentira. Tudo está em esperar. Quantos falsos profetas por um verdadeiro! Mas a escolha cabe ao tempo, não à polícia. A regra é que as doutrinas e as cadeias se não conheçam; se muitas delas se conhecem, e a algumas sucede apodrecerem juntas, o preceito legal é que nada saibam umas das outras. (A.S., 13 de setembro de 1896)

Antes que falem as armas, configurada a ameaça à ordem — senão a ameaça à ordem social e política, pelo menos o desvio à disciplina imperante — Antônio Conselheiro volta às preocupações do escritor urbano. Ao contrário, porém, do sarcasmo, da mofa, da zombaria aos espíritos e aos adivinhos, vibra a corda da simpatia. Simpatia à procura de categorias mentais, primeiro no molde romântico, depois na doutrina liberal, categorias que tentam enquadrar, em luz nova, os profetas sertanejos. O *instinto da nacionalidade*, penetrando na rocha secular da religião, procura aproximar-se das raízes do povo, na terra ignorada — abafada, talvez, pela ortodoxia de Roma ou pelas imputações europeias. Machado de Assis, o descrente, o cético, sentindo a presença do Diabo com maior veemência do que a de Deus, busca, discretamente, dissimuladamente, o convívio do carisma. Não o carisma do cargo, que o sacerdote transmite, em cor desmaiada pela tradição, mas o carisma pessoal, rebelde e criador. À margem das instituições e das organizações, o país vivo apela para o brasileiro nas suas bases culturais afogadas. Pelo mesmo motivo não teria amado tanto os românticos e, entre eles, José de Alencar? Mas, ao valorizar uma mensagem espiritual desprezada — não como legado, mas sangue vivo no sangue decomposto —, a simpatia aponta-lhe o profeta, e, no profeta, aquele que conduz um povo banido. Não o profeta da profecia ética, do tipo de Maomé, ou o profeta da profecia exemplar, no molde de Buda. A aproximação do líder religioso com seu povo, o séquito, não percorre o caminho do exemplo, ou do anúncio da palavra nova. Estes condutores, da família dos profetas, como Antônio Conselheiro e Benta Hora, prometem a salvação aos desamparados, aos abandonados, aos rebotalhos da máquina civilizadora. *Mistagogos*[58] do sertão, eles, por meio de manipulações mágicas, propiciam sacramentos, assegurando aos ingênuos seguidores os bens de salvação. Diferente do mago, por se completar no séquito, o mistagogo não anuncia uma doutrina ética, mal discernível nas prédicas incoerentes. Ele não reforma a religião existente, não fixa um exemplar de santidade, o filho ingênuo da comunidade interpreta seus anseios mal articulados, incapazes de se determinar nos resíduos de um mundo pária, resíduos do abraço secular da civilização não integrada nas camadas inferiores ou marginais.

O itinerário espiritual está completo, na viagem redonda do homem à mercê de Deus. Dessacralizado o mundo, o demônio tomou conta da natureza, em cuja energia se mostra, vez ou outra, o Diabo, perceptível no enxofre de suas divagações. O céu desceu à terra, paisagem sem luz e sem cor, para evocar, na terra mais autêntica, a nacionalidade em formação, com os rudes, toscos e incoerentes núncios da salvação. Na disciplina espiritual da gente, o missionário prega a palavra de Roma, o mistagogo responde com a herança de anseios mal caracterizados. Entre os dois, correm as fazendas, as vilas e as cidades, os padres, cônegos e bispos, vergados no oficialismo do cargo. O missionário e o mistagogo, polos extremos da fé, salvam-se do incêndio lento e tenaz do século, pela legitimidade de um mandato heroico. Um quer fazer das pedras filhos de Abraão, enquanto o outro se recusa ao destino passivo da doutrina friamente transmitida. Só eles merecem a honra da filiação a são Paulo, na via direta da linhagem de uns, no caminho espúrio, em outros.

Conclusão | *O espelho e a lâmpada*

1. A mímesis: a verdade na arte e na história. A dualidade de estilos

Um pobre homem do século XIX, emparedado nos preconceitos e na perspectiva do seu tempo, desvenda o quadro social do Segundo Reinado, com luz feita de aproximações, tímida e sombreada. Ele caminha tateando o terreno, passo a passo, avançando e recuando, enganando os contemporâneos, testemunhas de igual momento. Houve quem, convivendo na mesma hora com a gente evocada no papel impresso, lhe negou a autenticidade do retratista.[1] Ao lado do crítico embaído, um escritor, mais próximo da realidade, reconheceu-o genuíno homem de seu meio, lutando, pensando e escrevendo como homem do seu tempo.[2] Dois juízos, o áspero e o benévolo, mordidos de equívocos semelhantes, preocupados em reduzir o escritor ao homem, e o homem à época, à concreta situação social e histórica, e daí armar o critério de validade poética e literária da obra.

A distância da sociedade significaria, como primeira abordagem crítica, a ausência de autenticidade. Ao contrário, e a obra poética só teria validade estética na medida em que expressasse a verdade social, esta talvez mais hipotética que a outra, a verdade literária. Este esquema, velho de um século, batido e estéril, converteria o fato literário ao fato não literário, reduzindo-o aos fatores sociais, transpostos estes para uma moldura preexistente. Em reação ao congelamento exteriorizador, à desumanização da atividade criadora, outro esquema, não menos linear que o primeiro, volatilizou a obra no mistério, no milagre inexplicável, em grau máximo vinculado aos conceitos puros, platonizantes.

À força de conceitos e de elaborações mentais, separou-se a obra literária do mundo social, interpondo, entre as duas categorias, o vácuo. Para vencer a perplexidade, recorreu-se, num retorno de vinte séculos, ao livro X de *A república*, valorizando o texto platônico com nova interpretação. A ponte estaria na mímesis, cujo cimento restauraria as relações entre a realidade e a criação poética. À margem do plano intencional das palavras, esquecido o fantasma da *imitação*, conceito ambíguo e que mais lança dúvidas do que certezas, haveria a interdependência dialética, por via da qual o homem encarnado no autor cria a mensagem e dela, em revide, recebe o impacto de significações, num complexo cultural total. O vínculo entre a obra e a realidade exterior perde, desta sorte, a autonomia, a qualidade de território independente, para mergulhar, fundindo os dois polos, no fato da criação. "A genealogia da criação é genealogia da vida social, e a vida social encontra, na especulação individual, o princípio e o motor da sua transformação."[3]

A corte imaginária das personagens não se compõe de outro tecido, apesar de expressas no papel, que os da legião dos homens que frequentam as ruas. Todos são filhos de igual teatro, comprometidos na mesma existência, quer a suscitada pelo historiador, quer a evocada pelo romancista. Quem os veste, arrancando-os do anonimato e do caos, será o olho organizador, classificador, o olho do biógrafo ou do ficcionista. No fundo, a situação histórica e social lhes dá a densidade, retratando as idiossincrasias de grupo: o homem que vê não está isolado, mas imerso no grupo, preformado pela conduta e pelo pensamento dos outros.[4] O boneco de tinta cumpre um papel social como o boneco de carne e sangue, representando ambos suas frustrações, na fantasmagoria de um mundo criado coletivamente.

Mas a raiz comum do pensamento não confunde o fato social com o fato artístico. O historiador e o romancista, perdidos no território de suas perspectivas e perplexidades, armam-se do espelho, para captar e refletir a realidade, enquanto a lâmpada, que a projeta, brilha com outra intensidade.[5] Para a investigação histórica e sociológica, a obra de arte seria apenas uma fonte de estudo, entre outras. Só ela, com seus pesos e medidas, desprezando a especificidade estética, diria o que há de verdade ou de mentira no poema e no romance. A deformação, visível na imagem refletida pelo espelho, traduziria uma carga subjetiva, composta de arbítrio e de infiel tradução da realidade. Para a compreensão, por meio e além da representação literária, haveria a necessidade de destorcer as linhas e filtrar as sombras, seja por critérios racionalistas, com a disciplina dos fatos a padrões esquemáticos, seja por via da apreensão intuitiva, mística, de transposição depurada da concepção do mundo ao plano dos acontecimentos ditos reais.[6]

O romance, o teatro, o poema, nas distorções da criação, indefinível e misteriosa, careceriam de objetividade, reino só acessível ao cientista social. A imagem do mundo, natureza e sociedade, seria subjetiva, o que significaria, além de sua inconversibilidade exterior, a sujeição ao arbítrio individual. A caracterização do fato social, caprichosa e ondulante na pena do ficcionista, só adquiriria conteúdo certo nas mãos do sociólogo ou do historiador, depois de sistematizada e depurada da mácula subjetiva. O dado literário, na ordenação da sociedade, deveria ser corrigido e ajustado, confrontando-se a outras fontes, para constituir a prova da verdade. Pressupõe essa orientação, confessada ou inconfessadamente, a existência de leis, de constantes inacessíveis às deformações pessoais, capazes de informar uma realidade dita científica. Científica com referência a um tipo particular de ciência, tendendo ao comando absoluto, segundo o modelo da ciência natural. O positivismo, supostamente inviolável à fantasia, estaria na raiz do espectro das medidas universais.

O objetivismo, de base científica, esquece o elemento mais característico da apreensão da realidade social: a relevância cultural do dado. A significação do fenômeno social e histórico não se deriva de leis, nem sequer dos fatos neutralizados pela medida, senão que se abre à compreensão por meio de valores. A lei, mera hipótese, tem valor como hipótese, e não como critério universal de articulação do mundo exterior. O objeto que se apresenta ao espectador está predeterminado pela significação que o valor lhe infunde, transformando-o em objeto cultural. No lugar das leis, rígidas e fixas, se condensam padrões de outra índole, de conteúdo diverso, os tipos ideais. A conexão entre a realidade e o valor configura o sentido da realidade, gerando o ponto de vista que a torna perceptível, relevante.[7] Não se confunda esta operação de conhecimento, a conexão de valores, com o julgamento de valor, que afirma se uma coisa ou ato são bons ou maus. Só com tal limitação e dentro dessa categoria há a objetividade, reduzida à visão da realidade por meio de valor, purificada do julgamento, este forçosamente subjetivo, traduzindo impressões, gostos e disposições individuais.

A escolha, a seleção de um fato entre fatos sem número depende da conexão do valor, da única objetividade possível no mundo histórico e social. A cultura está submersa na congérie infinita de acontecimentos e impressões — num dia, ocorrem mil coisas, desde o afogamento de um marinheiro até o assassínio de César. O que ficou na percepção do historiador e o que feriu a sensibilidade dos contemporâneos foi o gesto de Brútus. Na seleção, que deixou uma personagem no anonimato e realçou outra, intervém o valor, que moldou o conhecimento. Criminoso o ato ou patriótico? — a indagação, entregue ao julgamento de valor, indica outro movimento interior, este mais particularizado, composto de paixões partidárias ou de preferências individuais. O valor cultural relevante está presente na configuração seletiva do historiador como na obra literária. No mundo real e no mundo imaginário, o mundo supostamente real do historiador e do espectador, há estruturas homólogas,[8] capaz a esfera ideal de projetar, pela sua coerência e unidade, maior claridade na própria elaboração da consciência coletiva. Coerência e unidade que se vinculam à realidade por via dos tipos ideais, que simplificam, hipertrofiam e deformam os dados empíricos. A verdade de um e a verdade do outro, o campo do imaginário e o do real, encontram-se na verdade total, que indica missões aos homens — personagens de papel ou personagens vivas — na busca da plenitude cultural. Desta sorte, realizam-se no campo poético, com maior densidade, funções sociais, que, com acento criador, são as mesmas do mundo real. A visão de um momento cultural, derivada da apreciação de valores, é sempre objetiva, mas não do objetivismo válido para todos, cientificamente demonstrável por meio de leis. O renascimento, para um historiador, que o desvenda com o subsídio da literatura e das artes, se forma de muitos caminhos e direções, que, percorridos por outro, dariam lugar a painel diverso, de diferente conteúdo.[9] Risco inerente às objetividades possíveis e várias, o das visões múltiplas, que assume quem, historiador ou romancista, se liberta das convenções artificiais. A lâmpada, que deforma a imagem no espelho, arde em todos os altares. Negá-la seria esconder os pressupostos das ciências sociais. Esforço inútil e estéril de escamoteamento, falsa arte que esfalfou os positivistas e naturalistas, nem só do século passado, senão os de agora, montados em outros dogmatismos.

    O abandono da fórmula que reduz a criação artística ao influxo da realidade exterior, fórmula revitalizada com os pontos de referência e imputação da segunda sobre a primeira, não leva à identificação pura e simples de uma à outra. O mundo cultural se articula numa ordenação valorativa, na arte e na realidade, mas com intensidade diferente. A arte deforma a realidade, na mímesis dialética, não raro intencionalmente, por obra de sua estrutura específica. Na criação artística configura-se uma categoria própria de história, recolhida da imagem quebrada e reconstruída, mediante simetria e desenho próprios. O processo deformativo — na realidade, processo de transmutação —, superando as velhas distinções entre forma e conteúdo, abrange o estilo e a própria realidade social.

O estilo[10] seleciona, por força do ponto de vista da obra, os valores, o *ethos* que as personagens expressam na sociedade. Para os grandes senhores, os grupos dominantes, reserva-se o tom sério, dramático ou trágico, sublime e grave. Só os realistas do século XIX — Stendhal, Balzac, Flaubert e Tolstói — reabilitaram os homens comuns, o povo e sua vida, devolvendo-lhes a dignidade que a literatura de outros tempos refletia acentuando o lado grotesco, torpe e vulgar. A separação dos estilos, cujos sulcos perduram ainda, levava a desacreditar o quotidiano, infundindo-lhe a luz cômica, banindo a gente comum dos próprios sentimentos tidos por elevados, distintos — nobres. Na técnica literária, preconceitos de classe e de estamento, de camadas sociais e de prestígio político, faziam diferentes os homens. Sob o aspecto da sociedade atual, o quadro estará mutilado, iluminados certos setores, relegados outros ao desprezo, numa combinação de fragmentos que obedece à coerência valorativa. O escravo, o artesão, o empregado, o comerciante, confinados a destinos medíocres, nada significam nos salões dominados de barões e potentados, ainda que, sem riqueza, se aureolem em altas posições políticas.

Não só o estilo reflete e acentua o contexto social em que vivem e morrem as personagens imaginárias. A visão da realidade sofre outro impacto, ao transmutar-se artisticamente, para readquirir luz mais clara, acaso perdida no hábito da perspectiva comum, no automatismo e no embotamento do olho que vê. O mundo exterior se retorce e deforma para renascer do cinzento do quotidiano. A percepção morna e apagada reanima-se mercê do objeto, reavivado na visão, e não no conhecimento,[11] singularizando-lhe o conteúdo e deformando-lhe o relevo. O estilo tem, nessa operação, seu papel expressivo, ao refinar ou barbarizar a forma, eixo do movimento integral de aproximação à realidade. O mundo será apresentado, com o homem e as ideias, como se surgisse do caos, visto pela primeira vez, descoberto na fantasia criadora. Detalhes ou traços aparentemente insignificantes, segmentos da paisagem social, tomam o primeiro plano, enquanto caracteres habitualmente reputados essenciais mergulham na sombra, evocando a imaginação, com colorido ingênuo ou rebuscado, o trivial acontecimento com ares de fato novo.

Dentro do tempo histórico e do espaço social, reintegrados na realidade da arte e do mundo, a obra literária subsiste por si, com perspectiva peculiar, inteligível por valores comuns. Nem a abordagem extrínseca lhe dá conteúdo, nem o isolamento no mistério a purifica das impurezas do século. Incorporada ao momento sociocultural, ela, parte dele, o revela, revelando-se a si própria. Seu caráter específico, irredutível à hora e ao lugar, não é tudo — mas o caminho, um dos caminhos, da visão integral da realidade, concretamente presente. No vínculo que a refere à comunicação, ao leito que une os homens, leitor e espectador, provoca a consciência da verdade da representação, extensão comum da realidade. Na história, no centro que a orienta, gera-se a obra de arte, e, ao dirigir-se de homem a homem, seus caminhos são perceptíveis e inteligíveis, não apesar, mas por obra da singularização do objeto e da deformação estilística. A partir do *Roman de la rose* a Idade Média adquire contorno mais nítido do que nos documentos oficiais, como por via de Shakespeare o período elisabetano cobre a sua verdadeira dimensão.[12] Mais do que fonte do estudo histórico, a obra de arte testemunha a autenticidade dos valores que presidem o tempo.

Entre a cópia imitativa e o capricho está a criação artística. Aqui, entre os polos está a realidade, transfigurada, mais essencialmente a realidade. Conscientemente, coerentemente, um realista, o realista Machado de Assis, desafeto do realismo escola, partiu na caça de suas personagens e na aventura da obra literária. A perspectiva é a da mímesis, liberta do copismo e da imitação dos fatos, que se representam passivamente no espelho.

> O autor [escreve ele] dirá que não podia alterar a realidade dos fatos; mas essa resposta é de poeta, é de artista? Se a missão do romancista fosse copiar os fatos, tais quais eles se dão na vida, a arte era uma cousa inútil; a memória substituiria a imaginação [...]. O poeta daria a demissão, e o cronista tomaria a direção do Parnaso. Demais, o autor podia, sem alterar os fatos, fazer obra de artista, criar em vez de repetir [...]. (Crít., *J. M. de Macedo: O culto do dever*)

Enamorado do romantismo, dos preconceitos de escola se evadiu, como Stendhal e Balzac, sem perder-se na pretensa objetividade do naturalismo e na falsa subjetividade desgrenhada do ultrarromantismo. O caminho estava entre a retórica declamatória e o retrato que quer reproduzir tudo, os traços largos e as linhas tênues. A "mercadoria deteriorada" dos quadros absurdos escondia a realidade, sem revelar nada, em seu lugar, senão o grotescamente cômico. Este o teatro do major Lopo Alves (P.A., *A chinela turca*):

> Havia logo no primeiro quadro, espécie de prólogo, uma criança roubada à família, um envenenamento, dous embuçados, a ponta de um punhal e quantidade de

adjetivos não menos afiados que o punhal. No segundo quadro dava-se conta da morte de um dos embuçados, que devia ressuscitar no terceiro, para ser preso no quinto, e matar o tirano no sétimo. Além da morte aparente do embuçado, havia no segundo quadro o rapto da menina, já então moça de dezessete anos, um monólogo que parecia durar igual prazo, e o roubo de um testamento.

O desfiguramento — não a deformação — atinge o estilo e a adoção de fórmulas transmitidas, sem correspondência à verdade estética e à verossimilhança comunicativa. Luís Tinoco (H.M.N., *Aurora sem dia*), liberal e adverso à tirania, estreia no jornal político e assombra os contemporâneos com o período final de seu artigo:

> Releve o poder — hipócrita e sanhudo, — que eu lhe diga humildemente que não temo o desprezo nem o martírio. Moisés, conduzindo os hebreus à terra da promissão, não teve a fortuna de entrar nela: é o símbolo do escritor que leva os homens à regeneração moral e política, sem lhe transpor as portas de ouro. Que poderia eu temer? Prometeu atado ao Cáucaso, Sócrates bebendo a cicuta, Cristo expirando na cruz, Savonarola indo ao suplício, John Brown esperneando na forca, são os grandes apóstolos da luz, o exemplo e o conforto dos que amam a verdade, o remorso dos tiranos, e o terremoto do despotismo.

O poeta, na viagem pelo país do ridículo, não destoa do dramaturgo e do político.

> Luís Tinoco confessava singelamente ao mundo que fora invadido do ceticismo byroniano, que tragara até às fezes a taça do infortúnio, e que para ele a vida tinha escrita na porta a inscrição dantesca [...]. Uma vez, agastando-se com a sua amada, — pessoa que ainda não existia, — aconteceu-lhe dizer que o clima fluminense podia produzir monstros daquela espécie do mesmo modo que o sol italiano dourara os cabelos da menina Aspásia.

Ladeando o ultrarromantismo, ladeia também o ultrarrealismo. Preserva-o dos extremos, pretende ele, o "leite romântico", repugnando-lhe o "rosbife naturalista", seduzido pela "letra gótica" e a "bebida da infância" (A.S., 25 de dezembro de 1892). Entre transformar o lenço numa figura retórica e desmembrá-lo numa reunião de fios, prefere ver no lenço um lenço. O principal, no primeiro caso, se diluiria no acessório, desarticulando, sob o império do mesmo processo, o fato nos incidentes. A fotografia reproduz artificialmente o objeto, que, abandonado pela vida, perde a coerência interior, o enlace com a história e o espaço social. Se tudo deve ser dito, mecanicamente, passivamente, por que excluir alguma coisa? O absurdo da teoria está aí patente: ao excluir a seleção valoradora, na postura do cientista, volta-se, sem advertência, para a escolha sob critérios não avaliados. Na repulsa à seleção valorativa, tida por desfiguradora do mundo exterior — desfiguradora e falsificadora —, o realismo escola pretendia restaurar a integridade do real pela cópia das minúcias. Perdia-se, na verdade, no emaranhado das coisas irrelevantes, preocupado com a descrição, obscurecendo a narração. Instituiu o reino do detalhe, da particularidade, do ínfimo. Floresce, nessa arte modelada pela ciência natural — escreve um filósofo —

> o incidental e o acessório: a lama das botas que Napoleão usava no momento da sua derrota é descrita com o mesmo tremebundo escrúpulo com que se descreve o conflito abatido sobre o vulto do herói. [...] Com a perda da verdadeira arte de contar, as particularidades deixam de ser portadoras de momentos concretos de ação, os pormenores adquirem um significado que não depende mais da ação ou do destino dos homens que agem. Com isso, perde-se toda e qualquer ligação artística com o conjunto da composição.[13]

No centro de sua crítica ao realismo, Machado de Assis não tem por escopo principal restaurar apenas, sob as coisas superiores aos homens, o destino das personagens, amesquinhadas na objetividade de laboratório. Ao afirmar a contradição dos realistas — não disseram tudo, com o propósito de tudo descrever —, não esconde a sua própria restrição: por que excluir muita coisa? Fisgado na dificuldade insolúvel, não consegue sair do enredo por ele próprio armado. Há as verdades torpes, os "atos íntimos e ínfimos, vícios ocultos, secreções sociais" (Crít., *Eça de Queirós: O primo Basílio*), que o pudor não lhe permitiria escrever, ainda que embaçados na forma tortuosa. A exclusão, baseada pretensamente na fidelidade ao romantismo, tem outras raízes, velada e confessadamente outras raízes. O realismo amontoa fatos, diz demais sem dizer tudo, despreocupado do nexo dos destinos pessoais. Diz demais, por outro lado, alimentado pelo preconceito de escola — quando devia dizer menos. Dizer menos, numa perspectiva que certos valores orientam, conferindo sentido ao mundo. No estreitamento do foco de luz, restringindo fatos e detalhes, escamoteiam-se verdades, ou se deformam verdades, no apego à separação dos estilos, herdada do classicismo e teimosamente presente no romantismo, que distorce, impede ou obsta a visualização de certas realidades, tidas por literariamente irrelevantes. Ele percebeu bem e claro, a propósito do teatro de Alencar, escritor de sua devoção, que a observação das coisas não pode se perder na minúcia, sem abandonar "uma ordem de ideias mais elevadas" (Crít., *O teatro de José de Alencar*). A entrada de um moleque — nem filho nem escravo — no palco, nesse contexto da sociedade literariamente apresentado como distinto e polido, só seria possível por meio do cômico, que desqualifica a personagem, reflexo da posição vil do homem. Essa cor, traduzida pela zombaria, mostra-se na ficção machadiana, onde raramente o humilde merece as honras da tragédia. Os escravos, empregados, marinheiros ou domésticos irrompem na cena cobertos na sombra do cômico e do grotesco. O que pareceu, no painel social criado artisticamente, calculado desdém pela classe inferior, traço de malignidade do mulato que se elevou da pobreza ao primeiro lugar na república das letras, nada mais é do que um velho preconceito literário, do qual os escritores românticos não puderam se libertar. "Nos primeiros grandes realistas do século, em Stendhal, Balzac e ainda em Flaubert, as camadas mais baixas do povo, o povo autêntico, mal aparece; e onde aparece não é visto dentro de seus próprios pressupostos, mas à vista do alto."[14]

Veja-se, para ilustrar a perspectiva, dois exemplos. Um se refere ao escravo Prudêncio, cavalo do menino Brás Cubas, pajem do moço capitalista e ocioso. Liberto, será a subsistência de um capítulo alegre, quando se desfaz, agora com escravo seu, das pancadas recebidas em outro tempo.

> Exteriormente, era torvo o episódio do Valongo; mas só exteriormente. Logo que meti mais dentro a faca do raciocínio achei-lhe um miolo gaiato, fino, e até profundo. Era um modo que o Prudêncio tinha de se desfazer das pancadas recebidas, — transmitindo-as a outro. Eu, em criança, montava-o, punha-lhe um freio na boca, e desancava-o sem compaixão; ele gemia e sofria. Agora, porém, que era livre, dispunha de si mesmo, dos braços, das pernas, podia trabalhar, folgar, dormir, desagrilhoado da antiga condição, agora é que ele se desbancava: comprou um escravo, e ia-lhe pagando, com alto juro, as quantias que de mim recebera. Vejam as subtilezas do maroto! (M.P., LXVIII)

D. Plácida, amargamente nascida filha de um sacristão, queimando os dedos ao fogão e os olhos ao candeeiro, não recebe um olhar de simpatia ou piedade. Na luta inglória por vida honrada, assediada pela miséria, aceita o ofício de medianeira de amores adúlteros. Aceita, mas com nojo de si mesma, até que um pecúlio de cinco contos lhe pacifica a consciência. "D. Plácida [conta o cínico narrador] agradeceu-me com lágrimas nos olhos, e nunca mais deixou de rezar por mim, todas as noites, diante de uma imagem da Virgem, que tinha no quarto. Foi assim que lhe acabou o nojo" (M.P., LXX). Por que alongar a categoria de Prudêncio e d. Plácida? O modesto funcionário público, Camilo, aprisionado no curto ordenado de duzentos mil-réis, com saltos e aflições, procura equilibrar o orçamento com os lances do joguinho miúdo. O jantar de família, a alegria humilde do filho, a dedicação da mãe preta — nada comove o escritor, duro nas leis de sua arte, que transforma o drama doméstico na comédia do ridículo (O.C., *Jogo do bicho*). Mesmo quando o ar é trágico, trágica a situação, o demônio zombeteiro aligeira a dor, destruindo-lhe a dignidade — como em *Pai contra mãe*. O dedicado Pádua, pai de Capitu, benevolente e quase paternal no estímulo ao amor dos adolescentes, recebe, com rija pancadaria, todos os golpes do escárnio, vibrados pelo genro desagradecido (*Dom Casmurro*). O quadro é o mesmo na variedade das figuras: aos humildes, aos modestos, aos remediados, para eles o ridículo, sempre o ridículo.

II. O moralismo em conflito com a história e a sociologia

A perspectiva histórica, a busca atormentada da realidade, a consciência de uma visão nobremente distinta em contraste com outra, esta plebeia e realista, levaram o escritor a construir um modelo social, a um tempo modelo do homem. Surpreendido na encruzilhada, apegado a lealdades velhas, mas atento à mudança iminente, não pôde evitar a imagem ambígua do mundo, embora unificada numa concepção unitária da natureza, a natureza que abrange tudo, o gesto e a flor, dentro da vida em perpétuo movimento. No século em curso, a sociedade parecia assumir estrutura independente do homem, entidade capaz de dobrar ao seu império a liberdade dos átomos livres. A rebeldia a essa presença, monstruosa ao humanista, inspira uma teoria do mundo social, alheia e hostil ao nascente determinismo naturalista.

Na alma do inconformado filho da tradição renascentista resiste o moralista, que dotava a história de conteúdo fluido e artístico, sem o respeito às leis que extrinsecamente conduzem o destino. Um Cromwell ou um Bonaparte chegaram ao topo da pirâmide, não pela conjunção das forças sociais, mas por via do incêndio da ambição de poder (M.P., CXL). Se a chama interior arde com violência, o homem quebra as limitações exteriores, rompe as cadeias da sociedade, atravessa os obstáculos que lhe embaraçam a marcha. Verdade que, no lado de fora, uma presença formidável, misteriosa e enigmática conduz sem dirigir. Essa túnica imensa e eterna, a figura terrena do destino, será a resistência à expansão interior, resistência que se corporiza na mãe e inimiga do homem. Ela mata e dá a vida — dentro da qual o farrapo humano é o veículo, cocheiro e passageiro (M.P., CXVII). Veículo, cocheiro e passageiro que se move porque as paixões o movem, sonha e anda no torvelinho dos sentimentos que se digladiam na alma. O desfile da história, evocada desde o primeiro dia, revela o fantasma devorado por suas verdades:

> Aí vinham a cobiça que devora, a cólera que inflama, a inveja que baba, e a enxada e a pena, úmidas de suor, e a ambição; a fome, a vaidade, a melancolia, a riqueza, o amor, e todos agitavam o homem, como um chocalho; até destruí-lo, como um farrapo. (M.P., VII)

Moralista não quer dizer moralizador, pregador de moral ou censor de costumes. O moralismo nada tem com a moral, mas tem muito a ver com os costumes, *mores*, isto é

> com o gênero de vida e a maneira de ser do homem na realidade concreta, que pode ser *imoral*. Os moralistas não são educadores, nem professores de ética. São observadores, analistas, pintores do homem. Infinita é sua tarefa. Seu estudo se dedica à complicação total da natureza contraditória e da condição banal e concreta do homem, que não se revela senão quando a ética se retira para deixar o campo livre à observação não preconcebida do real.[15]

Mas na visão do mundo do moralista há uma dualidade essencial, dificilmente conciliável, que a filosofia monista mal encobre. Os costumes se movem sobre a força das paixões e dos sentimentos. Pisando nesse terreno fluido, não aceita o constrangimento da conduta por obra das relações sociais, das instituições e das organizações. O homem se explica e se revela no costume — versão única de sua natureza, a natureza social e a natureza espiritual.

> *La coutume* [reconhecerá outro moralista] *est une seconde nature, que détruit la première. Mais qu'est-ce que la nature? Pourquoi la coutume n'est-elle pas naturelle? J'ai grand peur que cette nature ne soit elle-même qu'une première coutume, comme la coutume est une seconde nature.*[16]

Sem fixar-se nas pautas sociais, exteriores de conduta, no outro polo da estrutura da dualidade, há, enigmático e dissimulado, o deus que vela pelo destino, deus ou natureza, providência ou acaso. Este outro foco de luz, que se difunde na realidade sem fixar as formas, infunde o sentimento de absurdo sobre os passos do homem. A marcha da história, a que o costume daria coerência, será, na verdade, caprichosa, ondulante e incerta. Teria o nariz de Cleópatra, se fosse mais curto, alterado a face da terra?

A transposição concreta, empírica, viva, desse globo de dois polos, atua no destino singular, dividindo a personalidade. Dentro do absurdo das atrações contraditórias, forma-se uma dupla verdade, talvez no conflito de duas mentiras. Nos costumes vaga o homem que se liga ao mundo exterior, enquanto, na esfera íntima, o plano evanescente da natureza humana, guiado pelo incerto destino, o núcleo de resistência se perde na tonalidade de cores confundidas.

> Cada criatura humana traz duas almas consigo: uma que olha de dentro para fora, outra que olha de fora para dentro [...]. A alma exterior pode ser um espírito, um fluido, um homem, muitos homens, um objeto, uma operação. Há casos, por exemplo, em que um simples botão de camisa é a alma exterior de uma pessoa; — e assim também a polca, o voltarete, um livro, uma máquina, um par de botas, uma cavatina, um tambor etc. Está claro que o ofício dessa segunda alma é transmitir a vida, como a primeira; as duas completam o homem, que é, metafisicamente falando, uma laranja. Quem perde uma das metades, perde naturalmente metade da existência; e casos há, não raros, em que a perda da alma exterior implica a da existência inteira. Shylock, por exemplo. A alma exterior daquele judeu eram os seus ducados; perdê-los equivaleria a morrer. Nunca mais verei o meu ouro, diz ele a Tubal; *é um punhal que me enterras no coração*. Vejam bem esta frase; a perda dos ducados, alma exterior, era a morte para ele. Agora, é preciso saber que a alma exterior não é sempre a mesma [...] muda de natureza e de estado. Não aludo a

> certas almas absorventes, como a pátria, com a qual disse o Camões que morria, e o poder, que foi a alma exterior de César e de Cromwell. São almas enérgicas e exclusivas; mas há outras, embora enérgicas, de natureza mudável. Há cavalheiros, por exemplo, cuja alma exterior, nos primeiros anos, foi um chocalho ou um cavalinho de pau, e mais tarde uma provedoria de irmandade, suponhamos. Pela minha parte, conheço uma senhora — na verdade, gentilíssima, — que muda de alma exterior cinco, seis vezes por ano. Durante a estação lírica é a ópera; cessando a estação, a alma exterior substitui-se por outra: um concerto, um baile do Cassino, a rua do Ouvidor, Petrópolis... (P.A., *O espelho*)

A alma exterior se compõe dos fios que unem a sociedade. As relações humanas, o prestígio mundano, os complexos de poder e, note-se, o dinheiro, longe de ser a infraestrutura que comanda, se dilui nos ducados do avarento Shylock. Para Jacobina, o filósofo e a personagem, a alma exterior era a farda da Guarda Nacional; o inebriante *alferismo*[17] que, no símbolo, se repete em todos os papéis dos atores do teatro comum.

> O alferes eliminou o homem. Durante alguns dias as duas naturezas equilibraram-se; mas não tardou que a primitiva cedesse à outra: ficou-me uma parte mínima de humanidade. Aconteceu então que a alma exterior, que era dantes o sol, o ar, o campo, os olhos das moças, mudou de natureza, e passou a ser a cortesia e os rapapés da casa, tudo o que me falava do posto, nada do que falava do homem. A única parte do cidadão que ficou comigo foi aquela que entendia com o exercício da patente; a outra dispersou-se no ar e no passado. (P.A., *O espelho*)

Que é feito da alma interior, que é o homem, a natureza humana? Evaporou-se na segunda natureza, na farda de alferes. No fenômeno da passagem, da transição, da mudança, o olho do moralista denuncia mais do que observa. Parece dizer, ao protestar neutralidade, que o lado falso usurpou o lado verdadeiro. A alma exterior vive nas suas relações com o mundo; ela só existe porque os outros existem. Não se nutre da alma interior, nem com ela se comunica; ao estrangulá-la não a reduz senão a um espectro, espectro derivado pelo absurdo. Seu reino se compõe da opinião, tecido de equívocos e astúcias, das homenagens, dos louvores e da inveja. A separação da vida em dois pedaços, revivendo uma ideia dos céticos gregos, acentua a desumanização, o aviltamento espiritual na existência do contexto social, sinistramente equiparado à cega divindade, ao monstro que vigia o passo ensaiado e presunçoso do ator. Um dia, Jacobina reencontra, na solidão, a alma interior, na adulação dos escravos e na admiração da família e dos vizinhos. Sem a farda, isto é, sem a farda vista pelos outros, ele não se reconhece.

> Era um defunto andando, um sonâmbulo, um boneco mecânico. Dormindo, era outra cousa. O sono dava-me alívio, não pela razão comum de ser irmão da morte, mas por outra. Acho que posso exprimir assim esse fenômeno: o sono, eliminando a necessidade de uma alma exterior, deixava atuar a alma interior. Nos sonhos, fardava-me, orgulhosamente, no meio da família e dos amigos, que me elogiavam o garbo, que me chamavam alferes; vinha um amigo de nossa casa, e prometia-me o posto de tenente, outro o de capitão ou major; e tudo isso fazia-me viver. Mas quando acordava, dia claro, esvaía-se com o sono a consciência do meu ser novo e único, — porque a alma interior perdia a ação exclusiva, e ficava dependente da outra, que teimava em não tornar... Não tornava. Eu saía fora, a um lado e outro, a ver se descobria algum sinal de regresso. *Soeur Anne, soeur Anne, ne vois-tu rien venir?* Nada, cousa nenhuma; tal qual como na lenda francesa. Nada mais do que a poeira da estrada e o capinzal dos morros.

Sem a presença dos olhos que fazem a farda, envolvendo-o de prestígio, o espelho nega-se a transmitir-lhe a imagem. "O próprio vidro parecia conjurado com o resto do universo; não me estampou a figura nítida e inteira, mas vaga, esfumada, difusa, sombra de sombra" (P.A., *O espelho*).

Se a alma exterior faz a farda, veste o boneco humano, cose a máscara à pele, nada mais consequente que a farsa ocupe o lugar do texto teatral. A deformação caricatural aponta para o monstruoso do mundo, que sufoca a autenticidade, o homem na sua essência pura e livre. A consciência revela, na compulsão a que é submetida, o atordoamento, a perplexidade, a desorientação entre a avalanche desumanizadora. O núcleo exterior, que quer ditar a conduta, não consegue ser racionalizado, composto de absurdo e de mistério impenetrável. As relações sociais, no plano dos outros, alheiam o homem de si mesmo. No mesmo século, Stendhal e Balzac sobretudo, já haviam ultrapassado o moralismo historizante de um Voltaire, apresentando a sociedade como véu global, tecido de fatores e forças, econômicas e políticas, que moldam o caminho de todos, indicando-lhe rumos e objetivos. Machado de Assis, posto na transição de uma ordem solidária para outra, a contratual, entre a coesão fundamental e a reunião pelos interesses, suspeita que, nas veredas entrelaçadas, haja um grande engano, que a todos perde e confunde. Se só a alma exterior ilumina os passos do homem, a troca do verdadeiro pelo falso será um fato, com o abandono dos valores universais — isto é, dos valores tradicionais.

> Se uma cousa pode existir na opinião, sem existir na realidade, e existir na realidade sem existir na opinião, a conclusão é que das duas existências paralelas a única necessária é a da opinião, não a da realidade, que é apenas conveniente. Tão depressa fiz este achado especulativo, como dei graças a Deus do favor especial, e determinei-me a verificá-lo por experiências, o que alcancei, em mais de um caso, que não relato, para vos não tomar o tempo. Para compreender a eficácia do meu sistema, basta advertir que os grilos não podem nascer do ar e das folhas de coqueiro, na conjunção da lua nova, e por outro lado, o princípio da vida futura não está em uma certa gota de sangue de vaca; mas Patimau e Languru, varões astutos, com tal arte souberam meter estas duas ideias no ânimo da multidão, que hoje desfrutam a nomeada de grandes físicos e maiores filósofos, e têm consigo pessoas capazes de dar a vida por eles. (P.A., *O segredo do bonzo*)

III. *A estilização da sociedade*

O passo seguinte a esta descoberta da alma exterior é que só ela importa, com desprezo das virtudes íntimas. Sente-se, na observação oculta, o hálito do moralista decepcionado, com toques moralizadores. A glória — que é a glória senão o nome em evidência proclamado pelas turbas, conservado na memória? Nada é ela além da fraudulenta impressão que desperta. Esta é a teoria do *emplasto Brás Cubas*, chave de todas as ambições do inventor malogrado: ele dá a fortuna e a nomeada (M.P., II). A nomeada é o nome da velha e heroica glória, nome novo para uma realidade nova. O antigo lado falso da glória é seu verdadeiro estofo. A virtude perde o posto em favor do nome nos jornais, "do cartaz, do foguete de lágrimas".

> Essa ideia era nada menos que a invenção de um medicamento sublime, um emplasto anti-hipocondríaco, destinado a aliviar a nossa melancólica humanidade. Na petição de privilégio que então redigi, chamei a atenção do governo para esse resultado, verdadeiramente cristão. Todavia, não neguei aos amigos as vantagens

pecuniárias que deviam resultar da distribuição de um produto de tamanhos e tão profundos efeitos. Agora, porém, que estou cá do outro lado da vida, posso confessar tudo; o que me influiu principalmente foi o gosto de ver impressos nos jornais, mostradores, folhetos, esquinas, e enfim nas caixinhas do remédio, estas três palavras: *Emplasto Brás Cubas*. Para que negá-lo? Eu tinha a paixão do arruído, do cartaz, do foguete de lágrimas. Talvez os modestos me arguam esse delito; fio, porém, que esse talento me hão de reconhecer os hábeis. Assim, a minha ideia trazia duas faces, como as medalhas, uma virada para o público, outra para mim. De um lado, filantropia e lucro; do outro lado, sede de nomeada. Digamos: — amor da glória.

Esta teoria não a goza o autor sem remorsos, ou sem o discreto puxão de orelhas agora moralizante. Um tio de Brás Cubas, cônego, dizia que o amor da glória temporal "era a perdição das almas, que só devem cobiçar a glória eterna". Não há outra censura: a virtude, caída do céu, não se refugiou na consciência. A consciência tornou-se um fio da vida exterior, fio esfarrapado, composto de letras de jornal e da opinião das gentes. Fora da nomeada, do nome soprado à força de clarins, existe o nada, a vil obscuridade. A obscuridade, o temor da obscuridade, o abismo da obscuridade é um dos motivos-chaves de Machado, coerentemente com a concepção da sociedade como alma exterior, animada de glória e brilho. "Doía-me vê-lo vegetar os seus mais belos anos numa obscuridade relativa" (*Helena*, VII). "Não se deixe apodrecer na obscuridade, que é a mais fria das sepulturas, [...]" (*Iaiá Garcia*, VIII). "Teme a obscuridade, Brás: foge do que é ínfimo. Olha que os homens valem por diferentes modos, e o que é mais seguro de todos é valer pela opinião dos outros homens" (M.P., XXVIII). "Mas, qualquer que seja a profissão da tua escolha, o meu desejo é que te faças grande e ilustre, ou pelo menos notável, que te levantes acima da obscuridade comum" (P.A., *Teoria do medalhão*). Note-se, na última transcrição, a nuança, a diferença de grau: grande e ilustre não é a mesma cousa que notável. O ouro se distingue, afinal de contas, do dourado. São restos da alma interior, na sua aliança perdida com as virtudes religiosas.

Ainda uma consequência, já denunciada nas entrelinhas. A sociedade compõe o homem pela opinião, pelos juízos das relações externas. Nenhuma virtude superior o distingue, modera ou diferencia. Isso significa, além da agonia da consciência como juiz das ações, o desaparecimento de uma estrutura social que modela os valores sociais por critérios de honra e prestígio. Morre o estamento — comunidade fundada em tradições e convenções — e nasce a classe social, de livre ascensão, aberta a todas as ambições. Inaugura-se a luta pela vida com instrumentos novos; em lugar do critério de honra e serviço, com o prestígio daí decorrente, aparece a notabilidade criada pelo jornal, pela praça pública e pelo mercado. Brás Cubas com seu emplasto e a ciência do bonzo são as armas para esta luta descrita com a dissimulação da técnica literária do humour. A propaganda substitui a verdade; a opinião desbanca a realidade, que, em conflito com a opinião, perde a existência. O jornal, os mostradores, as esquinas, a matraca dos tempos coloniais fazem reputações, improvisam as grandezas e abatem as celebridades. Extrai o moralista, marcado de moralizador, as últimas consequências da sociedade em aparecimento, implacavelmente. A opinião, fórum onde os homens se elevam da obscuridade, sofre todas as distorções, confundidas a verdade e a mentira no mesmo saco, ou no mesmo abismo, ou no mesmo caos. Com o espírito com que Titané (P.A., *O segredo do bonzo*) vende suas alpargatas, um vereador de Itaguaí

> desfrutava a reputação de perfeito educador de cobras e macacos, e aliás nunca domesticara um só desses bichos; mas tinha o cuidado de fazer trabalhar a matraca todos os meses. E dizem as crônicas que algumas pessoas afirmavam ter visto cascavéis dançando no peito do vereador; afirmação perfeitamente falsa, mas só devida à absoluta confiança no sistema. Verdade, verdade; nem todas as instituições do antigo regímen mereciam o desprezo do nosso século. (P.A. *O alienista*)

Na política, a doutrina é a mãe da demagogia, que gera Bernardino, antecipação dos modernos incitadores de multidões (P.R., *O dicionário*). Pomada, o bonzo de Fuchéu, capital do reino de Bungo, explica a doutrina, que é essência do emplasto Brás Cubas:

> — Haveis de entender, começou ele, que a virtude e o saber têm duas existências paralelas, uma no sujeito que as possui, outra no espírito dos que o ouvem ou contemplam. Se puserdes as mais sublimes virtudes e os mais profundos conhecimentos em um sujeito solitário, remoto de todo contato com outros homens, é como se eles não existissem. Os frutos de uma laranjeira, se ninguém os gostar, [...] não valem nada; ou, por outras palavras mais enérgicas, não há espetáculo sem espectador. (P.A., *O segredo do bonzo*)

Esta a doutrina que tomou o nome de seu autor, o pomadismo. A comunicação, inventada para aproximar os homens, transforma-se em monstro autônomo, em máquina que empulha e corrompe. O produto coroado e modelar do pomadismo é o medalhão, filho da publicidade, da inópia mental e do conformismo às ideias recebidas. A transcrição é longa e diz tudo:

> A publicidade é uma dona loureira e senhoril, que tu deves requestar à força de pequenos mimos, confeitos, almofadinhas, cousas miúdas, que antes exprimem a constância do afeto do que o atrevimento e a ambição. Que Dom Quixote solicite os favores dela, mediante ações heroicas ou custosas, é um sestro próprio desse ilustre lunático. O verdadeiro medalhão tem outra política. Longe de inventar um *Tratado científico da criação dos carneiros*, compra um carneiro e dá-o aos amigos sob a forma de um jantar, cuja notícia não pode ser indiferente aos seus concidadãos. Uma notícia traz outra; cinco, dez, vinte vezes põe o teu nome ante os olhos do mundo. Comissões ou deputações para felicitar um agraciado, um benemérito, um forasteiro, têm singulares merecimentos, e assim as irmandades e associações diversas, sejam mitológicas, cinegéticas ou coreográficas. Os sucessos de certa ordem, embora de pouca monta, podem ser trazidos a lume, contanto que ponham em relevo a tua pessoa. [...] É difícil, come tempo, muito tempo, leva anos, paciência, trabalho, e felizes os que chegam a entrar na terra prometida! Os que lá não penetram, engole-os a obscuridade. Mas os que triunfam! E tu triunfarás, crê-me. Verás cair as muralhas de Jericó ao som das trompas sagradas. Só então poderás dizer que estás fixado. Começa nesse dia a tua fase de ornamento indispensável, de figura obrigada, de rótulo. Acabou-se a necessidade de farejar ocasiões, comissões, irmandades; elas virão ter contigo, com o seu ar pesadão e cru de substantivos desadjetivados, e tu serás o adjetivo dessas orações opacas, o *odorífero* das flores, o *anilado* dos céus, o *prestimoso* dos cidadãos, o *noticioso* e o *suculento* dos relatórios. E ser isso é o principal, porque o adjetivo é a alma do idioma, e sua porção idealista e metafísica. O substantivo é a realidade nua e crua, é o naturalismo do vocabulário.
> (P.A., *Teoria do medalhão*)

Com esse material — paixões, sentimentos, costumes e convenções — se faz a história. Não se encontra uma realidade global, na qual o homem conduz e é conduzido, com estruturas que penetram na alma. Há um tecido ondulante e caprichoso, exterior e sinistro ao destino humano, que lhe anula a natureza e lhe ameaça a grandeza. Que lhe nega a virtude e o constrange ao vício, cercando de pressões um autômato que resiste, esperneia e protesta. "Viva pois a história, a volúvel história que dá para tudo; [...mas] deixemos a história com seus caprichos de dama elegante" (M.P., IV). A grande luta pelas eminências sociais se resume afinal numa falsidade. Sem as notícias nos jornais, o cumprimento dos amigos, as homenagens públicas, de que valeria o suspirado título de barão de Santos (*Esaú e Jacó*)? Tudo se reduz — títulos, nomeada, glória — a uma peça do mecanismo que distribui o louvor escrito ou o louvor proclamado nas esquinas e nos salões. Implícito está aí o efeito de uma transformação social, registrada numa obscura passagem de Brás Cubas: a arraia-miúda acolheu-se à sombra do castelo feudal; o castelo caiu e a arraia ficou. "Verdade é que se fez graúda e castelã..."

Verdade que a sociedade, na fixação histórica de um momento ou nas suas transformações, não é obra do capricho. A alma exterior, incompreendida no jogo das grandes forças que a movem, dispersa nos elementos que a compõem, tem sua coerência própria. Substitui Machado a simetria sociológica, já incorporada por Stendhal, Balzac e Zola, a uma construção. É a estilização da sociedade — redução da realidade exterior à vontade humana, com formas e modelos artificialmente fixados. Machado de Assis não desconhecia nem negava a armadura social. Descreveu-a mais de uma vez, percebendo-a entremeada do sentimento de pesar e assombro. O que lhe faltava, e isto o enquadra na linha dos moralistas, era a compreensão da realidade social, como totalidade, nascida nas relações exteriores e impregnada na vida interior. Mais de uma vez, reconheceu a pressão das circunstâncias impostas pela sociedade, circunstâncias não raro autônomas. Desculpou, numa ocasião, bem que algo ironicamente, a mão pesada de Cotrim no trato dos escravos porque não se poderia "atribuir à índole original de um homem o que é puro efeito das relações sociais" (M.P., CXXIII). O tráfico exigia maneiras duras e habituara os homens a tratar a mercadoria humana sem piedade ou sentimentalismo. Dirá, ao mesmo propósito, que "a ordem social e humana nem sempre se alcança sem o grotesco, e alguma vez o cruel" (R.C.V., *Pai contra mãe*). Contra o reformismo apoiado apenas na lei, na lei sem correspondência com os fatos, advertia que não se chegaria jamais "a aviventar uma instituição, se esta não corresponder exatamente às condições morais e mentais da sociedade". "Há" — lembrava — "uma série de fatores, que a lei não substitui, e esses são o estado mental da nação, os seus costumes, a sua infância constitucional" (N.S., 1º de setembro de 1878). A estilização partia, por consequência, de fatos e realidades sociais, apurados na observação das coisas e na conduta dos homens. O que a distingue da construção social, decorrente de uma compreensão global, é a predominância dos sentimentos e das virtudes na ação coletiva. Persiste nela — diga-se ainda uma vez — o moralismo, mitigado embora com a sociedade sentida e percebida como resistência à vontade do homem, o homem ingenuamente vestido de rei da criação.

A estilização fixa algumas condutas constantes, repetições de relações sociais, e as traduz em modelos. Em primeiro lugar, as convenções e os preconceitos sociais são alguma coisa que custa negar ou transpor.

> A vida não é uma écloga virgiliana, é uma convenção natural, que se não aceita com restrições, nem se infringe sem penalidade. Há duas naturezas, e a natureza social é tão imperiosa como a outra. Não se contrariam, completam-se; são as duas metades do homem... (I.G., IV)

Sobre esta palavra, edifica-se o romance *Iaiá Garcia*, ditando alianças e contrariando sentimentos. O prosaísmo dos constrangimentos, formados na "convenção natural", se opõe à poesia da vida livre, vida da écloga virgiliana. É a oposição entre o belo e o necessário, com o predomínio do necessário. Depois, é a vez dos tipos de convivência — entre marido e mulher, entre pais e filhos, entre empregados e patrões, entre fidalgos e dependentes, entre escravos e senhores. Obedecem todos a um tipo permanente, cujos padrões não se infringem sem penalidade, impunemente. Finalmente, há os resultados das instituições, que se impõem ao respeito público, mesmo quando mesclados de charlatanismo e empulhação. É o momento do bonzo e do medalhão, filhos do prestígio social, tecido artificialmente na viciosa manipulação dos instrumentos de comunicação. Tudo, convenções, tipos de convivência, secreção das instituições, modelam e articulam a sociedade, estilizando-a.[18] A ordem social, as categorias convencionais, os hábitos fixos são, reduzidos à sua verdade última, retalhos do fortuito, do acaso, do obscuro destino. "*La nécessité*" — dirá por ele outro moralista — "*compose les hommes et les assemble. Cette coustume fortuite se forme après en loix.*"[19]

Notas

I
A pirâmide e o trapézio > pp. 13-67

1 | *O topo da pirâmide:*
A classe e o estamento > pp. 15-21

1 Max Weber, *Wirtschaft und Gesellschaft*. Berlin: Kiepenheuer & Witsch, 1964. v. 1, p. 226.
2 "Stände regieren. Klassen wirtschaften. Stände sind Staatsorgane, Klassen sind Gesellschaftschichten". E. Rosenstock-Huessy, *Die europäischen Revolution und der Charakter der Nationen*. Stuttgart: W. Kohlhammer, 1961. p. 402.
3 Urs Jaeggi, *Die gesellschäftliche Elite*. Stuttgart: Paul Haupt, 1960. pp. 10, 15.

2 | *Sociedade não rígida. A "boa sociedade" e suas glórias. A hierarquia. A ascensão pela cunhagem e pelo enriquecimento. A censura da sociedade tradicional*
> pp. 22-35

4 Joaquim Nabuco, *Minha formação*. São Paulo: Ipê, 1947. p. 162.
5 Moysés Vellinho (*Machado de Assis*. Rio de Janeiro: Livraria São José, 1960. p. 57) destacou esse aspecto.

3 | *Fazendeiros e poder* > pp. 36-42

6 Joaquim Nabuco, *Um estadista do Império*. São Paulo: Nacional, 1936. tomo 2, p. 81.

4 | *Títulos, comendas e patentes* > pp. 43-54

7 Pedro Calmon, *História social do Brasil*. São Paulo: Nacional, 1946. tomo 2, p. 294.

8 João Camillo de Oliveira Torres, *A democracia coroada*. Rio de Janeiro: José Olympio, 1957. p. 446.
9 João Camillo de Oliveira Torres, op. cit., p. 464, n. 21.
10 Tavares Bastos, *A província*. São Paulo: Nacional, 1937. pp. 183-4.

5 | *O homem se mostra nas carruagens e no transporte coletivo* > pp. 55-67

11 Noronha Santos, *Meios de transporte no Rio de Janeiro*. Rio de Janeiro: Jornal do Commercio, 1934. v. 1, pp. 87-95.
12 Heitor Malheiros, *O encilhamento*. Rio de Janeiro: Domingos de Magalhães. v. 1, pp. 13-4.
13 Noronha Santos, op. cit., p. 104.
14 Miécio Tati, *O mundo de Machado de Assis*. Rio de Janeiro: Livraria São José, 1961. p. 71.

II
O pavão e a águia > pp. 69-191

2 | *A ilusória supremacia da Constituição e da lei* > pp. 76-80

1 Pimenta Bueno, *Direito público brasileiro e análise da Constituição do Império*. Rio de Janeiro: Ministério da Justiça, 1958. pp. 44-5.
2 *À margem da história do Brasil*. Rio de Janeiro: Jornal do Commercio, 1924. p. 65.
3 Rui Barbosa, *Novos discursos e conferências*. São Paulo: Saraiva, 1933. p. 12.
4 João Mangabeira, *Ruy: O estadista da República*. Rio de Janeiro: José Olympio, 1943. p. 78.
5 Idem, ibidem, p. 79.

6 R. Magalhães Júnior, *Três panfletários do Segundo Reinado*. São Paulo: Nacional, 1956. p. 109.

3 | *Partidos, governo, ostracismo e eleições* > pp. 81-99

7 Justiniano José da Rocha, "Ação; reação; transação". In: MAGALHÃES JÚNIOR, R. *Três panfletários do Segundo Reinado*, op. cit., p. 282.
8 Timandro (Francisco de Sales Torres Homem), *O libelo do povo*. In: MAGALHÃES JÚNIOR, R., idem, p. 63.
9 Hermes Lima, *Notas à vida brasileira*. São Paulo, 1945. p. 15.
10 José de Alencar, *O sistema representativo*. Rio de Janeiro: Garnier, 1868. p. 178.
11 R. Magalhães Júnior, *Machado de Assis desconhecido*. 2. ed. Rio de Janeiro: Civilização Brasileira, 1955. p. 73.
12 Vilfredo Pareto, *Traité de sociologie générale*. Paris: Payot, 1919. v. II, n. 2026.
13 Gilberto Amado, *Eleição e representação*. Rio de Janeiro: Oficina Industrial Gráfica, 1931. pp. 41-2.
14 *Dom Pedro II*. Rio de Janeiro: Livraria São José, 1958.
15 João Camillo de Oliveira Torres, *A democracia coroada*. Rio de Janeiro: José Olympio, 1957. p. 286.
16 José de Alencar, op. cit., p. 182.
17 Oliveira Vianna, *O ocaso do Império*. 2. ed. São Paulo: Melhoramentos, [s.d.]. pp. 37-8.

4 | *Senado e Câmara: Funções institucionais* > pp. 100-13

18 *O libelo do povo*. In: MAGALHÃES JÚNIOR, R. *Três panfletários do Segundo Reinado* op. cit., p. 63.
19 Joaquim Nabuco, *Minha formação*. São Paulo: Ipê, 1947. p. 27.
20 Pimenta Bueno, *Direito público brasileiro e análise da Constituição do Império*. Rio de Janeiro: Ministério da Justiça, 1958. p. 56.
21 Afonso de Taunay, *O Senado do Império*. São Paulo: Martins, [s.d.]. p. 121.
22 Afonso Celso, *Oito anos de parlamento. Poder pessoal de D. Pedro II*. São Paulo: Melhoramentos, [s.d.]. p. 118.

23 Joaquim Nabuco, *Um estadista do Império*. São Paulo: Nacional, 1936. tomo II, p. 377.
24 Oliveira Vianna, *O ocaso do Império*. op. cit. p. 34.
25 É a versão de Joaquim Nabuco (*Um estadista do Império*. tomo II, op. cit. pp. 70-7).
26 Afonso Celso, *Oito anos de parlamento. Poder pessoal de D. Pedro II*. op. cit., p. 236.
27 Afonso Celso, *Oito anos de parlamento. Poder pessoal de D. Pedro II*. op. cit. p. 236.

5 | *De deputado a quase ministro* > pp. 114-41

28 Afonso Celso, op. cit., pp. 13, 15-6.
29 Alfredo d'Escragnolle Taunay, *Memórias*. Rio de Janeiro: Biblioteca do Exército, 1960. p. 425.

6 | *Uma tentativa de reconstrução da realidade política* > pp. 142-75

30 Alfredo d'Escragnolle Taunay, op. cit., p. 417.
31 Dom Pedro II, *Conselhos à regente*. Rio de Janeiro, 1958. p. 27.
32 Idem, ibidem, pp. 27-8.
33 Idem, ibidem, p. 48.
34 Idem, ibidem, pp. 54-5.
35 Idem, ibidem, pp. 55-7.
36 Roberto Mendes Gonçalves, *Um diplomata austríaco na corte de São Cristóvão*. Rio de Janeiro, 1970. p. 40.
37 Dom Pedro II, op. cit., pp. 31, 33.
38 Pimenta Bueno, op. cit., p. 56. Era, também, o pensamento do velho Nabuco, para quem "o Senado não faz política" (Taunay, *Um estadista do Império*. São Paulo, 1936. tomo I. p. 356): O próprio imperador observou a Taunay que, no Senado, ficaria ele "livre de qualquer pressão eleitoral" (Taunay, *Memórias*. Rio de Janeiro, 1960. p. 444).
39 *Conselhos à regente*, op. cit., p. 52.
40 *Conselhos à regente*, op. cit., pp. 52, 66.
41 A. d'Escragnolle Taunay, *Memórias*, op. cit., p. 443.
42 Visconde de Taunay, *Reminiscências*. Rio de Janeiro, 1908. pp. 185-6.
43 Tavares Bastos, apud Visconde de Taunay, *Reminiscências*, op. cit. p. 165.

44 Visconde de Taunay, *Reminiscências*, p. 152.
45 Visconde de Taunay, *Reminiscências*, op. cit., pp. 172-3.
46 Rui Barbosa, apud Antônio Gontijo de Carvalho. *Uma conspiração contra a inteligência*. Rio de Janeiro, [s.d.]. p. 12.
47 Joaquim Nabuco, *O abolicionismo*. São Paulo: Ipê, 1949. pp. 159-60.
48 João Francisco Lisboa, *Obras*. Lisboa: Matos Moreira e Pinheiro, 1901. v. I, p. 181.
49 Joaquim Nabuco, *Minha formação*, op. cit., pp. 187-8.
50 Afonso d'Escragnolle Taunay, *Memórias*, op. cit., p. 370.
51 Joaquim Nabuco, *O abolicionismo*, op. cit., pp. 171-2.
52 Roberto Mendes Gonçalves, op. cit., p. 89.
53 John Duncan Powell, "Peasant Society and Clientelist Politics". In: *The American Political Science Review*. v. LXIV, n. 2, pp. 411-25.
54 John Duncan Powell, op. cit.
55 Afonso Celso, *Oito anos de parlamento. Poder pessoal de D. Pedro II*, op. cit., p. 13.
56 Joaquim Nabuco, *Minha formação*, op. cit., pp. 152-3.
57 Visconde de Taunay, *Reminiscências*, op. cit., pp. 90-1.
58 Oswaldo Orico, *Silveira Martins e sua época*. Porto Alegre: Globo, 1935. p. 61.
59 Joaquim Nabuco, *Um estadista do Império*. tomo II, op. cit., p. 123.
60 Joaquim Nabuco, *Um estadista do Império*. tomo II, op. cit., pp. 278-9.
61 R. Magalhães Júnior, *Diálogos e reflexões de um relojoeiro*. pp. 21, 117, 131-2.
62 Taunay, *Memórias*, op. cit., p. 415.
63 Idem, ibidem, p. 435.
64 Afonso Celso, *Oito anos de parlamento. Poder pessoal de D. Pedro II*, op. cit., p. 16.
65 Joaquim Nabuco, *Minha formação*, op. cit., p. 185.
66 Joaquim Nabuco, idem, ibidem, pp. 185-6.
67 Afonso Arinos de Melo Franco, *História e teoria do partido político no direito constitucional brasileiro*. Rio de Janeiro: Forense, 1948. p. 33.
68 Taunay, *Memórias*, op. cit., p. 412.

69 Taunay, ibidem, pp. 413-4.
70 Joaquim Nabuco, *O abolicionismo*, p. 192.
71 Joaquim Nabuco, *Balmaceda*. São Paulo: Ipê, 1949. p. 17.
72 *Obras*, op. cit., p. 178.
73 Apud *Um estadista do Império*. Joaquim Nabuco, op. cit., tomo I, pp. 344, 347, 445.
74 "Temos três partidos, o partido conservador, que não representa senão o *uti possidetis* das posições oficiais; [...]. Em nome de que princípio político atual o partido conservador guerreia os liberais, exclui os moderados e despreza mesmo os conservadores, independentes?... Não há senão o passado; revolve o passado, discute o passado, procura a tradição do passado para justificar a existência. Os outros dois partidos, o moderado e o liberal, também não têm programa definido, mas o fim comum de combater esse *uti possidetis* do partido conservador. [...] Quero que os partidos se legitimem por meio de ideias; [...]" (*Um estadista do Império*, op. cit., p. 358).
75 Joaquim Nabuco, *O abolicionismo*, op. cit. p. 191.

7 | *Ideologia e retórica* > pp. 176-91

76 Obras completas de Rui Barbosa (*Relatório do ministro da Fazenda*. Tomo II e v. XVIII, 1891. Rio de Janeiro: Casa de Rui Barbosa, 1949. p. 27).

III
Patrões e cocheiros > pp. 193-362

1 | *Valor da moeda. A interferência de fatores urbanos na produção agrícola: O crédito e o escravo* > pp. 195-208

1 Os números são de Oliver Ónody (*A inflação brasileira*. Rio de Janeiro, 1960. pp. 25, 117). Mircea Buescu, *300 anos de inflação*. Rio de Janeiro: Apec, 1973. p. 223.
2 H. W. Spiegel, *The Brazilian Economy*. Toronto: Blakiston, 1949. p. 43. O. Ónody, op. cit., pp. 46-7.
3 Stanley J. Stein, *Grandeza e decadência do café*. São Paulo: Brasiliense, 1961. pp. 295-6.

4 Afonso d'Escragnolle Taunay, *Pequena história do café*. Rio de Janeiro: Departamento Nacional do Café, 1945. p. 178.
5 A. d'Escragnolle Taunay, op. cit., p. 151.
6 Stanley J. Stein, op. cit., pp. 97-9.
7 Stanley J. Stein, op. cit., p. 87.
8 J. P. Calógeras, *La politique monétaire du Brésil*. Rio de Janeiro: Nationale, 1910. p. 186.
9 A. d'Escragnolle Taunay, *Pequena história do café*, op. cit., p. 174.
10 Stanley J. Stein, op. cit., p. 36
11 Mircea Buescu, *Exercício de história econômica do Brasil*. Rio de Janeiro: Apec, 1968. p. 107.
12 A. d'E. Taunay, op. cit., p. 200.
13 Stanley J. Stein, op. cit., p. 62.
14 Joaquim Nabuco, *Um estadista do Império*, op. cit., tomo I, p. 165.
15 Joaquim Nabuco, *O abolicionismo*. São Paulo: Ipê, 1949. p. 85.
16 Celso Furtado, *Formação econômica do Brasil*. Rio de Janeiro: Fundo de Cultura, 1959. p. 169.
17 Visconde de Mauá, *Autobiografia*. Rio de Janeiro: Zélio Valverde, 1943. p. 120.
18 Celso Furtado, op. cit., p. 169.
19 Celso Furtado, op. cit., p. 177.
20 Stanley J. Stein, op. cit., pp. 23-4.
21 Inácio Rangel, *Dualidade básica da economia brasileira*. Rio de Janeiro: Iseb, 1957. p. 53.
22 Andrew Gunder Frank, *Monthly Review*. v. 15, n. 8, p. 468.
23 R. Graham, *Britain and the Onset of Modernization of Brazil*. Cambridge, 1968. pp. 76-8.
24 Joaquim Nabuco, *O abolicionismo*, op. cit. p. 131.

2 | Cidade e campo; relações entre o capital e a produção > pp. 209-16

25 Joaquim Nabuco, *O abolicionismo*, op. cit., p. 163.
26 Stanley J. Stein, op. cit., p. 295.
27 Joaquim Nabuco, *O abolicionismo*, op. cit., p. 229.

3 | Classe proprietária: Capitalistas e ociosos. Valores e rendas. Herança e casamento > pp. 217-38

28 M. Weber, *Wirtschaft und Gesellschaft*. Berlim, 1964, op. cit., p. 223.
29 Joaquim Nabuco, *Minha formação*, op. cit., p. 162.
30 Mircea Buescu, *História econômica do Brasil*. Rio de Janeiro: Apec, 1970. p. 267.
31 Visconde de Mauá, *Autobiografia*, op. cit., pp. 95-6.
32 Idem, ibidem, p. 88, nota 90.
33 R. Magalhães Júnior, *Machado de Assis desconhecido*, op. cit., p. 318.
34 T. Veblen, *Teoría de la clase ociosa*. México: Fondo de Cultura, 1944. pp. 9, 65.

4 | Lucro e negócios: Classe lucrativa > pp. 239-58

35 Visconde de Mauá, *Autobiografia*, op. cit., p. 96.
36 Erich Reigrotzki. In: *Handwörterbuch der Sozialwissenschaften*. Göttingen: Fischer Mohr, 1956. v. 9, p. 583.
37 Agripino Grieco, *Machado de Assis*. Rio de Janeiro: José Olympio, 1959. pp. 57, 65, 70.

5 | Os negócios da classe lucrativa. A aliança entre comércio e política: O capitalismo político > pp. 259-80

38 Heitor Ferreira Lima, *História político-econômica e industrial do Brasil*. São Paulo: Nacional, 1970. p. 238.
39 Idem, ibidem, p. 238.
40 Nascimento Brito, *Meio século de estradas de ferro*. Rio de Janeiro, 1961. p. 96.
41 Visconde de Mauá, *Autobiografia*. op. cit., pp. 202-3.
42 Apud Visconde de Mauá, *Autobiografia*, p. 61, n. 59.
43 Idem, ibidem, p. 102.
44 Joaquim Nabuco, *Um estadista do Império*, op. cit., v. II, p. 280.
45 Visconde de Mauá, *Autobiografia*, op. cit., pp. 219-20.
46 Perdigão Malheiros, *A escravidão no Brasil*. São Paulo: Edições Cultura, 1944. tomo II, p. 272.

47 Visconde de Mauá, *Autobiografia*, op. cit., p. 120.
48 Idem, ibidem, p. 122.
49 Idem, ibidem, pp. 227, 230-1.
50 Victor Vianna, *O Banco do Brasil*. Rio de Janeiro: Jornal do Commercio, 1926. p. 357.
51 Victor Vianna, op. cit., pp. 361-2.
52 Idem, ibidem, p. 393.
53 Idem, ibidem, p. 435.
54 C. Bresciani-Turroni, *The Economics of Inflation*. Londres: Allen and Unwin, 1953. p. 296.
55 Joaquim Nabuco, *Um estadista do Império*. tomo I, op. cit., p. 393.
56 Visconde de Taunay, *Memórias*, op. cit., pp. 338, 343.
57 Idem, ibidem, p. 344.
58 Idem, ibidem, pp. 374-5.
59 Stanley J. Stein, *Grandeza e decadência do café*, op. cit., p. 273.
60 J. P. Calógeras, *La politique monétaire du Brésil*, op. cit., p. 186.
61 Visconde de Mauá, *Autobiografia*, op. cit., p. 304.
62 Rui Barbosa, *Relatório do Ministério da Fazenda: Obras completas*. Rio de Janeiro, 1949. v. XVIII, 1899, tomo II, p. 19.
63 Idem, ibidem, p. 20.
64 Rui Barbosa, *Finanças e política*. Rio de Janeiro: Impressora, 1892. p. 37.
65 Sérgio de C. Franco, *Júlio de Castilhos e sua época*. Porto Alegre: Globo, 1967. p. 71.
66 Heitor Malheiros, *O encilhamento*. Rio de Janeiro: Domingos de Magalhães, 1894. v. 1, pp. IX-X.
67 Idem, ibidem.
68 Idem, ibidem, p. 105.
69 Rui Barbosa, *Relatório do Ministério da Fazenda: Obras completas*. Rio de Janeiro, 1949. v. XVIII, 1899, tomo II, pp. 24, 27.
70 Idem, ibidem, pp. 162-3.
71 E. Heimann, "Kapitalismus". In: *Handwörterbuch der Sozialwissenschaften*. v. 5.
72 Eli F. Heckscher, *Mercantilism*. Londres: Macmillan, 1955. v. II, p. 14.
73 Capitalismo politicamente orientado, qualifica-o Max Weber (In: *Wirtschaft und Gesellschaft*, op. cit., pp. 670, 1016).

6 | *Classe média, caracteres. Pequenos comerciantes e indústria. Funcionários e empregados. As mulheres* > pp. 281-331

74 A. Hensel, "Middle class". In: *Encyclopaedia of the Social Sciences*. O. H. V. D. Gablenz, "Mittelstand". In: *Handwörterbuch der Sozialwissenschaften*. C. Wright Mills, *White Collar*. Nova York: Galaxy Book, 1956. p. 3.
75 Joaquim Nabuco, *O abolicionismo*, op. cit., pp. 180-1.
76 Nícia Vilela Luz, *A luta pela industrialização do Brasil*. São Paulo: Difusão Europeia do Livro, 1961. p. 16.
77 Visconde de Mauá, *Autobiografia*, op. cit., p. 105.
78 Idem, ibidem, p. 101.
79 Nícia Vilela Luz, op. cit., p. 33.
80 Idem, ibidem, pp. 36-7.
81 Idem, ibidem, pp. 61-2.
82 Joaquim Nabuco, *O abolicionismo*. São Paulo, 1938. pp. 178-80.

7 | *Operários e escravos: Hierarquia e vingança* > pp. 332-52

83 Joaquim Nabuco, *O abolicionismo*, op. cit., p. 370.
84 Idem, ibidem, pp. 369-70.
85 Idem, ibidem, p. 155.
86 Octavio Ianni, *Raças e classes sociais no Brasil*. Rio de Janeiro: Zahar, 1966. pp. 92-3.

8 | *Sociedade e consciência* > pp. 353-62

87 Charles A. Beard, *Fundamentos económicos de la política*. México: Fondo de Cultura, 1947. p. 14.
88 Pascal, *Pensées*, op. cit., ed. Brunschvicg, n. 147.

IV
O basto e a espadilha > pp. 363-97

1 | *Uma camada social que se apaga: Fim de um mundo* > pp. 365-72

1 Joaquim Nabuco, *Um estadista do Império*, op. cit., tomo II, pp. 280-1.

2 Heitor Malheiros, *O encilhamento*, v. 1, op. cit., p. 10.
3 Visconde de Taunay, *Império e República*. São Paulo: Melhoramentos, 1933.
4 Idem, ibidem, pp. 83-4, 101.

2 | Uma camada social que emerge. O Exército > pp. 373-94

5 Joaquim Nabuco, *Balmaceda: A intervenção estrangeira*. São Paulo: Ipê, 1949. pp. 58-9.
6 Visconde de Ouro Preto, *Advento da ditadura militar no Brasil*. Paris, 1891. pp. 94-5.
7 Idem, ibidem, p. 35.
8 Visconde de Taunay, *Memórias*, op. cit., pp. 204-5.
9 Roberto Mendes Gonçalves, op. cit., pp. 130-1.
10 Idem, ibidem, p. 85.
11 Tobias Monteiro, *Pesquisas e depoimentos para a História*. Rio de Janeiro: Francisco Alves, 1913. p. 117.
12 Tobias Monteiro, idem, pp. 122-4.
13 Heitor Lyra, *História da queda do Império*. São Paulo: Nacional, 1964. Tomo II, pp. 32-3.
14 Visconde de Taunay, *Império e República*, op. cit. pp. 22, 25-6.
15 Frederico de S. (Eduardo Prado), *Fastos da ditadura militar no Brasil*. 3 ed. série 1, p. 49.
16 Heitor Malheiros, *O encilhamento*. v. 1, op. cit., pp. 28-9.
17 Agripino Grieco, *Machado de Assis*, op. cit., p. 62.
18 Visconde de Taunay, *Memórias*, op. cit., p. 314.
19 Visconde de Taunay, *Memórias*, op. cit., p. 315.
20 Joaquim Nabuco, *Um estadista do Império*. tomo I, op. cit., p. 74.
21 Visconde de Ouro Preto, *Advento da ditadura militar no Brasil*, op. cit., p. 70.

V
Os santos óleos da teologia
> pp. 399-497

1 | Pandora — Do demoníaco ao diabólico > pp. 401-17

1 Georg Simmel, *Schopenhauer e Nietzsche*. Buenos Aires, 1944. p. 78.
2 As referências e citações de: A. Schopenhauer. *Obras*. Buenos Aires: El Ateneo. I, pp. 502, 507; II, pp. 523-4.
3 Spinoza, *Ética*. Buenos Aires: Librería Perlado, 1940. p. 39.
4 R. Otto, *Le sacré*. Paris: Payot, 1969. p. 28.
5 R. Otto, ibidem, pp. 23-4.
6 A. Schopenhauer, op. cit., I. IV.
7 Max Scheler, *Vom Ewigen in Menschen*. Berna: Franke, 1954. p. 112. A mesma ideia, por outros caminhos: Afrânio Coutinho, *A filosofia de Machado de Assis*. Rio de Janeiro: Livraria São José, 1959. p. 28, nota 5.
8 J. P. Eckermann, *Gespräch mit Goethe*. Munique: W. Goldmann, [s.d.], p. 75. R. Otto, op. cit., p. 203.
9 Verdade que — como nota R. Magalhães Júnior (*Machado de Assis desconhecido*. 2 ed., Rio de Janeiro: Civilização Brasileira. p. 351) — o tratamento entre o Diabo e Deus sugere divindade e hierarquia.
10 Bernard Groethuysen, *La formación de la conciencia burguesa en Francia durante el siglo XVIII*. México: Fondo de Cultura Económica, 1943. p. 65.
11 Afrânio Coutinho, *A filosofia de Machado de Assis e outros ensaios*. Rio de Janeiro: Livraria São José, 1959. p. 62.
12 Romano Guardini, *L'univers religieux de Dostoïevsky*. Paris: Seuil, 1947. p. 27.
13 Lucien Goldmann, *Le Dieu caché*. Paris: Gallimard, 1959. pp. 38-9.
14 M. Scheler, op. cit., pp. 244-5.
15 Idem, ibidem, pp. 252-5.
16 R. Magalhães Júnior, op. cit., p. 350.
17 A. Schopenhauer, *Eudemologia*. op. cit., tomo II, p. 923. Eugênio Gomes, *Machado de Assis*. Rio de Janeiro: Livraria São José, 1958. p. 96.
18 W. Dilthey, *Vida y poesia*. México: Fondo de Cultura Económica, 1945. p. 310.

19 Contra o texto: Alcides Maya, *Machado de Assis*. 2. ed. Rio de Janeiro: Academia Brasileira de Letras, 1982. p. 370. Próximo ao texto, mas com diferenças marcantes: Afrânio Coutinho, *A filosofia de Machado de Assis*. Rio de Janeiro: Livraria São José, 1950. pp. 30-1. Também Augusto Meyer, *Machado de Assis*. Rio de Janeiro: Livraria São José, 1968. p. 54.
20 Luis Pirandello, *El humorismo*. Buenos Aires: El Libro, 1946. pp. 192, 197.
21 J. Huizinga, *Homo ludens*. México: Fondo de Cultura Económica, 1943. pp. 101, 111.

2 | *O pecado perante o céu e a dessacralização burguesa do mundo*
> *pp. 418-46*

22 Augusto Meyer, op. cit., p. 202.
23 M. Scheler, op. cit., p. 30.
24 Eduardo Spranger, *Formas de vida*. Buenos Aires: Revista de Occidente Argentina, 1948, p. 287.
25 Montesquieu, *Oeuvres completes*. Pleiade. tomo I, p. 1545.
26 B. Groethuysen, op. cit., p. 184.
27 B. Groethuysen, op. cit., p. 209.
28 M. Scheler, *Sociología del saber*. Buenos Aires: Revista de Occidente Argentina, p. 192.
29 Ferdinand Tönnies, *Principios de sociología*. México: Fondo de Cultura Económica, 1942. p. 278.

3 | *O sacerdote no tempo e na sociedade*
> *pp. 447-83*

30 Benedetto Croce, *Histoire de l'Europe au XIXe siècle*. Paris: Gallimard, 1973. p. 62.
31 Idem, p. 64.
32 R. Magalhães Júnior, op. cit., p. 339.
33 R. Magalhães Júnior, op. cit., p. 34.
34 Francisco de Assis Barbosa, *Batinas rebeldes na Independência*. Separata da *Revista do Arquivo Municipal*, São Paulo, v. CLXXXIV, ano XXXV.
35 Zacarias de Oliveira, *O padre no romance português*. Lisboa: União Gráfica, 1960. p. 32.
36 J. P. Oliveira Martins, *História de Portugal*. 12. ed. Lisboa: Parceria Antônio Maria Pereira, 1942. tomo II, p. 152.
37 Manuel Trindade, *O padre em Herculano*. Lisboa: Editorial Verbo, 1965. p. 16.

38 Ver sobre a presença do padre na literatura do século XIX: J. L. Prévost, *Le prêtre, ce héros de roman. D'Atala aux Thibault*. 2. ed. Paris: Téqui, 1953.
39 Max Weber, *Wirtschaft und Gesellschaft*, op. cit., p. 179.
40 Idem, ibidem, p. 184.
41 J. Wach, *Sociología de la religión*. México: Fondo de Cultura Económica, 1946. p. 507.
42 Max Weber, op. cit., p. 336.
43 Max Weber, op. cit., pp. 336-7.
44 Manuel Trindade, op. cit., p. 151.
45 Manuel Trindade, op. cit., pp. 108-9.
46 Richard Bolster, *Stendhal, Balzac et le féminisme romantique*. Paris: Minard, 1970. pp. 7, 220.
47 Manuel Trindade, op. cit., p. 131.
48 Idem, ibid., p. 133.
49 Manuel Trindade, op. cit., p. 132.
50 Gilberto Freyre, *Dona Sinhá e o filho padre*. 2. ed. Rio de Janeiro: José Olympio, 1971. p. 55.
51 Jorge Amado, *Tereza Batista cansada de guerra*. São Paulo: Martins, 1972. p. 130.
52 Gilberto Freyre, *Sobrados e mucambos*. São Paulo: Nacional, 1936. p. 302.
53 Manuel Trindade, op. cit., p. 120. J. L. Prévost, op. cit.
54 J. L. Prévost, op. cit., p. 40.

4 | *As potências religiosas desprezadas*
> *pp. 484-97*

55 J. Wach, op. cit., p. 507.
56 J. Wach, op. cit., p. 513.
57 R. Magalhães Júnior, *Crônicas de Lélio*, prefácio.
58 Max Weber, op. cit., pp. 352, 356.

Conclusão — O espelho e a lâmpada > *pp. 499-518*

1 Sylvio Romero, *Machado de Assis*. 2. ed. Rio de Janeiro: José Olympio, 1936. pp. 55, 81.
2 Labieno, *Vindiciae*. Rio de Janeiro: Jacinto Ribeiro dos Santos, 1899. p. 12.
3 Jean Davignaud, *Sociologia da arte*. Rio de Janeiro: Forense, [s.d.]. p. 34. Ver, para exame do texto: Erich Querbach, *Mimesis*. Munique: Franck,

1967. p. 515. René Wellek; Austin Warre. *Teoría literária*. Madri: Editorial Gredos, 1966. p. 88.
4 Karl Mannheim, *Ideología y utopia*. México: Fondo de Cultura Económica, 1941. pp. 2-3.
5 M. A. Abrams, *El espejo e la lámpara*. Buenos Aires: Editorial Nova, 1972. p. 50.
6 Florian Znaniecki, *The Method of Sociology*. Nova York: Rinehart, 1934. pp. 194, 196-7.
7 Max Weber, *Methodologische Schriften*. Frankfurt: Fischer, 1968. p. 30.
8 Lucien Goldmann, *A criação cultural na sociedade moderna*. Lisboa: Editorial Presença, 1972. p. 101.
9 Jacob Burckhardt, *Die Kultur der Renaissance in Italien*. Berlim: Th. Knaur Nachf, 1928. p. 1.
10 Erich Auerbach, op. cit., p. 34. Roland Barthes (*Le degré zéro de l'écriture*. Paris: Seuil, 1953. pp. 24-5) sugere o termo "*écriture*" por considerar o estilo particular ao indivíduo.
11 Viktor Sklovskij, *Theorie der Prosa*. Frankfurt: Fischer, 1966. p. 14.
12 J. Huizinga, *The Waning of the Middle Ages*. Nova York: Doubleday Anchor Books, 1954. p. 115. G. M. Trevelyan, *English Social History*. Londres: Penguin, 1967. p. 219: "All who crave what their ancestors were like, will find an inexhaustible fount of joy and instruction in literature, to which time has added an historical interest not dreamt of by the authors". No Brasil, entre outros, adotaram o mesmo recurso: Gilberto Freyre, *Casa grande e senzala*. Rio de Janeiro: José Olympio, 1946. pp. 42-3, 609; Pedro Calmon, *História social do Brasil*. São Paulo: Nacional, 1940. tomo 2, pp. 217-8; Carlos Dante de Moraes, *Figuras e ciclos da história rio-grandense*. Porto Alegre: Globo, 1959. p. 137.
13 Georg Lukács, *Ensaios sobre literatura*. 2. ed., Rio de Janeiro: Civilização Brasileira, 1968. p. 72.
14 Erich Auerbach, op. cit., p. 462.
15 Hugo Friedrich, *Montaigne*. Berna: A. Franke, 1949. p. 12.
16 Pascal, n. 120, 2. ed.
17 Augusto Meyer, *Machado de Assis*. Rio de Janeiro: Livraria São José, 1958. p. 65.
18 Ponto de vista diverso do de Astrojildo Pereira, que equipara a reconstrução social de Machado ao historiador moderno (Astrojildo Pereira, *Machado de Assis*. Rio de Janeiro: Livraria São José, 1959. p. 38).
19 Montaigne, *Essais*. III, IX.

Posfácio | *Sidney Chalhoub*
Raymundo Faoro interpreta o Brasil segundo Machado de Assis

Ao fazer o balanço final de sua vida, Brás Cubas escreveu o capítulo "Das negativas". O emplasto não lhe trouxe a celebridade esperada, não foi ministro de Estado nem califa, não casou, não precisou ganhar o pão com o suor do rosto. Não teve filhos, por isso não transmitiu "a nenhuma criatura o legado da nossa miséria". Para definir a forma como Raymundo Faoro constrói a sua interpretação da obra machadiana em *Machado de Assis: a pirâmide e o trapézio*, talvez seja melhor começar por um parágrafo de negativas. Faoro contesta a ideia de que o critério de validade de uma obra literária dependa da possibilidade de redução dela às condições sociais e históricas de sua produção. Não se pode tomar o escritor pelo homem, nem imaginar que o artista caiba inteiro na época à qual pertence. Ao mesmo tempo, não se justifica imaginar autor e obra como autônomos em relação ao tempo e à história, como se a arte fosse "um milagre inexplicável", apreensível apenas por meio de conceitos puros, abstratos, "platonizantes".[1]

A alternativa aos extremos delineados nessas negativas é a busca das "estruturas homólogas"[2] pertinentes tanto ao mundo real quanto ao mundo imaginário, respeitando as especificidades do discurso do historiador e do artista ou romancista. Há uma "interdependência dialética" entre essas duas dimensões, mediada pela mímesis, que faz com que a mensagem se origine no autor como expressão de — e intervenção num — "complexo cultural total".[3] Faoro insiste na necessidade de reconhecer as especificidades dos fatos social e artístico. Ao fazê-lo, observa que o conhecimento histórico não pode conferir estabilidade de sentido, uma f —orma de narrativa mestra contra a qual se tornaria possível aferir a pertinência de representações literárias. Isso porque o conceito de objetividade na historiografia contempla "visões múltiplas", a depender da perspectiva de quem realiza a pesquisa, que "se forma de muitos caminhos e direções, que, percorridos por outro, dariam lugar a painel diverso, de diferente

---

1 Raymundo Faoro, *Machado de Assis: a pirâmide e o trapézio*. São Paulo: Companhia das Letras, 2022. p. 499.
2 Ibid., p. 502.
3 Ibid., p. 500.

conteúdo". Nem por isso historiografia e arte se confundem. A criação artística busca linguagens próprias, que deformam intencionalmente a realidade — ou melhor, submetem a realidade a um "processo de transmutação", no qual as imagens recolhidas do mundo real são quebradas e reconstruídas segundo critérios próprios de "simetria e desenho". O mundo inventado na arte ilumina por meio da deturpação, da "mímesis dialética", em que a forma e o estilo fazem parte do ponto de vista da obra, expressam valores para além do sentido estrito das palavras ordenadas na folha de papel.[4] Salvo por essa última observação, ao que parece ainda não atenta ao fato de que, a seu modo, os textos históricos também são construções narrativas, Faoro apresenta uma visão bastante matizada de epistemologia histórica, o que o poupa de uma série de equívocos possíveis na empreitada de produzir conhecimento histórico sobre o Brasil oitocentista a partir da análise de fontes literárias — mais especificamente, ao tomar a obra de Machado de Assis como testemunho histórico.

As "estruturas homólogas" mais enfatizadas por Faoro, pertinentes tanto à literatura machadiana quanto ao mundo social e cultural nela implicado (e transmutado), dizem respeito ao estamento político e às classes sociais em transformação no Brasil oitocentista. O "estamento político",[5] cuja formação histórica Faoro estudara em *Os donos do poder*, consiste na ideia de que a política imperial era controlada por um conjunto de homens definidos por suas "relações adquiridas, cabedais, educação e tradições de família", na síntese magistral presente no capítulo primeiro de *Helena*, oferecida a propósito do conselheiro Vale, que pertencia às "primeiras classes da sociedade". Ao poder político se ascendia por herança ou legado, nada tendo a ver com ideologias conflitantes ou com o contraditório informado por princípios, constituindo-se uma burocracia e uma classe proprietária dificilmente diferençáveis, que se autoperpetuavam no topo da pirâmide social. Ao longo do século XIX, transformações fundamentais no mundo do trabalho e da cultura, em especial a crise e abolição da escravidão e a expansão de visões burguesas da sociedade e da economia, forçaram ajustes no topo da pirâmide, que ficou mais vulnerável a trapezistas sociais — quer dizer, precisou se adaptar à pressão daqueles que subiam por meio do dinheiro, a "classe lucrativa",[6] que desejava o reconhecimento, quiçá o enobrecimento, antes mantido fora de alcance pelas tradições do estamento político e burocrático.

Essa interpretação estrutural de longo prazo das mudanças da sociedade brasileira oitocentista, esquema que se desdobra numa infinidade de particularidades e nuances, fundamenta a análise de Faoro tanto no que concerne ao alcance quanto aos limites da visão de mundo machadiana. É um prisma de leitura, por assim dizer, que

[4] Ibid., pp. 501-2.
[5] Ibid., p. 16.
[6] Ibid., cap. III, itens 4-5, *passim*.

se confirma e infirma em detalhes específicos, levando Faoro a evidenciar o intuito de Machado em "estilizar a sociedade"[7] em sua literatura, o que conduziria o romancista a omitir, distorcer, exagerar — enfim, recriar ou criar um mundo que alude ao real vivido, porém por parte de um autor liberto do ideal "do copismo e da imitação dos fatos".[8] Esse impulso para estilizar, pertinente à liberdade do artista, se produz num contexto de certa apreensão teórica da realidade social por Machado de Assis, que Faoro alternadamente considera percuciente e insuficiente, pois informada pela adesão do escritor ao moralismo inspirado em autores franceses do Seiscentos (Pascal, Molière), mas desprovido de qualquer fundamento ou crença que tornasse viável emendar as dores do mundo. Segundo Faoro, Machado oferece muita crítica social fina, baseada no humorismo, na sátira de costumes, o que apresentava a vantagem de ser hostil aos determinismos cientificistas e naturalistas do período e a desvantagem de permanecer circunscrita à "perspectiva psicológica, penetrada pelo moralismo", segundo a qual "todos os males da sociedade e todos os remédios estariam no coração do homem, só ele responsável pelos acontecimentos".[9]

Faoro encontra amplo material — em romances, contos e crônicas — para demonstrar a visão crítica de Machado a respeito do funcionamento da política imperial. Anedotas, cenas e pequenos detalhes dos enredos ficcionais e dos comentários sobre eventos coevos permitem compor o quadro amplo do clientelismo político, da política como legado familiar garantidor do acesso às "influências" que abririam portas para as carreiras no parlamento e na alta burocracia do Estado. Lembra a primeira tentativa frustrada de Brás Cubas para entrar no parlamento. Cena exemplar, na qual Cubas pai visita o filho, que andava recluso devido ao luto pela morte da mãe, para lhe fazer duas propostas — um casamento e a Câmara dos Deputados. As duas faziam parte do mesmo pacote, pois o pai da noiva seria a garantia de acesso à carreira parlamentar. Ao deparar com a aparente resistência do filho, Cubas pai, no capítulo XXVIII, utiliza o arsenal de argumentos pertinentes à matéria naquele tempo, sociedade e posição social:

> [...] não gastei dinheiro, cuidados, empenhos, para te não ver brilhar, como deves, e te convém, e a todos nós; é preciso continuar o nosso nome, continuá-lo e ilustrá-lo ainda mais. [...] Olha que os homens valem por diferentes modos, e que o mais seguro de todos é valer pela opinião dos outros homens. Não estragues as vantagens da tua posição, os teus meios...

---

7 Ibid., p. 120.
8 Ibid., p. 504.
9 Ibid., p. 175.

Essa primeira tentativa gora quando Virgília, a noiva prometida, se atreve a escolher outro pretendente, matando Cubas pai de desgosto, ao menos segundo a interpretação do filho egomaníaco. Em algum momento posterior, manobra semelhante funciona, Brás se torna deputado e aparece discursando no parlamento, com pompa e circunstância, sobre assunto tão palpitante para os destinos nacionais quanto o tamanho da barretina da Guarda Nacional (capítulo CXXXVII).

À desconexão entre política e cidadania corresponde a ausência quase total de participação política por parte da população nos romances e contos machadianos. O mundo violento das eleições aparece aqui e ali, em alusões fugazes, nas obras mais estritamente ficcionais, porém irrompe com alguma frequência nas crônicas, esse gênero literário de protocolo híbrido em que realidade e fantasia se misturam em meio a muita experimentação narrativa. Dependente, agregado, fósforo, capanga, capoeira, chefe de polícia, coronel, cliente, padrinho, apaniguado, traidor, cacete, bacamarte, murro, pontapé, cabo eleitoral, chapa de caixão (cédula marcada para possibilitar a identificação do votante, sujeitando-o à retaliação do potentado local)... O léxico variado e sangrento da política no "*país real*" é matéria de sarcasmo nas crônicas, porém nos romances o "*país oficial*",[10] macio em seus empenhos, arranjos de casamento e negociatas diversas preenche as laudas, sem que se deixe de insinuar uma desconexão radical entre essas duas dimensões, o que aumenta o ridículo de um deputado a discursar a respeito da altura e do peso dos chapéus de guardas nacionais. Faoro não chega a analisar o possível sentido crítico dessa desconexão, porém discorre longamente sobre a suposta lacuna de Machado de Assis em abordar a importância do Senado na política imperial e a possível compreensão insuficiente, por parte do literato, de que a emergência da aristocracia da espada (os militares) significava uma ameaça real ao equilíbrio do sistema político imperial — e, doravante, da vida política do país.[11]

Faoro repara no contraste entre a notoriedade e a força de evocação do texto intitulado "O velho Senado", que Machado incluiu em *Páginas recolhidas*, e a virtual ausência de personagens e situações ligadas à câmara alta na ficção do Bruxo do Cosme Velho. No "debuxo" de memória, Machado relembra o emprego no *Diário do Rio de Janeiro*, quando tinha pouco mais de vinte anos idade, cobrindo as sessões do Senado imperial, um tanto intrigado e reverente diante daqueles anciãos "contemporâneos da maioridade, algum da Regência, do Primeiro Reinado e da Constituinte". Apesar da inibição do jovem jornalista, o velho Machado comenta que Machadinho se perguntava, quanto aos senadores que via a gracejar entre si, a se congregar em torno de café e rapé, se eram eles mesmos "que podiam fazer,

---

10 Ibid., p. 165 (grifos no original).
11 Ibid., pp. 370-1.

desfazer e refazer os elementos e governar com mão de ferro este país". Faoro se debruça sobre essa suposta contradição entre a consciência de Machado de Assis a respeito da centralidade do Senado na política imperial e a pouca visibilidade dessa instituição em enredos e cenas ficcionais do autor. Para Faoro, o contraste parece indicar a pouca preocupação de Machado em ser um copista servil da realidade em sua literatura.

Os enredos ficcionais focalizam os modos de fazer da política em sua fase inicial e intermediária, quando gente como o pai de Brás Cubas faz girar os mecanismos do favor para tentar abrir ao filho as portas do parlamento. Enfatizam também a ligação íntima entre política e especulação econômica, com gente como Procópio Dias (*Iaiá Garcia*), Cotrim (*Memórias póstumas*) e Palha (*Quincas Borba*) a contar com a proteção de figuras senhoriais como Jorge, Brás Cubas e "um poderoso" não identificado, respectivamente, para conseguir acesso a oportunidades de contratos com o governo, sobre os quais o romancista deixa pairar a suspeita de negociatas, como no caso de fornecimentos ao Exército durante a Guerra do Paraguai. O aspecto ausente da pintura machadiana seria a dimensão precisa do poder do Senado, que em colaboração próxima com o imperador era a instituição que de fato fazia e desfazia ministérios e carreiras políticas. Quase a totalidade dos presidentes de gabinetes parlamentares, assim como mais da metade dos ministros, foram senadores. As trajetórias de personagens como Lobo Neves e Brás Cubas, que têm as suas ambições políticas frustradas, permanecem incompletas na ficção machadiana, segundo Faoro, pelo fato de o romancista não mostrar diligência na figuração de senadores em suas estórias. Tanto melhor, parece-me pensar Faoro, pois isso apenas demonstraria que o intuito de Machado nunca fora a reprodução fiel da realidade; nas palavras dele: "Fiel à preocupação de estilizar a vida política, desdenha Machado de Assis, dentro da estrutura imperial, um elo na carreira política".[12]

Faoro, ao redigir *Machado de Assis: a pirâmide e o trapézio*, no início da década de 1970, período mais sombrio da última ditadura militar no país, acredita que o autor não chega a entender a ameaça que a corporação militar passara a representar para as instituições políticas. Se não foi por falta de entendimento das mudanças estruturais de longo prazo, que permaneceriam obscuras a um romancista informado pela aderência ao moralismo proveniente de autores clássicos franceses, a pouca importância dada ao Exército na obra machadiana teria a ver, novamente, com o descompromisso do escritor em transpor o mundo real, tal qual, às páginas de imaginação. Faoro enfatiza a importância da emergência e posterior protagonismo da aristocracia da espada na vida política, passando ela a se arrogar a possibilidade de controle, veto e destituição de grupos dirigentes, constituindo-se de fato em novo poder moderador

---

[12] Ibid., p. 141.

por meio da força e do conluio com políticos civis que mostravam "sede insaciável de mando" e "pretensões inconfessáveis".[13]

Mesmo que não se mostre confiante na capacidade de entendimento de Machado de Assis a respeito do tamanho da tragédia que se avizinhava quanto à presença militar na política brasileira, Faoro constata, parece-me até que aprecia, o desdém e o ridículo que o ficcionista dedica aos militares que comparecem em suas páginas. É uma galeria longa, colorida, de personagens mui capazes de caceteação a quem quer que esteja ao redor, para deleite do leitorado. Segundo Faoro, "Machado de Assis desqualifica o oficial do Exército com a nota do sarcasmo".[14] Já em *Helena*, apresenta assim certa personagem: "O coronel Macedo tinha a particularidade de não ser coronel. Era major. Alguns amigos, levados de um espírito de retificação, começaram a dar-lhe o título de coronel, que a princípio recusou, mas que afinal foi compelido a aceitar" (capítulo IV). "Tudo pede certa elevação", como disse o narrador na primeira crônica da série "A Semana", de 24 de abril de 1892, ao se referir a uma personagem que ganhara a honraria de cavaleiro da ordem da Rosa, "por serviços *em relação* à Guerra do Paraguai" (grifo no original). A tendência de certas figuras em exagerar feitos militares, da qual há vários exemplos na obra machadiana, chega ao paroxismo no conto "O diplomático" (*Várias histórias*), no qual o protagonista, dado a imaginações grandiosas: "Quando rompeu a Guerra do Paraguai, teve ideia muitas vezes de alistar-se como oficial de voluntários; não o fez nunca; mas é certo que ganhou algumas batalhas e acabou brigadeiro".

Faoro repara em duas personagens das mais significativas da galeria militar machadiana. Em "A chinela turca" (*Papéis avulsos*), a animosidade crescente dos militares contra o bacharelismo, referida em detalhe por Faoro, aparece devidamente sublimada ou submetida a um "processo de transmutação" próprio à criação artística. O bacharel Duarte enfeitara-se todo para ir a um baile no qual o esperavam "os mais finos cabelos louros e os mais pensativos olhos azuis" que nossa terra, avaro deles, lograra produzir. Prestes a sair, aparece-lhe à porta o major Lopo Alves, amigo da família, "companheiro de seu finado pai no exército", digno de todo o respeito. Todavia, Duarte teme pelo pior, pois a hora urgia, e o major era "um dos mais enfadonhos sujeitos do tempo". Dito e feito. Em poucos minutos, o major revela que voltara aos seus "achaques literários", adormecidos durante o serviço militar. Inspirado por uma peça ultrarromântica à qual assistira semanas antes, o major trazia debaixo do braço um manuscrito de 180 folhas, o qual gentilmente se dispunha a ler para o bacharel, cuja opinião fina e sincera considerava urgente e indispensável. Desesperado, mas aparentando serenidade, o bacharel se acomoda na cadeira e se dispõe a ouvir, logo zonzo diante da avalanche de acontecimentos

13 Ibid., p. 379.
14 Ibid., p. 383.

— criança roubada à família já no prólogo, envenenamento, dois encapuçados, a ponta de um punhal, profusão de adjetivos mais cortantes do que o tal punhal, assassinato, prisão, morte do tirano, reaparecimento de quem supostamente havia morrido, rapto de uma menina, roubo de um testamento, fim do segundo ato, mais de onze horas da noite, baile perdido, aqueles olhos azuis... A leitura continua, mas o bacharel Duarte cai no sono, sem que o entusiasmado major se dê conta. No sonho, Duarte se encontra em terras exóticas, perseguido e acusado de haver furtado uma chinela turca, peripécias fantásticas, inesperadas. Quando o major lê a última frase, sintomática de tudo que o bacharel havia perdido — "Anjo do céu, estás vingado!" —, este acorda sobressaltado, esfrega os olhos, volta à realidade. O relógio badalara duas horas da manhã. Depois de encaminhar o major à porta, elogiando-lhe a excelência do drama, Duarte reflete durante alguns minutos e agradece aos céus a dádiva recebida: "Ninfa, doce amiga, fantasia inquieta e fértil, tu me salvaste de uma ruim peça com um sonho original, substituíste-me o tédio por um pesadelo: foi um bom negócio".

Em *Quincas Borba* (capítulo XXXIV) aparece o major Siqueira, pai de dona Tonica, uma senhora solteira de 39 anos, olhos pretos "cansados de esperar", que se enchem de esperança ao conhecer o "capitalista" Rubião. Havia uma pequena reunião em casa de Palha e Sofia. Ao ser apresentado ao major, Rubião se vê logo submerso num "aguaceiro de palavras", bracejando, sem saída. O tagarela falava em círculos, convergindo repetidamente para a mesma personagem de suas memórias, digressão que surge do nada e a nada leva, o *João das panturrilhas*, sempre grifado no original:

> O nosso Palha já me tinha falado em Vossa Excelência, disse o major depois de apresentado ao Rubião. Juro que é seu amigo às direitas. Contou-me o acaso que os ligou. Geralmente, as melhores amizades são essas. Eu, em trinta e tantos, pouco antes da Maioridade, tive um amigo, o melhor dos meus amigos daquele tempo, que conheci assim por um acaso, na botica do Bernardes, por alcunha o *João das panturrilhas*...

E continua, por várias linhas, a falar da botica do *João das panturrilhas*, da origem de sua alcunha, do fato de ser natural de Maricá, de gente que ia à botica de capote e bengalão, num aguaceiro contínuo de palavras do qual Rubião é salvo afinal por Palha, que aparece com um guarda-chuva...

Ainda que enfatize a recorrência das observações de Machado a respeito da mediocridade de militares que aparecem em suas páginas, Faoro as atribui ao menos em parte a um suposto preconceito geral do romancista contra a "classe média", que só poderia "ser vista do alto, com desdém, com escárnio ou com tolerância".[15] Para Faoro, Machado esteve longe de formular qualquer teoria social abrangente, ou de aderir a qualquer uma então disponível, permanecendo cético tanto ao positivismo e ao darwinismo social quanto a visões radicais às quais se referia vez por outra, como o socialismo. Ainda segundo Faoro, tal perspectiva se devia também a uma "falta de preparo filosófico" e a uma possível "aderência" do romancista "aos valores dominantes".[16] Essa suposta "aderência" ajudaria a explicar o desdém pela classe média, militares incluídos, que se caracterizariam por "pretensão letrada" em meio a uma "ausência de cultura".[17] Faoro conclui que Machado de Assis identificava no Exército "com o seu papel político, apenas um elemento perturbador da ordem imperial, sem lhe perceber nenhuma missão nacional".[18]

Nesse ponto, convém retomar o projeto analítico de Faoro, agora para notar os procedimentos de demonstração que adota em seu livro. O argumento de que Machado de Assis mostra ceticismo em relação a sistemas religiosos e filosóficos monistas — quer dizer, que postulam um princípio ou fundamento único que explicaria toda a realidade — parece constatável de várias formas, a mais direta talvez consistindo na observação da doutrina de Quincas Borba, o Humanitismo, sátira e escracho de modos reducionistas radicais de pensar o mundo. Faoro se equilibra com dificuldade entre a constatação desse ceticismo básico machadiano, com o qual simpatiza, e a suposta ausência de alguma teoria geral de intelecção do mundo que, ao evitar o determinismo, ainda assim possibilitasse a apreensão do "complexo cultural total". Tal lacuna explicaria os limites da crítica social de Machado, à qual faltaria uma ancoragem teórica mais articulada e abrangente.

Sem entrar no mérito dessa visada geral, até mesmo porque as últimas décadas têm demonstrado a possibilidade de articulação de visões complexas de mundo a partir da própria recusa à ideia do real como totalidade estruturada — e mais além, se quiséssemos outro parágrafo de negativas —, o fato é que os procedimentos empíricos de Faoro às vezes levantam dúvidas sobre suas inferências a respeito do que poderia ir pela cabeça de Machado de Assis nessa ou naquela passagem. Preocupado em provar o engajamento crítico do autor com a sociedade de seu tempo, Faoro faz um trabalho minucioso de recolha de passagens em obras e gêneros literários diversos, abrangendo assuntos políticos e sociais que considera cruciais. Se o método impressiona pelo enciclopedismo, tendo ainda o mérito, em procedimento raro à época, de valorizar as várias centenas de crônicas machadianas, apresenta a desvantagem de não analisar

---

15 Ibid., p. 293.
16 Ibid., p. 342.
17 Ibid., p. 386
18 Ibid., p. 394.

os processos de construção de textos e narradores específicos nos diversos gêneros literários praticados por Machado.[19]

Faoro sustenta que Machado de Assis julgava negativamente a emergência da "classe lucrativa", representada pelo empresário urbano que obtinha negócios e enriquecia por meio das relações de favor, passando a aspirar o enobrecimento e a carreira política. O argumento é plausível em vista da miríade de exemplos de passagens carregadas de ironia em relação a personagens que tais. Todavia, Faoro afirma também que Machado de Assis via a "classe lucrativa" dessa forma pelo fato de ser "mal inclinado a ela por força de seus preconceitos, nutridos de tradição".[20] É a hipótese, já mencionada, da alegada "aderência" do romancista aos valores da classe dominante — ou seja, da classe dos proprietários e do estamento político. Para desenvolver essa hipótese, Faoro recorre, entre outras, à passagem, nas *Memórias póstumas*, em que Brás Cubas faz uma espécie de avaliação retrospectiva do caráter de Cotrim, seu cunhado. O comentário de Faoro começa assim: "O romancista, num jogo muito equívoco, pinta-lhe o retrato, suavizando a penada negra com a penada branca, esta toda sarcasmo".[21] Ora, o jogo equívoco bem identificado por Faoro é do narrador das memórias, não do autor/romancista que concebeu semelhante narrador. Não se pode reduzir o autor real ao ficcional, pois se perde o distanciamento ou a alteridade de Machado de Assis em relação ao autor suposto, aspecto importante para a interpretação de muito do que está nas *Memórias*. Lê-se, num trecho da passagem do capítulo CXXIII:

> Como [Cotrim] era muito seco de maneiras tinha inimigos, que chegavam a acusá-lo de bárbaro. O único fato alegado neste particular era o de mandar com frequência escravos ao calabouço, donde eles desciam a escorrer sangue; mas, além de que ele só mandava os perversos e os fujões, ocorre que, tendo longamente contrabandeado em escravos, habituara-se de certo modo ao trato um pouco mais duro que esse gênero de negócio requeria, e não se pode honestamente atribuir à índole original de um homem o que é puro efeito de relações sociais.

Em suma, Cotrim fora contrabandista de africanos, prosperara economicamente escravizando pessoas de forma ilegal após a proibição do tráfico africano pela lei de 7 de novembro de 1831. O defunto autor, ao escrever do além-mundo em 1880, ano em que o movimento abolicionista fervia no parlamento, podia com facilidade emitir

---

19 John Gledson, *Machado de Assis: Ficção e história*. 2. ed. rev. e ampl. São Paulo: Paz e Terra, 2003, p. 32; Alfredo Bosi, "Raymundo Faoro leitor de Machado de Assis". In: _____, *Brás Cubas em três versões: Estudos machadianos*. São Paulo: Companhia das Letras, 2006. pp. 118-9.
20 Raymundo Faoro, *Machado de Assis: a pirâmide e o trapézio*, p. 241.
21 Ibid., p. 244.

um julgamento moral negativo a respeito das atividades do cunhado na década de 1840, como se ele próprio, Brás, tivesse sempre se distanciado dos negócios escusos de Cotrim. No entanto, o narrador nutria certa birra em relação ao cunhado porque este se recusara a dar a sua aprovação ao casamento do memorialista com uma sua sobrinha. O pai da tal sobrinha de Cotrim, Damasceno, que seria o futuro sogro de Brás caso o casamento se consumasse, era um entusiasta do tráfico negreiro e vivia praguejando contra os ingleses. As palavras dúbias de Brás sobre Cotrim, escritas em 1880, mal escondem que ele não condenava as opiniões do sogro nem o proceder do cunhado nos anos 1840; pelo contrário, não achava que Cotrim fosse "bárbaro", acreditava que ele procedia do modo "que esse gênero de negócio requeria". Em suma, ao desenhar as ironias do narrador em relação a Cotrim, Machado de Assis distribuía indícios a respeito da hipocrisia de Brás ao fazê-lo, distanciando-se do ponto de vista do narrador das *Memórias*.[22]

Machado de Assis: a pirâmide e o trapézio, cuja primeira edição é de 1974, chega quando o autor de *Dom Casmurro* já havia muito se tornara monumento nacional.[23] Apreciado por seu estilo e erudição, pela forma como dialogava com clássicos da literatura internacional, pelo humor, pairava também sobre o escritor uma aura de inexplicabilidade, às vezes variações do surrado clichê do artista adiante do seu tempo, a respeito do qual se poderia entender alguma cousa por meio de informações biográficas, perfil psicológico ou histórico de morbidades. Pouco havia a respeito de Machado de Assis como crítico social e político de seu tempo. Ao concluir o livro, Faoro reconhece em especial um antecessor nessa seara, Astrojildo Pereira, autor de *Machado de Assis: Ensaios e apontamentos diversos*, publicado originalmente em 1959.[24] Astrojildo, que militou no PCB, partido do qual foi um dos fundadores e primeiro secretário-geral, considerava-se um pensador "dialético e materialista". Faoro atribui a Pereira o intuito de ver em Machado de Assis projeto de "reconstrução social" semelhante ao do "historiador moderno", o que sugeriria uma tendência a buscar nas páginas do romancista um realismo excessivo, quiçá também uma teoria social mais elaborada.[25] O fato é que há em Astrojildo Pereira muita observação aguda e

---

[22] Para um maior desenvolvimento desse aspecto, ver Sidney Chalhoub, *A força da escravidão: Ilegalidade e costume no Brasil oitocentista*. São Paulo: Companhia das Letras, 2012. pp. 278-84.

[23] Para uma história da recepção crítica da obra machadiana, ver Hélio de Seixas Guimarães, *Machado de Assis, o escritor que nos lê: As figuras machadianas através da crítica e das polêmicas*. São Paulo: Editora Unesp, 2017.

[24] Astrojildo Pereira, *Machado de Assis: Ensaios e apontamentos avulsos*. Belo Horizonte: Oficina de Livros, 1991.

[25] Raymundo Faoro, *Machado de Assis: a pirâmide e o trapézio*, p. 526, nota 18. Astrojildo Pereira, em *Machado de Assis: Ensaios e apontamentos avulsos*, observa que "seria de todo em todo incorreto e insensato supor ou concluir que Machado de Assis foi um 'materialista-dialético'. Nem podia ser, num

original, que não cabe na moldura ideológica esperada. Não obstante, o intuito do contraponto que Faoro busca em Pereira parece claro. Para ele, o principal moto da produção de Machado de Assis é a "transmutação do real" por meio da imaginação artística, ou sua "estilização" para realçar as homologias entre as estruturas reais e imaginárias pertinentes a determinado tempo e sociedade. *Machado de Assis: a pirâmide e o trapézio* é portanto um capítulo fundamental da história da recepção crítica da obra machadiana.

país como o nosso, na época e nas condições em que viveu. Mas dentro de tais limitações objetivas, é evidente que o seu pensamento avançou tanto quanto era possível" (p. 151).

Índice remissivo

Abaeté, visconde de, 145
abolição, 39-41, 170, 172, 187, 195, 203, 214, 271, 279, 339, 341-2, 344
abolicionismo, 341, 371
abolicionista, movimento, 168, 535
Alencar, José Martiniano de, 22, 29, 37, 94, 114, 121, 141-2, 147, 149, 151, 160-1, 171, 178, 263, 362, 497, 507
Almada, Manuel de Sousa, 457
Almeida Rosa, Francisco Otaviano de, 153
Alto Mearim, barão de, 278
Amado, Gilberto, 77, 90
anarquismo, 342
Anchieta, padre José de, 448-9
anticlericalismo, 447, 456-7
aristocracia: burocrática, 25, 43; decadência da, 54; estamental, 25; imperial, 168, 391; rural, 36, 43
Aristóteles, 353, 467
ascensão: militar, 380, 382; social, 20, 33, 105, 348, 353-4, 472-3, 475, 480, 488

Balzac, Honoré de, 503-4, 507, 512, 517
Banco do Brasil, diretores do, 263
Barbosa, Francisco Vilela *ver* Paranaguá, marquês de
Barbosa, Rui, 48, 78, 151, 272-3, 278-9, 307
barões do café, 206
baronia: no fim do Império, 47; em Machado de Assis, 43-5, 53
Barros, Adolfo de, 160
Benta Hora, Manuel da, 494-7
Bocaiúva, Quintino, 271
Bonaparte, Napoleão, 20, 55, 129, 314, 389, 408, 509

Bruno, Giordano, 405
Bueno, Pimenta *ver* São Vicente, marquês de
burguês machadiano, 19, 26
burguesia europeia, 39

Campos Sales, Manuel Ferraz de, 273, 278, 303
Campos, Martinho de, 107, 148, 170
capitalismo: comercial, 206; imperialista, 207; politicamente orientado, 43; político, 240, 260, 265, 280; pré-industrial, 25, 207
casas comissárias, 201, 272
Castelo Branco, Camilo, 482
Castilhos, Júlio de, 273
Castro, Gentil José de, 120, 166
catolicismo, 447, 449, 454, 488-90
Cavalcanti, Amaro, 303
Caxias, duque de, 46, 109-10, 141, 271, 373-4, 377, 391
centralização política, 93-4, 118, 165, 167-8, 172, 263, 273
Chateaubriand, F. R., 461, 481
Chichorro da Gama, Antônio Pinto, 153
classe: especulativa, 218, 297; lucrativa, 218, 239-41, 257, 259, 261, 264, 267, 318; média, 167, 197, 281-2, 284, 286, 288, 290, 292-3, 309-10, 313, 318, 322-3, 327-8, 382-4, 386, 388; proprietária, 36, 217-8, 224, 233, 237-40, 244, 246, 250, 252, 259, 263-4, 267, 280, 307, 311, 382
classes: estrutura de, 16; sociedade de, 17, 32, 42, 441
comércio exterior, 204-5
Comte, Augusto, 347, 405
comunismo, 342
concessões: a políticos, 263; governamentais, 36

Conselheiro, Antônio, 496-7
Constituição de 1824, 71, 74, 76-7, 147
Cordovil, Joaquim Antônio, 391
coronelismo, 166, 172
Correia, Serzedelo, 303
Cotegipe, barão de, 104-5, 149-50
cristianismo, 438, 447, 462
Cromwell, O., 20, 129, 509
Cunha, Euclides da, 493
Cusa, Nicolau de, 405
custo de vida no século XIX, 195-7

Dantas, Manuel Pinto de Sousa, 107
Deodoro da Fonseca, Manuel, 273, 275, 373-4, 377, 394
deputados em Machado de Assis, 105
Dias de Carvalho, José Pedro, 153
Dostoiévski, F., 412

Eckhart, J., 405
economia: pré-bancária, 199; urbana, 37
encilhamento, 17, 31, 36, 47, 59, 61-3, 195-6, 202, 225, 228-9, 232, 241, 254-5, 257, 260-1, 265, 267, 270, 272-80, 299, 303, 319, 356, 366, 368-9, 370-1
escravos: extinção do tráfico de, 195, 201-4, 214, 265; tráfico de, 36
estamento: civil, 383; militar, 381; político, 16, 41, 110, 167, 222, 238, 240, 250, 259, 379; sociedade de, 17
Eu, conde d', 225, 271, 377

federalismo, 165, 176, 181, 207, 273, 278
Feijó, padre Diogo Antônio, 450-1
feudalismo, 206; agrário, 51; brasileiro, 36, 41
Figueiredo, Afonso Celso de Assis *ver* Ouro Preto, visconde de
Flaubert, G., 503, 507
Franco, Bernardo de Sousa, 141, 153
Freud, S., 344
Freyre, Gilberto, 479
Furtado, Francisco José, 153

Goethe, J. W., 407
Goldsmith, O., 481
Guarda Nacional, 16, 19, 28, 41, 43, 46, 49-53, 79, 93, 131, 146, 152, 155, 157, 179, 183, 375-7, 381-3, 389, 392, 511
guerra civil americana, 300
Gusmão, Alexandre de, 457

Herculano, Alexandre, 461, 482
Homem, Francisco de Sales Torres *ver* Timandro
Hubner, barão de, 145, 158
Humanitismo, 87, 132, 180, 404-7, 438

Império: fim do, 31, 36, 47, 49, 96, 105, 115, 120, 141, 145, 149, 162, 200, 215, 237, 241, 252, 256, 260; política monetária do, 197; recenseamento do, 91, 142-3
indústria nacional, 268, 279, 300-1, 306
industrialização, 36, 299, 302
Isabel, princesa, 225
Itaboraí, visconde de, 105, 109-11, 185, 248, 261, 263, 318

Jaguaribe, Domingos José Nogueira, 149, 160
João IV, dom, 457
João V, dom, 219
João VI, dom, 300
jornalismo político em Machado de Assis, 86, 132-3
José I, dom, 457

Kardec, Allan, 492

Lamartine, A. M. L. de Prat de, 461, 482
Leão, Honório Hermeto Carneiro, 145
Lei Saraiva, 92, 96-7, 99, 107, 119, 123, 137, 166
liberalismo, 72, 111, 183, 273, 302, 456; econômico, 278, 280; político, 280
Lisboa, João Francisco, 156, 173, 299
Lowndes, Henry, 62, 278

Macedo, Joaquim Manoel de, 37
Manifesto comunista, 334
Manifesto Republicano, 83, 109
Maquiavel, N., 20
Marcolini, F., 408-9
Marx, Karl, 342, 344
Mauá, visconde de, 46, 105, 186, 205, 224-5, 227, 232, 239-40, 253, 259, 263, 266-8, 272, 278, 299-300, 333

Maurício, padre José, 29
Mayrink, Francisco Paula, 278
mercantilismo brasileiro, 265, 279
militarismo, 375, 380-2
ministério na carreira política dos personagens, 130-8
monarquia constitucional, 74, 111
Montaigne, M. E. de, 418, 433
Montezuma, Francisco Jê Acaiaba de, 105, 141
Muniz Barreto, Jarbas, 271
Murtinho, Joaquim, 303

Nabuco de Araújo, José Tomás, 153
Nabuco, Joaquim, 25, 41, 107, 111, 141, 155, 157, 160, 167-8, 170-1, 174, 176, 203-4, 208, 273, 317, 333, 337, 367-70, 375
naturalismo, 347, 453, 482, 504, 516
Nietzsche, F., 344, 415
Nóbrega, padre Manuel da, 457
"nobreza rural", 36
Nordeste açucareiro, 39

oligarquia, 47, 75-6, 89, 103, 165, 195, 381; absoluta, 74, 370; "plutocrática", 368
Oliveira Vianna, Francisco José de, 97
Ottoni, Teófilo Benedito, 28, 89, 96, 113, 132, 153, 263, 451
Ouro Preto, visconde de, 49, 53, 119-20, 141, 151, 160, 169, 375-6, 394

padres em Machado de Assis, 461
pandemonismo, 407, 410
Paraguai, guerra do, 109, 202, 208, 222, 230, 241, 247, 260, 270, 300, 376-9, 387, 391-3
Paranaguá, João Lustosa da Cunha, 153
Paranaguá, marquês de, 107
Paranhos, José Maria da Silva, 105, 110, 141
Pareto, Vilfredo, 90
parlamentarismo, 109, 181
partidarismo, 148
Partido Conservador, 110, 119, 143, 168, 171-3, 189, 378
Partido Liberal, 71, 111-2, 115, 153, 162, 168-9, 172-4, 181, 378
Partido Progressista, 86, 169
Partido Republicano, 72, 111, 168-9, 379

partidos políticos em Machado de Assis, 82
Pascal, B., 344, 353-4, 359, 406, 412-3, 419, 423, 433, 488
Pedro II, dom, 46, 49, 71, 144, 154, 158, 263, 377, 381
Peixoto, Floriano, 373, 377
Poder Executivo, 72, 145
Poder Moderador, 41, 71, 83, 102, 105, 144, 147-8, 153-4, 169, 181
política, sistema de influências da, 117, 120, 150, 162
política dos governadores, 495
positivismo, 492, 501
Prado, Eduardo, 394
progresso, mito do, 185, 278-9, 301, 307
protecionismo, 278, 302

Queirós, Eusébio de, 105, 203
Questão Militar, 383, 394

realismo (escola), 74, 87, 129, 453, 504, 506
Regência, 57-8, 103, 116, 196, 242
relações hierárquicas, 26
Renascimento, 412, 502
República, 36, 61-2, 71, 78, 83, 86, 90, 96-7, 112, 144, 154, 166, 169, 172, 190, 215, 237, 252-3, 256, 272-3, 278-80, 298, 303, 368-73, 377, 380, 382, 450
República Velha, 114, 165, 273
republicanismo, 111-2, 381
revolução pombalina, 456
Rio Branco, visconde de *ver* Paranhos, José Maria da Silva
Rodrigues Alves, Francisco de Paula, 278
Rodrigues, Lafayette Pereira, 29, 83, 107, 190
romantismo, 235, 237, 447, 453, 463, 476, 483, 493, 504, 506-7
Rousseau, J. J., 461, 481

Saldanha da Gama, Luís Filipe, 391
Saldanha Marinho, Joaquim, 87, 103-4, 111, 141, 149, 170
Santo Agostinho, 405-6, 409
São Vicente, marquês de, 83, 148
Schopenhauer, A., 403-7, 409, 412, 414-5
Scott, Walter, 54

sebastianismo, 368
Segundo Reinado: capitalistas do, 37; eleitorado no, 92; idealismo do, 182
Senado, vitaliciedade do, 101-3, 147-8, 153
Silveira Martins, Gaspar da, 41, 161-2, 178
sistema republicano, 74, 370
Smith, Adam, 279
socialismo, 342-3
sociedade: agrária, 37; tradicional, 35, 125, 247, 256; urbana, 37
Sousa, general Tibúrcio de, 379, 383
Sousa, Paulino José Soares de *ver* Uruguai, visconde do
Spencer, H., 347
Spinoza, B., 405, 407, 469
Stendhal, H. B., 54, 503, 507, 512, 517
Supremo Tribunal Federal, 78-9
Swift, J., 343

Taunay, visconde de, 29, 123, 142-3, 151, 160, 166, 271, 273, 275-8, 280, 367-70, 373, 376, 380, 384, 391
Tavares Bastos, Aureliano, 51, 90, 93, 168, 181, 300
Timandro, 79, 83, 100, 103, 109, 268
títulos nobiliárquicos, 47, 373, 383, 445
Tolstói, L., 503
Torres, José Joaquim Rodrigues *ver* Itaboraí, visconde de
trabalhador livre, surgimento do, 333
tradição familiar, 28
transporte coletivo, 65-6

Uruguai, visconde do, 83, 105, 170, 181

Vanderley, João Maurício *ver* Cotegipe, barão de
Vasconcelos, Zacarias de Goés e, 105, 109-12, 141, 145, 148-9, 153, 170, 174, 392
ventre livre, 172; Lei do, 261
videntes e adivinhos em Machado de Assis, 484
Vieira, padre Antônio, 452
Vila Bela, barão de, 160
Voltaire, 274, 404, 407, 512

Zola, Émile, 517

Índice de obras e personagens de Machado de Assis citados no texto

(*Os personagens estão listados pelo prenome, com exceção daqueles de que só é citado o sobrenome*)

academias de Sião, As (H.S.D), 491
Adão e Eva (V.H.), 408-9, 452, 456
Adelaide Vasconcelos (C.F., *O segredo de Augusta*), 237
Adolfo (O.C., *Miloca*), 325
Agostinho José dos Santos (E.J.), 19, 23, 30, 33, 36, 43-5, 54, 62, 212, 218, 224, 229, 237, 239, 241, 251-5, 257, 259-261, 263, 265, 267, 270, 278, 281, 298, 306, 311, 348, 355-8, 365, 371, 390, 441, 487-8, 517
Aguiar (M.A.), 291-2, 298, 327-8
Aires *ver* Conselheiro Aires
alienista, O (P.A.), 17, 188-9, 203, 515
Almada, O (P.Col.), 457-60
Álvares (P.A., *Uma visita de Alcibíades*), 490
Andrade, dr. (O.C., *O caso do Romualdo*), 38, 212, 228
Anedota do cabriolet (R.C.V.), 64
Anedota pecuniária (H.S.D), 17, 228, 258, 442-3
anel de Polícrates, O (P.A.), 225
Aquarelas (Misc.), 329
Augusta, d. (H.M.N., *As bodas de Luís Duarte*), 283
Aurora sem dia (H.M.N.), 116, 190, 361

Balas de estalo, 22, 52-3, 66, 74, 111, 113, 123, 136, 180-1, 185, 190, 225, 320
Batista (E.J.), 23, 84, 86-7, 90, 93, 119, 134, 139, 171, 180, 189, 262, 317
Beltrão, conselheiro (P.A., *D. Benedita*), 48
Benedito (R.C.V., *Evolução*), 106, 122, 303, 307-8
Bentinho (D.C.), 37, 58, 210, 221, 223, 229, 245, 316, 401, 403, 417, 428-9, 437, 439, 442, 446, 451, 476-8
Bento, frei (V.H., *Adão e Eva*), 456
Bernardino (P.R., *O dicionário*), 515

bodas de Luís Duarte, As (H.M.N.), 328
Bons dias, 74, 79, 97, 339, 341-3, 362, 492
Brás Cubas (M.P.), 21, 57-8, 63, 83, 86-9, 105, 117, 122, 124-5, 127, 129-34, 137, 139, 152, 154, 181, 183, 196, 210, 220-3, 227-9, 232, 237, 242-3, 245, 247, 260, 281, 295, 310, 346, 348, 357, 401, 403, 421, 424, 426, 429, 435, 490, 515
Brotero (P.R., *Papéis velhos*), 28, 107, 122, 124-5, 129, 134, 137, 139, 141, 150, 152

Cabral, padre (D.C.), 466, 470-1, 475, 481
Camacho (Q.B.), 79, 86-9, 105, 121-3, 125, 132-4, 139, 141, 150, 154-5, 160, 176, 184, 189, 317
Camargo (Hel.), 117, 171, 233
Camila, d. (H.S.D, *Uma senhora*), 65
Camilo (O.C., *Jogo do bicho*), 319, 327, 333, 508
Camilo (V.H., *A cartomante*), 325, 485
Camilo Seabra, dr. (H.M.N., *A parasita azul*), 38, 49, 115, 210, 212
Canção de piratas (P.R.), 493
Cândido Neves (R.C.V., *Pai contra mãe*), 332, 334, 337-8, 432
Cantiga velha (O.C.), 326
Capitu (D.C.), 20, 34, 245, 417, 421, 424, 437, 476-7
Carlota (H.M.N., *As bodas de Luís Duarte*), 282
Carlota (O.C., *O caso do Romualdo*), 124
Carmo, d. (M.A.), 290-1
cartomante, A (V.H.), 485
Casa velha (O.C.), 450-1, 472
casamento do Diabo, O (P.Col.), 471-2
caso do Romualdo, O (O.C.), 119
causa secreta, A (V.H.), 343
Celestina (O.C., *Uma carta*), 294
Cláudia, d. (E.J.), 71, 76, 84-7, 140, 151, 154, 171, 180, 189

ÍNDICE DE OBRAS E PERSONAGENS | 543

cônego, O (v.h.), 466
Conselheiro Aires (m.a., e.j.), 23, 48-9, 224, 237, 241, 254-5, 320, 322-3, 325, 345, 366, 371, 487
Conto alexandrino (h.s.d), 491
Conto de escola (v.h.), 328
Contos avulsos, 166, 445, 492
Contos esquecidos, 27
Contos recolhidos, 447
Contos sem data, 445
Cordovil (r.c.v., *Marcha fúnebre*), 37, 106
Correia (r.c.v., *Maria Cora*), 221
Cosme, tio (d.c.), 65, 316, 451
Cotrim (m.p.), 30, 36, 132, 196, 224, 229, 237, 239, 241, 243-7, 249, 252-3, 260-2, 297-8, 345, 356-8, 371
criatura, Uma (p.c.), 403
Cristiano Palha (q.b.), 26, 30-4, 36, 47, 185, 224, 229, 231, 236-9, 247-55, 260-1, 263, 265, 270, 290, 292-3, 298, 311, 354-8, 371, 388, 396, 421
Crônicas de Lélio, 176, 178, 264, 342, 445, 447, 492, 496
Custódio (e.j.), 295, 297, 306, 357
Custódio (p.a., *O empréstimo*), 303, 305

D. Benedita (p.a.), 288, 359, 390
D. Jucunda (o.c.), 61
Damasceno (m.p.), 51, 443
Damião (p.r., *O caso da vara*), 478, 481
Damião Cubas (m.p.), 26, 202, 209, 220, 233, 306
Deodato de Castro Melo (h.s.d, *Último capítulo*), 481
Deolindo (h.s.d, *Noite de almirante*), 298, 390
desejada das gentes, A (v.h.), 48
Diálogos e reflexões de um relojoeiro, 101-2, 166, 179, 264, 376, 394, 447
diplomático, O (v.h.), 290
Dom Casmurro, 20, 37, 56-9, 65, 210, 245, 320-2, 401, 408, 413-4, 420, 428, 437-40, 442, 451, 470, 474, 477, 480-1
Dutra, conselheiro (m.p.), 48

Elisiário (p.r., *Um erradio*), 188
empréstimo, O (p.a.), 305
enfermeiro, O (v.h.), 429-30
Entre duas datas (o.c.), 387, 393
Entre santos (v.h.), 445-6

Ernesto de Tal (h.m.n.), 288, 298, 325-6, 328
Esaú e Jacó, 19, 22-4, 30-3, 45, 57, 60-4, 84, 86, 93, 105, 108, 151, 154, 180, 187, 189, 191, 212, 251-2, 254-5, 257, 262, 274-5, 303, 324, 341, 343, 355, 362, 371-2, 390, 394, 438, 441, 489
Escobar (d.c.), 211, 224, 229, 237, 245-7, 249, 252-3, 260, 371, 442, 477
espelho, O (p.a.), 511-2
Estácio (Hel.), 82, 124, 126, 171, 221-2, 230, 237, 359, 419, 421, 472
estátua de José de Alencar, A (p.r.), 114
Estela (i.g.), 235, 358
Estevão (m.l.), 117
Eugênia (Hel.), 213, 235
Eulália (h.s.d, *Manuscrito de um sacristão*), 465, 471
Evolução (r.c.v.), 185-6, 308

Falcão (h.s.d, *Anedota pecuniária*), 16, 228, 262
Falcão (q.b.), 105, 141
Felisberto, coronel (v.h., *O enfermeiro*), 50-1, 429
Félix (Res.), 126, 221, 223, 229-30, 233, 237, 239, 247, 472
Fernanda, d. (q.b.), 140
Fernandes (o.c., *O programa*), 319
Fidélia (m.a.), 41, 215
Flávio (*Contos esquecidos*, *Muitos anos depois*), 474
Flora (e.j.), 24, 31, 71, 371, 438
Freitas (q.b.), 360, 442
Fulano (h.s.d), 111

Genoveva (h.s.d, *Noite de almirante*), 298
Glória, d. (d.c.), 37, 58-9, 74, 213, 229-33, 249
Gomes (c.f., *O segredo de Augusta*), 237
Gouveia (e.j.), 325-6
Guiomar (m.l.), 34, 124, 213, 235, 251, 329, 355-8

Helena, 38, 48, 213-4, 233, 348, 419-20, 434, 514
Henriqueta (o.c., *Cantiga velha*), 325-6
História de uma fita azul (o.c.,), 298
Histórias da meia-noite, 29
Histórias de quinze dias, 65, 91-2, 143
homem célebre, Um (v.h.), 97, 288
Honório (o.c., *A carteira*), 316

Iaiá Garcia, 20, 30, 127, 229, 246, 251, 260, 323, 358, 393, 418-21, 434, 514, 518
igreja do Diabo, A (H.S.D), 409-10, 440
Ildefonso, cônego (M.P.), 423, 466, 469, 478, 481
imortal, O (O.C.), 478
Inácio (R.C.V., *Evolução*), 262
Isabel (H.M.N., *A parasita azul*), 115
Itaguaí (P.A., *O alienista*), 453
Ite, missa est (P.C.), 449

Jacobina (P.A, *O espelho*), 40, 187, 353, 511
Janjão (P.A., *Teoria do medalhão*), 311, 314
João (P.A., *O espelho*), 50
João Brás (H.S.D, *Galeria póstuma*), 122, 183
Joaquim Fidélis (H.S.D, *Galeria póstuma*), 82
Jogo do bicho (O.C.), 34, 225
Jorge (I.G.), 222, 229-30, 310, 358, 393
Jorge (M.L.), 126, 221, 229-30, 310
jornal e o livro, O (Misc.), 185, 309
José da Costa Marcondes Aires *ver* Conselheiro Aires
José de Anchieta (P.C.), 448-9
José Dias (D.C.), 188-9, 438-9, 451, 475
José Diogo (H.S.D, *Noite de almirante*), 298
José Lemos (H.M.N., *As bodas de Luís Duarte*), 282, 284, 286
José Maria (H.S.D, *A segunda vida*), 490
Josino (M.A.), 50
Justiniano Vilela (H.M.N., *As bodas de Luís Duarte*), 283-4, 292-3, 319

Leandrinho (P.A., *D. Benedita*), 318, 390
Leandro Soares (H.M.N., *A parasita azul*), 121
Lemos, dr. (H.M.N., *Aurora sem dia*), 27, 361
Linha reta e linha curva (C.F.), 39, 311
Lívia (Res.), 421
Lobo Neves (M.P.), 21, 28, 105, 117, 122, 124-5, 127, 135, 139, 141, 150, 152
Lopes, padre (P.A., *O alienista*), 453-6, 482
Lopo Alves (P.A., *A chinela turca*), 382, 385-6, 504
Luís Alves (M.L.), 34, 105, 121-2, 124, 235, 316, 356-7
Luís Batista (Res.), 421
Luís Cubas (M.P.), 26, 210
Luís da Cunha Vilela (C.F., *Luís Soares*), 51
Luís Duarte (H.M.N., *As bodas de Luís Duarte*), 282, 337

Luís Garcia (I.G.), 320, 322-3, 325, 338, 421
Luís Soares (C.F., *Luís Soares*), 237, 326
Luís Soares (C.F.), 226
Luís Tinoco (H.M.N., *Aurora sem dia*), 27, 116, 121, 130, 132, 161, 177-8, 184, 360, 450, 505

Macedo (*Finoca*), 326
Manduca (D.C.), 437-9, 442
mão e a luva, A, 34, 38, 45, 329-30, 355
Marcela (M.P.), 58, 233, 295, 297
Marcha fúnebre (R.C.V.), 38
Margarida, d. (H.M.N., *As bodas de Luís Duarte*), 283
Maria Augusta (Q.B.), 38, 214
Maria Benedita (Q.B.), 236
Maria Cora (R.C.V.), 228
Maria Soares (O.C., *O caso do Romualdo*), 212
Mariana (V.H., *Mariana*), 65
Mascarenhas, reverendo (O.C., *Casa velha*), 469
Mateus (P.A., *O alienista*), 17, 219-20, 233, 306
Matias Deodato de Castro (H.S.D, *Último capítulo*), 315
Matias, cônego (V.H., *Metafísica do estilo*), 466-7
Melchior, padre (Hel.), 419, 433, 463-4, 469, 471
Memorial de Aires, 159, 185, 291-2, 307-8, 318, 327-8, 341, 345
Memórias póstumas de Brás Cubas, 20, 26, 44, 52, 55, 57, 63, 86, 116, 125, 127-8, 131-2, 135, 139, 179-80, 183, 196, 203, 209, 220, 223, 229, 232-3, 245, 260, 295, 335-6, 343, 345-6, 349, 357, 395, 397, 402, 404-7, 415-9, 422, 425-7, 433-5, 438-9, 446, 466, 474, 507-9, 513-4, 517
Meneses, deputado (C.F., *A mulher de preto*), 107, 122, 126
Metafísica do estilo (V.H.), 466
Miloca (O.C., *Miloca*), 34, 237, 294, 329-31
morte no Calvário, A (P.Col.), 449
mulher de preto, A (C.F.), 179

Natividade (E.J.), 23, 44, 187, 251-3, 255-6, 342, 355-8, 371, 442, 486-8
Nhã-loló (M.P.), 443
Nicolau (P.A., *Verba testamentária*), 18
No alto (P.C.), 418
Nóbrega (E.J.), 30-4, 228, 255-7, 260-1, 265, 273, 356-7, 371

noite, Uma (O.C.), 393
Notas semanais, 42, 72-3, 79, 94-5, 118, 517

Oliveira (H.S.D, *As primas de Sapucaia*), 221, 318
Outros contos, 46, 433

Pádua (D.C.), 320, 322, 324-5, 439, 508
Pai contra mãe (R.C.V.), 429, 508, 517
Papéis velhos (P.R.), 134-5
parasita azul, A (H.M.N.), 49, 116, 210, 482
Paulo (E.J.), 84, 171, 187, 343, 371-2, 391, 394
Pedro (E.J.), 84, 122, 171, 371-2, 394
Pedro Albuquerque Santiago (D.C.), 210, 214
Perereca, padre (O.C., *Casa velha*), 466, 471
Pílades e Orestes (R.C.V.), 315
Plácida, d. (M.P.), 218, 225, 332, 334, 337-8, 342, 425-6, 508
Plácido (O.C., *Viagem à roda de mim mesmo*), 318
Porfírio (H.M.N., *As bodas de Luís Duarte*), 285-8, 292, 319, 382-6
Porfírio (P.A., *O alienista*), 219, 352
Procópio Dias (I.G.), 30-5, 229, 241, 246-9, 254, 259-63, 265, 270
Procópio José Gomes Valongo (V.H., *O enfermeiro*), 233, 429, 432, 441
Proença (P.A., *d. Benedita*), 318
programa, O (O.C.), 60, 226, 236, 314
Prudêncio (M.P.), 218, 349-52, 357, 507

Quem conta um conto, 318
Quincas Borba, 26, 29, 32, 43-6, 56, 64, 76, 86, 110, 118, 125, 133, 135, 160, 176, 178, 183-4, 189, 224, 231, 238, 251, 290, 307, 351, 354-5, 402, 415, 420, 436, 441-2
Quincas Borba (M.P.), 60-1, 121-3, 132, 137-40, 179, 223, 253, 362, 386-9, 396, 405, 408, 420, 436
Quintanilha (R.C.V., *Pílades e Orestes*), 121, 221

Raimundo (I.G.), 338, 348
Rangel (V.H., *O diplomático*), 20, 22, 25, 53, 60, 293
Relíquias da casa velha, 34
Ressurreição, 30, 360
Rita, d. (E.J.), 31, 256
Rodrigo (O.C., *Miloca*), 294, 297
Romão Pires (H.S.D, *Cantiga de esponsais*), 348
Romualdo (O.C., *O programa*), 311, 314, 389

Romualdo, coronel (Q.B.), 51, 60, 118
Roxo, cônego (P.A., *D. Benedita*), 470-1, 481
Rubião (Q.B.), 22, 43, 46-7, 53, 59, 61, 117, 125, 128, 130, 220-1, 223, 226, 228, 231-3, 237, 239, 248-9, 251, 362, 385, 388, 401, 436, 438, 441-2

Sabina (M.P.), 242
sainete, O (O.C.), 61
Sales (O.C., *Sales*), 39
Santa Pia, barão de (M.A.), 40-1, 43, 54, 214-5, 341, 352, 365
Santos, barão de *ver* Agostinho José dos Santos
Seabra, comendador (H.M.N., *A parasita azul*), 49, 115
segredo de Augusta, O (C.F.), 237
segredo do bonzo, O (P.A.), 187, 285, 354, 395, 513, 515
semana, A, 28, 59, 66, 89, 95-6, 104, 106, 109-11, 119, 132, 342, 496, 505
semeadores, Os (P.C.), 448
seréníssima República, A (P.A.), 98-9, 466
sermão do Diabo, O (P.R.), 409, 414
Simão Bacamarte, dr. (P.A., *O alienista*), 17, 54, 189, 219, 306, 405, 453-6, 467
Simão, frei (C.F., *Frei Simão*), 474
Siqueira, major (Q.B.), 382, 386-8
Soares (H.M.N., *A parasita azul*), 115
Soares (O.C., *O programa*), 161
Sofia (Q.B.), 35, 140, 185, 247, 250-2
Sonora (Q.B.), 38

teatro de José de Alencar, O (Crít.), 362, 507
Tempo de crise (O.C.), 136
Teófilo (Q.B.), 28, 71, 76, 87, 105, 122, 124-5, 128-9, 130, 132, 135, 137-41, 150-2, 183, 396
Teófilo, padre (H.S.D, *Manuscrito de um sacristão*), 464-7, 472, 474, 478
Teoria do medalhão (P.A.), 184, 190, 285, 444, 514, 516
Titané (P.A., *O segredo do bonzo*), 515
Tonica, d. (Q.B.), 236
Tristão (M.A.), 211
Troca de datas (O.C.), 393

Vale, conselheiro (Hel.), 48-9
Valença, dr. (H.M.N., *As bodas de Luís Duarte*), 284, 292-3
Valéria (I.G.), 222, 235, 317
Vargas, cônego (P.A., *A sereníssima República*), 466-7
Várias histórias, 20, 25
Vasco Maria Portela (V.H., *D. Paula*), 45, 325
Vasconcelos (*Almas agradecidas*), 49
Vaz Nunes (P.A., *O empréstimo*), 229, 305
Veiga (H.M.N., *A parasita azul*), 49-50
Veiga (O.C., *Viagem à roda de mim mesmo*), 122
velho Senado, O (P.R.), 79, 96, 102-3, 105, 109, 119, 150
Viegas (M.P.), 233, 434, 436, 438
Vieira (H.M.N., *Ernesto de Tal*), 49, 288
Vieira (O.C., *O caso do Romualdo*), 122, 124, 130
Vinte anos! Vinte anos! (O.C.), 212
Virgília (M.P.), 48, 58, 117, 124, 128, 140, 233, 335, 357, 421-3, 424-5, 429, 434-5, 438
Viver! (V.H.), 433

Xavier (P.A., *O anel de Polícrates*), 44, 188, 319

ESTA OBRA FOI COMPOSTA EM LEMONDE LIVRE POR VICTOR BURTON DESIGN
GRÁFICO E IMPRESSA EM OFSETE PELA GRÁFICA PAYM SOBRE PAPEL PÓLEN
NATURAL DA SUZANO S.A. PARA A EDITORA SCHWARCZ EM MARÇO DE 2025

A marca FSC® é a garantia de que a madeira utilizada
na fabricação do papel deste livro provém de florestas
que foram gerenciadas de maneira ambientalmente
correta, socialmente justa e economicamente viável,
além de outras fontes de origem controlada.